westermann

Autoren: Heike Flecken-Schmidt, Dirk Overbeck, Markus Schajek, Christian Schmidt

Herausgeber: Andreas Blank, Helge Meyer

Unter Mitarbeit von: Andreas Blank, Nick Brown, Helge Meyer, Udo Müller-Stefer

Industriekaufleute

3. Ausbildungsjahr – nach Lernfeldern

3. Auflage

Bestellnummer 04772

Zusatzmaterialien zu „Industriekaufleute, 3. Ausbildungsjahr – nach Lernfeldern"

Für Lehrerinnen und Lehrer:

Lösungen: 978-3-427-04774-2
Lösungen Download: 978-3-427-04773-5
Lösungen zum Arbeitsbuch: 978-3-427-04782-7
Lösungen zum Arbeitsbuch Download: 978-3-427-04781-0

BiBox Einzellizenz für Lehrer/-innen: 978-3-427-04775-9
BiBox Kollegiumslizenz für Lehrer/-innen (Dauerlizenz): 978-3-427-04776-6

inkl. E-Book

Für Schülerinnen und Schüler:

Arbeitsheft: 978-3-427-04780-3

BiBox Einzellizenz für Schüler/-innen (1 Schuljahr): 978-3-427-04778-0

inkl. E-Book

Legende der verwendeten Symbole:

→ **LF 10** Verweis auf ein Lernfeld in der jeweiligen Lernfeldfarbe

→
LS 1 Verweis auf das Arbeitsbuch mit Angabe der Lernsituation

Web Verweis auf BuchPlusWeb

Verzeichnis der Gesetzesabkürzungen

AktG	Aktiengesetz	**KSchG**	Kündigungsschutzgesetz
AO	Abgabenordnung	**KStG**	Körperschaftsteuergesetz
ArbSichG	Arbeitssicherheitsgesetz	**MarkenG**	Markengesetz
ArbstättV	Arbeitsstättenverordnung	**MaschSchG**	Maschinenschutzgesetz
BBiG	Berufsbildungsgesetz	**MitbestG**	Mitbestimmungsgesetz
BetrVerfG	Betriebsverfassungsgesetz	**MontanMG**	Montan-Mitbestimmungsgesetz
BGB	Bürgerliches Gesetzbuch	**MuSchG**	Mutterschutzgesetz
BImSchG	Bundes-Immissionsschutzgesetz	**PatG**	Patentgesetz
DesignG	Designgesetz	**PAngV**	Preisangabenverordnung
GebrMG	Gebrauchsmustergesetz	**ProdHaftG**	Produkthaftungsgesetz
EStG	Einkommensteuergesetz	**ProdSG**	Produktsicherheitsgesetz
GewO	Gewerbeordnung	**SigG**	Signaturgesetz
GewStG	Gewerbesteuergesetz	**StGB**	Strafgesetzbuch
GG	Grundgesetz	**UStG**	Umsatzsteuergesetz
GGV	Gefahrgutverordnung	**UVPG**	Gesetz über die Umweltverträglichkeitsprüfung
GmbHG	GmbH-Gesetz		
HGB	Handelsgesetzbuch	**UWG**	Gesetz gegen den unlauteren Wettbewerb
JArbSchG	Jugendarbeitsschutzgesetz		
KrWG	Kreislaufwirtschaftsgesetz	**VTG**	Verbraucherinformationsgesetz

westermann GRUPPE

© 2021 Bildungsverlag EINS GmbH, Ettore-Bugatti-Straße 6-14, 51149 Köln
www.westermann.de

Druck und Bindung: Westermann Druck GmbH, Georg-Westermann-Allee 66, 38104 Braunschweig

ISBN 978-3-427-**04772**-8

Vorwort

Liebe Schülerinnen und Schüler,
liebe Kolleginnen und Kollegen,

mit der dreibändigen Lehrbuchreihe „Industriekaufleute" haben wir uns die Zielsetzungen des bundeseinheitlichen Rahmenlehrplans für die Ausbildung zur Industriekauffrau/ zum Industriekaufmann zu eigen gemacht und die dort geforderte **Lernfeld-, Handlungs- und Geschäftsprozessorientierung** konsequent umgesetzt.

Ein problemorientiertes und zunehmend selbstgesteuertes Lernen wird durch die jedem Kapitel voranstehenden Ausgangssituationen, die unterschiedliche fachliche Aspekte problematisieren, ebenso erreicht wie durch die zahlreichen **Übungsaufgaben**. Am Ende eines jeden Lernfeldes sorgen **Wiederholungs- und Prüfungsaufgaben** dafür, dass eine gezielte Vorbereitung auf Klausuren und die Abschlussprüfung erleichtert wird.

Aufgrund der Verschiedenheit der Ausbildungsbetriebe haben wir die Lehrbuchreihe an einem **Modellunternehmen**, der Sommerfeld Bürosysteme GmbH, ausgerichtet. Zahlreiche **Beispiele**, **Praxistipps** und **Internet-Links** ergänzen und erweitern die Arbeit mit dem Modellunternehmen und ermöglichen, dass die Entscheidungen, die innerhalb der Sommerfeld Bürosysteme GmbH zu treffen sind, mit denen der jeweiligen Ausbildungsbetriebe verglichen und Unterschiede sowie Gemeinsamkeiten herausgearbeitet werden können.

Immer dort, wo Sie das Web-Symbol sehen, können Sie auf der Webseite des Verlags (www.westermann.de) ergänzende Informationen abrufen (beachten Sie hierzu auch die Anzeige auf der Umschlaginnenseite). Darüber hinaus finden Sie dort noch einmal das Kapitel „**Methoden: Zielgerichtet und effektiv lernen und arbeiten**" sowie eine ausführliche **Unternehmensvorstellung**.

Als sinnvolle Ergänzung ist zu jedem Jahrgangsband der Lehrbuchreihe ein Arbeitsbuch erhältlich. Die nach Lernfeldern strukturierten Arbeitsbücher enthalten Lernsituationen zu jedem Themenbereich, welche die Umsetzung eines problem- und handlungsorientierten Unterrichts erleichtern und selbstständiges schülerorientiertes Arbeiten ermöglichen. Zusätzlich finden Sie im Arbeitsbuch ergänzende Übungen und zu jedem Lernfeld ein umfangreiches Kapitel mit Aufgaben zur Prüfungsvorbereitung. Hinweise auf die Lernsituationen der Arbeitsbücher finden Sie im vorliegenden Lehrbuch passgenau dort, wo Sie im Unterricht eingesetzt werden können.

Im vorliegenden **Band 3** sind enthalten:

Lernfeld 10: Absatzprozesse planen, steuern und kontrollieren
Lernfeld 11: Investitions- und Finanzierungsprozesse planen
Lernfeld 12: Unternehmensstrategien und -projekte umsetzen

Wir wünschen Ihnen viel Spaß und viel Erfolg bei der Nutzung dieses Lehrbuches!

Das Autorenteam

Inhaltsverzeichnis

Lernfeld 11:
Investitions- und Finanzierungsprozesse planen

Lernfeld 12:
Unternehmensstrategien und -projekte umsetzen

Ein Unternehmen stellt sich vor

Web

Sommerfeld Bürosysteme GmbH

Die Sommerfeld Bürosysteme GmbH ist eine Gesellschaft mit beschränkter Haftung, die zu den Kapitalgesellschaften zählt. Sie ist im Handelsregister Abteilung B des Amtsgerichts Essen unter der Nummer 564-0541 eingetragen mit dem Namen, unter dem sie ihre Geschäfte betreibt (Firma): **Sommerfeld Bürosysteme GmbH**.

Die Gesellschaft hat ein Stammkapital von 4 000 000,00 €, davon wurden gezeichnet von folgenden Gesellschaftern, die zugleich an der Geschäftsführung beteiligt sind:

Gesellschafter	spezieller Aufgabenbereich	Geschäftsanteil
Claudia Farthmann	Produktion und Beschaffung	1 000 000,00 €
Lambert Feld	Allgemeine Verwaltung	1 500 000,00 €
Hartmut Sommer	Vertrieb und Marketing	1 500 000,00 €

Standort

Produktionsstätte und Büroräume der Sommerfeld Bürosysteme GmbH liegen in Essen, in der Gladbecker Straße 85–91.

Über die Steeler Straße ist das Autobahndreieck Essen-Ost mit den Autobahnen A 430 und A 52 und über die Gladbecker Straße die A 42 in wenigen Minuten zu erreichen. Der Güterbahnhof Essen-Nord befindet sich in unmittelbarer Nähe.
Arbeitnehmerinnen und Arbeitnehmer können mit den Bus- und S-Bahn-Linien 7, 8 und 20 bis fast vor die Werkstore fahren. Auf dem Werksgelände befinden sich nur wenige Parkplätze für Mitarbeiter, da die Geschäftsleitung über die Ausgabe von Jobtickets für die öffentlichen Verkehrsmittel ihre Mitarbeiter zu umweltbewusstem Verhalten anhalten möchte.

Zweck der Unternehmung (Sachziel)

Zweck oder Sachziel der Sommerfeld Bürosysteme GmbH ist die Herstellung und der Vertrieb von vier Büro- und Einrichtungsprogrammen, die unter folgenden Produktgruppen im Katalog angeboten werden:

Produktgruppen und ihre Umsatzanteile am Absatzprogramm

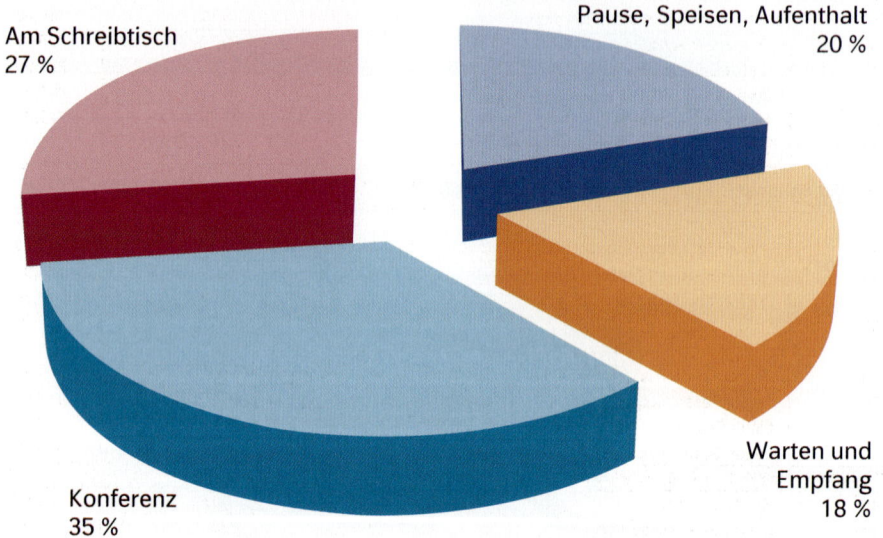

Am Schreibtisch
27 %

Pause, Speisen, Aufenthalt
20 %

Warten und
Empfang
18 %

Konferenz
35 %

Konkurrenzbetriebe

Schäfer & Co. KG,
Büroeinrichtungssysteme   Kaarster Weg 124–126, 40547 Düsseldorf

Feld OHG, Büromöbel, Büromaschinen   Treuburger Straße 26–30, 28779 Bremen

Otto Rompf GmbH, Büromöbel   Badstraße 63, 06132 Halle

ABE Aktuell Büro-Einrichtungen KG   Billrothstraße 82, 90482 Nürnberg

Das Produktionsprogramm (Auszug)

Katalog-seite	Produktbezeichnung	Bestell-Nr.	Listenver-kaufspreis, netto/€[1]
Produktgruppe 1: Warten und Empfang			
3	Tubis Hockerbank ungepolstert Gestell eloxiert	764/10	2050,00
4	Tubis Polsterbank Gestell eloxiert	763/62	2895,00
6	Basis Polsterbank mit Ablageplatten, Kegelfuß	772/9	2839,50
7	Basis Polstersessel, Tragarm verchromt	771/0	1182,00
9	Programm 840 Tisch Esche furniert	844/1	503,50
10	Programm 840 Verbindungsplatte Esche furniert	846/1	175,00
12	Cubis Polstersessel Gestell eloxiert	831/5	1109,00
13	Cubis Tisch Gestell eloxiert	830/10	465,00
14	Cana Polsterbank Liege	890/6	2754,00
15	Ceno Stapler Besucherstuhl	900/1	170,00
16	Stapelstuhl Piano	301/03	160,00
Produktgruppe 2: Am Schreibtisch			
17	FS-Linie Drehstuhl	211/44	421,00
18	FS-Linie Besprechungs-/Besucherstuhl	211/64	416,50
19	FS-Linie Freischwinger	212/55	336,50
20	Picto Besucherstuhl	203/3	403,00
21	Picto Drehstuhl ohne Armlehnen	205/3	443,00
23	Picto Drehstuhl mit Armlehnen	206/8	638,00
24	Picto Freischwinger	207/3	293,50
26	Modus Drehsessel	283/7	989,50
27	Modus Besprechungs-/Besucherstuhl	281/7	942,50
28	Modus Freischwinger	277/7	375,00
29	Quickship Sitz 2 Stehstuhlstütze	201/1	268,00
30	Conrack Regalsystem	204/2	220,00
Produktgruppe 3: Konferenz			
32	Confair Armlehnstuhl stapelbar	444/4	316,00
33	Confair Schreibpult stapelbar	444/1	235,50
34	Confair Flipchart faltbar (Handelsware)	442/1	362,00
35	Confair Pinnwand (Handelsware)	443/1	345,50
36	Contas Systemtisch dreieckig	530/10	415,00
37	Contas Systemtisch quadratisch	530/11	476,50
38	Contas Systemtisch rechteckig	530/15	561,50
39	Versal Sessel stapelbar	251/4	517,50
40	Linus Sessel	373/3	428,50
41	Logon Systemtisch	380/2	310,00
Produktgruppe 4: Pause, Speisen, Aufenthalt			
45	Kendo Stehsitz	332/3	252,50
46	Kendo Stuhl stapelbar	333/3	252,50
47	Kendo Tisch quadratisch	330/11	545,50
49	Kendo Tisch rechteckig	330/15	633,00
50	Avera Hocker	401/3	178,50
51	Avera Armlehnstuhl	404/5	347,00
53	Avera Tisch quadratisch	400/4	446,50
54	ConsulTable Tisch rund	400/2	423,50
55	Konzentra Besprechungs- und Besucherstuhl	430/2	260,00

Nach Möglichkeit sollen bei der Herstellung der Produkte umweltverträgliche Materialien und Produktionsverfahren bevorzugt werden.

---

[1] *Verkaufspreise für den Fachhandel, gültig ab 1. Januar, unverbindlich empfohlene Einzelverkaufspreise ohne Umsatzsteuer.*

Organigramm der Sommerfeld Bürosysteme GmbH

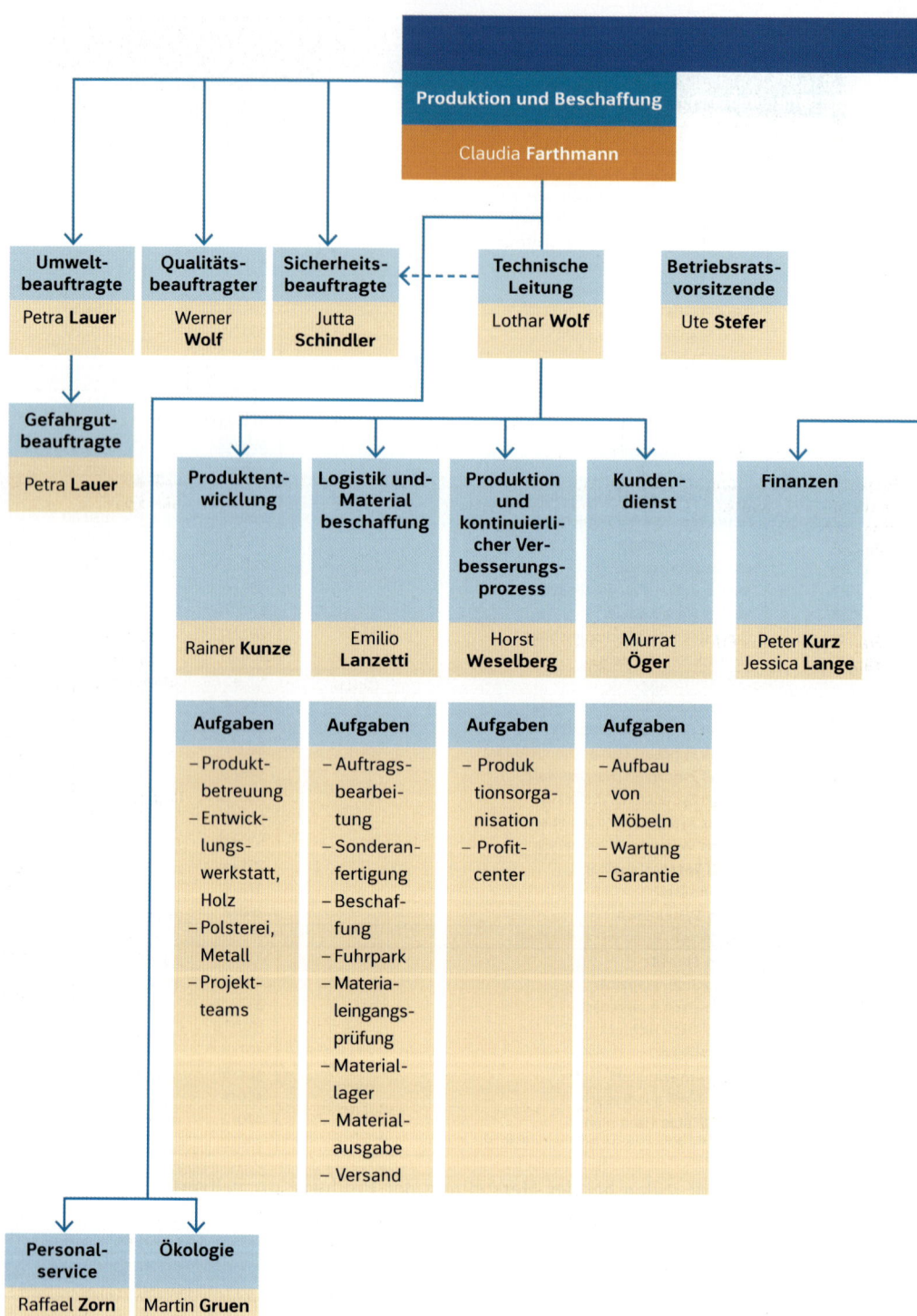

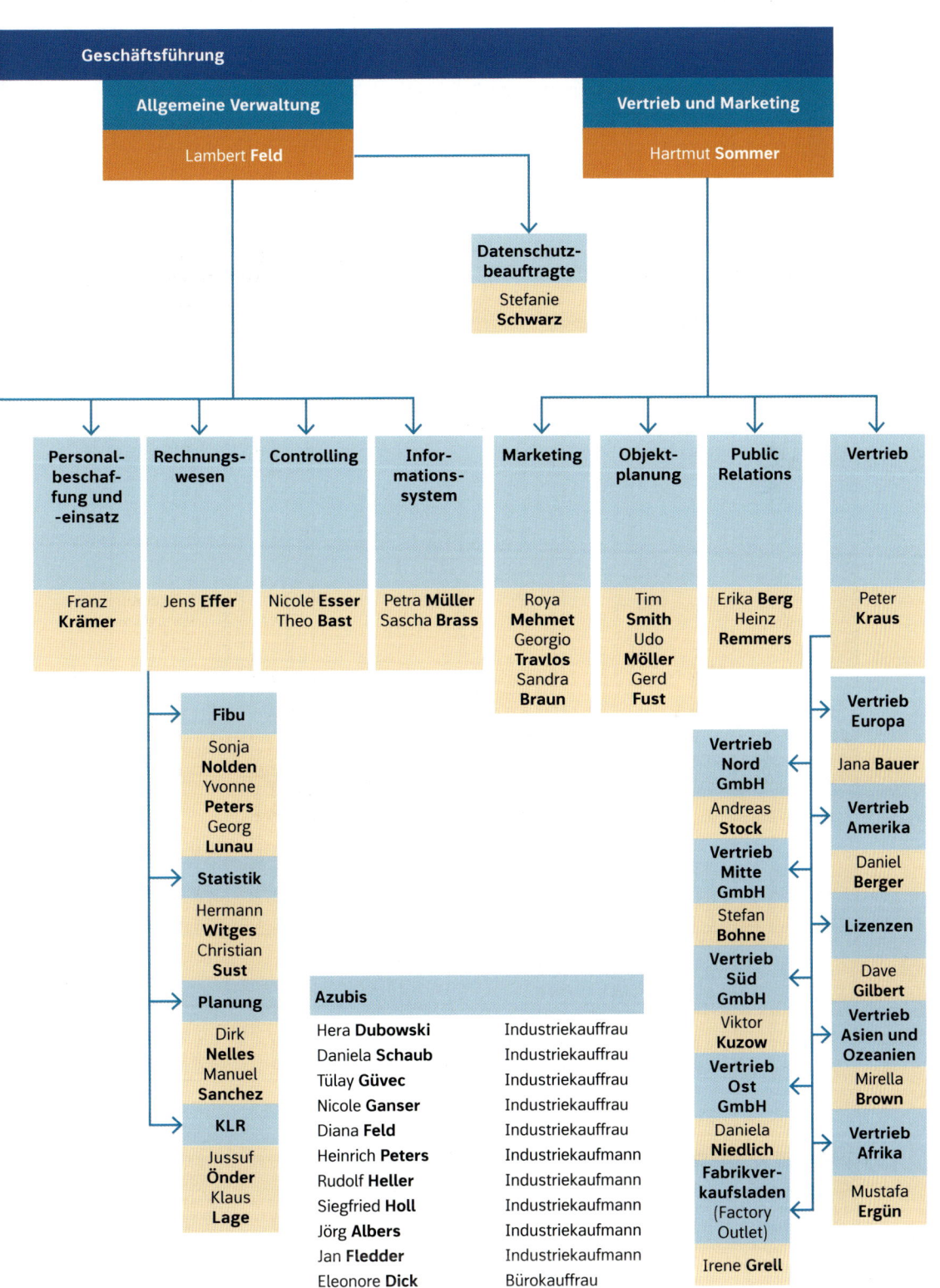

Geschäftsführung

Allgemeine Verwaltung
Lambert **Feld**

Vertrieb und Marketing
Hartmut **Sommer**

**Datenschutz-
beauftragte**
Stefanie
Schwarz

Personal-beschaf-fung und -einsatz	Rechnungs-wesen	Controlling	Infor-mations-system	Marketing	Objekt-planung	Public Relations	Vertrieb
Franz **Krämer**	Jens **Effer**	Nicole **Esser** Theo **Bast**	Petra **Müller** Sascha **Brass**	Roya **Mehmet** Georgio **Travlos** Sandra **Braun**	Tim **Smith** Udo **Möller** Gerd **Fust**	Erika **Berg** Heinz **Remmers**	Peter **Kraus**

Fibu
Sonja **Nolden**
Yvonne **Peters**
Georg **Lunau**

Statistik
Hermann **Witges**
Christian **Sust**

Planung
Dirk **Nelles**
Manuel **Sanchez**

KLR
Jussuf **Önder**
Klaus **Lage**

Vertrieb Nord GmbH
Andreas **Stock**

Vertrieb Mitte GmbH
Stefan **Bohne**

Vertrieb Süd GmbH
Viktor **Kuzow**

Vertrieb Ost GmbH
Daniela **Niedlich**

Fabrikver-kaufsladen
(Factory Outlet)
Irene **Grell**

Vertrieb Europa
Jana **Bauer**

Vertrieb Amerika
Daniel **Berger**

Lizenzen
Dave **Gilbert**

Vertrieb Asien und Ozeanien
Mirella **Brown**

Vertrieb Afrika
Mustafa **Ergün**

Azubis

Hera **Dubowski**	Industriekauffrau
Daniela **Schaub**	Industriekauffrau
Tülay **Güvec**	Industriekauffrau
Nicole **Ganser**	Industriekauffrau
Diana **Feld**	Industriekauffrau
Heinrich **Peters**	Industriekaufmann
Rudolf **Heller**	Industriekaufmann
Siegfried **Holl**	Industriekaufmann
Jörg **Albers**	Industriekaufmann
Jan **Fledder**	Industriekaufmann
Eleonore **Dick**	Bürokauffrau

Hauptlieferer der Sommerfeld Bürosysteme GmbH

Die im Produktionsprozess eingesetzten Roh-, Hilfs- und Betriebsstoffe werden fast ausnahmslos von Herstellern des Inlandes bezogen:

Firma	Lieferer-Nr. Kreditoren-Nr.	Adresse	Ansprechpartner	Tel./Fax E-Mail Internet	Kreditinstitut IBAN / BIC	Produkte	Lieferbedingungen	Zahlungsbedingungen	Umsatz lfd. Jahr in €
Farbenwerke Wilhelm Weit AG	44001 K70001	Grünstr. 98 51371 Leverkusen	Frau Gentgen	0214 655621 0214 655629 info@farbenwerke.de www.farbenwerke.de	SEB Leverkusen DE12370100110674563870 ESSEDE5F372	Lacke, Grundierung, Härter, Beize, Lösemittel, Kleber, Beschichtungsmittel	Auftragswert bis 1000,00 €: 50,00 €, über 1000,00 €: 42,00 € Fracht Verpackungspauschale: 30,00 €	Ziel: 20 Tage Skonto: 7 Tage/2 %	290000,00
Wellpappe GmbH & Co KG Alfred Weigelt	44002 K70002	Wolffstr. 90 22525 Hamburg	Herr Öztürk	040 1122330 040 1122339 info@wellpappe.de www.wellpappe.de	Commerzbank Hamburg DE41200400000387304811 COBADEHHXXX	Produktverpackungen, Transportverpackungen	bis 100 kg: 31,00 €, bis 250 kg: 60,00 €, bis 500 kg: 100,00 €, bis 1000 kg: 175 kg, über 1000 kg nach Vereinbarung	Ziel: 20 Tage Skonto: 7 Tage/2 %	120000,00
Metallwerke Bauer & Söhne OHG	44003 K70003	Baststr.188 44265 Dortmund	Herr Siebert	0231 6683550 0231 668357 info@metallwerke.de www.metallwerke.de	Postbank Dortmund DE86440100460324066506 PBNKDEFF440	Stahlrohrgestelle, Alugussteile, Alupressprofile, Schrauben	Lieferpauschale: 40,00 €	Ziel: 50 Tage Skonto: 14 Tage/2 %	5420000,00
Jansen BV. Chemiewerke	44004 K70004	Jan de Verwersstraat 10 NL-5900 AV Venlo	Frau de Mol	04780 866350 04780 866401 info@jansen.chemiewerke.nl www.jansen.chemiewerke.nl	Crédit Lyonnais Bank Nederland NL94270100600092233723 CRLYNLFFXXX	Kunststoffteile aller Art, Silikon, Öle, Gasfedern, Gasgeneratoren	4 % vom Warenwert, maximal 200,00 €	Ziel: 30 Tage Skonto: -	1330000,00
Latex AG, Herstellung von Gummiwaren	44005 K70005	Neckarstr. 89-121 12053 Berlin	Frau Demming	030 445546 030 445548 info@latex-berlin.de www.latex-berlin.de	Berliner Sparkasse DE64100500000098453223 BELADEBEXXX	Naturkautschuk, synthetischer Kautschuk, Rollen, Räder	unfrei, Fracht: 100,00 € pauschal, Rollgeld 40,00 €, Verpackungspauschale 80,00 €	Ziel: 60 Tage Skonto: 14 Tage/3 %	2150000,00
Heinrich Schulte. K.	44006 K70006	Fabrikstr. 24-30 04129 Leipzig	Frau Asbach	0341 554645 0341 554849 info@schulte-steine.de www.schulte-steine.de	Deutsche Bank Leipzig DE85860700000091111723 DEUTDE8LXXX	Glasplatten, Marmorteile, Kunststeine	bis Auftragswert 1000,00 €: 50,00 € sonst frei Haus	Ziel: 30 Tage Skonto: 10 Tage/2 %	1500000,00
Andreas Schneider Holzwerke KG	44007 K70007	Palzstr. 16 59073 Hamm	Frau Sydow	02381 417118 02381 985410 info@schneider-holzwerke.de www.schneider-holzwerke.de	Volksbank Hamm DE26410120009879723 GENODEM1HMN	Massivholzteile, Sperrholzplatten, Span- und Tischlerplatten	ab Bestellwert von 2000,00 € frei Haus, sonst 3 % vom Warenwert, mindestens jedoch 60,00 €	Ziel: 14 Tage Skonto: -	3200000,00
Wollux GmbH Peter Findeisen	44008 K70008	Zinckestr. 19 39122 Magdeburg	Herr Kern	0391 334231 0391 334232 info@wollux.de www.wollux.de	Commerzbank Magdeburg DE5481040000674563870 COBADEFF810	Bezugs- und Polstermaterialien und Zubehör für Möbel	frei Haus	Ziel: 30 Tage Skonto: 10 Tage/3 %	800000,00
Primus GmbH Großhandel für Bürobedarf	44009 K70009	Koloniestr. 2-4 47057 Duisburg	Herr Winkler	0203 4453690 0203 4453698 info@primusbueroeinrichtung.de www.primusbueroeinrichtung.de	Sparkasse Duisburg DE12350500000360058796 DUISDE33XXX	Bürobedarf aller Art	ab Auftragswert 500,00 € porto- und frachtfrei	Ziel: 30 Tage Skonto: 10 Tage/2 %	220000,00

Hauptkunden der Sommerfeld Bürosysteme GmbH (Auszug)

Die wichtigsten Kunden der Sommerfeld Bürosysteme GmbH sind Großunternehmen aus den verschiedensten Wirtschaftszweigen (Versicherungsunternehmen, Kreditinstitute, Industrieunternehmen, Krankenhäuser usw.) sowie Unternehmen des Bürofachgroß- und -einzelhandels.

Firma	Kunden-Nr.	Adresse	Ansprechpartner	Tel./Fax, E-Mail, Internet	Kreditinstitut, IBAN/BIC	Umsatz lfd. Jahr in €	Offene Rechnungen	Rabattsätze
Deutsche Versicherung AG	D 24001	Am Brunnen 18-22 45133 Essen	Herr Baum	0201 667531 0201 6675380201 info@deutsche.versicherung.de www.deutsche.versicherung.de	Volksbank Ruhr Mitte DE14422600010112222870 GENODEM1GBU	7 500 000,00	0	25
Deutsche Bank AG Frankfurt	D24002	Taunusstr. 16-34 60329 Frankfurt am Main	Frau Jansen	069 443228 069 443217 info@deutsche.bank.frankfurt.de www.deutsche.bank.frankfurt.de	Deutsche Bank Frankfurt DE48500700240043978623 DEUTDEBFRA	2 259 000,00	1	15
Bürofachhandel Karl Schneider GmbH	D 24003	Brunostr. 45 45889 Gelsenkirchen	Herr Schneider	0209 56499 0209 54490 info@schneider.buerohandel.de www.schneider.buerohandel.de	Postbank Dortmund DE76440100460432056204 PBNKDEFF440	1 550 000,00	1	15
Krankenhaus Einrichtungs-GmbH Leipzig	D 24004	Dachstr. 30-40 04329 Leipzig	Frau Straub	0341 556476 0341 556448 info@krankenhauseinrichtung.de www.krankenhauseinrichtung.de	Commerzbank Leipzig DE93860400000089366223 COBADEFF860	105 000,00	1	5
Flughafen Köln/Bonn GmbH	D 24005	Waldstraße 247 51147 Köln	Frau Simon	0221 89438 0221 89444 info@flughafen.koeln.bonn.de www.flughafen.koeln.bonn.de	Deutsche Bank Köln DE28370700600674563870 DEUTDEDKXXX	2 400 000,00	2	15
Bürofachhandel Martina van den Bosch BV	D 24006	Vinckenhofstraat 45 NL 5900 EB Venlo	Frau van den Bosch	0031 77 341769 0031 77 341764 info@bosch.buerohandel.nl www.bosch-buerohandel.nl	Fortis Bank Nederland NL59300100200656 63120 FORTNLFFXXX	1 450 000,00	0	15
Bürobedarfsgroßhandel Thomas Peters e. K.	D 24007	Cäcilienstr. 86 46147 Oberhausen	Frau Brieger	0208 111360 0208 111345 info@peters-buerobedarf.de www.peters-buerobedarf.de	Commerzbank Oberhausen DE02365400460006789763 COBADEFF365	75 000 000,00	3	25
Bürofachhandel Ergoline GmbH	D 24008	Maxstr. 121 13347 Berlin	Herr Bolle	030 3382708 030 3387308 info@ergoline.buerohandel.de www.ergoline.buerohandel.de	Postbank Berlin DE17100100030654 3720 PBNKDEFF100	9 000 000,00	0	30
Büroeinrichtung Fachhandel Enrico Zamani	D 24009	Poststr. 17 CH 3000 Bern 8	Herr Zamani	0041 31 8967348 0041 31 8967342 info@zamani.bueroeinrichtung.ch www.zamani-bueroeinrichtung.ch	Postbank Bern CH651002001007 66539882 GEBACH33XXX	1 700 000,00	0	15
Raumkultur Peter Nicolai e.K.	D 24010	Erlenstr. 38 22529 Hamburg	Herr Sehrer	040 1938465 040 1938470 info@nicolai.raumkultur.de www.nicolai.raumkultur.de	Hanseatic Bank DE11201207000738402382 HSTBDEHHXXX	2 600 000,00	0	15
Ergonomische Büromöbel Müller GmbH	D 24011	Brodstr. 24 81829 München	Frau Mauser	089 3875432 089 3875440 info@mueller.bueromoebel.de www.mueller.bueromoebel.de	Deutsche Bank München DE06070010019 2038752 DEUTDEMMXXX	240 000,00	0	5

Steuer-, USt-Identifikationsnummer, Betriebs-Nr. für Sozialversicherung, Handelsregistereintragung, Geschäftsjahr 1. Januar d. J. – 31. Dezember d. J.

Finanzamt: Essen-Nordost; Steuer-Nr. 110/1202/0189; USt-IdNr. DE129666846

Betriebs-Nr. für die Sozialversicherung: 77865759

Handelsregistereintragung: Amtsgericht Essen HR B 564-0541

Die Verbände

Gemäß §1 IHK-Gesetz ist die Sommerfeld Bürosysteme GmbH Zwangsmitglied der Industrie- und Handelskammer Essen. Als mittelständischer Handwerksbetrieb ist sie ebenfalls Mitglied der Handwerkskammer. Das Unternehmen ist im Landesverband Holzindustrie und Kunststoffverarbeitung Nordrhein e. V. organisiert, die organisierten Arbeitnehmer sind Mitglied in der IG Metall.

Betriebsrat, Jugend- und Auszubildendenvertretung

Vorsitzende des Betriebsrates der Sommerfeld Bürosysteme GmbH ist Ute Stefer, ihre Stellvertreterin Jessica Lange. Darüber hinaus gehören dem Betriebsrat die Mitarbeiterinnen und Mitarbeiter Roya Mehmet, Dave Gilbert und Raffael Zorn an. Jugend- und Auszubildendenvertreterin ist Diana Feld, Stellvertreter ist Siegfried Holl.

Sicherheits-, Umwelt-, Qualitäts- und Datenschutzbeauftragte der Sommerfeld Bürosysteme GmbH

Sicherheitsbeauftragte: Jutta Schindler   Umweltbeauftragte: Petra Lauer

Qualitätsbeauftragter: Werner Wolf   Datenschutzbeauftragte: Stefanie Schwarz

*Daniela Schaub
Auszubildende bei der Sommerfeld
Bürosysteme GmbH
3. Ausbildungsjahr*

*Rudolf Heller
Auszubildender bei der
Sommerfeld Bürosysteme GmbH
3. Ausbildungsjahr*

Absatzprozesse planen, steuern und kontrollieren

1 Das Marketing als zentrale Unternehmensaufgabe verstehen

Herr Sommer hat am vergangenen Wochenende ein Seminar zum Thema „Modernes Marketing in der Industrie und im industriellen Großhandel" besucht. Hochmotiviert und voller Ideen schickt er am Montagmorgen eine E-Mail über das Intranet der Sommerfeld Bürosysteme GmbH an alle Mitarbeiter.

✉ **Marketing ist nicht alles...**   _ □ ⊠

An: Alle Mitarbeiter
Gesendet: Montag, 5. August 20(0), 07:32
Von: H.Sommer@sommerfeld.de
Betreff: Marketing ist nicht alles ...

... aber ohne Marketing ist alles nichts!

Einen herzlichen guten Morgen an alle!

Am Wochenende war ich auf einem sehr interessanten Seminar zum Thema Marketing. Ich erhielt vielfältige Informationen und Anregungen, wie z. B. die folgende:

Verschiebung des Marketingfokus

Traditionelles Marketing	**Relationship Marketing**
Transaktion im Mittelpunkt	Geschäftsbeziehung im Mittelpunkt
– Einzelverkauf	– Kundenloyalität
– vereinzelter Kundenkontakt	– kontinuierlicher Kundenkontakt
– kurzer Zeithorizont	– langer Zeithorizont
– Erfüllung von singulären Kauferwartungen	– kontinuierliche Erfüllung der gesamten Kundenerwartungen
Ziel: Neukundengewinnung	*Ziel: zufriedene und loyale Kunden*

Wir alle sind für ein gelungenes Marketing und damit für den Unternehmenserfolg verantwortlich. Bitte überlegen Sie, inwieweit Sie selbst Marketing für die Sommerfeld Bürosysteme GmbH betreiben. Schicken Sie mir am Ende Ihres Arbeitstages doch bitte das Ergebnis Ihrer Überlegungen.

Einen schönen und produktiven Tag wünscht

Hartmut Sommer

Geschäftsführer

Daniela Schaub, die zurzeit in der Auftragsbearbeitung beschäftigt ist, wundert sich über die Mail. „Was hat denn meine Tätigkeit mit ‚Marketing' zu tun? Wenn ich meine Arbeit mache, haben die Kunden doch schon gekauft."

Arbeitsaufträge

- *Klären Sie die Ihnen unbekannten Begriffe in der E-Mail zum Marketing.*

- *Erläutern Sie, welches Verständnis von „Marketing" in der E-Mail zum Ausdruck kommt.*

- *Erklären Sie, in welchem Zusammenhang Ihre Tätigkeiten im Ausbildungsbetrieb mit dem Marketing stehen.*

→ LF 2 Marketing als Prinzip der Unternehmensführung

„Marketing" ist ein Begriff, der in ganz unterschiedlichen Zusammenhängen verwendet wird. In einem sehr weiten Verständnis kann man Marketing als ein an den Märkten orientiertes Denken und Handeln auffassen.

> *Marketing:*
> *Ein Prinzip der Unternehmensführung, bei der alle Aktivitäten auf die gegenwärtigen und künftigen Erfordernisse der Märkte ausgerichtet werden. Dabei sind systematisch gewonnene Informationen über die Märkte (insbesondere über Kunden und Mitbewerber) Grundlage aller Entscheidungen.*

Da ein Unternehmen stets auf mehreren Märkten tätig ist, umfasst das Marketing Maßnahmen auf allen Märkten:

Märkte		Marketingaktivitäten	
Absatz-markt	Die Sommerfeld Bürosysteme GmbH bietet Büro- und Einrichtungsmöbel an (Anbieter von Gütern und Leistungen).	Absatz-marketing	Aktivitäten, um Produkte und Dienstleistungen zu verkaufen.
Beschaf-fungs-markt:	Die Sommerfeld Bürosysteme GmbH kauft Produktionsfaktoren ein. Sie muss Maschinen, Fahrzeuge, Rohstoffe usw. beschaffen. Ferner benötigt sie Telekommunikationsmöglichkeiten (Telefon, E-Mail, Fax) und Energie (Nachfrager nach Gütern und Leistungen).	Beschaf-fungsmar-keting	Aktivitäten, um Maschinen, Lager- und Geschäftsausstattungen, Fahrzeuge, Roh-, Hilfs- und Betriebsstoffe usw. zu beschaffen bzw. einzukaufen.
Arbeits-markt	Die Sommerfeld Bürosysteme GmbH benötigt qualifizierte Mitarbeiter (Nachfrager nach Arbeitskräften).	Personal-marketing	Aktivitäten, um geeignete Mitarbeiter für das Unternehmen zu gewinnen und zu halten.

Märkte		Marketingaktivitäten	
Kapital-markt	Die Sommerfeld Bürosysteme GmbH benötigt Kapital zur Finanzierung von Investitionen in Gebäude, Fuhrpark, Maschinen usw. (Nachfrager nach Kapital). Sie sucht nach Anlagemöglichkeiten für kurz- und mittelfristig nicht benötigte liquide Mittel (Anbieter von Kapital).	Finanzmar-keting	Aktivitäten, um Finanzmittel günstig zu erhalten (Kredite) und Kapital außerhalb des Unternehmens sinnvoll anzulegen.

Die Produktion und die Vermarktung (Verkauf) der Produkte und Dienstleistungen stehen im Mittelpunkt der Bemühungen eines Industrieunternehmens. Daher wird der Begriff „Marketing" im Allgemeinen mit **Absatzmarketing** gleichgesetzt. Entsprechend stehen bei der **Marktorientierung** die **Kunden** und die **Konkurrenz** (Wettbewerber) im Mittelpunkt.

Kundenorientierung	Wettbewerbsorientierung
Gezielte Analyse der Wünsche, Bedürnisse und Ansprüche der Kunden.	Analyse der jeweiligen Wettbewerbssituation und Vergleich eigener Leistungen mit denen der Konkurrenten.
↓	↓
Ziel: Optimale Befriedigung der sich wandelnden Kundenansprüche.	**Ziel:** Eigene Wettbewerbsvorteile erkennen, pflegen und ausbauen.

Überlegungen zum Marketing erfolgen auf ganz unterschiedlichen Ebenen, die – ausgehend von den Unternehmenszielen – aufeinander aufbauen. Gemeinsam ist den Überlegungen auf allen Ebenen, dass der Kunde stets im Mittelpunkt steht:

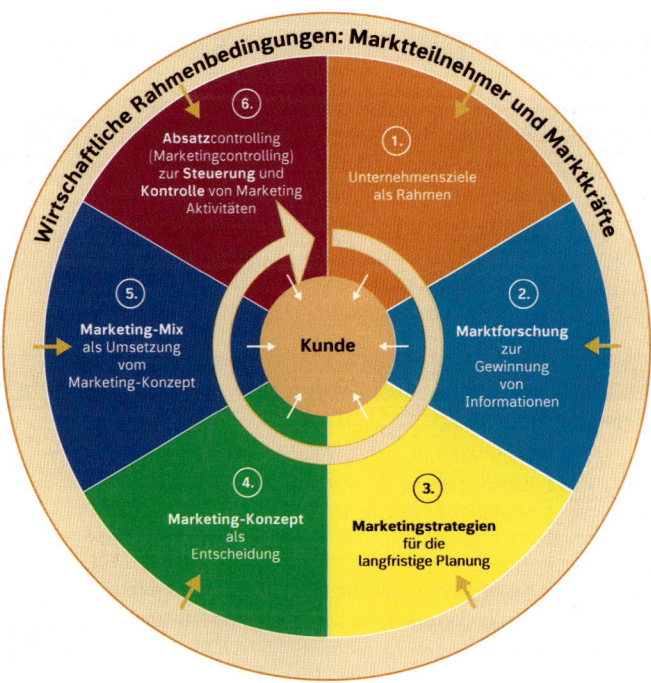

→ LF 2

> **PRAXISTIPP!**
>
> *Marketing ist die zentrale Unternehmensaufgabe, die weitgehend die anderen Unternehmens-bereiche steuert. Damit ist erfolgreiches Marketing entscheidend für den Erfolg Ihres Unterneh-mens auf den nationalen und internationalen Märkten.*

Marktteilnehmer

Sämtliche Marketingaktivitäten werden von den Marktteilnehmern beeinflusst, mit denen das Unternehmen in Beziehung steht:

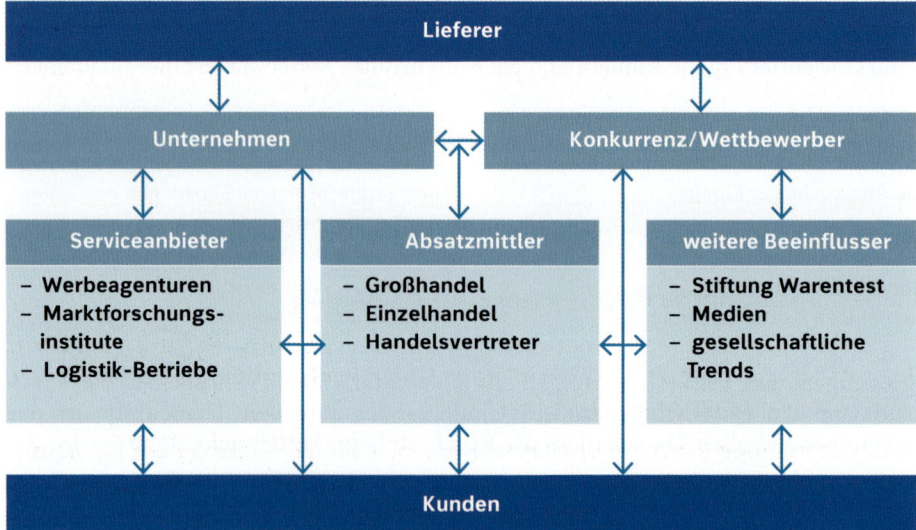

Marktkräfte

Neben der Kenntnis der unterschiedlichen Marktteilnehmer ist die Art und Stärke der Beziehung untereinander von entscheidender Bedeutung für das Marketing. Die **Analyse** und permanente **Beobachtung** der unterschiedlichen Marktkräfte ist daher ein Kernpro-zess des Marketings, der vorwiegend durch die Marktforschung (vgl. S. 20 ff.) erfolgt.

Beispiele:

Marktkräfte	Erläuterungen, Kommentare, Beispiele
Marktmacht der Kunden (Käufermarkt)	Je mehr Kunden am Markt aktiv sind, desto größer ist für einen Anbieter die Chance der erfolgreichen Kundenakquisition und desto geringer das Risiko, dass Kunden sich zusammenschließen und konzentriert ihre Marktmacht ausüben.
Marktmacht der Lieferer	Je eher Lieferer austauschbar sind, desto größer ist die Marktmacht der Nachfrager. Probleme entstehen, wenn Lieferer sich zusammenschlie-ßen und Preis- bzw. Konditionendiktate ausüben.

Marktkräfte	Erläuterungen, Kommentare, Beispiele
Bedrohung durch Ersatzprodukte (Substitutionsgüter)	Je eher ein Produkt oder eine Dienstleistung durch eine Alternative ersetzt werden kann, desto geringer sind die langfristigen Marktchancen.
Wettbewerbsintensität	Je stärker der Wettbewerb, desto höher sind die Aufwendungen, um im Markt zu bestehen, und desto geringer sind die Möglichkeiten der Gewinnerzielung.
Bedrohung durch neue Wettbewerber	Je geringer die Einstiegsbarrieren in einen Markt, desto leichter wird es anderen Unternehmen (auch aus dem Ausland) gelingen, in den Markt einzudringen und Kunden abzuwerben.

PRAXISTIPP!

Analysieren Sie für die Produkte Ihres Ausbildungsbetriebes die unterschiedlichen Marktkräfte!

Zusammenfassung

Das Marketing als zentrale Unternehmensaufgabe verstehen

- *Marketing umfasst alle auf **Märkte** gerichtete Aktivitäten eines Unternehmens: **Absatzmarketing, Beschaffungsmarketing, Personalmarketing und Finanzmarketing**. Im Groß- und Außenhandel steht das Absatzmarketing im Mittelpunkt.*

- *Eine marktorientierte Unternehmensführung macht die **Kundenorientierung** und die **Wettbewerbsorientierung** zu Schwerpunkten.*

- *Marketingaktivtäten erfolgen auf der Grundlage vielfältiger **Informationen** und auf ganz unterschiedlichen unternehmerischen **Entscheidungsebenen**. So wird Marketing zu einer zentralen **Unternehmensaufgabe**.*

- *Die **Marktposition** eines einzelnen Unternehmens ist von zahlreichen **Marktkräften** (z. B. Marktmacht von Kunden und Lieferern) abhängig.*

Aufgaben

1. *Marketing hat in Industrieunternehmen oft den Schwerpunkt im Absatzmarketing. Erläutern Sie, warum auch in anderen betrieblichen Bereichen (Beschaffung, Personal- und Finanzwirtschaft) Marketingaktivitäten eine wichtige Rolle spielen. Beschreiben Sie konkrete Beispiele aus Ihren Ausbildungsbetrieben.*

2. *Beschreiben Sie, wie in Ihrem Ausbildungsbetrieb Kunden- und Wettbewerbsorientierung umgesetzt werden. Stellen Sie Ihren Mitschülern konkrete Maßnahmen und Beispiele in einem Kurzvortrag vor.*

LS 2

2   Die Marktforschung als Grundlage von Marketingentscheidungen nutzen

In der Sommerfeld Bürosysteme GmbH bemerkt man seit geraumer Zeit, dass die Umsätze in der Produktfamilie – „Konferenz" – rückläufig sind. Im vergangenen Quartal nahmen Umsätze, gemessen am Vorjahr, um etwa 12 % ab. Sowohl Herr Sommer, der Geschäftsführer der Sommerfeld Bürosysteme GmbH, als auch Herr Kraus, Gruppenleiter für den Bereich Vertrieb, beobachten diese Entwicklung mit großer Sorge.

Herr Kraus: „... ich vermute, dass uns insbesondere der preisaggressive Direktvertrieb zusetzen und uns mehr und mehr Marktanteile abnehmen wird. Darauf müssen wir einfach reagieren und unsere Preis- und Vertriebsstrategien entsprechend anpassen!"

Herr Sommer: „Das kann durchaus sein. Bedenken Sie aber, dass wir auch unser Werbekonzept umgestellt haben. Ihrem Bereich stand dieses Jahr ein deutlich geringeres Werbebudget zur Verfügung."

Herr Kraus: „Das stimmt natürlich. Dennoch spielt das Werbebudget hier nur eine geringe Rolle. Durch die Umstellung auf unser direktes Kundenmailing konnten wir eine mindestens ebenso hohe Werbewirksamkeit wie vorher erreichen. Gleichzeitig konnten wir dadurch etwa 35 % der vorherigen Aufwendungen für Werbung einsparen. Ich führe den Rückgang eher auf unser Sortiment zurück. Bei den Konferenzprodukten erwarten unsere Kunden heute doch ein wesentlich tieferes und breiteres Sortiment."

Herr Sommer: „Hm, ... das ist durchaus möglich. Ich denke, so kommen wir in der Tat nicht weiter. Damit wir nicht noch mehr Umsatz verlieren, sollten wir entschlossen, aber vor allem auch überlegt handeln. Sowohl unsere Analyse, als auch unsere Entscheidungen müssen auf handfesten betriebswirtschaftlichen Fakten beruhen."

Arbeitsaufträge

- Bilden Sie in Ihrer Klasse kleine „Nachbarschaftsgruppen". Sammeln Sie erste Ideen, wie Herr Sommer und Herr Kraus zu „handfesten" betriebswirtschaftlichen Fakten gelangen können, die ihnen in der Folge als Entscheidungsgrundlage dienen können.

- Dokumentieren Sie Ihre Überlegungen in einer Übersicht.

Marktforschung

Die **Beschaffung** und **Aufbereitung** von **Marktinformationen** ist Aufgabe der Marktforschung. Als zentrale Bereiche der Marktforschung für Industrieunternehmen gelten:

Kundenanalyse	Konkurrenzanalyse	Analyse der eigenen Marktstellung

> **PRAXISTIPP!**
>
> *Die Marktforschung ist ein unverzichtbares Instrument, um Informationen für betriebswirtschaftliche Entscheidungen zu erhalten. Nur mit diesen Informationen können die marketingpolitischen Instrumente (vgl. S. 35 ff.) zielgerichtet eingesetzt werden.*

Ziel der Marktforschung ist es,

- eigene Schwächen zu ermitteln, um sie mit geeigneten Marketingmaßnahmen zu beseitigen;
- eigene Wettbewerbsvorteile/Stärken zu erkennen, um sie ausbauen zu können. Voraussetzung dafür sind verlässliche, aktuelle, genaue und zielgerichtete Marktdaten.

Informationsquellen der Marktforschung

- **Betriebsinterne Quellen:** Das betriebsinterne Datenmaterial der Marktforschung entstammt den Aufzeichnungen der verschiedenen Abteilungen eines Unternehmens, insbesondere dem **Rechnungswesen**.

- **Betriebsexterne Quellen:** Oft ist es erforderlich, dass in der Marktforschung Daten erhoben werden müssen, die nicht betriebsintern angefallen sind. Soll beispielsweise die konjunkturelle Entwicklung eingeschätzt werden, so müssen Berichte der EZB (Europäische Zentralbank), der Bundesbank, einzelner Ministerien (Wirtschafts-, Finanz-, Arbeitsministerium) sowie Pressemitteilungen ausgewertet werden.

- **Sekundärdaten:** Die bisher genannten Daten (betriebsinterne oder externe) wurden nicht speziell für Marktforschungszwecke erhoben. Es handelt sich um Daten, die für andere Zwecke erfasst wurden, z. B. für Zwecke des Rechnungswesens. Für die Marktforschung und für sonstige Entscheidungszwecke müssen sie jeweils neu aufbereitet (sortiert, selektiert, verknüpft) werden. Bei diesen Daten handelt es sich um sogenannte Sekundärdaten.

- **Primärdaten:** Sind aus Sekundärdaten die gewünschten Informationen nicht zu gewinnen, müssen die Daten erstmalig neu erhoben werden. Man spricht von **Primärdaten**.

Überblick über die Methoden der Marktforschung

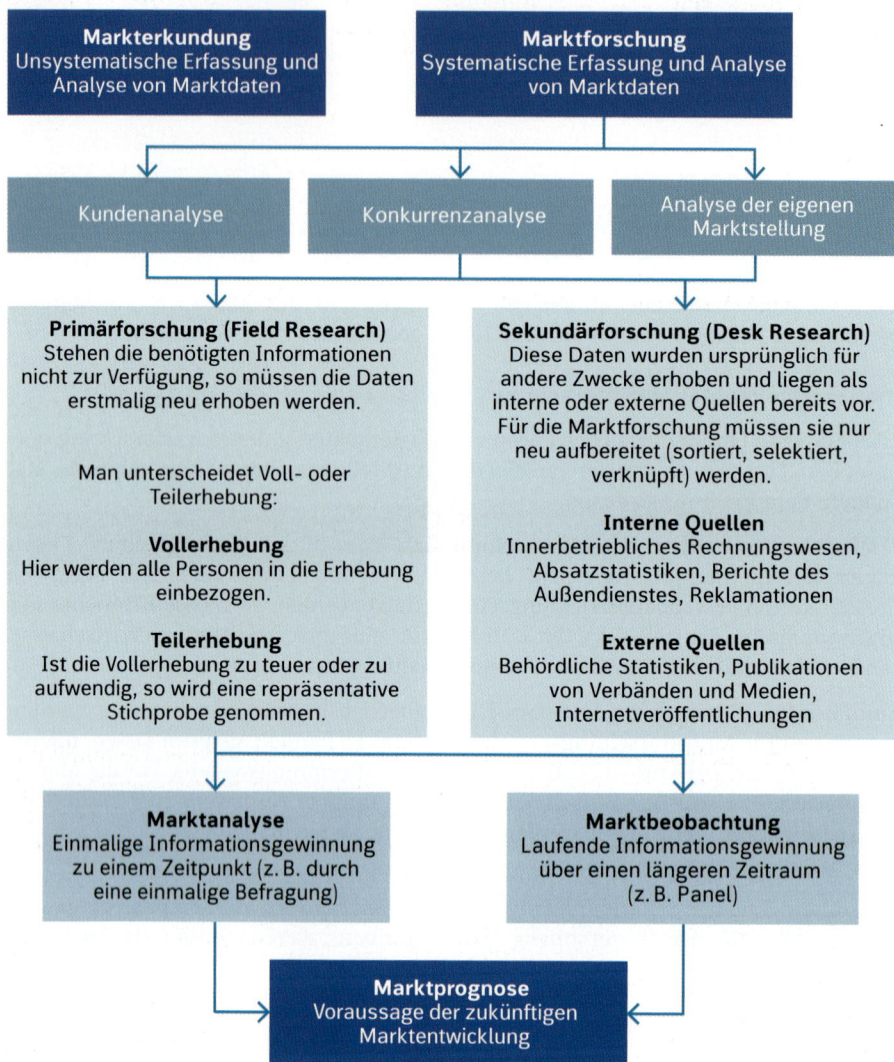

Kundenanalyse

Kundenorientierung und ihre Umsetzung ist langfristig die Voraussetzung für die Wettbewerbsfähigkeit in einem Käufermarkt (vgl. S. 18). In Marktstrukturen mit globaler Konkurrenz und mit zunehmender Markttransparenz für die Kunden wird eine klare Ausrichtung von Marketingaktivitäten auf den Kunden zu einer Überlebensstrategie für alle Industrieunternehmen.

PRAXISTIPP!

Bedenken Sie: Der Kunde ist das Wichtigste für Ihr Unternehmen. Er ist es, der letztendlich Ihr Gehalt bezahlt.

Sowohl das Industrieunternehmen als auch seine Kunden müssen von einem Geschäft profitieren. Es muss eine **Win-win-Situation** entstehen, in der sich beide Parteien als Gewinner sehen können. Kundenorientierung hat somit zum Ziel, Kundenzufriedenheit zu optimieren, um deren Wechsel zu Mitbewerbern auszuschließen.

> **PRAXISTIPP!**
>
> *Der Aufwand (Kosten, Zeit), einen bereits vorhandenen Kunden zufriedenzustellen, ist in der Regel deutlich geringer, als der Aufwand, einen neuen Kunden zu gewinnen.*

Bei der **Kundenanalyse** geht es folglich darum, so viel wie möglich über aktuelle und potenzielle Kunden zu erfahren, um in der Folge die Marketingaktivitäten entsprechend auszurichten. Als zentrale Analysebereiche können sich folgende Fragen ergeben:

- **Wer sind unsere Kunden?**
- Was sind die **Kaufmotive** und **Ansprüche** unserer Kunden?
- Wie ist das **Kaufverhalten** unserer Kunden?
- Wie **zufrieden** sind unsere Kunden?

Marktsegmentierung

Unter **Marktsegmentierung** versteht man die Aufteilung eines heterogenen Gesamtmarktes in homogene Marktsegmente (Käufergruppen). Aufgrund der vorgenommenen Segmentierung lassen sich Zielgruppen besser erfassen und bearbeiten. Für ein Industrieunternehmen, das als Kunden sowohl Unternehmen als auch den privaten Endverbraucher im Blick hat, ist die folgende Unterscheidung bedeutsam:

Unternehmen	Konsumenten
- Beschaffen von Investitionsgütern und Dienstleistungen zur Erfüllung betrieblicher Aufgaben - Beschaffungsentscheidungen nach rationalen bzw. wirtschaftlichen Kriterien - Preise, Liefer- und Zahlungskonditionen werden ausgehandelt - Keine Spontan- oder Impulskäufe	- Kauf von Konsumgütern für privaten Verbrauch - Kaufentscheidungen nach rationalen und irrationalen Kriterien (Statussymbole) - Preise und Konditionen werden lediglich verglichen - Häufig Spontan- und Impulskäufe

Die große Masse der Konsumenten kann nach den unterscheidlichen Merkmalen unterschieden (segmentiert) werden:

Merkmale der Marktsegmentierung

geografisch	demografisch	soziografisch	psychografisch
Beispiele: – Internationale Regionen bzw. Länder – nationale Regionen, Bundesländer – Regierungsbezirke – Nielsen-Gebiete	**Beispiele:** – Geschlecht – Alter – Familienstand	**Beispiele:** – Ausbildung – Beruf – Einkommen – Vermögen – Sozialschicht – Bildung	A. Allgemeine Persönlichkeitskriterien **Beispiele:** – allg. Einstellung – Verhalten – Meinungen – Lebensstil B. Produktspezifische Kriterien **Beispiele:** – Markentreue – spez. Einstellung – Präferenzen

Kundeninformationssystem

Konkret bedeutet der Aufbau eines Kundeninformationssystems für ein Industrieunternehmen, dass permanent Aufzeichnungen zu machen sind hinsichtlich des Marktverhaltens von Kunden. Hierzu ist eine umfassende **Kundendatei** Voraussetzung, die die gesamte Kommunikation mit dem Kunden dokumentiert. Diese Datei muss diverse Filtermöglichkeiten aufweisen, um entsprechende Datenaufbereitungen durchführen zu können (Listengeneratoren, Such- und Abfragestrukturen, automatisches Update usw.). Im Idealfall ist ein **Kundeninformationssystem** vorhanden, welches in das Datenbanksystem des Unternehmens so integriert ist, dass Verknüpfungen mit anderen Dateien (Produktdatei, Finanzbuchhaltung u. Ä.) möglich sind, um entsprechende Auswertungen zu erstellen. Häufig werden noch zusätzliche Daten in der Kundendatei erfasst, z. B. E-Mail-Adresse, URL der Homepage, Bankverbindungen, Unternehmensphilosophie, Mutter- und Tochtergesellschaften, Wachstumspotenziale des Kunden, Produktpalette, Gesprächstermine mit Inhalt, Verhalten bei Reklamationen, besondere Qualitätsansprüche, Kontakte zu Konkurrenzunternehmen usw. Hierbei steht dem Unternehmen frei, welche Daten erfasst und aktualisiert werden sollen.

Customer Relationship Management (CRM)

Elemente von CRM können z. B. sein: Callcenter, Hotline (telefonisch, Faxabruf, E-Mail, Chat-Room), Außendienst-Berichtssystem (Kennzahlen über Außendienstaktivitäten, Kundenprofildatenbank usw.), Beschwerde- und Reklamationsdatenbank, Problemdatenbank mit Lösungsstrategien usw.

Ziel des CRM ist es, eine dauerhafte Kundenbindung aufzubauen bzw. bestehende Kundenbindungen zu vertiefen. Je besser man den Kunden kennt, desto genauer können die Bedürfnisse des Kunden mit den eigenen Produkten befriedigt werden. In der Praxis ist es üblich, die Kundendaten konsequent zu erfassen, zu verwalten und für das Marketing zu nutzen.

Kaufentscheidende Variablen

Bezüglich des Kaufverhaltens von Kunden muss untersucht werden, welche Faktoren für sie kaufentscheidend sind, die „**Key Buying Factors (KBF)**". Die Grundfrage lautet somit: „Welche Produkteigenschaften und Eigenschaften/Verhaltensweisen eines Unternehmens sind bei einer Kaufentscheidung für den Kunden wie wichtig?"

PRAXISTIPP!

Sammeln Sie KBFs für die drei umsatzstärksten Produkte Ihres Ausbildungsbetriebes. Legen Sie eine Rangfolge je nach Bedeutung fest. Vergleichen Sie Ihre Einschätzung mit der Ihres Ausbilders.

Kundenzufriedenheitsanalyse

Zur Sicherung der Kundenbindung bietet sich eine **Kundenzufriedenheitsanalyse** an. Um sich kundenorientiert und verkaufsstark am Markt zu bewegen, müssen systematisch auftretende Defizite identifiziert und abgebaut werden, denn es besteht ein enger Zusammenhang zwischen der Kundenzufriedenheit und dem nachhaltigen Verkaufserfolg. Ziel der Analyse ist folglich eine Optimierung der Kundenzufriedenheit und Kundenbindung, was zu höheren Abschlussquoten, mehr Folgeabschlüssen, Weiterempfehlungen und Neukundengewinnung führen soll.

Ein wichtiger Baustein bei der Analyse der Kundenzufriedenheit ist ein **Stärken- und Schwächenprofil** aus Sicht der Kunden. Aus diesem Profil können dann Ansatzpunkte für die Verbesserung abgeleitet werden. Die Identifikation von systematisch auftretenden Defiziten steht somit im Vordergrund dieser Methode.

Für die **Durchführung** einer Kundenzufriedenheitsanalyse bietet sich die Befragung (vgl. S. 29 f.) an. Neben schriftlichen Befragungen kommen auch Telefoninterviews oder Onlinebefragungen zur Anwendung.

Die **Auswertung und Analyse** der Befragungsdaten sollte computergestützt erfolgen. So lassen sich Zufriedenheitsbereiche der Kunden ermitteln und die Selektion der Daten kann nach verschiedenen Befragungsbereichen vorgenommen werden.

Als **Ergebnis** sollte eine Stärken- und Schwächenprofil des Unternehmens sowie ein Kundenzufriedenheitsprofil vorliegen, aus dem sich möglichst konkrete Optimierungsmaßnahmen ableiten lassen.

Beispiel: Die Sommerfeld Bürosysteme GmbH beschließt nach ihrer Kundenzufriedenheitsanalyse Schulungs- und Trainingsmaßnahmen für die Mitarbeiter im Vertrieb. Eine Wiederholungsbefragung im kommenden Jahr soll zeigen, welche Fortschritte erzielt wurden.

PRAXISTIPP!

Eine Kundenzufriedenheitsanalyse kann variiert werden und ihren Schwerpunkt auf die Bereiche Neukunden, verlorene Kunden oder After-Sales-Befragung legen.

Konkurrenzanalyse/Mitbewerberanalyse

Die **Konkurrenzanalyse/Mitbewerberanalyse** als Branchenanalyse ist heute ein unverzichtbares Früherkennungsinstrument im Rahmen der Überlebens- und Zukunftssicherung von Indutrieunternehmen. So beeinflusst das Angebot der Mitbewerber die Erwartung und die Zufriedenheit der eigenen Kunden und zudem droht auch Konkurrenz, die nicht nur aus der eigenen Branche stammt.

Beispiel:
- Anfang der Siebzigerjahre des 20. Jahrhunderts entstand in Deutschland eine völlig neue Konkurrenz für Büromöbeleinzelhändler. Das schwedische Unternehmen IKEA definierte die Zielgruppe der jungen Familien und der Büromöbelkäufer mit geringer Kaufkraft neu und bot erstmalig Büromöbel zum „Selber-Montieren" an. Heute gehört IKEA zu den führenden Möbelhäusern und ist starker Konkurrent zum Facheinzelhandel und somit auch für die Sommerfeld Bürosysteme GmbH.
- Tele-Shopping und Online-Handel haben sich zu einem neuen Vertriebskanal entwickelt, der zu einem starken Konkurrenten für den stationären Handel geworden ist. Selbst beratungsintensive Produkte wie Computer, Fotoartikel, Versicherungsdienstleistungen usw. werden über diese Vertriebskanäle verkauft.

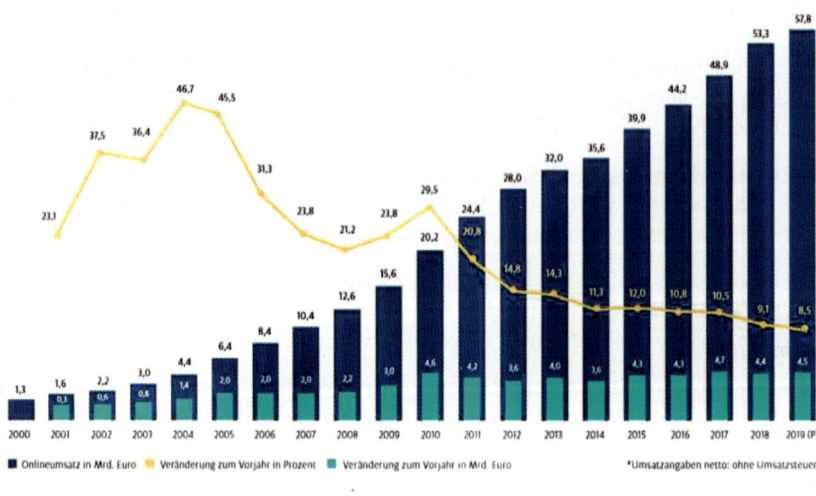

Entwicklung Onlineumsatz (netto) in Deutschland

■ Onlineumsatz in Mrd. Euro ● Veränderung zum Vorjahr in Prozent ■ Veränderung zum Vorjahr in Mrd. Euro   *Umsatzangaben netto: ohne Umsatzsteuer

HDE ONLINE-MONITOR 2019

Aufgabe der Konkurrenzanalyse ist es, die Mitbewerber und deren Produkte auf Stärken und Schwächen hin zu untersuchen. Sie liefert wichtige Orientierungspunkte für die eigene Marktpositionierung und Wettbewerbsstrategie. Methodisch kann eine Konkurrenzanalyse durch einfache Vergleiche oder durch gezielte Bewertungen erfolgen.

Das grundsätzliche **Problem** der Konkurrenzanalyse besteht darin, dass es in der Regel schwierig ist, zuverlässige Daten über die Konkurrenz zu ermitteln. Marktforschungsinstitute bieten diese Daten kostenpflichtig an.

Die nachfolgenden Modelle helfen, den Blick auf Marktpotenziale zu schärfen.

Die SWOT-Analyse

Die SWOT-Analyse ist ein klassisches Instrument, um die Marktpositionierung eines Unternehmens im Vergleich zur Konkurrenz festzustellen. SWOT ist abgeleitet aus den folgenden Begriffen:

Strength	Weakness
Stärken des eigenen Unternehmens, z. B. Flexibilität in der Produktion, Kundennähe, Produktqualität, Ausbildungsstand der Mitarbeiter	Schwächen des eigenen Unternehmens, z. B. Finanzkraft, IT-Infrastruktur, Organisationsstruktur, Reaktionsgeschwindigkeit auf Marktveränderungen
Opportunities	**Threats**
Chancen für die Zukunft, z. B. Expansion ins Ausland, Internet als Vertriebskanal, E-Commerce für B2B	Risiken für die Zukunft, z. B. Konkurrenz aus dem Ausland, Veränderungen in den Marktstrukturen, Investitionsneigung von Kunden

Beispiel: Eine wesentliche Stärke der Sommerfeld Bürosysteme GmbH ist die hohe Produktqualität (Ergonomie und Design).

Stärken-Schwächen-Profile

Die aufgrund der SWOT-Analyse erhobenen Daten können übersichtlich in ein Stärken-Schwächen-Diagramm übertragen werden, das alle Ausprägungen veranschaulicht.

Beispiel: Die Auswertung des Stärken-Schwächen-Profils der Sommerfeld Bürosysteme GmbH zeigt, dass die Beurteilung gegenüber dem stärksten Mitbewerber bei fast allen Kriterien schlechter ausfällt. Lediglich bei der Produktqualität liegt die Sommerfeld Bürosysteme GmbH vorn.

Kriterien \ Beurteilung	schlecht				mittel					gut		
	7	6	5	4	3	2	1	0	1	2	3	4	5	6	7
Gewinnentwicklung				✕					◯						
Marktpräsenz							✕		◯						
Service				✕	◯										
Innovationsfreudigkeit					✕				◯						
Produktqualität							◯					✕			
Vertriebskanäle								✕				◯			
...															

—— = eigenes Unternehmen ✕   ·········· = stärkstes Konkurrenzunternehmen ◯

Branchenvergleiche/Benchmarking

Fachverbände, Industrie- und Handelskammern sowie Marktforschungsinstitute erstellen **periodisch Branchenvergleiche**. Die hier veröffentlichten Daten können einen wesentlichen Beitrag zur Konkurrenzanalyse leisten. Oft sind die Daten bereits aufbereitet, sodass sie mit eigenen Unternehmensdaten verglichen werden können.

Beispiel: Für einen Branchenvergleich hat die Sommerfeld Bürosysteme GmbH die folgende Übersicht angelegt:

Kennzahl	Eigenes Unternehmen	Branchen-durchschnitt	Durchschnitt Top Ten
Umsatz (Mio. Euro) Veränderung zum Vorjahr			
Mitarbeiter Veränderung zum Vorjahr			
Umsatz je Mitarbeiter Veränderung zum Vorjahr			
Gewinn (Mio. Euro) Veränderung zum Vorjahr			

Weitere wichtige Bereiche der Konkurrenzanalyse sind die Preispolitik, die Servicepolitik, die Distributionspolitik, die Kommunikationspolitik, die Qualität der angebotenen Artikel, die Serviceleistungen sowie das Sortiment und das Image des Konkurrenten.

Bei der **Konkurrenzanalyse** ist nicht unbedingt die Anzahl der festgestellten Mitbewerber das ausschlaggebende Element, sondern die Kompetenz und Stärke der einzelnen Konkurrenten. Bei der Analyse ist es deshalb empfehlenswert, drei Gruppen zu bilden:

Marktführer und Marktherausforderer	Diese Mitbewerber haben eine besonders ausgeprägte Marktstellung und übernehmen eine Führungsfunktion in Bezug auf Produktangebot und Marktbeeinflussung. Marktherausforderer sind solche Unternehmen, die auf dem Wege sind, Marktanteile abzunehmen oder sich als Marktführer zu positionieren.
Nischenanbieter	Nischenanbieter beteiligen sich nur mit einem begrenzten Liefersortiment und Produktangebot am Markt oder konzentrieren sich auf beschränkte Marktgebiete, die sie mit ihrem Angebot abdecken.
Mitläufer	Mitläufer beteiligen sich nur marginal am Marktgeschehen und haben meist eine untergeordnete Marktstellung.

PRAXISTIPP!

Behalten Sie bei Ihrer Konkurrenzanalyse nicht nur den Marktführer und Marktherausforderer im Blick, sondern betrachten Sie die (bisherigen) Nischenanbieter und Mitläufer ähnlich aufmerksam.

Analyse der eigenen Marktstellung

Die Analyse des Marktes ist für Industrieunternehmen von großer Bedeutung, um die marketingpolitischen Instrumente mit Blick auf den Absatzmarkt angemessen einsetzen zu können. Zentrale Bereiche der Marktanalyse sind:

Marktpotenzial	Marktvolumen	Marktanteil

Das **Marktpotenzial** ist eine theoretische Größe. Sie gibt die maximale Aufnahmefähigkeit eines Marktes in Stück an, wobei unterstellt wird, dass alle denkbaren Käufer über entsprechendes Einkommen verfügen und alle auch eine entsprechende Kaufbereitschaft entwickelt haben.

Beispiele:
– Das Marktpotenzial für Smartphones in Deutschland entspricht in etwa der Bevölkerungsanzahl (Ausnahme: Kleinkinder unter sechs Jahren). Nicht alle Bürger sind aber bereit oder in der Lage, sich ein Smartphone anzuschaffen; andere nutzen mehrere Geräte.
– Die Sommerfeld Bürosysteme GmbH ruft jährlich aktuelle Marktdaten für Büroausstattung bei der Gesellschaft für Konsumforschung (GfK) ab. Diese kostenpflichtige Information ist für die Sommerfeld Bürosysteme GmbH eine Basis, um das Marktpotenzial zu prognostizieren.

Unter dem **Marktvolumen** versteht man die realisierte Absatzmenge pro Periode in einem abgegrenzten Markt. Das Marktvolumen kann mengen- und/oder wertmäßig erfasst werden.

Beispiel: Frau Braun hat für den Bürostuhl „Stitz" aktuelle Marktdaten der GfK angefordert. Hierbei ist ihr aufgefallen, dass das Marktvolumen für ergonomisch geformte Büromöbel in den letzten drei Jahren um 25 % gewachsen ist.

Der **Marktanteil** eines Unternehmens ist der prozentuale Anteil seines Umsatzes oder Absatzes am Marktvolumen. Mit dieser Messzahl wird die Stärke der Marktposition im Vergleich zur Konkurrenz gemessen. Der Marktanteil kann in Mengeneinheiten wie Stück (Absatz) oder in Werteinheiten wie Euro (Umsatz) gemessen werden.

$$\text{Marktanteil in \%} = \frac{\text{Unternehmensumsatz oder -absatz} \cdot 100}{\text{Marktvolumen}}$$

Die zeitliche Veränderung der Marktanteile zeigt die Entwicklung der Marktstellung eines Unternehmens. Da die Summe aller Marktanteile eines Marktes genau 100 % ist, kann eine Ausweitung des Marktanteiles eines Unternehmens immer nur zulasten des Marktanteils eines anderen Unternehmens gehen.

Beispiel: Der Marktanteil der Sommerfeld Bürosysteme GmbH im Segment „Schreibtische" beträgt 5 %. 95 % des Marktvolumens entfallen auf die Mitbewerber.

PRAXISTIPP!

Industrie- und Handelskammern, Fachverbände und Statistische Landesämter bieten zahlreiche Quellen, die für eine Marktanalyse hilfreich sind.

Marktforschung über soziale Medien

Die Marktforschung über soziale Medien, auch **Social-Media-Monitoring** genannt, ergänzt klassische Marktforschungsinstrumente und trägt dazu bei, im Rahmen der Marktforschung auch die **internetaffineren Personengruppen** zu erreichen.

Marktforschung über soziale Medien ist die **systematische Erhebung, Beobachtung, Verarbeitung und Analyse** von Nennungen und Kommentaren zu Produkten, Marken oder Unternehmen in sozialen Netzwerken. Oftmals geschieht dies mittels Blogs, Stories, Communities und Foren. Unternehmen können somit einen **dauerhaften Überblick** erhalten über gegenwärtige Ansichten (möglicher) Kunden, Influencer oder Kritiker.

Die **Marktforschung** über soziale Medien bietet sich in unterschiedlichen Anwendungsbereichen und Einsatzfeldern an:

- Die **Beziehung und Kontakte** zu den eigenen Kundinnen und Kunden zu pflegen und zu **optimieren,**
- die **Ansichten** von (möglichen) **Kunden** über die eigenen Produkte, Dienstleistungen, Marken sowie das Unternehmen zu erfahren,
- das **Markenimage** und den **Markenerfolg** des Unternehmens zu untersuchen,
- den **Wettbewerb** und das Handeln der Mitbewerber im Blick zu behalten,
- **Ansprüche, Bedürfnisse** und **Nutzungsgewohnheiten** der Konsumenten zu ermitteln,
- den **Erfolg** von Kampagnen zu messen,
- über **problematische Beiträge** informiert zu werden und Shitstorms zu vermeiden,
- wichtige Beiträge von **Influencern** mitzubekommen und darauf **reagieren** zu können,
- **frühzeitig unternehmensrelevante** Themen und Trends zu erkennen.

Ebenso können **firmeneigene Auftritte in sozialen Netzwerken** dazu genutzt werden, um die Ansichten und Meinungen von Kunden zu neuen Produkten, Dienstleistungen oder Unternehmensstrategien zu erfahren, indem (mögliche) Kunden zu Kommentierungen, eigenen Meinungen oder Bewertungen ermuntert werden. Diese Form der Marktforschung ist jedoch nur dann sinnvoll, wenn sie **kontinuierlich durchgeführt wird.**

Beispiel: Die Sommerfeld GmbH betreibt auf Facebook und Instagram eigene Accounts. Dort werden Unternehmensnews zu neuen Produkten und Kampagnen gepostet. Die Reaktionen der Kunden werden ausgewertet, um ggf. nachsteuern zu können.

Typische Methoden zur Datenerhebung in der Marktforschung

Befragung
Die **Befragung** ist eine Methode der Datenerhebung, bei der sich Personen verbal oder schriftlich zum jeweiligen Erhebungsgegenstand äußern. Bei Befragungen kann ein Industrieunternehmen

- schriftlich,
- mündlich,
- telefonisch oder
- online-/computergestützt

Informationen zum Erhebungsgegenstand einholen.

Beispiele: Die Sommerfeld Bürosysteme GmbH plant eine Kundenbefragung. Erhebungsgegenstand ist die Kundenzufriedenheit.

Erhebungsformen	Erläuterungen	Vorteile	Nachteile
 mündlich	Durchführung von Interviews. Zumeist geschieht dies mithilfe eines Fragebogens.	– mehr Klarheit, weil Zusatzfragen und Erklärungen möglich sind – hoher Rücklauf	– personal- und kostenintensiv – mögliche Beeinflussung durch Interviewer – zeitaufwendig
 schriftlich	Fragebögen mit verschiedenen Frageformen werden an ausgewählte Unternehmen oder Personen geschickt.	– einfach zu organisieren – relativ kostengünstig – ermöglicht breites Informationsspektrum	– ziel- und personengerichtete Formulierung der Fragen – oft geringe Rücklaufquote – keine spontanen Antworten – intensive Auswertung
 telefonisch	Es werden gezielt einzelne Personen oder Unternehmen telefonisch befragt.	– relativ schnelle Erhebung – direkte und persönliche Ansprache der Zielgruppe	– wird von der Zielgruppe häufig als lästig empfunden – Antwortverhalten der Befragten nicht beobachtbar
 online	Mit Hilfe des Internets wird eine Befragung durchgeführt (ähnlich der schriftlichen Befragung).	– leichte und schnelle Form der Auswertung – kostengünstig	– kein persönlicher Kontakt und deshalb anonym – setzt entsprechende technische Ausstattung voraus

Fragebogen

Alle Formen der Befragung basieren auf einem Fragebogen. Bei der **Konzeption** eines Fragebogens ist besonders das **Untersuchungsziel** zu berücksichtigen. Die Fragen sind auf die Zielgruppe abzustimmen und müssen **eindeutig** sowie **sprachlich genau** und **verständlich** sein.

> **PRAXISTIPP!**
>
> *Fragebögen sind umso einfacher auszuwerten, je strukturierter sie sind.*

Für den Aufbau eines Fragebogens empfiehlt sich die folgende **Struktur**:

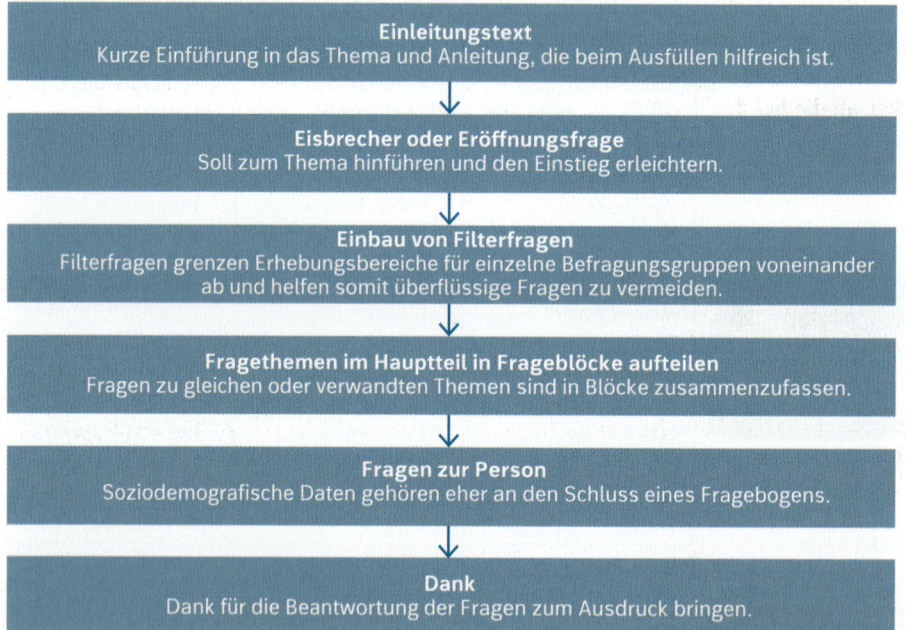

> **PRAXISTIPP!**
>
> *Orientieren Sie sich bezüglich der Länge eines Fragebogens an dem folgenden Prinzip: „So knapp wie möglich – so lang wie nötig."*

Fragen können nach ihrem **Inhalt** oder ihrer **Form** unterschieden werden und sich auf Einstellungen, Meinungen, Überzeugungen, Wertorientierungen, Wissen und Handlungen der befragten Person beziehen. Bei der Form werden in Bezug auf die Antwortmöglichkeiten drei Arten von Fragen unterschieden:

- geschlossene Fragen
- halb offene Fragen
- offene Fragen

Bei **geschlossenen Fragen** werden die Antwortmöglichkeiten vorgegeben. Das erleichtert die spätere Auswertung, hat jedoch den Nachteil, dass die Auskunftsperson oft das Gefühl hat, dass keine der vorgegebenen Antwortmöglichkeiten so richtig zu dem passt, was sie antworten möchte.

Beispiel: Die Sommerfeld Bürosysteme GmbH verwendet bei ihrer Befragung zur Kundenzufriedenheit die folgenden Fragen in geschlossener Form.

Wie zufrieden sind Sie mit dem Service unserer Reklamationsabwicklung?	Nicht ☐	wenig ☐	mittelmäßig ☐		ziemlich ☐	sehr ☐
Wie wurde der persönliche Kontakt mit unseren Mitarbeitern empfunden?	freundlich persönlich interessiert		1 2 3 4 5 6 1 2 3 4 5 6 1 2 3 4 5 6		unfreundlich unpersönlich gleichgültig	
Fühlen Sie sich ausreichend über Produktneuheiten informiert?	ja nein	☐ ☐				

Bei **offenen Fragen** werden keine Antwortmöglichkeiten vorgegeben. Die Auskunftsperson **antwortet mit eigenen Worten**. Mit offenen Fragen können auch Aspekte erfasst werden, an die bei der Entwicklung des Fragebogens (noch) nicht gedacht worden ist. Die Antwort hängt stark von der Ausdrucksfähigkeit der befragten Person ab und der Aufwand für die Auswertung ist hoch.

Beispiel:

Wenn Sie möglicherweise Ihren Lieferanten wechseln möchten, aus welchen Gründen würden Sie dies tun (bitte Gründe aufführen)?	_____ _____

In der Praxis werden häufig **halb offene Fragen** verwendet. Hierbei werden zunächst geschlossene Antwortmöglichkeiten vorgegeben. Je nach Antwort (oder auch als freiwillige Zusatzinformation) folgt eine offene Antwortmöglichkeit.

Beispiel:

Wurde auf Serviceleistungen des Hauses hingewiesen?	ja ☐ nein ☐
Welche?	_____

PRAXISTIPP!

- Testen Sie einen neuen Fragebogen zunächst in einer Versuchsstichprobe.
- Einen Fragebogen zu erstellen, der die Grundlage für betriebswirtschaftliche Entscheidungen darstellt, ist keine einfache Aufgabe. Daher sollten Sie vorsichtig sein und sich besser an einem fertigen Modell orientieren oder Fachleute eines Marktforschungsinstitutes mit dieser Arbeit beauftragen. Es hilft Ihnen nämlich nicht weiter, wenn Sie mit einem untauglichen Fragebogen und viel Aufwand Daten erheben, die wegen methodischer Fehler kaum sinnvoll zu interpretieren sind.

Panel

Ein Panel ist eine Methode, bei der eine Gruppe von Personen, Haushalten oder Betrieben über einen längeren Zeitraum regelmäßig befragt oder ihr Verhalten (z. B. über elektronische Erfassungsgeräte) untersucht wird. Die Panelteilnehmer stellen ein repräsentatives Abbild der Personengesamtheit dar. Die wichtigsten Formen des Panels sind das Einzelhandelspanel und das Verbraucher-/(Konsumenten-)panel. Durchgeführt werden Panels in der Regel von Marktforschungsinstituten. Mit Panels werden ausschließlich quantitative Daten erfasst.

Beobachtung

Bei einer Beobachtung kann das tatsächliche Verhalten von Perso-
nen in bestimmten Situationen beobachtet werden, ohne dass die
Person befragt werden muss. Die Beobachtung ist nicht von der
Auskunftsbereitschaft der Personen abhängig und hat den großen
Vorteil, dass echtes, durch Kommunikation noch unverfälschtes
Verhalten, festgestellt werden kann. Allerdings müssen Beobach-
tungen in der Regel durch Befragungen ergänzt werden, um ein
bestimmtes Verhalten zu erklären.

Beispiel: Im Fabrikverkaufsladen der Sommerfeld Bürosysteme GmbH untersucht die Auszubildende Nicole Ganser den Kundenlauf. Mit einer Skizze des Ladens zeichnet sie auf, wie sich die
Kunden in dem Raum bewegen. Ihre Erkenntnisse will Nicole für eine verkaufsfördernde Platzie-
rung der Produkte nutzen.

PRAXISTIPP!

*Für Mitarbeiter im Marketing ist es sinnvoll, diejenigen Verkaufsstätten anonym zu besuchen, in
denen Ihre Artikel verkauft werden. Sie werden stets mit einer Fülle von Denkanstößen zurück-
kehren und einen Fundus für Verbesserungen von Strategie und Taktik zur Verfügung haben.*

Markttest/Experiment

Während eines Markttests/Experiments versucht man für einen bestimmten Zusammenhang Ursache und Wirkung herauszufinden. Dabei wird jeweils ein Wesensmerkmal verändert, um die Auswirkungen untersuchen zu können.

Beispiel: Die Sommerfeld Bürosysteme GmbH testet, wie ihre Kunden in der Verkaufsboutique auf
Verbundplatzierungen reagieren. Dabei werden komplette Musterbüros mit Artikeln aus allen
Warengruppen geschmackvoll arrangiert.

Zusammenfassung

Die Marktforschung als Grundlage von Marketingentscheidungen nutzen

- *Markterkundung und Marktforschung in der Industrie beinhalten vielfältige Methoden:*

- *Bei der **Kundenanalyse** geht es darum, so viel wie möglich über aktuelle und potenzielle Kunden zu erfahren, um seine Marketingaktivitäten entsprechend auszurichten. **Gegenstände der Kundenanalyse** können sein: Zielgruppe, Kundenansprüche, Kaufverhalten sowie Kundenzufriedenheit.*

- *Unter einer **Marktsegmentierung** versteht man die Aufteilung eines heterogenen Gesamtmarktes in homogene Marktsegmente. Dadurch können Marketingaktivitäten sehr viel präziser ausgerichtet werden.*

- ***Kundeninformationssysteme** bezwecken die Sammlung relevanter Kundendaten, die für gezielte Marketingaktivitäten genutzt werden. Das **Customer Relationship Management (CRM)** stellt die Beziehung zum Kunden in den Mittelpunkt. Die Erfassung der sogenannten **Key Buying Factors (KBF)** sorgt für eine Konzentration auf die für den Kunden besonders relevanten Variablen bei der Kundenentscheidung.*

- *Die **Kundenzufriedenheitsanalyse** ist ein wichtiges Element der Kundenanalyse, welches in besonderem Maße zur Kundenbindung beiträgt.*

- *Aufgabe der **Konkurrenzanalyse/Mitbewerberanalyse** ist es, die Mitbewerber und deren Produkte auf Stärken und Schwächen zu untersuchen. Sie liefert wichtige Orientierungspunkte für die eigene Marktpositionierung und Wettbewerbsstrategie.*

- *Zentrale Bereiche bei der **Analyse der eigenen Marktstellung** sind: Marktpotenzial, Marktvolumen und Marktanteil.*

- *Die **Marktforschung** umfasst die **Marktanalyse** (zeitpunktbezogen) und die **Marktbeobachtung** (zeitraumbezogen). Daraus ergibt sich eine **Marktprognose** (zukunftsbezogen).*

- *Die Marktforschung über soziale Medien (**Social-Media-Monitoring**) bezeichnet die systematische Erhebung, Beobachtung, Verarbeitung und Analyse von Nennungen und Kommentaren zu Produkten, Marken oder Unternehmen in sozialen Netzwerken.*

- *Die **Befragung** ist eine zentrale Methode zur Datenerhebung. Sie kann **schriftlich, mündlich, telefonisch** oder **online-computergestützt** erfolgen.*

- *Zumeist werden **Fragebögen** bei Befragungen eingesetzt.*

- *Für den **Aufbau eines Fragebogens** empfiehlt sich folgende Gliederung:*
  1. Einleitungstext   2. Eisbrecher- oder Eröffnungsfrage   3. Filterfrage
  4. Fragenhauptteil   5. Fragen zu Person   6. Dank
  *   (in Blöcke unterteilt)*

- *Eine wichtige Sonderform der Befragung ist der **Panel**, bei dem eine Gruppe von Menschen über einen längeren Zeitraum befragt wird.*

- *Weitere Erhebungsmethoden für Daten sind die **Beobachtung** sowie der **Markttest**/das **Experiment**.*

Aufgaben

1. Im Rahmen einer Marktforschung müssen Sie sich zwischen einer Primär- oder Sekundärerhebung entscheiden. Listen Sie als Entscheidungsgrundlage Vor- und Nachteile beider Möglichkeiten auf.

2. Beschreiben Sie, wie Ihnen das Internet bei der Erhebung von Sekundärdaten helfen kann.

3. Erläutern Sie die Unterschiede zwischen Marktanalyse, Marktbeobachtung und Marktprognose.

4. Ihr Ausbildungsbetrieb möchte wissen, ob Ihre gewerblichen Kunden mit dem Sortiment zufrieden sind. Hierzu soll eine Kundenbefragung durchgeführt werden.

   a) Erstellen Sie eine Übersicht zu den möglichen Befragungsarten und entscheiden Sie sich begründet für eine dieser Befragungsarten.

   b) Ihr Ausbildungsbetrieb entschließt sich, einen Fragebogen einzusetzen. Stellen Sie den möglichen Aufbau eines Fragenbogens dar.

   c) Entwickeln Sie einen möglichen Fragebogen.

   d) Tauschen Sie Ihren Fragebogen mit Ihrem Nachbarn aus. Geben Sie sich gegenseitig Rückmeldung bezüglich der Aspekte: Aufbau/Struktur, Verständlichkeit der Fragen und Eignung, die Kundenzufriedenheit bezüglich des Sortiments zu erfragen.

   e) Sammeln Sie in Stichworten Möglichkeiten, wie für Ihre Kunden die Befragung attraktiv gemacht werden kann, damit sich möglichst viele Kunden freiwillig beteiligen.

5. Beschreiben Sie in Stichworten Anlässe, in denen ein Industrieunternehmen sinnvollerweise die „Beobachtung" für Marktforschungszwecke einsetzen kann.

6. Nehmen Sie kritisch Stellung zu der Aussage. Eine Kunden-, Konkurrenz- und Marktanalyse kommt höchstens für große Industrieunternehmen in Betracht.

7. Analysieren Sie die Auftritte Ihres Ausbildungsbetriebes in sozialen Netzwerken. (Falls Ihr Ausbildungsbetrieb dort nicht vertreten ist, wählen Sie einen Industriebetrieb Ihrer Wahl.)

   Stellen Sie in Ihrer Analyse in Tabellenform heraus,

a) was sind die Kernbotschaften des Unternehmens,	b) welche Rückmeldungen kommen dazu von (möglichen) Kunden,	c) wie reagiert Ihr Ausbildungsbetrieb auf die Kundenrückmeldungen,	d) welche Vorschläge haben Sie zur Weiterentwicklung.
...	...	...	...

→ 🗎　**3**　# Marketing-Mix: Die absatzpolitischen Marketinginstrumente sinnvoll kombinieren

LS 3

Wie in jedem Jahr hat Herr Sommer alle Mitarbeiter aus dem Marketing und dem Vertrieb für ein Wochenende zu einem Strategie- und Kreativ-Workshop in ein Tagungshotel eingeladen. In diesem Jahr hat er besonderen Wert darauf gelegt, dass die beiden Auszubildenden Daniela Schaub und Rudolf Heller sein Team begleiten, um frische Impulse für das Marketing zu liefern.

Am ersten Tag wurden bereits grundlegende strategische Überlegungen zu bestehenden Marketingkonzepten erarbeitet. Für den zweiten Tag ist nun

vorgesehen, dass eine konkrete Auswahl der Marketinginstrumente getroffen wird und diese sinnvoll aufeinander abgestimmt werden. Daniela und Rudolf haben sich zwar hoch motiviert auf den Workshop vorbereitet, doch mit absatzpolitischen Instrumenten haben sie bislang noch wenig Erfahrung. „Wie soll ich denn kreative Impulse geben, wenn ich gar nicht weiß, worum es eigentlich geht?", fragt Daniela. „Und woher soll ich folglich wissen, wie ich diese Instrumente auch noch sinnvoll aufeinander abstimmen kann? Hoffentlich kann ich den Erwartungen von Herrn Sommer gerecht werden!". „Mach dir mal keine Sorgen, Daniela, gemeinsam bekommen wir das schon hin!", betont Rudolf ganz lässig. „An solchen Herausforderungen können wir nur wachsen!"

Arbeitsaufträge

- *Überprüfen Sie, welche konkreten absatzgerichteten Bemühungen (Instrumente) Ihr Ausbildungsbetrieb zur Vermarktung seiner Leistungen einsetzt und wie diese Aktivitäten miteinander verknüpft sind. Stellen Sie Ihre Ergebnisse anschließend in einer Mindmap vor, in der Sie die Marketinginstrumente als Hauptäste nutzen.*

- *Begründen Sie, warum es unbedingt notwendig ist, dass Marketinginstrumente nicht einzeln geplant und umgesetzt, sondern sinnvoll aufeinander abgestimmt werden.*

Marketingkonzept und Marketinginstrumentarium

Im Rahmen eines Marketingkonzeptes werden vier grundlegende Entscheidungen getroffen:

- Käufersegment   (*Wen* möchte ich erreichen?)
- Produktsegment   (*Was* möchte ich anbieten?)
- absatzpolitisches Instrumentarium   (*Wie* möchte ich auf dem Markt agieren?)
- zeitlicher Handlungsrahmen   (*Wann* soll etwas erreicht werden?)

Entscheidungen über den **absatzmarktgerichteten Instrumenteneinsatz** sind somit ein **Teilbereich eines (Absatz-)Marketingkonzeptes**. Sie behandeln die Frage, mit welchen Aktivitäten ein Unternehmen auf Absatzmärkten zu seinen Kunden in Kontakt tritt. Wie, also mit welchen Hilfsmitteln, soll der Kunde dazu gebracht werden, sich für das Leistungsspektrum (Produkte, Dienstleistungen) eines Anbieters zu entscheiden?

Die Hilfsmittel, die das Marketing für diese Zwecke einsetzt, sind vielfältig. Grundsätzlich werden folgende fünf Marketinginstrumente angewendet:

Marketinginstrumente

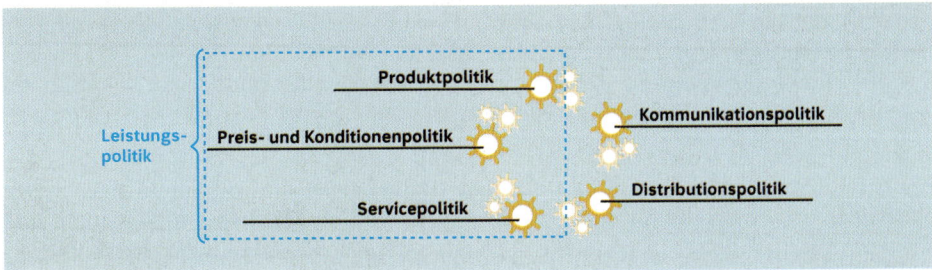

> **Marktinginstrumentarium:**
> *Umfasst alle Aktivitäten eines Industrieunternehmens, die darauf abzielen, Absatzprozesse zu initiieren, zu fördern oder in anderer Form zu beeinflussen.*

Für jedes einzelne Marketinginstrument gibt es typische Entscheidungsfelder und zeitlich aufeinanderfolgende Handlungsmuster. In der Praxis greifen die Aktivitäten aller Marketinginstrumente allerdings fließend ineinander. Eine klare Zuordnung von Entscheidungen zu den zugehörigen Instrumenten ist deshalb oft nur schwer möglich. Um die Prozesse der einzelnen Marketinginstrumente dennoch besser verstehen zu können, werden die Instrumente in den nächsten Abschnitten isoliert betrachtet.

Grundsätzlich orientiert sich der Einsatz der unterschiedlichen Marketinginstrumente an der Marketingstrategie und der geplanten Marketingkonzeption. Hierbei stehen meistens wirtschaftliche Ziele im Vordergrund und überlagern idealistische Ziele, wie z. B. das Streben nach einem ökologischen Image oder dem Versuch, einzigartig zu bleiben.

Einer **Zielhierarchie** folgend, soll der Instrumenteneinsatz die Umsetzung des Marketingkonzeptes bewirken, welches der übergeordneten Marketingstrategie dient. Diese ist wiederum abgeleitet von den übergeordneten Unternehmenszielen.

Unternehmensziele
Marketingstrategie
Marketingkonzept
Marketinginstrumente im Mix

Beispiel: Die Sommerfeld Bürosysteme GmbH kombiniert den Einsatz der Marketinginstrumente für die Produktlinie „Cubis" so, dass der Endverbraucher eine klare Umweltorientierung mit den umworbenen Produkten in Verbindung bringt. Das unterstreicht nicht nur das qualitative Marketingziel eines ökologisch orientierten Images, sondern fördert zudem die Unternehmensmaxime, Produktionsprozesse auf Nachhaltigkeit auszurichten und verschwenderischem Überfluss eine klare Absage zu erteilen.

Marketing-Mix

Wenn man den Unterschied zwischen einem Marketinginstrument und dem Marketing-Mix verstehen will, ist es hilfreich, sich den Begriff „Instrument" bildlich vorzustellen: Ein Dirigent hat in seinem Orchester zahlreiche Instrumente, die aber nicht alle gleichzeitig zum Einsatz kommen können, denn sonst wäre das Ergebnis ein lautes, wirres Durcheinander. Damit ein klangvolles Werk entsteht, wählt der Dirigent stattdessen einzelne Instrumente aus, die dann ihre individuelle Wirkung voll entfalten können. Das Zusammenspiel und die Abstimmung der Instrumente untereinander sind für die Wirkung des Gesamtwerkes von entscheidender Bedeutung.

Analog zu einem Dirigenten wählt der Marketingexperte aus der Vielzahl aller Marketinginstrumente gezielte Aktivitäten aus und stimmt diese sinnvoll aufeinander ab. Er entscheidet sich einerseits für eine bestimmte Auswahl an Marketinginstrumenten und selektiert innerhalb dieser Instrumente noch einmal spezielle Marketingaktivitäten. Hierbei spricht man vom sogenannten **Marketing-Mix**.

Beispiel: Um eine neue Produktlinie auf den Markt zu bringen, entwickelt die Sommerfeld Bürosysteme GmbH zunächst einen kreativen Markennamen für die Serie. Im Rahmen der Preispolitik entscheidet man sich für anfängliche Lockvogelpreise. Bei der Distributionspolitik vertraut man auf den Absatzweg über den Fachhandel. Konkret soll die Produktlinie auf der Möbelmesse „Bürotech" erstmals vorgestellt werden und mit umfangreicher Anzeigenwerbung begleitet werden. Über den Einsatz der Servicepolitik wird noch diskutiert.

Zielgruppe

Dreh- und Angelpunkt für beinahe alle Entscheidungen im Marketing ist die Zielgruppe. Nur wenn man klar vor Augen hat, wen man erreichen will, kann Marketing zielgerichtet, adressatengerecht und somit Erfolg versprechend funktionieren. Es ist deshalb notwendig, sich vor jeder Marketingentscheidung klar zu machen, ob der Endverbraucher oder die Handelspartner als Kunde im Fokus stehen. Je besser es gelingt, die Zielgruppe scharf abzugrenzen, umso leichter werden alle anschließenden Entscheidungen zum Marketing-Mix ausfallen. Hierzu benutzt man einerseits soziodemografische Merkmale (Geschlecht, Alter, Familienstand, Einkommensklassen, Bildung etc.) sowie psychologische, persönliche oder weitere Kriterien, die dazu dienen, die Bedürfnisstruktur und die Lebensumstände der anvisierten Zielgruppe möglichst treffend zu beschreiben (vgl. S. 23).

Beispiel: Für die Sommerfeld Bürosysteme GmbH stehen als Endkunden beispielsweise Flughäfen, Krankenhäuser oder Versicherungen im Mittelpunkt. Es ist deshalb notwendig, sich klar zu machen, welche Merkmale die Entscheidungsträger solcher Institutionen gemeinsam haben und wie man folglich mit diesen Adressaten in Kontakt treten kann. Es macht wenig Sinn, im Rahmen der Kommunikationspolitik einen teuren national gestreuten TV-Spot zu schalten, um die Zielgruppe von der Qualität der Büromöbel zu überzeugen. Vielmehr eignen sich Anzeigen in adäquaten Fachzeitschriften, bei denen das Leserprofil den soziodemografischen Merkmalen der üblichen Einkäufer weitgehend entspricht.

Zusammenfassung

Marketing-Mix: Die absatzpolitischen Marketinginstrumente sinnvoll kombinieren

- *Ein **Marketingkonzept** umfasst Entscheidungen zur Zielgruppe, zum Produkt und zum Einsatz der Marketinginstrumente sowie zum zeitlichen Handlungsrahmen.*

- *Das **Marketinginstrumentarium** ist ein Teilbereich des Marketingkonzeptes. Es beinhaltet alle Aktivitäten eines Industriebetriebes, die darauf abzielen, Absatzprozesse zu initiieren, zu fördern oder zu beeinflussen.*

- ***Die** angestrebte **Wirkung der Marketinginstrumente** orientiert sich an den Zielen des Marketingkonzeptes bzw. an den Zielen des Unternehmens.*

- *Das **Marketing-Mix** ist eine Auswahl von Marketingaktivitäten, die aus der Vielzahl aller Marketinginstrumente gezielt zusammengestellt wird.*

Aufgaben

1. *Erläutern Sie den Unterschied zwischen Marketinginstrument und Marketing-Mix.*

2. *Ihr Ausbildungsbetrieb greift zur Absatzförderung auf das Marketinginstrumentarium zurück. Finden Sie heraus, welche Instrumente bei Ihren drei umsatzstärksten Produkten im Mittelpunkt stehen und wie diese Instrumente auf die Aktivitäten der übrigen Instrumente Einfluss nehmen.*

3. *Beschreiben Sie anhand von wenigstens fünf Kriterien die Zielgruppe Ihres Ausbildungsbetriebs sowie die eines gängigen Markenartikels aus der Konsumgüterindustrie (z. B. Tütensuppen) und der Technologiebranche (z. B. 3-D-Flachbildschirm). Stellen Sie heraus, wodurch sich die drei Zielgruppen unterscheiden und wie Sie folglich in unterschiedlicher Form mit den drei Zielgruppen in Kontakt treten würden.*

→ ## 3.1 Produktpolitik: Marktgerechte Leistungen anbieten

LS 4

Bei dem Strategie-Workshop geht es heiß her. Nachdem Herr Sommer die Kollegen informiert hat, dass die Geschäftsleitung einer Produktionsprogrammerweiterung grundsätzlich zustimmt, beginnt das typische Machtgerangel zwischen Marketing und Vertrieb.

Während der Vertrieb seine Ideen aus den Gesprächen mit dem Handel und den Stammkunden ableitet, basieren die Vorschläge aus dem Marketing auf Marktforschungsdaten und strategischen Entscheidungen. Im Laufe des Vormittags wird allerdings schnell klar, dass diesmal beide Bereiche gemeinsam an einem Strang ziehen.

„Seit einiger Zeit haben wir Außendienstmitarbeiter ernsthafte Platzierungsschwierigkeiten im Handel, da wir scheinbar dem Trend immer nur hinterherlaufen", meint Viktor Kuzow vom Vertrieb Süd. „Der Handel macht mächtig Druck und fordert, dass wir endlich eine echte Innovation auf den Markt bringen sollen, die Gesundheitsaspekte in den Fokus stellt. Das entspräche angeblich dem Trend!"

Frau Braun aus dem Marketing kann diese Entwicklung durchaus bestätigen. „Die letzte Studie des Düsseldorfer Marktforschungsinstitutes Innofact AG belegt eindeutig, dass Verbraucher zunehmend Gesundheitsprodukte fordern. Ergonomie ist das Schlagwort der Zukunft!" Neben diesem Trend besteht Frau Braun aber auch darauf, gemäß der Unternehmensphilosophie weiterhin auf ökologische Elemente zu setzen. „Wenn wir nicht konsequent an einer umweltbe-wussten Ausrichtung unserer Produkte festhalten, geht unser USP[1], also unser zentraler Wettbewerbsvorteil verloren. Außerdem besteht die Gefahr, unser ,grünes Image' zu schwächen. Eine fließende Einbindung neuer Produktideen in unser bestehendes Konzept kann nur unter Berücksichtigung von Umweltaspekten gewährleistet werden. Es ist notwendig, dass wir zunächst mit der Produktpolitik beginnen, bevor wir uns den übrigen Marketinginstrumenten widmen. Hier sehe ich am meisten Potenzial, den Öko-Gedanken auszuweiten. Und vielleicht gelingt es dann ja auch, uns dauerhaft als Unternehmen mit Blick auf Nachhaltigkeit zu positionieren!"

---

[1] *USP = Unique Selling Proposition (einzigartiges Verkaufsargument)*

Frau Braun erhält breite Zustimmung, und schnell beginnt unter den Kollegen ein intensives Gemurmel über neue Produkte, mögliche Produktfunktionen und Markennamen. Der Phantasie scheinen keine Grenzen gesetzt!

Kurz vor der Mittagspause unterbricht Herr Sommer das Engagement seiner Kollegen und fasst erste Ergebnisse für das Protokoll zusammen: „Unter dem Arbeitstitel ‚Ergo-Design-Natur' wird das Marketing eine Konzeption entwickeln, die zunächst alle wesentlichen Komponenten der Produktpolitik für die neue Produktlinie berücksichtigt. Als Zeitrahmen legen wir hierfür maximal eine Woche fest. Der jeweilige Stand unseres Projektes und die weiteren Arbeitsschritte aller beteiligten Abteilungen werden von Frau Braun im Intranet für alle zugänglich dokumentiert. Die Kollegen sorgen eigenständig dafür, sich über den Projektstatus zu informieren. Frau Braun, sind Sie bitte so lieb und stimmen sich kurzfristig mit Herrn Kunze aus der Produktentwicklung ab und organisieren erste Meetings mit den Agenturen. Ich bedanke mich bei Ihnen und wünsche allen eine angenehme Mittagspause!"

Arbeitsaufträge

- *Gehen Sie in Kleingruppen und skizzieren Sie in einem Brainstorming eine Produktinnovation und drei Produktvariationen, die das bisherige Absatzprogramm der Sommerfeld Bürosysteme GmbH sinnvoll ergänzen könnten.*

- *Erläutern Sie anschließend an dem konkreten Beispiel eines Bürostuhls für Kinder verschiedene Gestaltungselemente und leiten Sie hieraus Möglichkeiten zur Produktentwicklung ab.*

- *Erarbeiten Sie Kriterien für eine Marke und ein Logo. Einigen Sie sich anschließend auf einen kreativen Markennamen für die oben beschriebene Produktlinie, die bislang unter dem Arbeitstitel „Ergo-Design-Natur" geführt wird.*

Grundlagen der Produktpolitik

Produktpolitik als Ausgangspunkt

In den meisten Fällen ist die Produktpolitik der Ausgangspunkt für die Planung der weiteren Marketinginstrumente.

> **Produktpolitik:**
> Zur **Produktpolitik** zählen alle Entscheidungen und Maßnahmen, die im Zusammenhang mit der Auswahl und der Gestaltung der vom Unternehmen angebotenen Leistungen stehen.

Leistungen von Industriebetrieben beinhalten nicht allein die Produktion von Sachgütern. Je nach Ausrichtung des Kerngeschäftes können als **Leistungen** zusätzlich **Dienstleistungen**, **Informationen** oder **Rechte** angeboten werden.

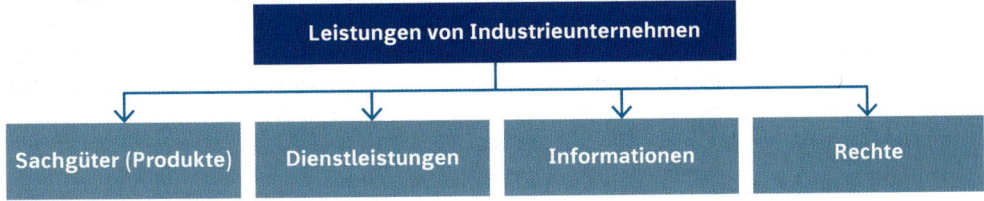

Da Dienstleistungen im Rahmen der Kundenorientierung zunehmend an Bedeutung gewinnen, gehen immer mehr Unternehmen dazu über, ihre Produkte durch entsprechende Dienst- bzw. Serviceleistungen abzurunden (vgl. S. 130 ff.).

Beispiel: Die Sommerfeld Bürosysteme GmbH bietet ihren Kunden neben dem reinen Verkauf von Büroeinrichtungen auch Dienstleistungen im Bereich der Planung und Beratung einer stilvollen Innenarchitektur an. Hinzu kommen kostenlose Produktproben für Pflegeprodukte, Wartungs- oder Reparaturleistungen sowie mehrjährige Garantiezusagen usw.

Ziele der Produktpolitik

In Anlehnung an die Unternehmens- sowie Marketing-Ziele werden auch die Ziele der Produktpolitik nach quantitativen (ökonomischen), qualitativen (psychographischen) und ökologischen Bereichen gegliedert. Wichtig ist hierbei, alle Zielkonflikte innerhalb der Produktpolitik gegenseitig abzuwägen und sich immer wieder vor Augen zu halten, dass letztlich der Kunde die Kaufentscheidungen trifft. Die Ansprüche des Kunden sollten deshalb bei jeder Marketingentscheidung im Fokus stehen.

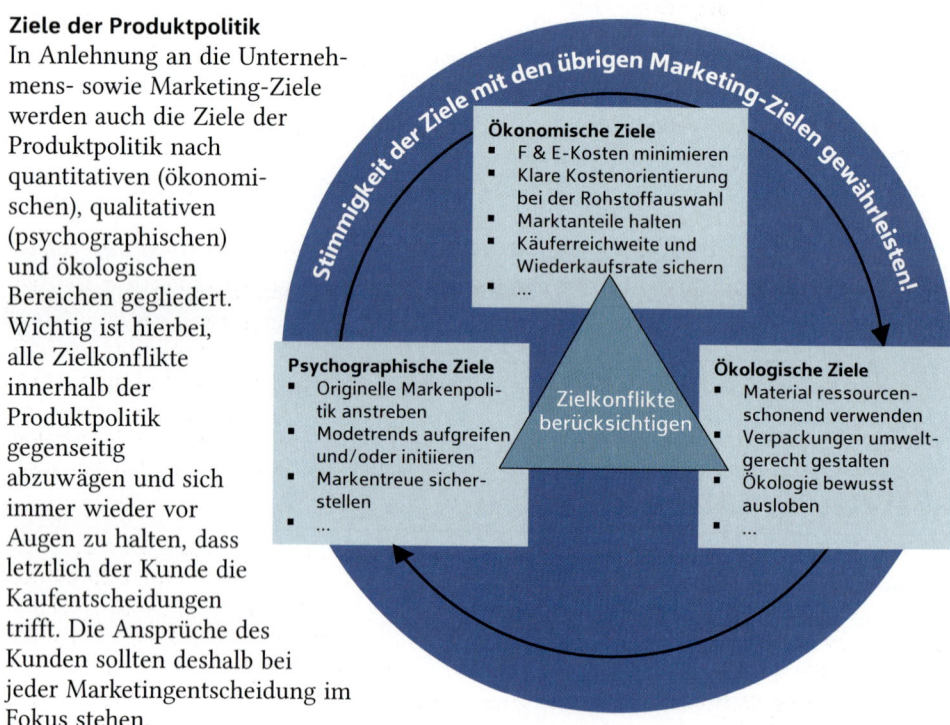

Stimmigkeit der Ziele mit den übrigen Marketing-Zielen gewährleisten!

Ökonomische Ziele
- F & E-Kosten minimieren
- Klare Kostenorientierung bei der Rohstoffauswahl
- Marktanteile halten
- Käuferreichweite und Wiederkaufsrate sichern
- ...

Psychographische Ziele
- Originelle Markenpolitik anstreben
- Modetrends aufgreifen und/oder initiieren
- Markentreue sicherstellen
- ...

Zielkonflikte berücksichtigen

Ökologische Ziele
- Material ressourcenschonend verwenden
- Verpackungen umweltgerecht gestalten
- Ökologie bewusst ausloben
- ...

Produktlebenszyklus und Portfolio-Matrix

Im Bereich der Produktpolitik haben sich in der Praxis zwei wichtige strategische Modelle durchgesetzt. Um einzelne **Produkte** näher zu analysieren, hilft das Modell des **Produktlebenszyklus**, daneben bietet das Modell der **Portfoliomatrix** ein Analyseinstrument für die Betrachtung des **kompletten Absatzprogramms**.

Produktlebenszyklus

Die **Produktlebenszyklus**-Analyse ist ein strategisches Modell, das den Grundgedanken verfolgt, dass jedes Produkt im Laufe seiner Zeit am Absatzmarkt fünf typische Phasen durchläuft. In Abhängigkeit davon, in welcher Phase sich ein Produkt befindet, nimmt dies Einfluss auf die Ausgestaltung des gesamten Absatzprogramms und den Einsatz der Marketinginstrumente.

In anschaulicher Form wird ein **idealtypischer Kurvenverlauf** für einen Produktlebenszyklus aufgezeichnet, der helfen soll, nicht nur die Phasen eines Produktes innerhalb seines Lebenszykluses effektvoll zu visualisieren, sondern auch eine Basis für mögliche Soll-Ist-Vergleiche zu liefern. Kerngrößen, die hierbei berücksichtigt werden, sind der Umsatz und der Gewinn, der von dem betrachteten Produkt erzielt wird.

1. Die **Einführungsphase** beginnt mit dem Erscheinen des Produktes auf dem Markt und endet mit der Erreichung der **Gewinnschwelle**. Die Umsätze steigen langsam. Aufgrund der hohen Ausgaben für Marketing-Aktivitäten erwirtschaftet das Produkt jedoch Verluste. Die Konsumenten dieser Phase sind aufgeschlossene, innovationswillige **Konsum-Pioniere**, **Trendsetter** oder **Innovatoren**.

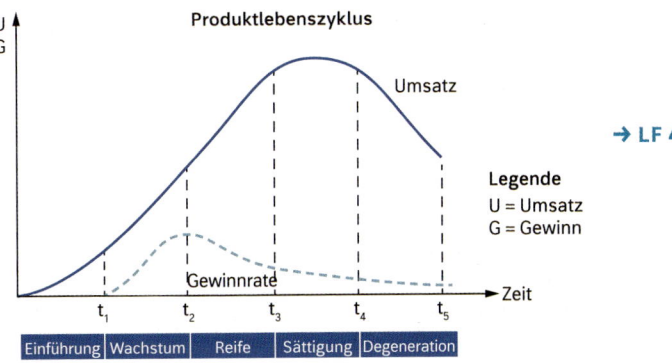

→ **LF 4**

2. In der **Wachstumsphase** nimmt der Bekanntheitsgrad des Produktes zu, es kann sich langsam am Markt etablieren. Der Umsatz wächst schnell, das Produkt erwirtschaftet Gewinne. Da die Zahl der Konkurrenten zunimmt, die mit „**Me-too-Produkten**" (d.h. Nachahmungen) auf den Markt treten, nimmt auch die **Preiselastizität** zu (vgl. S. 72 f.), d.h., die Kunden reagieren verstärkt auf den Preis. Die Steigerung des Bekanntheitsgrades und die Festigung des Images führen zur Erweiterung des Käuferkreises. Durch die Zunahme von Nachkäufen entstehen erste Stammkunden. Die Konsumenten dieser Phase bezeichnet man als **Frühadopter**.

3. In der **Reifephase** steigt der Umsatz zwar absolut weiterhin an, der Zuwachs der Umsatzsteigerung ist jedoch genauso wie der Gewinn rückläufig. Bedingt durch den hohen Wettbewerbsdruck wird die **Preispolitik** (vgl. S. 65 ff.) in dieser Phase zu einem wirkungsvollen abatzpolitischen Instrument. Konsumenten dieser Phase vertreten konservative Kaufeinstellungen mit schwachem Innovationsbewusstsein. Sie werden als **frühe Mehrheit** bezeichnet. Das Ende der Reifezeit ist erreicht, wenn der Umsatz auch absolut nicht mehr wächst.

4. In der **Sättigungsphase** stagniert die Nachfrage, da das Marktpotenzial ausgeschöpft ist. Der Umsatz hat sein Maximum erreicht und beginnt von nun an zu sinken. Die Preiselastizität der Nachfrage ist in dieser Phase am größten. Preiskämpfe und steigende Ausgaben zur Verteidigung der Marktstellung, z.B. im Bereich der **Kommunikationspolitik** (vgl. S. 85 ff.), mindern den Gewinn kontinuierlich. Bei den Konsumenten handelt es sich um die **späte Mehrheit**, die oft nur noch gewohnheitsmäßig kauft und stark in Tradition verhaftet ist.

5. Die **Degenerationsphase** beschließt den Lebenszyklus eines Produktes. Ursache ist, dass Konsumenten ihre Bedürfnisse durch andere Produkte befriedigen wollen. Die Nachfrage geht rapide zurück, der Umsatz sinkt und das Produkt verursacht Verluste. Die Preiselastizität nähert sich dem Nullpunkt, d.h., selbst Preissenkungen zeigen kaum noch Wirkung. Die absatzpolitischen Maßnahmen werden zunehmend eingeschränkt und das Produkt wird meist vom Markt genommen. Bei den Konsumenten handelt es sich um die **Nachzügler**.

Der **Aussagewert** der Produktlebenszyklus-Analyse ist allerdings **begrenzt**. Einerseits beschränkt sich das Modell ausschließlich auf die Betrachtung wirtschaftlicher Kennzahlen (Umsatz und Gewinn), was für eine ausgewogene Entscheidungsfindung über ein Produkt sicher nicht ausreicht. Zudem wird lediglich ein idealtypischer Lebensweg eines Produktes beschrieben. Darüber hinaus findet man in der Praxis eine Vielzahl abweichender Zyklen, so z. B.

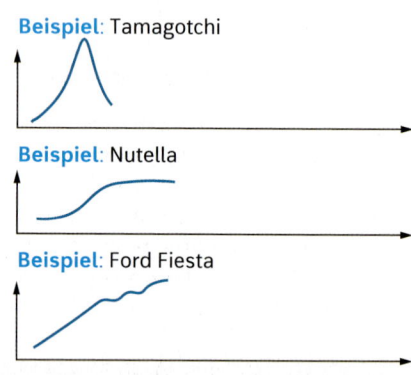

- den **Flop/Trendartikel**, der durch schnelles Wachstum und einen ebenso schnellen Rückgang gekennzeichnet ist.

  Beispiel: Tamagotchi

- den **Klassiker**, dem die Phase der Degeneration komplett fehlt.

  Beispiel: Nutella

- den **Relaunch**, der während des Umsatzrückgangs eine Anpassung erfährt, was zu erneutem Umsatzwachstum führt.

  Beispiel: Ford Fiesta

Das Modell des Produktlebenszyklus bezieht sich ausschließlich auf **ein einzelnes Produkt** und verfolgt dieses **dynamisch**.

In den meisten Fällen produzieren Unternehmen aber mehr als nur ein Produkt. Sie bewegen sich mit ihrem Absatzprogramm in verschiedenen Marktsegmenten und trennen Produktlinien nach sogenannten **strategischen Geschäftseinheiten**. Einhergehend damit ergibt sich für die Unternehmen die Frage, welche Produkte mit Investitionen im Rahmen des Marketings gefördert werden sollen und welche nicht.

Portfolio-Matrix
Die **Boston-Consulting-Group** hat ein Modell entwickelt, das genau diese Fragestellung zu lösen versucht. Bis heute nutzen zahlreiche Unternehmen das Modell der **Portfolio-Matrix** als **Grundlage für Investitionsentscheidungen** zur Gestaltung ihres Absatzprogramms.

Portfolio-Matrix

	niedrig	hoch
hoch	question marks (Nachwuchsprodukte)	stars (Starprodukte)
niedrig	poor dogs (Problemprodukte)	cash cows (Cash-Produkte)

Marktwachstum

relativer Marktanteil

Die Portfolio-Matrix erlaubt eine Bewertung von Produkten auf Basis zukünftiger Gewinnchancen (**Marktwachstum**) und der gegenwärtigen Wettbewerbsposition (**relativer Marktanteil**). Um den relativen Marktanteil zu ermitteln, setzt man den Umsatz, den man mit dem eigenen Produkt erzielt, zu dem des größten Wettbewerbers in Relation:

$$\text{Rel. Marktanteil} = \frac{\text{Umsatz}_{selbst}}{\text{Umsatz}_{größter\ Wettbewerber}}$$

Marktwachstum und relativer Marktanteil werden als hoch oder niedrig klassifiziert. Durch diese Zuordnung entstehen vier Felder, die mit den englischen Begriffen **question marks** (Fragezeichen), **stars** (Sterne), **cash cows** (Milchkühe) und **poor dogs** (arme Hunde) bezeichnet werden. Die strategischen Geschäftseinheiten eines Unternehmens werden in Form von Kreisen in den jeweiligen Feldern dargestellt, wobei der **Kreismittelpunkt** die Marktposition und die **Kreisgröße** die Bedeutung der Produkte innerhalb des Absatzprogramms symbolisiert.

Beispiel: Die Produkte A, B, C und D eines Unternehmens wachsen in vier unterschiedlichen Märkten mit Wachstumsraten von 4, 6, 20 und 25 %. Betrachtet man nun den Marktanteil der Produkte im Verhältnis zum jeweils stärksten Konkurrenzprodukt, so ergibt sich folgendes Ergebnis: A 1,5, B 2,0, C 0,5, D 0,6. Der relative Marktanteil von A und B wird als hoch, der von C und D als niedrig eingestuft. In der Darstellung ergibt sich folgendes Bild:

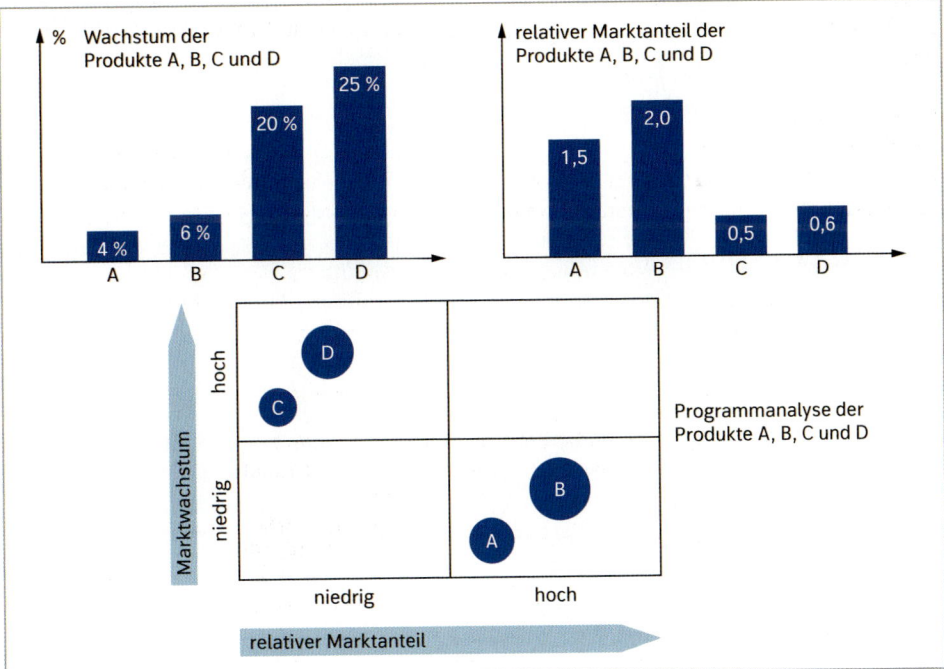

Für jedes Feld der Portfolio-Matrix wurden sogenannte **Normstrategien** entwickelt, die ein idealtypisches Investitions- bzw. Handlungsmuster empfehlen.

→ LF 8

Question marks sind durch hohes Marktwachstum bei geringem relativem Marktanteil gekennzeichnet. Aufgrund des hohen Marktwachstums binden sie Finanzmittel, ohne ihrerseits Überschüsse zu erwirtschaften. Ob sich der geringe Marktanteil langfristig ausweiten lässt, ist noch unklar.

Normstrategie: Das Ziel sollte darin bestehen, mit allen Mitteln zu versuchen, den Marktanteil zu steigern, damit sie zu einem Star reifen.

Stars sind Produkte, die im Markt erfolgreich sind und die gute Wachstumschancen haben. Sie beanspruchen meist große finanzielle Ressourcen (z. B. im Bereich der Kommunikationspolitik), während sie kaum Finanzmittelüberschüsse erwirtschaften (Cashflow). Aufgrund des hohen Wachstumspotenzials bilden sie jedoch das Geschäft der Zukunft.

Normstrategie: Das Ziel besteht darin, den Marktanteil zu halten, besser noch auszubauen und Marktwachstumspotenziale bestmöglich zu nutzen.

Die Lebensdauer der **poor dogs** ist in der Regel abgelaufen. Sie erwirtschaften meist keine Finanzmittelüberschüsse (bzw. positive Deckungsbeiträge oder Gewinne) mehr. Positive Entwicklungsmöglichkeiten sind hier kaum zu erwarten.

Normstrategie: Es empfiehlt sich, keine weiteren Investitionen zu tätigen. Stattdessen ist es häufig sinnvoll, diese strategische Geschäftseinheit zu veräußern (verkaufen), oder den Marktanteil weiterhin zu senken und die Produkte sukzessive vom Markt zu nehmen.

Cash cows sind am Markt erfolgreiche, etablierte Produkte. Ihr Marktanteil ist hoch, aber das Marktwachstum ist gering. Sie werfen Gewinne ab und sichern kurzfristig den Erfolg des Unternehmens.

Normstrategie: Die Marktanteile sollen gehalten werden und möglichst viele Maßnahmen wahrgenommen werden, die zur Einsparung finanzieller Mittel führen (Rationalisierung). Die so erwirtschafteten Finanzmittel sollen zur Förderung der „question marks" und der „stars" genutzt werden.

Ähnlich wie das Modell des Produktlebenszyklus bietet auch die Portfolio-Matrix **nützliche Vorteile** bei der Entscheidungsfindung über eine Absatzprogrammausgestaltung. Allein die grafische Darstellung einer derart komplexen Problemstellung führt zu mehr Übersicht, Planungssicherheit und einer zielorientierten Vorgehensweise.

Dennoch enthält die Portfolio-Matrix auch **Schwächen:**

- einseitige Betrachtung wirtschaftlicher Kennzahlen (Marktwachstum, Marktanteile)
- Gedanke wird vernachlässigt, dass rückläufige Märkte durchaus Potenziale bieten
- für strategische Geschäftseinheiten werden meist nur Durchschnittswerte berücksichtigt
- synergetische Wechselbeziehungen zwischen Produktgruppen werden vernachlässigt
- „poor dogs" können für das Absatzprogramm durchaus von Nutzen sein, obwohl sie einzeln betrachtet vielleicht keine wertvolle Marktposition bieten (z. B. Komplementär- oder Imageprodukte)

Aufgabenbereiche der Produktpolitik

Bei der Produktpolitik geht es darum, Entscheidungen zum Leistungsangebot eines Unternehmens zu treffen. Die folgenden vier Bereiche finden hierbei Beachtung:

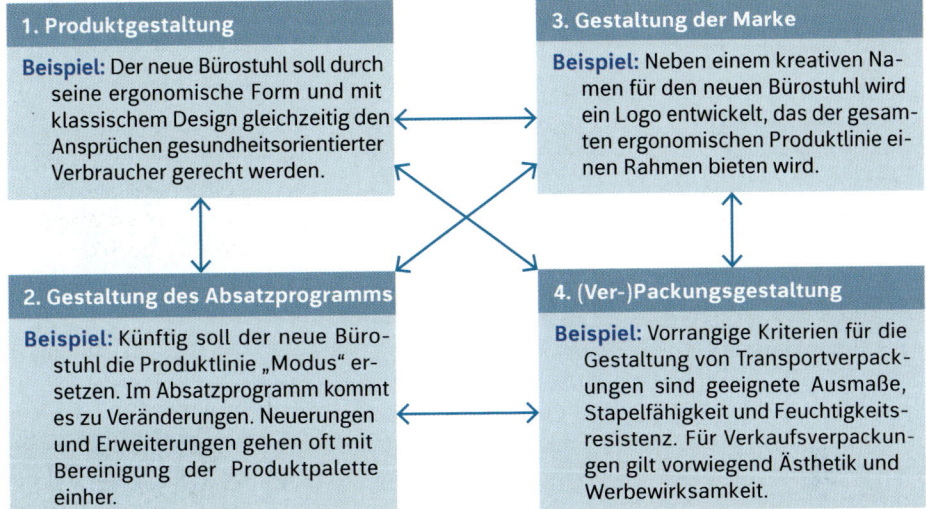

1. Produktgestaltung

Beispiel: Der neue Bürostuhl soll durch seine ergonomische Form und mit klassischem Design gleichzeitig den Ansprüchen gesundheitsorientierter Verbraucher gerecht werden.

3. Gestaltung der Marke

Beispiel: Neben einem kreativen Namen für den neuen Bürostuhl wird ein Logo entwickelt, das der gesamten ergonomischen Produktlinie einen Rahmen bieten wird.

2. Gestaltung des Absatzprogramms

Beispiel: Künftig soll der neue Bürostuhl die Produktlinie „Modus" ersetzen. Im Absatzprogramm kommt es zu Veränderungen. Neuerungen und Erweiterungen gehen oft mit Bereinigung der Produktpalette einher.

4. (Ver-)Packungsgestaltung

Beispiel: Vorrangige Kriterien für die Gestaltung von Transportverpackungen sind geeignete Ausmaße, Stapelfähigkeit und Feuchtigkeitsresistenz. Für Verkaufsverpackungen gilt vorwiegend Ästhetik und Werbewirksamkeit.

PRAXISTIPP!

Die Aufgabenbereiche in der Produktpolitik stehen in enger Beziehung zueinander. Soweit Entscheidungen im Bereich der Produktpolitik getroffen werden, empfiehlt es sich deshalb, alle Tätigkeiten nach den Prinzipien des Projektmanagements zu koordinieren (vgl. S. 134 ff.). Interne vor- und nachgelagerte Bereiche (wie z. B. Produktentwicklung, Fertigung, Logistik) sowie alle externen Serviceanbieter (Werbeagentur, Druckerei, ...) sollten aktiv an Prozessen zum Informationsaustausch beteiligt werden.

Produktgestaltung

Im Rahmen der Leistungserstellung wurden bereits erste Gedanken zur Produktionsplanung, zur Produktkonzeption und zur Produktentstehung formuliert. In der Praxis sind die Prozesse des Produktionsmanagements eng mit denen der Produktpolitik verzahnt. In der Produktpolitik geht es allerdings mehr um marketingtechnische Schwerpunkte im Rahmen der Produktgestaltung. Die Elemente zur Gestaltung von Produkten sind dabei vielfältig. Je nach Art der Güter stehen unterschiedliche Kriterien im Mittelpunkt.

→ LF 5

Bei Gütern der Lebensmittelindustrie spielen beispielsweise die **Produktsubstanz** (Geschmack, Konsistenz) und das **Produktdesign** (Form, Farbe) eine zentrale Rolle. Im Gegensatz dazu legt der Endverbraucher bei technischen Gütern vermehrt Wert auf **technische Merkmale** (Funktionalität, Verarbeitung) und **ästhetische Elemente** (Design).

Technische Merkmale	Produktdesign
• Konstruktion • Funktionalität • Kompatibilität • Energieverbrauch • …	• Form • Farbe • Klang • Qualität • Verarbeitung • …

Produktsubstanz	Sonstige Elemente	Ästhetische Elemente
• Materialien • Inhaltsstoffe • Rezepturen • chemische Formeln • …	• Umweltverträglichkeit • Lebensdauer • Reinigung • Pflege • …	• Eigenschaften zur Unterstützung des Produktdesigns • …

Bei der Produktgestaltung ist darüber hinaus zu beachten, dass der Begriff „Produkt" nicht ausschließlich für materielle Güter verwendet wird. Zahlreiche Unternehmen, so auch die Sommerfeld Bürosysteme GmbH, bieten neben ihren Produkten im engeren Sinne gleichermaßen ein breites Repertoire an kostenpflichtigen Dienstleistungen an. Selbstverständlich müssen auch diese „Produkte" sorgsam geplant, gestaltet und für die Vermarktung vorbereitet werden.

Beispiel: Die Sommerfeld Bürosysteme GmbH bietet neben Konferenzmöbeln Beratungs- und Schulungsdienstleistungen an und muss auch diese in ihrem Produktportfolio berücksichtigen.

Gestaltung des Absatzprogramms

Jedes Unternehmen hat die Möglichkeit, ein oder mehrere Produkte anzubieten. Entscheidet sich ein Unternehmen für eine Produktvielzahl, so gilt es, die Produkte in eine Ordnung zueinander zu bringen. Hierbei spricht man vom **Absatzprogramm**. Ein Unternehmen, das seinem Leistungsangebot kontinuierlich treu bleibt, unterliegt der Gefahr, den Trend der Zeit zu verpassen. Heutzutage ist es unumgänglich, das eigene Absatzprogramm immer wieder in Frage zu stellen und im Zweifelsfall den Kundenbedürfnissen neu anzupassen.

In der Praxis werden die Begriffe Fertigungsprogramm, Produktionsprogramm, Absatzprogramm oder Sortiment häufig verwechselt oder sogar synonym verwendet. Eine Abgrenzung der Begriffe lässt sich wie folgt darstellen:

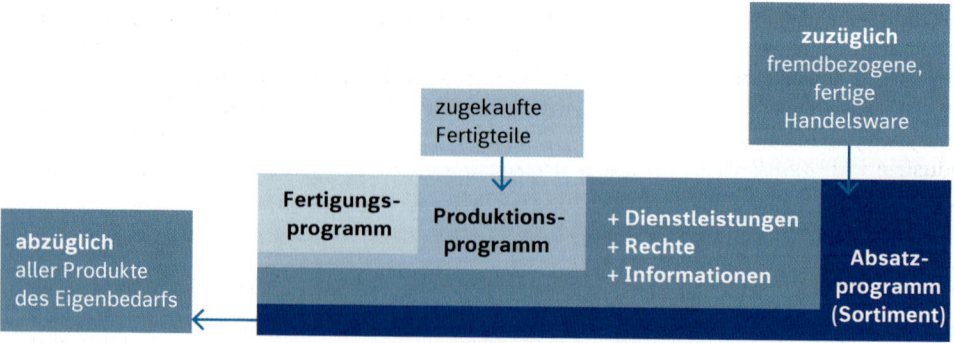

Fertigungsprogramm

Das Fertigungsprogramm legt fest, welche Bestandteile eines Erzeugnisses **im Betrieb**   → **LF 5**
selbst gefertigt werden. Nicht zum Fertigungsprogramm zählen zugekaufte Fertigteile,
die lediglich montiert werden.

Beispiel: Die Sommerfeld Bürosysteme GmbH fertigt für 5 000 Bürostühle des Modells „Picto" entsprechende Sitzflächen und montiert sie an die zugekauften Gestelle aus Edelstahl.

Produktionsprogramm

Das Produktionsprogramm umfasst die gesamte Produktpalette, die **im Betrieb herge-**   → **LF 5**
stellt wird, unabhängig davon, ob die Produkte selbst gefertigt sind oder in Verbindung
mit zugekauften Fertigteilen montiert wurden.

Beispiel: Die Sommerfeld Bürosysteme GmbH stellt Einrichtungssysteme für den Empfang, das
Büro und Konferenzen her.

Absatzprogramm

Das Absatzprogramm bezieht sich auf alle Leistungen (Güter, Dienstleistungen, Rechte
und Informationen), die Kunden **zum Kauf angeboten** werden. Güter des Produktionsprogramms, die vom Hersteller selbst genutzt werden, fallen aus dem Absatzprogramm heraus. Allerdings können neben den selbst produzierten Gütern fertig zugekaufte
Handelswaren das Absatzprogramm ergänzen.

Beispiel: Die Sommerfeld Bürosysteme GmbH verkauft an den Flughafen Köln/Bonn 1 500 Konferenzstühle und berät zusätzlich bei der Innenarchitektur der Tagungsräume. Außerdem bietet sie
dem Flughafen passende Textil-Pflegeprodukte für die Stühle an, die sie selber bei einem Lieferanten
als Fertigwaren eingekauft hat.

Sortiment

Der Begriff Sortiment gehört streng genommen nicht in den Bereich der Industrie, sondern vielmehr zum Handel. Unter einem Sortiment versteht man die Summe aller Absatz-
objekte (Güter, Dienstleistungen, Rechte und Informationen), die Anbieter im Laufe einer
Saison ihren **Abnehmern zum Kauf anbieten**. Diese Beschreibung zeigt tatsächlich keinen Unterschied zum Absatzprogramm.

Wie ist nun zu erklären, dass die Industrie trotzdem von einem ‚Sortiment' spricht? Ein
Erklärungsansatz besteht darin, dass die Vertriebsmitarbeiter eines Industrieunternehmens in Verkaufsgesprächen mit dem Handel schlichtweg aus sprachlicher Bequemlich-
keit (oder aus Kundenorientierung) auf den Begriff Sortiment zurückgreifen, um eine
einheitliche Sprachebene mit dem Kunden zu finden. Über die Vertriebsmitarbeiter wird
der Begriff Sortiment anschließend in das Industrieunternehmen zurückgeführt und hier
als Synonym für das Absatzprogramm verwendet. Zudem kann jeder Mitarbeiter der
Industrie mit dem Begriff Sortiment spontan eine (richtige) Assoziation verbinden, der
Begriff Absatzprogramm ist dagegen nicht selbsterklärend.

Sortimentspolitik

In letzter Konsequenz dürfte man in Industriebetrieben deshalb auch nicht von der Sortimentspolitik sprechen. Stattdessen müsste man den Begriff Absatzprogrammpolitik verwenden. Umgangssprachlich hat sich allerdings der Begriff Sortimentspolitik
durchgesetzt.

In der Sortiments- bzw. Absatzprogrammpolitik geht es darum, das Leistungsspektrum eines Industrieunternehmens ausgewogen an die Marktbedürfnisse anzupassen. Strategische Überlegungen, welche Leistungen beibehalten werden sollen, welche überflüssig geworden sind und deshalb gestrichen werden sollen bzw. welche Leistungen zum Bestehen auf dem Absatzmarkt neu entwickelt oder verbessert werden müssen, stehen im Mittelpunkt der Sortimentspolitik.

> **PRAXISTIPP!**
>
> *Wenn Sie das Absatzprogramm Ihres Ausbildungsbetriebes mit dem der Wettbewerber vergleichen, wird Ihnen auffallen, dass Hersteller ihr Absatzprogramm nicht einheitlich organisieren. Es gibt Unternehmen, die bevorzugen eine Gliederung nach Produktgruppen (Stühle, Tische, ...), andere differenzieren nach Marken (Basis, Tubis, Cubis, ...). Im Handel findet man immer eine Gliederung nach Produktgruppen bzw. aus Sicht des Handels nach Warengruppen. Hierauf basiert das sogenannte „Category-Management".*

Gründe für Änderungen des Absatzprogramms

Bedingt durch das Internet und die daraus resultierende Flut an Daten sowie den technischen Fortschritt, ist unsere Gesellschaft schnelllebiger geworden. Wollen Unternehmen wettbewerbsfähig bleiben, so müssen sie mit den veränderten Marktbedingungen Schritt halten und zügig mit Anpassungen im Absatzprogramm reagieren.

Die Gründe für Produktanpassungen und Produktneuerungen ergeben sich – neben den veränderten Bedingungen auf Absatzmärkten – aber auch aus den unterschiedlichen Motiven der Marktteilnehmer.

Käufer	▪ veränderte Bedürfnisstruktur ▪ neue Produktansprüche ▪ zusätzliche Käufersegmente ▪ ...
Hersteller	▪ veraltete Produktstruktur ▪ strategische Lücken ▪ streben nach Wachstum ▪ veränderte Potenziale ▪ Mitarbeiterstruktur ▪ ...
Markt	▪ Internet bietet Informationsflut und Markttransparenz ▪ technischer Fortschritt ▪ Anzahl der Marktteilnehmer ▪ Markteintrittsbarrieren ▪ veränderte Rechtslage (Patente) ▪ ...

Bevor das Absatzprogramm geplant und über Produktneuerungen entschieden wird, ist es notwendig, die **Voraussetzungen für eine Änderung des Absatzprogramms** zu prüfen.

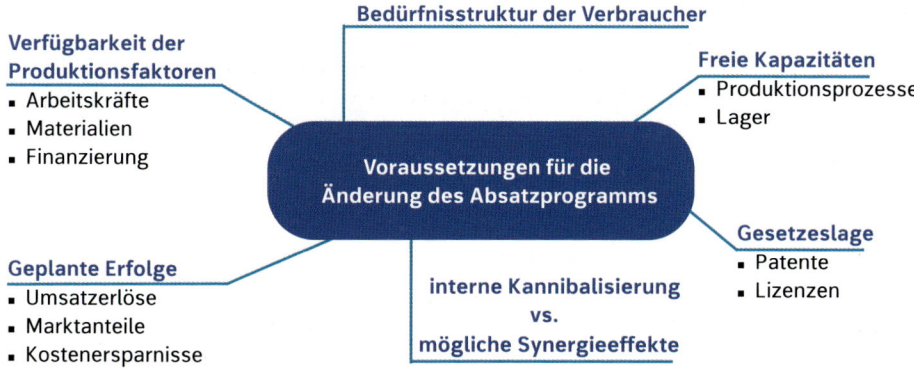

Im Detail umfasst die Absatzprogrammpolitik alle Entscheidungen eines Unternehmens, die im Zusammenhang mit der Gestaltung des Absatzprogramms stehen. Es wird beispielsweise darüber entschieden, ob und in welcher Form die bestehende Produktpalette durch neue Produkte (**Innovationen**, **Variationen** oder **Modifikationen**) erweitert oder bereinigt werden soll. (Ihr Geschäftspartner im Handel spricht hier von der **Listung** eines Produktes im Sortiment bzw. umgekehrt von einer **Auslistung**, wenn das Sortiment um ein Produkt reduziert wird.) Industrieunternehmen bezeichnen die Bereinigung des Absatzprogramms um ein Produkt als **Elimination**.

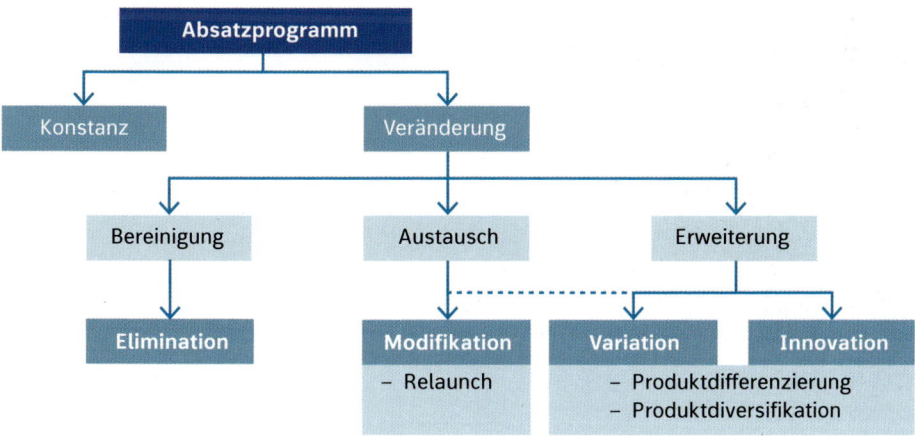

Produktelimination

Produkte, die aufgrund veralteter Technik, nachlassenden Kundeninteresses oder anderer Argumente für ein Unternehmen keinen oder nur noch geringen Nutzen haben, werden aus dem Absatzprogramm gestrichen. Diese Form der Absatzprogrammveränderung bezeichnet man als Produktelimination.

Produktmodifikation

Produktmodifikation:
Beinhaltet eine Anpassung eines bestehenden Produktes an neue Marktbedingungen. Das modifizierte Produkt wird als Nachfolgeprodukt auf dem Markt positioniert und ersetzt somit das ursprüngliche Produkt.

Spätestens dann, wenn die Umsätze eines Produktes rückläufig sind, ist es an der Zeit darüber nachzudenken, ein Produkt vom Markt zu nehmen oder so umzuwandeln, dass es neue Marktpotenziale erschließen kann. Modernisierungen oder Korrekturen an Produkten, die bereits auf dem Markt etabliert sind, bezeichnet man als **Relaunch**. Häufig ist mit dieser Form der Produktänderung eine Umpositionierung des Produktes (z. B. in ein neues Käufer- oder Preissegment) verbunden.

Produktvariationen

Produktvariationen:
Werden an Produkten, die bereits im eigenen Unternehmen gefertigt werden oder von Wettbewerbern auf dem Markt angeboten werden, Veränderungen vorgenommen, so spricht man von **Produktvariationen**. *Bei diesem Prozess entstehen neue Produkte.*

In den meisten Fällen ergibt sich durch Veränderung eines Produktes gleichzeitig auch eine Verbesserung des Produktes. Produktvariationen dienen dem Erschließen neuer Produkt- und oder Marktsegmente.

Beispiel: Die Sommerfeld Bürosysteme GmbH verkleinert proportional alle Ausmaße des schlichten Konferenzstuhles „Versal" und bietet ihn künftig in Kindergärten an. (Erschließung neuer Käufersegmente.) Genauso wäre es denkbar, dem Konferenzstuhl „Versal" eine ausklappbare Schreibplatte anzumontieren. In diesem Fall würde die Funktion verändert. (Erschließung neuer Produktsegmente.)

Entsprechend zu den Eigenschaften und der Beschaffenheit von Produkten können Variationen an eben diesen Ausprägungen ansetzen. Gängige Ansatzpunkte für Variationen sind somit Veränderungen

- der eingesetzten Materialien
- der Rezeptur bzw. Konstruktion
- des Aussehens (in Form und Farbe)
- der Qualität
- der Funktionalität
- …

Produktinnovationen

> **Produktinnovationen:**
> Von echten **Produktinnovationen** spricht man, wenn Hersteller völlig neuartige Produkte entwickeln, die es auf dem Markt bislang noch nicht gab und die zu bestehenden Produkten keine Variation darstellen.

Die Festlegung, ob eine Produktneuerung eine Innovation darstellt oder doch nur eine Variation, hängt in der Praxis oftmals von subjektiven Eindrücken ab. Auch Produktinnovationen werden von den Gestaltungselementen einzelner Produkte abgeleitet. Sie lassen sich wie folgt unterscheiden:

Innovationsarten	Beispiele
Komplett-Innovationen	Moderne Erkenntnisse aus der Gesundheitsforschung haben dazu geführt, Stühle so zu konzipieren, dass man nicht nur auf ihnen sitzt, sondern gleichzeitig kniet und schaukelt. Auf diese Art entsteht ein völlig neuartiges, aktives Sitzverhalten.
Teil-Innovationen	Es werden Teilkomponenten verändert, durch die ein bestehendes Produkt neuartige Eigenschaften erhält (z. B. Wasser abweisende Textilien zur Bepolsterung von Bürostühlen).
Namens-Innovationen	Die ergonomische Beschaffenheit eines Stuhles schon in seinem Namen auszudrücken ist die Kunst der Marke (z. B. „Ergo-Fit").
Verpackungs-Innovationen	Kreative Verpackungen mit Zusatznutzen liegen voll im Trend und bieten oftmals die Chance für ein Patent (z. B. der Knick zum Öffnen bei der Ritter-Sport-Schokolade).

Produktdifferenzierung und -diversifikation

Unter einer **Produktdifferenzierung** versteht man die Erschließung zusätzlicher Produktsegmente durch Variationen oder Innovationen. Sie führt dazu, das existierende Absatzprogramm vielfältiger auszuprägen. Anregungen zur Differenzierung bietet der Blick auf das eigene Absatzprogramm bzw. auf das Angebot der Wettbewerber. Produktdifferenzierungen können nur dann erfolgreich sein, wenn sie vom Kunden als einzigartig und käuferspezifisch wahrgenommen und akzeptiert werden. Ist ein Produkt auf dem Absatzmarkt etabliert, sollte auf diesen Erfolg aufgebaut werden.

Wilkening + Hahne GmbH+Co.KG, Bad Münder

	bestehende Produktsegmente	neue Produktsegmente
bestehende Märkte (z. B. aktuelle Käufer)	MARKTDURCHDRINGUNG Beispiel: Besucherstuhl „Ceno" für den Flughafen Köln/Bonn	PRODUKTENTWICKLUNG (DIFFERENZIERUNG) ▪ **durch Variation** Beispiel: Besucherstuhl „Ceno" zusätzlich mit Armlehne für Flughafen Köln/Bonn ▪ **durch Innovation** Beispiel: Klappstuhl „Ceno-Klapp" für den Flughafen Köln/Bonn steht nur noch auf drei Beinen
neue Märkte (z. B. neue Käuferschichten)	MARKTENTWICKLUNG Beispiel: Besucherstuhl „Ceno" für die Messe Köln	DIVERSIFIKATION (horizontal, vertikal, lateral) ▪ **durch Variation** Beispiel: Besucherstuhl „Ceno" zusätzlich mit Armlehne für die Messe Köln ▪ **durch Innovation** Beispiel: Klappstuhl „Ceno-Klapp" für die Messe Köln steht nur auf drei Beinen

Produktdiversifikationen dienen dazu, gleichzeitig neue Käufer- und Produktsegmente anzusprechen. In den meisten Fällen gelingt diese Form der Produktentwicklung nur durch Innovationen, grundsätzlich ist eine Diversifikation aber auch durch Variationen denkbar.

Diversifikationsarten	Beispiele
Horizontale Diversifikation	Ein Unternehmen **wächst in die Breite:** Erweiterung des Absatzprogramms durch neue Produkte (auf neuen Märkten), die produktionstechnisch, beschaffungs- und absatzwirtschaftlich den bisherigen Produkten derart gleich sind, dass gleiche Betriebsmittel, gleiches Personal und gleiche Marktbeziehungen genutzt weren können. Beispiel: Die Sommerfeld Bürosysteme GmbH erweitert ihr Absatzprogramm um Einrichtungssysteme für den Bereich der Schulmöbel.
Vertikale Diversifikation	Ein Unternehmen **wächst in der Tiefe:** bei der Erweiterung des Absatzprogramms orientiert sich das Unternehmen an der Wertschöpfungskette, d. h., es werden (für neue Märkte) Produkte vor- oder nachgelagerter Wirtschaftsstufen integriert. Beispiel: Die Sommerfeld Bürosysteme GmbH bietet zusätzlich zum aktuellen Absatzprogramm Glasplatten sowie ergonomische Sitzkissen an.
Laterale Diversifikation	Ein Unternehmen **wächst diagonal (Breite und Tiefe):** Um neue Märkte zu erschließen, wird das Absatzprogramm um Produkte fremder Wirtschaftsbereiche ergänzt, die zu den bisherigen Produkten weder einen technischen noch einen wirtschaftlichen Bezug haben. Beispiel: Die Sommerfeld Bürosysteme GmbH entschließt sich, in den Sektor der Finanzberatung einzusteigen.

Gestaltung der Marke

> **Marke:**
> *Mit dem Begriff* **Marke** *wird eine eindeutige Kennzeichnung eines Produktes durch einen Namen oder durch grafische, akustische und/oder andere Elemente festgelegt. Die Marke ist folglich ein* **Identifizierungselement.**

Der Verbraucher steht auch bei den Entscheidungen rund um die Marke im Mittelpunkt. Immer mehr, insbesondere junge Käuferschichten sehen die Marke als ein wesentliches, kaufentscheidendes Kriterium eines Produktes an. **Markenartikel** gelten als Prestigeobjekte und gewinnen deshalb zunehmend an Bedeutung. Hersteller, die Markenartikel anbieten, genießen zudem eine starke Position gegenüber dem Handel. Eine starke Marke stellt einen hohen Wert dar und sichert die Verhandlungsposition des Vertriebs gegenüber dem Handel. Je stärker die folgenden Faktoren ausgeprägt sind, umso höher ist der Wert einer Marke einzuschätzen.

- Markentreue der Käufer
- Bekanntheitsgrad der Marke
- Mit der Marke verbundene positive Assoziationen
- Mit der Marke assoziierte Qualitätsstandards

> **PRAXISTIPP!**
>
> *Marktforschungsinstitute bieten Analysen an, in denen geprüft wird, ob ein Konsument die Marke höher bewertet als die Wahl der Einkaufsstätte. Wenn ein Käufer bereit ist, seine bevorzugten Einkaufsstätten zu verlassen und eine andere aufzusuchen, nur um einen Markenartikel kaufen zu können, liegt die Macht ohne Zweifel bei der Marke, also beim Hersteller. Sollten Sie feststellen, dass Produkte Ihres Ausbildungsbetriebes über derartigen Zuspruch verfügen, sollten Sie diese Ausgangslage unbedingt gewinnbringend nutzen! (Vgl. Markenschutz S. 59 f.)*

Herleitung und Erscheinungsformen einer Marke

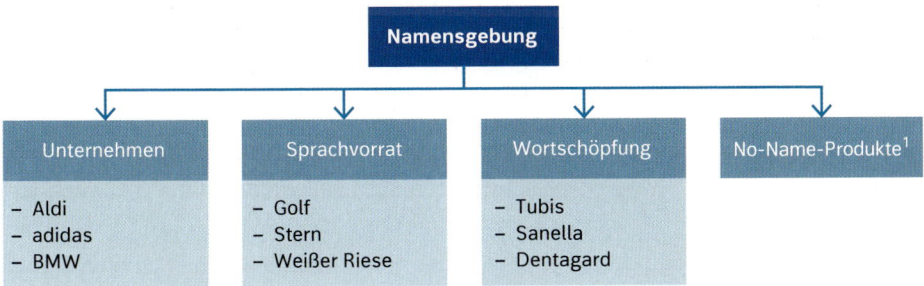

Die Herleitung der Marke kann aus verschiedenen Bereichen erfolgen. Wichtig ist hierbei, dass die Marke

- positive Assoziationen weckt,
- produkttypisch wirkt,
- werbewirksam, einprägsam und unverwechselbar sein soll.

---

[1] *No-Name-Produkte sind einerseits Produkte, die tatsächlich keinen Namen haben. Daneben verwendet man den Begriff No-Name-Produkte für Handelsmarken wie z. B. Ja!, Tipp, Gut&Billig usw.*

PRAXISTIPP!

Bietet Ihr Ausbildungsbetrieb seine Produkte auf internationalen Märkten an, so sollten Sie dies unbedingt bei der Markenfindung berücksichtigen. Insbesondere Namen, die dem Sprachvorrat entspringen, sollten auf Eignung überprüft werden. Wortschöpfungen müssen dagegen international aussprechbar sein.

Erscheinungsformen von Marken			
Wortmarke	Wortmarke durch Schriftzeichen	Wort-Bild-Marke	Hörmarke
■ Golf ■ Knirps ■ Mars	**Persil**	SCHWARTAU	Melodien/Jingles ■ Haribo ■ Telekom ■ ...
Bildmarke (grafische Marke)	Wortmarke durch Farbgebung	3-D-Gestaltung	Sonstige Marken formen
TUI	NIVEA	■ Hologramme ■ Prägungen ■ ...	■ Geschmack ■ ...

PRAXISTIPP!

Auszubildende bekommen zeitweise die Gelegenheit, an Kreativprozessen mitzuwirken, weil man davon ausgeht, dass junge Mitarbeiter noch nicht in den unternehmensüblichen Strukturen denken. Auf diesem Weg werden wirklich innovative Gedanken geboren. Fühlen Sie sich deshalb frei, ihren kreativen Gedanken Raum zu schenken, Ihr Arbeitgeber kann nur davon profitieren!

Dachmarken – im Vergleich zur Monomarkenstrategie

Ein Unternehmen sollte für jedes einzelne Produkt, aber auch für das gesamte Absatzprogramm eine übergeordnete Markenstrategie definieren. Diese Strategie bedarf klarer Vorgaben für den Fall, dass Produktneuerungen stimmig in das Markenkonzept integriert werden müssen.

Unternehmen unterscheiden vorrangig zwischen einer **Monomarken-** (synonym: Produktmarken-, Einzelmarken-) oder **Dachmarkenstrategie**. Daneben sind Ausprägungen von **Handelsmarken** oder **Gruppenmarken** üblich. Zeitweise werden die verschiedenen Strategien miteinander kombiniert.

Beispiele: Persil von Henkel, Kinder-Milchschnitte/-Bueno/-Pingui, Milka-Tender/-Melo Cakes/-Crispello

Monomarkenstrategie	Jedes einzelne Produkt erhält eine eigene Marke. Beispiele: Rama, Hanuta, Valensina, Meister Proper, Lenor
Dachmarkenstrategie	Das gesamte Absatzprogramm wird unter einer einheitlichen Marke verkauft. Häufig ist dies der Name des Unternehmens. Beispiele: Melitta, Dr. Oetker, Sony, Nike

Handelsmarkenstrategie	Ein Unternehmen produziert im Auftrag des Handels Produkte (meist Varianten des eigenen Markenartikels mit einfacher Qualität). Für diese Produkte bestimmt der Handel die Marke. Beispiele: TiP, ja!, GUT & GÜNSTIG, Salto, Puda, Tandil, A&P
Gruppenmarkenstrategie	Bei Gruppenmarken werden Produktgruppen oder Produktlinien unter einer Marke angeboten. Beispiele: Kraft, Kinder, Tesa, iPod

(Ver-)Packungsgestaltung

Anforderungen und Funktionen von (Ver-)Packungen
Die Gestaltung einer Verpackung muss unterschiedlichen Ansprüchen genügen:

Anforderungen an die Verpackung aus Sicht		
des Herstellers	des Endverbrauchers	des Gesetzgebers
▪ Schutz der Produkte ▪ kostengünstige Materialien ▪ raumsparende Aufbewahrung ▪ Attraktivität schaffen, um Kauflust auszulösen ▪ Zusatznutzen als Verkaufsvorteil einbinden ▪ Logistik berücksichtigen ▪ ...	▪ Schutz vor gesundheitlichen Schäden ▪ Schutz vor Verderben ▪ Wiedererkennungswert ▪ leichtes Gewicht ▪ perfektes Aussehen ▪ Produkt gleich Abbildung ▪ Handlichkeit ▪ einfache Bedienung ▪ Zusatznutzen ▪ leichte Entsorgung ▪ ...	▪ Umweltverträglichkeit ▪ ressourcenschonender Umgang mit Rohstoffen ▪ Reduktion von Verpackungsmüll ▪ geringe Deponievolumen beanspruchen ▪ Einsatz recyclingfähiger Materialien ▪ ...

Die **Hauptaufgabe** einer Verpackung ist die **Schutzfunktion**.

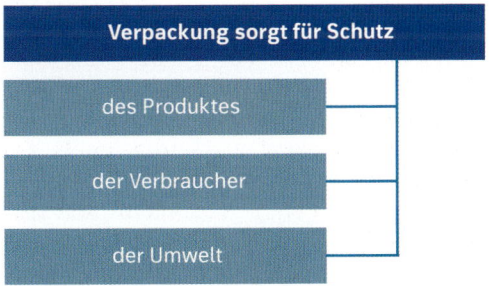

Verpackung sorgt für Schutz
- des Produktes
- der Verbraucher
- der Umwelt

Schutz des Produktes
Die Verpackung stellt in erster Linie sicher, dass ein Produkt auf dem Weg vom Hersteller bis hin zum Endverbraucher nicht beschädigt wird.

Schutz des Verbrauchers
Kindersicherungen an Verpackungen, wie z. B. ein besonderer Schraubverschluss bei Flaschen oder Medikamenten, verhindern eine versehentliche Einnahme gefährlicher Inhaltsstoffe und beugen so Gesundheitsschäden vor.

PRAXISTIPP!

*Um die Gefahr einer Verwechslung gesundheitsgefährdender Produkte mit Lebensmitteln zu vermeiden, hat die Industrie einen „**Code of Practice**" entworfen. Hierin werden Verpackungen eindeutige Identifizierungen zugeteilt, sodass der Verbraucher anhand der Form automatisch auf typische Inhaltsstoffe schließen kann.*

Schutz der Umwelt

Da manche Produkte bei unsachgemäßer Anwendung oder unkontrolliertem Austritt Umweltschäden, wie z.B. Gewässerverschmutzung oder Luftbelastung verursachen können, stellt die Verpackung einen Beitrag zum aktiven Umweltschutz dar.

Arten und Gestaltungselement von Verpackungen

Im Wesentlichen unterscheidet man zwischen **Verkaufs- und Transportverpackungen**. **Verkaufsverpackungen** sind für das Marketing von großer Bedeutung, denn sie bieten viel gestalterischen Spielraum. Sie bestehen aus **notwendigen** und **zusätzlichen** Verpackungselementen.

Verkaufsverpackung	
	Notwendige Verpackungselemente sind alle Umhüllungen für nicht formfeste Produkte oder Schüttgüter.
	Beispiel: Die Sommerfeld Bürosysteme GmbH hat Schrauben in einer Plastikdose und Holzleim in einer Tube erhalten.
	Zusätzliche Verpackungselemente führen entweder dazu, dass mehrere Einzelprodukte zu einem Gebinde zusammengefasst werden oder sie ergänzen die notwendige Verpackung durch einen **Zusatznutzen** in Form von zusätzlichem Schutz oder als Plattform für Werbung.
	Beispiel: Die Sommerfeld Bürosysteme GmbH verkauft ihren Bürostuhl Stitz in einer Sonderaktion ausschließlich im Doppelpack. Zu diesem Zweck werden zwei Stühle mit einer stabilen Kartonage gebündelt, an der ein Tragegriff montiert ist. Der Karton wurde zu Werbezwecken mit besonderen Aufdrucken versehen.

Der Begriff der **Packung** bezieht sich auf die Menge einer Verkaufseinheit von einem Produkt. Sie kann entweder mit einer Produkteinheit identisch sein, oder aus mehreren Produkteinheiten bestehen.

Transportverpackungen werden funktionalen Gesichtspunkten unterworfen. Geeignete Gefäße und Materialen helfen, Produkte angemessen für den Transport vorzubereiten (vgl. S. 159 ff.).

PRAXISTIPP!

*Aufgrund eines vermehrten Umweltbewusstseins hat sich in jüngster Zeit ein Trend hin zu sogenannten **Pendelverpackungen** entwickelt. Hierbei schickt der Hersteller die geforderten Produkte in einer Transportverpackung zum Kunden. Dieser verwendet die gleiche Verpackung wieder und schickt sie entweder befüllt oder leer an den Hersteller zurück.*

Je nach Art der Verpackung, nach Art des Gutes und nach Wahl des Vertriebsweges werden unterschiedliche Kriterien bei der Verpackungsgestaltung berücksichtigt.

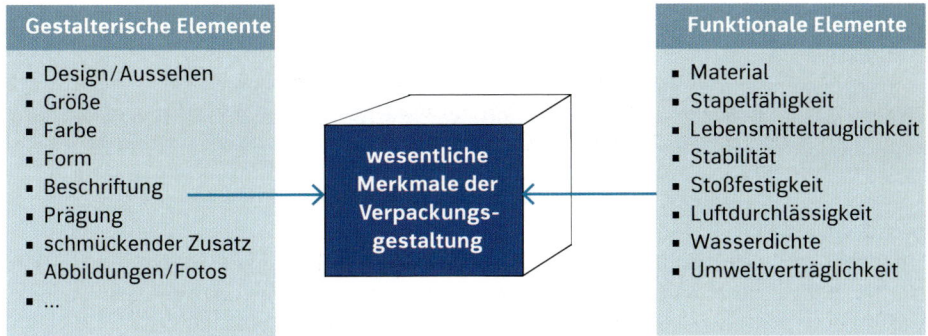

Gestalterische Elemente		Funktionale Elemente
• Design/Aussehen		• Material
• Größe		• Stapelfähigkeit
• Farbe	**wesentliche**	• Lebensmitteltauglichkeit
• Form	**Merkmale der**	• Stabilität
• Beschriftung	**Verpackungs-**	• Stoßfestigkeit
• Prägung	**gestaltung**	• Luftdurchlässigkeit
• schmückender Zusatz		• Wasserdichte
• Abbildungen/Fotos		• Umweltverträglichkeit
• ...		

Kriterien zur Gestaltung von Verpackungen

Umweltaspekte bei der (Ver-)Packungsgestaltung

So verlockend es auch sein mag, den Endverbraucher mit aufwendigen Verpackungen zum Kauf zu verleiten, so setzt sich heute dennoch bei immer mehr Herstellern ein verändertes, umweltorientiertes Bewusstsein durch. Verpackungsmaterialien werden sparsam eingesetzt, und der kontrollierte Umgang mit der Umwelt steht fest im Fokus.

Ausgelöst wurde dieser Trend in den 70er-Jahren, in denen sich die Abfallwirtschaft enorm entwickelt hat. Das hatte weitreichenden Einfluss auf die Ausgestaltung von Produktionsprozessen und Verpackungen. Durch die **Mülltrennung** konnten eingesetzte (Verpackungs-)Materialien dem Wirtschaftskreislauf wieder zugeführt werden. Statt einer „Durchlaufstrategie" wurde eine „Kreislaufstrategie" verfolgt. Das war die Grundlage für das **Kreislaufwirtschafts- und Abfallgesetz** (vgl. S. 236 ff.), das Mitte der 90er-Jahre in Kraft trat.

Mit diesem Gesetz wurde die Wirtschaft sensibilisiert, Produktionsprozesse ausgehend vom Abfall her zu planen. Das bedeutet konkret, das alle eingesetzten Produkte sowie Verpackungsmaterialien

- nach ihrem Gebrauch wieder verwendbar sein sollen,
- nach einer Aufbereitung weiteren Produktionsprozessen erneut zugeführt werden können (Recycling),
- zur Energieerzeugung verwendet werden können (thermische Verwertung).

Auf diesem Weg entsteht ein Kreislauf der Materialien, einhergehend mit einem sparsamen Verbrauch der Ressourcen.

Um die Idee der Kreislaufwirtschaft konsequent weiterzuverfolgen, hat der Gesetzgeber ebenfalls in den 90er-Jahren die **Verpackungsverordnung** (vgl. S. 236 ff.) als einen Bestandteil des Kreislaufwirtschaftsgesetzes erlassen. Hierin wurden die nötigen Rahmenbedingungen geschaffen, um den Gedanken des Recyclings, der Wiederverwendbarkeit und einen ressourcenschonenden Materialeinsatz auch im Bereich der Verpackung zu festigen. Dem Credo „Abfall vermeiden, verwerten und beseitigen" folgend, wurde die Produktverantwortung der Hersteller ins Zentrum der Abfallwirtschaft gerückt. Der Hersteller ist seitdem verpflichtet, Verkaufs- und Transportverpackungen zurückzunehmen, zu verwerten oder sich alternativ an einem dualen System zu beteiligen.

Gewerblicher Rechtsschutz

Bestimmte Leistungen genießen Rechtsschutz durch den Gesetzgeber, um sie vor Missbrauch zu schützen.

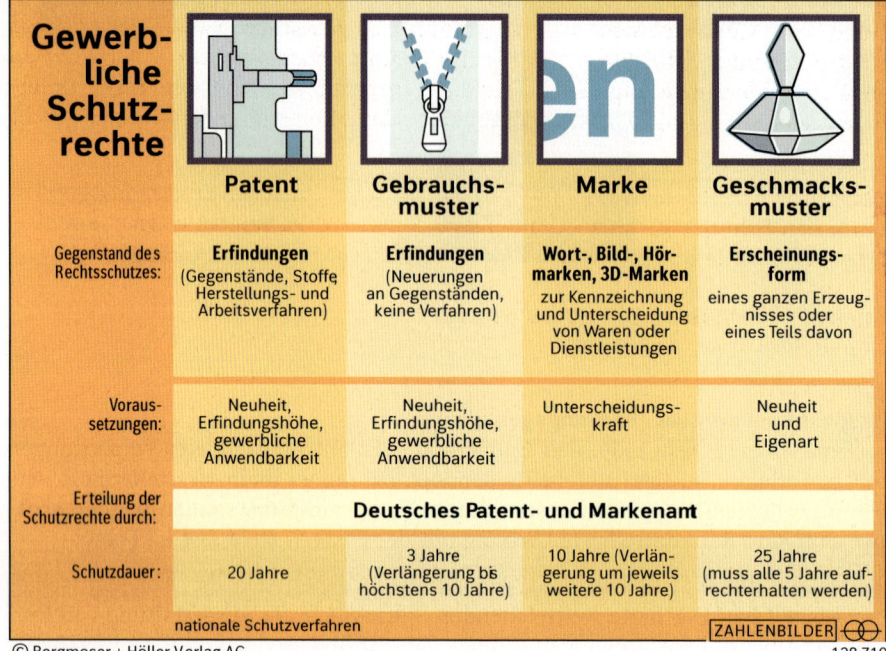

Gewerb-liche Schutz-rechte	Patent	Gebrauchs-muster	Marke	Geschmacks-muster
Gegenstand des Rechtsschutzes:	**Erfindungen** (Gegenstände, Stoffe, Herstellungs- und Arbeitsverfahren)	**Erfindungen** (Neuerungen an Gegenständen, keine Verfahren)	**Wort-, Bild-, Hör-marken, 3D-Marken** zur Kennzeichnung und Unterscheidung von Waren oder Dienstleistungen	**Erscheinungs-form** eines ganzen Erzeug-nisses oder eines Teils davon
Voraus-setzungen:	Neuheit, Erfindungshöhe, gewerbliche Anwendbarkeit	Neuheit, Erfindungshöhe, gewerbliche Anwendbarkeit	Unterscheidungs-kraft	Neuheit und Eigenart
Erteilung der Schutzrechte durch:	**Deutsches Patent- und Markenamt**			
Schutzdauer:	20 Jahre	3 Jahre (Verlängerung bis höchstens 10 Jahre)	10 Jahre (Verlän-gerung um jeweils weitere 10 Jahre)	25 Jahre (muss alle 5 Jahre auf-rechterhalten werden)

nationale Schutzverfahren   ZAHLENBILDER

© Bergmoser + Höller Verlag AG   128 710

Patentschutz

§ 1 Patentgesetz: Patente werden für die Erfindungen auf allen Gebieten der Technik erteilt, sofern sie neu sind, auf einer erfinderischen Tätigkeit beruhen und gewerblich anwendbar sind.

Bei einem **Sach- oder Erzeugnispatent** wird die erfundene Sache geschützt, bei einem **Verfahrenspatent** wird ein Herstellungsverfahren geschützt. Ein Patentinhaber kann seine Erfindung einem anderen überlassen, indem er ihm gegen eine Lizenzgebühr eine **Lizenz** erteilt.

Beispiel: Die Sommerfeld Bürosysteme GmbH hat ein Verfahren zur schraublosen Verbindung von Regalbrettern entwickelt und als Patent angemeldet. Sie hat dieses Verfahren drei Unternehmen in den Niederlanden überlassen und erhält dafür regelmäßig Lizenzgebühren.

Patente werden im Patentblatt bekannt gemacht. Der Patentschutz dauert höchstens 20 Jahre, danach kann jedermann die bisher geschützte Erfindung verwerten.

Markengesetz

§ 1 Markengesetz: Geschützte Marken und sonstige Kennzeichen. Nach diesem Gesetz werden geschützt:
1. Marken
2. geschäftliche Bezeichnungen
3. geografische Herkunftsangaben

Der Schutz der Marke wird durch die **Eintragung in das Markenregister** beim Deutschen Patentamt (München) sichergestellt. Häufig stehen Industriebetrieben Patentanwälte bei den formalen Schritten der Prüfung und Anmeldung zur Seite. Da die Marke zur eindeutigen Identifizierung eines Produktes gedacht ist, sind alle nicht unterscheidenden Kennzeichnungen sowie irreführende oder sittenwidrige Kennzeichen nicht eintragungsfähig.

Eine Marke ist ein **Recht** und muss mindestens fünf Jahre nach der Eintragung genutzt werden, um den Schutz aufrechtzuerhalten. Das Recht auf Verwendung der Marke besteht insgesamt zehn Jahre und kann bei Bedarf verlängert werden.

Informations-, Sozial-, Umwelt- und Prüfzeichen

Bei den oben dargestellten Zeichen handelt es sich um Informations-, Sozial-, Umwelt- und Prüfzeichen. Diese Zeichen werden vorwiegend von Herstellern als Garantieausweis für bestimmte Anforderungen an die Qualität ihrer Produkte oder Dienstleistungen verwendet und von Verbänden, Institutionen, Prüforganisationen etc. vergeben. Die Überwachung und Vergabe der Zeichen erfolgt durch Institutionen wie beispielsweise die RAL gGmbH, den TÜV Rheinland AG, DIN CERTCO Gesellschaft für Konformitätsbewertung mbH u. v. a.

Gebrauchsmusterschutz

§ 1 Gebrauchsmustergesetz: Als Gebrauchsmuster werden Erfindungen geschützt, die neu sind, auf einem erfinderischen Schritt beruhen und gewerblich anwendbar sind.

Geschützt werden Neuerungen an Arbeitsgerätschaften und Gebrauchsgegenständen (Werkzeuge, Haushaltsgeräte), jedoch keine Verfahren.

Beispiel: Die Sommerfeld Bürosysteme GmbH lässt in ihren Schreibtischen bei Bedarf einen kleinen Safe einbauen, dessen Gebrauch nur während der vorher eingestellten Zeiten möglich ist und deshalb mit einer Zeitschaltuhr gekoppelt ist. Dieses Gebrauchsmuster reicht sie beim Patentamt zum gewerblichen Schutz ein.

§ 3 GebrMG (Begriff der Neuheit)
(1) Der Gegenstand eines Gebrauchsmusters gilt als
neu, wenn er nicht zum Stand der Technik gehört.
[...]
§ 4 GebrMG (Anmeldung)
(1) Erfindungen, für die der Schutz als Gebrauchsmuster verlangt wird, sind beim
Patentamt anzumelden.
[...]

§ 23 GebrMG (Schutzdauer)
(1) Die Schutzdauer eines eingetragenen Gebrauchsmusters beginnt mit dem Anmeldetag und endet zehn Jahre nach Ablauf des Monats, in den der Anmeldetag fällt.
(2) Die Aufrechterhaltung des Schutzes wird durch Zahlung einer Aufrechterhaltungsgebühr für das vierte bis sechste, siebte und achte sowie für das neunte und zehnte Jahr, gerechnet vom Anmeldetag an, bewirkt. Die Aufrechterhaltung wird im Register vermerkt.

Designschutz/Geschmacksmusterschutz
Beim Deutschen Patent- und Markenamt der Bundesrepublik Deutschland ist es möglich, das **Design** eines Produktes (Form und farbliche Gestaltung) deutschlandweit schützen zu lassen. Die Schutzdauer beträgt 25 Jahre ab dem Tag der Anmeldung. Grundsätzlich gilt allerdings: eingetragene Designs genießen nur in dem Land Schutz, in dem sie eingetragen werden (Territorialitätsprinzip).

§ 2 Designgesetz
(1) Als eingetragenes Design wird ein Design geschützt, das neu ist und Eigenart hat.
(2) Ein Design gilt als neu, wenn vor dem Anmeldetag kein identisches Design offenbart worden ist. Designs gelten als identisch, wenn sich ihre Merkmale nur in unwesentlichen Einzelheiten unterscheiden.
(3) Ein Design hat Eigenart, wenn sich der Gesamteindruck, den es beim informierten Benutzer hervorruft, von dem Gesamteindruck unterscheidet, den ein anderes Design bei diesem Benutzer hervorruft, das vor dem Anmeldetag offenbart worden ist. Bei der Beurteilung der Eigenart wird der Grad der Gestaltungsfreiheit des Entwerfers bei der Entwicklung des Designs berücksichtigt.

Möchte man das Design eines Produktes über die Landesgrenzen hinaus patentieren lassen, so ist ein **Gemeinschaftsgeschmacksmuster** entweder europaweit beim Harmonisierungsamt für den Binnenmarkt (HABM) bzw. international bei der Weltorganisation für geistiges Eigentum (WIPO) anzumelden. Beim Geschmacksmuster handelt es sich nicht um den Geschmack im Sinne einer Rezeptur, sondern um äußerliche Gestaltungselemente des Produktdesigns. Schutzwürdig sind hierbei vor allem zwei- und dreidimensionale Designs in Form von Mustern und Modellen.

Muster:
Darstellungen in der Fläche (zweidimensional) einschließlich der verwendeten Farbkombinationen.

Beispiel: Tapeten-, Stoffmuster, Schriftzeichen

Modelle:
Dreidimensionale Erzeugnisse; hier können Formen und Farbkombinationen geschützt werden.

Beispiel: Möbel, Geschirr, Schmuck
Zwei weitere Beispiel für den gewerblichen Rechtsschutz sind die Produktsicherheit (vgl. S. 233) und das Produkthaftungsgesetz (vgl. S. 233).

Zusammenfassung

Produktpolitik: Marktgerechte Leistungen anbieten

- *Die Produktpolitik ist eins **von fünf Marketinginstrumenten**. Alle Entscheidungen zu diesem Instrument haben Auswirkungen auf die restlichen Instrumente. Sie sollten deshalb immer eng untereinander abgestimmt werden.*

Produktpolitik
- Ausgangspunkt für die Koordination aller Marketinginstrumente
- Aufgabenbereiche ergeben sich aus vier Teilbereichen

1. Produkt-Gestaltung

- Produktgestaltung bezieht sich auf
  - **Sachgüter**
  - **Dienstleistungen**
  - **Informationen**
  - und **Rechte**
- **Produktgestaltung** orientiert sich an:
  - Produktdesign
  - Produktsubstanz
  - technische Merkmale
  - ästhetische Merkmale
  - sonstige Elemente
- enge Zusammenarbeit mit dem Produktionsmanagement

2. Gestaltung des Absatzprogramms

- **Voraussetzungen für Änderungen** des Absatzprogramms ergeben sich aus
  - Absatzmarktbedingungen
  - Kundenbedürfnissen
  - Herstellerinteressen.
- Veränderungen des Absatzprogramms
  - **Elimination:** Streichen eines Produktes
  - **Modifikation:** Austausch eines Produktes im Rahmen eines Relaunches
  - **Variation:** bereits existierende Produkte werden abgewandelt
  - **Innovation:** es werden völlig neue Produkte kreiert
  - **Differenzierung:** erschließen neuer Produktsegmente
  - **Diversifikation:** erschließen neuer Produkt- und Käufersegmente

3. Gestaltung der Marke

- eindeutiges **Identifizierungsmerkmal**
- **Herleitung** von Markennamen
  - Unternehmen
  - Sprachvorrat
  - Wortschöpfungen
  - No-Name-Produkte
- **Erscheinungsformen**
  - Wortmarke (durch Schrift oder Farbe)
  - Bildmarke   – Wort-Bild-Marke
  - Hörmarke   – Geschmacksmarke
  - 3-D-Marke   – sonstige Elemente
- Dachmarken- vs. Monomarken-Strategie
  Monomarken-Strategie: Jedes einzelne Produkt erhält eine eigene Marke.
  Dachmarken-Strategie: Bereiche des Absatzprogramms werden unter einer einheitlichen Marke verkauft.
- Eine Markenstrategie für neue Produkte soll grundsätzlich einer allgemeingültigen, übergeordneten Markenstrategie folgen.

4. Verpackungs-Gestaltung

- **Anforderungen** an Verpackungen ergeben sich aus den unterschiedlichen Blickwinkeln
  - des Kunden
  - des Herstellers
  - und des Gesetzgebers
- **Verpackungsarten:**
  - Verkaufs- und Transportverpackung
- **Hauptaufgabe = Schutzfunktion**
  - Schutz: Produkt, Kunden, Umwelt
- **Gestaltung** der Verpackung durch gestalterische und funktionale Elemente
- Gemäß dem **Kreislaufwirtschaftsgesetz** und der **Verpackungsverordnung** sollen bei der Verpackungsgestaltung umweltorientierte Aspekte berücksichtigt werden. Der Hersteller ist verpflichtet, Verkaufs- und Transportverpackungen zurückzunehmen oder sich einem dualen System anzuschließen.

- Die Modelle des Produktlebenszyklus und der Portfoliomatrix dienen als strategische Planungs-
  hilfsmittel.

  Produktlebenszyklus: dynamisches Modell, das sich auf ein Produkt bezieht.
  Portfoliomatrix: dokumentiert den Zusammenhang des Absatzprogramms
     statisch für einen Zeitpunkt.

- **Gewerblicher Rechtsschutz** bietet dem Hersteller Schutz vor Missbrauch.
  - Patentgesetz
  - Markengesetz
  - Gütezeichenschutz
  - Designgesetz
  - Gebrauchsmustergesetz

Aufgaben

1. Übertragen Sie die erlernten Erkenntnisse zur Produktpolitik auf Ihren Ausbildungsbetrieb:

   a) Skizzieren Sie ein Ablaufdiagramm, in dem alle Arbeitsabläufe der Produktpolitik, die üblicherweise in Ihrem Ausbildungsbetrieb anfallen, in einer zeitlichen Abfolge (Workflow) auf-
   gelistet werden. Notieren Sie hierbei die einzelnen Teilbereiche der Produktpolitik und die
   jeweiligen Entscheidungsträger Ihres Ausbildungsbetriebes.

   b) Es ist möglich, dass manche Teilbereiche, die regulär zur Produktpolitik zählen, in Ihrem
   Ausbildungsbetrieb fehlen. Stellen Sie fest, welche Bereiche betroffen sind, warum die Bereiche fehlen und wie sich Ihr Ausbildungsbetrieb stattdessen hilft.

   c) Zeichnen Sie eine Mindmap, indem Sie alle internen sowie externen Beteiligten, die direkt
   mit den Prozessen der Produktpolitik verbunden sind, mit ihrer jeweiligen Funktion vermer-
   ken.

2. Die Sommerfeld Bürosysteme GmbH stellt Überlegungen an, ihr Absatzprogramm zu verändern. Erläutern Sie, welche Voraussetzungen Sie im Voraus unbedingt überprüfen würden.

3. Die Sommerfeld Bürosysteme GmbH hat sich entschieden, ihre Produktgruppe „Am Schreibtisch" um zwei neue Bürostühle zu erweitern. Beide Produktneuerungen sollen ergonomischen
   Sitzkomfort bieten und ökologische Komponenten einbinden.

   a) Bestimmen Sie drei Merkmale, anhand derer Sie die Gestaltung der beiden Bürostühle
   unterscheiden könnten, sodass sich die beiden Stühle am Ende klar voneinander abgrenzen lassen. (Tipp: Halten Sie sich die Bedürfnisse der Kunden vor Augen oder gestalten
   Sie die Bürostühle so, dass neue Käuferschichten, z. B. aus neuen Altersklassen, angesprochen werden.)

   b) Entscheiden Sie sich für eine der entwickelten Produktneuerungen und führen Sie eine begründete Erklärung an.

4. Die Sommerfeld Bürosysteme GmbH entscheidet, vermehrt auf horizontale Diversifikation durch
   Lizenzaufnahme und den Zukauf von Produkten zu setzen.

   a) Erläutern Sie den Begriff der horizontalen Diversifikation.

   b) Finden Sie zwei Vor- und zwei Nachteile für die Strategie der horizontalen Diversifikation.

5. Im Kreativ-Workshop werden Sie aufge-
fordert, für den neuen Bürostuhl mit dem
Arbeitstitel „Ergo-Design-Natur" eine
Marke zu entwickeln.

a) Entwickeln Sie Vorschläge für eine
Marke und nutzen Sie hierzu maximal
zwei Gestaltungselemente. Begründen Sie Ihre Auswahl anschließend.

b) Beschreiben und interpretieren Sie
die nebenstehende Tabelle und nennen Sie Vorteile, die ein Markenpro-
dukt gegenüber einem No-Name-
Artikel bietet.

6. a) Beschreiben Sie, welche Form der
Markenstrategie aktuell bei der Sommerfeld Bürosysteme GmbH vorliegt.

b) Erklären Sie, wie Sie die vorliegende
Markenstrategie in eine Kombination
aus Dach- und Monomarken um-
wandeln könnten und finden Sie für
mindestens eine Produktgruppe ein
konkretes Beispiel.

Die wertvollsten Marken der Welt		
Rang	Marke	Mrd. US-$
1	Amazon	415,86
2	Apple	352,21
3	Microsoft	326,54
4	Google	323,6
5	Visa	186,81
...		
9	Facebook	147,19
10	McDonald's	129,32
...		
14	Coca Cola	84,02
...		
18	SAP	57,58

Quelle: Tabelle erstellt in Anlehnung an https://
de.statista.com/statistik/daten/studie/6003/
umfrage/die-wertvollsten-marken-weltweit/,
Stand: Juni 2020

7. a) Die Sommerfeld Bürosysteme GmbH
verfügt lediglich über Transportverpackungen. Überprüfen Sie, welche
Verpackungsarten in Ihrem Ausbildungsbetrieb verwendet werden und erstellen Sie eine
Liste mit allen verwendeten Verpackungsmaterialien.

b) Machen Sie Vorschläge, wie Verpackungsmaterial Ihres Ausbildungsbetriebes eingespart, oder so verändert werden könnte, dass es dem Gedanken des Umweltschutzes
noch mehr gerecht wird.

8. Erklären Sie, wie in Ihrem Ausbildungsbetrieb das Kreislaufwirtschaftsgesetz zum Tragen
kommt.

9. Finden Sie sich in Dreiergruppen zusammen. Als Junior-Produktmanager der Sommerfeld
Bürosysteme GmbH sind Sie dafür verantwortlich, das Absatzprogramm für die kommen-
de Saison kreativ zu verändern, um insbesondere neue Zielgruppen aus dem medizinischen
Bereich anzusprechen.

a) Erledigen Sie alle typischen Aufgaben der Produktpolitik und dokumentieren Sie hierbei
stichwortartig Ihr Vorgehen und Ihre Überlegungen (auch die, die Sie verworfen haben)
auf einem Blatt.

b) *Gehen Sie nun mit einer weiteren Dreiergruppe zusammen. Präsentieren Sie abwechselnd Ihre Ergebnisse und führen Sie hierbei möglichst viele Argumente an, sodass Ihre Überlegungen transparent werden. Einigen Sie sich auf eine Lösung! Erstellen Sie abschließend für den Vertrieb eine Liste mit wenigstens fünf Vorteilen bzw. Verkaufsargumenten zu dem veränderten Absatzprogramm.*

3.2 Preis- und Konditionenpolitik: Preise festlegen und Konditionen gestalten

LS 5

Im Anschluss an den Strategieworkshop vom vergangenen Wochenende hat das Marketing viel zu tun. Während erste Überlegungen im Bereich der Produktpolitik bereits konkretisiert wurden, müssen nun für die Preispolitik jede Menge Daten als Entscheidungsgrundlagen recherchiert werden.

Herr Sommer hat zu diesem Zweck Frau Esser aus dem Controlling gebeten, eine Aufstellung aller anfallenden Kosten zum geplanten Produktionsprozess anzulegen und für den geplanten Bürostuhl „Ergo-Design-Natur" eine grobe Preiskalkulation auf Vollkostenbasis mit den regulären Zuschlagssätzen zu erstellen. Gleichzeitig hat Herr Sommer den Auszubildenden Rudolf Heller beauftragt, alle notwendigen Daten über den Absatzmarkt von einem Marktforschungsinstitut anzufordern.

In der Mittagspause trifft Rudolf seine Kollegin Daniela Schaub und erzählt ihr von seinen Fortschritten. „Hi Daniela, ist das nicht klasse, für morgen hat mir das Marktforschungsinstitut die Daten aus dem Handelspanel zugesagt. Ich bin gespannt, welche Preisstellung die für unseren neuen Bürostuhl vorschlagen!" „Aber warum lässt du dir denn für teures Geld von einem Institut helfen?", entgegnet Daniela, „meinst du nicht, wir könnten einen geeigneten Einstiegspreis auch selber kalkulieren? So viel Spielraum haben wir doch gar nicht in diesem Produktsegment." Natürlich ist sich Rudolf darüber im Klaren, dass die Kosten des Produktionsprozesses die Preise maßgeblich beeinflussen, dennoch hält er es für wichtig, die Nachfrager und Wettbewerber bei den Überlegungen der Preisgestaltung zu berücksichtigen. „Wenn wir die Nachfrageelastizität nicht einschätzen können, laufen wir Gefahr, schon in der Einstiegsphase zu hohe Preise zu fordern und folglich große Käuferschichten gar nicht erst zu erreichen." Doch Daniela hält beharrlich an ihrem Gedanken fest, sie schlägt einen anderen Weg vor: „Mal angenommen, wir würden einfach den Durchschnittspreis der Branche für unseren Bürostuhl übernehmen, dann brauchen wir doch nur noch zu überlegen, wie hoch unser Gewinn sein soll. Am Ende geben wir der Produktion einfach vor, wie hoch die maximalen Produktionskosten sein dürfen. Fertig! Wo ist da das Problem? Und außerdem sparen wir so noch die Kosten für das Marktforschungsinstitut!"

Arbeitsaufträge

- *Daniela und Rudolf nutzen entgegengesetzte Vorgehensweisen zur Preisbildung. Gehen Sie in Arbeitsgruppen und analysieren Sie die vorgeschlagenen Strategien.*

  - *Beschreiben Sie die Strategien mit eigenen Worten.*

  - *Für welchen der Vorschläge würden Sie sich entscheiden? Begründen Sie Ihre Meinung in Stichworten.*

▪ *Notieren Sie gemeinsam mit Ihrem Tischnachbarn, welche Einflussgrößen Sie bei der Kalkulation von Preisen berücksichtigen würden. Vergleichen Sie Ihre Ergebnisse zunächst mit einem anderen Paar aus der Klasse und führen Sie am Ende die Ideen aller Klassenkameraden in einer Übersicht zusammen.*

Bestandteile der Preispolitik

Die Preispolitik nimmt im Zusammenspiel der Marketinginstrumente eine zentrale Rolle ein, denn noch immer gilt in den meisten Fällen der Preis aus Sicht der Verbraucher als das entscheidende Kaufkriterium. Alle Entscheidungen im Rahmen der Preispolitik sind somit von großer Bedeutung, sie limitieren das Nachfragevolumen maßgeblich.

Konkret beschäftigt sich die Preispolitik damit, für die Leistungen eines Unternehmens angemessene Absatzpreise festzulegen. Darüber hinaus wird die Preispolitik durch die Konditionenpolitik ergänzt, bei der es darum geht, die Zahlungs- und Lieferbedingungen individuell auf einen Kunden (Absatzmittler oder Endverbraucher) abzustimmen.

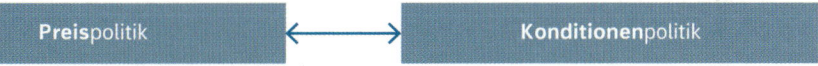

Preis:
Grundsätzlich versteht man unter dem **Preis** die Gegenleistung, die ein Verkäufer von einem Käufer für seine erbrachte Leistung einfordert. Der Preis kann in der Höhe und in der Art der Gegenleistung variieren. In der Regel wird der Preis über **Geldwerte** bestimmt. Es ist aber genauso denkbar, Preise durch **Sachwerte, Dienstleistungen** oder durch **Rechte und Pflichten** zu bewerten.

Preispolitische Zielsetzungen und klassische Preistheorien

Der Preis eines Produktes ist neben den Kosten die wichtigste Einflussgröße für den Gewinn eines Unternehmens. Es liegt deshalb nahe, Preise nicht aus dem Bauch heraus zu bestimmen, sondern eine sorgsame, **strategische Planung** zugrunde zu legen.

Die angestrebten preispolitischen Zielsetzungen müssen zunächst an den Gegebenheiten des Marktes (Endverbraucher, Handel, Konkurrenz) sowie internen Betriebsfaktoren (Kosten) überprüft werden. Erst nach dieser gründlichen **Situationsanalyse** können konkrete Preise und Konditionen kalkuliert und umgesetzt werden.

Konkrete, **strategische Entscheidungen**, die sich im Hinblick auf die Preispolitik eines Absatzprogramms ergeben, betreffen die

▪ **Preislage** eines einzelnen Produktes (obere, untere, mittlere),
▪ **Preisfestsetzung** für Produkte, die neu in das Absatzprogramm aufgenommen werden,

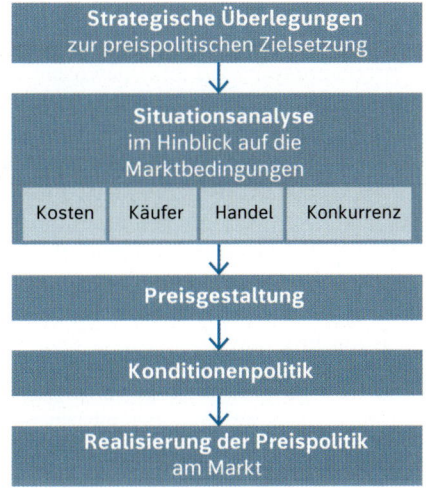

- **Preisänderungen** für Produkte des bestehenden Absatzprogramms,
- **Preisdifferenzierungen** für gleichartige Produkte in unterschiedlichen Marktsegmenten,
- **Preisstaffelung** in Abhängigkeit von den unterschiedlichen Marktsegmenten,
- **Preisvergleiche** mit dem Wettbewerb sowie
- **Preisschwellen**, die die Kaufentscheidung des Kunden psychologisch eingrenzen.

Aufbauend auf diese Entscheidungsmerkmale haben sich in der Preispolitik **klassische Preistheorien** entwickelt, die im Folgenden kurz beschrieben werden.

Psychologische Preisfestsetzung

Nachfrager verfügen über ein gesundes Gespür von Preisschwellen. Oftmals sind dies runde Beträge für einzelne Produktkategorien. An-bieter nutzen diese Preisschwellen psychologisch geschickt aus, indem sie sich mit ihrer Preisgestaltung wenig unterhalb dieser Preisschwellen positionieren.

Beispiel: Eine Tüte Chips kostet anstatt 1,00 € nur 0,98 €.

PRAXISTIPP!

Soweit Sie Preise für Produkte kalkulieren, sollten Sie immer beachten, dass Sie über die Produktmenge die gewünschte Preisstellung geschickt beeinflussen können!

Hochpreisstrategie (Premiumstrategie)

Insbesondere traditionsreiche Unternehmen sowie Unternehmen mit einer mehr oder weniger ausgeprägten Monopolstellung positionieren ihre Produkte in Segmenten höherer Preislagen. Sie zielen auf Abnehmer ab, die gehobene Ansprüche vertreten und Produkte vorrangig wegen ihrer Extravaganz, ihres Luxus oder ihres hohen Prestigewertes nachfragen. Die Produkte werden als besonders exklusiv herausgestellt, um einen auf Dauer hohen Marktpreis rechtfertigen zu können.

Beispiel: Luxusgüter (Rolls-Royce), Premium-Markenartikel (Lindt-Pralinen)

Niedrigpreispolitik (Promotionsstrategie)

Unternehmer fassen preisbewusste Abnehmer ins Auge und wollen über eine hohe Absatzmenge Gewinne erzielen. Dauerhaft niedrige Preise (Discountpreise) treffen auf eine breite Masse Endverbraucher, sodass ein langfristig hohes Umsatzvolumen garantiert wird.
Produktionstechnisch werden durch große Stückzahlen und große Kapazitäten Kostenvorteile durch Fixkostendegression erzielt.
Absatzpolitisch werden lange Produktlebenszyklen mit Produkten gleichbleibender Qualität angestrebt. Unter Einsparung von Forschungs- und Entwicklungskosten werden bekannte Produkte nachgeahmt und zu niedrigen Preisen angeboten (Me-too-Produkte).

Beispiel: Handelsmarken, Ratiopharm, Spee-Waschmittel

Preisdifferenzierung

Unternehmen verlangen für ein und dasselbe Produkt auf verschiedenen Teilmärkten unterschiedliche Preise. Nachfrager haben unterschiedliche Präferenzen und unterschiedlich viel Markttransparenz über Absatzmärkte. Mit der Differenzierung sollen diese Unterschiede individuell ausgeschöpft werden. Die Möglichkeiten der Preisdifferenzierung werden an folgenden Beispielen erläutert:

Beispiel: Die Geschäftsführung der Sommerfeld Bürosysteme GmbH möchte für die Polsterbank Basis folgende Preisdifferenzierungen durchsetzen:

Mengenmäßige Preisdifferenzierung: Es wird eine Mengenrabattstaffel erstellt. Ein Stück kostet 2 839,50 €; ab zehn Stück wird ein Rabatt von 6 %, ab 25 Stück ein Rabatt von 10 % gewährt.

Zeitliche Preisdifferenzierung: Der Listenverkaufspreis oder Katalogpreis der Polsterbank beträgt 2 839,50 €; während der Einführungsphase (sechs Monate) wird ein Sonderpreis von 2 498,00 € festgelegt.

Personelle Preisdifferenzierung: Besondere Abnehmergruppen, wie karitative und soziale Einrichtungen (Rotes Kreuz, Krankenhäuser, Behindertentagesstätten), erhalten die Polsterbank zum Sonderpreis von 2 400,00 €.

Räumliche Preisdifferenzierung: Inlandskunden zahlen den Normalpreis, Auslandskunden wird je nach Marktsituation ein Zuschlag berechnet oder ein Nachlass gewährt.

Sachliche Preisdifferenzierung: Die Polsterbank wird mit und ohne Ablageplatte angeboten.

Umweltorientierte Preisdifferenzierung: Die Polsterbank wird regulär mit umweltschonenden Rohstoffen hergestellt und verkauft. Soweit ein Kunde auf einen anderen Materialeinsatz besteht, wird ein höherer Preis gefordert. Auf diesem Weg werden Kunden zu einer umweltorientierten Denkhaltung angeregt.

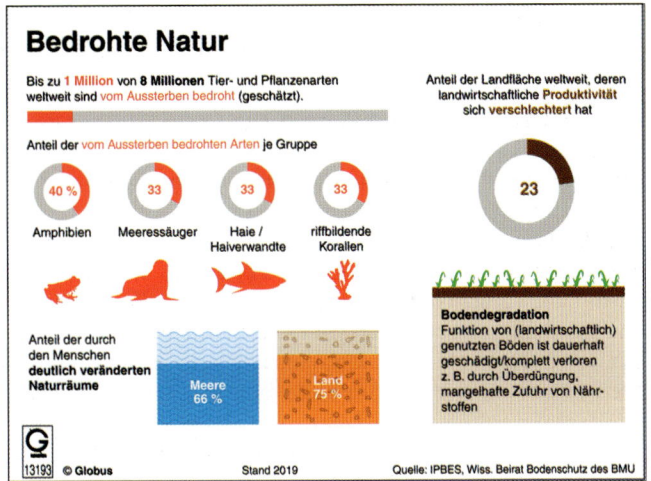

Skimming-Strategie (Abschöpfungsstrategie)

Die Skimming-Strategie kalkuliert eine Veränderung der Preislage von Anfang an bewusst ein. Hohe Preise werden ausschließlich in der Phase der Markteinführung gefordert, mit zunehmender Markterschließung durch Wettbewerber und dem damit verbundenen Wettbewerbsdruck wird der

Skimming-Strategie

Preis schrittweise gesenkt. Im Verlauf des Produktlebenszyklus werden somit immer wieder neue Käuferschichten erschlossen.

Meist handelt es sich um Produktneuheiten, für die kurzfristig keine großen Produktionskapazitäten vorhanden sind. Die Absatzmengen sind daher relativ niedrig, die

Stückkosten dagegen relativ hoch. Dennoch werden durch den hohen Anfangspreis höhere Gewinnspannen erzielt, die den kalkulierten Gewinn absichern.

Beispiel: Trendartikel, Produkte mit hohem technischem Entwicklungspotenzial

> **PRAXISTIPP!**
>
> *Es ist sinnvoll, Markteintrittsbarrieren (z. B. Patente) für Imitatoren aufzubauen, sodass man den Markt möglichst lange alleine abschöpfen kann.*

Penetration-Strategie (Marktdurchdringungsstrategie)

Bei dieser Strategie versuchen Anbieter mit relativ niedrigen Preisen Massenmärkte zu erschließen. Anfangs zielen die niedrigen Preise darauf ab, breite Käuferschichten zu Testkäufen anzuregen. Später versucht man, mit den Niedrigpreisen viele Wiederkäufer zu generieren. Es werden somit große Absatzmengen bei niedrigen Stückkosten erzielt. In der Regel werden die günstigen Einstiegspreise im Laufe der Zeit erhöht.

Penetration-Strategie

Beispiel: Schnupperpreise für Anzeigen in neuen Zeitschriften (die mit steigender Auflage erhöht werden)

Strategie der Preisunterbietung/Preisüberbietung

Entscheidend ist bei diesen Preisstrategien, dass ein Unternehmen bewusst die Initiative ergreift, den bestehenden Preis eines Wettbewerbers zu unter- bzw. überbieten. Der Fall der Preisunterbietung ist dabei in der Praxis weitaus häufiger. Immer dann, wenn Produkte vom Konsumenten als ähnlich und zur Bedürfnisbefriedigung beliebig austauschbar empfunden werden, nutzen Unternehmen diese Preisstrategie als Mittel im Kampf um die Gunst der Nachfrager. Meistens wechseln sich die Marktführer bei dieser Preisschlacht ab. Der Gewinner bleibt am Ende dennoch der Nachfrager.

Beispiel: Substitutionsgüter (Mc Donald's/Burger King, Pepsi/Coca-Cola, Knorr/Maggi)

Preisführerschaft/Preisfolgerschaft

Ein Hersteller gilt dann als Preisführer, wenn er aufgrund seines Marktanteils nachweisen kann, dass die meisten Nachfrager sein Produkt bevorzugen und deshalb bereit sind, gegebene Preise zu akzeptieren. Alle übrigen Wettbewerber gleichen sich seinem Preis an. Werden also vom Preisführer die Preise erhöht, so ziehen die Wettbewerber mit Preissteigerungen nach, werden die Preise gesenkt, senken auch die Wettbewerber ihre Preise.

Beispiel: Produkte von Marktführern (Tchibo Kaffee, Krombacher alkoholfrei, Ritter Sport usw.)

> **PRAXISTIPP!**
>
> *Für Branchenneulinge kann eine Strategie der Preisfolgerschaft anfangs durchaus von Nutzen sein. Fehlen Marktübersicht oder eigene Erfahrungswerte, so kann die Orientierung am Marktführer vor Fehlentscheidungen schützen.*

Markt und Preisbildung

Es wäre ein Leichtes, sich im Rahmen der Preispolitik einfach einer geeigneten Preistheorie zu bedienen und sie eins zu eins im Markt umzusetzen. Allen Theorien liegen allerdings bestimmt Voraussetzungen (Prämissen) zugrunde, die in der Praxis nicht immer erfüllt sind. Deshalb ist es wichtig, die unterschiedlichen Marktbedingungen als Einflussgrößen auf die Preisgestaltung präzise zu analysieren und unter Marketingaspekten geschickt auszunutzen.

Klassische Preistheorien

↓

Bedingungsanalyse
Einflussgrößen auf die Preisfindung abwägen

– Einfluss der Marktteilnehmer (Marktformen)
– Preiselastizität der Nachfrager
– Rechtliche Rahmenbedingungen
– Unternehmensinterne Einflussgrößen

↓

Preisgestaltung

Der Einfluss der Marktteilnehmer auf die Preisgestaltung

Je nach Anzahl der Marktteilnehmer (Anbieter und Nachfrager) und der sich daraus ergebenden Marktmacht (Käufer- oder Verkäufermärkte) bieten sich für marketingorientierte Preisentscheidungen unterschiedliche Voraussetzungen und Handlungsspielräume. → LF 9

Angebotspolypol (viele Anbieter)
Begriff
Die häufigste Marktform für Konsum- und Investitionsgüter ist das Polypol, bei dem viele Anbieter um die Gunst der Nachfrager ringen. Nur im Modell des vollkommenen Marktes, auf dem alle Marktteilnehmer über vollständige Markttransparenz verfügen und alle Produkte als homogen, also gleichwertig angesehen werden, ist für Anbieter kein Handlungsspielraum bei der Preisgestaltung. Im vollkommenen Markt würden Nachfrager immer zum preiswertesten Produkt greifen, für Preispolitik wäre somit kein Platz. In der Realität bestehen aber keine vollkommenen Märkte. Weder für Anbieter noch für Nachfrager besteht völlige Markttransparenz und genauso wenig werden Güter als vollständig gleich angesehen. Nachfrager haben sehr wohl Präferenzen, z. B. für eine Marke (Produktpolitik), eine Einkaufsstätte (Distributionspolitik) oder Serviceleistungen. Hieraus ergibt sich für die Preispolitik ein Handlungsspielraum, den jeder Anbieter geschickt für sich nutzen sollte.
Anwendung
Der Anbieter im Polypol kann sich die komplette Palette der Preispolitik zunutze machen. Angefangen über eine verstärkt wettbewerbs- und nachfrageorientierte Preisfindung, sollten raffinierte Konditionen (Rabatte, Zuschläge, Lieferungs- sowie Zahlungsbedingungen) die Preisfindung als Feinabstimmung ergänzen und so ein spezifisches Paket für die Zielgruppe bieten. Außerdem können neben der Preispolitik weitere Maßnahmen den Marketing-Mix begünstigen, sodass der Preisspielraum erweitert wird. Maßnahmen zur Kundenbindung, wie etwa Kundenkarten aus dem Bereich der Kommunikationspolitik (vgl. S. 85) oder gezielt ausgewählte Elemente der Servicepolitik (vgl. S. 130) fördern die Bildung von Präferenzen und erweitern somit den Handlungsspielraum für die Absatzpreise im Angebotspolypol.

Angebotsoligopol (wenig Anbieter)
Begriff
Bei einem Angebotsoligopol treffen wenige Anbieter auf die Gruppe der Nachfrager. Häufig teilen sich die wenigen Anbieter den Absatzmarkt zu mehr oder weniger gleichmäßigen Teilen untereinander auf und nutzen dann ihre gemeinsame Marktmacht in Form von Preisvorgaben aus. Die Absatzpreise verharren häufig auf einem Niveau, weshalb man im Angebotsoligopol auch gerne von **Preisstarrheit** spricht. Aus Sicht der Nachfrager scheint der Markt im Oligopol überschaubar und transparent, was für die Anbieterseite Gefahren birgt. Denn immer dann, wenn der Nachfrager die Produkte der Anbieter als gleichwertig empfindet, wird häufig der Preis zum entscheidenden Kaufkriterium.
Anwendung
Durch Einsatz des absatzpolitischen Instrumentariums, zum Beispiel durch Produktdifferenzierung oder auch Servicepolitik, sollte der Oligopolist versuchen, Präferenzen für sein Produkt zu schaffen, um aus der Gleichmäßigkeit der Produkte herauszustechen. Gelingt ihm dies, so ergibt sich hieraus ein kleiner Preisspielraum, innerhalb dessen er seine Preise variieren kann, ohne dass es zu entsprechenden Mengenverlusten bzw. Abwandern zum Wettbewerber kommt. Soweit eine Abgrenzung vom Wettbewerb aber nicht möglich ist, zeigen Angebotsoligopolisten, bedingt durch ihre Marktmacht, häufig ein mehr oder weniger abgestimmtes Verhalten bei der Preisgestaltung (**Parallelverhalten**). Senkt ein Anbieter den Preis, folgen die anderen unmittelbar. Erhöht ein Anbieter den Preis, ziehen die Wettbewerber im Oligopol meist gleichermaßen mit. Dabei ist es üblich, dass in jeder Preisrunde immer ein anderer Anbieter die vorübergehende Preisführerschaft übernimmt, sodass sich die Mengenverluste der jeweiligen Preisführer langfristig ausgleichen. Immer dann, wenn das Gut für den Nachfrager als wesentlich und dringend empfunden wird, ergeben sich hieraus Abhängigkeiten für die Nachfrager, die dann gezwungen sind, die überhöhten Preise in Kauf zu nehmen. Um einen angemessenen Schutz für Nachfrager und Marktmechanismen zu bieten, beobachtet die Kartellbehörde dauerhaft hohe Preise im Angebotsoligopol engmaschig und erhebt beim Verdacht verbotener Preisabsprachen entsprechende Bußgelder. Ein anderer Weg, um sich als Anbieter im Angebotsoligopol Kundenvorteile zu verschaffen bzw. den Wettbewerb zu verdrängen (**Verdrängungspolitik**), besteht darin, die Absatzpreise dauerhaft niedriger zu gestalten als der Wettbewerb. Dies ist allerdings nur möglich, wenn der Anbieter bereit ist, längerfristig auf große Teile seines Gewinns zu verzichten. Für den Nachfrager bringt dieses Verhalten zwar letztlich Preisvorteile, aber für den Wettbewerb entstehen enorme und zeitweise sogar existenzbedrohende Nachteile. Laut § 3 UWG (Verbot unlauteren Wettbewerbs) ist ein solches Verhalten nicht zulässig, ruinöser Wettbewerb ist in Deutschland verboten (vgl. S. 95). Im Angebotsoligopol ist letztlich eine konkurrenzorientierte Preisgestaltung unumgänglich. Versäumt ein Anbieter, die übrigen Anbieter im Blick zu halten, wird er unweigerlich Kundenpotenziale an den Wettbewerb verlieren.

→ LF 9

Angebotsmonopol (ein Anbieter)
Begriff
Im Angebotsmonopol steht ein einzelner Anbieter den Nachfragern gegenüber und nimmt aufgrund seiner Alleinstellung eine marktbeherrschende Position ein. Er kann den Preis immer dann diktieren, wenn die Nachfrager von ihm abhängig sind bzw. wenn das Gut für den Nachfrager einen dringenden Nutzen erfüllt. Ist ein Gut für den Nachfrager eher verzichtbar, springen Nachfrager entsprechend ihrer individuellen Preisschwelle einfach ab.
Anwendung
Der Angebotsmonopolist ist in der Preisfestsetzung weitgehend frei und muss sich hinsichtlich preispolitischer Marketingaktivitäten kaum Gedanken machen. Aus Sicht des Marketings wäre es dennoch unklug, den Preis übermäßig in die Höhe zu treiben, weil so das Image einer Marke oder gar des gesamten Unternehmens negativ beeinflusst werden könnte und folglich die Gefahr besteht, dass Kunden eine ablehnende Haltung entwickeln. In der Praxis wird der Angebotsmonopolist den Preis also nicht beliebig hochtreiben, sondern die Preis-Mengen-Relation suchen, bei der sein Gewinn maximal ist. Dies ist dann gegeben, wenn die Differenz zwischen Umsatzerlösen und Gesamtkosten am größten ist, wenn also hinreichend viele Nachfrager angesprochen werden, sodass über die Absatzmengen in Verbindung mit dem Preis die anfallenden Gesamtkosten langfristig sicher gedeckt werden.   Aus Sicht des Marketings sollte ein Angebotsmonopolist seinen Absatzmarkt gewissenhaft kontrollieren und die Absatzmengen bzw. eventuelle Lagerbestände engmaschig verfolgen. Seine marktbeherrschende Position kann der Monopolist ggf. mit Bedacht zusätzlich durch Preisdifferenzierung begleiten. Soweit Märkte so abgegrenzt sind, dass differenzierte Preisstellungen von den Nachfragern akzeptiert werden, können Preisspielräume durchaus ausgereizt werden.

Die Nachfrageelastizität als Einflussgröße auf die Preisgestaltung

Für die Preispolitik ist es wesentlich, das Verhältnis zwischen einer Preisänderung und der sich daraus ergebenden Änderung der Nachfragemenge zu kennen. Es stellen sich also die Fragen:

- Wie reagieren die Nachfrager auf eine Preisänderung?
- Was geschieht, wenn sich der Preis um ein Prozent verändert, um welchen Prozentsatz verändert sich dann die nachgefragte Menge nach diesem Produkt?

Diese Reaktion der Nachfrager wird als **Preiselastizität der Nachfrage** oder kurz als **Nachfrageelastizität** bezeichnet.

$$\text{Preiselastizität der Nachfrage } (E_N) = -\frac{\text{Prozentuale Mengenänderung eines Gutes A (Wirkung)}}{\text{Prozentuale Preisänderung des Gutes A (Ursache)}}$$

Nachfrageelastizität:
Die Nachfrageelastizität ist das Maß der Abhängigkeit zwischen der Preishöhe und der absetzbaren Menge. Sie zeigt an, in welchem Ausmaß eine Preisänderung die abgegrenzte Menge beeinflusst.

Man nennt Güter **elastisch**, wenn ihre Absatzmenge vom Preis abhängig ist, wenn Nachfrager also sensibel auf Preisänderungen reagieren. Preissenkungen führen dann in der Regel schnell dazu, Kunden der Wettbewerber abzuschöpfen, während Preiserhöhungen dazu führen, dass die Kundschaft an den Wettbewerb verloren geht. **Unelas-tisch** sind dagegen Güter, bei denen der Nachfrager nur geringfügig auf Preisänderungen reagiert. Selbst große Preisänderungen führen nicht unbedingt dazu, dass Kunden den Hersteller wegen Preisunterschieden wechseln. Der Spielraum für preispolitische Maßnahmen ist somit bei elastischen Gütern meist kleiner, aber umso wichtiger im Vergleich zu unelastischen Gütern.

Zeitweise können Güter auch unterschiedliche Elastizitäten aufweisen, dann hat der Käufer eine oder gar mehrere Preisschwellen in seiner Wahrnehmung verankert. Die Preis-Absatz-Funktion ist dann geknickt.

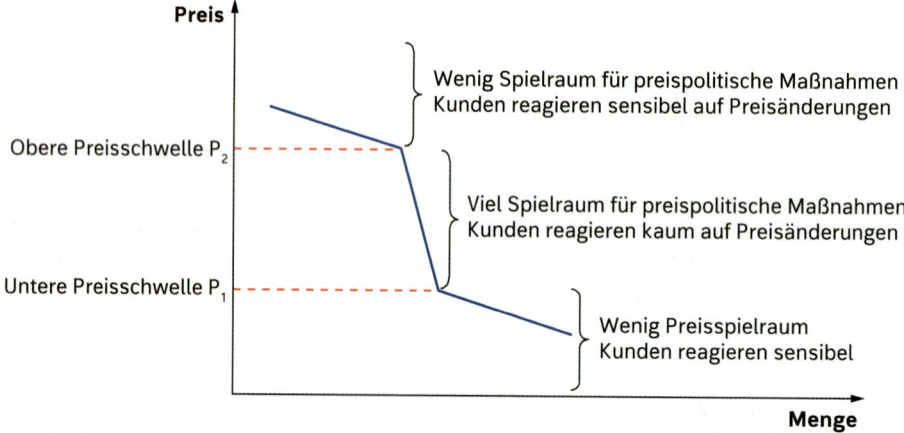

Doppelt geknickte Preis-Absatz-Funktion

Besonders in Angebotsoligopolen, also auf Märkten mit überschaubar wenigen Anbietern und folglich mehr Markttransparenz für Nachfrager, findet man häufig geknickte Preis-Absatz-Funktionen. Hier zeigen sich Nachfrager bis zu einer Preisschwelle sensibel bzw. reagieren mit ihrer Nachfragemenge heftig (elastisch) auf Preisänderungen. Sie wechseln im Zweifelsfall zum Wettbewerb. Ab einer bestimmten Preisschwelle wird das Kaufverhalten der Nachfrager allerdings unsensibel und die Reaktion der Nachfrager bleibt in Bezug auf Preisänderungen eher schwach. An dieser Stelle wird die Markentreue sichtbar.

Bei einer doppelt geknickten Preis-Absatz-Funktion zeigen Abnehmer ab einer zweiten Preisschwelle wiederum starke Reaktionen auf Preisänderungen, dann führen kleinste preispolitische Aktivitäten der Anbieter wiederum zu starken Veränderungen in der nachgefragten Menge. Käufer wandern zum Wettbewerb ab und zeigen so ihre Reaktion auf die Preispolitik eines Unternehmens.

PRAXISTIPP!

Es besteht die Möglichkeit, über Marktforschungsinstitute testen zu lassen, wie sensibel Kunden auf Preisänderungen im Vergleich zu beliebigen Preisstellungen der Wettbewerber reagieren würden. Das Marktforschungsinstitut IRI GmbH (www.iriworldwide.de) bietet mit seiner „Preis-Abstand-Analyse" ein geeignetes Tool zu dieser Problematik an.

Rechtliche Rahmenbedingungen für die Preisgestaltung

In Deutschland können Unternehmen ihre Preise grundsätzlich frei gestalten, sie können sie an den Mitbewerber anpassen, ihre Preise darüber bzw. darunter festlegen.

Im **GWB (Gesetz gegen Wettbewerbsbeschränkungen)** wird allerdings geregelt, dass Unternehmen ihre Preise nicht ganz ohne Rücksicht auf den Markt gestalten dürfen. § 20 GWB regelt beispielsweise das Verbot unbilliger Behinderung: demnach ist es nicht zulässig, dass Unternehmen (auch hinsichtlich des Preises) eine marktbeherrschende Stellung ausüben und so den Wettbewerb gefährden.

Unternehmen ist es gestattet, Verkaufspreise zeitweise unterhalb der Selbstkosten oder Anschaffungskosten (Werkstoffe, Handelswaren) anzubieten. Dies darf allerdings lt. § 20 Abs. 4 GWB nur dann geschehen, wenn die Preise nur gelegentlich besonders niedrig sind und der Preistiefstand aus sachlich gerechtfertigten Gründen unter dem Einstandspreis liegt.

Beispiel: Die Sommerfeld Bürosysteme GmbH bietet ihren Stammkunden den Polstersessel „Tubis" in einer Sonderaktion zu 100,00 € an. Da der Polstersessel ein Auslaufmodell ist, von dem es nur noch wenig Vorrat gibt, kann der Preis ausnahmsweise unterhalb der Selbstkosten (480,00 €) festgesetzt werden.

Grundsätzlich sind in Deutschland Preisabsprachen verboten und können gemäß dem GWB sowie dem **UWG (Gesetz gegen den unlauteren Wettbewerb)** mit Geldstrafen geahndet werden. Auf diesem Weg will die Gesetzgebung für ausgewogene Wettbewerbsbedingungen sorgen und so die soziale Marktwirtschaft in Deutschland sichern.

Unternehmensinterne Einflussgrößen auf die Preisgestaltung

Ebenfalls wichtige Einflussgrößen für die Preisgestaltung sind **unternehmensinterne Zielvorgaben, strategische Überlegungen** sowie begrenzende (limitationale) Faktoren, die sich aus dem Produktionsprozess ergeben (**Kosten, Kapazitäten** usw.).

Beispiel: Die Sommerfeld Bürosysteme GmbH setzt bei ihrem Absatzprogramm auf ein modisches und zugleich ökologisch hochwertiges Image. Abgeleitet von diesen strategischen Überlegungen bzw. Unternehmenszielen positioniert sie ihren neuen Bürostuhl „Ergo-Design-Natur" bereits in der Einführungsphase im Hochpreissegment, obwohl die Kalkulation mit Blick auf die Produktionskosten durchaus eine niedrigere Preisstellung zugelassen hätte.

Unternehmensinterne Einflussgrößen

- **interne Zielvorgaben**
  - Unternehmensziele
  - Marketingziele
  - ...

- **strategische Überlegungen**
  - gewählte Preisstrategie
  - Lebensphase des Produktes
  - Stellung im Produkt-Mix
  - ...

- **Kapazitäten im Produktionsprozess**
  - Auslastung
  - technische Möglichkeiten
  - make or buy, Outsourcing
  - ...

- **Kosten des Produktionsprozesses**
  - Materialkosten
  - Lohnkosten
  - ...

Preisbildung

In der Preisbildung geht es hauptsächlich darum, die **Höhe** des Absatzpreises zu bestimmen. Dazu hat sich in der Praxis ein zweistufiges Vorgehen durchgesetzt:

1. **Bestimmung eines Grundpreises (Listenpreis):** Der Grundpreis bezieht sich auf die Standardkernleistungen des Anbieters sowie Serviceleistungen, die ein übliches Ausmaß umfassen. Oft werden diese Grundpreise als Listenpreise in einer Preisliste festgehalten.

2. **Bestimmung von Preismodifikationen (Konditionen):** Konditionen in Form von Zuschlägen auf den Grundpreis bzw. Abschläge vom Grundpreis führen zu Nettopreisen für die jeweiligen Kunden.

Der Preisgestaltung sind allerdings Grenzen gesetzt. So wird die **Preisobergrenze** vorrangig durch die Nachfrager limitiert, zusätzlich schränken die Wettbewerber die Ausweitung des Preisniveaus nach oben ein. Für die **Preisuntergrenzen** sind die Produktionskosten maßgeblich entscheidend.

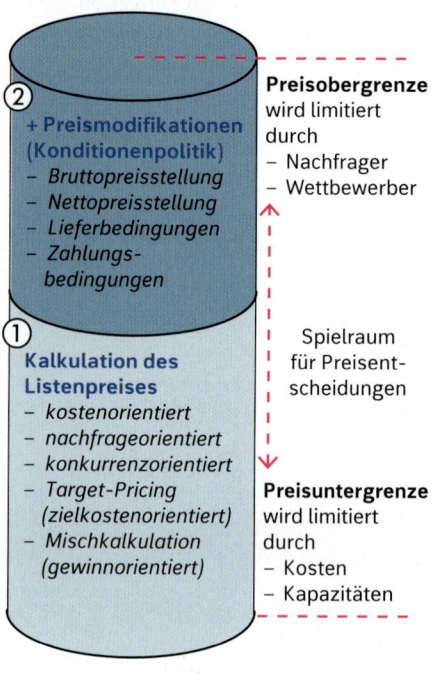

Neben dieser Vorgehensweise haben sich spezielle Methoden zur Ermittlung von Absatzpreisen durchgesetzt:

- kostenorientierte Preisfindung
- konkurrenzorientierte Preisfindung
- nachfrageorientierte Preisfindung
- Target-Pricing
- Mischkalkulation

Kostenorientierte Preisbildung

Ein Unternehmen wird immer bestrebt sein, von seinen Kunden mindestens den Preis zu fordern, der nötig ist, um seine betrieblichen Kosten zu decken. Die Berechnung des Preises kann hierbei auf **Teil-** oder **Vollkostenbasis** erfolgen.

 → LF 4

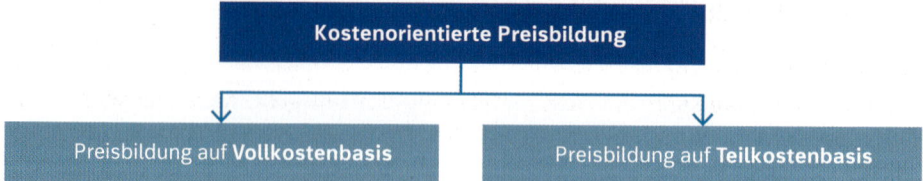

Progressive Preiskalkulation auf Vollkostenbasis

Bei der Preisbildung auf Vollkostenbasis sind die Selbstkosten die Grundlage der Preiskalkulation. Ermittelt man die Selbstkosten mithilfe einer Zuschlagskalkulation, spricht man von einer **progressiven** (= nach vorne gerichteten) Preisermittlung.

Um die Selbstkosten zu berechnen, werden die **Gesamtkosten** eines Industriebetriebes auf die jeweiligen Kostenträger (Produkte, Aufträge) übertragen. Im Einproduktunternehmen werden dazu die Gesamtkosten durch die Summe der Produktionseinheiten dividiert. Im Mehrproduktunternehmen, wie der Sommerfeld Bürosysteme GmbH, nutzt man einen Umrechnungsschlüssel, um die einzelnen Kostenarten auf die Kostenträger aufzuschlagen.

Den so ermittelten **Selbstkosten** wird schließlich nur noch der angestrebte **Gewinn** aufgeschlagen, um zum endgültigen **Verkaufspreis** zu gelangen.

	Fertigungsmaterial
+	Materialgemeinkosten
=	Materialkosten
+	Fertigungslöhne
+	Lohngemeinkosten
=	Herstellkosten
+	Verwaltungsgemeinkosten
+	Vertriebsgemeinkosten
=	Selbstkosten
+	Gewinn
=	Verkaufspreis (kostenorientiert)

> **Bei der Preiskalkulation auf Vollkostenbasis entsprechen die Selbstkosten der langfristigen Preisuntergrenze.**
>
> **Selbstkosten = langfristige Preisuntergrenze**

Diese Preisuntergrenze führt allerdings zwangsläufig zu Wettbewerbsnachteilen, denn in den Selbstkosten sind u. a. alle Fixkosten enthalten, die auch dann anfallen würden, wenn das einzelne Produkt nicht hergestellt und verkauft würde. Wettbewerber, die auf Teilkostenbasis kalkulieren (also ohne Fixkosten), würden folglich zu besseren Preisen anbieten können.

PRAXISTIPP!

Die Vorgehensweise zur Preisermittlung auf Vollkostenbasis erscheint einfach, überschaubar, leicht nachvollziehbar und ist deshalb weit verbreitet. Dennoch bleiben wesentliche Bereiche bei der Preiskalkulation unbeachtet, so z. B. die Reaktionen der Nachfrager auf die Preise (Preiselastizität) und die Konkurrenz. Aufgrund dieser Problematik und der Tatsache, dass die Preisuntergrenze mit den Selbstkosten zu hoch angesetzt wird, ist das Verfahren der progressiven Preisberechnung für absatzpolitische Entscheidungen letztlich wenig empfehlenswert.

Retrograde Preisermittlung auf Teilkostenbasis

Alternativ zu der progressiven Preisbildung besteht die Möglichkeit einer retrograden (= rückwärts gerichteten) Preisberechnung. Der Grundgedanke dieser Preisermittlung besteht darin, dass der **Verkaufspreis aus den bestehenden Marktgegebenheiten abgeleitet** wird und anschließend mit der eigenen Kostensituation abgeglichen wird. Es ist empfehlenswert, die folgenden fünf Schritte zur Ermittlung der Preisgestaltung einzuhalten:

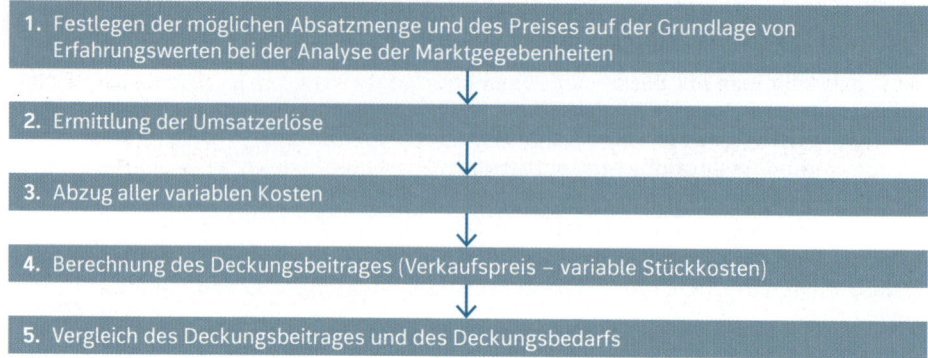

1. Festlegen der möglichen Absatzmenge und des Preises auf der Grundlage von Erfahrungswerten bei der Analyse der Marktgegebenheiten

2. Ermittlung der Umsatzerlöse

3. Abzug aller variablen Kosten

4. Berechnung des Deckungsbeitrages (Verkaufspreis – variable Stückkosten)

5. Vergleich des Deckungsbeitrages und des Deckungsbedarfs

→ LF 4 Die **Schritte 1–3** werden im Rahmen der Break-even-Analyse untersucht. Hierbei geht es darum, herauszufinden, ab welcher Absatzmenge Gewinne erwirtschaftet werden. Konkret bedeutet das: Ab welcher Absatzmenge übersteigen die erwirtschafteten Umsatzerlöse die anfallenden Gesamtkosten?

Da aber auch die Break-even-Analyse wiederum Fixkosten bei der Berechnung von Preisen berücksichtigt, diese aber in der Teilkostenrechnung unberücksichtigt bleiben sollen, werden in den folgenden **Schritten 4 und 5** Deckungsbeiträge auf Basis der Ergebnisse der Break-even-Analyse berechnet.

Bei der **Teilkostenrechnung** sollen einem Produkt nur die Kosten zugerechnet werden, die das Produkt auch tatsächlich verursacht, sprich **nur die variablen Kosten**. Diese Kosten müssen mindestens durch den Absatzpreis gedeckt werden. Jeder Preis, der über den variablen Stückkosten liegt, führt zu einem Beitrag zur Deckung aller durch den Gesamtbetrieb verursachten fixen Kosten.

> Bei der Preiskalkulation auf Teilkostenbasis wird die kurzfristige Preisuntergrenze durch die variablen Stückkosten bestimmt, die langfristige Preisuntergrenze durch den Deckungsbeitrag.
>
> variable Stückkosten = kurzfristige Preisuntergrenze
> Selbstkosten + fixe Stückkosten = langfristige Preisuntergrenze

PRAXISTIPP!

Der Vorteil der Teilkostenrechnung besteht darin, dass die langfristige Preisuntergrenze anhand des Deckungsbeitrages leicht zu ermitteln ist. Der Deckungsbeitrag kann dann, je nach Marktsituation, zur Differenzierung von Preisen oder zu individuellen Verhandlungsspielräumen mit Kunden genutzt werden.

Konkurrenzorientierte Preisbildung

→ LF 2 Die konkurrenzorientierte Preisbildung verfolgt das Prinzip des **Benchmarkings**, bei dem es darum geht, das eigene Verhalten am Markt an dem der Wettbewerber auszurichten. Unternehmen versuchen gezielt, erfolgreiche Vorgehensweisen der Wettbewerber zu kopieren und durch interne Verbesserungen im Idealfall Wettbewerbsvorteile zu erzielen. Bei der konkurrenzorientierten Preisbildung richtet ein Hersteller seine eigenen Preise an den Preisstellungen der übrigen Anbieter aus. Er gestaltet Preise nicht eigenständig, sondern passt sich an. Unternehmensindividuelle Kosten- oder Nachfrag-ersituationen bleiben hierbei vergleichsweise unberücksichtigt.

In der Praxis trifft man mit Blick auf die Konkurrenz auf **zwei typische Vorgehensweisen**.

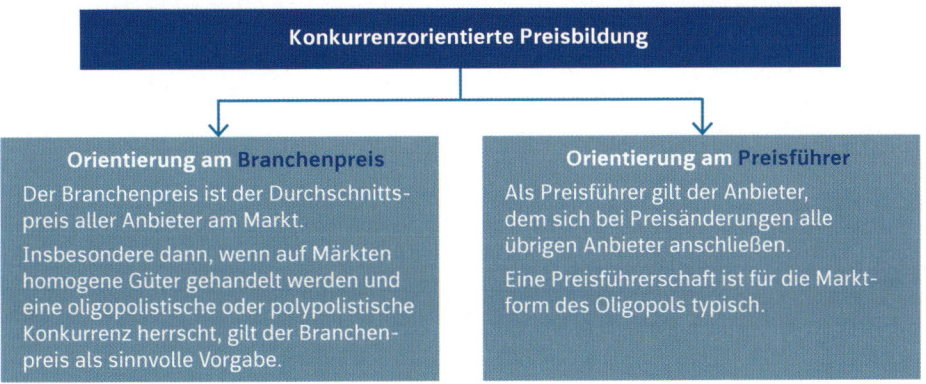

Konkurrenzorientierte Preisbildung

Orientierung am Branchenpreis

Der Branchenpreis ist der Durchschnitts-preis aller Anbieter am Markt.

Insbesondere dann, wenn auf Märkten homogene Güter gehandelt werden und eine oligopolistische oder polypolistische Konkurrenz herrscht, gilt der Branchen-preis als sinnvolle Vorgabe.

Orientierung am Preisführer

Als Preisführer gilt der Anbieter, dem sich bei Preisänderungen alle übrigen Anbieter anschließen.

Eine Preisführerschaft ist für die Markt-form des Oligopols typisch.

PRAXISTIPP!

Beachten Sie, dass der Blick auf die Marktpreise der Wettbewerber die Kalkulation Ihrer eigenen Preise nicht überflüssig macht! Lediglich der Weg der Kalkulation wird umgekehrt und somit bequemer. Ausgehend von den marktüblichen Verkaufspreisen, werden alle anfallenden Kosten subtrahiert. Anschließend können Sie überprüfen, ob der Verkauf zu den marktüblichen Konditi-onen für Ihren Ausbildungsbetrieb rentabel wäre.

Nachfrageorientierte Preisbildung

Mit zunehmender Gewichtung des Gedankens an **Kundenbindung** und Kundenzu-friedenheit gewinnt die nachfrageorientierte Preisbildung immer mehr an Bedeutung. Nachfrager regulieren die Preisobergrenze maßgeblich. Sollte ein Gut für den Nachfrager von hohem Nutzen sein (also wichtig und dringend), wird er einen hohen Preis akzep-tieren. Sind die Güter dagegen wenig nützlich, so wird der Verbraucher nicht bereit sein, einen hohen Preis zu zahlen. Der Preis drückt den Wert der Konsumentenbedürfnisse aus.

Bei der nachfrageorientierten Preisfindung stellt ein Anbieter die Nachfrager in den Mit-telpunkt seiner Überlegungen. Hierbei sind sowohl die Struktur der Nachfrager (Anzahl, Typologie, Demographie) sowie deren Motive und Verhaltensweisen von Interesse. Mit-hilfe der **Marktforschung** können diese Informationen erhoben, analysiert und für preispolitische Entscheidungen zugrunde gelegt werden.

Beispiel: Die Sommerfeld Bürosysteme GmbH hat vom Marktforschungsinstitut erfahren, dass bei einem Preisabstand von 50,00 € unter dem Preis des Hauptwettbewerbers der eigene Markt-anteil für den Bürostuhl „Ergo-Design-Natur" um 15 % steigen würde. Ein Preisabstand von 75,00 € führt sogar zu 25 % mehr Marktanteil. Über gezielte Verkaufsaktionen sollen nun Preis-stellungen von 198,00 €, zeitweise auch 175,00 € im Vergleich zum Wettbewerb (250,00 €) ver-wirklicht werden.

Preisbildung durch Zielkostenrechnung: Target-Pricing

→ LF 4

Im Unterschied zur traditionellen Vorwärtskalkulation (Zuschlagskalkulation) erfolgt beim Target-Pricing eine marktorientierte (rückwärtsgerichtete) Zielkostenrechnung („Preisminus"). Ausgelöst wurde diese Entwicklung durch den Wandel vom Verkäufer- zum Käufermarkt. Immer mehr Kunden fordern Anbieter, indem sie klare Zielvorgaben für Preise formulieren. Der Preis wird also vom Absatzmarkt vorgegeben und der Anbieter muss sich fragen:

- Was darf mein Produkt kosten?
- Wie kann ich diese Kostensituation erreichen?

Ausgangspunkt für das Target-Pricing ist der am Markt erzielbare Preis (Target-Price). Von diesem Preis wird der erwartete Gewinn (Target-Profit) abgezogen, sodass man zu den Zielkosten (Target-Costs) gelangt. Diese Kosten müssen vom Hersteller unbedingt eingehalten werden. Im Einzelnen bedeutet das, dass der Hersteller versuchen muss, seine Produktionsprozesse so zu gestalten, dass er die Zielkosten nicht überschreitet. Liegen die Selbstkosten laut

	Zielumsatz
–	Zielgewinn
=	**vom Markt erlaubte Kosten**
	(Obergrenze der Selbstkosten)
+	Ziel-Herstellungskosten
+	Ziel-Entwicklungskosten
+	Ziel-Verwaltungskosten
+	Ziel-Vertriebskosten

Kostenrechnung über den Target-Costs, muss eine Kostensenkung erfolgen, z. B. durch alternativen Materialeinsatz, günstigere Lieferanten oder Rationalisierungsmaßnahmen. Gelingt es nicht, die Kosten zu senken, kann das Produkt auf dem Markt nicht bestehen.

Beispiel: Vermehrt sind Kunden mit Preisvorstellungen von maximal 200,00 € für einen neuen Bürostuhl auf die Sommerfeld Bürosysteme GmbH zugekommen. Um dieses Preisniveau bieten zu können, hat der Einkauf bereits reagiert und mittels langfristiger Vertragsbindungen günstigere Konditionen bei seinen Lieferanten durchgesetzt. Zudem wurde die Verpackung der Produkte von Hand kurzfristig auf eine maschinelle Fertigung übertragen.

Preisbildung durch Mischkalkulation

In diese Form der Preiskalkulation fließen die Erkenntnisse der Portfolio-Matrix (vgl. S. 43) unmittelbar ein. Um ein Produkt überhaupt auf dem Markt platzieren zu können, kann es nötig sein, die Preise so niedrig gestalten zu müssen, dass kaum Gewinne übrig bleiben, ggf. sogar Verluste entstehen. Dann sollten andere Produkte zur Gewinnsicherung des Unternehmens beitragen.

Beispiel: Zur Markteinführung des Bürostuhles „Ergo-Design-Natur" soll der Stuhl knapp 150,00 € kosten. Da bei dieser Preisstellung Verluste erzielt werden, müssen die Gewinne des etablierten Konferenzstuhles „Confair" die Verluste kompensieren.

Konditionenpolitik

Im Rahmen der Konditionenpolitik legt ein Unternehmen seine Bedingungen fest, zu denen die Produkte letztlich an die Kunden verkauft werden. Sie müssen so beschaffen sein, dass sie die reine Preisgestaltung sinnvoll ergänzen und dem Kunden auf verstecktem Weg zusätzliche finanzielle Kaufanreize bieten. Konditionen dienen der

preispolitischen Feinsteuerung und ergänzen so das Marketing-Instrumentarium im Bereich der Preispolitik. Folgende Konditionen sind in der Praxis üblich:

Rabatte und Zuschläge

Rabatte werden in unterschiedlichster Form angeboten, um Preise im Nachhinein individuell modifizieren zu können. Sie stellen Preisnachlässe dar, die für bestimmte Leistungen des Abnehmers gewährt werden.

Neben dem Gewähren von Rabatten kann es aus Sicht des Marketings genauso interessant sein, auf **Zuschläge** zu verzichten. Aus Kostengründen verlangen viele Industrieunternehmen die Abnahme einer Mindestmenge; wird diese unterschritten, ist ein Mindermengenzuschlag zu zahlen. Der Wegfall dieser Zuzahlungen kann im Rahmen der Konditionenpolitik als strategisches Verkaufsargument eingesetzt werden.

Vertriebsmitarbeiter, die im direkten Kontakt zum Kunden Preisverhandlungen führen müssen, sind dankbar für jede Form von Rabatt- oder Zuschlagskonditionen, mit denen sie den Kunden individuell entgegenkommen können. In der Praxis haben sich zwei **Preisstellungssysteme** durchgesetzt.

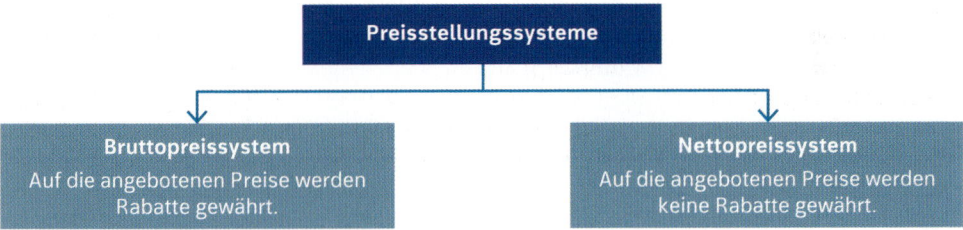

Bruttopreisstellung

Beim Bruttopreissystem werden dem Kunden auf die angebotenen Listenverkaufspreise verschiedenartige Rabatte gewährt bzw. Zuschläge erlassen. Je nachdem, welche Konditionen der Kunde in Anspruch nehmen möchte, hat er die Möglichkeit, den Rechnungsbetrag zu seinen Gunsten positiv zu beeinflussen.

Beispiel: Die Sommerfeld Bürosysteme GmbH bietet folgende Rabatte an:

- 5 % **Mengenrabatt** bei Abnahme von mehr als zehn Bürostühlen
- 1 % **Treuerabatt** für langjährige Stammkunden
- 8 % **Wiederverkäuferrabatt** für die Übernahme der Verkaufsfunktion an weitere Händler
- 2 % **Umsatzbonus** für eine Auftragssumme ab 15 000,00 €
- 1 % **Sonderrabatt** für den Kauf während der Einführungsaktion

Aus der Sicht des Verkäufers wird das Bruttopreissystem bevorzugt, da es besonders gut geeignet ist, eine **langfristige Kundenbindung** zu erzeugen. Aufgrund der vielseitigen Verhandlungsspielräume hat der Verkäufer eher die Möglichkeiten, eine **Win-Win-Situation** zu schaffen.

Nettopreisstellung

Beim Nettopreissystem wird der Preis für eine bestimmte Menge als Rechnungsbetrag ausgewiesen, alle übrigen Nachlässe oder Zuschläge sind in diesen Stückpreisen bereits eingerechnet.

Beispiel: Die Sommerfeld Bürosysteme GmbH bietet den Konferenzstuhl „Versal" zu nebenstehender Preisstaffelung an:

Bei Abnahme von:	beträgt der Preis pro Stück:
5–10 Stück	170,00 €
11–50 Stück	161,50 €
51–500 Stück	153,00 €
über 500 Stück	144,50 €

Der Verkauf auf Basis von Netto-preisen fordert den Vertrieb deutlich mehr. Da die Rechnungsbeträge genau festliegen, wird Markttransparenz begünstigt und die direkte Vergleichbarkeit zweier Anbieter erleichtert. Hier ist deshalb ein besonderes Verhandlungsgeschick gefragt, oder ein Produkt, das sich durch andere Kriterien als den Preis gegenüber dem Wettbewerb qualifiziert.

Liefer- und Zahlungsbedingungen

→ LF 6

Mit den Liefer- und Zahlungsbedingungen werden die Modalitäten zur Übergabe und Bezahlung aller Leistungen (Produkte und Dienstleistungen) geregelt. Hierbei wird konkret über den Zeitpunkt der Leistung entschieden, über die Übernahme der anfallenden Kosten (Porto, Fracht, Transport, Versicherung, Umschlagskosten) sowie eine Einigung zum Gefahren- und Eigentumsübergang getroffen. Oftmals sind diese Konditionen für die Wahl der Vertragspartner entscheidend. In Abhängigkeit vom Produkt oder auch vom Image des Unternehmens ist es möglich, hier marketingspezifische Schwerpunkte zu setzen und sich so vom Wettbewerb abzuheben.

Beispiel: Die Sommerfeld Bürosysteme GmbH bietet Kunden an, Büroeinrichtungen mit eigenen Transportmitteln abzuholen, hierfür gewährt sie einen Nachlass von 10 %. Organisiert sich ein Kunde effizient, so kann er auf dem Rückweg von eigenen Warenauslieferungen seine neuen Waren direkt beim Lager der Sommerfeld Bürosysteme GmbH abholen. Auf diesem Weg spart er nicht nur Leerfahrten, er profitiert gleichzeitig von Preisnachlässen und schont zudem die Umwelt.

Finanzierungshilfen und weitere Konditionen

Finanzdienstleistungen gewinnen im Rahmen der Konditionenpolitik zunehmend an Bedeutung. Zeitweise wird erst durch die Übernahme von Finanzierungshilfen die Voraussetzung für ein ertragreiches Geschäft geschaffen. Gängige Finanzierungshilfen sind **Leasing-**, **Raten-** oder **Kreditverträge** sowie die **Valutierung** (Vordatierung) von Rechnungen.

Bei der **Valutierung** datiert ein Anbieter seine Rechnung für einen Vertragsabschluss vor. Die Zahlungsbedingungen (z.B. Skonto) beziehen sich entsprechend auf das vordatierte Rechnungsdatum.

Beispiel: Die Sommerfeld Bürosysteme GmbH bietet ihren Kunden an, die Bezahlung der ersten Rate erst in drei Monaten zu fordern. Der Kauf erfolgt im Dezember, die Rechnung wird jedoch auf März datiert.

Garantieleistungen, die über die gesetzlich festgelegte Sachmängelhaftung hinausgehen, gehören im Rahmen des Marketings zum Standard. Sie sind bewährte Maßnahmen, um beim Kunden Präferenzen zu erzielen. Konkret einigt sich der Verkäufer mit dem Käufer vertraglich darüber, eine bestimmte Zeit für die Funktionalität der Produkte einzustehen.

PRAXISTIPP!

Da viele Kunden die Begriffe Garantie und Sachmängelhaftung (Gewährleistung) umgangssprachlich gleichsetzen, kann es ein cleverer Schachzug sein, wenn Sie Ihrem Kunden den Unterschied erklären. Dann sollte Ihre Garantie allerdings immer mehr als zwei Jahre umfassen.

Zusammenfassung

Preis- und Konditionenpolitik: Preise festlegen und Konditionen gestalten

- *Der **Preis** ist die Gegenleistung, die ein Verkäufer von einem Käufer für seine Leistung einfordert.*

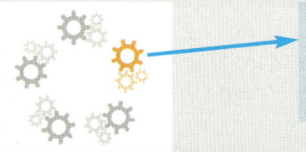

Preis- und Konditionenpolitik

Der Preis setzt sich zusammen aus:
- Geldwerten
- Sachwerten
- Dienstleistungen
- Rechten und/oder Pflichten

Klassische Preistheorien		
Zeitbezug Konkurrenzbezug	wenig erkennbar	ausdrücklich betont
wenig erkennbar	• Psychologische Preisfestsetzung • Hoch-/Niedrigpreisstrategie • Preisdifferenzierung	• Skimming • Penetration
ausdrücklich betont	• Strategie der Preisunterbietung • Strategie der Preisüberbietung	• Preisführerschaft • Preisfolgerschaft

↓

Einflussgrößen auf die Preisfindung überprüfen			
Marktteilnehmer (Marktformen)	Nachfrage- elastizität	Rechtliche Rahmenbedingungen	Unternehmensinterne Einflüsse

↓

Preisbildung	
• kostenorientiert (Vollkosten-/Teilkosten) • nachfrageorientiert • konkurrenzorientiert	• Target-Pricing • Mischkalkulation

Konditionenpolitik als preispolitische Feinsteuerung ergänzen	
Zahlungsbedingungen	**Zuschläge**

• Zahlungsziel
• Finanzierungsmöglichkeiten
  – Leasing
  – Ratenkauf
• ...
	• Mindermengenzuschläge
	• Exklusivverkauf
	• Sonderzuschläge
	• ...

Rabatte	**Lieferbedingungen**

• Funktionsrabatte
  – Barzahlungsrabatt (Skonto)
  – Wiederverkäuferrabatt
  – Großhändlerrabatt
  – Personalverkauf
	• Lieferbereitschaft
	• Lieferzeit
	• Lieferart (Beförderung)
	• Beförderungskosten

Konditionenpolitik als preispolitische Feinsteuerung ergänzen	
Rabatte	**Lieferbedingungen**

■ Mengenrabatte
  − Abnahmemenge
  − Auftragsvolumen
  − Jahresumsatz
■ Zeitrabatte
  − Einführungsrabatt
  − Saisonrabatt
  − Treuerabatt
  − Auslaufrabatt
■ Sonderrabatte
  − Naturalrabatt (2 für 1)
  − Messerabatt
■ …
	■ Incoterms®[1]
	  − Verpackungskosten
	  − Frachtkosten
	■ …

	Sonstige Konditionen
	■ Garantieleistungen ■ Kulanz ■ Umtausch ■ Rücktrittsmöglichkeiten ■ Valutierung ■ …

Aufgaben

1. Herr Sommer von der Sommerfeld Bürosysteme GmbH möchte bei der Markteinführung des neuen Bürostuhles „Ergo-Design-Natur" eine Hochpreispolitik verfolgen. Frau Braun, zuständig für das Marketing, ist für die Niedrigpreispolitik.
   a) Erläutern Sie beide Strategien.
   b) Finden Sie Argumente für Herrn Sommer und Frau Braun.
   c) Entscheiden Sie sich für eine der Strategien und begründen Sie Ihre Entscheidung.

2. Finden Sie für ein Produkt aus Ihrem Ausbildungsbetrieb Beispiele für wenigstens vier unterschiedliche Arten der Preisdifferenzierung.

3. Die Sommerfeld Bürosysteme GmbH hat den Verkaufspreis für den Lehnstuhl „Confair" bei einem Monatsabsatz von durchschnittlich 50 Stück von 359,00 € auf 316,00 € herabgesetzt. Danach stieg der durchschnittliche Monatsabsatz auf 65 Stück. Ermitteln Sie die Preiselastizität der Nachfrage und beurteilen Sie die Entscheidung.

4. Vervollständigen Sie die folgende Tabelle.

Produkte	Produzierte Menge Stück	Anteilige Fixe Kosten €	Variable Kosten €	Gesamtkosten €	Variable Kosten je Stück €	Fixe Kosten je Stück €	Gesamtkosten je Stück €
Tische	3 800	300 000,00	980 000,00				
Stühle	6 600	400 000,00	1 300 000,00				
Schränke	2 800	300 000,00	720 000,00				
Summen		1 000 000,00	3 000 000,00				

5. *Für ein neues Produkt Ihres Ausbildungsbetriebes soll ein Angebotspreis kalkuliert werden. Listen Sie Bedingungen auf, die eine kostenorientierte Vorgehensweise rechtfertigen und stellen Sie Bedingungen gegenüber, die dafür sprechen, die Preisbildung bevorzugt nachfrageorientiert zu gestalten.*

6. *a) Ermitteln Sie anhand unternehmensinterner sowie externer Quellen zu einem Kernprodukt Ihres Ausbildungsbetriebes Marktdaten über Preise und die Verteilung wertmäßiger sowie mengenmäßiger Marktanteile.*

   b) Stellen Sie Ihre Ergebnisse grafisch dar.

   c) Erläutern Sie, woran es liegen kann, dass ein Anbieter mengenmäßig zwar über den höchsten Marktanteil verfügt, wertmäßig allerdings nicht Marktführer ist.

7. *a) Beschreiben Sie die Darstellung „Die Entwicklung der Preise", analysieren Sie die Daten und verdichten Sie Ihre Interpretation auf wenige Kernaussagen.*

   b) Begründen Sie, wie Sie die Preise Ihrer Produkte anpassen würden, wenn Sie ein Hersteller aus dem Bereich der Nahrungsmittelindustrie wären.

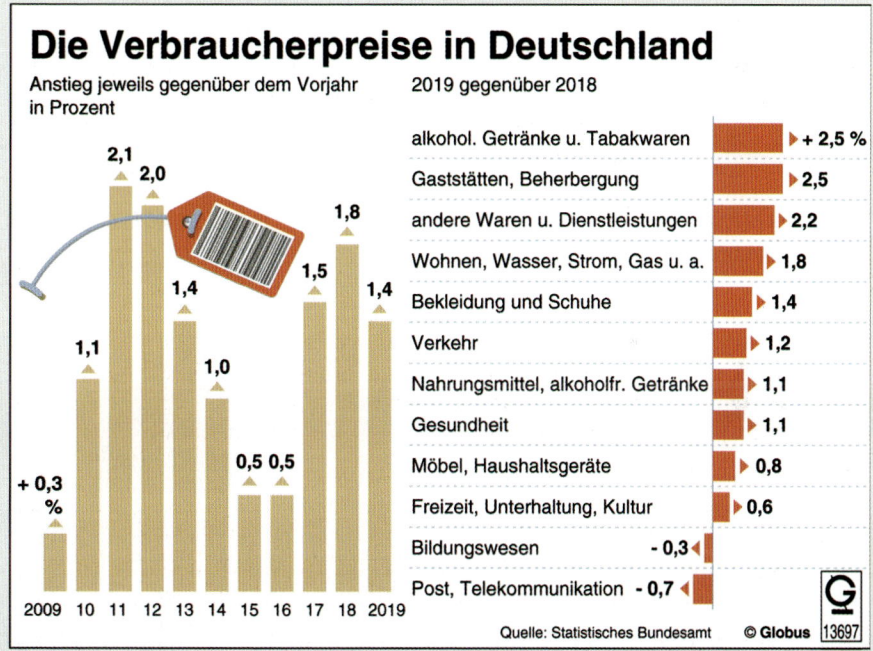

Die Verbraucherpreise in Deutschland

Anstieg jeweils gegenüber dem Vorjahr in Prozent

2019 gegenüber 2018

alkohol. Getränke u. Tabakwaren	▸ + 2,5 %
Gaststätten, Beherbergung	▸ 2,5
andere Waren u. Dienstleistungen	▸ 2,2
Wohnen, Wasser, Strom, Gas u. a.	▸ 1,8
Bekleidung und Schuhe	▸ 1,4
Verkehr	▸ 1,2
Nahrungsmittel, alkoholfr. Getränke	▸ 1,1
Gesundheit	▸ 1,1
Möbel, Haushaltsgeräte	▸ 0,8
Freizeit, Unterhaltung, Kultur	▸ 0,6
Bildungswesen	- 0,3 ◂
Post, Telekommunikation	- 0,7 ◂

2009 10 11 12 13 14 15 16 17 18 2019

+ 0,3 %   1,1   2,1   2,0   1,4   1,0   0,5 0,5   1,5   1,8   1,4

Quelle: Statistisches Bundesamt   © Globus 13697

8. *a) Fertigen Sie eine Liste zu den gängigen Rabattarten Ihres Ausbildungsbetriebes an.*

   b) Nennen Sie drei Rabattarten, die bislang noch nicht in Ihrem Ausbildungsbetrieb angewendet werden.

9. *Erkundigen Sie sich, nach welchem Schema in Ihrem Ausbildungsbetrieb die Preise und Konditionen festgelegt werden und zeichnen Sie hierzu ein Flussdiagramm.*

10. *Für die Markteinführung eines neuen Produktes wurden mithilfe der Marktforschung und der Kostenrechnung folgende Daten erfasst:*

Verkaufspreis (p) in €	nachgefragte Menge m	Umsatz U	variable Stückkosten kv	fixe Stückkosten kf	gesamte Stückkosten kg	variable Kosten Kv	fixe Kosten kf	Gesamtkosten Kg	Gewinn G	Stückgewinn g
8,00	10000		2,00				50000			
6,00	20000		2,00				50000			
5,00	30000		2,00				50000			
4,00	40000		2,00				50000			
3,50	50000		2,00				50000			

a) *Vervollständigen Sie die Daten als Grundlage für preispolitische Entscheidungen.*

b) *Welchen Preis wird das Unternehmen unter Berücksichtigung dieser Daten wahrscheinlich für ein Stück verlangen? Begründen Sie Ihre Entscheidung.*

c) *Überprüfen Sie, ob eine andere Preisfestsetzung auch denkbar wäre, und wenn ja, mit welcher Zielsetzung.*

→ **3.3   Kommunikationspolitik: Den Kunden erreichen**

LS 6

In der Marketingabteilung der Sommerfeld Bürosysteme GmbH herrscht große Unruhe. Erstmals hat die Geschäftsführung dem ewigen Drängen von Herrn Sommer nachgegeben und gestattet, dass über die Werbung hinaus weitere kommunikationspolitische Maßnahmen eingesetzt werden. Das Budget wurde zu diesem Zweck auf 500 000,00 € aufgestockt.

Daniela Schaub ist irritiert und tauscht sich in der Mittagspause mit ihrem Kollegen Rudolf Heller aus. „Sag mal Rudolf, ich dachte immer, Kommunikationspolitik ist das Gleiche wie Werbung! Und nun soll es mehr geben als Werbung? Versteh ich nicht!" Rudolf, der sonst immer mit kompetentem Rat zu helfen weiß, ist diesmal selber unsicher: „Ich meine, der Begriff ‚Kommunikationspolitik' ist umfassender als Werbung, aber so ganz sicher bin ich mir auch nicht. Bislang besuchen wir einmal im Jahr die Messe ‚Büro Tec' und wir haben einen Katalog mit all unseren Produkten, den der Vertrieb zum Verkauf benötigt. Hier und da werden Anzeigen in Fachzeitschriften geschaltet und ich habe auch schon Plakate an Litfaßsäulen gesehen." Angeregt ergänzt Daniela Rudolfs Gedanken: „Genau, und ich habe erst kürzlich den Pressespiegel aktualisieren müssen. Das war vielleicht langweilig! Ich musste die Zeitungen von zig Wochen nach Artikeln über unser Unternehmen durchsuchen, alles einscannen, ausdrucken und chronologisch abheften. Puh, das hat ewig gedauert ..."

Kaum gehen Daniela und Rudolf nach der Mittagspause an ihren Arbeitsplatz zurück, da haben sie auch schon eine E-Mail von Herrn Sommer erhalten:

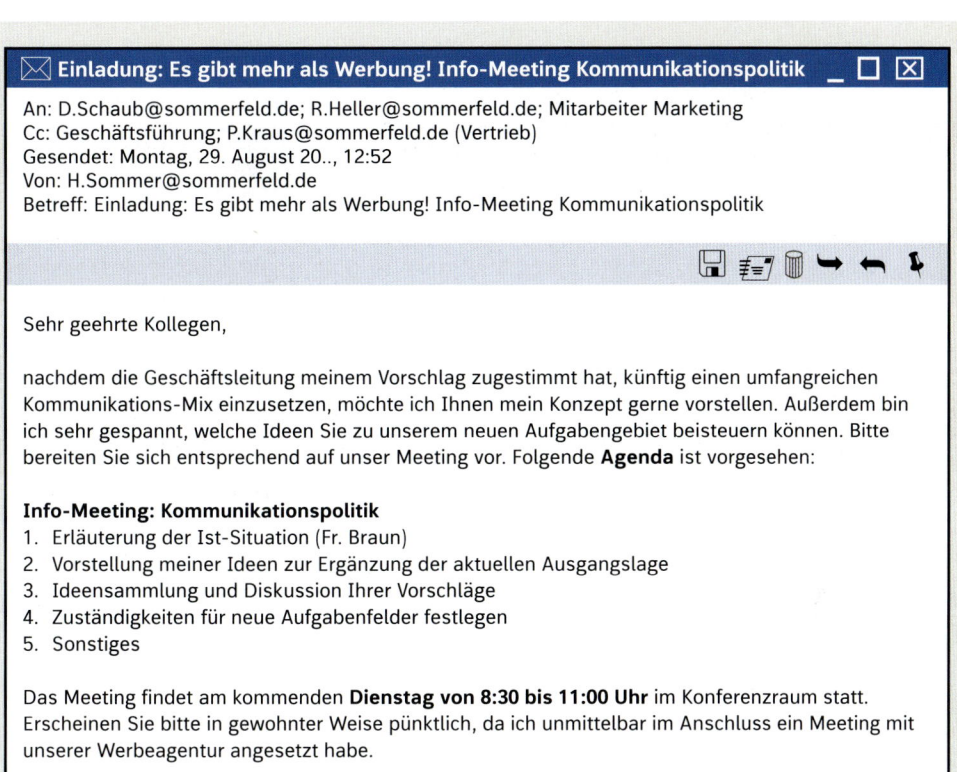

✉ **Einladung: Es gibt mehr als Werbung! Info-Meeting Kommunikationspolitik** _ ☐ ☒

An: D.Schaub@sommerfeld.de; R.Heller@sommerfeld.de; Mitarbeiter Marketing
Cc: Geschäftsführung; P.Kraus@sommerfeld.de (Vertrieb)
Gesendet: Montag, 29. August 20.., 12:52
Von: H.Sommer@sommerfeld.de
Betreff: Einladung: Es gibt mehr als Werbung! Info-Meeting Kommunikationspolitik

---

Sehr geehrte Kollegen,

nachdem die Geschäftsleitung meinem Vorschlag zugestimmt hat, künftig einen umfangreichen Kommunikations-Mix einzusetzen, möchte ich Ihnen mein Konzept gerne vorstellen. Außerdem bin ich sehr gespannt, welche Ideen Sie zu unserem neuen Aufgabengebiet beisteuern können. Bitte bereiten Sie sich entsprechend auf unser Meeting vor. Folgende **Agenda** ist vorgesehen:

Info-Meeting: Kommunikationspolitik
1. Erläuterung der Ist-Situation (Fr. Braun)
2. Vorstellung meiner Ideen zur Ergänzung der aktuellen Ausgangslage
3. Ideensammlung und Diskussion Ihrer Vorschläge
4. Zuständigkeiten für neue Aufgabenfelder festlegen
5. Sonstiges

Das Meeting findet am kommenden **Dienstag von 8:30 bis 11:00 Uhr** im Konferenzraum statt. Erscheinen Sie bitte in gewohnter Weise pünktlich, da ich unmittelbar im Anschluss ein Meeting mit unserer Werbeagentur angesetzt habe.

Beste Grüße

Hartmut Sommer
Geschäftsführer/Leitung Marketing und Vertrieb

Arbeitsaufträge

- *Erstellen Sie in Einzelarbeit eine Liste zu den kommunikationspolitischen Maßnahmen, die in Ihrem Ausbildungsbetrieb eingesetzt werden.*

- *Erarbeiten Sie gemeinsam mit zwei Klassenkameraden schriftlich ein grobes Konzept, wie Sie das gegebene Budget von 500 000,00 € für die Einführung des Bürostuhls „Ergo-Natur-Design" investieren würden.*

Kommunikationsprozesse

Kommunikationspolitik ist nicht gleichzusetzen mit Werbung. Werbung ist lediglich ein kleiner, wenn auch wesentlicher Teilbereich der Kommunikationspolitik. **Kommunikationspolitik ist folglich mehr!** Dem Verständnis von **Kommunikation** folgend, umfasst Kommunikationspolitik alle Maßnahmen, bei denen ein **Sender** eine **Botschaft** mithilfe eines **Trägers** zu einem **Empfänger** übermittelt, um so seine angestrebten kommunikationspolitischen Ziele zu verwirklichen.

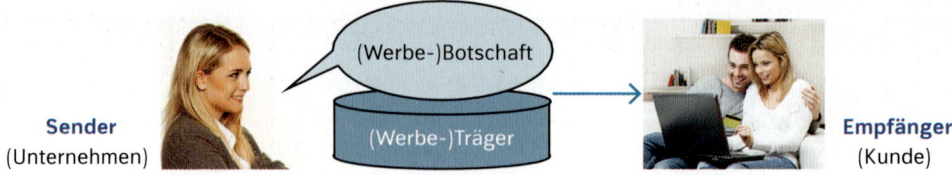

Sender
(Unternehmen)

(Werbe-)Botschaft

(Werbe-)Träger

Empfänger
(Kunde)

Übertragen auf das Marketing ist gemeint, das ein **Industrieunternehmen** bemüht ist, seine **(Werbe-)Botschaft** mithilfe eines **Mediums** an potenzielle **Käufer** zu transportieren, um sie so von seiner Leistung zu überzeugen und zum Kaufakt zu bewegen.

Traditionelle Elemente der Kommunikationspolitik

Die Hilfsmittel der Kommunikationspolitik sind vielfältig und reichen, wie bereits erwähnt, über den Bereich der Werbung weit hinaus. Ursprünglich war die Werbung das zentrale Element der Kommunikationspolitik, doch mit der Zeit wurden **neue Kommunikationskanäle** und **moderne Kommunikationsformen** entwickelt.

Klassische Absatzwerbung	**Absatzwerbung** zielt darauf ab, die breite Masse der Endverbraucher anzusprechen. (Im Gegensatz zum persönlichen Verkauf (Vertrieb), der Kunden individuell anspricht.) Absatzwerbung umfasst somit alle Werbemaßnahmen, die gezielt an eine **anonyme Käuferschaft** gerichtet sind und auf **Produkte und/ oder Dienstleistungen** aufmerksam machen sollen. Typische Medien der klassischen Absatzwerbung sind: ▪ **Printmedien** (Zeitung, Zeitschrift, ...) ▪ **Außenwerbung** (Plakatanschlagstelle, Litfaßsäule, Abribus, ...) ▪ **Funk und Fernsehen** (TV, Radio, Kino, ...)
Public Relations (PR) Öffentlichkeitsarbeit	**Public Relations** („**PR**" = Öffentlichkeitsarbeit) wirbt **für das Unternehmen**, spezieller noch für den guten Ruf, das Ansehen oder das Image des Unternehmens in der Öffentlichkeit. PR ist somit nur **indirekt** auf den Absatz gerichtet. Gängige PR-Bereiche sind: ▪ Presseberichte ▪ Unternehmensprofil ▪ Schulungen ▪ Kataloge/Broschüren ▪ Corporate Identity (CI) ▪ Homepage ▪ Tag der offenen Tür **Corporate Identity (CI):** Ein Unternehmen sorgt dafür, dass alle Unternehmensbereiche (Produkte, Anzeigen, Mitarbeiterkleidung, Geschäftsbriefe usw.) durchgängig ein einheitliches Profil aufweisen und so zu einer eindeutigen Identität des Unternehmens führen.
Verkaufsförderung (VKF) ▪ Sales-Promotion ▪ Merchandising	**VKF (= Verkaufsförderung)** umfasst alle Maßnahmen des Unternehmens, die direkt am **„Point of Sale"** (= Verkaufsort) umgesetzt werden, um den Absatz eines Produktes gezielt zu unterstützen. **Merchandising Sales-Promotion** Hersteller → Handel → Endverbraucher Richtet sich VKF an den Endverbraucher, spricht man von **Sales-Promotion** (Kundenpromotion). Richtet sich VKF an den Absatzmittler (Handel), spricht man von **Merchandising** (Außendienst-Promotion, Händler-Promotion, usw.).

Verkaufsförderung (VKF)	Verkaufsförderung		
		Merchandising	
	Sales-Promotion	Handels-promotion	Verkaufs-promotion
	▪ Probierstände (mit Verkostung) ▪ Trennblöcke an der Kasse ▪ Produktproben ▪ Preisausschreiben ▪ Displays im Laden und am Einkaufswagen ▪ Kundenclub ▪ Werbegeschenke ▪ Verlosungen ▪ Bonushefte ▪ ...	▪ Schulungen ▪ Wettbewerbe ▪ Waren-platzierung ▪ Schaufenster-gestaltung ▪ Werbegeschenke ▪ Preisaktionen ▪ ...	▪ Verkaufstraining ▪ Wettbewerbe ▪ Produktkataloge ▪ Auszeichnungen ▪ Aktionsprämien ▪ Verkaufs-tagungen ▪ Topverkäufer-Club ▪ Reisen ▪ ...

Sponsoring	Beim **Sponsoring** geht es meistens um **Geben und Nehmen**. Unternehmen werden als Förderer tätig, unterstützen Personen, Vereine, Institutionen sowie sportliche, kulturelle oder soziale Veranstaltungen mit finanziellen Mitteln, Sachmittel, Dienstleistungen oder Rechten. Die Unternehmen profitieren vom Sponsoring in Form von PR oder Imagetransfer.

Direktmarketing (DM)	**DM (= Direktmarketing)** ist ein absatzförderndes Instrument **ohne Absatzmittler**. Ein Industrieunternehmen wendet sich selbst an seine Kunden, spricht sie direkt, häufig sogar persönlich mit Namen an (personalisierte Direkt-Mailings). Auf diesem Weg wird die Grundlage für den direkten Dialog geschaffen und die Möglichkeit zum Feedback eröffnet. Direktmarketing eignet sich besonders, um eine starke Kundenbindung aufzubauen. Beispiel: Werbebriefe, Telefon-Marketing usw.

Eventmarketing	Beim **Eventmarketing** werden Produkte und Dienstleistungen erlebnisorientiert im Rahmen **öffentlicher Events** (engl.: Ereignisse, Veranstaltungen) präsentiert. Beispiel: Messen, Ausstellungen, Trödel- oder Jahrmärkte, Sportfeste, private Verkaufsveranstaltungen wie z.B. Tupperware-, Schmuck- oder Dessous-Partys usw.

Moderne Elemente der Kommunikationspolitik

Modernes Marketing erfordert Kreativität und den Mut zum radikalen Umdenken, insbesondere dann, wenn traditionelle Wege weitgehend ausgeschöpft sind und neue Technologien Potenziale für Entwicklung und Fortschritt bieten.

Digitale Kommunikationskanäle

Über das Internet und das Handy bieten sich neue Plattformen für Kommunikation, mit denen insbesondere junge Käuferschichten leicht erreichbar sind. Immer mehr Unternehmen vertreten die Meinung, dass sie die Zielgruppe der jungen, dynamischen und kaufstarken Konsumenten mit klassischer Absatzwerbung nicht mehr erreichen, stattdessen boomen digitale Kommunikationskanäle. Hierbei unterscheidet man zwischen dem

- **Internet- bzw. Online-Marketing** als **stationären Kommunikationskanal** und dem
- **Mobil-Marketing** über Smartphones, Tablets etc. als **mobile Kommunikationskanäle**.

> **PRAXISTIPP!**
>
> *Der BVDW (Bundesverband Digitaler Werbung, www.bvdw.org) oder auch die AGOF (Arbeitsgemeinschaft Online Forschung e.V., www.agof.de) bieten kostenlos attraktive Informationen über Online- bzw. Mobile-Marketing an. Es ist spannend, in die monatlich aktuell erscheinenden Studien einen Blick zu werfen, um so am Puls der Zeit zu bleiben!*

Internet- bzw. Online-Marketing

Das Internet baut als stationäre Kommunikationsplattform vermehrt auf traditionelle Werbestandards und bleibt in seiner Wirkung ähnlich anonym wie die klassische Absatzwerbung in Massenmedien. Zu Beginn der Online-Werbung wurden zahlreiche innovative Werbeformate kreiert, wie z. B. Banner, Pop-Ups, Newsletter, Kleinvideos oder digitale Coupons. Heute, in der schnelllebigen Zeit des Internets, wundert sich kaum noch jemand über diese Formen der Werbung. Die Entwicklung neuer Online-Formate ist seitdem allerdings eher ins Stocken geraten.

Spezifisch für einen Großteil der Internetwerbung bleibt, dass die Initiative für mehr Werbeinformationen häufig vom Kunden ausgeht und der Hersteller dieses Bedürfnis nur noch bedienen muss. So abonnieren beispielsweise Internet-User Newsletter oder beteiligen sich eigeninitiativ an Viral-Marketing.

> **PRAXISTIPP!**
>
> *Ein Internet-User erhält durchschnittlich zwölf Newsletter und liest maximal drei davon regelmäßig. Personalisierte Newsletter mit Teasern (kleine verlinkte Bilder) setzen sich im Vergleich zu Text basierten Newslettern durch. Jeder Newsletter muss einen Link zum Abbestellen enthalten.*

Viral-Marketing

Im Viral-Marketing geht es darum, Internet-User zu animieren, angebotene Produkte und Dienstleistungen versteckt in Kettenbriefen an möglichst viele Bekannte online weiterzuempfehlen. Der besondere Reiz dieser Kommunikationsform liegt darin, dass sie für den Werbetreibenden weitgehend kostenlos ist.

Beispiel: Das Unternehmen Johnny Walker hat (als eines der ersten Unternehmen) auf seiner Homepage kostenlos das Computerspiel „Moorhuhn" angeboten. In kürzester Zeit haben sich so zahlreiche junge Käufer bei dem Spirituosen-Hersteller eingeklickt.

Mobile-Marketing

Mobile Mediennutzung ist aufgrund einer zunehmenden Verbreitung von Smartphones sowie Tablets omnipräsent. Vor diesem Hintergrund wird Mobile-Marketing zunehmend wichtiger und sollte in einem ausgewogenen Media-Mix nicht mehr fehlen. Die unterschiedlichsten Marktforschungsinstitute prognostizieren für den Bereich

Mobile-Marketing aktuell Wachstumsraten der Werbeinvestitionen in Höhe von mehr als 70 %.

Die Mobile-Werbeformate bleiben in Anlehnung an das Internet weitgehend unspektakulär. Mit sogenannten „Mobile-Display-Ads" oder „Mobile-Apps" werden kaum echte Innovationen geschaffen. Gängige Werbeformate im Bereich Mobile sind für

- Smartphones: Videos, dynamische Grafiken, mobile Banner, Fullscreen- oder expandable Ads etc.

- Tablets: Billboards, Filmstrip-Ads, Spots, Videos, dynamische Grafiken, mobile Banner etc.

Der entscheidende und wohl auch attraktivste Vorteil an Mobile-Werbung besteht darin, dass man den Interessenten in seinem persönlichen Umfeld erreicht und zugleich in hoher Interaktion erlebt. Das führt dazu, dass ein vom Verbraucher selbst initiiertes Markenerleben umso intensiver wird und hieraus unmittelbar ein Nutzenerlebnis gefördert werden kann. Es geht also weniger um kreative, auffällige Formate, als vielmehr darum, sich als Werbetreibender aktiv in die individuelle Erlebniswelt der Endkunden einbinden zu können.

Telefonmarketing
Abgewandelt vom ursprünglichen Direktmarketing in Form von Werbebriefen hat sich das schnellere und flexiblere Telefonmarketing als neue Form des Direktmarketings entwickelt. Kunden werden unaufgefordert angerufen und von geschulten Experten dazu angeregt, persönliche Daten preiszugeben, Nutzungsgewohnheiten mitzuteilen, über Angebote nachzudenken oder sogar spontane Kaufentscheidungen zu treffen. Telefonmarketing ist nur noch mit Zustimmung der Interviewpartner zulässig, warum die Werbetreibenden in der Regel auch gleich zu Beginn das Einverständnis ihrer Telefonpartner einfordern.

Blue Ads im Fernsehen
Im Fernsehen begegnen uns immer wieder neue, kreative Werbeformen. So schleicht z. B. im Vorabendprogramm ein Panther durch das Boulevard-Magazin eines Privatsenders und verweist auf spannende Spielfilme, oder zum Ende eines Krimis rückt ein neuer Immobilienfonds halb transparent mit ins Bild (Splitscreen), bevor gleich im Anschluss eine Fastfood-Kette in einem Teil des Bildschirms gute Unterhaltung bei der Lieblings-Soap wünscht.

Durch die immer engere Verknüpfung von Programm und Werbung kann im Fernsehen nachhaltig mehr Werbewirkung erzielt werden. Kaum ein Zuschauer zappt die 5- bis 20-sekündigen Spots weg. Unterschwellig lassen sich auf diesem Weg gerade prägnante, kurz geformte Werbebotschaften effektiv an eine breite Zielgruppe transportieren.

Co-Branding
Beim Co-Branding finden sich mehrere Markenartikler zusammen und finanzieren eine gemeinsame Werbung. Die Werbeinvestitionen des einzelnen Werbetreibenden werden somit deutlich reduziert. Die umworbenen Produkte sind meist aus gleichen, vor- oder nachgelagerten Wirtschaftsstufen, bewegen sich aber in der Regel alle innerhalb einer gemeinsamen Branche. Die Werbung zielt auf einen Imagetransfer ab und soll dazu beitragen, das Vertrauen bestehender Käufer zu festigen und neue Käuferschichten dazuzugewinnen.

Beispiel: „Führende Waschmaschinenhersteller empfehlen ‚Calgon' für beste Reinigung und strahlenden Glanz."

Produkt- und Image-Placement

Immer dann, wenn in TV-Produktionen, z. B. Familienshows oder Daily Soaps, Markenartikel eingebunden werden, entsteht eine Gratwanderung zwischen verbotener
Schleichwerbung und dem bewusst geplanten Product-Placement. Der Unterschied
besteht darin, dass Unternehmen für **Product-** sowie **Image-Placement** bezahlen und
insofern legal Werbung treiben. Nach dem Rundfunkstaatsvertrag sind nur die Einbin-
dungen von Produkten unentgeltlich möglich, die aus dramaturgischen oder inhaltlichen Gründen unvermeidlich sind. Darüber hinaus müssen Hersteller für die Werbewirkung der genutzten Sendezeit Honorare leisten. Gerade mit Blick auf junge Käuferschichten nimmt Produkt-Placement im Bereich von PC- und Konsolenspielen sowie in
Social Media einen immer höheren Stellenwert ein. Zahlreiche Influencer machen sich
Product-Placement finanziell zu Nutze.

Social Sponsoring

Neben dem klassischen Sponsoring hat sich eine neue Form des Sponsorings entwickelt.
Ursprung für diese Entwicklung war eine kritische Diskussion, ob und in welchem Ausmaß wirtschaftlich erfolgreiche Unternehmen gesellschaftliche und soziale Verantwortung übernehmen sollten. Übernimmt ein Industriebetrieb die Initiative und sponsert
Projekte mit sozialem Hintergrund, so kann das Unternehmen von einem sozialen
Image profitieren, hier spricht man von „Social Sponsoring". Ganz ähnlich funktioniert
das sogenannte „Fundraising", bei dem eine soziale Organisation die Initiative ergreift
und Spenden sammelt. Das Resultat bleibt letztlich das Gleiche, denn die spendenden
Industriebetriebe können sich soziale Verantwortung auf ihre Fahnen schreiben, werb-
lich nutzen und tatsächlich zu gesellschaftlich anerkanntem Nutzen beitragen.

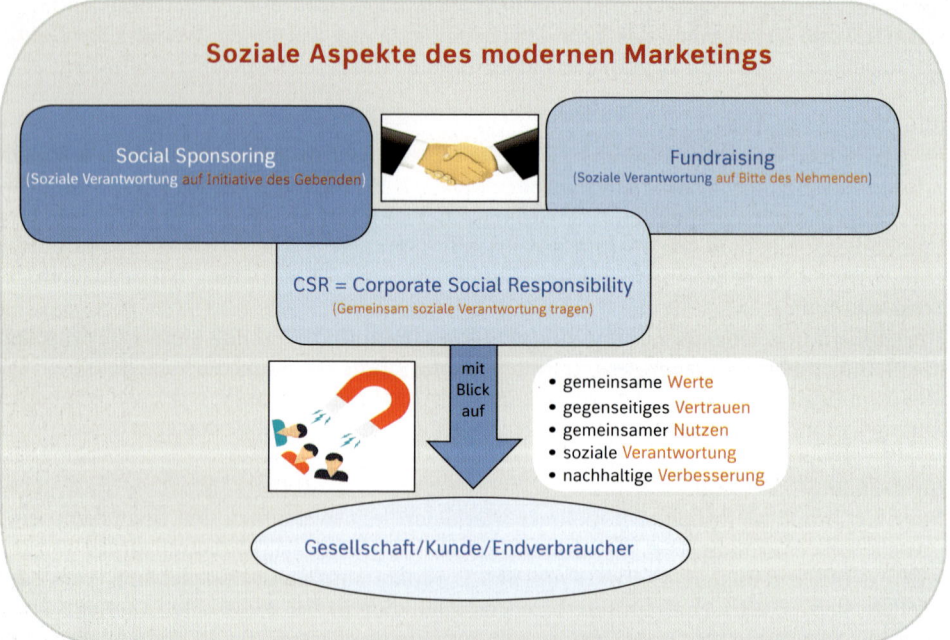

Beispiel: Die Brauerei Krombacher setzt Impulse für mehr Umweltbewusstsein und führt für jeden
verkauften Kasten Bier einen Euro zum Schutz des Regenwaldes ab.

Planung der Kommunikationspolitik

Damit die Kommunikationspolitik ihre Ziele erreicht, muss sie genau geplant werden. Hierzu orientiert man sich an ungefähr zehn Eckpunkten. Da die klassische Absatzwerbung lange Zeit zentrales Element der Kommunikationspolitik war, spricht man von den „W's der Werbeplanung", gemeint sind allerdings die Bestandteile für die sorgsame Planung der Kommunikationspolitik.

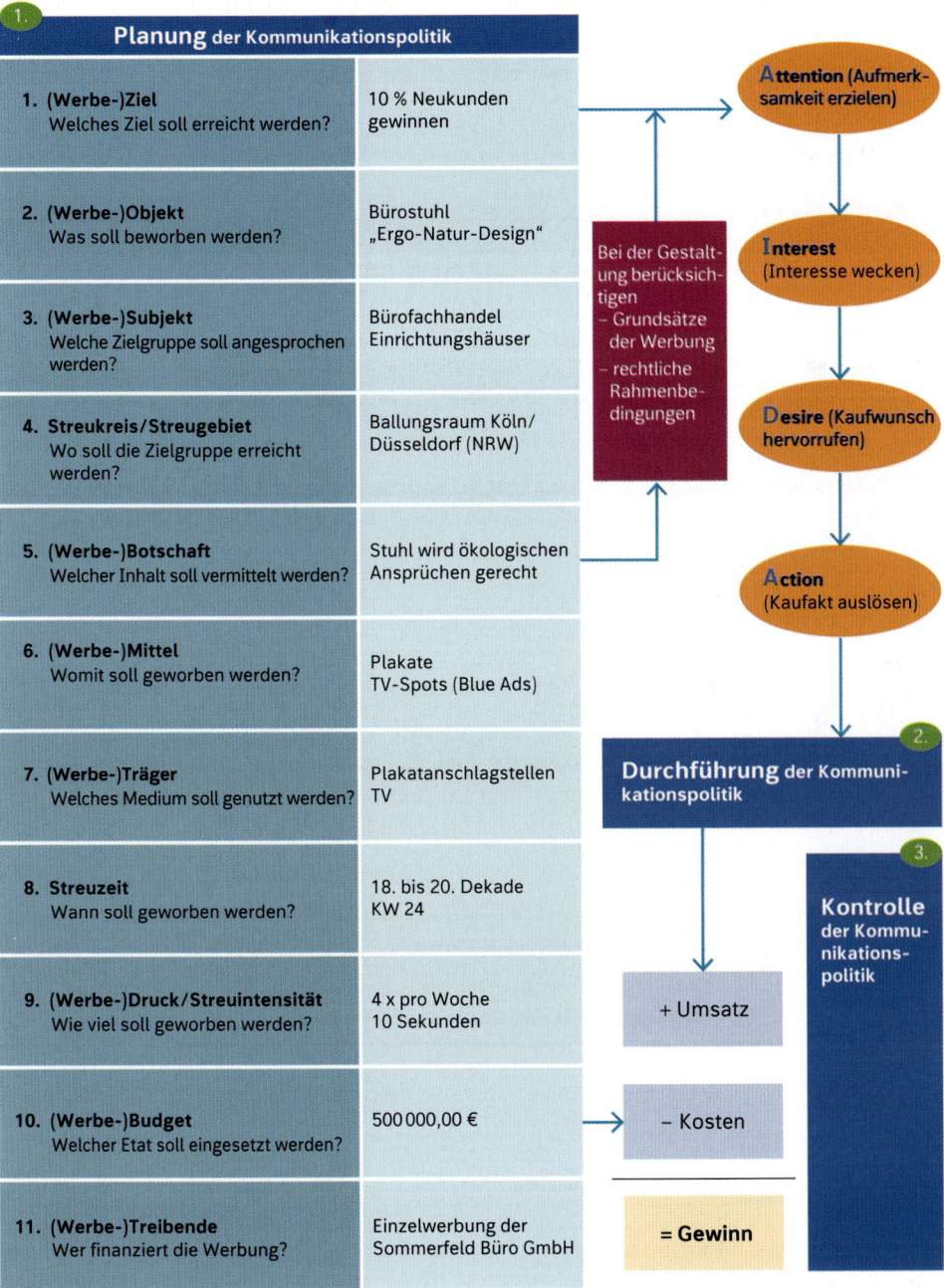

1. (Werbe-)Ziele	Ausgangspunkt für die Planung von Kommunikationsmaßnahmen ist eine eindeutige Zielvorgabe. Mit der Kommunikationspolitik werden üblicherweise zwei **Oberziele** verfolgt:

- **Neukunden-Gewinnung**
- **Stammkunden-Bindung**

Diese Oberziele werden durch zahlreiche, meist qualitative **Unterziele** untermauert, wie z. B.

- Bedürfnisse wecken	- Persönlichen Kontakt aufbauen
- Aufmerksamkeit erregen	- Vertrauen stärken
- Bekanntheitsgrad steigern	- Feedback erhalten
- Informationen übermitteln	- Verkaufsprozess fördern
- Produkteigenschaften zeigen	- Verkaufstraining
- Einzigartigkeit betonen	- Verkaufsmotivation stärken
- Imagebildung	- ...

Viele Marketing-Experten leiten die konkreten Unterziele aus dem Verhalten der Endverbraucher ab. Mit der sogenannten **„AIDA-Formel"** wird das Verhalten der Endverbraucher in vier aufeinander aufbaute Phasen gegliedert (Attention ▶ Interest ▶ Desire ▶ Action).

Werbereiz ▶ Aufmerksamkeit ▶ Interesse ▶ Kaufwunsch ▶ Kaufakt

Ausgehend von der angestrebten Zielsetzung der geplanten Kommunikationsmaßnahme werden alle weiteren Aspekte des Kommunikationsplans eng miteinander vernetzt. Die folgenden Bestandteile werden also nicht sukzessive nacheinander abgearbeitet, sondern tragen gemeinsam zur Zielerreichung bei.

2. (Werbe-)Objekt	Einhergehend mit der Festlegung der Ziele muss bei der Planung genau bestimmt werden, **welche Leistungen** (Produkte und Dienstleistungen) beworben werden sollen.
3. (Werbe-)Subjekt	Im Fokus aller (Werbe-)Maßnahmen steht immer die Zielgruppe. Nur wer klar vor Augen hat, wen er erreichen will, welche Eigenschaften und Bedürfnisse die Zielgruppe hat, kann eine adressatengerechte Ansprache für den Kunden finden. So sollte man z. B. wissen, welche Medien die Zielgruppe bevorzugt, welche Sprache sie spricht, welche Merkmale für Kaufentscheidungen relevant sind oder wann bzw. wo ein geeigneter Moment ist, um mit dem potenziellen Kunden in Kontakt zu treten.
4. Streukreis/ Streugebiet	Mit dem **Streukreis** legt man die **Zielgruppe** fest, die man erreichen will bzw. die mit der Maßnahme in **Kontakt treten** soll.

Eng mit dieser Entscheidung verbunden ist die Wahl des **Streugebietes**, dem **geografischen Raum**, in dem die Kontakte zur Zielgruppe stattfinden sollen. Beispiel: Die Sommerfeld Bürosysteme GmbH will besonders Jungunternehmer ansprechen und wählt deshalb für geplante Plakatierungen insbesondere neue Gewerbegebiete aus.

4. Streukreis/ Streugebiet

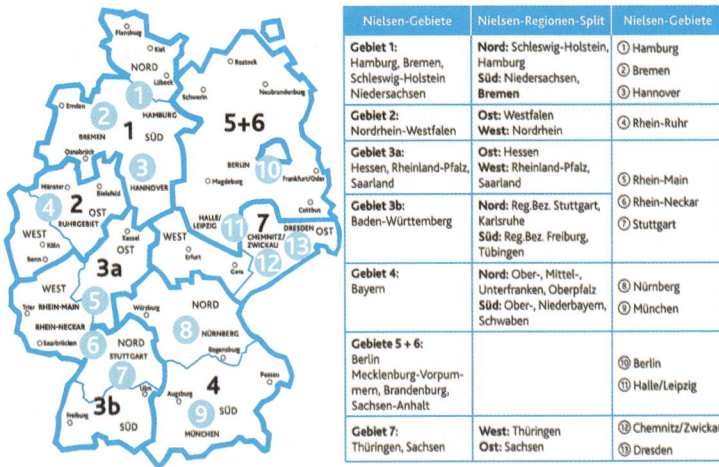

Nielsen-Gebiete	Nielsen-Regionen-Split	Nielsen-Gebiete
Gebiet 1: Hamburg, Bremen, Schleswig-Holstein Niedersachsen	**Nord:** Schleswig-Holstein, Hamburg **Süd:** Niedersachsen, **Bremen**	① Hamburg ② Bremen ③ Hannover
Gebiet 2: Nordrhein-Westfalen	**Ost:** Westfalen **West:** Nordrhein	④ Rhein-Ruhr
Gebiet 3a: Hessen, Rheinland-Pfalz, Saarland	**Ost:** Hessen **West:** Rheinland-Pfalz, Saarland	⑤ Rhein-Main
Gebiet 3b: Baden-Württemberg	**Nord:** Reg.Bez. Stuttgart, Karlsruhe **Süd:** Reg.Bez. Freiburg, Tübingen	⑥ Rhein-Neckar ⑦ Stuttgart
Gebiet 4: Bayern	**Nord:** Ober-, Mittel-, Unterfranken, Oberpfalz **Süd:** Ober-, Niederbayern, Schwaben	⑧ Nürnberg ⑨ München
Gebiete 5 + 6: Berlin Mecklenburg-Vorpommern, Brandenburg, Sachsen-Anhalt		⑩ Berlin ⑪ Halle/Leipzig
Gebiet 7: Thüringen, Sachsen	**West:** Thüringen **Ost:** Sachsen	⑫ Chemnitz/Zwickau ⑬ Dresden

PRAXISTIPP!

*In den Printmedien (Zeitschriften, Zeitungen) und der Außenwerbung streut man Werbung nach Regionen, den sogenannten **Nielsen-Gebieten**. Die Bezeichnung wurde ursprünglich von dem Marktforschungsinstitut „AC Nielsen" festgelegt und von den Media-Planern übernommen. Laut Nielsen wird Deutschland in acht Regionen unterteilt.*

5. (Werbe-) Botschaft

Die (Werbe-)Botschaft legt fest, welche **Informationen** an die Zielgruppe übermittelt werden sollen. Effizient ist eine Botschaft immer dann, wenn es gelingt, dem Adressaten die **Einzigartigkeit** des Produktes zu erklären und ihm einen (**Zusatz-)Nutzen** schmackhaft zu machen, den das umworbene Produkt für ihn haben kann. Eine gute (Werbe-)Botschaft besteht aus **drei Bestandteilen**:

- **Basisbotschaft** zur eindeutigen **Identifizierung** der Leistung
- **Nutzenbotschaft**
- **Nutzenbegründung**

  Bei der Festlegung der (Werbe-)Botschaft orientieren sich Marketing-Experten an fünf **Werbegrundsätzen** und den notwendigen **rechtlichen Rahmenbedingungen**.

Grundsätze der Werbung (Kommunikation)

Wahrheit: Werbung basiert auf Vertrauen. Vertrauen kann aber nur dann wachsen, wenn Werbeaussagen wahr sind. Häufig wird versucht, mit einer Werbebotschaft bestimmte Assoziationen beim Kunden zu wecken oder eine Sicherheit mit Sachinhalten zu vermischen, um ihn zu einem Kauf zu bewegen. Werbung darf keine Unwahrheiten beinhalten.

Klarheit: Werbung überzeugt am besten, wenn sie in ihrer Aussage prägnant, eindeutig und unmissverständlich ist.

Wirksamkeit: Wirksam ist Werbung, wenn sie zum Kauf oder wenigstens zu hohen Erinnerungswerten führt. Maßgeblich entscheidend für die Wirksamkeit von Werbung sind Originalität und Prägnanz der Werbebotschaft.

5. (Werbe-) Botschaft

Grundsätze der Werbung (Kommunikation)

Wirtschaftlichkeit: Werbeaufwendungen (Input) sollen in einem angemessenen Verhältnis zum Erfolg (Output) stehen.

Soziale Verantwortung: Der Werbetreibende muss sich seiner sozialen Verantwortung gegenüber dem Verbraucher und der Gesellschaft bewusst sein. Er darf Verbraucher weder irreführen, noch mit Tricks zum Kauf beeinflussen.

Rechtliche Rahmenbedingungen:

Wichtige Rechtsgrundlagen im Bereich der Kommunikationspolitik sind im **Gesetz gegen den unlauteren Wettbewerb (UWG)** geregelt und sollen sicherstellen, dass ein fairer Wettbewerb möglich ist.

Rechtliche Rahmenbedingungen

§ 3 UWG: Verbot unlauteren Wettbewerbs

Unlautere geschäftliche Handlungen sind unzulässig, wenn sie geeignet sind, die Interessen von Mitbewerbern, Verbrauchern oder sonstigen Marktteilnehmern spürbar zu beeinträchtigen.

Beispiele:

- Sittenwidrigkeit
- missverständliche Preise
- Ausnutzen von Unwissenheit
- Mitbewerber behindern
- Fälschungen urheberrechtlich geschützter Waren vertreiben

§ 5 UWG: Verbot irreführender Werbung

Als unlautere Werbung gilt ebenso jede Werbung, die irreführend ist. Die Beurteilung bezieht sich auf folgende Aspekte:

- Merkmale der Leistung (Verfügbarkeit, Tauglichkeit, Herkunft)
- Anlass des Verkaufs
- Preisgestaltung (Berechnung und Anlass bei Minderung)
- „geschäftliche Verhältnisse" (Identität, Rechte wie z. B. Patente, Markenrechte, Eigentum, ...)

Genauso gilt das Verschweigen von Tatsachen als irreführend, soweit sie für den Vertragsabschluss wichtig sind.

§ 6 UWG: Vergleichende Werbung

Vergleichende Werbung ist unter bestimmten Bedingungen zulässig. Sie liegt vor, wenn der Wettbewerber unmittelbar erkennbar ist.

Der Vergleich ist nur zulässig,

- bei Leistungen gleicher Art
- für wesentliche, objektiv nachprüfbare Merkmale
- wenn keine Beeinträchtigung der Wertschätzung des Wettbewerbers erfolgt
- Leistungen des Wettbewerbers dürfen nicht herabgesetzt werden
- soweit Preise vergleichend dargestellt werden, müssen die Zeiträume genannt werden, für die die Preise gelten.

§ 7 UWG: unzumutbare Belästigung

Wer Marktteilnehmer unzumutbar belästigt, handelt unlauter. Eine derartige Belästigung liegt vor, wenn

- der Empfänger darauf verweist keine Werbung erhalten zu wollen
- beim Telefonmarketing keine Einwilligung des Empfängers erteilt wird
- Werbung durch automatische Anrufmaschinen, Faxgeräte oder in elektronischer Form erfolgt
- die Identität des Adressaten verschleiert oder verheimlicht wird.

| 6. (Werbe-)Mittel | (Werbe-)Botschaften werden mithilfe von (Werbe-)Mitteln an die Kunden herangetragen. Der Erfolg von kommunikationspolitischen Maßnahmen hängt also nicht nur davon ab, was und wie etwas gesagt wird, sondern auch **in welcher Form die Botschaft präsentiert wird.** Mögliche Kriterien der (Werbe-)Mittelauswahl sind z. B. die Reichweite, die Kontaktfrequenz mit der Zielgruppe oder die speziellen **Möglichkeiten zur Darstellung der (Werbe-)Botschaft.** |

- Anzeigen
- Plakate
- Spots
- Warenprobe
- Beilagen
- ...

Gestaltungselemente von (Werbe-)Mitteln			
Form	Kontur, Befestigung	**Farbe**	schwarz/weiß, farbig
Sprache	verbal, nonverbal	**Größe/Dauer**	Spalten, DIN-Formate, ... Sekunden, Wochen, ...
Grafik	statisch, bewegt - Text - Abbildungen - Zeichnungen - Foto - Bild	**Akustik**	- Musik - Sprache - Lautstärke
		Sonstiges	- Geschmack - Geruch - Persönlichkeit - ...

| 7. (Werbe-)Träger | Der (Werbe-)Träger ist das **Medium**, mit dem das (Werbe-)Mittel zum Kunden transportiert wird. |

- Zeitschrift
- Fernsehen
- Kino
- Radio
- Internet
- Messen
- ...

Die Wahl eines geeigneten (Werbe-)Trägers **hängt entscheidend von der Zielgruppe ab.** Die Medien, die die Zielgruppe bevorzugt zu Informationszwecken nutzt, sollten für die kommunikationspolitischen Maßnahmen eingesetzt werden.

Beispiel: Konsumenten der Sommerfeld Bürosysteme GmbH bilden sich über Fachzeitschriften, besuchen Messen und schauen abends zur Entspannung Fernsehen. Jugendliche Trendsetter lesen kaum Tageszeitung und surfen dagegen gern im Internet.

In den meisten Fällen ergeben sich **feste Kombinationen** aus (Werbe-)Trägern und (Werbe-)Mitteln. Es kann aber auch vorkommen, dass (Werbe-)Mittel mit verschiedenen Trägern kombinierbar sind oder (Werbe-)Träger und (Werbe-)Mittel identisch sind.

(Werbe-)Träger ⟷ (Werbe-)Mittel	
Printmedien: - Zeitung - Zeitschrift - Anzeigenblätter - Adressbücher - Kataloge	- Anzeigen - Inserate - Beilagen - Prospekte - Warenproben

(Werbe-)Träger ⟷ (Werbe-)Mittel	
- Direktmailings - Werbebriefe - Drucksachen - Wurfsendungen - Flyer	- Direktmailings - Werbebriefe - Drucksachen - Wurfsendungen - Flyer

(Werbe-)Träger ⟷ (Werbe-)Mittel	
• Radio • Kino • Fernsehen	• Spot • Werbefilm • Product- Placement • Blue Ad • Werbesendungen
Außenwerbung: • Plakatwände • Litfaßsäulen • Schaufenster • Abribus (Vitrine) • Hausfassaden	• Plakate • Leuchtreklamen • Wandbemalung

(Werbe-)Träger ⟷ (Werbe-)Mittel	
• Messen • Ausstellungen • Fußballplatz • Betrieb	• Messestand • Sponsoring • Bandenwerbung • Tag der offenen Tür
Digital/stationär: • Internet	• Pop-up-Fenster • Viral-Mailings • Newsletter • Banner
Digital/mobil: • Telefon/Handy • Tablets	• Telefondialoge • SMS • Apps • Videos • Billboards

PRAXISTIPP!

Soweit Sie in der Praxis mit der Umsetzung klassischer Werbung betraut werden, hilft es Ihnen, die genaue Terminologie zu kennen. So werden z. B. Anzeigen oder Spots geschaltet und Plakate für Dekaden (10,5 Tage) platziert. Eine Zeitung erscheint täglich, während eine Zeitschrift maximal wöchentlich aufgelegt wird. Die umgangssprachliche Fernseh-Zeitung ist also streng genommen eine Fernseh-Zeitschrift.

8. Streuzeit	Hier werden **Beginn** und **Dauer** der Kommunikationsmaßnahme kalendermäßig **festgelegt**. Meist werden in einem Ablaufplan gleichzeitig alle Fristen für die Produktion der Maßnahme und der Abgabeschluss vermerkt. Die Streuzeit kann gleichmäßig verteilt sein oder (saisonal) in Blöcken erfolgen.
9. (Werbe-)Druck/ Streuintensität	Mit dem (Werbe-)Druck beschreibt man die **Frequenz**, mit der Kommunikationsmaßnahmen geschaltet werden und grundsätzlich von der Zielgruppe wahrgenommen werden können. Je höher der (Werbe-)Druck ist, umso höher ist die Wirkung in Form von Erinnerungswerten. Die Streuintensität ergibt sich als Verhältnis der eingesetzten (Werbe-) Mittel zum Streugebiet und zur Zielgruppe. Sie legt fest, wie häufig der Empfänger der Kommunikationsmaßnahme grundsätzlich mit der (Werbe-)Maßnahme in Kontakt treten kann. Wenn die Auswahl der (Werbe-)Mittel und (Werbe-)Träger nicht auf das Streugebiet und die Zielgruppe abgestimmt sind, kommt es zu **Streuverlusten**. **PRAXISTIPP!** *Häufig wird die* **Streuzeit** *und der* **(Werbe-)Druck** *in Abhängigkeit vom Produktlebenszyklus (vgl. S. 41 f.) variiert.* **Einführungswerbung** *In der Phase der Markteinführung wird für kurze Zeit mit extrem hohem (Werbe-)Druck auf das neue Produkt aufmerksam gemacht.*

9. (Werbe-)Druck/ Streuintensität	*Expansionswerbung* *Während des Wachstums und der Reife bleibt der (Werbe-)Druck konstant hoch und verteilt sich über einen längeren Zeitraum. Auf diesem Weg wird eine breite Stammkäuferschaft aufgebaut.* *Stabilisierungswerbung* *Diese Phase der Sättigung ist in der Regel kurz und erfolgt wegen der ohnehin schlechten Kostensituation meist mit geringem (Werbe-)Druck.* *Erinnerungswerbung* *Alte Käuferschichten werden für neue Produkte bzw. Relaunch-Produkte reaktiviert. Kommunikationspolitische Maßnahmen erfolgen über einen längeren Zeitraum sporadisch.*
10. (Werbe-) Budget	Das **(Werbe-)Budget** bzw. der **(Werbe-)Etat** ist der **Betrag in Euro,** der **für** Kommunikationsmaßnahmen ausgegeben werden kann. Dieser Betrag kann auf Produktgruppen, Einzelprodukte oder andere Leistungen des Unternehmens aufgeteilt werden. Die Aufwendungen für Kommunikationsmaßnahmen werden in die Preiskalkulation der Produkte einbezogen. Letztlich **limitiert** der (Werbe-)Etat den **Umfang aller Aktivitäten** im Rahmen der Kommunikationspolitik. Die Vergabe der Mediaaufträge ist deshalb gründlich zu planen.
11. (Werbe-) Treibende	In manchen Fällen, z. B. wenn die finanziellen Kapazitäten eines einzelnen Unternehmens für den benötigten (Werbe-)Etat nicht ausreichen, ist es möglich, dass sich mehrere Unternehmen zusammenschließen. In Abhängigkeit davon, wie viele Beteiligte von der (Werbe-)Maßnahme profitieren und folglich an der Finanzierung beteiligt sind, unterscheidet man zwischen: ▪ **Einzelwerbung**: Ein Unternehmen wirbt alleine für seine eigenen Leistungen. Beispiel: Die Sommerfeld Bürosysteme GmbH wirbt für ihre neue Ergo-Linie alleine. ▪ **Gemeinschaftswerbung**: Unternehmen schließen sich zusammen und vertreten eine gemeinsame, produktunabhängige Botschaft. Die Namen der Einzelunternehmen werden nicht genannt. Beispiel: Mit dem Slogan „Alles schläft, eine wacht" wirbt die ABDA – Bundesvereinigung Deutscher Apothekerverbände für den Notdienst aller deutschen Apotheken. ▪ **Sammelwerbung**: Bei dieser besonderen Form der Gemeinschaftswerbung werden die Namen der Anbieter erwähnt. Die Werbetreibenden stammen meistens aus gleichen oder auch aus verschiedenen Branchen. Beispiel: Um einen Stadtplan sind mehrere Anzeigen geschaltet, verschiedene Anbieter sind an einem gemeinsamen Kundenkartensystem beteiligt (Payback).

Beispiel: Für kommunikationspolitische Maßnahmen zur Einführung der Ergo-Linie-Produkte liegen der Sommerfeld Bürosysteme GmbH folgende Informationen vor:

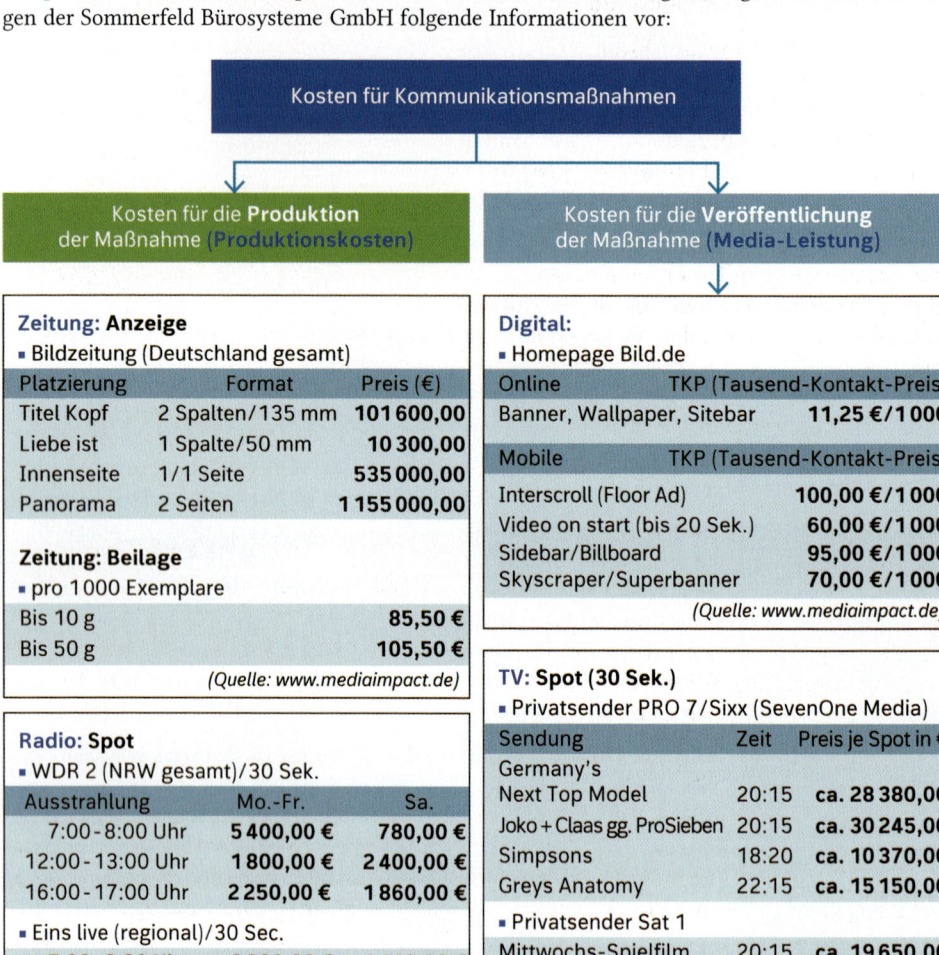

Kosten für Kommunikationsmaßnahmen

Kosten für die Produktion der Maßnahme (**Produktionskosten**)

Kosten für die Veröffentlichung der Maßnahme (**Media-Leistung**)

Zeitung: Anzeige
- Bildzeitung (Deutschland gesamt)

Platzierung	Format	Preis (€)
Titel Kopf	2 Spalten/135 mm	101 600,00
Liebe ist	1 Spalte/50 mm	10 300,00
Innenseite	1/1 Seite	535 000,00
Panorama	2 Seiten	1 155 000,00

Zeitung: Beilage
- pro 1000 Exemplare

Bis 10 g	85,50 €
Bis 50 g	105,50 €

(Quelle: www.mediaimpact.de)

Radio: Spot
- WDR 2 (NRW gesamt)/30 Sek.

Ausstrahlung	Mo.-Fr.	Sa.
7:00 - 8:00 Uhr	5 400,00 €	780,00 €
12:00 - 13:00 Uhr	1 800,00 €	2 400,00 €
16:00 - 17:00 Uhr	2 250,00 €	1 860,00 €

- Eins live (regional)/30 Sec.

7:00 - 8:00 Uhr	6 000,00 €	1 140,00 €
12:00 - 13:00 Uhr	3 000,00 €	3 720,00 €
16:00 - 17:00 Uhr	3 600,00 €	2 280,00 €

(Quelle: www.ard-werbung.de)

Außenwerbung: Plakatierung
- 1 Dekade (10,5 Tage)

Ort	Kosten in € je nach Plakatanschlagstelle
Berlin	ca. 308,00
München	ca. 638,00
Hamburg	ca. 297,00
Köln	ca. 330,00
Düsseldorf	ca. 385,00
Aachen	ca. 247,50

(Quelle: Complac Medienservice)

Digital:
- Homepage Bild.de

Online	TKP (Tausend-Kontakt-Preis)
Banner, Wallpaper, Sitebar	11,25 €/1 000

Mobile	TKP (Tausend-Kontakt-Preis)
Interscroll (Floor Ad)	100,00 €/1 000
Video on start (bis 20 Sek.)	60,00 €/1 000
Sidebar/Billboard	95,00 €/1 000
Skyscraper/Superbanner	70,00 €/1 000

(Quelle: www.mediaimpact.de)

TV: Spot (30 Sek.)
- Privatsender PRO 7/Sixx (SevenOne Media)

Sendung	Zeit	Preis je Spot in €
Germany's Next Top Model	20:15	ca. 28 380,00
Joko + Claas gg. ProSieben	20:15	ca. 30 245,00
Simpsons	18:20	ca. 10 370,00
Greys Anatomy	22:15	ca. 15 150,00

- Privatsender Sat 1

Mittwochs-Spielfilm	20:15	ca. 19 650,00

(Quelle: Sevenone Media)

- ARD (max. 30 Min. Werbung/Tag)

Tagesschau	20:00	ca. 63 900,00
Krimiserie	19:40	ca. 25 200,00
Sa: Sportschau	20:00	ca. 70 500,00

(Quelle: www.ard-werbung.de)

Messe Köln: Messestand
- Fachmesse 4 Tage
- Reihenstand 20 m²
- Standmiete: 389,90 €/m²

	pro Tag (€)
Standmiete ca.:	31 192,00
zzgl. Nebenkostenpauschale:	2 800,00
zzgl. Marketingpauschale:	1 580,00
= Gesamtkosten	35 572,00

(Quelle: Kölnmesse GmbH)

Stand: Oktober 2020

Durchführung der Kommunikationspolitik

Hat man die Planung der Kommunikationspolitik gewissenhaft abgeschlossen und sich
für ein Konzept entschieden, so ist die Kombination aller einzusetzenden Kommunikationsmaßnahmen fest fixiert. Diese Kombination wird als **Kommunikations-Mix**
bezeichnet.

Nur selten verfügen Unternehmen über haus-
eigene Werbeabteilungen, die ihr Kommunikations-Mix eigenständig produzieren und
umsetzen können. Stattdessen werden meist
externe „Serviceanbieter" (Dienstleister) wie
z.B. Werbeagenturen, Druckereien oder
Reproduktionsanstalten (Schnittstelle zwischen Agentur und Druckerei) eingebunden.

Da sich das Unternehmen im Hinblick auf
die Serviceanbieter in der Kundenposition
befindet, also die Macht des Käufermarktes
genießt, müssen sich Agenturen in der Regel
um die Vergabe von Aufträgen bewerben. Bei
Aufträgen mit hohem Umsatzvolumen ist es
üblich, dass die Agenturen in Vorleistung
gehen und fertige Entwürfe präsentieren,
noch bevor der Auftrag vergeben wird.

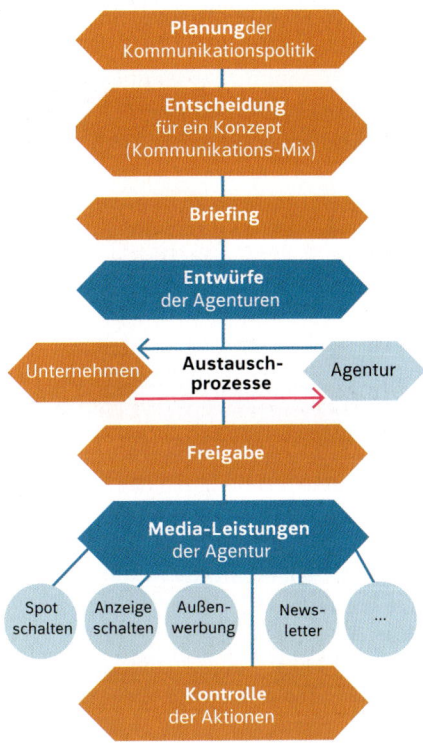

Jede Zusammenarbeit mit einem Serviceanbieter beginnt mit einem **Briefing**, in dem
der Hersteller möglichst präzise Vorgaben für das Projekt schriftlich notiert. Anschließend ergibt sich ein intensiver **Austauschprozess** zwischen Serviceanbieter und Unternehmen, so lange, bis die Produktion der Kommunikationsmaßnahmen abgeschlossen ist.

Erst ab der sogenannten **Freigabe** setzt der Serviceanbieter alle weiteren Schritte eigenständig um. Hiermit ist beispielsweise das Schalten von Spots oder Anzeigen gemeint.
Die Umsetzung der Kommunikationsmaßnahmen wird in der Praxis als **Media-Leistung**
bezeichnet.

PRAXISTIPP!

*Jede Menge Hinweise zu Werbeagenturen und wissenswerte Informationen rund um das Thema
Kommunikationspolitik und Medien bietet der **GWA** (ursprünglich Gesellschaft Werbeagenturen,
seit 2002 Gesamtverband Kommunikationsagenturen: www.gwa.de), die **ZAW** (Zentralverband
der Deutschen Werbewirtschaft: www.zaw.de), der BVDW (Bundesverband Digigaler Werbung:
www.bvdw.org) sowie der **Deutsche Werberat** (www.werberat.de).*

Kontrolle der Kommunikationspolitik

Die Erfolgskontrolle der Kommunikationspolitik dient dazu, die Wirtschaftlichkeit von
Kommunikationsmaßnahmen zu überwachen. Ganz allgemein kann man hierzu den

Input (Werbeinvestitionen) **in Relation** zum **Output** (erwirtschafteter Umsatzzuwachs) setzen:

$$\text{Wirtschaftlichkeit einer Kommunikationsmaßnahme} = \frac{\text{Umsatzzuwachs (in €)}}{\text{Gesamter Aufwand einer Kommunikationsmaßnahme (in €)}} \cdot 100\,\%$$

Allerdings ist es schwierig zu ermitteln, welcher Umsatzzuwachs explizit durch eine bestimmte Kommunikationsmaßnahme erzielt wurde. Die Kennziffer ist also **nie voll aussagekräftig**, da eine Vergleichszahl ohne die eingesetzte Werbemaßnahme fehlt.

Ein weiteres **Problem** bei der Kontrolle der Kommunikationspolitik besteht darin, dass die meisten **Zielvorgaben qualitativ** formuliert werden (z. B. ein positives Image erzielen). Es scheint auf den ersten Blick schwer, eine eindeutige, objektive Bewertung der Zielerreichung vornehmen zu können (Wurde das Image erzeugt, oder nicht?), da nicht automatisch alle Ziele in einen Kaufakt münden.

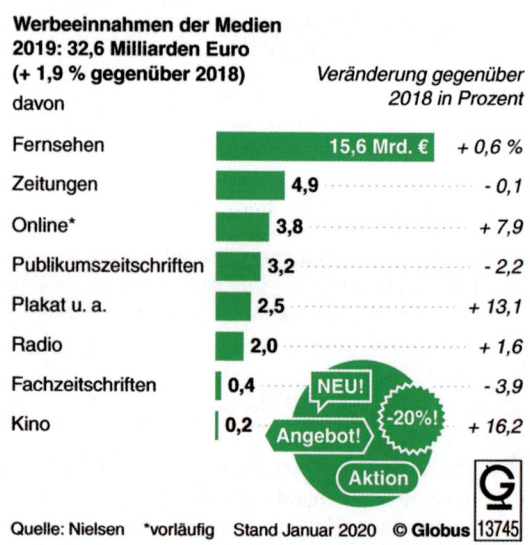

Werbung in Deutschland

Werbeeinnahmen der Medien
2019: 32,6 Milliarden Euro
(+ 1,9 % gegenüber 2018)
davon

Veränderung gegenüber 2018 in Prozent

Medium	Wert	Veränderung
Fernsehen	15,6 Mrd. €	+ 0,6 %
Zeitungen	4,9	- 0,1
Online*	3,8	+ 7,9
Publikumszeitschriften	3,2	- 2,2
Plakat u. a.	2,5	+ 13,1
Radio	2,0	+ 1,6
Fachzeitschriften	0,4	- 3,9
Kino	0,2	+ 16,2

Quelle: Nielsen   *vorläufig   Stand Januar 2020   © Globus 13745

Um dieser Problemstellung zu begegnen, orientieren sich Marketing-Experten in der Praxis an den unterschiedlichen Reaktionen der Endverbraucher und greifen jede hierbei auftretende, messbare Größe als Kennzahlen für die Werbewirkung auf.

Qualitative Ziele messbar machen				
Phase	**Aufmerksamkeit**	**Interesse**	**Kaufwunsch**	**Kaufakt**
Kenn-ziffern	• Kontakt mit dem Werbeträger • Kontakt mit dem Werbemittel • Werbeerinnerung • Wiedererkennung • Klickrate	• Marken-bekanntheit • Glaubwürdig-keitswert • Sympathiewert • Öffnen von Newslettern	• Betrachtungs-dauer • Probierverhalten • Kaufbereitschaft • Akzeptanz • Reklamationsrate • Teilnahme an Gewinnspielen	• Käuferreichweite • Wiederkaufrate • Bedarfsdeckung • Marktanteile • Anzahl und Frequenz von Bestellungen
Hilfs-mittel	• Pupillometer • Tachistoskop • Herzfrequenz • Stimmfrequenz-test • Befragung	• Greiftest • Pretest • Posttest • Befragung • Zuordnungstest	• Befragung • Labortests	• Panelforschung • Rabatt-Coupons • Bestelldateien • Ex-Faktories

Drei Problembereiche lassen sich allerdings auch bei dieser Vorgehensweise noch immer nicht ausblenden:

1. Es bestehen **Wechselwirkungen** zwischen den **Kommunikationsmaßnahmen**. Die Zuordnung von Ursache (Einzelmaßnahme) und Wirkung (Zusatzumsatz aufgrund der Maßnahme) ist somit nur schwer möglich.

2. Es bestehen **Wechselwirkungen** zwischen den **Marketinginstrumenten**. Der Kunde zeigt mit seinem Verhalten eine Reaktion auf alle Marketinginstrumente.

3. Die Bevölkerung vertritt eine eher **ablehnende Grundhaltung** gegenüber Werbung.

Werbung aus Sicht der Verbraucher	
Vorteile	**Nachteile**
▪ Steigerung der Markttransparenz ▪ Zeitgewinn bei der Information über Produkte ▪ Preissenkungen infolge transparenten Wettbewerbs ▪ Verringerung von Unsicherheit durch zusätzliche Informationen ▪ Inspiration zu neuen Bedürfnissen und Nutzungsalternativen ▪ Unterhaltung	▪ Belästigung ▪ Verführung zu überflüssigen Käufen ▪ Preissteigerungen wegen des Aufschlags der Kommunikationskosten ▪ Verunsicherung infolge von Informationsüberflutung ▪ mangelnde Glaubwürdigkeit ▪ Gefahr von Fehlinformationen ▪ Übervorteilung durch Manipulation ▪ zusätzliche Papierentsorgung
Werbung aus Sicht der Unternehmen	
Vorteile	**Nachteile**
▪ Unterstützung bei der Produkteinführung ▪ Instrument zur Informationsvermittlung ▪ erleichtert Kontakt zum Kunden ▪ zielgruppengerechte Ansprache ▪ Differenzierung der Produktpalette	▪ verursacht enorme Kosten ▪ hoher Planungs- und Kontrollaufwand ▪ negative Konsequenzen infolge zu hohen Werbedrucks ▪ Gratwanderung zwischen Inspiration und Belästigung

Neben der Untersuchung der Werbewirkung einzelner Kommunikationsmaßnahmen ist es üblich, die Wirkung der unterschiedlichen Medien zu vergleichen.

Kennzahl	Zeitung Zeitschrift	Beilagen	Außenwerb.	TV	Kino	Radio	Internet	Telefon Handy
Bedeutung getätigte Investitionen	↑	↑	↘	↑	↘	↘	↘	↗
Produktionskosten	↓	↓	↘	↑	↗	↘	↓	↓
Mediakosten	↗	↘	↘	↑	↘	↘	↘	↓
Reichweiten	↗	↗	↓	↑	↓	↗	↑	↑
Streubarkeit Selektivität	↑	↑	↑	↓	↑	↑	↓	↑

Kennzahl	Zeitung Zeitschrift	Beilagen	Außen-werb.	TV	Kino	Radio	Inter-net	Telefon Handy
Gestaltungs-möglichkeiten	🟢 ↗	🟢 ↑	🟢 ↑	🟢 ↑	🟢 ↑	🟠 ↓	🟢 ↗	🟠 ↓
Kontaktdauer/ Wirkungszeit	🟢 ↑	🟢 ↑	🟢 ↑	🟢 ↓	🟠 ↓	🟠 ↓	🟢 ↘	🟠 ↘
Werbeakzeptanz Wertschätzung	🟢 ↑	🟢 ↑	🟢 ↑	🟢 ↘	🟢 ↗	🟠 ↓	🟢 ↓	🟢 ↗
Werbeerinnerung	🟠 ↘	🟠 ↘	🟠 ↘	🟢 ↗	🟢 ↗	🟢 ↓	🟢 ↓	🟠 ↘
Werbewirkung Image des Mediums	🟢 ↗	🟢 ↗	🟢 ↗	🟢 →	🟢 ↗	🟢 ↗	🟠 ↘	🟢 ↑
Einfluss auf Kaufneigung	🟢 ↓	🟢 ↑	🟢 ↓	🟢 ↓	🟢 ↗	🟢 ↓	🟢 ↗	🟢 ↓

🟢 = gut 🟠 = schlecht ↑ = hoch ↓ = niedrig ↗ = eher hoch ↘ = eher niedrig

---

Zusammenfassung

Kommunikationspolitik: Den Kunden erreichen

> **Kommunikationspolitik** umfasst alle Maßnahmen, die ein Unternehmen nutzt, um eine Botschaft mithilfe eines Mediums an den Empfänger zu übermitteln mit dem Ziel, ihn letztlich zu einer Kaufentscheidung bewegen zu können.

Traditionelle Kommunikationspolitik　　　　　**Moderne Kommunikationspolitik**

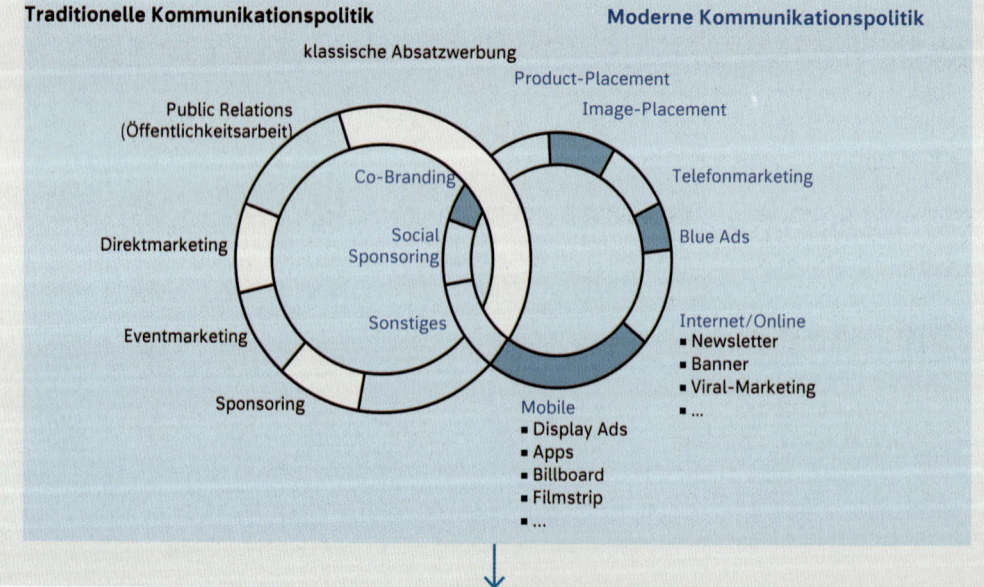

klassische Absatzwerbung
Product-Placement
Image-Placement
Public Relations (Öffentlichkeitsarbeit)
Co-Branding
Telefonmarketing
Direktmarketing
Social Sponsoring
Blue Ads
Eventmarketing
Sonstiges
Internet/Online
- Newsletter
- Banner
- Viral-Marketing
- ...
Sponsoring
Mobile
- Display Ads
- Apps
- Billboard
- Filmstrip
- ...

Planung

unter Beachtung der **AIDA-Formel** und aller **rechtlichen Vorschriften** (UWG)

1. **(Werbe-)Ziel** Welches Ziel soll erreicht werden?

   - **Oberziele**
     - Neukunden gewinnen
     - Stammkunden binden
   - **Unterziele**
     - Bedürfnisse wecken
     - Aufmerksamkeit erregen
     - Bekanntheitsgrad steigern
     - Einzigartigkeit betonen
     - (...)

   Basierend auf diesen (Werbe-)Zielen werden alle weiteren Aspekte der Kommunikationsplanung eng miteinander vernetzt.

2. **(Werbe-)Objekt** Was soll beworben werden?

3. **(Werbe-)Subjekt** Welche Zielgruppe soll erreicht werden?

4. **Streukreis** Wo soll die Zielgruppe erreicht werden?

5. **(Werbe-)Botschaft** Welcher Inhalt soll vermittelt werden?
   Eine Botschaft besteht aus drei Bestandteilen:

Kernbotschaft	dient der eindeutigen Identifizierung des Produktes
Nutzenbotschaft	macht den Vorteil des Kaufs deutlich
Nutzenbegründung	erklärt, warum der Nutzen für den Käufer unerlässlich ist

6. **(Werbe-)Mittel** Womit soll geworben werden?
   Hilfsmittel, um die Werbebotschaft zu transportieren.

7. **(Werbe-)Träger** Welches Medium soll genutzt werden?
   Medium, mit dem das Werbemittel übertragen wird.

8. **Streuzeit** Wann soll geworben werden?

9. **Streuintensität** Wie viel soll geworben werden?

10. **(Werbe-)Budget** Welcher Etat soll eingesetzt werden?

11. **(Werbe-)Treibende** Wer soll von der Werbung profitieren?

    - **Einzelwerbung**: Ein Unternehmen wirbt für sich allein.
    - **Gemeinschaftswerbung**: Mehrere Unternehmen werben zusammen, ohne Nennung des Unternehmensnamens.
    - **Sammelwerbung**: Mehrere Unternehmen werben zusammen, mit Nennung des Unternehmensnamens.

↓

Durchführung

Kommunikations-Mix: Zusammenstellung ausgewählter Kommunikationsmaßnahmen aus der Vielzahl aller Möglichkeiten zu einem in sich stimmigen Konzept.

▸ **Briefing**   ▸ **Austausch**   ▸ **Freigabe**   ▸ **Media-Leistung**

↓

Kontrolle

Kontrolle der Wirtschaftlichkeit von Kommunikationsmaßnahmen anhand folgender Kriterien:

- Bedeutung
- Werbeinvestitionen
- Produktionskosten
- Mediakosten
- Werbeakzeptanz
- Werbewirkung
- Kontaktdauer
- Image des Mediums
- Einfluss auf Kaufneigung
- Reichweite
- Streubarkeit

$$\text{Wirtschaftlichkeit einer Kommunikationsmaßnahme} = \frac{\text{Umsatzzuwachs (in €)}}{\text{Gesamter Aufwand einer Kommunikationsmaßnahme (in €)}} \cdot 100\,\%$$

Aufgaben

1. *Grenzen Sie die Begriffe Werbung, Public Relations und Kommunikationspolitik voneinander ab und finden Sie zu jedem Begriff ein typisches Beispiel.*

2. *Neben den traditionellen Kommunikationsmaßnahmen haben sich in den letzten Jahren moderne Kommunikationsformen entwickelt.*

   a) *Nennen Sie drei Kommunikationsmaßnahmen, die durch neue Werbeträger entstanden sind.*

   b) *Nennen Sie drei Kommunikationsmaßnahmen, die bereits traditionell verwendet wurden, heute aber in neuer Form eingesetzt werden.*

3. *Die Sommerfeld Bürosysteme GmbH benötigt für die Vermarktung des neuen Bürostuhls „Ergo-Design-Natur" einen Werbeplan. Sie sollen dabei behilflich sein. Als Werbebudget wird von der Sommerfeld Bürosysteme GmbH ein Betrag von 500 000,00 € zur Verfügung gestellt. Finden Sie sich in Kleingruppen zusammen und dokumentieren Sie alle Ihre Arbeiten. Erstellen Sie auf einem Plakat einen Mediaplan (Zeitstrahl mit allen geplanten Kommunikationsmaßnahmen) und präsentieren Sie ihr Ergebnis mit der Methode „Marktplatz".*

   a) *Formulieren Sie schriftlich ein genaues Ziel, dass Sie erreichen wollen.*

   b) *Beschreiben Sie die Zielgruppe möglichst präzise.*

   c) *Legen Sie den Streukreis und das Streugebiet fest.*

   d) *Formulieren Sie die Werbebotschaft möglichst präzise (Slogan und damit verbundene Aussage).*

   e) *Geben Sie die Werbemittel und Werbeträger an.*

   f) *Bestimmen Sie konkrete Streuzeiten.*

   g) *Legen Sie die Intensität fest, mit der Sie monatlich werben wollen.*

   h) *Machen Sie Vorschläge, wie Sie das Erreichen der gesetzten Ziele überprüfen wollen.*

4. *Sammeln Sie gemeinsam mit Ihrem Tischnachbarn in einer Liste wenigstens fünf Vor- und Nachteile, die sich für die Sommerfeld Bürosysteme GmbH ergeben würden, wenn Sie für die Koordination und Umsetzung eines Werbeplans eine Full-Service-Agentur beauftragen würden. Leiten Sie aus Ihren Argumenten eine Empfehlung für die Sommerfeld Bürosysteme GmbH ab und diskutieren Sie Ihre Position innerhalb der Klasse.*

5. *Erstellen Sie ein Ranking zu Kriterien, die Ihrer Meinung nach am besten geeignet sind, um die Effizienz von klassischer Absatzwerbung bewerten zu können.*

6. *Bei sogenannten „ungestützten" Tests zur Werbeerinnerung muss sich ein Interviewpartner eigenständig an Marken oder Produkte erinnern. Demgegenüber gibt es „gestützte" Tests zur Werbeerinnerung. Nennen Sie fünf Hilfsmittel, mit denen ein Marktforschungsinstitut Interviewpartner bei ihrer Erinnerung unterstützen könnten.*

7. *Herr Sommer überlegt, welche Werbeträger er für die Vermarktung der Produktlinie „Ergo-Design-Natur" nutzen soll. Sie sollen folgende Möglichkeiten für ihn prüfen:*

   - *Anzeigen in der Fachzeitschrift „Büro und Konferenz": Mit einer ganzseitigen Anzeige und einer Auflage von 42 000 Stück können 18 000 potenzielle Käufer erreicht werden. Die Kosten für eine einmalige Insertion würden 5 600,00 € betragen.*

   - *Direktmarketing: Von einigen Kunden liegen vollständige Adressen vor, 18 000 Kunden könnten somit auch direkt angeschrieben werden. In diesem Fall würden für einen Begleitbrief, ein Prospekt und eine frankierte Antwortkarte 55 620,00 € Produktionskosten und 13 140,00 € Versandkosten anfallen.*

   - *Messe „Büro Tec": Wie in jedem Jahr könnte auch wieder die Teilnahme an der Messe „Büro Tec" erfolgen. Die Standmiete beträgt 120 000,00 €. Erfahrungsgemäß besuchen den Stand 6 000 Messebesucher.*

   a) *Wie viele Interessenten haben bei den drei Werbeträgern eine Kontaktchance?*

   b) *Wie hoch sind die Kosten je Kontaktchance?*

   c) *Würden Sie die „Kontakte" alle gleich bewerten? Erläutern Sie Ihre Meinung.*

3.4 Distributionspolitik: Absatzwege optimieren

→

LS 7

Das Team von Herrn Sommer ist mit der Koordination des Einsatzes der Marketinginstrumente weit fortgeschritten. Die Planung für die Produkt-, Preis- und Kommunikationspolitik steht. Nun soll eine passende Entscheidung zur Distributionspolitik getroffen werden. Daniela Schaub und Rudolf Heller stehen in der Pause eines Marketing-Meetings gemeinsam am Kaffeeautomaten. „Sag mal, Rudolf, wenn ich ganz ehrlich bin", gesteht Daniela, „habe ich keinen blassen Schimmer, was gleich auf uns zukom-

men wird. Ich kenne nicht mal den Begriff ‚Distribution'. Hab ich noch nie gehört!" Rudolf weiß wie immer Bescheid: „Das ist schnell erklärt, Daniela, Distribution heißt nichts anderes als Verteilung. Bei der Distributionspolitik geht es also um die Verteilung von Produkten oder Dienstleistungen. Wir werden uns gleich gemeinsam mit den Kollegen überlegen, über welchen Absatzweg wir den neuen Bürostuhl an den Mann bringen wollen". Außerdem gesteht Rudolf: „Insgeheim gebe ich übrigens zu, dass ich den Begriff auch vorher nicht kannte und einfach vor dem Meeting kurz gegoogelt habe."

Im Marketing-Meeting geht es zwischenzeitlich zügig voran, erste Entscheidungen werden schnell getroffen. Genau wie das restliche Absatzprogramm soll auch der neue Bürostuhl verstärkt über den Fachhandel vertrieben werden. Für die Phase der Markteinführung wird überlegt, den Vertrieb über ein gesondertes Absatzorgan zu forcieren. Hierbei gehen die Meinungen des Marketings und des Vertriebs allerdings wieder einmal stark auseinander.

Frau Braun aus dem Marketing steht auf dem Standpunkt, dass externe Handelsvertreter mit dieser Aufgabe betraut werden sollen. Das Marketing will sie mit umfassendem Prospektmaterial ausstatten. Der Vertrieb will sich die Butter allerdings nicht vom Brot nehmen lassen, spontan bieten gleich zwei Key-Accounter ihre Hilfe an.

Kurzerhand bittet Herr Sommer die beiden Azubis, Frau Braun bei einer gründlichen Analyse der Ausgangslage zu unterstützen.

Arbeitsaufträge

- *Sammeln Sie Argumente für den Einsatz unternehmenseigener Vertriebsmitarbeiter im Vergleich zu externen Absatzorganen. Erarbeiten Sie im Plenum einen Vorschlag, wie man auf Basis von Kosten- sowie Umsatzzahlen eine fundierte Entscheidung treffen kann.*

- *Stellen Sie eine Liste der Vertriebswege Ihres Ausbildungsbetriebes zusammen. Markieren Sie anschließend, welche Absatzkanäle einen direkten bzw. indirekten Kontakt zum Kunden ermöglichen und welche durch eigene bzw. fremde Absatzorgane betreut werden.*

Begriffsabgrenzung und Aufgaben der Distributionspolitik

Distributionspolitik:
Beschäftigt sich mit der Verteilung von Produkten und Dienstleistungen (to distribute = verteilen). Hierzu zählen alle Entscheidungen zur Auswahl geeigneter Absatzwege vom Hersteller bis zum Endverbraucher. Daneben ist sicherzustellen, dass die richtige Leistung in der richtigen Menge zur richtigen Zeit am richtigen Ort bereitgestellt wird.

Distributionspolitik umfasst somit nicht nur Entscheidungen über **Absatzkanäle**, sondern gleichermaßen alle anfallenden Aufgaben der **Logistik**. Hierbei geht es um die fristgerechte Bereitstellung von Produkten, die Verfügbarkeit von Produktmengen, die Überbrückung von Zeit und Raum oder kurz um die **Lagerung** und den **Transport** von Produkten.

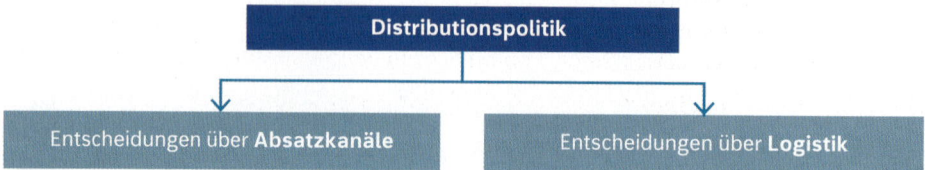

Entscheidungen innerhalb der Distributionspolitik werden in der Regel nicht allein vom Marketing getroffen, meistens erfolgt hier eine enge Zusammenarbeit mit dem Vertrieb. **Einflussgrößen**, die die Art und Weise des Vertriebs bzw. die Wahl der Absatzkanäle und logistische Überlegungen maßgeblich beeinflussen, sind:

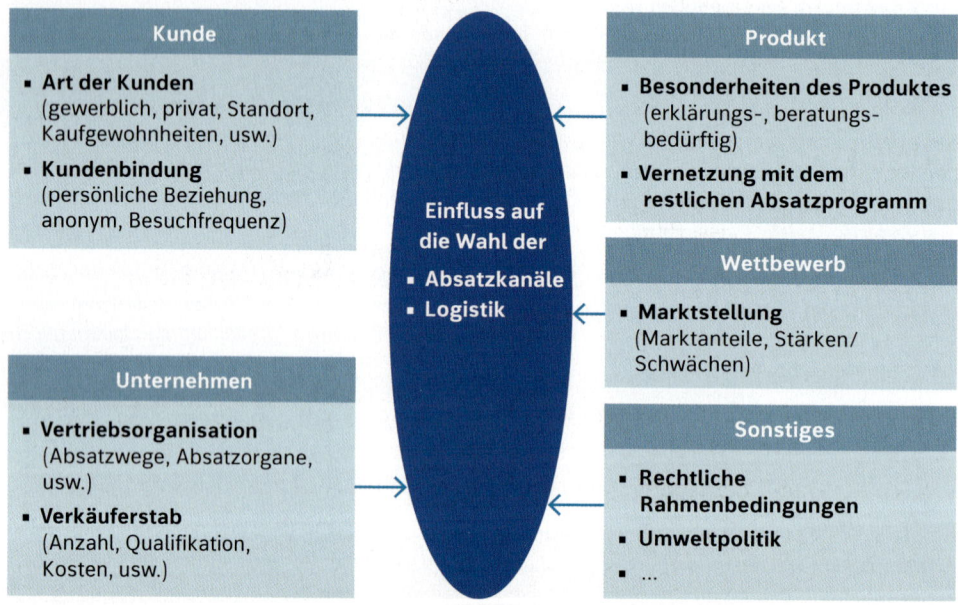

PRAXISTIPP!

Der **Distributionsgrad** *beschreibt die Anzahl der Händler, bei denen ein Industrieunternehmen mit seinen Produkten vertreten ist, im Vergleich zu der Gesamtzahl aller möglichen Händler. Von einer* **distributorischen Lücke** *spricht man, wenn ein Produkt in einer Einkaufsstätte nicht vorrätig ist. Dieses Problem sollte möglichst vermieden werden!*

Entscheidungen über Absatzkanäle

Ein Industrieunternehmen trifft im Hinblick auf seine Absatzkanäle Entscheidungen zur **Absatzorganisation**, zu den **Absatzwegen** und zu den **Absatzorganen**.

Absatzorganisation

Die Organisation der Absatzkanäle muss sowohl innerhalb als auch außerhalb eines Industrieunternehmens eine klare Ordnung erhalten. Man unterscheidet deshalb zwi-schen **interner** und **externer Absatzorganisation**.

Interne Absatzorganisation

Die **interne Absatzorganisation** befasst sich mit der Verteilung der innerbetrieblichen Zuständigkeiten für den Absatz. In der Praxis sind folgende Organisationsformen üblich:

- **Gebietsorientierung**: Der Vertrieb gliedert sich nach Ländern, Regionen, Städten, Stadtteilen oder anderen Gebietsunterteilungen.

Vertrieb

| Vertriebs-leiter **Nord** | Vertriebs-leiter **Süd** | Vertriebs-leiter **NRW** | Vertriebs-leiter **Rest** |

- **Produktorientierung**: Der Vertrieb gliedert sich nach Branchen, Produktgruppen, Produkten, bestehenden Produktlinien oder Neuprodukten usw.

Vertrieb

| Produkt-gruppe **A** | Produkt-gruppe **B** | **Neu-Produkte** | **Rest** |

- **Kundenorientierung**: Der Vertrieb gliedert sich nach Kunden, Einkaufsstätten, Klein-, Mittel- oder Großabnehmern, privaten oder gewerblichen Kunden, Endverbrauchern oder Wiederverkäufern usw.

Vertrieb

| Key-Account **Händler A** | Key-Account **Händler B** | Key-Account **Neukunden** | Vertrieb **Rest** |

Weitere Unterteilungen sind denkbar, so z. B.:

- nach **Priorität der Kunden** (A-Kunden, B-Kunden, …),

- nach der **Dauer der Kundenbindung** (Stammkunden, Neukunden) oder

- nach **Verkaufsformen** (Ladenhandel, Versandhandel, Automatenhandel, mobiler Handel)

Externe Absatzorganisation

Die externe Absatzorganisation beschäftigt sich mit der Organisation des Absatzes vom Betrieb bis zum Kunden vor Ort. Hierbei unterscheidet man **zentrale** bzw. **dezentrale** Vertriebsstrukturen sowie **direkten** bzw. **indirekten** Absatz.

- **Zentrale Absatzorganisation**: Eine zentralisierte Absatzstruktur liegt dann vor, wenn sich ein Untenehmen auf eine Verkaufseinrichtung beschränkt. Dies hat den Vorteil, dass zwar die Vertriebskosten niedrig sind, die Nähe zum Kunden geht allerdings verloren. Somit besteht die Gefahr, Absatzchancen zu vergeben.

- **Dezentrale Absatzorganisation**: Bei dezentralisierten Absatzstrukturen verfügt das Unternehmen über mehrere, im Absatzgebiet verstreute Verkaufseinrichtungen. Auf diesem Weg können
Absatzchancen vermehrt ausgeschöpft werden, allerdings fallen
ggf. hohe Vertriebs-, Lager- und Transportkosten an.

Absatzwege
Ist die Entscheidung über die Anzahl der Verkaufseinrichtungen
getroffen, so bleibt zu klären, ob ein Unternehmen zu seinen Kunden unmittelbar in Kontakt treten will, oder ob es auf die Unterstützung von Absatzmittlern zurückgreifen möchte.

Direkter Absatz
Der Hersteller verzichtet beim Verkauf seiner Leistungen
auf Zwischenhändler und tritt stattdessen selbst, unmittelbar mit seinen Kunden in Kontakt. Über den persönlichen Verkauf durch Angestellte oder den Verkauf durch
Automaten werden Kaufverträge direkt zwischen Herstellern und Kunden geschlossen.

Indirekter Absatz
Hersteller binden in Ihren Absatzweg Zwischenhändler ein, die die Leistungen des Herstellers nicht für eigene Zwecke verwenden, sondern (in der Regel in unveränderter Form)
an weitere Zwischenhändler oder den Endverbraucher weiterverkaufen.

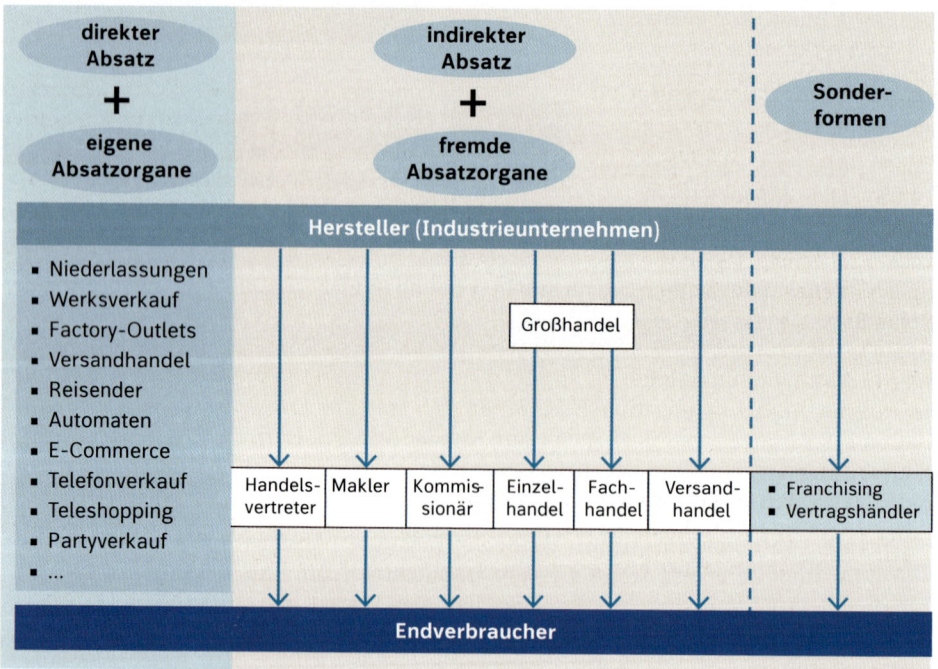

Die Vor- und Nachteile eines **direkten** oder **indirekten** Absatzweges muss jedes Unternehmen individuell für sich bewerten. Die folgenden Argumente treffen für zahlreiche Industriebetriebe gleichermaßen zu:

Vorteile des direkten Absatzes (Nachteile des indirekten Absatzes)	<ul><li>unmittelbarer Kundenkontakt</li><li>Kostenersparnis (besonders ab einer bestimmten Absatzmenge)</li><li>keine zusätzliche Preiserhöhung durch Gewinnmargen, die von Absatzmittler aufgeschlagen werden</li><li>Möglichkeit zur direkten Kundenbeeinflussung</li><li>schnellstmögliche Reaktionszeit auf Kundenbedürfnisse</li><li>keine Übermittlungsfehler</li><li>keine Gefahr vor Betriebsspionage oder der Weitergabe von Betriebsgeheimnissen</li><li>...</li></ul>
Vorteile des indirekten Absatzes (Nachteile des direkten Absatzes)	<ul><li>verzögerte Reaktionsgeschwindigkeit auf Kundenbedürfnisse</li><li>Nutzen von Spezialfertigkeiten und Fähigkeiten des Absatzvermittlers</li><li>Entlastung eigener Kapazitäten durch Outsourcing von Geschäftsprozessen</li><li>in der Regel bessere Streuung über das Absatzgebiet</li><li>Hersteller profitiert von Synergien mit anderen Unternehmen, die den gleichen Absatzmittler nutzen</li><li>...</li></ul>

> **PRAXISTIPP!**
>
> *Hochwertige Güter werden meistens auf direktem Absatzweg verkauft. „**One Face to the customer**" (ein Ansprechpartner für jeden Kunden) ist hier das Motto, das für Erfolg im Vertrieb garantiert. Das Vertrauen des Kunden in „seinen" Verkäufer, eine auf Dauer angelegte, individuelle Bindung zwischen Verkäufer und Kunden und die persönliche Betreuung fördern die Bereitschaft des Kunden zu hohen Investitionen.*
>
> *In der Praxis kann es vorkommen, dass bei Geschäftsverhandlungen zunächst Gespräche über das Tagesgeschehen oder Privates geführt werden, ehe man ganz allmählich zum Kern der Sache kommt. Seien Sie also nicht ungeduldig, wenn Sie ein Geschäftsessen begleiten dürfen und beide Geschäftspartner scheinbar unbekümmert Small Talk führen, das ist Teil der Strategie. In der Ruhe liegt die Kraft!*

Absatzorgane

Nachdem die Frage nach dem Absatzweg geklärt ist, bleibt dem Industrieunternehmen immer noch eine Entscheidung offen. Es muss sich überlegen, ob **eigene** oder **fremde** **Absatzorgane** für die eigentliche Verkaufstätigkeit eingesetzt werden sollen.

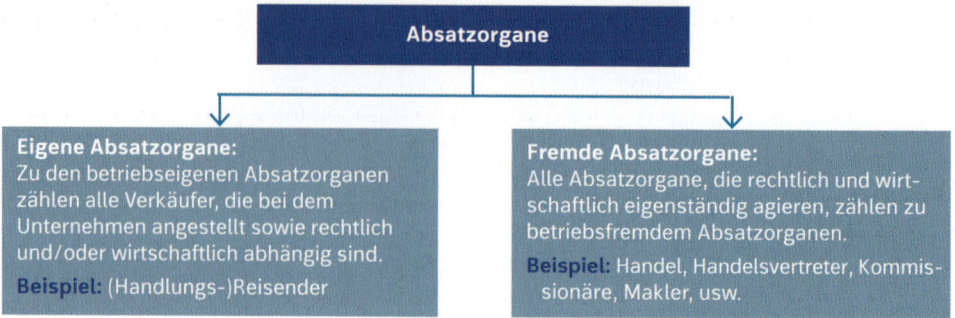

Reisender (Außendienst)

Ein Unternehmen beschäftigt Mitarbeiter, die im Außendienst Kunden beraten, sie vor Ort besuchen, die Leistungen des Unternehmens präsentieren und Vertragsabschlüsse herbeiführen. Ein Reisender ist also ein **Angestellter**, der im Namen und auf Rechnung seines Arbeitgebers tätig ist. Für diese Arbeitsleistung erhält er neben einem Grundgehalt **(Fixum)** und der Reisekostenerstattung **(Spesen)** zusätzlich eine umsatzabhängige **Provision** (Prämie für Absatzleistung).

Handelsvertreter

Ein Handelsvertreter ist ein **selbstständiger** Gewerbetreibender, der von einem Unternehmen damit beauftragt wird, Kontakte zu Kunden herzustellen, Geschäfte zu vermitteln oder abzuschließen (§ 84 HGB). Als selbstständig gilt, wer seine Tätigkeit im Wesentlichen frei gestalten und seine Arbeitszeit frei bestimmen kann. Der Handelsvertreter tätigt die Geschäfte in fremdem Namen und auf fremde Rechnung. Für seine Dienstleistung erhält er eine **Provision** (zumeist Abschluss- oder Vermittlungsprovision).

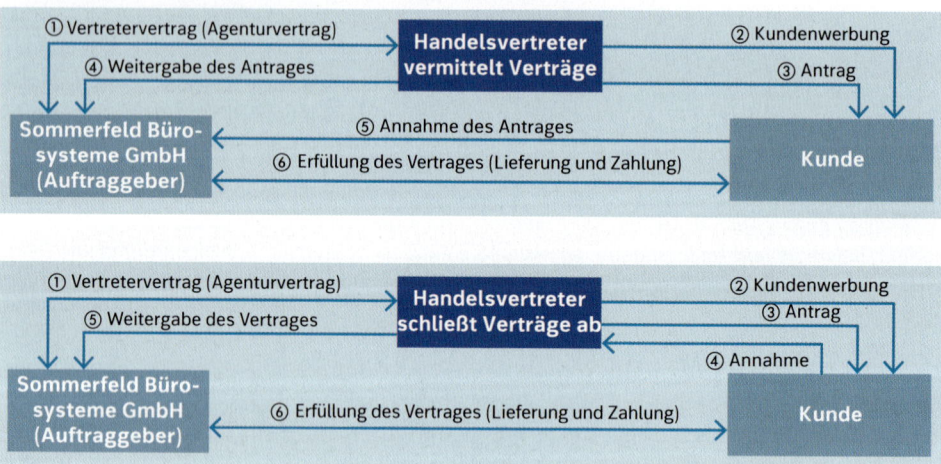

Für einen Industriebetrieb bedeutet der Einsatz von Handelsvertretern, dass zunächst kein direkter Kontakt zum Kunden aufgebaut wird. Zudem besteht die Gefahr, dass Handelsvertreter beim Ausscheiden ihre Kunden mitnehmen. Vorteilhaft sind jedoch die niedrigeren Fixkosten, die häufig höhere Besuchsfrequenz bei Kunden sowie die Marktkenntnis der Handelsvertreter, die sich bei Verkaufsgesprächen bezahlt macht. Hierbei ist allerdings zu bedenken, dass Handelsvertreter meist für mehrere Unternehmen tätig sind. Exklusivrechte, durch die sich Vertreter an ein Unternehmen binden, müssen meist teuer bezahlt werden.

Beispiel: Die Sommerfeld Bürosysteme GmbH steht vor der Entscheidung, den Vertrieb des neuen Bürostuhles „Ergo-Design-Natur" für Europa entweder, wie bislang üblich, an die Kollegin Jana Bauer zu übertragen oder alternativ Herrn Goll, einen externen Handelsvertreter, zu beauftragen. Frau Bauer erhält zurzeit ein fixes Gehalt von 3 200,00 € zuzüglich einer umsatzabhängigen Provision von 2 %. Herr Goll verlangt 10 % Umsatzprovision ohne Fixum.
Zur Ermittlung des kritischen Umsatzes stellt Frau Braun folgende Berechnung an:
Die Funktionsgleichungen für die beiden Vertriebswege lauten: (y = Kosten / x = Umsatz)

Reisende: Frau Bauer	**Handelsvertreter:** Herr Goll
$y = 3\,200 + 0{,}02\,x$	$y = 0{,}1\,x$

Nun ist zu klären, bis zu welchem Umsatzvolumen ein externer Handelsvertreter einem unternehmenseigenen Angestellten vorzuziehen wäre. Es liegt auf der Hand, dass der unternehmenseigene Reisende anfangs höhere Kosten verursacht und folglich weniger rentabel ist. Gibt es keinen Umsatz, so würde für Frau Bauer immer noch das Fixum von 3 200,00 € anfallen. Herr Goll würde hingegen ohne Umsatz auch keine Provision erhalten.

Man setzt die Funktionsgleichungen gleich und errechnet so das entsprechende Umsatzvolumen.

Aufwendungen Herrn Goll (Handelsvertreter) = Aufwendungen Frau Bauer (Reisende)

$$0{,}1\,x = 3\,200 + 0{,}02\,x$$
$$0{,}08\,x = 3\,200$$
$$x = 40\,000{,}00\ €$$

Bis zu einem Umsatzvolumen von 40 000,00 € ist es für die Sommerfeld Bürosysteme GmbH günstiger, einen externen Handelsvertreter mit dem Vertrieb des Bürostuhles zu beauftragen. Wird das kritische Umsatzvolumen überschritten, sollten die Vertriebstätigkeiten auf unternehmenseigene Absatzorgane übertragen werden.

Grafisch kann dieser Zusammenhang wie folgt anschaulich dargestellt werden:

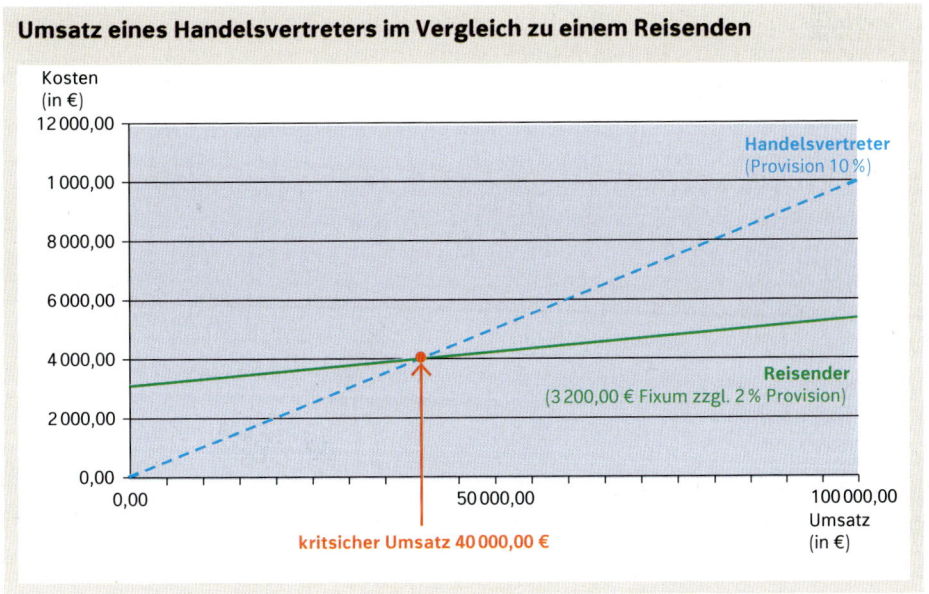

Umsatz in €	0,00	10000,00	20000,00	30000,00	40000,00	50000,00	60000,00	70000,00	80000,00	90000,00	100000,00
Kosten Handels- vertreter	0	1000	2000	3000	4000	5000	6000	7000	8000	9000	10000
Kosten Reisender	3200	3400	3600	3800	4000	4200	4400	4600	4800	5000	5200

In Abhängigkeit vom Verkaufspreis des Bürostuhles kann nun auch die Absatzmenge bestimmt werden, ab der ein Reisender im Vergleich zu einem Handelsvertreter günstiger wäre. Geht man von einem Einstiegspreis von 252,80 € aus, so ergibt sich folgende Berechnung:

$$\text{Umsatz} = \text{Preis} \cdot \text{Absatzmenge}$$
$$\text{Absatzmenge} = \text{Umsatz} : \text{Preis}$$
$$x = 40\,000 : 252,80\ \text{€} = \underline{\textbf{158,23 Stück}}$$

Werden innerhalb eines Monats 158 Bürostühle verkauft, so ist der erwirtschaftete Umsatz kleiner als 40 000,00 €. Folglich wäre ein Handelsvertreter für den Vertrieb zu bevorzugen. Können allerdings 159 Bürostühle pro Monat verkauft werden, so empfiehlt es sich, einen unternehmenseigenen Mitarbeiter mit dem Vertrieb des Bürostuhles zu betrauen.

> **PRAXISTIPP!**
>
> *Bitte beachten Sie, dass die Klärung der Frage, ob ein Reisender einem Handelsvertreter vorzuziehen ist, mathematisch zwar einfach erscheint, in der Praxis dennoch nur ein Kriterium der Auswahl ist. Kriterien wie z. B. Personalkapazitäten oder die Möglichkeit des persönlichen Kundenkontaktes sind für die Entscheidungsfindung zu eigenen oder fremden Absatzorganen von weitaus größerer Bedeutung als die rein quantitative Betrachtung von Umsatz und Kosten.*

Kommissionär

Der **Kommissionär** (§ 383 ff. HGB) ist ein **selbstständiger Kaufmann**, der damit beauftragt wird, Produkte **in eigenem Namen** aber **auf fremde Rechnung** zu kaufen (Einkaufskommission) oder zu verkaufen (Verkaufskommission).

Beim Kommissionsgeschäft schließt der Käufer **(Kommissionär)** mit seinem Lieferer **(Kommittent)** einen **Kommissionsvertrag** ab, wobei der Lieferer Eigentümer der Produkte bleibt, der Kommissionär wird lediglich Besitzer. Er verkauft die Produkte in seinem Namen weiter und rechnet die verkauften Produkte mit dem Kommittenten ab. Für seine Dienstleistung behält der Kommissionär eine **Provision** ein. Nicht verkaufte Produkte gibt der Kommissionär an den Lieferer zurück.

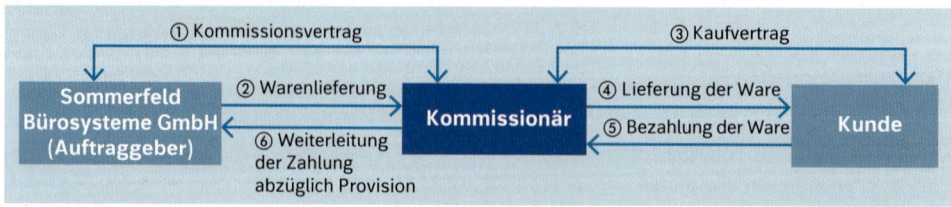

Beispiel: Die Sommerfeld Bürosysteme GmbH schließt mit dem Kommissionär Hermann Schulz e. K. einen Kommissionsvertrag ab. Die Sommerfeld Bürosysteme GmbH wird dadurch zum Kommittenten. Herr Schulz erhält von der Sommerfeld Bürosysteme GmbH Produkte, die er erst zu bezahlen braucht, wenn er die Produkte verkauft hat.

Makler

Ein **Makler** (§§ 93 bis 104 HGB) **vermittelt nur von Fall zu Fall** den Abschluss von Verträgen. Er ist in fremdem Namen und auf fremde Rechnung tätig. Für seine Dienstleistung erhält der Makler eine **Courtage** (Maklerlohn). Sie ist in der Regel je zur Hälfte vom Käufer und Verkäufer zu tragen.

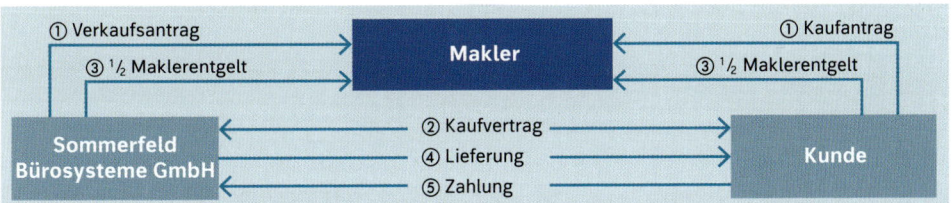

Gegenüberstellung des Reisenden im Vergleich zu fremden Absatzorganen				
	(Handlungs-) Reisender	Handels- vertreter	Kommissionär	Makler
Rechtliche Stellung	kaufmännischer Angestellter	Rechtlich selbstständiger Kaufmann nach HGB		
Gesetzliche Grundlage	§ 55, 59 ff. HGB	§ 84 ff. HGB	§ 383 ff. HGB	§ 93 ff. HGB
Vertrags- grundlage	Arbeitsvertrag	Vertretungsvertrag (Agenturvertrag)	Kommissions- vertrag	Maklervertrag
Dauer des Vertrages	ständig	ständig	ständig oder von Fall zu Fall	von Fall zu Fall
Tätigkeit	im Namen und auf Rechnung des Arbeitgebers	im fremden Namen für femde Rechnung (im Namen und auf Rechnung des Herstellers)	im eigenen Namen für fremde Rechnung (auf Rechnung des Herstellers)	im fremden Namen für fremde Rechnung (im Namen und auf Rechnung des Herstellers)
Kaufver- tragspartner	Hersteller Kunde	Hersteller Kunde	Kommissionär Kunde	Hersteller Kunde
Rechnung stellt	Hersteller	Handelsvertreter für den Hersteller	Kommissionär	Makler für den Hersteller
Vollmacht	Vermittlungs- oder Abschluss- vollmacht	Vermittlungs- oder Abschluss- vollmacht	Abschluss- vollmacht	Vermittlungs- vollmacht

Gegenüberstellung des Reisenden im Vergleich zu fremden Absatzorganen				
	(Handlungs-) Reisender	Handels- vertreter	Kommissionär	Makler

Entlohnung	▪ Gehalt (Fixum)
	▪ Provision
	▪ Auslagenersatz
	  (Spesen)
		▪ Überlassung
		  von Unterlagen
		  (Preislisten,
		  Muster,
		  Werbematerial)
		▪ Provision (für
		  Vermittlung oder
		  Abschluss)
			▪ Provision
			▪ Ersatz aller
			  Aufwendungen
			  Nicht verkaufte
			  Produkte können
			  an den Hersteller
			  zurückgegeben
			  werden.
				Maklerentgelt
				(Courtage) muss
				im Zweifelsfall von
				beiden Vertrags-
				parteien getragen
				werden
				(Hinweis: Das
				Bestellerprinzip
				gilt nur bei der
				Wohnungsver-
				mittlung).

Rechte	übliche Rechte
	eines kaufmän-
	nischen
	Angestellten
		▪ Bereitstellung
		  von Unterlagen
		▪ Anspruch auf
		  Erstattung aller
		  Aufwendungen
		▪ Ausgleichs-
		  anspruch nach
		  Beendigung des
		  Vertrags-
		  verhältnisses
			▪ Ersatz aller
			  Aufwendungen
			▪ Selbsteintritts-
			  recht (Kommis-
			  sionär darf
			  Produkte, die er
			  einkauft, lagern
			  und aus dem
			  Bestand heraus
			  liefern)
			▪ gesetzliches
			  Pfandrecht
				▪ Bereitstellung
				  von Unterlagen
				▪ Ersatz aller
				  Aufwendungen

Pflichten	▪ Erstellung von
	  Reiseberichten
	▪ Geschäftsab-
	  schlüsse
	  mitteilen
	▪ Pflichten eines
	  kfm.
	  Angestellten
		▪ Bemühungs-
		  pflicht
		▪ Benachrichti-
		  gung bei
		  Abschlüssen
		▪ Wettbewerbs-
		  enthaltung
			▪ Sorgfaltspflicht
			▪ Ausführung der
			  Kommission
			▪ Abrechnungs-
			  pflicht
			▪ Ware liefern
			▪ Erlös
			  überweisen
				▪ Schlussnote mit
				  wesentlichen
				  Inhalten
				  erstellen
				▪ Tagebuch führen
				▪ Aufbewahren
				  von Produkt-
				  proben

Bedeutung	Wegen der hohen Fixkosten (Gehalt, Spesen) ist der Aufbau einer unternehmenseigenen Absatzorganisation mit Reisenden nur sinnvoll, wenn ein Absatzgebiet voll erschlossen ist. Vorher sollten Handelsvertreter und Kommissionäre für Absatzaufgaben eingesetzt werden. Letzlich fallen bei allen fremden Absatzorganen immer nur dann Kosten an, wenn auch tatsächlich Aufträge akquiriert und somit Umsätze erwirtschaftet wurden.			Spezialist, der Interessen des Her-stellers optimal vertreten kann. Sollte wegen hoher Kosten nur selektiv eingesetzt werden.

E-Commerce

Unter **E-Commerce** fasst man den Handel im Internet zusammen. Die Entwicklung des Internet und die Tatsache, dass mittlerweile fast jeder über einen Internetzugang verfügt, haben dem Vertrieb neue, vielversprechende Möglichkeiten eröffnet. Heute bieten immer mehr Unternehmen über ihre Homepage die Möglichkeit zum direkten Onlinekauf. Soweit Absatzgeschäfte via Internet („**E-Business**") zwischen Unternehmen getätigt werden, spricht man von „**b2b**" (Business

to Business), Kontakte zwischen Unternehmen und Endverbrauchern bezeichnet man dagegen kurz „**b2c**" (Business to Consumer).

Weit verbreitet ist die Meinung, dass durch das Wachstum des E-Commerce Umsatzeinbußen beim traditionellen Handel und bei Handelsvertretern verursacht werden. Soweit Industrieunternehmen direkt Kontakt zu ihren Kunden aufnehmen und auf Absatzmittler verzichten, wächst der Druck auf die Preise und die Gewinnspannen des Handels. Es ist insofern durchaus möglich, dass der Handel Kundschaft verliert. Geht man ferner davon aus, dass die Kaufkraft aller Konsumenten gleich bleibt und durch E-Commerce nicht zusätzlicher Absatz erzeugt wird, so muss eine Umverteilung innerhalb der Vertriebskanäle stattfinden, die dem traditionellen Weg über den Handel schadet.

Für Industrieunternehmen eignet sich der Absatz über **Onlineshops** (auch „**E-Shops**") insbesondere für

- **wenig erklärungsbedürftige** Produkte (z. B. Bücher, Bekleidung, Schuhe, …),

- **technische** Produkte (weil man davon ausgeht, dass Internet-User gleichzeitig technikaffine Menschen sind),

- und **preiswerte** Produkte (da die Risiken bei Verlustgeschäften gering sind).

Chancen des E-Commerce	
für den Industriebetrieb	**für den Kunden**
• bequeme Erreichbarkeit für breite Zielgruppe • größere Marktchancen durch globale Zugriffsmöglichkeit • kostengünstige Kontaktzahlen • Medium symbolisiert Fortschritt • erhöhte Kaufbereitschaft, da Käufer Initiative ergreift • Kundenakquisition kann weltweit zeitgleich erfolgen • geringere Personalkosten • erhöhte Reaktionszeiten auf Kundenanfragen (Kunde erwartet Antwort frühestens nach einem Tag)	• Einkaufen, ohne die eigenen vier Wände verlassen zu müssen • keine Ladenschlusszeiten • preiswertere Produkte, da Wettbewerbsdruck auf die Wettbewerbssituation wirkt • weltweite Einkaufsmöglichkeiten • zeitsparende, kurzfristige Einkäufe • unmittelbare Preisvergleiche durch maximale Markttransparenz

Risiken des E-Commerce	
für den Industriebetrieb	**für den Kunden**
▪ mangelnde Kundenbindung, da meist anonyme Kontakte (ohne persönlichem Gespräch) stattfinden ▪ wegen mangelnder Kundenbindung höhere Gefahr vor Austauschbarkeit bzw. Wechsel zum Wettbewerb ▪ kein dauerhafter Umsatz, da viele Kunden nur „Schnupperkunden" sind ▪ Sicherheitsrisiken bei der Bezahlung ▪ technisches Know-how muss immer gepflegt werden, um immer auf dem aktuellen Stand zu bleiben ▪ hohe Investitionen in neue Technologien, obwohl die Kernbevölkerung überaltert ist und kaum über Internetzugänge verfügt ▪ Viren, Hacker oder sonstige Störungen gefährden Geschäftsprozesse und führen zu unüberschaubaren Folgeerscheinungen	▪ Probleme bei der Datensicherheit ▪ mangelnde Beratung ▪ zeitaufwendige Anfragen ▪ häufig erst Bezahlung, dann Produktlieferung ▪ vermeintlich günstige Preise werden durch überhöhte Versandkosten kompensiert ▪ Gerichtsstand (und somit Gesetzeslage) kann ggf. unbemerkt im Ausland liegen ▪ Überblick über Kaufvolumen geht schneller verloren

Handel

Für die meisten Industrieunternehmen ist der zentrale Absatzkanal der **Handel**. Die Hauptursache hierfür ist, dass viele Handelsbetriebe über ein bundesweites Filialnetz verfügen und potenzielle Kunden somit schnell und bequem erreicht werden können. Industrieunternehmen sparen durch den Handel aufwendige Lagerkosten sowie Reisekosten für Vertreterbesuche. Über den Handel kann eine breite Masse Käufer angesprochen werden, ohne dass hierfür ein hoher koordinativer Aufwand notwendig wäre. Der Handel übernimmt für Industrieunternehmen zahlreiche Aufgaben der Distributionspolitik und macht sich so zu einem unverzichtbaren Geschäftspartner.

Es ist üblich, den Handel nach Betriebsformen zu gliedern. Unter den Oberbegriffen **Großhandel** und **Einzelhandel** werden die zwei wesentlichen Absatzstufen zusammengefasst.

Man spricht vom Großhandel, wenn Handelsbetriebe Produkte einkaufen und (entweder unverändert oder ohne nennenswerte Veränderung) **an Wiederverkäufer** weiterverkaufen.

Der Einzelhandel steht in direktem **Kontakt zum Endverbraucher**, er beschafft Produkte, bietet sie in Verkaufsstellen an und verkauft sie letztlich an interessierte Endverbraucher.

Sonderformen der Absatzorgane

Franchising
Franchising ist ein Vertriebssystem, das z. B. durch die Fastfood-Kette „McDonalds" auch in Deutschland Fuß gefasst hat. Weltweit existieren mittlerweile über 1 000 Franchise-systeme, und die Zahl weiterer Vertriebsketten nimmt stetig zu.

Beim Franchising schließen sogenannte **Franchise-Nehmer** (rechtlich selbstständige Handelsunternehmen) mit **Franchise-Gebern** (z. B. Industriebetriebe) einen **Franchisevertrag** ab und erwerben gegen Entgelt eine **Lizenz**, mit der sie berechtigt sind, Produkte des Herstellers **exklusiv zu verkaufen**. Die Exklusivität bezieht sich meist auf Verkaufsgebiete (z. B. Postleitzahlgebiete), genauso ist es denkbar, die Exklusivrechte auf den Vertrieb einzelner Produktengruppen zu vergeben. Im Gegenzug verzichtet der Franchise-Nehmer auf den Vertrieb von Wettbewerbsprodukten, es besteht also auch für den Absatzweg eine Exklusivbindung. Außerdem verpflichtet sich der Franchise-Nehmer, die Geschäftsausstattung sowie die komplette Marketingkonzeption nach Vorgaben des Franchise-Gebers umzu-

DEUTSCHE FRANCHISEWIRTSCHAFT 2020
BRANCHENAUFTEILUNG

38
Dienstleistung

30
Gastronomie,
Touristik und Freizeit

21
Handel

11
Handwerk,
Bau und Sanierung

setzen. Auf diesem Weg wird für den Endverbraucher der Eindruck erweckt, dass ein Hersteller seine Produkte über Filialen mit einheitlichem Erscheinungsbild anbietet. Tatsächlich ist der **Franchise-Nehmer** aber ein rechtlich unabhängiger Unternehmer, der **in eigenem Namen** und **auf eigene Rechnung** tätig ist und jedes Geschäftsrisiko völlig eigenständig trägt.

Vorteile für den Franchise-Geber:

- eigene Vertriebswege ohne Kosten für die Niederlassungen (Einrichtung, Personal, Werbung, ...)

- einheitliches Erscheinungsbild

- schnelle Expansionsmöglichkeit

- einheitliches, geschlossenes Marketing-Konzept

- Erfahrungsaustausch zwischen Vertriebspartnern, die nicht im Wettbewerb zueinander stehen

- geringeres Insolvenzrisiko

Vorteile für den Franchise-Nehmer:

- Zurückgreifen auf Erfahrungswerte des Herstellers und weiterer Franchise-Nehmer

- Beratung durch Franchise-Geber

- eigenes Know-how ist weniger erforderlich (erleichtert Einstieg in die Selbstständigkeit)

- Beschaffungsprozesse sind vereinfacht, da Lieferantenauswahl entfällt

- weniger unternehmerisches Risiko

- Imagetransfer

Bekannte Franchise-Unternehmen in Deutschland	
Marke	Branche
McDonald's	Gastronomie
Abacus Nachhilfeinstitut	Nachhilfe
Apollo Optik	Optiker
BabyOne	Babyfachmarkt
BackWerk	Bäckerei
Calcedonia-Gruppe	Mode
Clever Fit	Fitness
Domino's Pizza	Gastronomie
Engel & Völkers	Immobilien-Vermittlung
Fressnapf	Tierbedarf
Häagen Dazs	Gastronomie
Kamps	Bäckerei
Nordsee	Fischfachhandel
OBI	Baumarkt
Pizza Hut	Gastronomie
SANIFAIR	Autobahntoiletten
Schülerhilfe	Nachhilfe
Studienkreis	Nachhilfe
Subway	Gastronomie
Tchibo	Gastronomie
The Body Shop	Drogerie
TÜV Rheinland FAS	Prüfstelle
Wonderwaffel	Gastronomie
Vapiano	Gastronomie
ZOO & Co.	Tierbedarf

Vertragshandel

Beim Vertragshandel bindet sich ein Händler ebenfalls an einen Hersteller (**meist exklusiv**), allerdings sind die Rechte und Pflichten beider Geschäftspartner nicht so umfassend fixiert wie beim Franchising. Der Vertragshändler behält sich weitaus **mehr Unabhängigkeit**, **Flexibilität** und **unternehmerische Freiheit**, er konzipiert beispielsweise seine Marketingaktivitäten völlig eigenständig oder gestaltet seine Verkaufsräume nach seinen Vorstellungen. Lediglich das Absatzprogramm und die dazugehörigen **Mindestpreise** werden dem Vertragshändler vom Hersteller verbindlich **vorgegeben**. Im Gegenzug dazu muss der Vertragshändler sehr viel mehr Risiken tragen und auf den wertvollen Erfahrungsaustausch mit Vertriebskollegen verzichten.

Beispiel: Automobilbranche: Verkauf von Autos, Kfz-Zubehör, Automobilwerkstätten usw.

Der Vertragshandel zählt, genau wie das Franchising, zu Vertriebskanälen, die grundsätzlich auf fremde Absatzorgane aufbauen und insofern einen indirekten Kontakt zwischen Hersteller und Kunden herstellen. Wegen der Exklusivrechte der Vertragspartner sind diese Vertriebswege allerdings dem direkten Absatzweg mit unternehmenseigenen Absatzorganen sehr ähnlich. Beide Absatzwege sind unmittelbar in die Vertriebsorganisation des Herstellers integriert und nach Beendigung einer Partnerschaft sind die Händler verpflichtet, ihren Kundenstamm an den Hersteller zu übertragen.

Kundenakquisition

> *Kundenakquisition (kurz: Kundenakquise):*
> *Das **Werben** um neue, Erfolg versprechende Kunden; nach Möglichkeit sollen diese Bemühungen zu einer **Neukundengewinnung** führen. Industrieunternehmen haben hierbei neben den Endverbrauchern die Absatzmittler in Form fremder Absatzorgane im Blick.*

Industrieunternehmen, die bereits auf dem Markt etabliert sind und ihre Absatzstrukturen weitgehend organisiert haben, widmen sich dem Thema Kundenakquisition eher selten. Junge Industrieunternehmen dagegen, die noch kein vollständig erschlossenes Vertriebssystem entwickelt haben, sind auf die Akquisition neuer Absatzmittler unbedingt angewiesen.

Beispiel: Die Sommerfeld Bürosysteme GmbH hat sich entschieden, den Vertrieb über Fachhändler zu intensivieren. Nachdem erste Internet-Recherchen zu potenziellen Neukunden abgeschlossen sind, nehmen Vertriebsmitarbeiter telefonisch den Erstkontakt zu den neuen Fachhändlern auf. Sie präsentieren das Unternehmen, versenden Informationsmaterial und vereinbaren Termine für persönliche Gespräche.

In der Praxis erfolgt die Kundenakquisition schrittweise in **fünf** aufeinander aufbauenden **Phasen**:

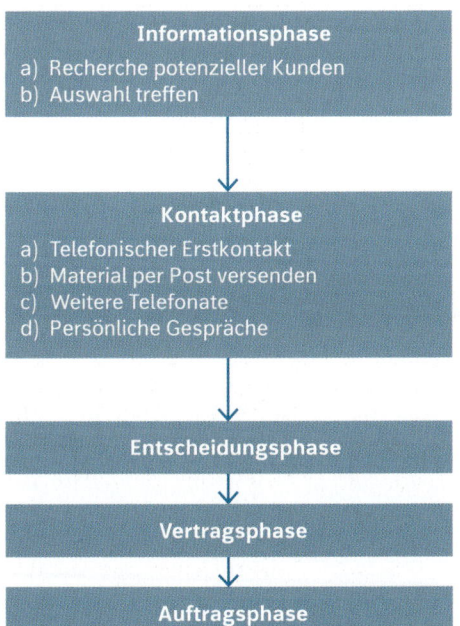

In Anlehnung an die Zielvorgaben der Distributionspolitik werden in einer ersten Informationsphase zunächst potenzielle Kunden recherchiert, verfügbare Informationen über die Kunden gesammelt und ausgewertet. Im Anschluss daran erfolgt eine Auswahl der Kunden, die tatsächlich akquiriert werden sollen.

Hieran schließt sich die Kontaktphase an. Üblich ist es, den Kontakt zunächst per Telefon (ggf. auch per Mail) aufzunehmen oder alternativ Informationsmaterial zu versenden. In einem weiteren Telefonanruf oder einem persönlichen Gespräch sollte dann ein erster Austausch mit dem Kunden stattfinden. Je nachdem, wie erklärungsbedürftig das Absatzprogramm ist bzw. wie langfristig neue Kundenbindungen anvisiert werden, sollten dem Erstkontakt weitere Gespräche und Verhandlungen folgen.

Soweit alle Informationen übermittelt sind und der Kunde darauf aufbauend eigenständig planen kann, beginnt die Entscheidungsphase. Sowohl der Kunde als auch das Industrieunternehmen werden nun über eine feste Vertragsbindung entscheiden. In der Vertragsphase werden schließlich die rechtlichen Rahmenbedingungen für eine Kooperation vertraglich gesichert. Zuletzt kann das Industrieunternehmen in der Auftragsphase den neu gewonnenen Kunden beliefern und die gemeinsame Distribution der Produkte sicherstellen.

> **PRAXISTIPP!**
>
> *Man spricht von der sogenannten „Kaltakquise", wenn völlig neue Kunden angesprochen werden, mit denen es zuvor keinerlei Geschäftsbeziehungen gab. Telefonische Kaltakquisition von Industrieunternehmen, die an Endverbraucher gerichtet ist, ist gemäß UWG (Gesetz gegen unlauteren Wettbewerb) verboten. Verkaufsorientierte Telefonate dürfen nur nach ausdrücklicher Genehmigung des Kunden erfolgen.*

Logistik: Transport- und Lagerentscheidungen

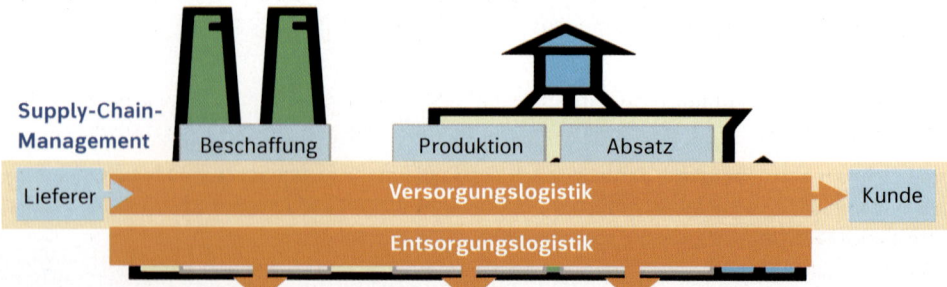

Logistik-Entscheidungen, also Entscheidungen zur Versorgung mit und Entsorgung von Gütern, sowie deren Lagerung und Transport, betreffen nicht nur den Absatz, sondern alle Unternehmensbereiche. Sowohl im Bereich der Beschaffung als auch in der Produktion ist es unumgänglich, die Güterver- und -entsorgung gründlich zu organisieren. Für das Marketing bzw. die Distributionspolitik sind Logistik-Entscheidungen hinsichtlich der Lagerung und des Transportes aller verkaufsfertigen Produkte von Bedeutung. Trifft ein Industrieunternehmen seine Logistik-Entscheidungen über die Betriebsgrenzen hinaus gemeinsam mit seinen Zulieferern und Kunden, so spricht man vom **Supply-Chain-Management**.

→ LF 6

Nicht zuletzt unter Marketingaspekten neigen immer mehr Unternehmen dazu, sich mit Blick auf den Wettbewerb auf die eigenen Kernkompetenzen zu konzentrieren. Vor- sowie nachgelagerte Produktionsstufen werden in der Konsequenz an Geschäftspartner übertragen, die sich wiederum auf ihre Aufgaben spezialisiert haben. Durch eine vertraglich intensive Bindung aller beteiligten Geschäftspartner entsteht so eine Kette aus zahlreichen Lieferern **(Supply-Chain)**, die alle zusammen ein **unternehmensübergreifendes**, in sich **einheitliches Organsisationsgebilde** ergeben. Aus einer ursprünglich rein logistischen Kette für den Materialfluss wird somit ein für ein bestimmtes Gut (für einen bestimmten Markt) einheitliches **Leistungssystem** vom Lieferanten bis hin zum Kunden.

Beispiel: Bei der Herstellung von Marmor-Schreibtischen hat die Sommerfeld Bürosysteme GmbH lange Zeit die Aufbereitung der Marmorplatten eigenständig übernommen. Seit zwei Monaten wurde die Aufbereitung allerdings an den Zulieferer übertragen, der im Hinblick auf die Verarbeitung und Veredelung von Marmor als Spezialist gilt. Die Rohstoffe werden hierdurch zwar teurer, aber durch die Verarbeitung eines Spezialisten wird die Qualität der Marmorplatten erheblich gesteigert und eigene Herstellkosten entfallen. Diesen Vorteil kann die Sommerfeld Bürosysteme GmbH wiederum unter Marketinggesichtspunkten gewinnbringend nutzen und die Qualität bzw. die enge Zusammenarbeit mit dem Lieferanten für Werbezwecke ausloben.

Im **Supply-Chain-Management** werden die Aktivitäten der einzelnen Unternehmen bzw. Kettenglieder gemeinsam koordiniert und aufeinander abgestimmt, die Einzelunternehmen dieses Prozesses bleiben hierbei jedoch weitgehend autonom. Insgesamt zielen alle Beteiligten auf eine Verbesserung der Effektivität des gesamten Wertschöpfungsprozesses ab, um sich so vom Wettbewerb abzugrenzen, Wettbewerbsvorteile zu erzielen, Kundenwünsche individuell befriedigen zu können und dadurch letztlich mehr Gewinne zu erwirtschaften.

> **Supply-Chain-Management:**
> *Eine (geringe) Anzahl an Lieferanten, Industrie- sowie Logistikunternehmen verpflichtet sich zu einer langfristigen, strategischen Zusammenarbeit, basierend auf einem unternehmensübergreifenden vernetzten Denken. Durch gemeinsame Organisation, Systematisierung und Rationalisierung wird eine schnelle, reibungslose Auftragsabwicklung gewährleistet, sodass letztlich alle von der gemeinsamen Kompetenz maximal profitieren können.*

Maßnahmen im Rahmen eines Supply-Chain-Managements können kurzfristig, mittelfristig und langfristig die Effizienz der Wertschöpfungskette wesentlich erhöhen.

Kurzfristige Maßnahmen	Mittelfristige Maßnahmen	Langfristige Maßnahmen
bieten sich häufig durch die Angleichung der Hard- und Software mit externen Partnern in der Logistik. Sie verkürzen die Bereitstellungszeit und den Bereitstellungsaufwand.	zielen bei vielen Unternehmen auf eine Flexibilisierung der Leistungserstellung ab, um Nachfrageschwankungen auszugleichen. Die Frage besteht, wer lagert und wo. Der Lager- und Organisationsaufwand der Zulieferer kann durch eine Koordination bei der Entwicklung von Produkten und der Planung des Produktionsprogramms erheblich gesenkt werden.	sollen die Wertschöpfung aller Beteiligten erhöhen. Ein Schwerpunkt ist hier oft die Verbesserung der vorhandenen Infrastruktur, um den Güter- und Informationsfluss zu beschleunigen. Standortprobleme wie eine unzureichende Energieversorgung, schlechte Straßenverhältnisse oder das Fehlen qualifizierter Arbeitskräfte werden gemeinsam mit den betroffenen Partnern gelöst.
Beispiele: - einheitliche Paletten und Packgrößen - einheitliche Be- und Entladevorrichtungen - einheitliche Informationssysteme zur Identifizierung und Klassifizierung von Produkten	**Beispiele:** - Je mehr Gleichteile ein Produkt mit anderen Produkten aufweist und je weniger Varianten notwendig sind, umso leichter fällt dem Zulieferer die eigene Produktionsplanung. - Gleichzeitig reduziert sich seine Lagerhaltung. - Fehlerquellen und Störpotenziale nehmen ebenfalls ab.	**Beispiele:** Ein Ausbau der Schienenstrecke von Köln nach Brüssel würde die Fahrtdauer erheblich verkürzen. Für einen Stahlhersteller aus Belgien würde dies die Belieferung der Sommerfeld Bürosysteme GmbH erleichtern. Aufgrund dessen beteiligen sich der Stahlhersteller und die Sommerfeld Bürosysteme GmbH an den nötigen Investitionen.

Durch das Supply-Chain-Management ergibt sich für das Marketing ein völlig neuer Spielraum, denn die Wettbewerbsfähigkeit bezieht sich nun nicht mehr allein auf das eigene Unternehmen. Stattdessen wird die Leistungsfähigkeit aller am Supply-Chain-Management Beteiligten in den Marketingauftritt integriert, alle Stärken und Schwächen werden voll ausgeschöpft und die Gesamtleistung dadurch erhöht.

Beispiel: Die Sommerfeld Bürosysteme GmbH hat ihre Bürostühle lange Zeit mit hochwertigen Textilien der Wollux GmbH bepolstert. Seitdem die Wollux GmbH isozertifiziert ist und selbst beim Anbau ihrer Baumwolle Qualitätsstandards im Blick hat, ist die Sommerfeld Bürosysteme GmbH eine langfristige Bindung mit der Wollux GmbH eingegangen. Seitdem wird die Qualität der Wollux GmbH als Kooperationspartner im Rahmen der Kommunikationspolitik konsequent aufgegriffen und als schlagkräftiges Verkaufsargument verwendet.

Transportwesen

In Verbindung mit der Distributionspolitik ist hier zu beachten, dass sich die Lager- und Transportkosten gegenseitig bedingen. Verfügt ein Industrieunternehmen über mehrere Produktions- oder Lagerstandorte, so sind die Lagerkosten hoch, die Transportkosten aufgrund kürzerer Wege entsprechend niedrig. Verfügt ein Industrieunternehmen umgekehrt über wenig Lager, sinken die Lagerkosten, während die Transportkosten steigen. Bei Logistikentscheidungen ist somit das Optimum anzustreben, bei dem die **Summe aus Lager- und Transportkosten minimal** ist.

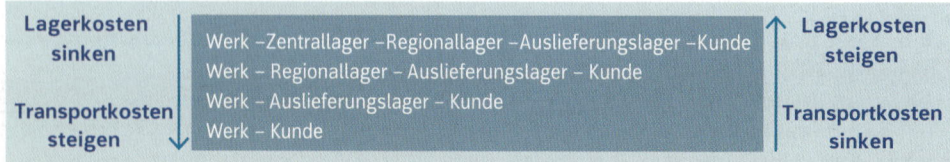

Lagerkosten sinken	Werk –Zentrallager –Regionallager –Auslieferungslager –Kunde	Lagerkosten steigen
	Werk – Regionallager – Auslieferungslager – Kunde	
Transportkosten steigen	Werk – Auslieferungslager – Kunde	Transportkosten sinken
	Werk – Kunde	

> ### PRAXISTIPP!
>
> *Es ist üblich, dass Lkw-Testfahrten mit voller Ladung durchgeführt werden, um Verkaufs- und Transportverpackungen auf logistische Schwachstellen hin zu überprüfen. Die Produkte werden anschließend nicht mehr verkauft, sondern auf Qualitätsmängel analysiert. Ob diese Kontrollmechanismen auch weiterhin genutzt werden, bleibt vor dem Hintergrund steigender Energiepreise und einer erhöhten Sensibilität gegenüber der Umwelt fraglich.*

Transportmittel

Einflussgrößen auf die Wahl des Transportmittels
- Eigenschaften des Transportgutes
  - Wert
  - Größe/Gewicht/Handlichkeit
  - Menge
  - Aggregatzustand (flüssig, fest, Gas)
  - Schüttgut/Stückgut
  - Gefährlichkeit
  - Empfindlichkeit/Versandverpackung
  - Haltbarkeit
  - ...
- Kosten (auch für Leerfahrten)
- Absatzgebiet
- Größe der Lager
- Erreichbarkeit des Zielortes
- Lieferzeit/Transportzeit
- ökologische Aspekte
- verfügbare Anbieter
- Zuverlässigkeit/ Pünktlichkeit
- Transportgeschwindigkeit
- Sicherheit
- ...

Wahl eines geeigneten Transportmittels

Straße: Kfz   Pipeline   Luft: Flugzeug   Wasser: Schiff   Schienen: Bahn

Grundsätzlich bieten sich für den Transport Straßen, Schienen, Luft, Wasser oder Pipelines an. Jedes Transportmittel bietet unterschiedliche Vor- und Nachteile, die mit den Vorgaben aus dem Kundenauftrag sinnvoll abgestimmt werden müssen.

Transport	Vorteile	Nachteile	Eignung
Kfz	<ul><li>hohe Verfügbarkeit</li><li>jeder Ort erreichbar</li><li>schnell</li><li>zuverlässig</li><li>viele Spediteure</li><li>anpassungsfähig</li></ul>	<ul><li>hohe Umweltbelastung</li><li>hohe Unfallgefahr</li><li>steigende Benzin-preise und Mautgebühren</li><li>erheblicher Zeitdruck</li><li>witterungsabhängig</li></ul>	<ul><li>für alle Güterarten geeignet</li></ul>
Bahn	<ul><li>schnell</li><li>mittlere Kosten</li><li>umweltfreundlich</li><li>hohe Sicherheit</li><li>hohe Beförderungs-kapazitäten</li></ul>	<ul><li>nicht alle Orte sind erreichbar</li><li>Pünktlichkeit</li><li>Anbietermonopol</li><li>unflexibel bei Störungen</li><li>keine durchgängige Transportkette/ Umladekosten</li></ul>	<ul><li>Massengüter</li><li>schwere Güter</li><li>Gefahrengüter</li></ul>
Schiff	<ul><li>umweltfreundlich</li><li>hohe Sicherheit</li><li>niedrige Kosten</li></ul>	<ul><li>lange Transportdauer</li><li>zeitlich schwer kalkulierbar</li><li>wenig Anbieter</li></ul>	<ul><li>Massengüter</li><li>hohe Haltbarkeit</li><li>Überseetransport</li></ul>
Flugzeug	<ul><li>schnell</li><li>zuverlässig</li><li>pünktlich</li></ul>	<ul><li>sehr hohe Kosten</li><li>hohe Umweltbelastung</li><li>unflexibel bei Störungen</li></ul>	<ul><li>hochwertige/ verderbliche Güter</li><li>weite Distanzen</li></ul>
Pipeline	<ul><li>umweltfreundlich</li><li>hohe Sicherheit</li><li>weitgehend unabhängig von Störungen</li></ul>	<ul><li>langsam/Fließ-geschwindigkeit</li><li>unflexibel</li><li>geringe Verfügbarkeit</li><li>aufwendige Nutzung</li></ul>	<ul><li>flüssige oder gasförmige Güter</li></ul>

Einhergehend mit der Wahl des Transportmittels ist die Entscheidung zu treffen, ob man eigene Transportmittel (Eigenverkehr) nutzen möchte oder fremde Transportunternehmen (Fremdverkehr) mit der Beförderung beauftragt. Einflussgrößen wie

- die anfallenden **Kosten** (Anschaffung, Betriebsbereitschaft, Wartung),
- **Unabhängigkeit** und
- die Möglichkeit, einmal getroffene **Entscheidungen** kurzfristig wieder **revidieren zu können**,

spielen hierbei eine große Rolle. Eine genaue Analyse der Ausgangslage und ein gezielter Vergleich zwischen Eigen- und Fremdverkehrsmitteln sind deshalb unbedingt notwendig.

Top 10 Deutschland 2019			
Rang	**Unternehmen**	**Datenqualität**	**Logistikumsatz 2016 in Mio. € (Deutschland)**
1	Deutsche Post (DHL)	**	10360
2	Deutsche Bahn AG	**	7473
3	Dachser SE	***	3583
4	Kühne + Nagel (AG & Co.) KG	**	3178
5	Rhenus SE & Co. KG	***	2470
6	Volkswagen Konzernlogistik GmbH & Co. OHG	**	2370
7	Unites Parcel Service Deutschland Inc. & Co. OHG	**	2070
8	Hermes Europe GmbH	**	2040
9	DPD Deutschland GmbH	***	1940
10	IDS Logistik GmbH (Kooperation)	**	1500

Eigene Darstellung in Anlehnung an: https://www.scs.fraunhofer.de/content/dam/scs/DE/top100/FhG%20SCS_DE-TOP100-2020_ExecutiveSummary.pdf

Besonderheiten bei Außenhandelsgeschäften (Incoterms® Regeln)
Deutschland zählt weltweit zu den führenden Handelsnationen und erwirtschaftet einen Großteil des Bruttoinlandsproduktes über den Handel mit dem Ausland. Da jedes Land auf eigene Rechts- und Währungssysteme zurückgreift, ist es für den Außenhandel wichtig, ein **einheitlich geltendes Regelwerk** zu haben, an dem sich alle Beteiligten übereinstimmend orientieren können. Ein international gültiges Regelwerk zu den Liefer- und Transportbedingungen stellen die **INCOTERMS®** dar, die von der Internationalen Handelskammer in Paris (International Chamber of Commerce, ICC) herausgegeben werden. Sie sind keine gesetzlichen Regelungen und müssen deshalb von den Vertragspartnern in der gewünschten Fassung (z. B. 2020) vereinbart werden, um Bestandteil eines Kaufvertrages zu sein. Im Detail werden folgende Bestandteile mithilfe der Incoterms® geregelt:

Incoterms®-Regeln:	Incoterms®-Regeln nicht:
- Kosten- und Gefahrübergang für verschiedene Transportarten - Ausfuhr- und Einfuhrabwicklung	- Eigentumsübergang - Rügefristen und Rechtsfolgen bei Störungen des Kaufvertrages - Zahlungsbedingungen

Grundsätzlich werden Incoterms® in **vier Gruppen** unterteilt (**E, F, C und D**), wobei mit jeder Gruppe die **Verpflichtungen des Verkäufers** zunehmen:

Gruppe		Verpflichtung des Verkäufers	
E	EXW	**Minimalverpflichtung (für alle Transportwege):** Der Verkäufer muss die Produkte für den Käufer zur Abholung bereithalten. Gefahren- und Kostenübergang sind identisch und erfolgen ab Werk.	
F	FCA (a) FCA (b) FAS FOB	**Für See- oder Binnenschifffahrtstransport:** Der Verkäufer muss die Produkte einem Frachtführer übergeben, den der Käufer auf eigene Kosten beauftragt. Der **Käufer trägt die Hauptlast** der Abwicklung, der Kosten und des Risikos. Gefahren- und Kostenübergang sind identisch.	Verpflichtung des Verkäufers gegenüber dem Käufer steigt!
C	CFR CIF CPT CIP	**Für See- oder Binnenschifffahrtstransport:** Der Verkäufer muss den Frachtführer beauftragen und ggf. eine Transportversicherung abschließen. Der **Verkäufer** trägt zwar die **Transportkosten** bis zum Bestimmungsort, die Gefahr jedoch nur bis zur Übergabe an den Frachtführer. Das **Transportrisiko** liegt somit beim **Käufer**. Ort und Zeitpunkt des Kosten- und Gefahrenübergangs weichen von einander ab.	
D	DAP DPU DDP	**Maximalverpflichtung (für alle Transportwege):** Der Verkäufer übernimmt die gesamte Abwicklung des Transportes sowie alle Kosten und Risiken bis zum Bestimmungsort. Ort und Zeitpunkt des Kosten- und Gefahrenübergangs sind identisch.	

Überblick über die 11 Regeln der Incoterms® 2020		
Bezeichnung	**Lieferort**	**Beschreibung**
EXW *Ex Works* (ab Werk)	Werk des Verkäufers	Der Verkäufer stellt die Ware an seinem Geschäftssitz bereit.
FCA *Free Carrier* (Frei Frachtführer)	Ort der Übergabe an den Frachtführer	Der Verkäufer liefert die zur Ausfuhr freigemachte Ware an den vom Käufer genannten Frachtführer durch Verladung auf dem Gelände des Verkäufers oder an einen anderen Ort. Der Transport kann auch mit eigenen Verkehrsmitteln erfolgen. Optional: Ausstellung eines Bordkonnossements, das der Verkäufer an den Käufer übergibt.
FAS *Free Alongside Ship* (Frei Längsseite Schiff)	Längsseite Schiff im Verschiffungshafen	Der Verkäufer stellt die zur Ausfuhr freigemachte Ware längsseits des Schiffs im Verschiffungshafen zur Verfügung.
FOB *Free On Board* (Frei an Bord)	Schiff im Verschiffungshafen	Der Verkäufer stellt die zur Ausfuhr freigemachte Ware an Bord des Schiffs im Verschiffungshafen zur Verfügung.

Überblick über die 11 Regeln der Incoterms® 2020		
Bezeichnung	**Lieferort**	**Beschreibung**
CFR *Cost and Freight* (Kosten und Fracht)	Schiff im Verschiffungshafen	Der Verkäufer bringt die zur Ausfuhr freigemachte Ware an Bord des Schiffs, trägt die Kosten und die Fracht für die Beförderung der Ware bis zum Bestimmungshafen.
CIF *Cost, Insurance and Freight* (Kosten, Versich. und Fracht)	Schiff im Verschiffungshafen	Der Verkäufer bringt die zur Ausfuhr freigemachte Ware an Bord des Schiffs und schließt zu Gunsten des Käufers einen Mindesttransportversicherungsschutz (Institute Cargo Clause C) ab.
CPT *Carriage Paid To* (Frachtfrei)	Ort der Übergabe an den 1. Frachtführer	Der Verkäufer organisiert den Transport zum benannten Bestimmungsort und trägt dabei die anfallenden Frachtkosten. Als Lieferung gilt die Übergabe der zur Ausfuhr freigemachten Ware an den ersten Frachtführer.
CIP *Carriage and insurance paid to* (Frachtfrei versichert)	Ort der Übergabe an den 1. Frachtführer	Der Verkäufer liefert die zur Ausfuhr freigemachte Ware durch Übergabe an den von ihm benannten Frachtführer. Neben der Übernahme der Frachtkosten für die Beförderung zum benannten Bestimmungsort verpflichtet sich der Verkäufer einen Transportversicherungsvertrag mit umfassendem Deckungsschutz (Institute Cargo Clause A) abzuschließen.
DAP *Delivered At Point* (Geliefert benannter Ort)	Bestimmungsort	Der Verkäufer stellt dem Käufer die zur Ausfuhr freigemachte Ware auf dem ankommenden Beförderungsmittel entladebereit am Bestimmungsort zur Verfügung. Der Transport der Ware kann auch mit eigenen Verkehrsmitteln erfolgen.
DDP *Delivered Duty Paid* (Geliefert, verzollt)	Bestimmungsort	Der Verkäufer stellt die entladebereite und verzollte Ware am Bestimmungort zur Verfügung. Der Transport der Ware kann auch mit eigenen Verkehrsmitteln erfolgen.
DPU *Delivered at Place Unloaded* (Geliefert benannter Ort entladen)	Bestimmungsort	DPU ersetzt die bisherige Klausel DAT. Der Verkäufer entlädt die zur Ausfuhr freigemachte Ware am Bestimmungsort. Der Bestimmungsort kann ein Terminal, aber auch jeder andere Ort sein.

Zusammenfassung

Distributionspolitik: Absatzwege optimieren

Distributionspolitik beschäftigt sich mit der Verteilung von Produkten vom Hersteller bis zum Endverbraucher. Es wird festgelegt, über welchen Absatzweg welche Leistungen zu welcher Zeit und in welcher Menge verteilt werden sollen, damit sie für den Kunden jederzeit verfügbar sind.

Entscheidungen innerhalb der Distributionspolitik

Absatzorganisation

Interne Absatzorganisation	Externe Absatzorganisation		

▪ gebietsbezogen
▪ produktbezogen
▪ kundenbezogen
▪ …
	Verkaufsstellen
	▪ zentral
	▪ dezentral
		Absatzwege
		▪ direkt
		▪ indirekt
			Absatzorgane
			▪ **eigene**
			  – Reisender
			  – …
			▪ **fremde**
			  – Handel
			  – Handelsvertreter
			  – Kommissionär
			  – Makler
			  – …
			▪ **Sonderformen**
			  – Vertragshandel
			  – Franchising

- Als **E-Commerce** bezeichnet man den Handel, der über das Internet abgewickelt wird.
- **Sonderformen** der Absatzorganisation:
  - **Vertragshandel:** Händler bindet sich an ein Industrie-unternehmen und vertreibt dessen Produkte meist exklusiv in eigenem Namen und auf eigene Rechnung
  - **Franchising:** Franchise-Nehmer (rechtlich selbstständiger Händler) schließt mit **Franchise-Gebern** (Industrieunter-nehmen) einen **Franchisevertrag** und erwirbt gegen Ent-gelt eine **Lizenz**, um die Produkte des Herstellers exklusiv verkaufen zu dürfen.

Logistik

Lagerorganisation	Transportwesen	

▪ **Einflussgrößen** auf die **Wahl** des **Transportmittels:**
  – Produkteigenschaft
  – Absatzgebiet
  – Größe der Lager
  – Kosten (auch Leerfahrten)
  – ökologische Aspekte
  – Zuverlässigkeit
	Transportmittel
	▪ Kfz (Straße)
	▪ Bahn (Schienen)
	▪ Flugzeug (Luft)
	▪ Schiff (Wasser)
	▪ Pipelines
	
	– Sicherheit
	– Lieferzeit
	– Pünktlichkeit
		Verkehrsorganisation
		▪ **Eigenverkehr**
		  (eigene Transportmittel)
		▪ **Fremdverkehr**
		  (fremde Logistikdienstleister)
		
		– verfügbare Anbieter
		– Transportgeschwindigkeit
		– Erreichbarkeit des Zielortes

- INCOTERMS® Regeln legen Liefer- und Transportbedingungen im Kaufvertrag fest, die international einheitlich ausgelegt werden.

Aufgaben

1. Die Sommerfeld Bürosysteme GmbH ist unsicher, für welche Absatzorganisation sie sich ent-scheiden soll. Führen Sie jeweils drei Kriterien an, die einen direkten bzw. indirekten Absatz sowie den Absatz über eigene bzw. fremde Absatzorgane begründen.

2. Notieren Sie, wie der Vertrieb in Ihrem Ausbildungsbetrieb organisiert ist. Erfassen Sie in einer Excel-Tabelle zunächst alle Produkte, die über den Direktvertrieb abgesetzt werden und in den Zeilen darunter alle Produkte mit indirektem Absatzweg. Ergänzen Sie nun in einer Spalte, welche Absatzorgane eingesetzt werden und notieren Sie in einer weiteren Spalte die Vorteile, die dieser Absatzweg Ihrem Ausbildungsbetrieb bietet.

3. *Erstellen Sie mithilfe einer Tabellenkalkulation eine Entscheidungshilfe für den Kostenvergleich zwischen Handelsvertretern und Reisenden. Berücksichtigen Sie beim Reisenden ein Jahresgehalt von 45 000,00 €, Reisekosten von 25 000,00 €. Personalnebenkosten von 60 % des Jahresgehaltes, Betreuungskosten von 10 000,00 € und eine Umsatzprovision von 2 %. Für den Handelsvertreter sind zu berücksichtigen: Umsatzprovision von 12 % und Kosten für Produktschulungen, Prospekte, Kataloge usw. von 6 000,00 €.*

4. *Erläutern Sie den Begriff Franchising und entwerfen Sie anschließend gemeinsam mit Ihrem Tischnachbarn ein Franchise-Konzept für die komplette Produktpalette der Sommerfeld Bürosysteme GmbH. Halten Sie Ihre Überlegungen (z. B. Vorzüge und Nachteile, Wahl der exklusiven Vertriebsbereiche) schriftlich fest, präsentieren Sie Ihre Ideen anschließend einem weiteren Team aus der Klasse. Diskutieren Sie in Ihrer Kleingruppe abschließend die Vorzüge der unterschiedlichen Konzeptideen.*

5. *Untersuchen Sie, welche Absatzchancen das Internet als Vertriebskanal für die Sommerfeld Bürosysteme GmbH bietet.*

   Beschreiben Sie die Darstellung und überlegen Sie, wie sich die Daten zum aktuellen Jahr verändert haben könnten. Formulieren Sie vier Kernaussagen und leiten Sie dann eine Empfehlung für die Sommerfeld Bürosysteme GmbH ab, ob sie das Internet als möglichen Vertriebsweg ins Auge fassen sollte.

6. *Ihr Ausbildungsbetrieb greift im Rahmen der Logistik auf unterschiedliche Verkehrsmittel zurück. Erläutern Sie, welche Verkehrsmittel standardmäßig verwendet werden und warum Ihr Ausbildungsbetrieb vermehrt auf Eigen- bzw. Fremdverkehr setzt.*

Wer macht was im Netz?

65,3 Millionen Menschen in Deutschland nutzten in den vergangenen zwölf Monaten das Internet. Davon nutzten so viele folgende Dienste: (Anteil in Prozent)

	10- bis 15-Jährige	16-24	25-44	45-64	über 64-Jährige
E-Mails*	49 %	91	96	90	86
Soziale Netzwerke*	66	89	71	43	22
Vereinbaren eines Arzttermins	k. A.	12	20	14	10
Buchen einer Ferienunterkunft	k. A.	24	47	45	38
Musik hören*	70	84	62	32	14
Streaming von Videos (z. B. Netflix)*	36	62	43	16	5
Videotelefonate*	73	78	59	52	43
Kauf von Büchern, Zeitschriften (einschl. digitaler Produkte)	19	29	45	40	38
Ausfüllen/Senden von Behörden-Formularen	k. A.	12	26	20	12

*in den vergangenen drei Monaten
Quelle: Statistisches Bundesamt

Befragung von 12 000 Haushalten im 1. Quartal 2018

© Globus 13153

7. *Konzipieren Sie eine Checkliste für Anforderungen an eine Vertriebslogistik und überprüfen Sie, inwiefern die Deutsche Post AG diese Anforderungen erfüllt, z. B. was bzw. welches Produkt für wen, welche Geschäftspartner, in welcher Zeit, mit welchen Hilfsmitteln, für welche Kunden bereitgestellt werden soll.*

8. *Die Sommerfeld Bürosysteme GmbH überlegt, ihre Absatzwege neu zu organisieren.*

   a) Erläutern Sie, weshalb es für Unternehmen sinnvoll sein kann, mehrere Absatzwege zu kombinieren.

   b) Erläutern Sie, welche Gesichtspunkte zu berücksichtigen sind, wenn ein Unternehmen verschiedene Absatzwege kombiniert.

3.5 Servicepolitik: Qualität durch Zusatzleistungen

LS 8

Zufrieden betrachten Daniela Schaub und Rudolf Heller die Konzeptmappen für den neuen Bürostuhl „Ergo-Design-Natur", die sie für die Vertriebstagung am kommenden Wochenende vorbereitet haben. Die Mappen sollen den Außendienstmitarbeitern helfen, den neuen Bürostuhl leichter zu verkaufen. Das Marketing-Instrumentarium wurde wirklich kreativ und vor allem in sich stimmig ausgetüftelt. Da hat das Team mal wieder richtig gute Arbeit geleistet!

Und trotzdem hat Frau Braun vom Marketing ein kleines „Extra" angekündigt, das dem ganzen Konzept das „i-Tüpfelchen" aufsetzen soll. „Sag mal Daniela", fragt Rudolf, „kannst du dir vorstellen, was Frau Braun noch in der Hinterhand hält?" Da Daniela gemeinsam mit Frau Braun bei der Werbeagentur war, ist sie informiert, doch sie hat versprochen nichts zu verraten. „Leider kann ich dir im Moment noch keine Details verraten, aber ich kann dir eine Andeutung machen: Gemeinsam mit der Agentur haben wir ein Brainstorming zu verkaufswirksamen Zusatzleistungen durchgeführt und hierbei sind zahlreiche Ideen entstanden, mit denen wir unserem Produkt zusätzliche Qualitäten verleihen können." Daniela lächelt verlegen, während ihr Rudolf ins Wort fällt: „Ach so, sag das doch gleich, ihr habt über Dienstleistungen gesprochen!" Daniela schüttelt den Kopf: „Du bist nah dran, Rudolf, aber Dienstleistungen sind es nicht!"

Arbeitsauftrag

Führen Sie im Plenum eine Kartenabfrage durch, bei der jeder Schüler mindestens drei Möglichkeiten nennt, wie in seinem Ausbildungsbetrieb Produkte mit Zusatzleistungen unterstützt werden. Versuchen Sie anschließend, die Karten sinnvoll zu clustern.

Service im Vergleich zu Dienstleistungen

In einer Zeit, in der Produkte immer homogener werden, Märkte gesättigt sind und Anbieter um Kunden ringen, ist es eine logische Konsequenz, dass Endverbraucher ihre starke Marktmacht ausnutzen und nach Qualität zu bestmöglichen Preisen suchen. Die zunehmende Markttransparenz begünstigt diese Ausgangssituation zusätzlich. Industrieunternehmen haben auf diese anspruchsvolle Kundenhaltung sensibel reagiert, indem sie den Begriff der Qualität erweitert haben. Sie grenzen sich nicht mehr ausschließlich über die Qualität ihrer Produkte voneinander ab, sondern versuchen, weitere Qualitätsmerkmale, wie z.B. **Dienstleistungen**, **Kundendienste** oder **Serviceleistungen** zu entwickeln, um eine individuelle Kundenbindung dauerhaft abzusichern. Der Wettbewerb wird auf neue Leistungen verlagert. Wegen der Vielfalt der Zusatzleistungen ist es nun für den Endverbraucher schwierig, einen Überblick über den Absatzmarkt zu

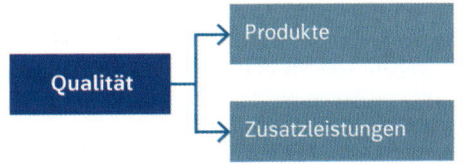

behalten. Vergleichbarkeit und Transparenz werden gemindert und die Position der Industriebetriebe somit letztlich wieder gestärkt.

Industrieunternehmen, die mit der Entwicklung der Zeit Schritt halten wollen, sind gezwungen, neben ihrer **Kernleistung** (Herstellung und Verkauf von Produkten) weitere Leistungen in ihr Absatzprogramm aufzunehmen. Je nachdem, ob ein Industrieunternehmen bereit ist, diese **Zusatzleistungen** kostenlos oder gegen Entgelt anzubieten, unterscheidet man zwischen Service- oder Dienstleistungen.

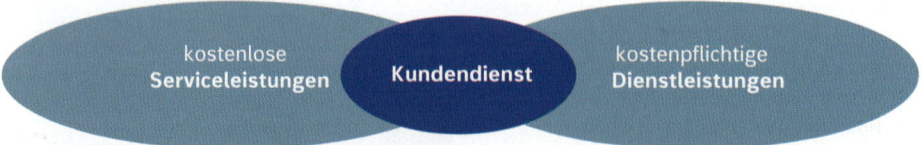

Dienstleistungen:
*Sind alle immateriellen Leistungen, die ein Industrieunternehmen seinen Kunden **kostenpflichtig** im Rahmen seines Absatzprogramms zum Kauf anbietet. Der Verkauf von Dienstleistungen kann auch unabhängig von einer Kernleistung erfolgen.*

Beispiel: Die Sommerfeld Bürosysteme GmbH liefert Stehtische auf Wunsch des Kunden direkt zum Messegelände, anstatt zum Sitz des Unternehmens. Die anfallenden Transportkosten werden in diesem Fall als Dienstleistungen in Rechnung gestellt.

Serviceleistungen:
*Sind Zusatzleistungen, die Kunden **kostenlos** und meist im unmittelbaren Zusammenhang zu einer Kernleistung angeboten werden. Sie müssen nicht unbedingt immateriell sein.*

Beispiel: Die Sommerfeld Bürosysteme GmbH hat einem Neukunden eine komplette Konferenzraumeinrichtung verkauft und bietet an, die Bestuhlung kostenlos vor Ort vorzunehmen. „On top" verschenkt sie Pflegeprodukte zur Reinigung der Sitzflächen.

Kundendienst:
*Beim **Kundendienst** stellt ein Unternehmen immaterielle Leistungen zur Verfügung. In Abhängigkeit davon, wie eng die Kundenbindung ist, ob ein Kunde beispielsweise Neu- oder Stammkunde ist, werden Leistungen aus dem Bereich des Kundendienstes mal kostenlos, mal kostenpflichtig angeboten. Der Ermessensspielraum liegt hierbei in der Hand des Unternehmers.*

Arten von Serviceleistungen

Im Rahmen des Marketings sind alle drei Formen der genannten Zusatzleistungen von großem Interesse, da sich hieraus neue Spielräume für das Marketing-Instrumentarium ergeben. Die für den Kunden kostenlos erscheinenden Serviceleistungen lassen sich dabei zur Vermarktung der Kernleistungen am besten in Marketing-Konzeptionen einbinden.

Die Servicepolitik steht insbesondere mit der Preispolitik in engem Zusammenhang, aber auch alle übrigen Marketinginstrumente erhalten durch zusätzliche Serviceleistungen Anregungen zur Abgrenzung gegenüber dem Wettbewerb.

Folgende Unterscheidungen von Serviceleistungen sind denkbar:

Art des Service nach	Beispiel	
der Leistungsart	**materielle Sachleistungen**	
	▪ Produktproben	▪ Ergänzungsprodukte
	▪ Give-aways	▪ Rezepte, Anwendungshilfen
	immaterielle Dienste	
	▪ Geschenke verpacken	▪ Wartungs- od. Installationsdienste
	▪ Produktschulungen	▪ Beratung
	immaterielle Rechte	
	▪ Garantie, Rückgaberecht	▪ Übernahme von Versicherungen
	▪ Parken	▪ Einkauf zu Sonderöffnungszeiten
dem Zeitpunkt der Leistung	**Vor dem Kaufakt** (Beeinflussung der Kaufentscheidung)	
	▪ Muster	▪ Geschmacksproben am POS
	▪ Probefahrt	▪ ...
	Während des Kaufaktes (Begleitinstrument zum Kaufvertrag)	
	▪ Ausfüllen von komplizierten Vertragspapieren	
	▪ Bewirtung	▪ Give-aways
	Nach dem Kaufakt (zur Kundenbindung nach dem Kaufakt)	
	▪ Transport der Ware	▪ Versicherungsleistungen
	▪ Verlängertes Zahlungsziel	▪ ...
der Anknüpfung an Marketinginstrumente	**Produktpolitik**	
	▪ Sonderverpackung	▪ Reparatur- od. Reinigungsservice
	▪ Ersatzteildienst	▪ Deckelspiele, Verpackungsspiele
	Preispolitik	
	▪ Finanzdienstleistung	▪ verlängertes Zahlungsziel
	▪ Transportkostenübernahme	▪ Tausch alt gegen neu
	Kommunikationspolitik	
	▪ Gewinnspiele	▪ Eintrittskarten für Veranstaltungen
	▪ Sonderkataloge	▪ 24-Stunden-Hotline
	Distributionspolitik	
	▪ Abholservice	▪ Vertriebswegbindung
	▪ Zustellservice, Eillieferung	▪ Entsorgung
der Ausrichtung auf den Kunden	**Verwenderbezogen**	
	▪ Bedienung	▪ Produktproben
	▪ Umtausch	▪ Kundenkarten
	Absatzmittlerbezogen	
	▪ Gemeinschaftswerbung	▪ Exklusivverkauf
	▪ Kundenbesuch	▪ ...
der Ausrichtung auf die Kernleistung	**Produktunabhängig** (fördert den Prozess der Warenbeschaffung)	
	▪ Kundenbetreuung, -beratung, -schulung	
	▪ Unterstützung bei Marketingaktivitäten	
	Produktbezogen (fördert Erhalt, Ge- oder Verbrauch der Ware)	
	▪ Gebrauchsberatung (sparsame Verwendung)	
	▪ Zurückstellen von Waren, Vorkaufsrecht	
	▪ Displaymaterial	

Mit individuellen Serviceleistungen kann sich ein Industrieunternehmen von der Konkurrenz abheben und so beim Kunden Präferenzen erzielen.

PRAXISTIPP!

Beachten Sie, dass jede Serviceleistung zwar nach außen kostenlos erscheint, im Rahmen der Preiskalkulation jedoch berücksichtigt wird!

Zusammenfassung

Servicepolitik: Qualität durch Zusatzleistungen

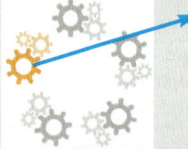

Servicepolitik
Industrieunternehmen bieten ergänzend zu Ihrer Kernkompetenz, der Herstellung und dem Verkauf von Produkten, kostenlose Serviceleistungen an, um sich so mit zusätzlichen Qualitätsmerkmalen vom Wettbewerb abgrenzen zu können.

- **Dienstleistungen** sind kostenpflichtige Bestandteile des Absatzprogramms.

- **Serviceleistungen** sind kostenlose Zusatzleistungen. Sie können
  - materiell (Sachgüter) oder immateriell (Dienste, Rechte) sein,
  - produktbezogen oder produktabhängig sein,
  - verwenderbezogen (Endverbraucher) oder absatzmittlerbezogen (Handel) sein,
  - vor, während oder nach dem Kaufakt erfolgen
  - in Anlehnung an die Marketinginstrumente individuell kreiert werden.

Aufgaben

1. Notieren Sie in einer Liste alle Serviceleistungen, die Sie als privater Verbraucher bereits in Anspruch genommen haben und überlegen Sie, welche dieser Leistungen für Ihren Ausbildungsbetrieb von Interesse sein könnten.

2. Die Sommerfeld Bürosysteme GmbH möchte den Bürostuhl „Ergo-Design-Natur" über den Fachhandel vertreiben. Nennen Sie drei produktbezogene und drei produktunabhängige Serviceleistungen, die Sie dem Handel anbieten könnten.

3. In der Tabelle auf S. 132 wurden Serviceleistungen zu Marketinginstrumenten zugeordnet. Ergänzen Sie diese Liste um je zwei weitere Beispiele.

4. a) Erstellen Sie eine Liste zu den Serviceleistungen, die bislang in Ihrem Ausbildungsbetrieb angeboten werden.

   b) Ordnen Sie diese Serviceleistungen den unterschiedlichen Arten des Services zu (vgl. Tabelle S. 132).

   c) Finden Sie mindestens drei weitere Serviceleistungen, die in Ihrem Ausbildungsbetrieb zusätzlich umgesetzt werden könnten.

   d) Sammeln Sie für die neuen Serviceleistungen wenigstens drei schlagkräftige Argumente, um das Marketing-Konzept Ihres Ausbildungsbetriebes zu unterstützen.

   e) Notieren Sie, welche Argumente gegen die Serviceleistungen sprechen könnten.

   f) Tauschen Sie Ihre Ideen mit Ihrem Tischnachbarn aus.

4   Projektorientiertes Marketing[1] am Beispiel der Sommerfeld Bürosysteme GmbH: Die Markteinführung des „Ergo-Design-Natur"

LS 9

Meeting bei der Geschäftsleitung der Sommerfeld Bürosysteme GmbH: Frau Braun und Herr Travlos präsentieren das ausgearbeitete Marketingkonzept für den „Ergo-Design-Natur". Der für Vertrieb und Marketing zuständige Geschäftsführer, Herr Sommer, hört aufmerksam zu. Am Ende der Präsentation fasst Frau Braun zusammen: „Wie Sie sehen, passt unser Marketingkonzept für den „Ergo-Design-Natur" zu der Marketingstrategie der Sommerfeld. Unsere Einzelentscheidungen sind gut aufeinander abgestimmt, sodass einer erfolgreichen Markteinführung nichts im Wege steht."

Herr Sommer nickt zufrieden und äußert sich sehr anerkennend zu der Präsentation: „Frau Braun, Herr Travlos, das ist wirklich überzeugend – gute Arbeit. Besonders hervorzuheben sind die Schwerpunkte in der Preis- und Konditionenpolitik sowie der Kommunikationspolitik. Die Markteinführung lebt von einer professionell organisierten Kommunikation gegenüber unseren Kunden. Sie muss sehr gut geplant, durchgeführt und laufend kontrolliert werden." Herr Travlos antwortet: „Das sehe ich genauso. Daher machen wir daraus auch ein eigenes Projekt. Wir möchten ein Projektteam bilden, in das wir unsere Auszubildenden einbinden. Aufgrund der Überschaubarkeit des Projektes halte ich das für verantwortbar und die Auszubildenden lernen die Grundzüge des Projektmanagements. Wenn Sie einverstanden sind, Herr Sommer, legen wir Ihnen in einer Woche einen ausgearbeiteten Projektstruktur- und ablaufplan vor." Herr Sommer erwidert: „Ich bin zwar skeptisch, ob die Auszubildenden in dem Projekt wirklich auch produktiv mitarbeiten können, aber Ihre Initiative möchte ich dennoch unterstützen. Legen Sie los!"

Arbeitsaufträge

- *Halten Sie in einer Mindmap die Maßnahmen zur Kommunikationspolitik fest, die die Sommerfeld Bürosysteme GmbH bei der Markteinführung durchführen sollte.*

- *Sammeln Sie in einem Brainstorming Assoziationen zu dem Begriff „Projekt".*

- *Begründen Sie, warum die Kommunikationspolitik zur Markteinführung des „Ergo-Design-Natur" sehr gut als Projekt geplant, umgesetzt und kontrolliert werden kann.*

Marketingprojekt

Ein **Projekt** ist im Allgemeinen ein „besonderes Vorhaben". Bezogen auf betriebswirtschaftliche Vorgänge ist es eine besondere Form, Geschäftsprozesse zu organisieren, zu steuern und zu kontrollieren. Da das **Marketing** die gesamte Unternehmensführung

[1] *Die Planung, Durchführung und Kontrolle von Unternehmensprojekten werden ausführlich im Lernfeld 12 behandelt.*

dauerhaft prägt, ist ein **Marketingprojekt** ein klar abgegrenztes Vorhaben innerhalb einer marktorientierten Unternehmensstruktur. Bezogen auf das absatzpolitische Instrumentarium sind vielfältige Marketingprojekte denkbar: Die Aufnahme und Vermarktung eines neuen Sortimentsbereiches, das Erschließen neuer Märkte oder Vertriebswege und die Entwicklung neuer Instrumente der Kommunikationspolitik sind typische Beispiele.

Projektmerkmale	Beispiel Projekt Markteinführung „Ergo-Design-Natur"
▪ Klares Ziel	▪ 70 % der Zielgruppe kennen den „Ergo-Design-Natur".
▪ Zeitliche Befristung	▪ Das Projekt endet nach drei Monaten.
▪ Einmalige Aufgabenstellung	▪ Der Marktauftritt ist einmalig und für den Erfolg des Produktes von großer Bedeutung.
▪ Unsicherheit und Risiko	▪ Die Wirksamkeit der Maßnahmen ist ungewiss und bedarf der Überprüfung.
▪ Begrenzte Ressourcen	▪ Das gesamte Werbebudget für den Stuhl beträgt 30 000,00 €. Für das Projekt werden davon 60 %, also 18 000,00 €, veranschlagt. Das verantwortliche Projektteam besteht einschließlich der Projektleitung aus fünf Personen.
▪ Besondere Organisation	▪ Da es sich in diesem Fall um ein relativ kleines Projekt handelt, wird die grundsätzliche Unternehmensstruktur der Sommerfeld Bürosysteme GmbH nicht verändert (Stabsprojektorganisation).

Der Ablauf von Projekten (vgl. S. 404 f.) kann grob in vier Phasen unterteilt werden:

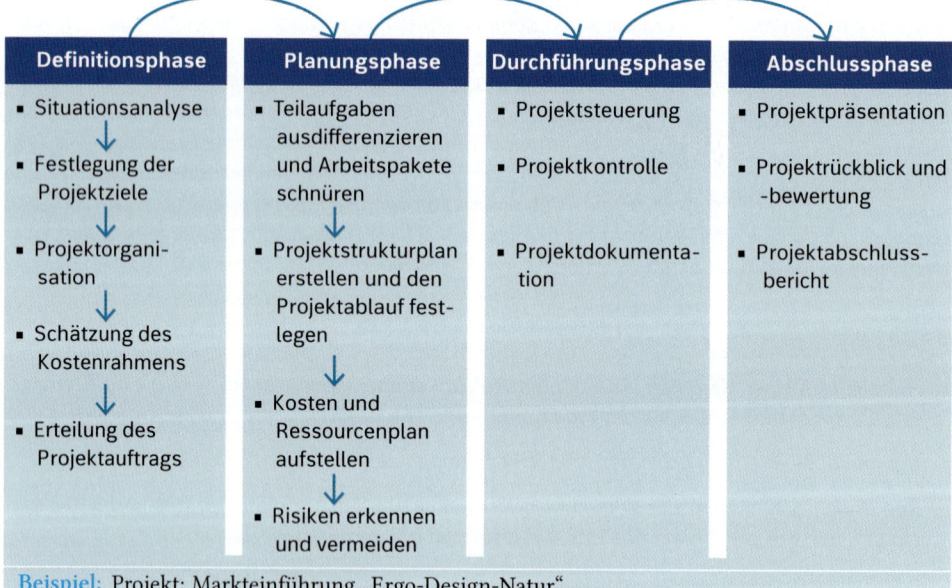

Definitionsphase	Planungsphase	Durchführungsphase	Abschlussphase
▪ Situationsanalyse ↓ ▪ Festlegung der Projektziele ↓ ▪ Projektorganisation ↓ ▪ Schätzung des Kostenrahmens ↓ ▪ Erteilung des Projektauftrags	▪ Teilaufgaben ausdifferenzieren und Arbeitspakete schnüren ↓ ▪ Projektstrukturplan erstellen und den Projektablauf festlegen ↓ ▪ Kosten und Ressourcenplan aufstellen ↓ ▪ Risiken erkennen und vermeiden	▪ Projektsteuerung ▪ Projektkontrolle ▪ Projektdokumentation	▪ Projektpräsentation ▪ Projektrückblick und -bewertung ▪ Projektabschlussbericht

Beispiel: Projekt: Markteinführung „Ergo-Design-Natur"

Die Definitionsphase ist mit dem Meeting bereits weitgehend abgeschlossen. Herr Sommer hat mündlich den Projektauftrag erteilt.	In der Planungsphase werden die im Bereich der Kommunikationspolitik getroffenen Entscheidungen in Teilaufgaben (Werbeplan, Verkaufsförderung, Öffentlichkeitsarbeit) und	In regelmäßigen Sitzungen des Projektteams wird der Verlauf des Projektes besprochen. Planungsabweichungen werden analysiert und korrigiert.	Bei der Präsentation des Projektes will sich Herr Winkler auf die Zielerreichung (70 % Bekanntheitsgrad des Stuhles bei der Zielgruppe) konzentrieren.

Definitionsphase	Planungsphase	Durchführungsphase	Abschlussphase
Herr Travlos bildet daraufhin ein Projektteam. Die Zielsetzung und der finanzielle sowie zeitliche Rahmen werden konkretisiert. Es wird ein schriftlicher Projektauftrag erstellt, den Herr Sommer unterzeichnet.	Arbeitspakete zerlegt. Damit die Markteinführung gelingt, müssen verantwortliche Personen bestimmt werden. Zudem werden die einzelnen Maßnahmen zeitlich koordiniert.		

Projektplanung

Die Planung nimmt im Projektmanagement (vgl. S. 403 ff.) eine Schlüsselstellung ein, denn Planungsfehler führen nahezu sicher zu zeitlichen Stockungen oder auch Qualitätsverlusten in der Durchführungsphase. Dies bedeutet dann häufig Spannungen mit dem Projektauftraggeber und zusätzliche Kosten. Zentrale Planungsaufgaben sind die Gliederung des Projektes in **Teilaufgaben und Arbeitspakete**. Diese werden in einem **Projektstruktur**- und **-ablaufplan** auf die verantwortlichen Personen verteilt und zeitlich sinnvoll geordnet.

Beispiel: *Projekt: Markteinführung „Ergo-Design-Natur"*
Das Projektteam grenzt die folgenden **Teilaufgaben** und **Arbeitspakete** ab:

Markteinführung „Ergo-Design-Natur"

Teilaufgabe 1: Absatzwerbung: Umsetzung des Werbeplans	Teilaufgabe 2: Verkaufsförderung	Teilaufgabe 3: PR (Öffentlichkeitsarbeit) und Sponsoring
Arbeitspaket 1.1 Einsatz der Werbemittel: Prospekte, Internetseite, Direktmarketing per Brief und Mail	**Arbeitspaket 2.1** Verkäuferschulung zur Artikelgruppe und zur ergonomischen Gestaltung des Arbeitsplatzes	**Arbeitspaket 3.1** Planung „Tag der offenen Tür"
Arbeitspaket 1.2 Auswertung der Kundenreaktionen; ggf. telefonische Rückfrage	**Arbeitspaket 2.2** Händlerschulung in der Sommerfeld Bürosysteme GmbH und vor Ort (bei A-Kunden)	**Arbeitspaket 3.2** Durchführung „Tag der offenen Tür"
Arbeitspaket 1.3 Werbeerfolgskontrolle	**Arbeitspaket 2.3** Ausschreibung des Händlerwettbewerbs	**Arbeitspaket 3.3** Auslieferung von Spenden („Ergo-Design-Natur") an die Kinderkrebsstation (mit Presse)

Aus den Teilaufgaben und Arbeitspaketen entsteht der folgende
Projektstruktur- und -ablaufplan

↓

Projektstruktur- und -ablaufplan zur Aufgaben- und Terminplanung

Projekttitel	Marktauftritt „Ergo-Design-Natur"
Projektleitung	Herr Travlos
Datum 15. Juli 20..	

PSP-Code	Teilaufgabe/Arbeitsgebiet	Termine Start	Termine Ende	Personaleinsatzplan Verantwortung	Personaleinsatzplan Mitarbeit
1	**Absatzwerbung**				
1.1	Einsatz der Werbemittel	01.08.200.	26.10.200.	Ganser	
1.2	Auswertung der Kundenreaktionen	15.09.200.	22.09.200.	Ganser	
1.3	Werbeerfolgskontrolle	27.10.200.	30.10.200.	Peters	
1.4	…				
2	**Verkaufsförderung**				
2.1	Verkäuferschulung	01.08.200.	14.08.200.	Feld	
2.2	Händlerschulung	15.08.200.	05.09.200.	Feld	Peters
2.3	Händlerwettbewerb	20.10.200.	23.10.200.	Peters	
2.4	…				
3	**PR und Sponsoring**				
3.1	Planung „Tag der offenen Tür"	10.04.200.	24.09.200.	Braun	Peters
3.2	Durchführung „Tag der offenen Tür"	25.09.200.	25.09.200.	Braun	Peters
3.3	Auslieferung Spenden	09.10.200.	09.10.200.	Feld	
3.4	…				

Kalenderjahr 200.

… 30 31 32 33 34 35 36 37 38 39 40 41 42 43 44 …

Projektdokumentation

Die Projektplanung muss selbstverständlich genau dokumentiert werden. Aber auch in den anderen Phasen eines Projektes spielt die Dokumentation eine wichtige Rolle. Dies gilt insbesondere dann, wenn es sich um einen unternehmensexternen Projektauftrag handelt und die Rechenschaftslegung ein besonders Gewicht bekommt.

Beispiel: Nach der Spendenaktion im Krankenhaus Leipzig erhält die Sommerfeld Bürosysteme GmbH den Projektauftrag „Neuausstattung der Verwaltungsabteilung nach neuesten ergonomischen Gesichtspunkten". Das Projekt hat einen Wert von 90 000,00 € und soll innerhalb von drei Wochen abgeschlossen sein. Die Krankenhausleitung fordert eine lückenlose Dokumentation und Berichterstattungen in jeder Projektphase.

Für die einzelnen Projektphasen empfiehlt es sich, folgende Dokumente zu sammeln, um sie dann in einem **Projekthandbuch** zusammenzuführen.

Projektphase	Definition	Planung	Durchführung	Abschluss
Dokument	▪ Situationsanalyse ▪ Projektziele ▪ Aufwands- und Kostenschätzung ▪ Projektauftrag	▪ Projektorganisation ▪ Beschreibung der Arbeitspakete ▪ Projektstruktur und -ablaufplan ▪ Kosten- und Ressourcenplan ▪ Risikoanalyse	▪ Sitzungsprotokolle ▪ Projektstatusberichte ▪ Projektänderungsanträge	▪ Präsentationsunterlagen ▪ Abschlussbericht

Zusammenfassung

Marketingprojekt: Die Markteinführung des „Ergo-Design-Natur"

- Ein **Marketingprojekt** ist ein klar abgegrenztes Vorhaben innerhalb einer marktorientierten Unternehmensstruktur.
- Der **Ablauf von Projekten** kann grob in vier Phasen unterteilt werden: Definitionsphase, Planungsphase, Durchführungsphase und Abschlussphase.
- Die Projektplanung ist eine Kernaufgabe des Projektmanagements. Der **Projektstruktur- und -ablaufplan** ist das zentrale Steuerungsinstrument für die Projektdurchführung.
- Die **Projektdokumentation** ist eine durchgängige Aufgabe im gesamten Projekt.

Aufgaben

Planen Sie ein Marketingprojekt für den eigenen Ausbildungsbetrieb.

1. Entwickeln Sie in einem Brainstorming Ideen für ein überschaubares Marketingprojekt.
2. Entscheiden Sie sich für eine Projektidee.

3. *Beschreiben Sie ganz konkret das Ziel Ihres Projektes.*

4. *Analysieren Sie, welche Teilaufgaben und Arbeitspakete in Ihrem Projekt zu erledigen sind, damit das Ziel erreicht wird.*

5. *Beschreiben Sie ihr Projekt in einem Projektstruktur- und -ablaufplan.*

6. *Präsentieren Sie Ihre Projektidee, Ihr Ziel sowie den Projektstruktur- und -ablaufplan in Ihrem Ausbildungsbetrieb und in Ihrer Klasse. Lassen Sie sich ein Feedback geben.*

→ **5   Das Absatzcontrolling unterstützen**

LS 10

Die Geschäftsleitung der Sommerfeld Bürosysteme GmbH beobachtet seit Längerem einen Umsatzrückgang bei der Produktgruppe „Warten und Empfang". Nach dem ersten Quartal im neuen Geschäftsjahr meldet Nicole Esser, Controllerin, eine besorgniserregende Abweichung der tatsächlichen Umsätze von den Umsatzerwartungen. Mit diesen Zahlen begibt sich Frau Esser zu Herrn Sommer, Geschäftsführer für Vertrieb und Marketing: „Herr Sommer, haben Sie schon die neuesten Umsatzzahlen der Produktgruppe 1 gesehen?"

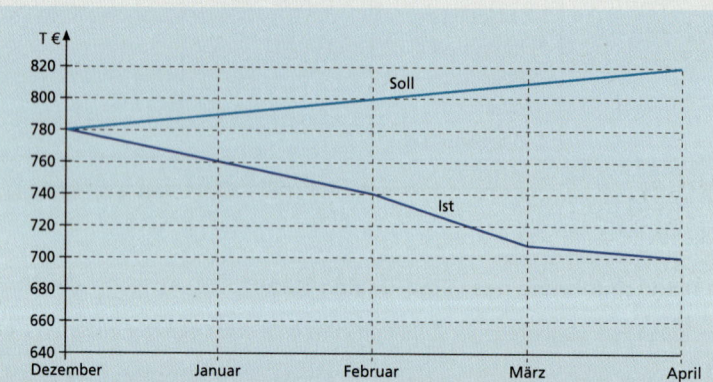

„Ich habe bereits eine Hausmitteilung an alle Abteilungsleiter verfasst, damit wir einen gemeinsamen Maßnahmenkatalog entwickeln. Zu diesem Zweck muss ich allerdings noch weitere Unterlagen erstellen und aufbereiten", erläutert Frau Esser.

Arbeitsaufträge

- *Beschreiben Sie präzise die Aussage der vorliegenden Grafik und stellen Sie erste Mutmaßungen an, wie es zu dieser Entwicklung kam.*

- *Machen Sie Vorschläge, welche zusätzlichen Daten oder Übersichten für das Treffen der Geschäftsleitung mit den Abteilungsleitern sinnvoll wären.*

Aufgaben des Absatzcontrollings

Eine erfolgsorientierte Absatzsteuerung braucht für künftige **Planungen** und Entscheidungen regelmäßig **Informationen** über die **Ergebnisse früherer Prozesse** und Entscheidungen und **Informationen** für **künftige Vorhaben**. Der Controller erarbeitet dazu Daten, Methoden, Modelle zur Kontrolle, analysiert die Kontrollergebnisse kritisch und erarbeitet **Veränderungsvorschläge** und **Planungsvorgaben** für künftige Entscheidungen der Unternehmungsleitung. Angesichts der besonderen Anforderungen an eine systematisch marktorientierte Unternehmensführung gehen Industrieunternehmen dazu über, sogenannte Funktionsbereichs-Controller einzurichten. Dabei nimmt das Absatzcontrolling eine besonders wichtige Stellung ein.

Beispiel: In der Sommerfeld Bürosystem GmbH werden die Controllingaufgaben im Marketing, Vertrieb, Beschaffungs-, Lager-, Produktions- und Personalbereich durch den Controller Herrn Bast in Zusammenarbeit mit den jeweiligen Abteilungsleitern durchgeführt und koordiniert. Die Ergebnisse des Absatzcontrollings gehen sofort an die Geschäftsleitung, während die anderen Ergebnisse auf den Quartalsmeetings der Abteilungsleiter besprochen werden.

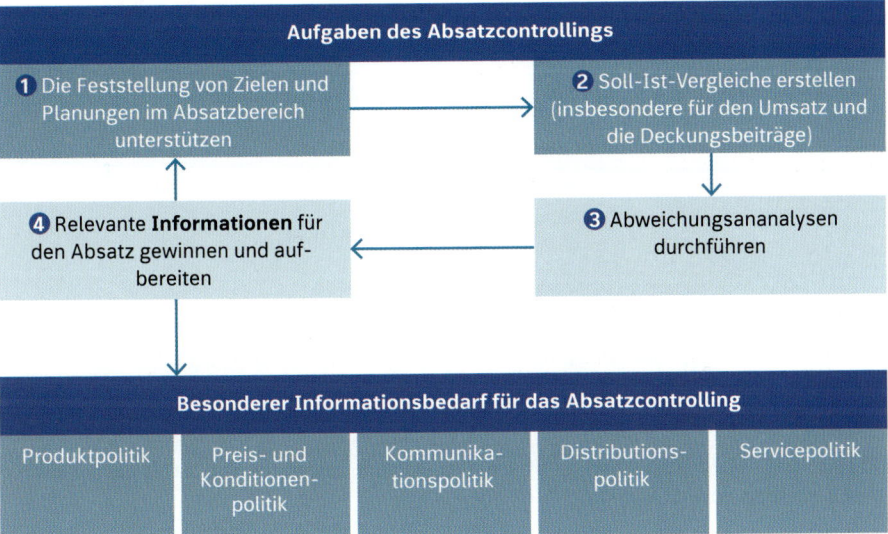

Controllinginformationen können durch Sammlung und Auswertung **betriebsinterner** und **betriebsexterner** Daten gewonnen werden. Letztere sind in der Regel mit Kosten für das Industrieunternehmen verbunden. Die Gewinnung betriebsinterner Daten setzt die Ausgestaltung eines betrieblichen Informationssystems voraus, das die Daten aus den einzelnen Funktionsbereichen der Unternehmung sammelt und zuordnet.

Informationsquellen für das Absatzcontrolling	
Interne Informationen	Externe Informationen
▪ Warenwirtschaftssystem ▪ Kosten- und Leistungsrechnung ▪ Finanzbuchhaltung ▪ Statistik ▪ Betriebliches Berichtswesen ▪ (…)	▪ Branchenkennzahlen der Verbände ▪ Informationen der Handelskammern ▪ Veröffentlichungen von Wirtschaftsinstituten ▪ Marktforschungsergebnisse ▪ (…)

Strategisches Absatzcontrolling

Ebenso wie die Marketingstrategie ist das strategische Absatzcontrolling mittel- und langfristig ausgelegt. Gesamtwirtschaftliche Entwicklungen, Veränderungen der Kundenstruktur, ökologische Rahmenbedingungen, technische Entwicklungen und langfristig absehbare Trends sind typische strategisch relevante Informationen. Diese Daten werden für unterschiedliche Instrumente des strategischen Marketings genutzt, die Sie zum Teil bereits kennengelernt haben:

Instrumente des Strategischen Marketing (Beispiele)			
SWOT-Analyse und Stärken-Schwächen-Profile vgl. S. 27 f.	Branchenvergleiche/ Benchmarking vgl. S. 27 f.	Produktlebenszyklus und Portfoliomatrix vgl. S. 41 f.	Strategische Lücke

Als **strategische Lücke** wird die Abweichung zwischen gewünschter Entwicklung am Markt und der aufgrund des Produktlebenszyklus erwarteten Entwicklung umschrieben. Grafisch stellt sie sich folgendermaßen dar:

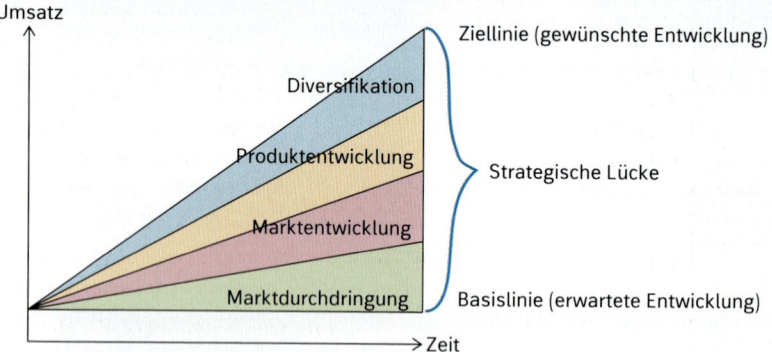

Die strategische Lücke löst Marketingüberlegungen aus, durch die die strategische Lücke geschlossen werden soll.

Dabei kommen folgende Stragien in Frage, um die strategische Lücke zu schließen:

- Marktdurchdringung
- Marktentwicklung
- Produktentwicklung
- Diversifikation

Strategien der Marktdurchdringung weisen die größten Synergiepotenziale zum bestehenden Geschäft auf, wohingegen bei einer Diversifikationsstrategie kaum noch Synergieeffekte zu realisieren sind. Deshalb sollte die strategische Lücke in der oben dargestellten Reihenfolge geschlossen werden.

Beispiel: Die Sommerfeld Bürodesign GmbH möchte zunächst durch verbesserte Marketingmaßnahmen das Marktpotenzial besser ausschöpfen. Im nächsten Schritt sollen neue Märkte in Amerika erschlossen werden sowie die bestehenden Märkte mit Produktinnovationen bedient werden. Langfristig plant die Sommerfeld Bürosysteme GmbH auch Verpackungsmaterial aus Holzverschnitt herzustellen.

Möglichkeiten	Maßnahmen	Beispiel in der Sommerfeld Bürosysteme GmbH
Marktdurchdringung	▪ Verbesserung des Außendienstes ▪ Produktdifferenzierung ▪ Preispolitik ▪ Kundendienst ▪ Werbung	→ Ausbildung eines Reisendenstabs → für Wohn-, Arbeits- und Freizeitbereich → Rabattstufen, Einführungspreise → Problemlösungen beim Kunden → Präsenz auf Messen und Ausstellungen, Anzeigen in Designer- und Möbelfachzeitschriften
Marktentwicklung	▪ Erschließung neuer Märkte ▪ andere Absatzwege ▪ andere Verwendungsmöglichkeiten der Produkte	→ Haushalte, Ausland → Verbrauchermärkte, Handelsketten → Freizeit
Produktentwicklung	▪ Entwicklung von Nachfolgeprodukten ▪ Weiterentwicklung bestehender Produkte ▪ Entwicklung eines Servicesystems	→ ergonomische Büro- und Einrichtungsmöbel → ausschließliche Verwendung nachwachsender Rohstoffe → Arbeitsplatzgestaltung/-design mit Kunden (Problemlöser beim Kunden)
Diversifikation ▪ **horizontal** ▪ **vertikal** ▪ **lateral**	▪ Entwicklung neuer Produkte in Verbindung mit bisherigem Produktionsprogramm ▪ Einbeziehung vor- oder nachgelagerter Produktionsstufen ▪ neue Produkte ohne Verbindung zum Produktionsprogramm	→ Kinderstühle, Küchenstühle → hochwertige Nischenprodukte, z.B. Zahnarztstühle → Design und Produktentwicklung → Reparaturen und Wartung beim Kunden → Produkte aus Holzverschnitt, wie Verpackung, Papierservietten

Operatives Absatzcontrolling

Das operative Absatzcontrolling befasst sich mit der Steuerung und Kontrolle von Absatzaktivitäten, die kurzfristig bzw. aktuell durchgeführt werden. Der Einsatz sämtlicher Maßnahmen des absatzpolitischen Instrumentariums kann hinsichtlich der Wirksamkeit und des jeweiligen Zielerreichungsgrades beobachtet werden, sodass kurzfristig Korrekturen möglich sind. Wichtige Instrumente des Absatzcontrollings sind permanente Umsatzkontrollen, Kennzahlenvergleiche sowie die ABC-Analyse der Kunden (vgl. S. 148).

Beispiel: Bei der Markteinführung des „Ergo-Design-Natur" führt die Sommerfeld Bürosysteme GmbH bei wichtigen Kunden eine Händlerschulung durch. Mittels einer Telefonbefragung wird bei den entsprechenden Kunden unmittelbar nach der Maßnahme die Kundenzufriedenheit überprüft. Aufgrund der Befragungsergebnisse werden Kennzahlen gebildet, die die Kundenzufriedenheit messen. Diese Informationen haben Auswirkungen auf die künftigen Schulungen.

Permanente Umsatzkontrollen

Die **Grundlage** des operativen Absatzcontrollings bilden **permanente Kontrollen** der erzielten Umsätze in Euro und Stück. Diese kann der Kaufmann täglich, wöchentlich, monatlich etc. abrufen, mit seinen Zielen vergleichen und den Einsatz seines absatzpolitischen Instrumentariums entsprechend anpassen. Diese regelmäßigen Kontrollen bilden die Grundlage für weitere Analysen und die Erstellung von aussagekräftigen Statistiken.

> **PRAXISTIPP!**
>
> *Stellen Sie fest, welche Kennzahlen im Tagesgeschäft Ihres Ausbildungsbetriebes von besonderer Bedeutung sind. Hieran können Sie dann auch Ihr Handeln ausrichten.*

Kennzahlenvergleiche

Mit den intern und extern gewonnen Informationen werden zahlreiche **Kennzahlen** ermittelt und im Zeitablauf verglichen, die für eine **Optimierung** der einzelnen **Marketinginstrumente** und des **Marketing-Mix** als Ganzes genutzt werden:

Beispiele zu Kennzahlen aus internen Datenquellen	Beispiele zu Kennzahlen von externen Datenquellen
Produktpolitik	
▪ Absatzvolumen („Ex-Factorys") ▪ Lagerbestände/Umschlagshäufigkeit ▪ Anzahl der Reklamationen ▪ Innovationsgrad	▪ Marktanteile (Absatz mengenmäßig) ▪ Relativer Marktanteil ▪ Kundenzufriedenheit (Produkttest) ▪ Markenbekanntheit
Preispolitik	
▪ Umsatzvolumen ▪ Deckungsbeitrag ▪ Preiselastizität ▪ Rabattstruktur	▪ Umsatzmarktanteil (Absatz wertmäßig) ▪ Preise der Wettbewerber ▪ Preisabstandsanalyse (zur Ermittlung der optimalen Preisdifferenz zu Konkurrenzprodukten)
Kommunikationspolitik	
▪ Responsequote von Direktmailings ▪ Anzahl der Newsletter-Abonnenten ▪ Anzahl der Reklamationen ▪ Durchschnittliche Werbeinvestitionen	▪ Bekanntheitsgrad ▪ Werbeerfolgskontrolle ▪ Kontaktdauer/Wirkungszeiten ▪ Werbeerinnerung/Werbeakzeptanz
Distributionspolitik	
▪ Auftragseingangsquote ▪ Exportanteil ▪ Stammkundenquote ▪ Auftragsreichweite ▪ Vertriebskostenquote ▪ Aufwand des Außendienstes ▪ Distributionsgrad (Markterschließungsgrad)	▪ Distributorische Lücke ▪ Käuferreichweite ▪ Umschlagfrequenz ▪ Marktanteile nach Einkaufsstätten
Servicepolitik	
▪ Lieferservicegrad ▪ Inanspruchnahme von Garantieleistungen	▪ Kundenzufriedenheit (Tests)

Besonders wichtige Kennzahlen, die möglichen Ursachen abweichender Entwicklungen und Maßnahmen der Gegensteuerung bieten, gehen aus der folgenden Übersicht hervor:

Marketingkennzahlen	Mögliche Ursachen einer negativen Abweichung	Gegenmaßnahme
Auftragseingangsquote $$= \frac{\text{Aufragseingang Ist} \cdot 100}{\text{Auftragseingang Plan}}$$	Preis, Image, Konditionen, Qualität, mangelnde Produktinnovation	Vertrieb, Werbung, Kostenrechnung, Absatzwege prüfen neue Produkte kundenbezogen entwickeln
Umsatzmarktanteil $$= \frac{\text{Umsatz der Unternehmung} \cdot 100}{\text{Umsatz Branche}}$$	Schlechter Vertrieb Konkurrenz	Schulung, Joint Venture, Direktwerbung, Konkurrenzanalyse
Auftragsreichweite $$= \frac{\text{Auftragsbestand} \cdot 100}{\text{Jahresumsatz}}$$	Werbung und Vertrieb mangelhaft	Werbung, Vertrieb prüfen und verbessern
Vertriebskostenquote $$= \frac{\text{Vertriebskosten} \cdot 100}{\text{Umsatz}}$$	Umsatz rückläufig Kostenanstieg keine Personalauslastung	Kostenüberwachung Preispolitik Werbung
Aufwand Außendienst $$= \frac{\text{Aufwand Außendienst} \cdot 100}{\text{Umsatz}}$$	Leistungsfähigkeit Marktwiderstand Motivation	Schulung Leistungsanreize Änderung der Vertriebswege Gebietsänderung
Markterschließungsgrad $$= \frac{\text{Umsatz} \cdot 100}{\text{Potenzieller Umsatz}}$$	Neuer Markt Neue Produkte	Werbung Preispolitik Serviceleistungen
Exportanteil $$= \frac{\text{Export} \cdot 100}{\text{Umsatz}}$$	starke ausländische Konkurrenz Qualität	Preispolitik Handelsvertreter Kommissionäre
Umsatzanteil Stammkunden $$= \frac{\text{Umsatz Stammkunden} \cdot 100}{\text{Umsatz}}$$	keine Kundenbindung	Serviceleistungen Kundenschulung
Ø Branchenumsatz je Anbieter $$= \frac{\text{Branchenumsatz}}{\text{Anzahl der Anbieter}}$$	Marke unbekannt starker Wettbewerb	Präferenzen schaffen Zusatznutzen entwickeln

Marketingkennzahlen	Mögliche Ursachen einer negativen Abweichung	Gegenmaßnahme
Relativer Marktanteil (Wettbewerbsposition) $$= \frac{\text{Marktanteil der Unternehmung}}{\text{Marktanteil des stärksten Konkurrenten}}$$	schlechteres Produktions-programm schlechtes Marketing	gesamtes absatzpoliti-sches Instrumentarium überdenken
Ø Umsatz je Kunde $$= \frac{\text{Umsatz}}{\text{Anzahl der Kunden}}$$	neues Absatzgebiet andere Kundenstruktur	Konditionenpolitik Kundenselektion Vertriebswege überdenken

Zusammenfassung

Das Absatzcontrolling unterstützen

- Allgemein verfolgt das Absatzcontrolling die gleichen **Aufgaben**, wie andere Teilbereiche des Controllings: Informationen gewinnen und aufbereiten, um Entscheidungen und Planungen zu unterstützen. Es werden Soll-Ist-Vergleiche erstellt und Abweichungsanalysen durchgeführt.

- Das Absatzcontrolling hat einen besonderen Informationsbedarf hinsichtlich der **Wirksamkeit des absatzpolitischen Instrumentariums.**

- Man unterscheidet **interne** (z. B. das Warenwirtschaftssystem) und **externe** (z. B. Branchen-kennzahlen der Verbände, Paneldaten) **Informationsquellen**.

- Das **strategische Absatzcontrolling** ist mittel- und langfristig orientiert, das **operative Absatz-controlling** befasst sich mit der Steuerung und Kontrolle kurzfristiger oder aktueller Absatzmarkt-aktivitäten.

- **Instrumente** des Absatzmarktcontrollings (Beispiele).

Strategisch ausgerichtete Instrumente	Operativ ausgerichtete Instrumente
- SWOT-Analyse, Stärken-Schwächen-Profile - Branchenvergleich/Benchmarking - Produktlebenszyklus und Portfoliomatrix - Strategische Lücke	- Kennzahlenvergleiche - ABC-Analyse der Kunden - permanente Umsatzkontrollen

- Eine **strategische Lücke** lässt sich durch folgende Strategien schließen:
  - Marktdurchdringung
  - Marktentwicklung
  - Produktentwicklung
  - Diversifikation

Aufgaben

1. *Erläutern Sie*
   a) *die ABC-Analysen der Kunden,*
   b) *die Absatzstatistiken der Produkte*
   als Instrumente des Absatzcontrollings an Beispielen.

2. *Die Controllerin der Sommerfeld Bürosysteme GmbH stellt in der Produktgruppe 1 „Warten und Empfang" bei mehreren Produkten einen negativen Deckungsbeitrag fest. Leiten Sie daraus Argumente*
   a) *des Vertriebs für die Belassung im Produktionsprogramm,*
   b) *der Controllerin für die Bereinigung des Produktionsprogramms ab.*

   Führen Sie dazu eine Podiumsdiskussion durch.

Ablauf der Podiumsdiskussion

Darstellungsrunde

- *Der Leiter eröffnet die Diskussion, nennt das Thema der Diskussion und stellt die Teilnehmer nacheinander vor.*

- *Der zuletzt genannte Teilnehmer erhält als Erster das Wort.*

- *Die einzelnen Diskussionsteilnehmer stellen nacheinander ihre Positionen dar. Sie dürfen dabei nicht unterbrochen werden. Die Redezeit ist allerdings auf zwei Minuten begrenzt, dann gibt der Leiter das Wort weiter.*

Diskussionsrunde

- *Die Teilnehmer an der Podiumsdiskussion können nun miteinander „streiten", das heißt, sie gehen auf die Argumente der „Gegenseite" ein und versuchen sie zu entkräften oder durch schlagkräftigere eigene Argumente zu übertreffen.*

- *Dem Leiter kommt in dieser Phase eine wichtige Stellung zu. Er erteilt und entzieht den einzelnen Teilnehmern das Wort. Es ist darauf zu achten, dass die Gesprächsanteile gerecht verteilt werden, und dass die Redebeiträge zeitlich begrenzt werden. Hierbei ist hilfreich, wenn der Leiter eine Redeliste führt.*

Plenumsrunde

- *Wenn die Positionen auf dem Podium ausreichend ausgetauscht und diskutiert worden sind, hat der Rest der Klasse Gelegenheit, mit Fragen an einzelne Teilnehmer oder auch mit eigenen Beiträgen die Diskussion zu bereichern.*

- *Auch in dieser Phase muss der Leiter auf eine gerechte Verteilung der Redeanteile achten.*

3. *Der Controller einer Industrieunternehmung stellte folgende Daten zur Auswertung zusammen:*

	Vorjahr	Abrechnungsjahr
Anzahl der Mitarbeiter	80	84
Anzahl der Arbeitsstunden	128800	120960
Umsatz in €	8372000,00	8588160,00

a) Ermitteln Sie
1. *die Arbeitsstunden je Mitarbeiter in den Vergleichsjahren,*
2. *den Umsatz je Mitarbeiter in den Vergleichsjahren,*
3. *den Umsatz je Arbeitsstunde in den Vergleichsjahren.*

b) Beurteilen Sie die Umsatzentwicklung im Vergleich zur geleisteten Arbeitszeit.

4. *In der Sommerfeld Bürosysteme GmbH stellt die Controllerin Nicole Esser fest, dass die durchschnittlichen Kundenauftragswerte im „Vertrieb Ost GmbH", zuständig für die neuen Bundesländer, nur 2 400,00 € gegenüber 4 000,00 € in den übrigen Vertriebsgebieten in der Bundesrepublik Deutschland betragen. Zwecks Ursachenforschung schlägt sie vor, eine ABC-Analyse der Auftragswerte nach Kunden und nach Produkten im „Vertrieb Ost" durchzuführen.*

    a) Beurteilen Sie unter wirtschaftlichen Gesichtspunkten, warum die Controllerin aufgrund des durchschnittlichen Auftragswertes im „Vertrieb Ost" die vorgeschlagenen Analysen fordert.
    b) Formulieren Sie je ein Ziel, das mit den beiden Analysen verfolgt werden soll.
    c) Stellen Sie einen Katalog von 25 Ursachen zusammen, die die niedrigeren durchschnittlichen Auftragswerte erklären könnten.

5. *Der Umsatzmarktanteil einer Unternehmung hat sich in den letzten beiden Geschäftsjahren von 14 % auf 10 % verschlechtert.*
    a) Nennen Sie Gründe für diese Entwicklung.
    b) Zeigen Sie absatzpolitische Gegenmaßnahmen auf.

→ 📄 6   Kundenaufträge bearbeiten und bei Vertragsstörungen angemessen reagieren

LS 11

6.1   Kundenauftragsbearbeitung

Der Vertriebsmitarbeiter Viktor Kuzow nimmt allmorgentlich neue Kundenaufträge entgegen. Heute findet er überwiegend Aufträge von Stammkunden, zwei Anfragen und drei Aufträge von Neukunden vor. Bei den Neukunden handelt es sich in einem Fall um einen Auftrag in Höhe von 102 000,00 €, in zwei Fällen handelt es sich um Aufträge zwischen 200,00 und 500,00 €.

Arbeitsaufträge

- Erläutern Sie die Probleme, die sich für die Sommerfeld Bürosysteme GmbH in Bezug auf die Neukunden ergeben können, und zeigen Sie Lösungsmöglichkeiten auf.

- Stellen Sie die Arbeitsschritte für die Auftragsbearbeitung von Stammkunden zusammen.

ABC-Analyse der Kunden

→ LF 6

Hat ein Industrieunternehmen eine Vielzahl von Kunden, ist es häufig nicht möglich, auf jeden Kunden die gleiche Aufmerksamkeit zu richten. Die internen (Sachbearbeiter) und externen Verkaufsmitarbeiter (Reisende, Handelsvertreter) sind gezwungen, Schwerpunkte zu setzen. Die ABC-Analyse der Kunden ist ein methodisches Hilfsmittel, um festzustellen, welchen Kunden besondere Aufmerksamkeit geschenkt werden sollte. Sie klassifiziert die Kunden eines Unternehmens nach der mengen- und wertmäßigen Struktur. Erfahrungsgemäß entsteht dadurch folgende Kundenstruktur:

A-Kunden	Mengenmäßig wenige Kunden haben einen hohen Umsatzanteil (ca. 75 % des Gesamtumsatzes, ca. 15 % Kundenanteil).
B-Kunden	Nehmen sowohl mengen- als auch wertmäßig eine Mittelstellung ein (ca. 20 % des Gesamtumsatzes, ca. 35 % Kundenanteil).
C-Kunden	Mengenmäßig viele Kunden haben einen geringen Umsatzanteil (ca. 5 % des Gesamtumsatzes, ca. 50 % Kundenanteil).

Beispiel: Die Sommerfeld Bürosysteme GmbH hat den jährlichen Umsatz ihrer Kunden für die Produktgruppe 1, „Warten und Empfang" ermittelt und nach dem jeweiligen Anteil geordnet:

Kunden	Kundenanteil in Kunden	in %	Umsatzanteil in €	in %
1 Bürofachhandel Ergoline GmbH	1	2,564	10 000 000,00	21,23
2 Deutsche Versicherungs-AG	1	2,564	9 000 000,00	19,11
3 Bürobedarfsgroßhandel Thomas Peters e. K.	1	2,564	8 000 000,00	16,99
4 Raumkultur Peter Nicolai e. K.	1	2,564	4 100 000,00	8,70
5 Konrad Adenauer Flughafen Köln/Bonn GmbH	1	2,564	3 300 000,00	7,01
6 Deutsche Bank AG Frankfurt	1	2,564	3 200 000,00	6,79
7 Büroeinrichtung Fachhandel Enrico Zamani	1	2,564	2 900 000,00	6,16
8 Bürofachhandel Karl Schneider GmbH	1	2,564	2 200 000,00	4,67
9 Bürofachhandel Martina van den Bosch bv.	1	2,564	900 000,00	1,91
10 Sonstige Kunden	30	76,92	3 500 000,00	7,43
Gesamt	39	100,00	47 100 000,00	100,00

Kunden	Umsatzanteil in %	Kundenanteil in %
A-Kunden (1, 2, 3, 4)	66,03	12,82
B-Kunden (5, 6, 7, 8, 9)	26,54	10,26
C-Kunden (10)	7,43	76,92

Den **A-Kunden** kann nun besondere Aufmerksamkeit geschenkt werden durch
- besondere Serviceleistungen,
- gemeinsame Marktanalyse und -beobachtung,
- häufige Besuche von Reisenden und Vertretern,
- Zuordnung von persönlichen Beratern (Key-Account-Managern),
- Gewährung von Boni und Rabatten,
- Kooperationen in den Bereichen Forschung und Entwicklung.

Neben der Festlegung von Strategien für A-Kunden können aus der ABC-Analyse auch Verhaltensweisen gegenüber den B- und C-Kunden abgeleitet werden.

Beispiel: Um die Absatzkosten zu senken, legt die Sommerfeld Bürosysteme GmbH fest, dass für die Frei-Haus-Belieferung bestimmte Mindestbestellmengen erforderlich sind.

Der Auftrag eines Kunden bei vorrätigen Fertigerzeugnissen

Vor der eigentlichen Bearbeitung eines Kundenauftrages erfolgt zuerst eine Überprüfung der Kreditwürdigkeit des Kunden, eine Überprüfung der eigenen Lieferfähigkeit und der Lieferwilligkeit (Wirtschaftlichkeitsprüfung eines Auftrages).

Überprüfung der Kreditwürdigkeit

Industrieunternehmen verkaufen Produkte meistens gegen Rechnung mit einem Zahlungsziel von bis zu drei Monaten. Damit gehen sie ein hohes Kreditrisiko ein. Um dieses auszuschließen oder möglichst einzugrenzen, überprüfen sie vor jeder Auftragsannahme die Kreditwürdigkeit **(Bonität oder Güte)** der Kunden.

- **Neukunden:** Bestehen noch keine Geschäftsbeziehungen mit dem Auftraggeber, werden bei größeren Aufträgen gewerbliche Auskunfteien oder Kreditschutzorganisationen eingeschaltet. Auskunfteien bieten gegen Entgelt Informationen über Ruf, Sachziel, Vermögens- und Schuldenlage, Liquidität, Zahlungsverhalten, Geschäftsfüh-rung an. Heute kann diese Auskunft auf schnellstem Wege aus Datenbanken der Auskunfteien (z.B. Creditreform, Schimmelpfeng, Bürgel) über Datennetze entgeltpflichtig eingeholt werden. Aufgrund der Informationen wird ein Kreditlimit festgelegt, das grundsätzlich nicht oder nur nach besonderer Rücksprache mit der Abteilungs- oder Geschäftsleitung überschritten werden darf.

- **Stammkunden:** Mit Stammkunden bestehen bereits Geschäftsbeziehungen. Dennoch ist auch hier immer Vorsicht geboten und bei jedem neuen Auftrag zu überprüfen, ob der Kunde die letzten Rechnungen pünktlich beglichen hat. Diese Informationen kann der Sachbearbeiter der Kundendatei, die regelmäßig (täglich, wöchentlich) über das computergestützte Auftragsbearbeitungsprogramm erstellt wird, oder der Debitorendatei entnehmen. Grundlage für die Erstellung der Kundendatei ist die Debitorendatei. Besonders wichtig sind regelmäßige Informationen über die erzielten Umsätze und das Zahlungsverhalten des Kunden (Skontoausnutzung, Zielausnutzung oder -überschreitung, Mahnungen).

Überprüfung der Lieferfähigkeit

Ist die Bonitätsprüfung positiv ausgefallen, hat der Sachbearbeiter die eigene Lieferfähigkeit zu überprüfen. Diese ist dann gegeben, wenn die bestellten Produkte vorrätig oder aufgrund von bestehenden Produktionsaufträgen verfügbar sind und innerhalb der vorgesehenen Lieferzeit geliefert werden können.

ᵛ **Lagervorrat**: Die notwendigen Informationen über den Lagervorrat erhält der Sach- → **LF 6** bearbeiter über Bildschirm, wenn er mithilfe des Auftragsbearbeitungsprogramms direkten Zugriff zum Lager hat. Er erfährt, ob die Produkte überhaupt im Produktionsprogramm geführt werden und ob sie in der gewünschten Menge vorhanden sind. In diesem Fall sind die vom Kunden bestellten Fertigerzeugnisse im Lager zu reservieren. Außerdem ist festzustellen, ob eventuell Produktreservierungen für andere Kunden vorliegen. Der verfügbare Lagerbestand wird folgendermaßen ermittelt:

> Tatsächlicher Lagerbestand (Buchbestand)
> + verfügbare Zugänge aufgrund von bestehenden Produktionsaufträgen
> − Reservierungen für bereits vorhandene Kundenaufträge
> − Sicherheitsreserve für unvorhergesehene Ereignisse (z. B. Produktionsengpass)
> = Verfügbarer Lagerbestand

- **Lieferzeit**: Es ist zu prüfen, ob die Produkte bis zum gewünschten Liefertermin pro- → **LF 6** duziert, zusammengestellt, verpackt und zugestellt werden können.

Überprüfung der Lieferwilligkeit

Neben der Kreditwürdigkeit spielt für die Lieferwilligkeit die Größe eines Auftrages eine bedeutende Rolle. Es ist sicherzustellen, dass der Auftrag letztlich Gewinn bringen muss. Die Umsatzerlöse sollen größer als die Kosten (Selbstkosten der Fertigerzeugnisse) sein, die der Auftrag mit sich bringt. Die Wirtschaftlichkeit ist insbesondere bei größeren Aufträgen zu überprüfen, wenn der Kunde besondere Nachlässe fordert.

Beispiele: In der Sommerfeld Bürosysteme GmbH wird bei Neukunden grundsätzlich überprüft, ob
- die Einzelbestellmengen je Produkt die Verpackungseinheiten oder Mindestabnahmemengen unterschreiten,
- der Auftragswert die für die Auftragsabwicklung kalkulierten Kosten deckt,
- die Auftragsabwicklung eine veränderte Logistik hervorruft (Produktionsprogramm, Tourenplanung, Sonderwünsche bei einzelnen Produkten).

Auftragsvorbereitung

Sind alle Vorprüfungen positiv ausgefallen, wird der Auftrag abgewickelt. Alle Arbeiten im Verkauf, in der Produktion, im Lager und im Versand werden von informationswirtschaftlichen Vorgängen begleitet bzw. ausgelöst, wie folgende Skizzierung der Arbeitsschritte bei DV-gestützter Auftragsbearbeitung zeigt:

- **Auftragserfassung**: Eingabe der Daten zum Auftrag in die Bildschirmmaske des Auftragsbearbeitungsprogramms.

  - **Auftragsnummer**: Sie wird im Auftragsbearbeitungsprogramm automatisch vergeben oder fortlaufend eingegeben. Mit der Auftragsnummer wird ein unverwechselbarer Code festgelegt. Alle informationswirtschaftlichen Vorgänge, die mit der Bearbeitung dieses Auftrags zusammenhängen, nehmen diese Auftragsnummer als Bezugsgröße auf.

  - **Kundennummer**: Mit ihr werden automatisch Name, Anschrift und eventuell eingeräumte Sonderkonditionen aus der Kundendatei abgerufen. Bei DV-gestützter Auftragsbearbeitung werden mit der Eingabe der Kundennummer die Kundenstammdaten mit dem Auftrag verknüpft.

- **Datum**: Tag der Auftragsbearbeitung (wird vom Programm automatisch vorgegeben)

- **Produktbezeichnung**: Sie wird im Auftragsbearbeitungsprogramm automatisch mit der Eingabe der Artikelnummer aus der Produktliste abgerufen.

- **Menge laut Auftrag**

- **Einzelpreis, Rabatt**: Rechenoperationen (Menge · Einzelpreis – Rabatt, Umsatzsteuer und Gesamtwert des Auftrags) werden durch das Programm durchgeführt.

- **Eventuell Liefertermin**

- Ist der Auftrag eines Neukunden zu bearbeiten, muss zuerst die **Stammdatei des Kunden** (Adressdatei) angelegt werden: Kundennummer, Kundenname, Anschrift, Kreditlimit

- **Bestandskorrektur**: Im Auftragsbearbeitungsprogramm wird der Lagerbestand der Fertigerzeugnisse automatisch korrigiert und die bestellte Menge für den Auftrag reserviert oder ein Auftrag an die Produktion erteilt.

- **Auftragsbestätigung, Lieferschein, Ausgangsrechnung** (vgl. S. 152 ff.): Sie werden aufgrund der eingegebenen Daten automatisch durch das Programm erstellt. Alle drei haben jeweils besondere informationswirtschaftliche Bedeutung.

  - **Auftragsbestätigung**: Sie wird dem Kunden zugesandt.

  - **Lieferschein**: Er wird an das Fertigerzeugnislager geleitet oder bei Vernetzung vom Rechner im Fertigerzeugnislager ausgedruckt. Je nach Auftragsbearbeitungsprogramm werden dazu für jede Produktposition und -einheit Klebeetiketten für die Kommissionierung ausgedruckt.

  - **Ausgangsrechnung**: Sie wird an die Finanzbuchhaltung weitergeleitet. Nach Überprüfung wird das Original dem Kunden zugeschickt, die Kopie (Durchschrift) wird in der Haupt- und Nebenbuchhaltung (Debitorenbuchhaltung) erfasst. Die Fälligkeitsüberwachung wird durch das Fibu- oder Auftragsbearbeitungsprogramm gewährleistet.

- **Kommissionierung** (vgl. S. 156 ff.): Mithilfe des Lieferscheins werden die bestellten Produkte laut Auftrag im Lager zusammengestellt. Dabei enthält jede Lieferscheinposition und -einheit ein Klebeetikett (Ausgangskontrolle).

- **Versand (Vorbereitung – Durchführung)**: Nach dem Kommissionieren werden die zusammengestellten Lieferpositionen versandfertig gemacht. Je nach Produkt- und Versandart müssen sie witterungs-, stoß- und druckfest verpackt werden. Für die jeweilige Versandart sind Warenbegleitpapiere (Lieferschein) bzw. Versandpapiere (z. B. Frachtbrief) vorzubereiten.

Beispiel: Auftragsbestätigung und Lieferschein der Sommerfeld Bürosysteme GmbH

Sommerfeld
Bürosysteme GmbH
Ein ökologisch orientiertes Unternehmen mit Zukunft

Sommerfeld Bürosysteme GmbH, Gladbecker Str. 85–91, 45141 Essen

Klaus Fischer e. K. Bürobedarf Altmarkt 15 D-46236 Bottrop	**Anschrift:** Gladbecker Str. 85–91 45141 Essen **Telefon:** 0201 163456-0 **Telefax:** 0201 1634589 **E-Mail:** info@sommerfeld.de **Web:** www.sommerfeld.de

AUFTRAGSBESTÄTIGUNG

Ihre Bestellung vom:

Lieferdatum: sofort

Pos.	Artikel-Nr.	
1	204/2	

Warenwert €	Verpack €
11 000,00	–

Die Ware bleibt bis z
innerhalb 30 Tagen

Bankverbindungen
Deutsche Bank Esse
Postbank Dortmund

Steuer-Nr.
Geschäftsführ

Sommerfeld
Bürosysteme GmbH
Ein ökologisch orientiertes Unternehmen mit Zukunft

Sommerfeld Bürosysteme GmbH, Gladbecker Str. 85–91, 45141 Essen

Klaus Fischer e. K. Bürobedarf Altmarkt 15 D-46236 Bottrop	**Anschrift:** Gladbecker Str. 85–91 45141 Essen **Telefon:** 0201 163456-0 **Telefax:** 0201 1634589 **E-Mail:** info@sommerfeld.de **Web:** www.sommerfeld.de

LIEFERSCHEIN

Ihre Bestellung vom: 05.10.20(0)

Lieferdatum: 07.10.20..

Kunden-Nr.	Auftrags-Nr.	Rechnungstag
D24012	1254	07.10.20..
Bei Zahlung bitte angeben		

Pos.	Artikel-Nr.	Artikelbezeichnung
1	204/2	Conrack Regalsystem

Ware ordnungsgemäß erhalten:_____
                    Datum, Unterschrift

Die Ware bleibt bis zur vollständigen Bezahlung unser Eigentum.

Bankverbindungen:
Deutsche Bank Essen	**IBAN** DE96360700500025203488	**BIC** DEUTDEDEXXX
Postbank Dortmund	**IBAN** DE81440100460286778341	**BIC** PNBKDEFF440

Steuer-Nr.: 110/1202/0189   **USt-IdNr.: DE129666846**
    Geschäftsführer: Claudia Farthmann, Lambert Feld, Hartmut Sommer

Auf dem Lieferschein bestätigt der Kunde durch Unterschrift den Empfang der Produkte. Eine Durchschrift, der Empfangsschein, geht an das Industrieunternehmen zurück. Im Einzelnen werden **Vorbereitungen zum Versand** davon beeinflusst, ob

- die Produkte vom Kunden abgeholt werden,

- die Produkte mit eigenen Fahrzeugen gesondert oder im Rahmen einer Tourenplanung ausgeliefert (Werksverkehr) oder

- Dritte mit der Transportbesorgung (Spediteure) und dem Transport (Frachtführer wie Deutsche Post AG, Deutsche Bahn AG) beauftragt werden.

Der Auftrag eines Kunden bei nicht vorrätigen Fertigerzeugnissen

Die Annahme des Auftrags

Die Entscheidung, ob ein Auftrag angenommen wird, hängt von der Kreditwürdigkeit des Kunden (Bonität), der eigenen Lieferfähigkeit und der Wirtschaftlichkeit des Auftrags ab (vgl. S. 149 f.). Bei der Prüfung der eigenen Lieferfähigkeit sind folgende Fragen zu klären:

- Passt der Kundenauftrag in das Erzeugnisprogramm (Eigenherstellung oder Fremdbezug) des Unternehmens?

→ LF 6 - Welcher Bedarf an Materialien entsteht durch die Abwicklung des Kundenauftrags?

- Welche Materialien müssen zur Herstellung der gewünschten Erzeugnisse beschafft werden?

→ LF 5 - Wie kann der Kundenauftrag im Produktionsprozess eingeplant werden?

- Welcher Liefertermin kann dem Kunden zugesagt werden?

- Welche weiteren innerbetrieblichen Abteilungen müssen für die Abwicklung des Kundenauftrags einbezogen werden?

Soll der Auftrag des Kunden angenommen werden, wird dem Kunden eine **Auftragsbestätigung** (Bestellannahme) zugesandt. Gleichzeitig erhält der Auftrag eine **Kundenauftragsnummer**, um den Auftrag des Kunden unverwechselbar kenntlich zu machen. Gleichzeitig ist die **Fertigungsplanung** davon in Kenntnis zu setzen, welche Produkte in welcher Zeit herzustellen sind.

Auftragserfassung

Bei DV-gestützter Auftragsbearbeitung wird der Auftrag in die vorhandene **Erfassungsmaske** auf dem Bildschirm eingegeben. Zuerst wird eine Auftragsnummer vergeben, wobei das Softwareprogramm entweder selbstständig die Aufträge durchnummeriert oder der/die Sachbearbeiter/-in die Nummer vergibt. Danach sind weitere Daten wie Kundennummer, Datum, Liefertermin, Produktbezeichnung, Menge, Produktnummer, Einzelpreis, Rabatt einzugeben, wobei die **Stammdaten** (z.B. Kundennummer, Produktnummer) über einen **Matchcode** (= Schlüsselbegriff) gesucht werden können, da sie bereits im Programm vorhanden sind und über bestimmte Tastenkombinationen abgerufen werden können. Ist der vorhandene Lagerbestand zu niedrig, erfolgt automatisch eine Information an die Fertigungsabteilung, dass das Produkt nicht mehr in ausreichender Menge vorrätig ist. Die Fertigungsplanung muss nun überprüfen, in welcher Zeit die Produkte produziert werden können, damit dem Kunden der voraussichtliche Liefertermin mitgeteilt werden kann. Berechnungen der Umsatzsteuer und des Gesamtauftragswertes werden vom Programm durchgeführt. Die meisten Softwareprogramme zur Auftragsbearbeitung führen gleichzeitig eine **Lagerbestandsrechnung** der

Fertigerzeugnisse oder der benötigten Materialien für die erforderliche Produktion durch. Falls der **Lagerbestand zu niedrig** wird, erfolgt automatisch eine Abfrage, ob die Materialien in die **Bestellvorschlagsliste** übernommen werden sollen. So kann täglich festgestellt werden, welche Materialien nachbestellt werden müssen. Ferner kann der voraussichtliche Liefertermin der Materialien beim Lieferer z.B. telefonisch erfragt werden.

→ **LF 6**

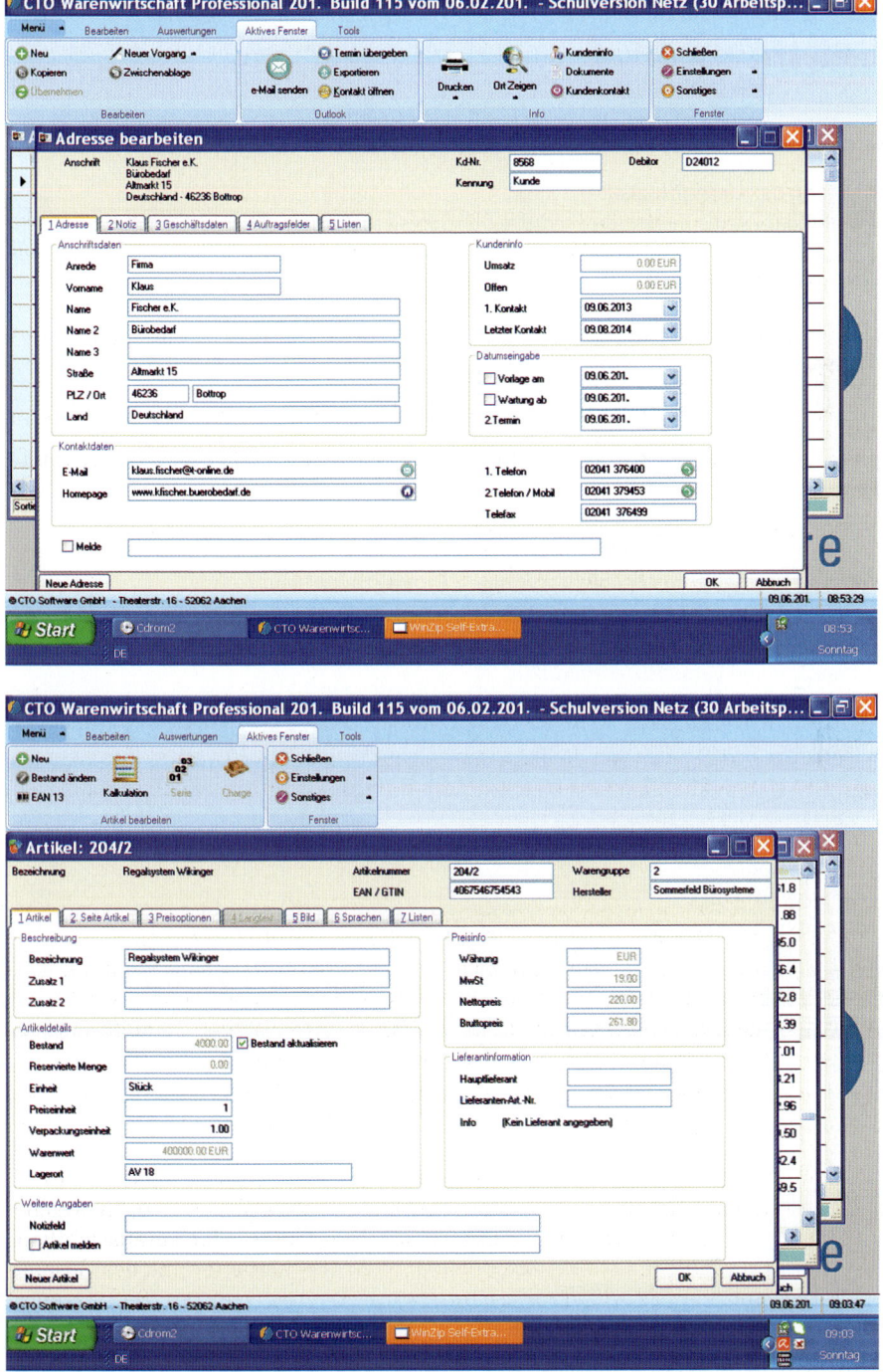

Zusammenfassung

Kundenauftragsbearbeitung

- Die **ABC-Analyse** der Kunden ist ein wichtiges Instrument, um Schwerpunkte in Vertrieb und Marketing zu bilden und um Prioritäten festzulegen. Durch Vergleich von Mengen und Werten stellt sich heraus, dass in vielen Industrieunternehmen wenige Kunden große Umsatzanteile bewirken.

- **Überprüfung der Kreditwürdigkeit** zur Verringerung des Kreditrisikos, zur Feststellung der Liquidität und des Zahlungsverhaltens
    - bei Neukunden mithilfe von gewerblichen Auskunfteien,
    - bei Stammkunden über Debitorendatei oder Kundenliste.

- **Überprüfung der Lieferfähigkeit**
    - Feststellung, ob die bestellten Produkte vorrätig sind,
    - Feststellung, ob die bestellten Produkte in der vom Kunden gewünschten Lieferzeit bereitgestellt werden können.

- **Überprüfung der Lieferwilligkeit**
  Auftragswert und Kosten des Auftrages werden gegenübergestellt, um das wirtschaftliche Interesse am Auftrag auszuloten.

- **Bearbeitung des Auftrags**
    - Auftragseingabe: Auftragsnummer, Kundennummer, Datum, Produkt, Menge, Einzelpreis, Rabatt
    - bei Neukunden Eingabe von Kundenstammdaten
    - Bestandskorrektur bei vorrätigen Erzeugnissen
    - Produktion des Auftrags bei nicht vorrätigen Fertigerzeugnissen
    - Ausdruck von Lieferschein, Auftragsbestätigung, Ausgangsrechnung
    - Kommissionierung der Produkte
    - Verpackung und Versand der Produkte

Aufgaben

1. Erstellen Sie eine Checkliste zur Auftragsbearbeitung für die Sommerfeld Bürosysteme GmbH
   a) bei Neukunden,
   b) bei Stammkunden.
   Präsentieren Sie diese Checkliste in einem Referat mittels Plakat oder Folie.

2. Ein Neukunde hat einen Auftrag im Gesamtwert von 50000,00 €, ein anderer Neukunde einen Auftrag in Höhe von 350,00 € erteilt.
   a) Erläutern Sie drei Bedingungen, von denen die Annahme der Aufträge von Neukunden abhängt.
   b) Erläutern Sie die Notwendigkeit und den Gegenstand der Kreditwürdigkeitsprüfungen von Neukunden.

3. Nachdem Sie sich für die Annahme eines Auftrags entschieden haben, sind folgende Arbeiten zu erledigen:
   a) Anlage der Kundenstammdaten eines Neukunden
   b) Erfassung des Auftrags
   c) Kommissionierung des Auftrags
   Erläutern Sie die jeweiligen Arbeiten.

4. *Erläutern Sie, was man unter einem Kreditlimit versteht und welche Bedeutung seine Festlegung bei der Auftragsbearbeitung hat.*

5. *Erklären Sie, was man unter „offene Posten" versteht, wie sie entstehen und warum ihre regelmäßige Kontrolle für das Industrieunternehmen notwendig ist.*

6. *Erläutern Sie die Überwachung der „offenen Posten" in einem Industriebetrieb.*

6.2   Auftragsbereitstellung und Distribution

Bei der Sommerfeld Bürosysteme GmbH will man in Zukunft weitgehend auf den eigenen Fuhrpark verzichten und den Versand über eine Spedition abwickeln. Gleichzeitig wird daran gedacht, die innerbetriebliche Versandabwicklung im Rahmen eines Outsourcings einem Dienstleistungsunternehmen zu übertragen.

Bevor eine Entscheidung getroffen wird, soll der gesamte Arbeitsablauf noch einmal untersucht werden, um die Realisierungsmöglichkeit des Vorhabens zu überprüfen.

Arbeitsaufträge

- *Stellen Sie fest, welche Arbeitsabläufe bei der Versandabwicklung anfallen und wie diese Arbeitsabläufe geregelt werden können.*

- *Erläutern Sie verschiedene Verpackungsmöglichkeiten und ihre zweckmäßige Verwendung.*

- *Beschreiben Sie die notwendigen Informationen auf einem Packstück und begründen Sie die logistische Notwendigkeit.*

- *Erläutern Sie die Inhalte und die Bedeutung der verschiedenen Versandpapiere.*

Kommissionierung

Da viele Standarderzeugnisse vorgefertigt werden und sich in größeren Mengen im Lager befinden, muss zunächst eine Kommissionierung erfolgen. Unter **Kommissionieren** versteht man das Zusammenstellen von bestimmten Teilmengen für einen Auftrag aus einer größeren Gesamtmenge, die sich entweder im Lager befindet oder aber als größeres Los die Fertigung durchlaufen hat.

Hierbei sind in der Regel die folgenden **Teilabläufe** durchzuführen:

- eine Materialverfügbarkeitsprüfung, meist über EDV, und eine Reservierung des benötigten Materials bzw. der auszuliefernden Waren,

- Bereitstellung der angeforderten Erzeugnisse und Erzeugnisinformationen,

- kontrolliertes Entnehmen von Teilmengen aus der zur Verfügung stehenden Gesamtmenge im Lager.

Beispiel: Die Sommerfeld Bürsosysteme GmbH hat einen Auftrag des Bürofachhandels Karl Schneider GmbH angenommen, der die folgenden Positionen beinhaltet:

- 18 Drehstühle FS-Linie
- 20 Freischwinger – Picto
- 25 Drehsessel – Modus

- Bestell-Nr. 211/44,
- Bestell-Nr. 205/3,
- Bestell-Nr. 283/7.

In der Versandabteilung muss nun überprüft werden, ob die Artikel sich schon im Lager oder noch in der Fertigung befinden. Befinden sich die Artikel schon im Fertigerzeugnislager, so werden sie in der für den Auftrag notwendigen Menge entnommen.

Prinzipien der Kommissionierung

Prinzip „Mann zu Ware"

Bei der **statischen** Bereitsstellung bewegt sich der Kommissionierer zur Ware. Deshalb bezeichnet man diese Vorgehensweise auch als „Mann-zur-Ware-Konzept". Handelt es sich um kleine und leichte Erzeugnisse, so bedarf es keinerlei Hilfsmittel, um die Kommissionierung vorzunehmen.

Beispiele: Bei der Sommerfeld Bürsosysteme GmbH werden die Stehsitze „Quickship Sitz", wenn sie in kleinen Mengeneinheiten angefordert werden, je nach Bedarf von den Kommissionierern aus dem Lager geholt, um Zeit und Organisationsaufwand zu sparen. Ähnlich verfährt man mit Ersatzteilen, die vom Bürofachhandel bestellt wurden.

Prinzip „Ware zum Mann"

Bei der **dynamischen** Bereitstellung bewegt sich die Ware zum Mann. Die angeforderten Artikel werden in der Regel mithilfe einer automatisierten Transportanlage zum Kommissionierer gebracht, der dann nur noch die Ware entnehmen muss. Diese Form der Kommissionierung reduziert den Einsatz der Arbeitnehmer auf die Tätigkeiten, die eine Maschine nur mit einem großen automatisierten Aufwand durchführen kann, und zwar das Erkennen, Greifen und Bestätigen des angeforderten Entnahmeartikels. Ein weiterer Vorteil besteht darin, dass die Arbeitsplätze optimal mit Hilfsmitteln wie Bildschirmterminal, Lesestift, Drucker, Zählwaage und Handhabungsgeräten für schwere Lasten ausgestattet werden können.

Beispiel: Bei der Sommerfeld Bürosysteme AG werden Ersatzteile wie Rollen und Schutzrohre automatisiert einem rollierenden Kleinteillager entnommen und mit Hilfe eines Transportbandes zum Kommissionierplatz befördert.

Formen der Kommissionierung

Einstufige Kommissionierung

Einstufig bedeutet, dass die Entnahme der Erzeugnisse immer aus dem Hauptlager in der für **einen** Auftrag erforderlichen Stückzahl erfolgt.

Beispiel: Bei der Sommerfeld Bürosysteme GmbH erfolgt die Kommissionierung in der Regel einstufig. Dies bedeutet, dass jeweils ein Arbeitnehmer für die Kommissionierung eines bestimmten Kundenauftrages verantwortlich ist. So stellt ein Mitarbeiter für den Bürofachhandel Karl Schneider GmbH den kompletten Auftrag über 18 Drehstühle, 20 Freischwinger und 25 Drehsessel zusammen.

Er hat einen klaren Überblick über die Vollständigkeit der Kommissionierung und ist für die richtige Datenerfassung verantwortlich. Eine Kundenreklamation bedingt durch Fehlmengen geht zu seinen Lasten.

Mehrstufige Kommissionierung

Hier wird die Teilmenge dem Hauptlagerplatz entnommen, die zur Erledigung aller anstehenden Aufträge erforderlich ist. Auf diese Weise werden Wegstrecken eingespart.

Beispiele: Zur Bewältigung von Auftragsspitzen, d. h. wenn sehr viele Aufträge zu kommissionieren sind und ein hoher Zeitdruck besteht, weicht man bei der Sommerfeld Bürosysteme GmbH von der einstufigen Kommisionierung ab. Die für alle Aufträge notwendigen und identischen Artikel werden gleichzeitig von den Lagerarbeitern gebracht, die Teilmengen für die jeweiligen Einzelaufträge werden entnommen und dann den Kundenaufträgen zugeordnet. Der einzelne Arbeitnehmer ist nur noch dafür zuständig, dass ein bestimmter Artikel, zum Beispiel 18 Drehstühle in den Auftrag Bürofachhandel Karl Schneider GmbH, 22 Drehstühle in den Auftrag Krause, in die Kommissionierung einfließt. Die Arbeitsteilung beschleunigt den Kommissionierungsvorgang, führt aber auch schneller zu einem Fehler.

Pick-to-Pack-Kommissionierung

Man berechnet vorher die für den Auftrag erforderliche Packgröße. Die Ware wird dann direkt beim Kommissionieren in den Versandkarton eingelegt. Auf diese Weise muss die Ware später nicht noch einmal umgepackt werden. Es sind keine Kommissionierbehälter notwendig. Rücklauf und Lagerung dieser Behälter entfallen, gleichzeitig wird der meist flächenintensive Verpackungsbereich reduziert.

Beispiele: Die Sommerfeld Bürosysteme GmbH verwendet das Pick-to-Pack-System für den Versand von Ersatzteilen an den Bürofachhandel. Hat ein Händler zum Beispiel 10 Schutzrohre, 12 Auslösehebel und 15 Zugfedern bestellt, so wird der Auftrag nach dem Prinzip „Mann zur Ware" seriell, das heißt nacheinander, im Lager abgearbeitet. Die Teile werden direkt in den Versandkarton abgelegt.

Mobile Datenerfassung

Mobile Datenerfassungsgeräte (MDE) sind ein wichtiges Kommunikationshilfsmittel im Bereich der Versandlogistik. Über Datenfunk besteht eine ständige Verbindung zum Lagerverwaltungsrechner. Somit können zu jedem Zeitpunkt Informationen ausgetauscht werden.

Beispiel: In einem Lagerregal sind die für die Entnahme notwendigen Kendo Stehsitze nicht ausreichend vorhanden. Über das Online-Terminal wird dies sofort gemeldet und der Lagerverwaltungsrechner kann eventuell einen neuen oder weiteren Entnahmeplatz angeben.

Der Einsatz mobiler Datenerfassungsgeräte erspart in vielen Fällen die aufwendige Bearbeitung von Kommissionierbelegen. Die Terminals bestehen aus einer mobilen Einheit mit mehrzeiligem Display, Tastatur,

Scanner und der Datenfunksende- und empfangseinheit. Der Mitarbeiter wird über den Terminal geführt. Die Entnahmepositionen werden vom Lagerverwaltungsrechner in einer wegoptimierten Reihenfolge sortiert und nacheinander auf dem Display des Terminals angezeigt.

Die Entnahme wird durch Lesen der entsprechenden Behälterinformationen quittiert. Auf diese Weise wird sichergestellt, dass die richtige Ware aus dem richtigen Lagerfach entnommen wurde. Ähnlich wird dann verfahren, wenn die Ware in den Kommissionierbehälter oder bei Pick-to-Pack-Kommissionierung in den Versandkarton gelegt wird. Zur Quittierung wird wiederum das Label des Kommissionierbehälters oder Versandkartons gelesen, um sicherzustellen, dass die richtige Ware auch den richtigen Empfänger erreicht.

Verpackung

Verpackungsmöglichkeiten

Kartons
Sie bilden eine preiswerte Möglichkeit der Verpackung. Die Belastbarkeit ist jedoch gering. Die Gefahr der Beschädigung des Versandgutes durch Stapeldruck, Nässe und Kontakt mit anderen Ladegütern durch Erschütterungen ist relativ groß. Andererseits ergeben sich geringe Probleme bei der Entsorgung, ein kostenaufwendiger Austausch bzw. Rücktransport entfällt.

Kisten
Sie werden meist individuell nach den Wünschen des Versenders aus Holz gefertigt und den Abmessungen des Versandgutes angepasst. Der Einsatz von Kisten ist dann notwendig, wenn das Versandgut ein größeres Gewicht aufweist und Beschädigungen durch Stapeldruck vermieden werden sollen.

Collis
Als Collis (Abkürzung für Collico) bezeichnet man Metallfaltkisten mit einem Volumen bis 440 Liter Inhalt. Collis durchlaufen meist den gesamten Transportkreislauf. Sie wandern von der Warenannahme über ein automatisches Behälterlager, dann durch die Produktion, das Fertigerzeugnislager und enden wieder im Versand.

Informationen auf der Packeinheit

Beispiel: Bei der Sommerfeld Bürosysteme GmbH enthält die Packeinheit für einen Picto Drehstuhl ohne Armlehnen die folgenden Informationen:

01 Artikelbezeichnung:	Picto Drehstuhl ohne Armlehnen
02 Artikelnummer:	20513
03 Mengeneinheit:	1
04 EAN-Code:	4010993081028
05 Abpackdatum:	20.01.20..
06 Versanddatum:	22.01.20..
07 Packmaße:	Breite: 64,5 Tiefe: 65,0 Höhe: 37,5
08 Gewicht netto und brutto:	14,5 kg–15,4 kg

09 Volumen:	0,169 m³
10 Verpackungsmaterial:	PE
11 Transport- und Lagervorschriften:	Vor Feuchtigkeit schützen!
12 Öffnungshinweise:	Nicht mit dem Messer öffnen!

Versandbereitstellung

Ladehilfsmittel

Euro-Paletten

Sie besitzen die genormten Abmessungen 120 cm · 80 cm. Das Euro-Grundmodul für Verpackungen beträgt 80 cm · 60 cm, sodass die Euro-Paletten in der Fläche zwei Grundmodule aufnehmen können. Die übrigen Verpackungsmodule ergeben sich ähnlich wie bei den Papiergrößen durch Teilung oder Multiplikation der Abmessungen. Euro-Paletten sind mit das beliebteste Ladehilfsmittel. Sie sind preiswert und nehmen bei der Rücknahme sehr wenig Platz ein.

Schrumpffolien

Häufig werden Paletten mit offener Ware bestückt. Die Ware soll lediglich vor Nässe, Staub und ihrem Auseinanderfallen aus der Ladeeinheit geschützt werden. Die gesamte Palette einschließlich der Ware wird dann mit einer Polyäthylenfolie verschrumpft. Zwar ist ein Aufeinanderstapeln der Paletten in den seltensten Fällen möglich, andererseits erspart man sich auf diese Weise einen erheblichen Verpackungs- und Entsorgungsaufwand.

Gitterboxpaletten

Diese Paletten haben zusätzlich feste Seiten aus einem Stahlgeflecht. Der Vorteil liegt darin, dass man sie mit Kleinteilen füllen kann und hierdurch Verpackungskosten spart. Gleichzeitig nehmen sie den Stapeldruck auf, sodass unter Umständen eine bessere Höhenausnutzung beim Transport erreicht werden kann. Gitterboxpaletten sind erheblich teurer als Flachpaletten.

Container

Unter einem Container versteht man einen Stahlbehälter mit einem Rauminhalt bis zu 40 m³. Mit einem Container können Waren lose oder nur wenig verpackt, ohne dass die Ware selbst umgeladen wird, im gebrochenen Verkehr, d. h. mit unterschiedlichen Verkehrsmitteln auf der Straße, im Seeverkehr oder als Luftfracht befördert werden. Container bieten einen hohen Schutz gegen Witterungseinflüsse und Diebstahl.

Wechselbrücken

Sie stellen austauschbare Karosserieaufbauten für Lkws dar. Meist werden sie von den Speditionsunternehmen an den Verladerampen bereitgestellt und können permanent beladen werden. Hierdurch wird Pufferfläche im Lager für die Versandbereitstellung eingespart und der Materialfluss um einen Vorgang, nämlich den der Zwischenlagerung bis zur Abholung, reduziert.

Gleichzeitig kann das Ladegut je nach Empfänger schon in getrennten Wechselbrücken vorsortiert werden. In den einzelnen Wechselbrücken wird das Ladegut nach einem vorher berechneten Ladeplan platziert, der eine Optimierung nach Gewicht, Volumen und Gefahrengutklasse anstrebt.

Frachtpapiere

Speditionsauftrag

Er enthält Versender, Auftragsdatum, Empfänger, das einzelne Ladegut mit Anzahl und Art der Verpackung, Inhalte des Ladegutes, Bruttogewicht, Volumen und den Warenwert für die gewünschte zusätzliche Transportversicherung des Versenders. Die Frachtberechnung richtet sich nach dem Volumen und frachtpflichtigen Gewicht, der Entfernung und der Klassifizierung des Gutes. Die Klassifizierung bezieht sich vornehmlich auf die Gefahrenklasse des Transportgutes. Wenn der Warenwert nicht angegeben wird und keine zusätzliche Versicherung vom Absender gewünscht wird, beschränkt sich die Haftung auf die Haftungssumme, für die der Frachtführer nach seinen AGB haftet, z. B. auf 2 500,00 €. Allerdings muss der Frachtführer eine allgemeine Frachthaftpflichtversicherung nachweisen, die auch im Lkw mitzuführen ist und Polizeikontrollen unterliegt.

Frachtbrief

Er übernimmt die Angaben des Speditionsauftrages und enthält zunächst eine fortlaufende Nummer, dann den Absender, den Versandort, die Genehmigungsnummer für den Güterfernverkehr, Fahrtenbuch-Nr., amtl. Kennzeichen des Lkws, Nutzlast des Lkws, Empfänger, Bestimmungsort, Bezeichnung der Sendung (Anzahl, Art, Verpackung), Bruttogewicht der einzelnen Ladegüter, Frachtberechnung, Zeitpunkt der Be- und Entladung, Tag und Stunde der Übernahme durch den Empfänger und dann die Unterschrift des Empfängers. Der Frachtbrief wird in drei Ausfertigungen ausgestellt, wovon eine Ausfertigung für den Absender, eine Ausfertigung zur Begleitung der Ware und eine Ausfertigung für den Frachtführer bestimmt ist.

Internationaler Frachtbrief

Er weist ähnliche Angaben wie der Frachtbrief auf, nur mehrsprachig, meist in Deutsch und Französisch. Auch er enthält Absender, Ort und Tag der Übernahme, Empfänger, Auslieferungsort, Kennzeichen und Nummern der Frachtstücke, Anzahl der Packstücke und Art der Verpackung, Bezeichnung des Ladegutes, Bruttogewicht und Rauminhalt, eventuelle Anweisungen des Absenders, Frachtzahlungsanweisungen, Unterschrift des Frachtführers und später des Empfängers. Der internationale Frachtbrief erfolgt in vierfacher Ausfertigung: Weiß für die Abrechnung, Rosa für den Absender, Blau für den Empfänger, Grün für den Frachtführer.

Ladeplan

→ LF 6

Er enthält den Namen des Frachtführers, Frachtbriefnummer, Art der Ware, Gewicht und zusätzlich bei Gefahrengut die Gefahrenklasse (1–9), Kennziffer des Gefahrengutes und Standort des Gefahrengutes im Lkw.

Palettenbegleitschein

Auch er weist wie fast alle schriftlichen Unterlagen eine fortlaufende Nummer auf, dann das Datum, Name des Empfängers, Anzahl überlassener Euro-Paletten, Anzahl überlassener Gitterboxen, Anzahl im Tausch zurückgegebener Paletten, Anzahl zurückgegebener Gitterboxen und die Bescheinigung durch die Unterschrift des Fahrers.

Lieferschein

Der Lieferschein beinhaltet die Anweisung eines bestimmten Absenders zur Auslieferung bestimmter Waren an einen bestimmten Empfänger. Deshalb enthält er zumindest die Lieferantenanschrift, die Auftragsnummer, die Lieferanschrift oder Anschrift des Empfängers, die Warenbezeichnung und deren Artikelnummer, die Anzahl der gelieferten Einheiten eines Artikels, eventuelle Abmessungen des Artikels, den Liefertermin sowie die Bestätigung der Auslieferung durch den Fahrer und Empfänger. Zur Vereinfachung der Auftragsabwicklung benutzen viele Unternehmen für die Gestaltung der Auftragsbestätigung, des Lieferscheins und der Rechnung ein einheitliches Konzept.

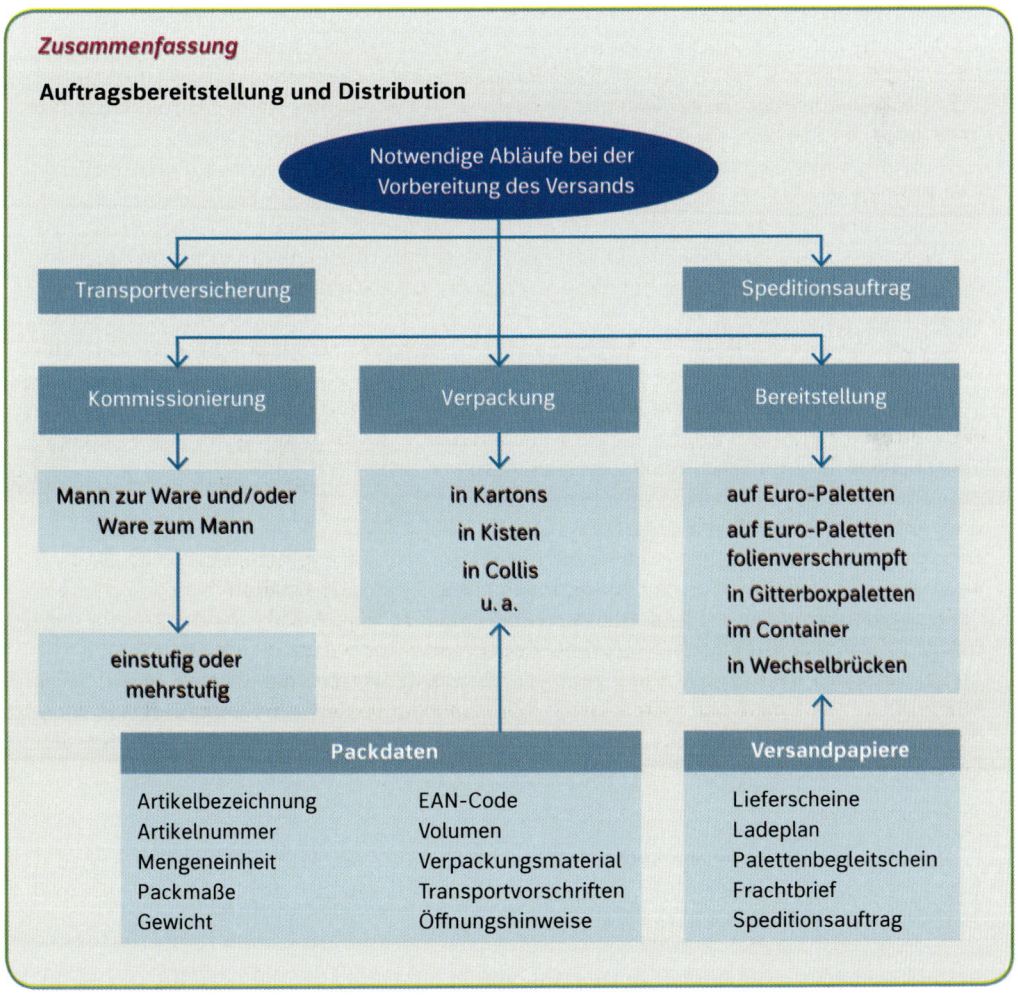

Zusammenfassung

Auftragsbereitstellung und Distribution

Notwendige Abläufe bei der Vorbereitung des Versands

- Transportversicherung
- Speditionsauftrag

- Kommissionierung
- Verpackung
- Bereitstellung

Mann zur Ware und/oder Ware zum Mann

in Kartons
in Kisten
in Collis
u. a.

auf Euro-Paletten
auf Euro-Paletten folienverschrumpft
in Gitterboxpaletten
im Container
in Wechselbrücken

einstufig oder mehrstufig

Packdaten

Artikelbezeichnung	EAN-Code	
Artikelnummer	Volumen	
Mengeneinheit	Verpackungsmaterial	
Packmaße	Transportvorschriften	
Gewicht	Öffnungshinweise	

Versandpapiere

Lieferscheine
Ladeplan
Palettenbegleitschein
Frachtbrief
Speditionsauftrag

Aufgaben

1. Untersuchen Sie die angewendeten Bereitstellungsprinzipien in Ihrem Ausbildungsbetrieb und finden Sie hierfür eine Begründung.

2. Versandpackungen unterscheiden sich häufig wesentlich von den Verkaufspackungen.
    a) Erläutern Sie mithilfe von zwei Beispielen die möglichen Aufgaben der Verkaufsverpackung und die Aufgaben der Versandverpackung.
    b) Klären Sie die Rechtslage bezogen auf die Kostenübernahme bei den beiden genannten Verpackungsarten.
    c) Stellen Sie fest, wer für die Entsorgung verantwortlich ist.

3. Suchen Sie in Gruppenarbeit Argumente für den Einsatz betriebseigener Lkws, die Benutzung der Bahn und die Entscheidung zwischen Seeversand und Luftfracht.

4. Bereiten Sie sich mit Ihrem Nachbarn auf ein Rollenspiel vor, in dem er/sie als Vertreter/-in der Geschäftsführung den Versand vollständig einer Spedition übertragen möchte, Sie aber als Leiter des Fuhrparks auf die Beibehaltung eigener Lkws bestehen.

5. Ein Geschäftspartner der Sommerfeld Bürosysteme GmbH, die Maschinenbau AG in Gütersloh, die bisher nur den deutschen Markt beliefert hat, erhält bei einer internationalen Ausschreibung den Zuschlag, eine Großturbine für ein Kraftwerk nach Pakistan zu liefern.
    a) Begründen Sie, warum die Inanspruchnahme eines Spediteurs hier sicherlich zweckmäßig ist.
    b) Erläutern Sie, warum in diesem Fall die Wahl des Transportmittels „Schiff" sinnvoll ist.

6.3 Annahmeverzug

LS 11

Die Sommerfeld Bürosysteme GmbH liefert der Krankenhaus Einrichtungs-GmbH Leipzig am 20. Oktober zum vereinbarten Termin gegen 13:00 Uhr fünf "Conrack Regalsysteme". Der für die Warenannahme zuständige Sachbearbeiter hat den Termin vergessen und ist zur Mittagspause nach Hause gefahren. Die anwesende Sachbearbeiterin ist über die Lieferung nicht informiert. Daher lehnt sie die Lieferung ab. Beim Rücktransport der Regale aus den sich im zweiten Stock befindlichen Lagerräumen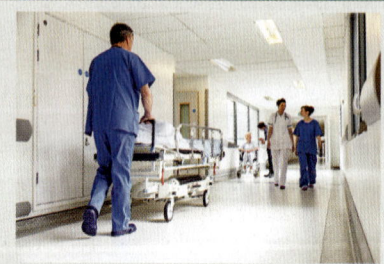
der Krankenhaus Einrichtungs-GmbH fallen die Regale die Treppe hinunter und werden völlig unbrauchbar. Die Sommerfeld Bürosysteme GmbH verlangt von der Krankenhaus Einrichtungs-GmbH die Bezahlung der Regale.

Arbeitsaufträge

*   Beurteilen Sie die rechtliche Situation.

*   Erläutern Sie, wie sich die Sommerfeld Bürosysteme GmbH verhalten sollte.

Beim Annahmeverzug handelt es sich um eine Pflichtverletzung des Käufers (= **Gläubigerverzug**, §§ 293 ff., 372 ff. BGB; § 383 ff. HGB). Damit der Käufer in Annahmeverzug gerät müssen folgende Voraussetzungen erfüllt sein:

Voraussetzungen des Annahmeverzuges

- **Fälligkeit der Lieferung**, d.h., der Verkäufer muss zum vereinbarten Termin liefern.

- **Tatsächliches Angebot der Lieferung**, d.h., der Verkäufer muss dem Käufer die Ware zur richtigen Zeit, am richtigen Ort, in der vereinbarten Art und Weise anbieten. Ein wörtliches Angebot der Ware reicht aus, wenn der Käufer erklärt, dass er die Ware nicht annehmen werde oder der Käufer die Ware abzuholen hat (Holschuld). Ist bei einer Holschuld der Abholtermin kalendermäßig bestimmt, ist auch kein wörtliches Angebot mehr notwendig.

- **Nichtannahme des Käufers**, d.h., der Käufer muss die Annahme der ordnungsgemäß angebotenen Ware verweigern.

Der Annahmeverzug setzt kein Verschulden voraus, d.h., die Gründe des Käufers für die Nichtannahme der Ware sind unerheblich.

Wirkungen des Annahmeverzuges

Einschränkung der Haftung des Verkäufers

Der Verkäufer haftet nur noch für Vorsatz und grobe Fahrlässigkeit. Beim Käufer hingegen tritt eine Haftungsverstärkung ein. Er haftet jetzt auch für leicht fahrlässig verursachte Schäden sowie für die Gefahr des zufälligen Untergangs oder der zufälligen Beschädigung der Ware z.B. durch höhere Gewalt.

Beispiel: Auf dem Rückweg vom Käufer zum Lieferer wird die vom Käufer nicht angenommene Ware durch einen nicht verschuldeten Verkehrsunfall zerstört. Der Käufer trägt die Kosten für die zerstörten Waren.

Rechte des Verkäufers aus dem Annahmeverzug

- **Klage/Bestehen auf Abnahme und Einlagerung der Ware**: Handelt es sich bei der nicht angenommenen Lieferung um eine Ware, die für die speziellen Zwecke des Käufers hergestellt wurde oder anderweitig schwer zu verkaufen ist, wird ein Verkäufer die Ware auf **Kosten und Gefahr des Käufers** einlagern lassen (in einem öffentlichen oder eigenen Lager) und somit **auf Abnahme der Ware bestehen**. Das Gleiche wird der Fall sein, wenn die Transportkosten vom Verkäufer zum Käufer sehr hoch sind. Auch hier wird der Verkäufer entweder auf außergerichtlichem oder auf gerichtlichem Wege versuchen, den Käufer zur Abnahme der Ware zu bewegen. Der gerichtliche **Klageweg** ist allerdings sehr zeitraubend, zudem werden die Geschäftsbeziehungen mit dem Kunden durch eine Klage nachhaltig gestört.

- **Ersatz von Mehraufwendungen**: Befindet sich der Käufer in Annahmeverzug, kann der Verkäufer verlangen, dass ihm die Kosten für das erfolglose Angebot sowie für die Aufbewahrung und Erhaltung des geschuldeten Gegenstandes ersetzt werden.

- **Durchführung eines Selbsthilfeverkaufs**: Eine gerichtliche Klage ist sehr zeitaufwendig und kostspielig. Um die Klage zu vermeiden, kann der Verkäufer die eingelagerten Waren im Wege des Selbsthilfeverkaufs veräußern.

  Dies kann in folgender Weise geschehen:

  - In einer **öffentlichen Versteigerung** (z.B. durch einen Vollstreckungsbeamten) oder
  - durch einen **freihändigen Verkauf von Waren**, die einen Börsen- oder Marktpreis haben (z.B. durch einen vom Gericht bevollmächtigten Handelsmakler).

  Beispiel: Kaffee, Tee, Diamanten

Bei einem Selbsthilfeverkauf sind dem Verkäufer durch das Gesetz (§ 383 ff. BGB, § 373 HGB) zum Schutz des Käufers **Pflichten** auferlegt:

- **Androhung** des Selbsthilfeverkaufs: Die Androhung des Selbsthilfeverkaufs ist nicht erforderlich bei **leicht verderblichen Waren**, sie können sofort in Form eines **Notverkaufs** veräußert werden (§ 384 BGB).

  Beispiel: Die Kantine der Sommerfeld Bürosysteme GmbH erhält termingerecht eine Lieferung Erdbeeren. Da der für die Warenannahme zuständige Mitarbeiter von der Lieferung nicht informiert war, wird die Annahme der Lieferung abgelehnt. Der Spediteur fährt zum nächsten Großmarkt und verkauft dort unverzüglich die Waren.

- **Mitteilung** an den Käufer über Ort und Zeitpunkt des Selbsthilfeverkaufs, damit dieser selbst mitbieten kann,

- unverzügliche Mitteilung nach erfolgtem Selbsthilfeverkauf an den Käufer mit der **Abrechnung** über den Selbsthilfeverkauf. Die entstandenen Kosten (Lager-, Versteigerungskosten) sowie die Differenz (Mindererlös) zwischen dem vereinbarten Kaufpreis und dem erzielten Versteigerungserlös muss der Käufer tragen. Einen etwaigen Mehrerlös muss der Verkäufer nach Abzug der Kosten an den Käufer abführen.

- Liegt dem Annahmeverzug ein **Kaufvertrag** zugrunde, kann der Verkäufer unter bestimmten Voraussetzungen weiterführende **Rechte aus einem Schuldnerverzug** geltend machen, denn der Käufer schuldet nach § 433 Abs. 2 BGB explizit die Abnahme der Waren. Somit ist es denkbar, dass der Verkäufer Schadenersatzansprüche geltend machen oder vom Kaufvertrag zurücktreten kann. Auch kann es sinnvoll sein, dass Käufer und Verkäufer **freiwillig** einen Rücktritt vereinbaren, insbesondere dann, wenn die Geschäftsbeziehungen in der Vergangenheit erfolgreich waren und die Ware anderweitig an einen anderen Kunden verkauft werden kann.

Zusammenfassung

Annahmeverzug

- *Voraussetzungen des Annahmeverzuges sind*
  - *Fälligkeit der Lieferung*
  - *tatsächliches Angebot der Lieferung*
  - *Nichtannahme des Käufers*

  Annahmeverzug setzt **kein Verschulden** voraus.

- *Folgen des Annahmeverzuges sind*
  - *Einschränkung der Haftung des Verkäufers auf Vorsatz und grobe Fahrlässigkeit*
  - *Käufer haftet für Schäden, die durch leichte Fahrlässigkeit und Zufall (z. B. höhere Gewalt) eintreten.*

- *Rechte des Käufers*

Rechte	Klage/Bestehen auf Abnahme	• Einlagerung auf Kosten und Gefahr des Gläubigers
	Ersatz von Mehraufwendungen	• Kosten für das erfolglose Angebot sowie für die Aufbewahrung und Erhaltung der Ware
	Selbsthilfeverkauf	• Androhung • Mitteilung von Ort und Zeit • Aufteilung von Mehr- und Mindererlösen
	Notverkauf	• Besondere Form des Selbsthilfeverkaufs: Androhung entfällt

- *Unter bestimmten Voraussetzungen kann der Verkäufer bei einem Kaufvertrag Rechte aus einem Schuldnerverzug geltend machen.*
- *Es kann für beide Vertragsparteien sinnvoll sein, freiwillig einen Vertragsrücktritt zu vereinbaren.*

Aufgaben

1. Erläutern Sie die Voraussetzungen des Annahmeverzuges und die jeweiligen Rechte des Verkäufers.

2. Beschreiben Sie die Folgen, die sich aus dem Annahmeverzug für den Käufer ergeben.

3. Der Bürobedarfsgroßhandel Peter Müller e. K. hat die Annahme einer ordnungsgemäß angelieferten Sendung der Sommerfeld Bürosysteme GmbH abgelehnt. Die gesamte Warensendung wird in ein öffentliches Lagerhaus eingelagert. Die Sommerfeld Bürosysteme GmbH möchte einen Selbsthilfeverkauf durchführen lassen.
   a) Erläutern Sie die Pflichten, die die Sommerfeld Bürosysteme GmbH beim Selbsthilfeverkauf hat.
   b) Bei einem Selbsthilfeverkauf wird ein höherer Verkaufspreis erzielt, als ursprünglich im Kaufvertrag vereinbart worden war. Nach Abzug aller Kosten verbleibt ein Mehrerlös von 800,00 €. Begründen Sie, wer den Mehrerlös erhält.

4. Geben Sie in den nachfolgenden Fällen an, wie Sie sich als Lieferer verhalten würden:
   a) Ein Kunde gerät in Annahmeverzug für einen Warenwert über 450,00 €.
   b) Ein Großhändler nimmt eine Warensendung Konserven nicht an, weil er Betriebsferien hat.
   c) Ein Kunde, mit dem langjährige Geschäftsbeziehungen bestehen, verweigert ohne Angabe von Gründen die Annahme der Warenlieferung.
   d) Die Kantine eines Krankenhauses lehnt die Annahme bestellter frischer Champignons ab.
   e) Ein Großhändler lehnt die Annahme von Waren ab, weil er die gleiche Ware bei anderen Lieferern preiswerter beziehen kann.

5. **Schriftverkehr**: Schreiben Sie anhand nachfolgender Angaben für den Verkäufer jeweils einen Brief:

   Die Krankenhaus Einrichtungs-GmbH, Dachstr. 30-40, 04329 Leipzig, hat bei der Sommerfeld Bürosysteme GmbH 80 „Conrack Regalelemente" für die Lieferung zum 2. April 20.. bestellt. Die Ware wird termingerecht an die Krankenhaus Einrichtungs-GmbH ausgeliefert. Da die Auftragskopie in der Krankenhaus Einrichtungs-GmbH abhanden gekommen ist, wird die Annahme der Lieferung verweigert. Die Sommerfeld Bürosysteme GmbH lagert die Ware in einem öffentlichen Lager ein und besteht auf Abnahme der Lieferung.

6.4 Nicht-rechtzeitig-Zahlung (Zahlungsverzug) und Mahnverfahren

LS 11

Durch ein Versehen eines Mitarbeiters der Bürobedarfsgroßhandlung Thomas Peters e. K. wurde eine Eingangsrechnung über 34 500,00 € der Sommerfeld Bürosysteme GmbH nicht bezahlt. Die Sommerfeld Bürosysteme hatte der Bürobedarfsgroßhandlung Thomas Peters e. K. am 10. April Büromöbel geliefert und die Rechnung beigelegt. Als Zahlungsbedingung wurde im Kaufvertrag sofortige Zahlung vereinbart. Am 1. Juni erhält die Bürobedarfsgroßhandlung Thomas Peters e. K. eine Mahnung mit der Aufforderung, den Rechnungsbetrag zuzüglich 9 % Verzugszinsen über dem EZB-Basiszinssatz zu bezahlen. Wütend ruft Thomas Peters, der Geschäftsführer der Bürobedarfsgroßhandlung Thomas Peters e. K., bei der Sommerfeld Bürosysteme an, wobei Daniela Schaub den Anruf entgegennimmt, und erklärt, er werde nur den Rechnungsbetrag begleichen, auf die Verzugszinsen hätte die Sommerfeld Bürosysteme GmbH keinen Anspruch, da es sich um ein Versehen gehandelt habe.

Arbeitsaufträge

- *Begründen Sie die Notwendigkeit der Überwachung von Zahlungsterminen.*

- *Stellen Sie fest, ob die Voraussetzungen des Zahlungsverzuges gegeben sind.*

- *Überprüfen Sie, ob die Bürobedarfsgroßhandlung Thomas Peters e. K. den Rechnungsbetrag einschließlich der Verzugszinsen bezahlen muss.*

- *Beschreiben Sie den Ablauf des außergerichtlichen und des gerichtlichen Mahnverfahrens.*

Ein Industrieunternehmen sollte auf den pünktlichen Zahlungseingang seiner Forderungen achten, um eine Verringerung der eigenen Liquidität, Zinsverluste, die Aufnahme von teuren Bankkrediten und eine mögliche Verjährung von Forderungen zu vermeiden. Zahlt ein Käufer (Schuldner) nicht oder nicht rechtzeitig, gerät er unter bestimmten Voraussetzungen in Zahlungsverzug (= Schuldnerverzug § 286 ff. BGB).

Voraussetzungen des Zahlungsverzuges

- Die Zahlung muss **fällig** sein, d. h. der Verkäufer (Gläubiger) muss Zahlung verlangen können.

- Grundsätzlich muss der Käufer **gemahnt** worden sein. Eine **Mahnung** ist entbehrlich, falls

  - der Zahlungstermin **kalendermäßig bestimmt** ist,

    Beispiel: Rechnung zahlbar bis 5. März 20..

  - der Zahlungstermin aufgrund eines **Ereignisses kalendermäßig bestimmbar** ist,

    Beispiel: Rechnung zahlbar 30 Tage nach Rechnungserhalt

  - der Schuldner die **Zahlung endgültig verweigert**,

  - **besondere Umstände** vorliegen.

  Ebenfalls ohne Mahnung kommt der Käufer spätestens dann in Verzug, wenn er nicht innerhalb von **30 Tagen** nach **Fälligkeit** und **Zugang** der Rechnung oder einer gleichwertigen Zahlungsaufstellung zahlt (§ 286 Abs. 3 BGB). Den ordnungsgemäßen Zugang hat im Streitfall der Verkäufer zu beweisen. Ist der Zeitpunkt des Zugangs der Rechnung unsicher, kommt der Käufer, sofern er kein Verbraucher ist, spätestens 30 Tage nach Fälligkeit und Empfang der Ware in Verzug. Die 30 Tage-Regelung gilt gegenüber einem **Verbraucher** nur, wenn er auf diese Folgen in der Rechnung oder gleichwertigen Zahlungsaufstellung **hingewiesen** worden ist.

- Grundsätzlich ist für den Zahlungsverzug auch das **Verschulden des Käufers** notwendig. Allerdings muss er für seine finanzielle Leistungsfähigkeit immer einstehen. Es gilt der Grundsatz „Geld hat man zu haben". Kein Verschulden trifft ihn dann, wenn er den Grund für die Nicht-rechtzeitig-Zahlung nicht zu vertreten hat.

  Beispiele: Kontoänderung des Gläubigers, Krankheit des Käufers

Rechte des Verkäufers aus der Nicht-rechtzeitig-Zahlung

Der Verkäufer kann ohne Nachfristsetzung

- **auf Zahlung bestehen**, d. h., der Käufer zahlt nach dem Zahlungstermin und der Verkäufer stellt keine weiteren Ansprüche oder

- auf Zahlung bestehen und Schadenersatz wegen Verzögerung der Leistung verlangen. Der Schadenersatz (Ersatz des Verzugsschadens) kann die entgangenen Zinsen und den Kostenersatz (Mahnkosten) umfassen. Gegenüber Nichtverbrauchern können pauschal 40,00 € als Mahnkosten zusätzlich zu den Verzugszinsen veranschlagt werden. Die **Verzugszinsen** betragen laut Gesetz (§ 288 BGB) 5 % über dem EZB-Basiszinssatz, sofern ein Verbraucher beteiligt ist, ansonsten 9 % über dem EZB-Basiszinssatz. Vertraglich können höhere Zinssätze vereinbart werden.

Wenn die Zahlung durch den Käufer **nach dem Ablauf einer Nachfrist** nicht erfolgt ist, kann der Verkäufer

- **die Zahlung ablehnen und vom Vertrag zurücktreten**, d.h., der Verkäufer verlangt seine Waren zurück. Dies ist dann sinnvoll, wenn der Verkaufspreis zwischenzeitlich gestiegen ist und die Ware zu einem höheren Preis verkauft werden kann. Für die Inanspruchnahme dieses Rechts ist ein Verschulden des Käufers nicht erforderlich.

- und/oder **die Zahlung ablehnen und Schadenersatz statt der Leistung verlangen**: Der Verkäufer wird dieses Recht in Anspruch nehmen, wenn der Verkaufspreis der Waren inzwischen gesunken ist und er beim Verkauf an einen anderen Kunden einen geringeren Verkaufserlös erzielt. Der Schaden ist in Höhe der Differenz zwischen dem ursprünglichen und dem jetzt erzielten Verkaufspreis. Ebenfalls kann der Verkäufer den **Ersatz vergeblicher Aufwendungen** geltend machen.

Liegen besondere Umstände vor oder verweigert der Käufer die Zahlung ernsthaft und endgültig, kann der Verkäufer auch ohne den Ablauf einer Nachfrist vom Kaufvertrag zurücktreten und/oder Schadenersatz statt der Leistung bzw. den Ersatz vergeblicher Aufwendungen verlangen.

Mahnverfahren

Außergerichtliches (kaufmännisches) Mahnverfahren
Man spricht von einem **außergerichtlichen oder kaufmännischen Mahnverfahren**, wenn der Verkäufer **ohne Einschaltung des Gerichts** versucht, seine ausstehenden Forderungen einzutreiben. Eine Mahnung sollte aber immer mit sehr viel „Fingerspitzengefühl" vorgenommen werden, da durch zu harte und ungeschickte Formulierungen Kunden verärgert werden können. Die Mahnung sollte einen Hinweis auf den fälligen Betrag und den überfälligen Zahlungstermin enthalten. **Aus Beweissicherungsgründen** sollte sie **schriftlich** abgefasst werden.

Ein kaufmännisches Mahnverfahren kann z.B. **in folgenden Schritten** durchgeführt werden:

- **Zahlungserinnerung:** Der Schuldner erhält 14 Tage nach Überschreiten des Fälligkeitstages in höflicher Form eine Rechnungskopie oder einen Kontoauszug.

- **1. Mahnung:** Nochmalige Zusendung einer Rechnungskopie oder eines Kontoauszuges mit einem Schreiben nach weiteren 14 Tagen, wobei ein nachdrücklicher Ton angeschlagen wird.

- **2. Mahnung:** Nach weiteren 14 Tagen wird eine Mahnung mit Fristsetzung an den Kunden gesandt, wobei nachdrücklich auf die Fälligkeit, den Betrag und die Folgen der Nichtzahlung hingewiesen wird.

- **3. Mahnung:** Es wird nach acht Tagen ein letzter Termin gesetzt und der Mahnbescheid (gerichtliche Mahnung) angedroht.

→ **LF 6**

Eine besondere Form der Mahnung ist die Zustellung einer **Postnachnahme**, wobei man Geldbeträge bis höchstens 1 600,00 € durch die Deutsche Post AG einziehen lassen kann. Hierbei werden die Forderungen mithilfe eines Onlinevordruckes eingezogen.

→ 📄

LS 11

Das gerichtliche Mahnverfahren

Wenn ein säumiger Kunde nicht auf die Maßnahmen des außergerichtlichen (kaufmännischen) Mahnverfahrens reagiert, kann der Gläubiger beim für seinen Wohn- oder Geschäftssitz zuständigen Amtsgericht einen Antrag[1] auf Erlass eines **Mahnbescheides** stellen. Dadurch wird das gerichtliche Mahnverfahren (§ 688 ff. ZPO) eingeleitet. Der Mahnbescheid stellt eine Mahnung von Amts wegen dar, wodurch der Schuldner aufgefordert wird, den ausstehenden Betrag binnen einer Frist von zwei Wochen zu zahlen oder Widerspruch zu erheben. Der Antrag kann auf vielfältige Art und Weise, z. B. auf einem besonderen Vordruck oder auch im Onlineverfahren, gestellt werden. Das Amtsgericht erlässt den Mahnbescheid, wobei nicht überprüft wird, ob der Anspruch zu Recht besteht oder nicht. Der Mahnbescheid wird dem Schuldner vom Gericht zugestellt. Der **Schuldner** hat nach Zustellung des Mahnbescheids durch das Amtsgericht **drei Möglichkeiten**:

- Der Schuldner **zahlt** den Forderungsbetrag und sämtliche Kosten des Verfahrens. Damit ist das Verfahren beendet.

- Der Schuldner erhebt **Widerspruch** beim zuständigen Amtsgericht innerhalb der Widerspruchsfrist von zwei Wochen. Auf Antrag des Gläubigers kommt es zum Zivilprozess beim zuständigen Amtsgericht (Streitwert bis 5 000,00 €) oder Landgericht (Streitwert über 5 000,00 €).

- Der Schuldner **schweigt**. Der Gläubiger kann nach Ablauf der Widerspruchsfrist binnen sechs Monaten einen Antrag auf einen **Vollstreckungsbescheid** stellen.

Hat der Gläubiger beim Amtsgericht einen **Vollstreckungsbescheid** beantragt, wird dieser dem Schuldner vom Amtsgericht zugestellt. Der **Schuldner** hat wieder **drei Möglichkeiten**:

- Der Schuldner **zahlt** und das Verfahren ist beendet.

- Der Schuldner erhebt **Einspruch** innerhalb der Einspruchsfrist von zwei Wochen. Auf Antrag des Gläubigers kommt es zum Zivilprozess beim zuständigen Amts- oder Landgericht.

- Der Schuldner **schweigt**. Nach Ablauf der Einspruchsfrist kann der Gläubiger durch einen Vollstreckungsbeamten die **Zwangsvollstreckung** in das bewegliche Vermögen (Mobilien), das unbewegliche Vermögen (Immobilien) sowie in Forderungen vornehmen lassen.

Bei einer Zwangsvollstreckung in das bewegliche Vermögen (**Mobiliarvollstreckung**) werden verwertbare Gegenstände von einem Gerichtsvollzieher gepfändet und mit einem **Pfandsiegel** („Kuckuck") versehen. Sie werden nach einer Schonfrist öffentlich versteigert. Der Gläubiger erhält den Erlös der Versteigerung abzüglich der entstandenen Versteigerungskosten bis zur Höhe seiner Forderungen. Allerdings dürfen nicht alle verwertbaren Gegenstände gepfändet werden. Nicht pfändbar sind Gegenstände, die für eine bescheidene Lebensführung benötigt werden.

---

[1] *Aus Rationalisierungsgründen werden alle Mahnbescheide zentral je nach Bundesland bei einigen Amtsgerichten bearbeitet, rechtliche Wirkung hat der Antrag erst mit Eingang beim zuständigen Amtsgericht*

Beispiele: Kleidungsstücke, Einrichtungsgegenstände, Radiogerät, Haus- und Küchengeräte

Ebenfalls nicht pfändbar sind bestimmte Teile des **Arbeitseinkommens**, die dem Lebensunterhalt des Schuldners dienen sollen. Solche Forderungen müssen zudem vor dem zuständigem Arbeitsgericht in einem besonderen Verfahren geltend gemacht werden.

Bei der Zwangsvollstreckung in **Immobilien** werden Grundstücke zwangsversteigert oder unter Zwangsverwaltung gestellt. Im Rahmen der Zwangsverwaltung erhält der Gläubiger die Einnahmen (Miete, Pacht) aus dem Grundstück.

Ist eine **Zwangsvollstreckung beim Schuldner erfolglos**, kann der Schuldner zur Abgabe einer **Vermögensauskunft** bewegt werden. Er hat sämtliche Vermögensgegenstände und Forderungen anzugeben und muss die Richtigkeit und Vollständigkeit seiner Angaben an **Eides statt** versichern. Bei einer falschen eidesstattlichen Versicherung muss der Gläubiger mit einer Haftstrafe rechnen. Weigert sich der Schuldner, die Vermögensauskunft abzugeben, kann der Erlass eines Haftbefehls durch den Gläubiger beantragt werden, um den Gläubiger zur Abgabe einer Vermögensauskunft zu bewegen. Bleibt die Zwangsvollstreckung auch nach Abgabe der Vermögensauskunft weiterhin erfolglos, wird der Schuldner in ein **Schuldnerverzeichnis** eingetragen.

Zusammenfassung

Nicht-rechtzeitig-Zahlung (Zahlungsverzug) und Mahnverfahren

- *Voraussetzung der Nicht-rechtzeitig-Zahlung: **Fälligkeit der Zahlung, Mahnung** und **Verschulden des Käufers**. Allerdings muss der Käufer für seine finanzielle Leistungsfähigkeit immer einstehen.*

- *Ist der Zahlungstermin **kalendermäßig bestimmt** oder aufgrund eines **Ereignisses kalendermäßig bestimmbar**, liegen **besondere Umstände** vor oder **verweigert** der Schuldner die Zahlung endgültig, kann eine **Mahnung unterbleiben**.*

- *Der Zahlungsverzug tritt bei **unbestimmten Zahlungsterminen** spätestens dann ein, wenn der Schuldner nicht innerhalb von **30 Tagen** nach **Fälligkeit** und **Zugang** der Rechnung zahlt. Ein Verbraucher muss auf diese Folgen in der Rechnung hingewiesen werden*

Rechte des Verkäufers	
ohne Nachfristsetzung	**mit Nachfristsetzung**
- Zahlung verlangen oder - Zahlung und Schadenersatz wegen Verzögerung der Leistung verlangen, **Verzugszinsen** lt. Gesetz: 5 % über EZB-Basiszinssatz, sofern ein Verbraucher beteiligt ist, ansonsten 9 % über dem EZB-Basiszinssatz.	- Ablehnung der Zahlung und Rücktritt vom Vertrag und/oder - Ablehnung der Zahlung und Schadenersatz statt der Leistung bzw. Ersatz vergeblicher Aufwendungen

- *Grundsätzlich sollten aus Beweissicherungsgründen Mahnungen **schriftlich** erfolgen.*

- *Statt dem gerichtlichen Mahnverfahren kann der Gläubiger ein **gerichtliches Klageverfahren** beim sachlich und örtlich zuständigen Gericht beantragen.*

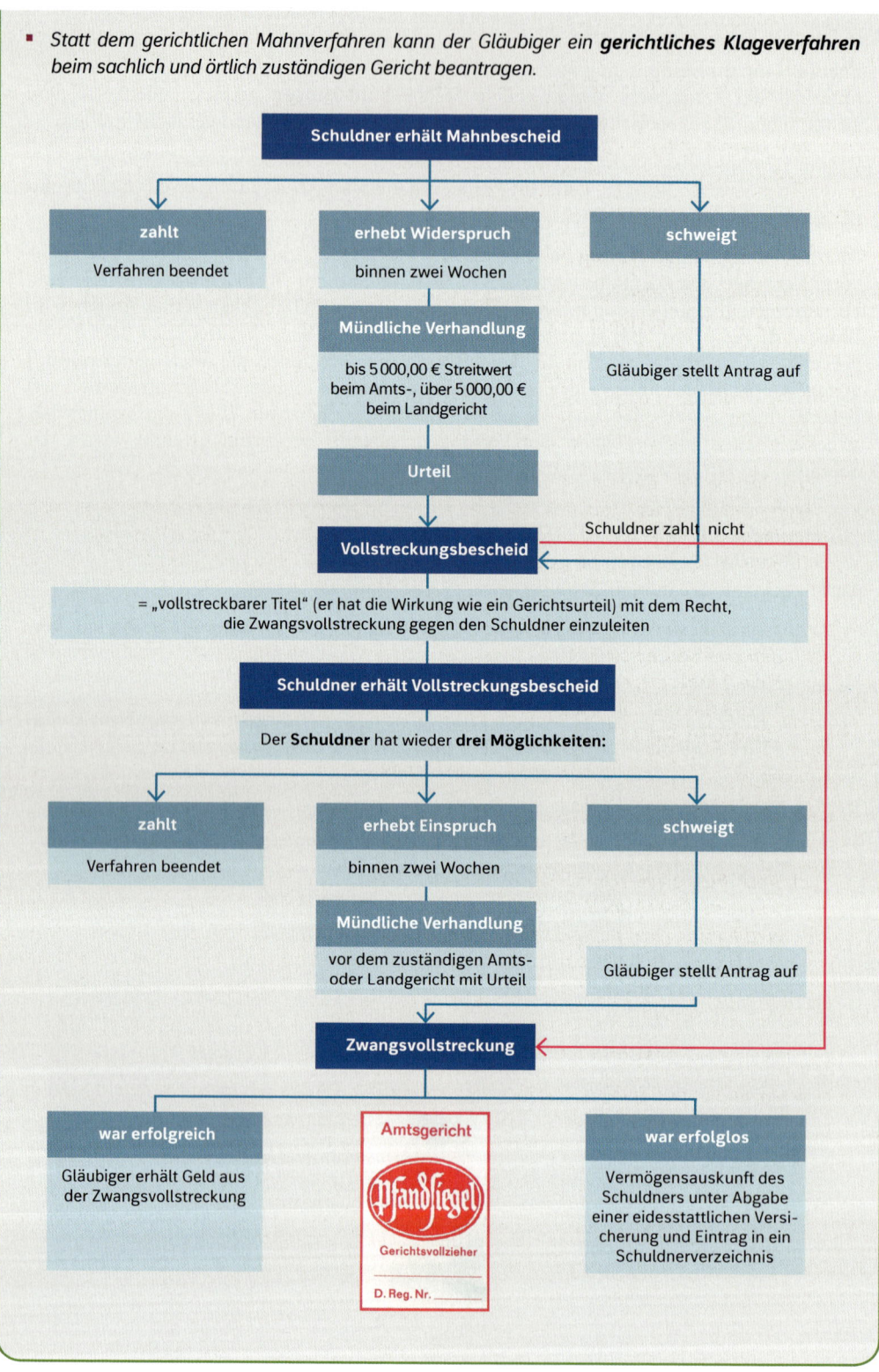

Aufgaben

1. Beschreiben Sie die Kontrolle der Zahlungseingänge und -ausgänge in Ihrem Ausbildungsbetrieb.

2. Erläutern Sie die Voraussetzungen der Nicht-rechtzeitig-Zahlung und die jeweiligen Rechte des Verkäufers.

3. Überprüfen Sie, welche Ursachen zur Nicht-rechtzeitig-Zahlung führen können.

4. Beschreiben Sie den Ablauf des außergerichtlichen und des gerichtlichen Mahnverfahrens.

5. Hera Dubowski erhält per Post einen Mahnbescheid zugesandt, in welchem sie von einer Versandhandlung aufgefordert wird, 3 000,00 € zu zahlen. Da Hera keine Einkäufe bei der Versandhandlung getätigt hat, ist sie der Überzeugung, dass es sich um einen Irrtum handeln muss, der sich von selbst aufklärt. Infolgedessen unternimmt sie nichts. Beschreiben Sie die Folgen, die sich für Hera aus ihrem Schweigen ergeben können.

6. Geben Sie an, welche Konsequenzen eine Zwangsvollstreckung für den Schuldner hat.

7. Die Sommerfeld Bürosysteme GmbH hat der Krankenhaus Einrichtungs-GmbH Leipzig Waren im Wert von 31 368,00 € geliefert. Als Zahlungstermin war vereinbart worden: „Zahlbar 30 Tage nach Erhalt der Rechnung netto Kasse". Die Rechnung wurde am 10. Februar 20.. per Brief versandt und ist dem Kunden am 11. Februar 20.. zugestellt worden.

    a) Schreiben Sie
       1. eine Zahlungserinnerung am 25. März 20..,
       2. die 1. Mahnung am 9. April 20..,
       3. die 2. Mahnung am 23. April 20..,
       4. die 3. und letzte Mahnung am 30. April 20.. .
       (Die Krankenhaus Einrichtungs-GmbH Leipzig reagiert auf kein Mahnschreiben.)

    b) Angenommen, die Krankenhaus Einrichtungs-GmbH Leipzig überweist nach der letzten Mahnung nur 30 000,00 €.

       Beschaffen Sie sich eine Nachnahme und füllen Sie diese über den Restbetrag aus.

    c) Trotz dreimaliger schriftlicher Mahnung (Mahnkosten = vorgerichtliche Kosten 68,00 €, Vordruck 3,50 €) zahlt die Krankenhaus Einrichtungs-GmbH Leipzig nicht (Aufgabe b) wird hierbei nicht beachtet). Am 15. Juni 20.. beantragt die Sommerfeld Bürosysteme GmbH einen Mahnbescheid. Sie beauftragt ihren Rechtsvertreter Dr. Hans Bauer, Gartenstraße 16, 40479 Düsseldorf, als Prozessbevollmächtigten mit der Wahrnehmung ihrer Interessen.

    Stellen Sie diesen Mahnbescheid aus.

8. Erstellen Sie mithilfe einer Textverarbeitungssoftware ein Textbausteinsystem für das kaufmännische Mahnverfahren.

9. Beschreiben Sie die Konsequenzen, die einem Unternehmen entstehen, wenn es seine Außenstände nicht rechtzeitig von den Kunden bezahlt bekommt.

10. Erläutern Sie, wovon es abhängen kann, in welcher Form und wie oft ein Unternehmen einen säumigen Käufer mahnt.

6.5　Zinsrechnen

Aufgrund einer unerwarteten Lieferverzöge-rung eines Lkw-Herstellers stehen der Sommerfeld Bürosysteme GmbH 70 000,00 € Barmittel drei Monate zur Verfügung. Der Geschäftsführer Herr Feld erhält von der Deutschen Bank in Essen ein Angebot, den Geldbetrag für 90 Tage zu 8 % als Termingeld anzulegen. Eine Konkurrenzbank bietet für den gleichen Zeitraum für den Geldbetrag einen Festzinsbetrag von 1 450,00 € an. Herr Feld überlegt, welches Angebot er annehmen soll.

Arbeitsaufträge

- *Ermitteln Sie die Zinsen, die bei der Anlage des Geldbetrages bei der Deutschen Bank anfallen.*
- *Ermitteln Sie den Zinssatz, den die Konkurrenzbank zugrunde gelegt hat.*
- *Begründen Sie, welches Angebot Herr Feld annehmen sollte.*

Größen der Zinsrechnung

Zinsen stellen das Entgelt für die Kapitalüberlassung über eine bestimmte Zeit dar. Die Höhe des Zinssatzes wird meistens in Darlehensverträgen oder in Kaufverträgen (**Verzugszinsen** bei Nichteinhalten des Zahlungszieles) vereinbart und **bezieht sich immer auf ein Jahr**. Im Unterschied zum Prozentrechnen muss das Zinsrechnen als Besonderheit die **Laufzeit der Kapitalüberlassung** einbeziehen. Die Höhe der Zinsen ist somit abhängig von dem Zinssatz, dem Kapital und der Zeit.

Beispiel: Ein zu 6 % angelegter Betrag von 50 000,00 € erbingt in vier Jahren 12 000,00 €.

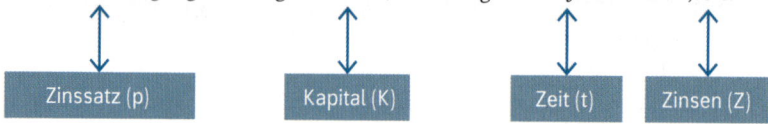

| Zinssatz (p) | Kapital (K) | Zeit (t) | Zinsen (Z) |

Berechnen der Zinsen

Um die Zinsen berechnen zu können, müssen Kapital, Zinssatz und Zeit gegeben sein. Die Zeit kann in Jahren (j), Monaten (m) oder Tagen (t) angegeben werden.

Berechnen von Jahreszinsen

Die Zeit der Kapitalüberlassung wird in Jahren angegeben. Da der Zinssatz die Zinsen von 100,00 € für ein Jahr angibt, lassen sich die Jahreszinsen wie der Prozentwert im Prozentrechnen ermitteln.

Beispiel: Die Sommerfeld Bürosysteme GmbH nimmt für fünf Jahre ein Bankdarlehen über 50 000,00 € zum Zinssatz von 8 % auf. Wie viel Euro Zinsen sind insgesamt zu zahlen?

Lösung

8 % Zinsen für 1 Jahr von 50 000,00 € sind: $\dfrac{50\,000 \cdot 8}{100}$

8 % Zinsen für 5 Jahre von 50 000,00 € sind: $\dfrac{50\,000 \cdot 8 \cdot 5}{100} = 20\,000{,}00\ €$

Die Sommerfeld Bürosysteme GmbH hat in 5 Jahren 20 000,00 € Zinsen zu zahlen.

Daraus lässt sich die Formel zur Berechnung der Jahreszinsen ableiten:

$$\text{Jahreszinsen} = \frac{\text{Kapital} \cdot \text{Zinssatz} \cdot \text{Jahre}}{100} \qquad Z = \frac{K \cdot p \cdot t\ (\text{Jahre})}{100}$$

Berechnen der Monatszinsen

Die Zeit der Kapitalüberlassung ist in Monaten angegeben. Zinsen werden für einen Monat Laufzeit ermittelt, indem die Jahreszinsen durch 12 dividiert werden.

Beispiel: Die Sommerfeld Bürosysteme GmbH legt überschüssige liquide Mittel in Höhe von 25 000,00 € 9 Monate zu 5 % Zinsen an. Wie viele Zinsen bringt ihr das Kapital in dieser Zeit?

Lösung

5 % Zinsen für 1 Jahr   von 25 000,00 € sind: $\dfrac{25\,000 \cdot 5}{100}$

5 % Zinsen für 1 Monat   von 25 000,00 € sind: $\dfrac{25\,000 \cdot 5 \cdot 1}{100 \cdot 12}$

5 % Zinsen für 9 Monate   von 25 000,00 € sind: $\dfrac{25\,000 \cdot 5 \cdot 9}{100 \cdot 12} = 937{,}50\ €$

Das Kapital von 25 000,00 € bringt in 9 Monaten 937,50 € Zinsen.

Die entsprechende Formel zur Berechnung der Monatszinsen lautet:

$$\text{Monatszinsen} = \frac{\text{Kapital} \cdot \text{Zinssatz} \cdot \text{Monate}}{100 \cdot 12} \qquad Z = \frac{K \cdot p \cdot t\ (\text{Monate})}{100 \cdot 12}$$

Berechnen der Tageszinsen

Die Zeit der Kapitalüberlassung ist angegeben oder zu berechnen. Zinsen für einen Tag Laufzeit werden berechnet, indem die Jahreszinsen durch 360 dividiert werden.

Beispiel: Die Sommerfeld Bürosysteme GmbH benötigt einen kurzfristigen Kredit über 24 000,00 € zum Kauf eines Lkw. Zinssatz 7,5 %, Laufzeit 145 Tage. Wie viele Zinsen muss die Sommerfeld Bürosysteme GmbH zahlen?

Lösung

7,5 % Zinsen für 1 Jahr   von 24 000,00 € sind: $\dfrac{24\,000 \cdot 7{,}5}{100}$

7,5 % Zinsen für 1 Tag   von 24 000,00 € sind: $\dfrac{24\,000 \cdot 7{,}5}{100 \cdot 360}$

7,5 % Zinsen für 145 Tage von 24 000,00 € sind: $\dfrac{24\,000 \cdot 7{,}5 \cdot 145}{100 \cdot 360} = 725{,}00\ €$

Die Sommerfeld Bürosysteme GmbH muss 725,00 € Zinsen zahlen.

Die **Formel** zur Berechnung der Tageszinsen lautet:

$$\text{Tageszinsen} = \frac{\text{Kapital} \cdot \text{Zinssatz} \cdot \text{Tage}}{100 \cdot 360} \qquad Z = \frac{K \cdot p \cdot t \, (\text{Tage})}{100 \cdot 360}$$

Für die **Berechnung der Zinstage** gelten im kaufmännischen Zinsrechnen der Bundesrepublik Deutschland folgende Besonderheiten:

- ein Jahr   = 360 Tage

- ein Monat   = 30 Tage, auch Februar, der 31. eines Monats bleibt unberücksichtigt.
  Ausnahme: Monat Februar, wenn der Zinszeitraum am 28. oder 29. endet.

- Der erste Tag der Kapitalüberlassung wird im Gegensatz zum Tag der Kapitalrückzahlung nicht in den Zinszeitraum einbezogen.

Berechnen von Kapital, Zinssatz und Zeit

Zur Berechnung von Kapital, Zinssatz oder Zeit wird die Zinsformel umgestellt:

$$\textbf{Kapital (K)} = \frac{Z \cdot 100 \cdot 360}{p \cdot t} \qquad \textbf{Zinssatz (p)} = \frac{Z \cdot 100 \cdot 360}{K \cdot t} \qquad \textbf{Zeit (t)} = \frac{Z \cdot 100 \cdot 360}{K \cdot p}$$

Zur Lösung müssen neben den Zinsen (jeweils im Zähler) die im Nenner stehenden Größen bekannt sein.

Beispiel 1: Berechnung des Kapitals

Einem Kunden werden für die Zeit vom 14.02. bis zum 26.03. wegen Zahlungsverzugs 7,5 % Zinsen = 161,00 € in Rechnung gestellt. Über welchen Betrag lautet die Rechnung?

$$K = \frac{161 \cdot 100 \cdot 360}{7,5 \cdot 42} = \underline{18\,400,00\ \text{€}}\ \text{Der Rechnungsbetrag lautet über } 18\,400,00\ \text{€}.$$

Beispiel 2: Berechnung des Zinssatzes

Für einen Kredit über 30 000,00 € über die Zeit vom 05.04. bis zum 31.08. müssen 906,25 € Zinsen gezahlt werden. Berechnen Sie den Zinssatz.

$$p = \frac{906,25 \cdot 100 \cdot 360}{30\,000 \cdot 145} = \underline{7,5\ \%}\ \text{Der Zinssatz beträgt } 7,5\ \%.$$

Beispiel 3: Berechnung der Zeit

Wegen Überschreitung des Zahlungsziels werden einem Kunden am 10.09. 7 % Verzugszinsen = 173,88 € für AR 128 über 24 840,00 € in Rechnung gestellt. Seit wann ist die Rechnung fällig?

$$t = \frac{173,88 \cdot 100 \cdot 360}{24\,840 \cdot 7} = \underline{36\ \text{Tage}}\ \text{Der Rechnungsbetrag ist seit dem } 04.08.\ \text{fällig}.$$

Zinsrechnen vom verminderten und vermehrten Grundwert

Kredite können abzüglich der Zinsen für die Laufzeit ausgezahlt oder einschließlich der Zinsen für die Laufzeit zurückgezahlt werden.

Wird nun in Aufgaben zur Zinsrechnung nicht das vereinbarte Darlehen (Kapital) gegeben, sondern das um die Zinsen verminderte oder vermehrte Kapital, liegt die Zinsrechnung vom verminderten Kapital (im Hundert) oder vermehrten Kapital (auf Hundert) vor.

Zinsrechnung vom verminderten Kapital (im Hundert)

Beispiel: Die Sommerfeld Bürosysteme GmbH nimmt für die Zeit vom 30.06. bis 30.09. ein Darlehen auf, das sie abzüglich 8 % Zinsen mit 27 440,00 € bereitgestellt bekommt. Berechnen Sie den Darlehensbetrag.

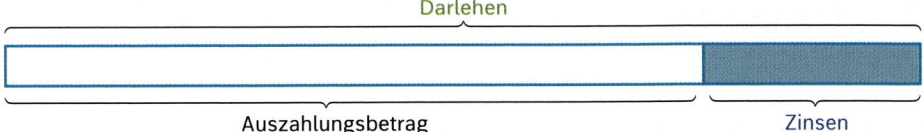

Gegenüber der Prozentrechnung vom verminderten Grundwert muss beachtet werden, dass der Zinssatz sich auf ein Jahr bezieht, die einbehaltenen Zinsen aber auf die Laufzeit des Darlehens (im Beispiel auf 90 Tage).

Will man nun das Darlehen, das 100 % entspricht, berechnen, muss der Zinssatz in einen Prozentsatz umgerechnet werden, der sich auf die Laufzeit des Darlehens bezieht. Der weitere Lösungsschritt entspricht dem der Prozentrechnung mit vermindertem Grundwert.

Lösung

1. **Umrechnung des Jahreszinssatzes**, der sich auf 360 Tage bezieht, **in einen Zinssatz**, der sich **auf die Laufzeit** des Darlehens (90 Tage) bezieht **(Zeitprozentsatz):**

$$360 \text{ Tage} = 8 \text{ \%} \qquad x = \frac{8 \cdot 90}{360}$$

$$90 \text{ Tage} = x \text{ \%} \qquad x = \underline{\underline{2 \text{ \%}}}$$

Das vereinbarte Kapital wurde um 2 % gekürzt. Es kommen nur 98 % davon zur Auszahlung.

2. **Berechnung des Kapitals**

$$98 \text{ \%} = 27 440,00 \text{ €} \qquad x = \frac{27 440 \cdot 100}{98}$$

$$100 \text{ \%} = \qquad x \text{ €} \quad x = \underline{\underline{28 000,00 \text{ €}}}$$

Das vereinbarte Darlehen beträgt 28 000,00 €.

Zinsrechnung vom vermehrten Kapital (auf Hundert)

Beispiel: Die Sommerfeld Bürosysteme GmbH zahlt ein Darlehen, das sie am 5. Mai aufgenommen hatte, am 5. September einschließlich 7,5 % Zinsen mit 28 187,50 € zurück. Berechnen Sie den Darlehensbetrag.

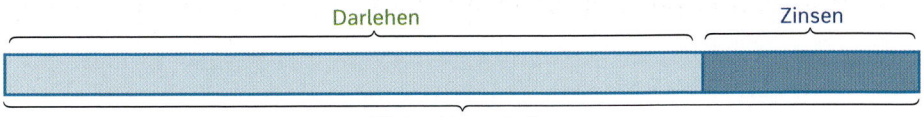

Lösung

1. **Umrechnung des Jahreszinssatzes** in einen **Zinssatz**, der sich auf die **Laufzeit des Darlehens** bezieht (**Zeitprozentsatz**):

360 Tage = 7,5 %
$$x = \frac{7,5 \cdot 120}{360}$$

120 Tage = x %
$$x = \underline{\underline{2,5\,\%}}$$

Der Zinssatz, der sich auf die Laufzeit des Darlehens bezieht, beträgt 2,5 %.

2. **Berechnung des Kapitals**

102,5 % = 28 187,50 €
$$x = \frac{28\,187,50 \cdot 100}{102,5}$$

100,0 % = x €
$$x = \underline{\underline{27\,500,00\,€}}$$

Das vereinbarte Darlehen beträgt 27 500,00 €.

Zusammenfassung

Zinsrechnung

- ▪ **Berechnen der Zinsen:**
  - – Der Zinsssatz gibt die Verzinsung von 100,00 € Kapital in einem Jahr an.
  - – Die Zinsen werden wie der Prozentwert im Prozentrechnen unter Berücksichtigung der Zeit berechnet.

Jahreszinsen	Monatszinsen	Tageszinsen
$Z = \dfrac{K \cdot p \cdot j}{100}$	$Z = \dfrac{K \cdot p \cdot m}{100 \cdot 12}$	$Z = \dfrac{K \cdot p \cdot t}{100 \cdot 360}$

- ▪ **Berechnen von Kapital, Zinssatz und Zeit:**
  Zur Berechnung wird die Zinsformel umgestellt:

Kapital (K)	Zinssatz (p)	Zeit (t)
$K = \dfrac{Z \cdot 100 \cdot 360}{p \cdot t}$	$p = \dfrac{Z \cdot 100 \cdot 360}{K \cdot t}$	$t = \dfrac{Z \cdot 100 \cdot 360}{K \cdot p}$

- ▪ **Zinsrechnen vom verminderten und vermehrten Grundwert**
  - – In der Zinsrechnung vom verminderten oder vermehrten Kapital ist das **gesuchte Kapital immer 100 %.**
  - – Der Jahreszinssatz, zu dem das Kapital überlassen wurde, ist in einen Zinssatz umzurechnen, der sich auf die Laufzeit bezieht.
  - – Das **verminderte Kapital** entspricht dann 100 % – Zeitprozentsatz.
    Das **vermehrte Kapital** entspricht dann 100 % + Zeitprozentsatz.
  - – Das Kapital wird mithilfe des Dreisatzes berechnet.

Aufgaben

1. Berechnen Sie die Jahreszinsen für folgende Darlehen:

	Darlehen in €	Zinssatz in %	Laufzeit in Jahren
a)	25 000,00	7	2
b)	80 000,00	7,5	6
c)	45 000,00	6	4
d)	95 400,00	8,5	5

2. Berechnen Sie die Zinsen für folgende Kapitalien:

	Darlehen in €	Zinssatz in %	Laufzeit in Monaten
a)	17 350,00	$7\,\tfrac{1}{2}$	8
b)	12 800,00	$8\,\tfrac{1}{3}$	11
c)	10 600,00	$6\,\tfrac{1}{4}$	14
d)	8 400,00	9	4

3. Errechnen Sie die Zinstage.

a) 1. Februar – 31. März
b) 15. April – 23. September
c) 28. Februar – 20. Dezember
d) 31. Mai – 30. November
e) 4. Januar – 28. Februar
f) 13. Juni – 1. Oktober
g) 2. Juni – 21. Oktober
h) 18. Mai – 26. September
i) 3. Juli – 17. November
j) 24. März – 1. Juli
k) 29. Februar – 4. August
l) 10. Dezember – 31. März d. n. J.

4. Berechnen Sie die Zinsen für folgende Kapitalien:

	Darlehen in €	Zinssatz in %	Laufzeit	
a)	27 400,00	$7\tfrac{1}{2}$	27. Februar	– 1. Juli
b)	86 500,00	8	25. März	– 28. Februar d. n. J.
c)	140 000,00	$6\tfrac{2}{3}$	2. Januar	– 24. November
d)	12 500,00	7	31. März	– 1. September
e)	75 000,00	$8\tfrac{1}{3}$	22. Mai	– 14. Oktober

5. Ein Darlehen über 14 500,00 €, das am 31. März aufgenommen wurde, ist am 15. Dezember einschließlich 8 % Zinsen zurückzuzahlen. Ermitteln Sie

a) die Zinsen, b) den Rückzahlungsbetrag.

6. Am 15. September wurden den folgenden Kunden 7,5 % Verzugszinsen in Rechnung gestellt:

	Kunde	Rechnungsbetrag in €	Fälligkeit
a)	Pase	14 800,00	14. August
b)	Richarz	18 100,00	31. Juli
c)	Walde	8 540,00	1. August

Berechnen Sie die Verzugszinsen, mit denen die einzelnen Kunden belastet werden.

7. Ermitteln Sie die Darlehenssummen zu den Angaben unter a) bis f).

	Zinssatz in %	Zinsen in €	Zeit	
a)	8	750,00	12. März	– 17. Juli
b)	7	717,50	23. Mai	– 18. Dezember
c)	9	364,00	28. Februar	– 12. Juni
d)	7,5	712,50	17. Januar	– 2. März
e)	8,5	2040,00	19. April	– 25. Juli
f)	6	440,00	5. September	– 31. Oktober

8. Mit dem eingesetzten Eigenkapital hat ein Unternehmer im letzten Jahr 198 000,00 € Gewinn erzielt. Dies entspricht einer Rendite von 8 %. Berechnen Sie das eingesetzte Kapital.

9. Mit einer Termineinlage vom 17. Februar bis zum 27. April erzielte ein Unternehmen 308,00 € Zinsen. Dies entspricht einer Verzinsung von 4,8 %. Wie viel Euro betrug die Termineinlage?

10. Ermitteln Sie zu den Angaben a) bis f) den Zinssatz.

	Kapital in €	Zeit		Zinsen in €
a)	28 000,00	5. Juni	– 25. Juli	330,56
b)	45 000,00	7. Juli	– 14. Oktober	909,38
c)	36 000,00	19. Juni	– 31. Dezember	1 470,70
d)	78 000,00	26. Februar	– 20. Mai	1 201,20
e)	15 000,00	3. Mai	– 31. Mai	61,88
f)	21 000,00	24. Januar	– 1. März	77,70

11. Einem Kunden wurden wegen Überschreitung des Fälligkeitstermins einer Rechnung über 18 400,00 € um 34 Tage 112,96 € Verzugszinsen in Rechnung gestellt. Welcher Zinssatz wurde zugrunde gelegt?

12. Bei welchem Zinssatz bringt ein Kapital von 44 000,00 € in der Zeit vom 14. Mai bis zum 31. Juli 510,89 € Zinsen?

13. Ermitteln Sie zu den Angaben a) bis f) die Laufzeit der Kapitalien:

	Kapital in €	Zinsen in %	Zinsen in €
a)	14 500,00	5	94,65
b)	27 600,00	4,5	338,10
c)	54 000,00	8,5	484,50
d)	21 000,00	7,5	240,63
e)	12 000,00	6	176,00
f)	41 000,00	8	1 968,00

14. Am 4. September wird ein Kredit von 33 000,00 € zuzüglich 1 166,00 € = 8 % Zinsen zurückgezahlt. Wann wurde der Kredit aufgenommen?

15. Mit einer Banküberweisung über 25 434,93 € wird eine Liefererrechnung einschließlich 6 % = 134,93 € Verzugszinsen beglichen. Wie viele Tage wurde der Fälligkeitstermin überzogen?

16. Wann wurde ein Darlehen über 44 000,00 € zurückgezahlt, das am 28. Februar aufgenommen wurde und für das 7,5 % = 1 650,00 € Zinsen zu zahlen waren?

17. *Berechnen Sie Darlehen und Zinsen.*

	Rückzahlungsbetrag in € einschließlich Zinsen	Zinssatz in %	Laufzeit	
a)	14 645,00	8	25. Mai	– 10. Juli
b)	18 725,26	7,5	17. April	– 22. August
c)	34 564,78	6,5	23. Februar	– 25. Mai
d)	13 037,40	7,7	16. April	– 7. November
e)	5 568,75	5	28. Februar	– 28. Mai

18. *Berechnen Sie Darlehen und Zinsen.*

	Auszahlungsbetrag in € nach Abzug von Zinsen	Zinssatz in %	Laufzeit
a)	12 031,25	9	150
b)	23 948,59	6,8	55
c)	16 144,16	7,2	78
d)	8 717,50	7,5	45
e)	2 572,92	5	75

19. *Ein Darlehen wurde einschließlich 8,2 % Zinsen nach einer Laufzeit von 200 Tagen mit 23 002,22 € zurückgezahlt. Errechnen Sie das Darlehen und die Zinsen.*

20. *Das Sparkonto eines Angestellten wuchs in der Zeit vom 31. Dezember bis 30. Juni bei einem Zinssatz von $3^{1}/_{3}$ % auf 12 850,67 €. Berechnen Sie das Sparguthaben zum 31. Dezember und die Zinsen.*

21. *Ein Kunde begleicht eine Rechnung einschließlich 5 % Verzugszinsen für 50 Tage: 18 573,50 €. Berechnen Sie den Rechnungsbetrag und die Verzugszinsen.*

22. *Ein Kapital wird nach Abzug von 8 % Zinsen für eine Laufzeit von 150 Tagen mit 31 900,00 € ausgezahlt. Errechnen Sie das Kapital und die Zinsen.*

6.6   Verjährung von Ansprüchen aus Forderungen

→ 📄

LS 11

Die Sommerfeld Bürosysteme GmbH hat am 20. November 20(0) der Deutschen Bank AG Büromöbel im Wert von 47 803,20 € geliefert. Als Zahlungsbedingung wurde „Zahlung innerhalb von 30 Tagen netto Kasse" vereinbart. Da der Lieferschein bei der Sommerfeld Bürosysteme GmbH durch ein Versehen abhanden kommt, wird vergessen, dem Kunden eine Rechnung zu schicken. Im Dezember des nächsten Jahres bemerkt Frau Nolden, dass der Rechnungs-  *betrag noch offen steht. Umgehend wird dem Kunden eine Rechnung zugestellt. Die Deutsche Bank AG antwortet hierauf schriftlich: „Ihre Forderung besteht nicht mehr, da Ihr Anspruch verjährt ist!"*

Verjährungsfristen

Eine Forderung ist dann **verjährt, wenn eine bestimmte vom Gesetz vorgeschriebene Frist abgelaufen ist, ohne dass der Gläubiger seine Forderung geltend gemacht hat.** Nach Ablauf der Verjährungsfrist hat der Schuldner das Recht, die Zahlung zu verweigern (= **Einrede der Verjährung**, § 194 ff. BGB). Die Forderung des Gläubigers besteht zwar weiter, er kann diese aber nicht mehr einklagen. Bezahlt ein Schuldner nach Ablauf der Verjährung, kann dieser die geleistete Zahlung nicht zurückfordern.

Das BGB unterscheidet **verschiedene Verjährungsfristen**:

	Es verjähren Ansprüche...	Beginn der Verjährung
30 Jahre (§ 197 BGB)	▪ auf Herausgabe von Eigentum und anderen dinglichen Rechten ▪ aus rechtskräftigen Urteilen ▪ aus Insolvenzforderungen ▪ aus Vollstreckungsbescheiden	mit dem Datum der Entstehung des Anspruchs, der Rechtskraft der gerichtlichen Entscheidung, der Errichtung des Vollstreckungsbescheides bzw. der Feststellung im Insolvenzverfahren (§ 200 f. BGB)
10 Jahre (§ 196 BGB)	▪ auf Übertragung des Eigentums an Grundstücken sowie der entsprechenden Gegenleistung (z. B. Kaufpreiszahlung für das Grundstück)	mit dem Datum der Entstehung des Anspruchs (§ 200 BGB)

3 Jahre
(§ 195 BGB)
Regelmäßige Verjährung
	▪ für die keine besonderen Verjährungsfristen gelten, z. B.
	  – Forderungen von Kaufleuten und Privatleuten
	  – Zinsen und Darlehensforderungen
	  – Lohn- und Gehaltsansprüche
	  – ...
		mit dem Schluss des Jahres, in dem der Anspruch entstanden ist und der Gläubiger Kenntnis von der Person des Schuldners und von den Anspruch begründenden Umständen erlangt (§ 199 BGB)

Beispiele

	30 Jahre	10 Jahre	3 Jahre
Entstehung des Anspruchs	18. Juni 2020 (Urteil)	20. Juli 2020 (Kaufpreisforderung für Grundstück)	17.01.2020 (Zahlung für Warenlieferung)
Beginn	18. Juni 2020	20. Juli 2020	31.12.2020
Ende	18. Juni 2050	20. Juli 2030	31.12.2023

Daneben gelten für **Gewährleistungsansprüche** aufgrund von **Mängeln aus Kaufverträgen** besondere Fristen.

→ LF 6

Mangelart	Frist
Rechte Dritter auf Herausgabe der Kaufsache	30 Jahre
Mängel bei Bauwerken	5 Jahre
Vom Verkäufer arglistig verschwiegene Mängel bei der Kaufsache	3 Jahre Regelmäßige Verjährung
Übrige Kaufsachen	2 Jahre

Die Verjährung **beginnt** bei Grundstücken mit der Übergabe, ansonsten mit der Ablieferung der Sache (§ 438 Abs. 2 BGB). Für arglistig verschwiegene Mängel (**regelmäßige Verjährung**) gelten die Ausführungen zum Verjährungsbeginn (vgl. S. 181).

Hemmung und Neubeginn der Verjährung

Hemmung nach § 203 ff. BGB

Die Verjährung kann gehemmt werden, d. h. die **Verjährungsfrist wird um die Zeitspanne der Hemmung verlängert**. Der Zeitraum der Hemmung wird also der normalen Verjährungsdauer hinzugerechnet. Sie beginnt erst wieder zu laufen, wenn der Hemmungsgrund beseitigt ist.

Die Verjährung wird **gehemmt durch**

- **berechtigte Zahlungsverweigerung** des Schuldners, z. B. aufgrund einer Stundungsvereinbarung

- **Verhandlungen** zwischen Gläubiger und Schuldner über den Anspruch.
  Die Verjährung tritt frühestens drei Monate nach dem Ende der Hemmung, also dem Abbruch der Verhandlungen ein. (Ablaufhemmung)

- **Verhinderung der Rechtsverfolgung aufgrund höherer Gewalt** (Naturkatastrophen, Krieg usw.) in den letzten sechs Monaten der Verjährungsfrist

- durch **Rechtsverfolgung** seitens des Gläubigers, z. B. durch
  - Mahnbescheid (Eine außergerichtliche Mahnung hat keine hemmende Wirkung.),
  - Klage beim Gericht,
  - Anmeldung der Forderung zum Insolvenzverfahren,
  - Antrag auf Erlass eines Vollstreckungsbescheides (vgl. S. 169 f.).

Die Hemmung endet **sechs Monate nach rechtskräftiger Entscheidung** oder anderweitiger **Beendigung des Verfahrens**. Sie beginnt neu, wenn eine der Parteien das Verfahren weiter betreibt.

Beispiel: Die Sommerfeld Bürosysteme GmbH hat eine Forderung gegen die Deutsche Bank AG aufgrund einer Warenlieferung. Die Forderung war am 8. Juni 2020 fällig. Nachdem die Sommerfeld Bürosysteme GmbH mehrere vergebliche Mahnungen an die Deutsche Bank AG gesandt hat, wurde im März 2021 20 Tage über den Anspruch verhandelt.

Entstehung der Forderung:	8. Juni 2020
Verjährung der Forderung ohne Verhandlungen:	31. Dezember 2023
Verjährung der Forderung nach 20tägigen Verhandlungen:	20. Januar 2024

Neubeginn (= Unterbrechung) nach § 212 BGB

Neben der Hemmung der Verjährung besteht die Möglichkeit des Neubeginns der Verjährung, d. h. die **Verjährung beginnt** von neuem. Die bisherige Verjährungsfrist gilt nicht mehr.

Der **Schuldner** kann einen Neubeginn der Verjährung bewirken durch

- Zinszahlung,
- Teilzahlung,
- Sicherheitsleistung
- oder Anerkennung des Anspruches, bspw. durch ein Schuldanerkenntnis oder die Bitte um Stundung

Ferner bewirkt die Vornahme oder Beantragung einer gerichtlichen oder behördlichen Vollstreckungshandlung den Neubeginn der Verjährung. In diesem Fall wird die Verjährung auf Initiative des **Gläubigers** unterbrochen.

Beispiel: Die Sommerfeld Bürosysteme GmbH hat gegenüber der Raumkultur Peter Nicolai e. K. aufgrund einer Warenlieferung vom 10. Oktober 2020 eine Forderung in Höhe von 10 000,00 €. Aufgrund von Zahlungsschwierigkeiten wird die Forderung zunächst nicht beglichen. Am 5. Juni 2021 leistet die Raumkultur Peter Nicolai e. K. eine Abschlagszahlung.

Entstehung der Forderung:	10. Oktober 2020
Verjährung der Forderung ohne Abschlagszahlung:	31. Dezember 2023
Verjährung der Forderung nach Abschlagszahlung v. 5. Juni 2021:	5. Juni 2024

Zusammenfassung

Verjährung von Ansprüchen aus Forderungen

- *Ein Gläubiger kann **die Zahlung nicht mehr gerichtlich erzwingen**, wenn die Forderung verjährt ist. Nach Ablauf der Verjährung kann der Schuldner die Zahlung verweigern.*

- *Bei der Berechnung der Verjährung sind folgende **Verjährungsfristen** zu beachten:*

  - ***30 Jahre** (Forderungen aus Vollstreckungsbescheiden, rechtskräftigen Urteilen, Insolvenzforderungen und Ansprüche auf Herausgabe von Eigentum)*

  - ***10 Jahre** (Ansprüche auf Übertragung des Eigentums an Grundstücken bzw. Ansprüche auf Gegenleistung)*

  - ***3 Jahre** (Forderungen der Privatleute und Gewebetreibenden, Zinsen und Darlehensforderungen, Lohn- und Gehaltsforderungen)*

- ***Neubeginn der Verjährung** durch Beantragung einer gerichtlichen oder behördlichen Vollstreckungshandlung, einer Zins- oder Teilzahlung, einer Sicherheitsleistung oder einer Anerkennung des Anspruchs. Vom Tag des Neubeginns an beginnt die Verjährung neu zu laufen.*

- ***Hemmung der Verjährung** durch berechtigte Zahlungsverweigerung des Schuldners, Verhinderung der Rechtsverfolgung durch höhere Gewalt in den letzten sechs Monaten der Verjährungsfrist, Verhandlungen über den Anpruch, Mahnbescheid, Klage beim Gericht, Anmeldung der Forderung zum Insolvenzverfahren, Antrag auf Erlass eines Vollstreckungsbescheides. Die Verjährung wird angehalten bis der Grund entfallen ist und der Zeitraum der Hemmung wird der normalen Verjährungsdauer hinzugerechnet.*

Aufgaben

1. Erläutern Sie die Aussage: „Ihre Forderung ist verjährt."

2. Erläutern Sie die Verjährungsfristen und führen Sie jeweils Beispiele für die unterschiedlichen Verjährungsfristen an.

3. Erklären Sie die Auswirkungen von Neubeginn und Hemmung auf die Verjährungsfrist.

4. Geben Sie Beispiele an, wann die Verjährungsfrist
   a) neu beginnt,   b) gehemmt wird.

5. Stellen Sie die Verjährungsfristen bei folgenden Fällen fest:

   a) Ein Großhändler hat gegenüber einem Hersteller eine Verbindlichkeit aufgrund einer Warenlieferung über 23 000,00 €.
   b) Ein Großhändler hat bei einem Industriebetrieb ein Darlehen über 20 000,00 € aufgenommen.
   c) Eine Ärztin hat aufgrund einer offenen Rechnung gegen einen Privatpatienten einen Vollstreckungsbescheid über 800,00 € erwirkt.
   d) Der Verkäufer einer Wiese hat eine Kaufpreisforderung über 120,000 €.
   e) Die Auszubildende Nicole hat gegen ihre Klassenkameradin ein rechtskräftiges Urteil über die Zahlung von 1 000,00 € erwirkt.
   f) Die Auszubildende Nicole hat ihrer Klassenkameradin Janine verschwiegen, dass der von ihr an Janine verkaufte Pkw ein Unfallwagen ist.

6. Die Geschäftsführerin Claudia Farthmann gewährt ihrer Angestellten Jutta Schindler am 5. Mai 2021 ein Darlehen in Höhe von 10 000,00 € zum Kauf eines Pkw. Die Rückzahlung des Darlehens soll in einem halben Jahr erfolgen. Wann verjährt die Forderung der Unternehmerin gegen die Angestellte

   a) wenn Jutta Schindler nach einem halben Jahr nicht zahlt,
   b) wenn Jutta Schindler , die das Darlehen nicht wie vereinbart zurückgezahlt hat, die Unternehmerin am 5. Januar 2022 schriftlich um eine Stundung um sechs Monate bittet,
   c) wenn die Unternehmerin am gleichen Tage die Forderung aufgrund der Stundungsbitte von Jutta Schindler um sechs Monate stundet?

7. Die Bürobedarfsgroßhandlung Thomas Peters e. K. schuldet der Sommerfeld Bürosysteme GmbH 68 900,00 € für die Lieferung von Bürostühlen und -regalen. Die Rechnung wurde dem Kunden mit der Übergabe der Büromöbel am 22. November 20(0) übergeben. Die Zahlungsbedingung lautet: „Zahlbar am 22. Dezember 20(0)".

   a) Geben Sie an, wann die Forderung der Sommerfeld Bürosysteme GmbH verjährt ist.

   Am 13. Januar 20(1) erhält die Bürobedarfsgroßhandlung Thomas Peters e. K., die die Rechnung noch nicht bezahlt hat, eine Mahnung von der Sommerfeld Bürosysteme GmbH. Auf diese Mahnung reagiert die Kundin nicht. Auf die 2. Mahnung antwortet die Kundin am 28. Januar 20(1) schriftlich und bittet um Stundung für einen Monat bis zum 28. Februar 20(1).

   b) Beschreiben Sie die Wirkung der beiden Mahnungen auf die Verjährung.
   c) Erläutern Sie die Auswirkungen der Stundungsbitte auf die Verjährungsfrist.
   d) Am 5. März 20(1) stellt die Sommerfeld Bürosysteme GmbH fest, dass die Kundin trotz der Stundungsgewährung noch nicht bezahlt hat. Verfassen Sie ein Schreiben an die Kundin.

Nachdem die Sommerfeld Bürosysteme GmbH die Kundin vergeblich außergerichtlich gemahnt hat, soll beim zuständigen Gericht ein Antrag auf Erlass eines Mahnbescheides gestellt werden.

e) Geben Sie an, welches Gericht zuständig ist.

f) Erläutern Sie die Wirkung des Widerspruchs der Kundin auf den Mahnbescheid.

g) Erklären Sie, wie die Sommerfeld Bürosystem GmbH vorgehen sollte, falls die Kundin nicht auf den Mahnbescheid reagiert hätte.

h) Erläutern Sie, welche Auswirkung der Erlass eines Vollstreckungsbescheides hat.

8. Ein Unternehmen ließ seinem Kunden einen Mahnbescheid vom zuständigen Amtsgericht zustellen, auf den der Schuldner nicht reagiert. Was muss das Unternehmen tun, um sein Geld zu erhalten?

a) Das Unternehmen muss jetzt einen Mahnbescheid beim Landgericht beantragen.

b) Das Unternehmen muss innerhalb von sechs Monaten beim zuständigen Amtsgericht einen Vollstreckungsbescheid beantragen.

c) Das Unternehmen muss nichts unternehmen, da es ohnehin zu einer Gerichtsverhandlung kommt.

d) Das Unternehmen kann einen Vollstreckungsbeamten mit der Durchführung einer Pfändung beim Schuldner beauftragen.

9. Die Forderung eines Kaufmanns gegen einen Privatkunden entstand am 1. Juni 2021. Wann läuft die Verjährungsfrist ab?
a) 31. Mai 2022
b) 31. Dezember 2021
c) 31. Dezember 2024
d) 1. Juni 2051

10. Prüfen Sie unten stehende Vorgänge im Mahnverfahren im Hinblick auf die Verjährung.
Geben Sie an,
1. wenn eine Verjährung neu beginnt,
2. wenn eine Verjährung gehemmt wird,
3. wenn die Verjährung weder gehemmt wird noch neu beginnt.

a) Zustellung einer Rechnungskopie

b) Zustellung der 2. Mahnung per Einschreiben

c) Bitte des Schuldners um Stundung

d) Stundung des Betrages durch den Gläubiger

e) Zustellung eines Mahnbescheids

f) Zustellung einer Postnachnahme

11. Auf welche der folgenden Kaufvertragsstörungen treffen die unten gemachten Aussagen zu?
1. Annahmeverzug
2. Nicht-rechtzeitig-Lieferung (Lieferungsverzug)
3. Nicht-rechtzeitig-Zahlung (Zahlungsverzug)
4. Lieferung mangelhafter Ware (Schlechtleistung)

a) Der Termin bei einem Fixkauf wird nicht eingehalten.

b) Der Käufer nimmt einen Deckungskauf vor.

c) Der Verkäufer erklärt sich mit einer Preisminderung einverstanden.

d) Der Lieferer stellt Verzugszinsen in Rechnung.

e) Die Kosten für die Hinterlegung von Waren werden dem Käufer in Rechnung gestellt.

7   Kalkulieren und Absatzprozesse dokumentieren

7.1   Angebotskalkulation von Handelswaren

Die Sommerfeld Bürosysteme GmbH hat auf vielfältige Kundenanfragen nach Pflegemitteln für die hergestellten Büromöbel die Möbelpolitur „HEL" als zusätzliche Handelsware in das Absatzprogramm aufgenommen. Das Produkt wird von den Farbenwerken Wilhelm Weil AG hergestellt und in Literflaschen abgefüllt. Der Bezugspreis für die Sommerfeld Bürosysteme GmbH beträgt 8,40 €/l. Daniela Schaub soll unter Berücksichtigung folgender Angaben den Listenverkaufspreis, zu dem die Möbelpolitur den eigenen Kunden angeboten wird, kalkulieren: Handlungskosten 20 %, Gewinn 15 %, Kundenskonto 2 %,Vertreterprovision 5 %, Kundenrabatt 10 %.

Arbeitsaufträge

- *Erläutern Sie den Hintergrund bzw. die Notwendigkeit der einzelnen Zuschlagssätze.*

- *Ermitteln Sie den Listenverkaufspreis für die Möbelpolitur „HEL".*

Den Listenverkaufspreis mit Einzelzuschlagssätzen kalkulieren

Handelswaren werden von Industriebetrieben ohne Veränderung wieder verkauft. Die Angebotskalkulation baut auf dem **Bezugs-/Einstandspreis** des Artikels auf.

PRAXISTIPP!

Die für die Kalkulation der Verkaufspreise der Handelswaren zugrunde gelegten Zuschlagssätze müssen regelmäßig überprüft und gegebenenfalls angepasst werden, damit die Handlungskosten gedeckt und die geplanten Gewinne erzielt werden können.

Neben der Deckung der Handlungskosten versuchen Industriebetriebe bei der Kalkulation von Handelswaren einen **Gewinn** zu erwirtschaften.

Handlungskostenzuschlagssatz:
Die in einem Prozentsatz zusammengefassten Aufwendungen für Lagerung, Verwaltung und Verkauf der Handelswaren werden als Handlungskostenzuschlagssatz bezeichnet. Damit sollen alle in der Industrieunternehmung anfallenden Kosten pauschal berücksichtigt werden (z. B. Miete, Steuern, Personalkosten, Büromaterial, Werbung, Postentgelte).

Gewinnzuschlagssatz:
Wenn Handelswaren nicht nur der Abrundung des Sortiments dienen, sondern mit dem Verkauf auch ein Gewinn erzielt werden kann, muss dieser durch einen Zuschlag auf die Selbstkosten einkalkuliert werden. Der Gewinnzuschlag dient der Eigenkapitalverzinsung und berücksichtigt den kalkulatorischen Unternehmerlohn sowie eine angemessene Risikoprämie.

→ **LF 4** Falls eine Industrieunternehmung ihren Kunden einen Rabatt einräumt und/oder die Zahlung unter Abzug von Skonto ermöglicht, so müssen die entsprechenden Rabattsätze ebenso wie eine möglicherweise an Handelsvertreter zu zahlende Verkaufsprovision bei der Kalkulation des Listenverkaufspreises berücksichtigt werden, da sich der geplante Gewinn ansonsten nicht realisieren lässt. Hieraus ergibt sich folgendes Kalkulationsschema für die Berechnung des Listenverkaufspreises:

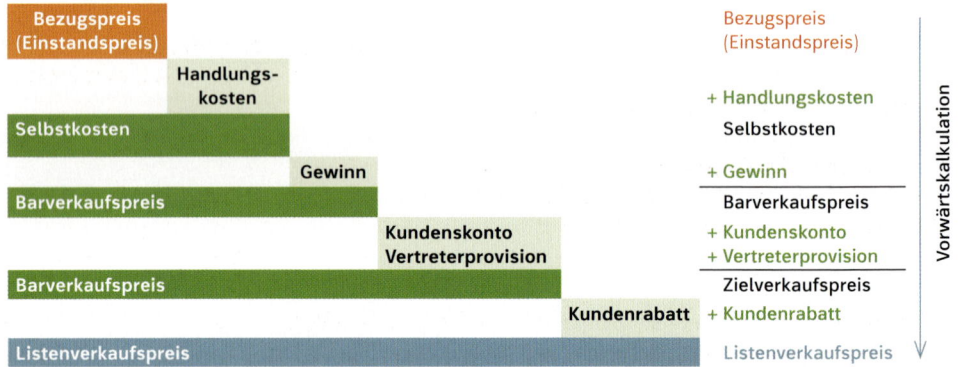

Vertreterprovision und **Kundenskonto** werden vom **Zielverkaufspreis** (= 100 %) berechnet. Da dieser jedoch unbekannt ist, werden beide vom Barverkaufspreis, dem verminderten Grundwert berechnet.

Kundenrabatt wird vom **Listenverkaufspreis** (= 100 %) gewährt. Dieser ist jedoch noch unbekannt. Folglich wird vom verminderten Grundwert, dem Zielverkaufspreis, ausgegangen.

Beispiel: Die Sommerfeld Bürosysteme GmbH hat Druckertische als Handelswaren mit in ihr Programm aufgenommen. Mithilfe von Excel kalkuliert Daniela Schaub deren Preise.

	A	B	C	D	E	F
1	**Preiskalkulation (Vorwärtskalkulation)**					
2	Die Preiskalkulation für den Verkauf kann vom Listeneinkaufspreis oder vom Bezugs- oder					
3	Einstandspreis ausgehen. Ziel ist es, den Listenverkaufspreis zu ermitteln.					
4	Kalkulation des Listenverkaufspreises für den Druckertisch „Euratio", Art-Nr. 305B094					
5	**Kalkulationsschema**	%	€	Eingabe in D6, B7, B9, C11, B13, B15, B17, B19		
6	Listeneinkaufspreis		72,50	Formeln		
7	– Lieferabrabatt	20,00	14,50	=C6*B7/100		
8	= Zieleinkaufspreis		58,00	=C6–C7		
9	– Liefererskonto	2,00	1,16	=C8*B9/100		
10	= Bareinkaufspreis		56,84	=C8–C9		
11	+ Bezugskosten		15,66			

		A	B	C	D	E	F
12	=	Bezugs-/Einstandspreis		72,50	=C10+C11		
13	+	Handlungskosten	34,75	25,19	=C12*B13/100		
14	=	Selbstkosten		97,69	=C12+C13		
15	+	Gewinn	28,00	27,35	=C14*B15/100		
16	=	Barverkaufspreis		125,05	=C14+C15		
17	+	Kundenskonto (i. H.)	2,00	2,55	=C16*B17/Differenz(100−B17)		
18	=	Zielverkaufspreis		127,60	=C16+C17		
19	+	Kundenrabatt (i. H.)	20,00	31,90	=C18*B19/Differenz(100−B19)		
20	=	Listenverkaufspreis		159,50	=C18+C19		

Berechnung des Listenverkaufspreises mithilfe des Kalkulationszuschlagssatzes und des Kalkulationsfaktors

Möchte das Industrieunternehmen mehrere Handelswaren pauschal mit denselben Zuschlagssätzen kalkulieren, kann es die Berechnung mithilfe des **Kalkulationszuschlagssatzes** oder des **Kalkulationsfaktors** vereinfachen.

Kalkulationszuschlagssatz
Ausgangspunkt für die Errechnung des Kalkulationszuschlagssatzes ist der Bezugspreis (Einstandspreis), der immer 100 % entspricht.

Kalkulationszuschlagssatz:
Differenz zwischen Bezugs-/Einstandspreis und Listenverkaufspreis, ausgedrückt in Prozent des Bezugs-/Einstandspreises.

Die Berechnung des Kalkulationszuschlagssatzes erfolgt mithilfe von absoluten Werten (bei vorliegenden Bezugspreisen) oder mit relativen Werten (der Bezugspreis wird gleich 100 oder 1 gesetzt), wenn kein konkreter Bezugspreis vorliegt.

Beispiel: Im Absatzprogramm der Sommerfeld Bürosysteme GmbH wurde ein Schreibset der Wollux GmbH Peter Findeisen zu folgenden Bedingungen kalkuliert: Bezugs-/Einstandspreis 122,50 €, 26 % Handlungskosten, 20 % Gewinn, 2 % Kundenskonto und 5,5 % Kundenrabatt. 120 weitere Möbelzubehörartikel sollen zu denselben Bedingungen kalkuliert werden.

	Berechnung mit gegebenem Bezugs-/Einstandspreis in €	Berechnung mit relativen Werten:	
		Bezugs-/Einstandspreis = 100,00 €	Bezugs-/Einstandspreis = 1,00 €
Bezugs-/Einstandspreis	122,50	100,00	1,00
26 % Handlungskosten	31,85	26,00	0,26
Selbstkosten	154,35	126,00	1,26
20 % Gewinn	30,87	25,20	0,252
Barverkaufspreis	185,22	151,20	1,512

	Berechnung mit gegebenem Bezugs-/ Einstandspreis in €	Berechnung mit relativen Werten:	
		Bezugs-/ Einstandspreis = 100,00 €	Bezugs-/ Einstandspreis = 1,00 €
2 % Kundenskonto	3,78	3,09	0,039
Zielverkaufspreis	189,00	154,29	1,5429
5,5 % Kundenrabatt	11,00	8,98	0,0898
Listenverkaufspreis	200,00	163,27	1,6327

Berechnung des Kalkulationszuschlagssatzes

▪ **Bei gegebenen Bezugs-/Einstandspreis**: Der Kalkulationszuschlagssatz ist die Differenz zwischen Listenverkaufspreis und Bezugs-/Einstandspreis, ausgedrückt in Prozent des Bezugs-/Einstandsspreises.

Beispiel:

Berechnung des Kalkulationszuschlages in Euro

	Listenverkaufspreis	200,00 €
−	Bezugs-/Einstandspreis	122,50 €
	Kalkulationszuschlag	77,50 €

Berechnung des Kalkulationszuschlagssatzes in Prozent

$122,50 € = 100 \%$

$77,50 € = x \% \qquad x = \dfrac{100 \cdot 77,50}{122,50} = \underline{63,27 \%}$

Der Kalkulationszuschlagssatz beträgt 63,27 % und kann nun bei allen Möbelzubehörartikeln angewendet werden.

Ableitung der Formel zur Berechnung des Kalkulationszuschlagssatzes:

$$\text{Kalkulationszuschlagssatz} = \dfrac{(\text{Listenverkaufspreis} - \text{Bezugs-/Einstandspreis}) \cdot 100}{\text{Bezugs-/Einstandspreis}}$$

▪ **Bei relativen Werten**: Die Kalkulation mit relativen Werten drückt aus, wie hoch der Listenverkaufspreis bei einem Bezugs-/Einstandspreis von 100,00 € wäre. Die Differenz zwischen Listenverkaufspreis und Bezugspreis ist der in Prozent ausgedrückte Kalkulationszuschlagssatz.

Beispiel:

Listenverkaufspreis	163,27 €
Bezugs-/Einstandspreis	100,00 €
Kalkulationszuschlag in €	63,27 €
Kalkulationszuschlagssatz	63,27 %

Kalkulationsfaktor

Mithilfe des Kalkulationsfaktors kann – ausgehend vom Bezugspreis – der Listenverkaufs-preis ermittelt werden.

Er drückt den Verkaufspreis pro 1,00 € Bezugspreis aus und kann somit als wichtiger Vergleichmaßstab bei verschiedenen Handelswaren des Unternehmens dienen.

$$\text{Kalkulationsfaktor} = \frac{\text{Listenverkaufspreis}}{\text{Bezugs-/Einstandspreis}}$$

Beispiel: $\dfrac{200}{122,50} = \underline{\underline{1,6327}}$

Der Kalkulationsfaktor kann auch aus dem gegebenen Kalkulationszuschlagssatz abgelei-tet werden, indem der relative Verkaufspreis (100 + Kalkulationszuschlag) durch den relativen Bezugs-/Einstandspreis (100) dividiert wird.

$$\text{Kalkulationsfaktor} = \frac{100 + \text{Kalkulationszuschlag}}{100}$$

Beispiel: $\dfrac{100 + 63,27}{100} = \underline{\underline{1,6327}}$

$$\text{Listenverkaufspreis} = \text{Bezugs-/Einstandspreis} \cdot \text{Kalkulationsfaktor}$$

Beispiel: 122,5 · 1,6327 = 200,00 €

Zusammenfassung

Angebotskalkulation von Handelswaren

1. *Verkaufskalkulationsschema aufstellen.*

2. *Selbstkosten ermitteln, indem man die Handlungskosten auf den Bezugs-/Einstandspreis (= 100 %) „aufschlägt".*

3. *Barverkaufspreis ermitteln, indem man den Gewinn auf die Selbstkosten (= 100 %) „aufschlägt".*

4. ***Vertreterprovision und Kundenskonto*** *sind vom Zielverkaufspreis zu berechnen. Da dieser aber unbekannt ist, müssen beide im Hundert vom Bareinkaufspreis ermittelt und auf diesen aufgeschlagen werden.*

5. *Der so ermittelte Zielverkaufspreis ist dann der verminderte Grundwert zur Berechnung des Rabattes und des Listenverkaufspreises.*

	A	B	C	D	E
1	*Preiskalkulation (Vorwärtskalkulation)*				
2	Preiskalkulation für den Verlauf kann vom Listeneinkaufspreis oder vom				
3	Bezugs-/Einstandspreis ausgehen. Ziel ist, den Listenverkaufspreis zu ermitteln.				
4	*Kalkulationsschema*	%	€		Eingaben in C5, B6, B8, C10, B12, B14, *B16*, B18
5	Listeneinkaufspreis		1 250,00		Formeln:
6	− Liefererrabatt	12,0	150,00	◄	=C5*B6/100
7	= Zieleinkaufspreis		1 100,00	◄	=C5−C6
8	− Liefererskonto	3,0	33,00	◄	=C7*B8/100
9	= Bareinkaufspreis		1 067,00	◄	=C8−C9
10	+ Bezugskosten		250,00	◄	Eingabe.
11	= Bezugs-/Einstandspreis		1 317,00	◄	=C9+C10
12	+ Handlungskosten	78,0	1 027,26	◄	=C11*B12/100
13	= Selbstkosten		2 344,26	◄	=C11+C12
14	+ Gewinn	9,0	210,98	◄	=C13*B14/100
15	= Barverkaufspreis		2 555,24	◄	=C13+C14
16	+ Kundenskonto (i. H.)	2,0	52,15	◄	=C15/(100−B16)*B16
17	= Zielverkaufspreis		2 607,39	◄	=C15+C16
18	+ Kundenrabatt	8,0	226,73	◄	=C17/(100−B18)*B18
19	= Listenverkaufspreis		2 834,12	◄	=C17+C18

▪ **Vereinfachte Angebotskalkulation mithilfe von Kalkulationszuschlagssatz und -faktor**

$$\text{Kalkulationszuschlagssatz} = \frac{(\text{Listenverkaufspreis} - \text{Bezugs-/Einstandspreis}) \cdot 100}{\text{Bezugs-/Einstandspreis}}$$

$$\text{Kalkulationsfaktor} = \frac{\text{Listenverkaufspreis}}{\text{Bezugs-/Einstandspreis}}$$

Aufgaben

1. *Kalkulieren Sie jeweils den Listenverkaufspreis.*

	Bezugs-/ Einstands- preis in €	Handlungskosten- zuschlag in %	Gewinn- zuschlagssatz in %	Kunden- skonto in %	Kunden- rabatt in %
a)	28,00	25	20	2	8
b)	96,00	$16^2/_3$	25	2,5	10
c)	148,00	20	12	3	5
d)	240,00	15	10	1,5	12,5

2. Kalkulieren Sie jeweils den Listenverkaufspreis.

	Bezugs-/ Einstands- preis in €	Handlungskosten- zuschlagssatz in %	Gewinnzu- schlagssatz in %	Kunden- skonto in %	Vertreter- provision in %	Kunden- rabatt in %
a)	160,00	25	20	2,5	10	8
b)	598,00	20	10	2	8	4
c)	1 280,00	15	25	3	7	5
d)	640,00	30	15	1,5	5	6

3. Die Selbstkosten einer Ware betragen 48,00 €, der Handlungskostenzuschlagssatz 20 %, der Gewinnzuschlagssatz 25 %. Berechnen Sie
    a) den Bezugs-/Einstandspreis,   b) den Barverkaufspreis.

4. Ein Maschinenlieferer gewährte bisher weder Rabatt noch Skonto. Bedingt durch gestiegene Kosten erhöht er ab sofort den Listenverkaufspreis um 6 %. Er ist jedoch bereit, seinen lang-jährigen Kunden von nun an 4 % Treuerabatt und bei sofortiger Zahlung 2 % Skonto zu gewähren.

    a) Welcher Listenverkaufspreis ergibt sich nun für eine Maschine, die bisher zu 48000,00 € angeboten wurde?

    b) Ermitteln Sie den zukünftigen Zielverkaufspreis der Maschine.

    c) Ermitteln Sie den zukünftigen Barverkaufspreis der Maschine.

5. Eine Unternehmung hat den Bezugs-/Einstandspreis eines Handelsartikels mit 5,00 € je Stück ermittelt. Die Unternehmung kalkuliert mit:
    55,2 % Handlungskosten   40 % Wiederverkäuferrabatt
    12,5 % Gewinn   3 % Skonto bei vorzeitiger Zahlung

    Ermitteln Sie
    a) die Selbstkosten,
    b) den Barverkaufspreis,
    c) den Zielverkaufspreis,
    d) den Listenverkaufspreis.

6. Der Listeneinkaufspreis für einen Artikel beträgt 160,00 €.

    a) Wie lautet der Bareinkaufspreis, wenn 5 % Rabatt und 2 % Skonto gewährt werden?

    b) Wie lautet der Bezugs-/Einstandspreis unter Berücksichtigung von 13,04 € Bezugskosten?

    c) Wie viel € betragen die Selbstkosten unter Berücksichtigung von $16\frac{2}{3}$ % Handlungs-kosten?

    d) Zu welchem Barverkaufspreis kann der Artikel verkauft werden unter Berücksichtigung von 15 % Gewinn?

7. Die Selbstkosten für eine Handelsware betragen 48,00 € je Stück. Berechnen Sie den Listen-verkaufspreis für ein Stück unter Berücksichtigung folgender Zuschläge:
    Gewinn   25 %   Vertreterprovision   4 %
    Kundenskonto   2 %   Kundenrabatt   12,5 %

8. Ein Hersteller von Fotokopierern bietet einem Großhandelsunternehmen das Bürogerät „Vox Super 60" zu folgenden Konditionen an:

Listeneinkaufspreis	420,00 €/St.
Mengenrabatt	4 %
Skonto des Herstellers	4 %
Bezugsspesen: Fracht	4,11 €
Transportversicherung vom Warenwert	0,75 %

Die Großhandelsunternehmung kalkuliert mit folgenden Zuschlagssätzen:

Handlungskostenzuschlag	42 %
Gewinnzuschlag	33,5 %
Vertreterprovision (vom Zielverkaufspreis)	5 %
Skonto an Kunden	2,75 %
Wiederverkäuferrabatt	40 %

Berechnen Sie

a) den Bezugs-/Einstandspreis,   b) den Listenverkaufspreis für das Fotokopiergerät.

9. Berechnen Sie Kalkulationszuschlagssatz und Kalkulationsfaktor für eine Industrieunternehmung, die mit 20 % Handlungskosten, $16^2/_3$ % Gewinn, 2 % Kundenskonto und 15 % Kundenrabatt kalkuliert.

Berechnen Sie den Listenverkaufspreis einer Handelsware, die für 226,80 € eingekauft wurde

a) mithilfe des Kalkulationszuschlagssatzes,   b) mithilfe des Kalkulationsfaktors.

10. Berechnen Sie den Kalkulationszuschlagssatz und den Kalkulationsfaktor folgender Artikel:

Produkt	Bezugs-/Einstandspreis in €	Listenverkaufspreis in €
I	278,00	619,00
II	68,19	24,80
III	1 299,00	846,60
IV	3,89	0,96

11. Berechnen Sie für folgende Artikel den Listenverkaufspreis und den Kalkulationsfaktor.

Produkt	Bezugs-/Einstandspreis in €	Kalkulationszuschlagssatz in %
I	154,50	80,90
II	6,30	165,08
III	38,60	310,00
IV	2,20	33,33

12. Die Industrieunternehmung Stahlkönig GmbH bezog von einem Stahlproduzenten 600 Stäbe Rundstahl 60 · 2000 (60 mm Durchmesser, 2000 mm Länge; 3,640 kg/m) zu folgenden Bedingungen:

Listeneinkaufspreis	2 992,08 €/t
Mengenrabatt	1 %
Skonto	2 %
Frachtkosten	89,68 €
Transportversicherung (vom Zieleinkaufspreis)	0,25 %

Die Stahlkönig GmbH kalkuliert:

Handlungskostenzuschlag	22 %
Gewinnzuschlag	12,5 %
Kundenskonto	1 %

Nach einem Monat bezog die Stahlkönig GmbH einen weiteren Posten des oben genannten Rundstahls zu einem Bezugs-/Einstandspreis von 3090,02 €/t.

a) Berechnen Sie den Listenverkaufspreis, zu dem der Rundstahl aufgrund der Bedingungen der ersten Lieferung angeboten werden könnte.

b) Berechnen Sie den Kalkulationszuschlagssatz und den Kalkulationsfaktor für Rundstahl 60 · 2000.

c) Berechnen Sie mithilfe des Kalkulationsfaktors den Listenverkaufspreis für die zweite Lieferung.

d) Berechnen Sie die prozentuale Preisänderung für den Rundstahl.

13. Ein Pumpenhersteller führt im Absatzprogramm drei Elektropumpen der BCD-Pumpenwerke AG. Für den Kauf und den Absatz der drei Pumpenarten gelten folgende Daten:

	Schmutz-wasserpumpe	Baupumpe	Abwasser-tauchpumpe
Listeneinkaufspreis ab Werk	120,00 €	206,00 €	263,00 €
Liefererrabatt	5 %	6 %	8 %
Liefererskonto	4 %	4 %	4 %
anteilige Frachtkosten	0,66 €	0,71 €	1,11 €
Verpackungskosten	1,33 €	1,43 €	1,40 €
Transportversicherung (vom Zielverkaufspreis)	0,5 %	0,5 %	0,5 %
Handlungskostenzuschlag	35 %	35 %	35 %
Gewinnzuschlag	20 %	15 %	25 %
Kundenskonto	3 %	3 %	3 %
Vertreterprovision (vom Zielverkaufspreis)	5 %	5 %	5 %

a) Berechnen Sie den jeweiligen Verkaufspreis (Angebotspreis).

b) Berechnen Sie die jeweiligen Kalkulationszuschläge und Kalkulationsfaktoren (auf zwei Dezimalstellen bei kaufmännischer Rundung).

c) Berechnen Sie mithilfe des Kalkulationsfaktors für Schmutzwasserpumpen den Angebots-preis, falls ein anderer Pumpenfabrikant eine gleichwertige Schmutzwasserpumpe zum Einführungspreis von 105,00 € (Bezugs-/Einstandspreis) anbieten würde.

14. Der Handelswarenbestand einer Industrieunternehmung betrug laut Inventur zum Ende des letzten Geschäftsjahres 480 000,00 € und zum Ende dieses Geschäftsjahres 520 000,00 €. Es wurden Waren im Werte von 16 000 000,00 € eingekauft, die Verkaufserlöse beliefen sich auf 28 800 000,00 €.

Berechnen Sie:

a) den Handelswareneinsatz,
b) den durchschnittlichen Lagerbestand,
c) die Umschlagshäufigkeit,

d) die durchschnittliche Lagerdauer,
e) den Kalkulationszuschlagssatz,
f) den Kalkulationsfaktor.

7.2 Kalkulatorische Rückrechnung mit Einzelzuschlägen, Handelsspanne und Differenzkalkulation durchführen

Vor Kurzem hat die Sommerfeld Bürosysteme GmbH eine Drehsäule für Aktenordner, welche sie zu einem Einstandspreis von 386,81 € von der Primus GmbH bezieht, in ihr Absatzprogramm aufgenommen. Der Verkaufspreis von 698,00 € wurde auf Basis folgender Einzelzuschlagssätze kalkuliert: 40 % Handlungskosten, 20 % Gewinn, 2 % Skonto, 5 % Rabatt. Allerdings ist es der Sommerfeld Bürosysteme GmbH nicht gelungen, nennenswerte Absatzzahlen zu erzielen, da mehrere Konkurrenten ein vergleichbares Produkt zu einem Preis von 598,00 € anbieten.

Arbeitsaufträge

* *Ermitteln Sie den Einstandspreis, den die Sommerfeld Bürosysteme GmbH höchstens akzeptieren darf, wenn sie die Drehsäule für Aktenordner bei unveränderten Zuschlagssätzen ebenfalls für 598,00 € anbieten möchte.*

* *Ermitteln Sie den Stückgewinn bei einem Verkaufspreis von 598,00 €, wenn sich ein günstigerer Bezugspreis nicht durchsetzen lässt.*

* *Ermitteln Sie die Handelsspanne, welche die Sommerfeld Bürosysteme GmbH bei einem Verkaufspreis von 598,00 € und einem unveränderten Bezugspreis noch realisieren kann.*

→ **LF 4** Bietet die Konkurrenz vergleichbare Produkte zu einem niedrigeren Preis an, müssen Industrieunternehmen diesen Preis häufig als festen Marktpreis akzeptieren und können ihre ursprüngliche Kalkulation nicht aufrechterhalten. Bei selbst erstellten Erzeugnissen wird daraufhin geprüft, ob Produktionskosten reduzierbar sind, um bei geringeren Herstell- bzw. Selbstkosten den ursprünglich angestrebten Stückgewinn erzielen zu können oder ob eine Reduktion des Stückgewinns (niedrigerer Gewinnzuschlag) akzeptiert werden muss. Bei Handelswaren verhält es sich analog und es bleiben zwei grundsätzliche Möglichkeiten:

* Ermittlung des maximalen Bezugs-/Einstandspreises, um den angestrebten Gewinn zu erzielen und die entstandenen Kosten zu decken (**Rückwärtskalkulation**),

* Ermittlung des verbleibenden Erfolgs bei gegebenem Bezugs-/Einstandspreis und gegebenen Kosten (**Differenzkalkulation**).

Rückwärtskalkulation

Die Rückwärtskalkulation mit Einzelzuschlägen erfolgt analog zur Rückwärtskalkulation bei selbst erstellten Erzeugnissen, wenn man die Selbstkosten bei Handelswaren mit den bei der Produktion eigener Erzeugnisse anfallenden Selbstkosten gleichsetzt.

Beispiel: Die Sommerfeld Bürosysteme GmbH möchte Beistelltische im Dreierstapel in ihr Absatzprogramm aufnehmen, die von Mitbewerbern für 220,00 € angeboten werden. Welchen Einstandspreis darf die Sommerfeld Bürosysteme GmbH maximal akzeptieren, wenn mit 5 % Kundenrabatt, 2 % Kundenskonto, 25 % Gewinn und 26 % Handlungskosten kalkuliert wird?

Lösung mithilfe von Einzelzuschlägen

	Bezugs-/Einstandspreis	130,05	100 %			
+ 26 %	Handlungskosten	33,81	26 %	a. H		
	Selbstkosten	163,86	126 %	100 %		
+ 25 %	Gewinn	40,96		25 %	a. H	
	Barverkaufspreis	204,82		125 %	98 %	
+ 2 %	Kundenskonto	4,18			2 %	v. H.
	Zielverkaufspreis	209,00			100 %	95 %
+ 5 %	Kundenrabatt	11,00				5 % v. H.
	Listenverkaufspreis	220,00				100 %

Der Bezugs-/Einstandspreis darf höchstens 130,05 € betragen.

Rechenweg

① Stellen Sie das Kalkulationsschema auf und geben Sie durch einen Pfeil die Richtung der Rechnung an.

② Rechnen Sie vom Listenverkaufspreis auf den Barverkaufspreis zurück. Dabei ist der Kundenrabatt vom Listenverkaufspreis und der Kundenskonto vom Zielverkaufspreis zu berechnen (**Vom-Hundert-Rechnung**).

③ Rechnen Sie vom Barverkaufspreis unter Berücksichtigung von Gewinn und Handlungskosten auf den Bezugspreis (Einstandspreis) zurück. Achten Sie darauf, dass hier in beiden Fällen eine **Auf-Hundert-Rechnung** vorliegt, weil die Handlungskosten auf den Bezugspreis (Einstandspreis) und der Gewinn auf die Selbstkosten aufgerechnet wurden.

Kalkulation des Bezugs-/Einstandspreises mit der Handelsspanne

Die Differenz zwischen dem Listenverkaufspreis und dem Bezugs-/Einstandspreis kann ebenfalls als Gesamtprozentsatz durch die **Handelsspanne** ausgedrückt werden. Die Handelsspanne berücksichtigt pauschal sämtliche Einzelzuschlagssätze, wobei die Bezugsgröße in diesem Fall der Listenverkaufspreis (100 %) ist, weil vom Listenpreis auf den Bezugs-/Einstandspreis geschlossen wird.

Sind sowohl der Listenverkaufspreis als auch der Bezugs-/Einstandspreis bekannt, dann lässt sich die Handelsspanne mithilfe des Dreisatzes berechnen, da der Listenverkaufspreis und Bezugs-/Einstandspreis in Euro die gesuchten Größen darstellen.

Beispiel: Die Sommerfeld Bürosysteme GmbH bietet ein Möbelpflegeset zu einem Listenverkaufspreis von 20,00 € an. Der Bezugs-/Einstandspreis für diesen Artikel beträgt 12,18 €.

Lösung

	Listenverkaufspreis	20,00 €
–	**Bezugspreis (Einstandspreis)**	12,18 €
	Differenz =	7,82 €

20,00 €   = 100 %
7,82 €   =   x

$$x = \frac{7,82 \cdot 100}{20} \qquad x = \underline{39,1\,\%}$$

Die Handelspanne beträgt 39,1 %.

Daraus lässt sich folgende Formel für die Berechnung der Handelsspanne ableiten:

$$\text{Handelsspanne} = \frac{(\text{Listenverkaufspreis} - \text{Bezugs-/Einstandspreis}) \cdot 100}{\text{Listenverkaufspreis}}$$

Den Gewinn mithilfe der Differenzkalkulation berechnen

Wenn sowohl der Listenverkaufspreis als auch der Bezugs-/Einstandspreis vorgegeben sind, prüft das Unternehmen, ob ihm noch ein angemessener Gewinn bleibt. Dies geschieht mithilfe der Differenzkalkulation, einer Kombination aus Vorwärts- und Rückwärtskalkulation.

Beispiel: Die Sommerfeld Bürosysteme GmbH plant eine Magnettafel als Handelsware in ihr Sortiment aufzunehmen und erhält folgendes Angebot: Listeneinkaufspreis 200,00 €, 25 % Liefererrabatt, Bezugskosten 10,00 €, empfohlener Listenverkaufspreis 230,00 €. Der Artikel wird mit 25 % Handlungskosten und 5 % Kundenrabatt kalkuliert.

Welchen Gewinn kann die Sommerfeld Bürosysteme GmbH mit der Magnettafel erzielen?

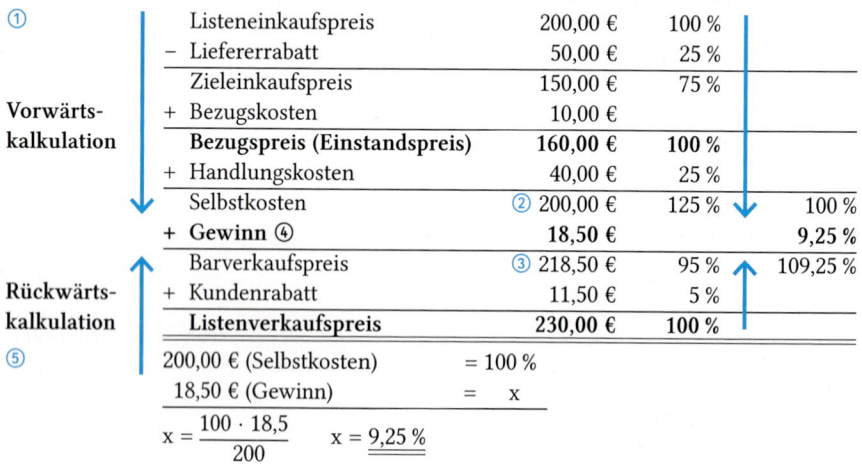

Rechenweg

① Stellen Sie das Kalkulationsschema auf und setzen Sie die Pfeile so ein, dass die Richtung der Rechnung angegeben wird.

② Ermitteln Sie, ausgehend vom Listeneinkaufspreis, die Selbstkosten ⟶ Vorwärtskalkulation.

③ Ermitteln Sie, ausgehend vom Listenverkaufspreis, den Barverkaufspreis ⟶ Rückwärtskalkulation.

④ Ermitteln Sie den Gewinn in Euro als Differenz zwischen dem Barverkaufspreis und den Selbstkosten.

⑤ Ermitteln Sie den Gewinn in Prozent, wobei die Selbstkosten 100 % entsprechen.

	A	B	C	D	E
1	Kalkulationszuschlag, Kalkulationsfaktor, Handelsspanne				
2	Sind Listenverkaufspreis(LVP) und Bezugs-/Einstandspreis bekannt,				
3	so kann die vereinfachte Verkaufskalkulation durchgeführt werden.				
4	**Bezugs-/Einstandspreis(BP/EP)**		12,18	€	
5	**Listenverkaufspreis(LVP)**		20,00	€	
6					
7	**Kalkulationszuschlag:**		64,20	%	
8	**Kalkulationsfaktor:**		1,642		
9	**Handelsspanne:**		39,10	%	
10	Eingabe in C4,C5				
11	Ausgabe in C7 durch die Formel =(C5-C4)*100/C4				
12	Ausgabe in C8 durch die Formel =C5/C4				
13	Ausgabe in C9 durch die Formel =(C5-C4)*100/C5				

	A	B	C	D	E
1	Preiskalkulation (Differenzkalkulation)				
2	Wenn Listeneinkaufs- bzw. Bezugs-/Einstandspreis und der Listenverkaufspreis durch Marktbedingungen				
3	vorgegeben sind, so muss untersucht werden, ob der verbleibende Gewinn ausreicht.				
4	Kalkulationsschema	%	€		Eingaben C5,B6,C8,B10,B14,C15
5	Listeneinkaufspreis		200,00	Eingabe!	**Formeln**
6	− Liefererrabatt	25,00	50,00		=C5*B6/100
7	= Zieleinkaufspreis		150,00		=C5-C6
8	+ Bezugskosten		10,00	Eingabe!	
9	= Bezugspreis (Einstandspreis)		160,00		=C7+C8
10	+ Handlungskosten	25,00	40,00		=C9*B10/100
11	= Selbstkostenpreis		200,00		=C9+C10
12	+ Gewinn	9,25	18,50		C12:=C13-C11 und B12:=C12*100/C11
13	= Barverkaufspreis		218,50		=C15-C14
14	+ Kundenrabatt (i. H.)	5,00	11,50		=C15*B14/100
15	= Listenverkaufspreis		230,00	Eingabe!	

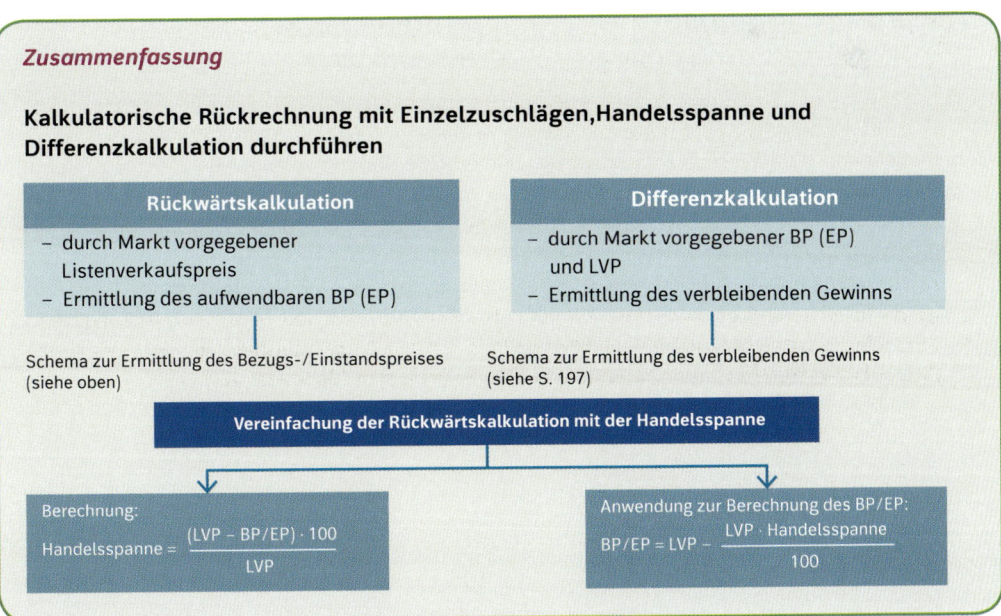

Zusammenfassung

Kalkulatorische Rückrechnung mit Einzelzuschlägen,Handelsspanne und Differenzkalkulation durchführen

Rückwärtskalkulation	Differenzkalkulation
– durch Markt vorgegebener Listenverkaufspreis – Ermittlung des aufwendbaren BP (EP)	– durch Markt vorgegebener BP (EP) und LVP – Ermittlung des verbleibenden Gewinns
Schema zur Ermittlung des Bezugs-/Einstandspreises (siehe oben)	Schema zur Ermittlung des verbleibenden Gewinns (siehe S. 197)

Vereinfachung der Rückwärtskalkulation mit der Handelsspanne

Berechnung:
$$\text{Handelsspanne} = \frac{(LVP - BP/EP) \cdot 100}{LVP}$$

Anwendung zur Berechnung des BP/EP:
$$BP/EP = LVP - \frac{LVP \cdot \text{Handelsspanne}}{100}$$

Aufgaben

1. Die Almaron AG bezieht diverse Handelswaren zu den angegebenen Einstandspreisen bei einem ihrer Stammlieferanten. Ermitteln Sie jeweils den Gewinn in Euro und Prozent unter Berücksichtigung folgender Angaben:

	Bezugs-/ Einstands- preis in €	Handlungskosten- zuschlagssatz in %	Kundenskonto in %	Kundenrabatt in %	Listenverkaufs- preis in €
a)	48,00	25	2,5	10	80,00
b)	108,00	20	2	12,5	156,00
c)	18,20	15	1,5	8	35,00
d)	1 280,00	30	1	5	1 880,00

2. Die Westfälischen Fahrradwerke aus Münster stellen seit einigen Jahren auch E-Bikes her. Die dafür als Fremdbauteile benötigten Akkus haben sie aufgrund von zunehmenden Kundenanfragen nunmehr auch als Handelswaren in ihr Absatzprogramm aufgenommen. Der Listeneinkaufspreis beträgt 480,00 €/Stück. Der Hersteller der Akkus gewährt den Westfälischen Fahrradwerken 25 % Rabatt und 2 % Skonto. Die Bezugskosten betragen 22,20 €/Stück. Die Westfälischen Fahrradwerke kalkulieren mit einem Zuschlagssatz für die Handlungskosten in Höhe von 20 % und gewährt seinen Kunden 10 % Rabatt sowie 2 % Skonto. Der Listenverkaufspreis für einen Akku beträgt 540,00 €. Berechnen Sie den Gewinn in Euro und in Prozent.

3. Ein Großhändler bietet einen qualitativ minderwertigeren Akku zum Preis von 428,00 € an. Seiner Kalkulation liegen folgende Sätze zugrunde:

17,0 % Kundenrabatt   12,5 % Gewinn
 3,0 % Kundenskonto   20,0 % Handlungskosten

Die Bezugskosten belaufen sich auf 30,00 €.
Ermitteln Sie (jeweils auf zwei Stellen hinter dem Komma gerundet)
a) den Bareinkaufspreis,   c) den Kalkulationsfaktor,
b) den Kalkulationszuschlagssatz,   d) die Handelsspanne.

4. Ein wichtiger Großkunde bezieht seit mehreren Jahren rund 150 City-Roller pro Quartal von den Westfälischen Fahrradwerken, für die er bislang 160,00 €/Stück bezahlen musste. Er stellt den Westfälischen Fahrradwerken eine erhöhte Abnahmemenge von 200 Stück/Monat in Aussicht, wenn ihm 12,5 % Rabatt auf die komplette Menge gewährt werden würden. Der Bezugs-/Einstandspreis für die als Handelswaren vertriebenen City-Roller beträgt 104,00 €. Die Handlungskosten werden mit 15 % kalkuliert.
a) Wie viel Euro betragen die Handlungskosten?
b) Wie viel Prozent Gewinn wurden bei einem Verkaufspreis von 160,00 € erzielt (Ergebnis bitte auf zwei Nachkommastellen runden)?
c) Wie viel Euro Nachlass erwartet der Kunde?
d) Wie viel Prozent Gewinn würden entstehen, wenn dem Kundenwunsch entsprochen würde (Ergebnis bitte auf zwei Nachkommastellen runden)?

5. *Unten stehende Kalkulation eines Handelsartikels soll in der Sommerfeld Bürosysteme GmbH vervollständigt und zur Kalkulation von 120 verschiedenen Artikeln desselben Lieferers ausgewertet werden:*

	€	
Listeneinkaufspreis	?	*Ermitteln Sie*
6 % Mengenrabatt	?	*a) den Listenverkaufspreis,*
Zieleinkaufspreis	?	*b) den Bezugs-/Einstandspreis,*
3 % Liefererskonto	?	*c) den Listeneinkaufspreis,*
Bareinkaufspreis	?	*d) den Kalkulationszuschlagssatz (auf eine Stelle*
Bezugskosten	21,80	*nach dem Komma runden),*
Bezugs-/Einstandspreis	?	*e) den Kalkulationsfaktor (fünf Stellen nach dem*
50 % Handlungskosten	?	*Komma),*
Selbstkosten	?	*f) die Handelsspanne.*
18 % Gewinn	?	
Barverkaufspreis	1 764,00	
2 % Kundenskonto	?	
Zielverkaufspreis	?	
10 % Kundenrabatt	?	
Listenverkaufspreis	?	

6. *Der Bezugs-/Einstandspreis einer Ware beträgt 262,50 €, der Zielverkaufspreis 420,00 €. Ermitteln Sie*
   a) den Kalkulationszuschlagssatz,
   b) die Handelsspanne,
   c) den Kalkulationsfaktor.

7. *Der Bezugs-/Einstandspreis einer Ware beträgt 780,00 €. Ermitteln Sie*
   a) den Zielverkaufspreis, wenn der Kalkulationsfaktor 1,5 beträgt,
   b) die Handelsspanne.

8. *Ein Kunde überweist nach Abzug von 12,5 % Rabatt und 2 % Skonto 128 573,55 €.*
   a) Über welchen Betrag lautete die Rechnung?
   b) Welcher Umsatzerlös wurde aufgrund der Ausgangsrechnung gebucht, wenn im Rechnungsbetrag 19 % USt. enthalten sind?

9. *Der Bezugs-/Einstandspreis für einen Handelsartikel beträgt 480,00 € netto, sein Barverkaufspreis ist mit 683,20 € netto angegeben. Die Handlungskosten sind mit 22 % zu berücksichtigen.*
   a) Wie viel Euro betragen die Selbstkosten?
   b) Wie viel Euro beträgt der Gewinn?
   c) Wie viel Prozent beträgt der Gewinn?

10. *Einem Industrieunternehmen wird eine Maschine von drei Anbietern zum gleichen Listenpreis angeboten. Die Anbieter gewähren auf den Listeneinkaufspreis unterschiedliche Nachlässe, und zwar:*

Nachlässe	A	B	C
Rabatt	30 %	20 %	30,0 %
Sondernachlass vom Restbetrag	25 %	30 %	12,5 %
Skonto	2 %	3 %	2,5 %

Wie viel Prozent Nachlass, gemessen am Listeneinkaufspreis, erhält das Industrieunternehmen unter Ausnutzung aller Nachlässe?

11. Der Verkaufspreis einer Ware, die mit einem Kalkulationszuschlagssatz von 60 % kalkuliert wurde, muss aus Konkurrenzgründen um 8 % gesenkt werden. Die Handlungskosten betragen 35 %. Wie viel Prozent Gewinn erzielt die Unternehmung
    a) vor der Preissenkung,
    b) nach der Preissenkung?

12. Der Barverkaufspreis eines ursprünglich mit 20 % Gewinnaufschlag kalkulierten Artikels wurde um 5 % auf nunmehr 598,50 € gesenkt.
    Berechnen Sie
    a) den bisherigen Verkaufspreis,
    b) die Selbstkosten des Artikels,
    c) den vor der Preissenkung erzielten Gewinn in Prozent,
    d) den nach der Preissenkung verbliebenen Gewinn in Prozent.

13. Eine Industrieunternehmung berücksichtigt in ihrer Preisberechnung 50 % Kalkulationszuschlag. Die Industrieunternehmung rechnet mit 25 % Handlungskosten. Sie gewährt Kunden 10 % Rabatt und 2 % Skonto.
    Berechnen Sie
    a) die Handelsspanne (auf zwei Stellen nach dem Komma runden),
    b) den Kalkulationsfaktor,
    c) den Gewinn in Prozent, der der Industrieunternehmung verbleibt, wenn der Kunde alle Vergünstigungen ausschöpft.

14. Ein Artikel wurde bisher zu einem Nettoverkaufspreis von 1 470,00 € je Stück verkauft und brachte einen Gewinn von 16 $^2/_3$ %. Die noch vorhandene Ware kann nur mit einem Sonderrabatt von 558,00 € je Stück verkauft werden.
    a) Wie viel Euro betrugen die Selbstkosten?
    b) Wie viel Prozent beträgt der Sonderrabatt?
    c) Wie viel Euro beträgt der Verlust je Stück nach Gewährung des Sonderrabattes?
    d) Wie viel Prozent beträgt der Verlust?

→
LS 12

7.3 Erfassung von Ausgangsrechnungen unter Berücksichtigung von Sofortrabatten und Vertriebskosten

Frau Nolden reicht der Auszubildenden Daniela Schaub die Kopie einer Ausgangsrechnung an die Bürofachhandel Ergoline GmbH hinüber. „Bitte erfassen Sie die vorliegende Rechnung buchhalterisch. Greifen Sie dabei auf Ihr Vorwissen über Sofortrabatte im Einkauf zurück, da diese beim Verkauf ganz ähnlich behandelt werden. Nur bei den Verpackungs- und Frachtkosten müssen Sie aufpassen. Vielleicht versuchen Sie vorab, ein paar Informationen zu sammeln."

Sommerfeld
Bürosysteme GmbH
Ein ökologisch orientiertes Unternehmen mit Zukunft

Sommerfeld Bürosysteme GmbH, Gladbecker Str. 85-91, 45141 Essen

Anschrift: Gladbecker Str. 85-91
45141 Essen
Telefon: 0201 163456-0
Telefax: 0201 1634589
E-Mail: info@sommerfeld.de
Web: www.sommerfeld.de

Bürofachhandel Ergoline GmbH
Maxstraße 121
13347 Berlin

KOPIE

RECHNUNG
Ihre Bestellung vom: 20.06.20(0)

Kunden-Nr.	Auftrags-Nr.	Rechnungstag
24 008	15 873	..-08-17
	Bei Zahlung bitte angeben	

Pos.	Artikel-Nr.	Artikelbezeichnung	Menge	Einzelpreis €	Rabatt %	Gesamtpreis €
1	900/1	Ceno Besucherstuhl	50	170,00	30	5 950,00
2	283/7	Modus Drehsessel	6	989,50	30	4 155,90
3	380/2	Logon Systemtisch	10	310,00	30	2 170,00

Warenwert €	Verpackung €	Fracht €	Entgelt netto €	USt-%	USt-€	Gesamtbetrag €
12 275,90	600,00	500,00	13 375,90	19	2 541,42	**15 917,32**

Die Ware bleibt bis zur vollständigen Bezahlung unser Eigentum.
Zahlbar innerhalb 10 Tagen abzügl. 2 % Skonto, innerhalb 30 Tagen netto.

Bankverbindungen:
Deutsche Bank Essen   IBAN DE96360700500025203488   BIC DEUTDEDEXXX

Postbank Dortmund   IBAN DE81440100460286778341   BIC PNBKDEFF440

Steuer-Nr.: 110/1202/0189   USt-IdNr.: DE129666846
Geschäftsführer: Claudia Farthmann, Lambert Feld, Hartmut Sommer

Arbeitsaufträge

- *Erläutern Sie die buchhalterische Behandlung von Sofortrabatten, Verpackungs-, Transport- und Vertriebskosten.*

- *Erarbeiten Sie einen Buchungsvorschlag zur Erfassung des Beleges.*

Absatzleistungen der Industrieunternehmung

Die Absatzleistungen eines Industrieunternehmens umfassen
- Umsatzerlöse für eigene Erzeugnisse,
- Umsatzerlöse für Handelswaren,
- in Rechnung gestellte Transportleistungen und Versandverpackungen,
- sonstige Dienstleistungen, z. B. Montage, Wartung, Reparatur, Schulungsmaßnahmen.

Zu Ihrer Erfassung sind in der Kontenklasse 5 folgende Konten vorgesehen:

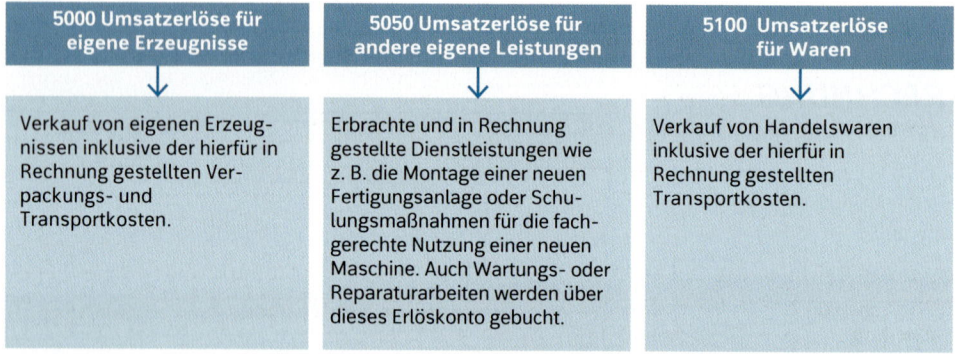

5000 Umsatzerlöse für eigene Erzeugnisse	5050 Umsatzerlöse für andere eigene Leistungen	5100 Umsatzerlöse für Waren
Verkauf von eigenen Erzeugnissen inklusive der hierfür in Rechnung gestellten Verpackungs- und Transportkosten.	Erbrachte und in Rechnung gestellte Dienstleistungen wie z. B. die Montage einer neuen Fertigungsanlage oder Schulungsmaßnahmen für die fachgerechte Nutzung einer neuen Maschine. Auch Wartungs- oder Reparaturarbeiten werden über dieses Erlöskonto gebucht.	Verkauf von Handelswaren inklusive der hierfür in Rechnung gestellten Transportkosten.

→ LF 6 **Sofortrabatte**

Sofortrabatte werden in Form von Mengen-, Wiederverkäufer-, Treue- oder Messerabatt auf die Listenverkaufspreise gewährt. Solche Sofortrabatte werden in vielen Fällen von den Kunden erwartet (Messerabatte), dienen der Kundenbindung (Treuerabatt) und sollen zu größeren Bestellmengen und daraus resultierend zu geringeren Auftragsabwicklungskosten führen (Mengenrabatte). Wie schon beim Einkauf werden auch beim Verkauf **Sofortrabatte buchhalterisch nicht gesondert erfasst**, da sie den Verkaufspreis unmittelbar mindern.

Verpackungskosten

Das verkaufende Unternehmen hat als Vertragspartner die Erzeugnisse so zu verpacken, dass sie vom Käufer mangelfrei übernommen werden können. Die Kosten für solche Verpackungen sind vom Verkäufer zu tragen, während die Kosten für Verpackungen, die zum Versand der Erzeugnisse notwendig werden, vom Käufer zu tragen sind. In der Regel beschafft aber der Verkäufer auch diese Versandverpackungen. Die Kosten für die für den Versand benötigten Verpackungsmaterialien werden vom Verkäufer beim Einkauf als Aufwand auf dem Konto **6040 Verpackungsmaterial** erfasst.

Beispiel:

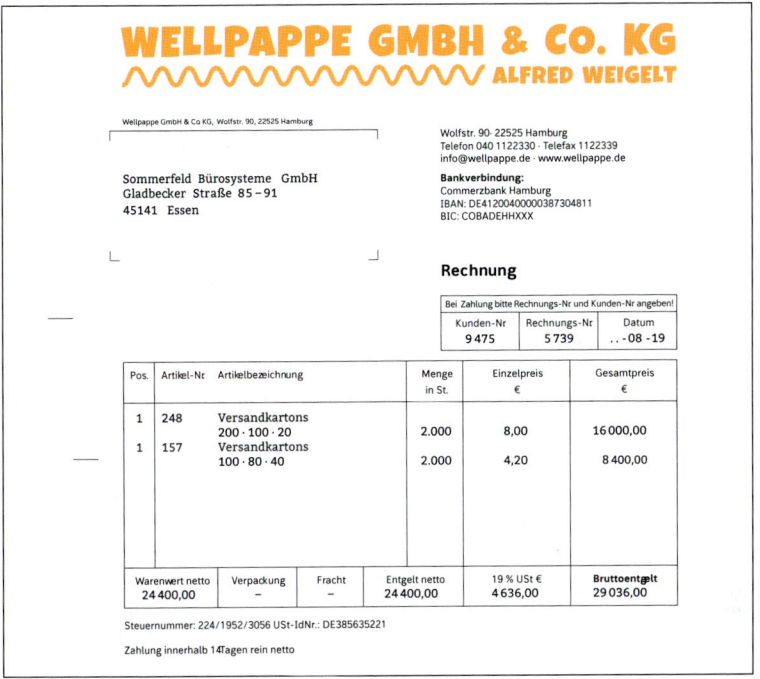

WELLPAPPE GMBH & CO. KG
ALFRED WEIGELT

Wellpappe GmbH & Co KG, Wolfstr. 90, 22525 Hamburg

Sommerfeld Bürosysteme GmbH
Gladbecker Straße 85–91
45141 Essen

Wolfstr. 90· 22525 Hamburg
Telefon 040 1122330 · Telefax 1122339
info@wellpappe.de · www.wellpappe.de

Bankverbindung:
Commerzbank Hamburg
IBAN: DE41200400000387304811
BIC: COBADEHHXXX

Rechnung

Bei Zahlung bitte Rechnungs-Nr und Kunden-Nr angeben!

Kunden-Nr	Rechnungs-Nr	Datum
9 475	5 739	. . -08 -19

Pos.	Artikel-Nr	Artikelbezeichnung	Menge in St.	Einzelpreis €	Gesamtpreis €
1	248	Versandkartons 200 · 100 · 20	2.000	8,00	16 000,00
1	157	Versandkartons 100 · 80 · 40	2.000	4,20	8 400,00

Warenwert netto	Verpackung	Fracht	Entgelt netto	19 % USt €	Bruttoentgelt
24 400,00	–	–	24 400,00	4 636,00	29 036,00

Steuernummer: 224/1952/3056 USt.-IdNr.: DE385635221

Zahlung innerhalb 14 Tagen rein netto

Buchung:

6040 Verpackungsmaterial	24 400,00		
2600 Vorsteuer	4 636,00	an 4400 Verbindlichkeiten a. LL	29 036,00

Versandverpackung, die beim Verkauf von Erzeugnissen anfällt, wird dem Kunden getrennt in Rechnung gestellt. Die in Rechnung gestellte Verpackung stellt aus der Sicht der Industrieunternehmung einen Umsatz dar und wird bei der Erfassung der Ausgangsrechnung nicht auf einem gesonderten Erlöskonto gebucht.

Beispiel: (siehe Ausgangssituation S. 202)
Buchung:

2400 Forderungen a. LL	15 917,32	an 5000 Umsatzerlöse für	
		Erzeugnisse	13 375,90
		an 4800 Umsatzsteuer	2 541,42

Transportkosten

Beauftragt das verkaufende Unternehmen einen Spediteur mit der Auslieferung seiner Waren an den Kunden, so stellen die dafür in Rechnung gestellten Transportkosten für den Verkäufer einen Aufwand dar, welcher auf dem Konto **6140 Transportkosten** erfasst wird. Transportkosten, die beim Verkauf von Erzeugnissen anfallen, werden dem Kunden getrennt in Rechnung gestellt. Wie schon die Verpackungskosten stellen diese in Rechnung gestellten Transportkosten aus Sicht der verkaufenden Industrieunternehmung aber einen Umsatz dar, der bei der Erfassung der Ausgangsrechnung nicht auf einem gesonderten Erlöskonto gebucht wird (vgl. Buchung der Ausgangsrechnung).

Beispiel:

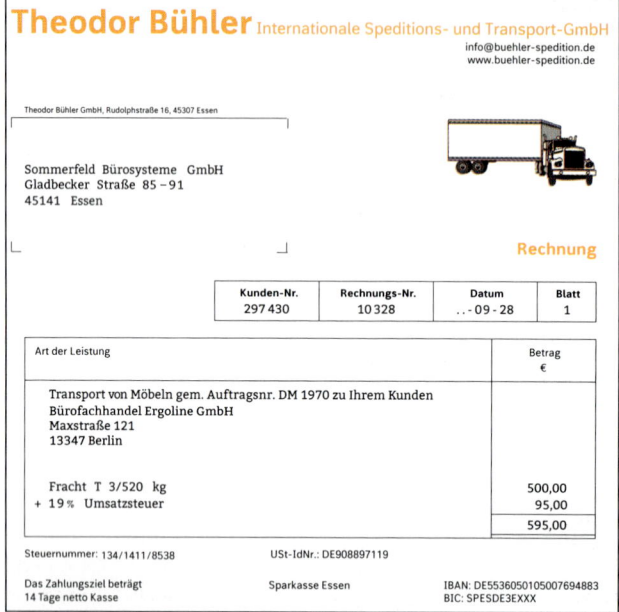

Buchung der Fracht

6140 Frachten und Fremdlager	500,00	
2600 Vorsteuer	95,00	an 4400 Verb. a. LL 595,00

Vetriebsprovisionen

Zur Steigerung des Absatzes setzen Industrieunternehmen u. a. selbstständige Handelsvertreter ein. Die Handelsvertreter erhalten für ihre Dienstleistungen eine **Handelsvertreterprovision**, die für das Industrieunternehmen Aufwand darstellt.

Beispiel:

Buchung der Vertreterprovision

| 6150 Vertreterprovision | 4 300,00 | |
| 2600 Vorsteuer | 817,00 | an 4400 Verb. a. LL 5 117,00 |

Zuasammenfassung

Erfassung von Ausgangsrechnungen unter Berücksichtigung von Sofortrabatten und Vertriebskosten

- *Beauftragt der Verkäufer einer Ware einen Spediteur oder einen selbstständigen Absatzhelfer, bucht er die in Rechnung gestellten Dienstleistungen ebenso wie von ihm beschaffte Verpackungsmaterialien als Aufwand.*

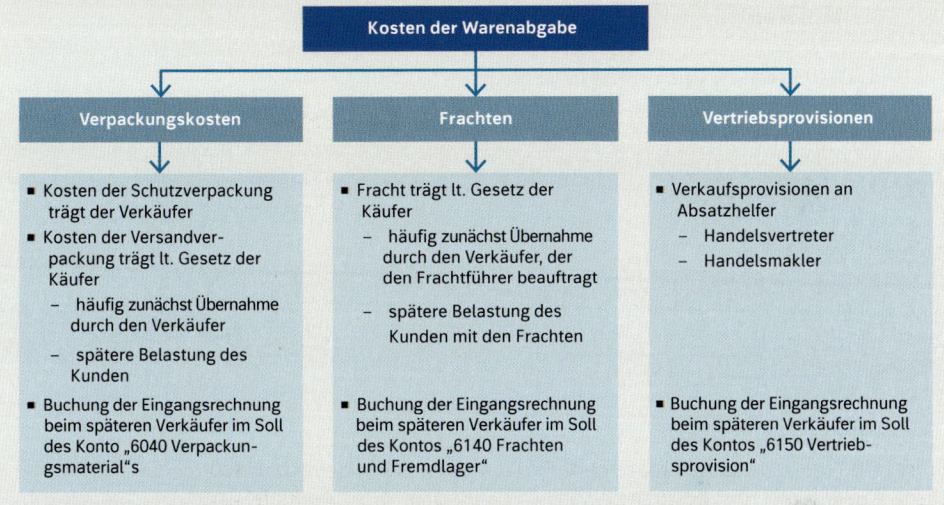

- *Die Belastungen der Kunden mit den vorgelegten Aufwendungen (Verpackungs- und Frachtkosten) sind Umsatzerlöse, die im Haben des dazugehörigen Ertragskontos „5000 Umsatzerlöse für Erzeugnisse" bzw. „5100 Umsatzerlöse für Handelswaren" zu buchen sind. Wegen der Entgeltsmehrung erhöht sich entsprechend die Umsatzsteuer.*

- *Sofortrabatte, die von den Kunden in den Ausgangsrechnungen offen abgesetzt wurden, werden nicht gebucht.*

Aufgaben

1. Kontenplan

2000, 2001, 2400, 2600, 2800, 2880, 4400, 4800, 5000, 6000, 6140, 6150, 8010, 8020

Anfangsbestände

2800 Bank 35 000,00 €, 2880 Kasse 8 960,00 €, 2000 Rohstoffe 17 500,00 €, 4800 Umsatzsteuer 1 228,00 €

Geschäftsfälle (bestandsorientierte Materialerfassung)	€	€
1. Einkauf von Rohstoffen auf Ziel, ab Werk	2 300,00	
+ 19 % USt.	437,00	2 737,00
2. Fracht und Rollgeld auf diesen Einkauf (Fall 1)		
werden bar bezahlt, netto	170,00	
+ 19 % USt.	28,90	198,90
3. Verkauf von fertigen Erzeugnissen auf Ziel, frei Haus, netto	950,00	
+ 19 % USt.	180,50	1 130,50
4. Dem Spediteur wird die Fracht für die		
ausgelieferten Erzeugnisse (Fall 3) bar bezahlt, netto	80,00	
+ 19 % USt.	15,20	95,20
5. Einkauf von Rohstoffen auf Ziel, netto	1 900,00	
+ Transportkosten	200,00	
	2 100,00	
+ 19 % USt.	399,00	2 499,00
6. Verkauf von fertigen Erzeugnissen auf Ziel, frei Haus, netto	120,00	
+ 19 % USt.	22,80	142,80
7. Paketentgelt (zu Fall 6, umsatzsteuerbefreit nach UStG) bar		18,00
8. Auszahlung der Vertreterprovision per Banküberweisung, netto	3 500,00	
+ 19 % USt.	665,00	4 165,00

Die Geschäftsfälle sind auf den vorstehenden Konten zu buchen.
Die Anfangsbestände sollen ohne Eröffnungsbuchung übernommen werden.
Ermitteln Sie den Rohstoffverbrauch. – Endbestand laut Inventur 15 000,00 €.

2. Vorläufige Summenbilanz (Auszug) –
bestandsorientierte Materialerfassung –

	€ Soll	€ Haben
2000 Rohstoffe	1 258 450,00	2 600,00
2001 Bezugskosten/Rohstoffe	9 150,00	
2002 Nachlässe durch Rohstofflieferer	240,00	2 240,00
2400 Forderungen a. LL	1 727 385,00	1 580 865,00
2600 Vorsteuer	127 490,00	118 040,00
2880 Kasse	180 150,00	175 075,00
4400 Verbindlichkeiten a. LL	1 281 522,00	1 393 425,00
4800 Umsatzsteuer	134 865,00	145 310,00
5000 Umsatzerlöse		1 425 400,00
6000 Rohstoffaufwand		
6140 Frachten	5 860,00	

Geschäftsfälle

1. Verkauf von fertigen Erzeugnissen auf Ziel, ab Werk	14 750,00	
+ Fracht	250,00	
	15 000,00	
+ 19 % USt.	2 850,00	17 850,00

2. Barzahlung der Transportkosten für diesen Verkauf (Fall 1),
   netto   250,00
   + 19 % USt.   47,50   297,50
3. Gutschrift eines Rohstofflieferers aufgrund
   unserer Mängelrüge, ER 304   95,20
   Umsatzsteueranteil (19 %) beachten.
4. Rohstoffeinkauf auf Ziel, ab Werk, ER 309, netto 9 500,00
   + 19 % USt. 1 805,00   11 305,00
5. Barzahlung der Fracht für diesen Einkauf (Fall 4), netto ...   100,00
   + 19 % USt.   19,00   119,00
6. Gutschriftsanzeige eines Rohstofflieferers für Bonus, netto   400,00
   + 19 % USt.   76,00   476,00

Abschlussangaben
1. Rohstoffendbestand laut Inventur ....   75 000,00 €
2. Die Salden der übrigen Bestandskonten stimmen mit den Inventurwerten überein.
3. Die Konten sind abzuschließen.

3. Untersuchen Sie, ob unten stehende Geschäftsfälle in einer Einzelunternehmung
   (1) zu einer Sollbuchung auf „2600 Vorsteuer",
   (2) zu einer Habenbuchung auf „2600 Vorsteuer",
   (3) zu einer Sollbuchung auf „4800 Umsatzsteuer",
   (4) zu einer Habenbuchung auf „4800 Umsatzsteuer" führen oder
   (5) weder auf dem Konto „2600 Vorsteuer" noch auf dem Konto „4800 Umsatzsteuer" zu
       buchen sind.

Geschäftsfälle:
a) Zielverkauf von Erzeugnissen
b) Überweisung der Zahllast des Vormonats an das Finanzamt
c) Kauf von Hilfsstoffen auf Ziel
d) Eingangsrechnung des Spediteurs für an Kunden gelieferte Waren
e) Dem Kunden wird Fracht für eine Erzeugnislieferung nachträglich in Rechnung gestellt.
f) Rücksendung von Rohstoffen wegen mangelhafter Lieferung
g) Ausgleich einer fälligen Eingangsrechnung durch Banküberweisung
h) Das Finanzamt überwies einen Vorsteuerüberhang.

7.4   Erfassung von Gutschriften an Kunden

Rudolf Heller und Daniela Schaub sollen die vorliegenden Belege analysieren und buchhalterisch erfassen.
„Weißt Du, warum wir diesen Kunden so hohe Gutschriften erteilen?", fragt Rudolf. „Na ja, in dem einem
Fall hat uns die Krankenhaus Einrichtungs-GmbH zwei
bereits verkaufte Stühle zurückgeschickt, weil sie starke
Qualitätsmängel aufgewiesen haben und die Paletten
haben ja ohnehin nur dem Transport gedient und werden immer zurückgeschickt", erklärt Daniela. „Und
der Bürobedarfsgroßhandel Peters? Warum schickt der
die Tische trotz Lackschäden nicht zurück?" Daniela antwortet: „Ich glaube, die verfügen über eine
eigene Werkstatt, in welcher sie die Schäden beheben können. Dafür verlangen sie dann aber einen
satten Preisnachlass."

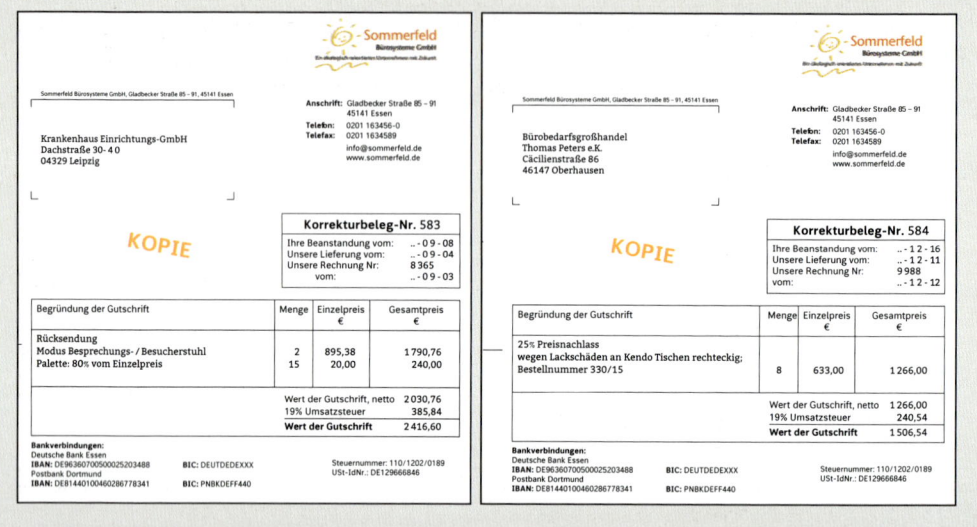

Arbeitsaufträge

- *Begründen Sie den Gutschriftbetrag (mit rechnerischem Nachweis) für die Rücksendung der zwei Modus Besucherstühle, indem sie auf Informationen aus der Preisliste und der Hauptkundenkartei zurückgreifen.*

- *Begründen Sie den hohen Preisnachlass aufgrund der Beanstandung an den acht Kendo Tischen. Weisen Sie den Gutschriftbetrag nach.*

- *Erläutern Sie die buchhalterischen Auswirkungen von Rücksendungen sowie nachträglichen Preisnachlässen und bilden Sie die Buchungssätze zur Erfassung der beiden Belege.*

- *Begründen Sie, warum ein Industrieunternehmen seinen Kunden neben nachträglichen Preisnachlässen auch sogenannte Boni gewährt. Informieren Sie Ihre Mitschüler, über entsprechende Maßnahmen in Ihrem Ausbildungsbetrieb.*

Rücksendungen von Erzeugnisssen und Verpackungsmaterial

Wenn der Kunde Erzeugnisse (wegen Sachmängel) oder Verpackungsmaterial zurücksendet, führt das zu einer Rückbuchung (Stornierung) der ursprünglichen Erlösbuchung sowie zu einer Korrektur der ursprünglich veranschlagten Umsatzsteuer, da die Bemessungsgrundlage für die Umsatzsteuer (die Netto-Umsatzerlöse) gemindert wird.

Beispiel: (Gutschrift 583 oben)
5000 Umsatzerlöse für Erzeugnisse   2 030,76
4800 Umsatzsteuer   385,84   an 2400 Forderungen a. LL   2 416,60

Gutschriften für Minderungen aufgrund von Sachmängeln und Boni

Eine berechtigte **Mängelrüge** kann neben einer Rücksendung der mangelhaften Ware auch zu einer **Minderung** des vereinbarten Kaufpreises führen. In diesem Fall ist eine

Korrekturbuchung des ursprünglich gebuchten Umsatzerlöses nötig. Gleiches gilt, wenn der Kunde – z. B. aufgrund eines großen Auftragsvolumens innerhalb eines Jahres – einen nachträglichen Nachlass in Form eines **Bonus** gewährt bekommt. In beiden Fällen wird die Korrekturbuchung auf dem Konto Erlösberichtung vorgenommen.

Beispiel: (Gutschrift 584 oben)

5001 Erlösberichtigungen	1 266,00			
4800 Umsatzsteuer	240,54	an 2400	Forderungen a. LL	1 506,54

Das Konto Erlösberichtigungen ist ein Unterkonto des Kontos Umsatzerlöse für Erzeugnisse. Es wird daher im Rahmen einer vorbereitenden Abschlussbuchung abgeschlossen:

5000 Umsatzerlöse	**an 5001 Erlösberichtigungen**

Nachträgliche Preisnachlässe bzw. Boni werden auf den Unterkonten der entsprechenden Erlöskonten erfasst und am Jahresende über diese abgeschlossen.

5000 Umsatzerlöse für eigene Erzeugnisse	5001 Erlösberichtigungen
5050 Umsatzerlöse für andere eigene Leistungen	5051 Erlösberichtigungen
5100 Umsatzerlöse für Handelswaren	5101 Erlösberichtigungen

Zusammenfassung

Erfassung von Gutschriften an Kunden

Rücksendungen	Gutschriften

Wert- und Mengenkorrekturen
 Erzeugnisse und Leihverpackungen
 ▪ Minderung der ursprünglich gebuchten
 ▪ Umsatzerlöse
 ▪ Umsatzsteuer
 ▪ Forderungen a. LL
	Wertkorrekturen
	 Minderungen, Boni/Umsatzvergütung
	 ▪ Nachträgliche Herabsetzung des Kaufpreises
	 ▪ Getrennte Erfassung der Wertkorrektur
	   auf dem Unterkonto
	   5001 Erlösberichtigungen

Korrekturbuchung:
 5000   Umsatzerlöse für Erzeugnisse
 4800   Umsatzsteuer
   an 2400 Forderungen a. LL
	Buchung der Minderungen und Boni:
	 5001 Erlösberichtigungen
	 4800 Umsatzsteuer
	   an 2400 Forderungen a. LL
	 Abschluss des Kontos 5001 Erlösberichtigungen über das Konto 5000 Umsatzerlöse für Erzeugnisse

S	5001 Erlösberichtigungen	H	S	5000 Umsatzerlöse	H
Kundenboni Nachlässe aufgrund von Beanstandungen	5000 Umsatzerlöse		Rücksendungen (Retouren) von Erzeugnissen und Verpackungen 5001 Erlösberich-tigungen	Verkäufe von Erzeugnissen, netto (ohne Sofortrabatte)	

Aufgaben

1. Die Konten 4800, 5000 und 5001 weisen folgende Beträge aus:

	€ Soll	€ Haben
4800 Umsatzsteuer	93000,00	107500,00
5000 Umsatzerlöse	25000,00	975000,00
5001 Erlösberichtigungen......................................	7000,00	

Vor dem Abschluss sind noch folgende Geschäftsfälle zu berücksichtigen:

1. Verkäufe von fertigen Erzeugnissen auf Ziel, Listenpreis	40000,00	
– 25 % Rabatt	10000,00	
	30000,00	
+ Fracht	400,00	
	30400,00	
+ 19 % USt.	5776,00	36176,00
2. Einem Kunden wird ein Bonus gutgeschrieben, netto	4000,00	
+ 19 % USt.	760,00	4760,00
3. Gutschrift an einen Kunden wegen einer Mängelrüge, netto ..	2000,00	
+ 19 % USt.	380,00	2380,00
4. Kundenretoure wegen Falschlieferung, netto	1000,00	
+ 19 % USt.	190,00	1190,00

Ermitteln Sie
a) den Nettoumsatz,
b) die Umsatzsteuer.

2. Erstellen Sie eine Tabelle nach folgendem Muster. Bilden Sie die Buchungssätze und kennzeichnen Sie ihre umsatzsteuerliche Auswirkung.

Ge-schäfts-fälle	Buchungs-sätze	Umsatzsteuerliche Auswirkung					
		Mehrung der Vor-steuer	Minderung der Vor-steuer	Mehrung der USt.	Minde-rung der USt.	Mehrung der Zahllast	Minderung der Zahllast

Geschäftsfälle

1. Rohstoffeinkauf auf Ziel

2. Rücksendung von Rohstoffen an den Lieferer

3. Gutschrift an Kunden wegen Minderung

4. Verkauf von Erzeugnissen auf Ziel

5. Bonusgutschrift an einen Kunden

6. Eingangsrechnung des Spediteurs für die Lieferung von Erzeugnissen an Kunden

7. Gutschriftanzeige an Kunden für die Rücksendung der berechneten Leihverpackung

8. Belastung des Kunden für Fracht

9. Gutschrift des Lieferers wegen zurückgesandter Verpackung

3. **a)** *Folgende Belege der Sommerfeld Bürosysteme GmbH sind vorzukontieren:*

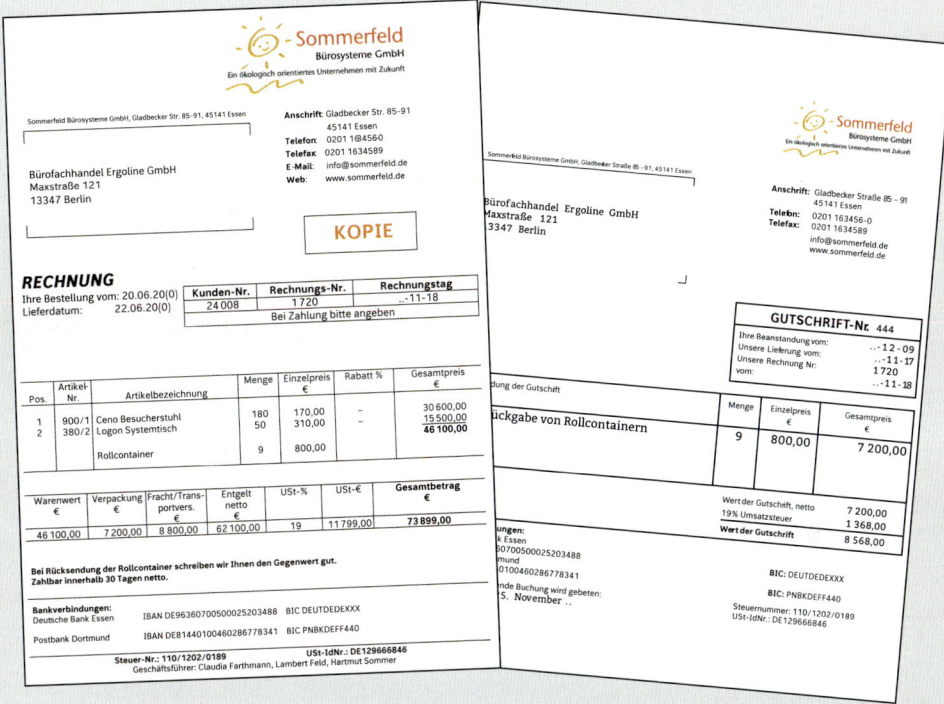

RECHNUNG

Sommerfeld Bürosysteme GmbH, Gladbecker Str. 85-91, 45141 Essen

Anschrift: Gladbecker Str. 85-91
45141 Essen
Telefon: 0201 1@4560
Telefax: 0201 1634589
E-Mail: info@sommerfeld.de
Web: www.sommerfeld.de

Bürofachhandel Ergoline GmbH
Maxstraße 121
13347 Berlin

KOPIE

Ihre Bestellung vom: 20.06.20(0)
Lieferdatum: 22.06.20(0)

Kunden-Nr.	Rechnungs-Nr.	Rechnungstag
24 008	1720	..-11-18
	Bei Zahlung bitte angeben	

Pos.	Artikel-Nr.	Artikelbezeichnung	Menge	Einzelpreis €	Rabatt %	Gesamtpreis €
1	900/1	Ceno Besucherstuhl	180	170,00	–	30 600,00
2	380/2	Logon Systemtisch	50	310,00	–	15 500,00
						46 100,00
		Rollcontainer	9	800,00		

Warenwert €	Verpackung €	Fracht/Trans-portvers. €	Entgelt netto €	USt-%	USt-€	Gesamtbetrag €
46 100,00	7 200,00	8 800,00	62 100,00	19	11 799,00	73 899,00

Bei Rücksendung der Rollcontainer schreiben wir Ihnen den Gegenwert gut.
Zahlbar innerhalb 30 Tagen netto.

Bankverbindungen:
Deutsche Bank Essen   IBAN DE96360700500025203488   BIC DEUTDEDEXXX
Postbank Dortmund   IBAN DE81440100460286778341 BIC PNBKDEFF440

Steuer-Nr.: 110/1202/0189   USt-IdNr.: DE129666846
Geschäftsführer: Claudia Farthmann, Lambert Feld, Hartmut Sommer

Sommerfeld Bürosysteme GmbH, Gladbecker Straße 85 -91, 45141 Essen

Bürofachhandel Ergoline GmbH
Maxstraße 121
3347 Berlin

Anschrift: Gladbecker Straße 85 – 91
45141 Essen
Telefon: 0201 163456-0
Telefax: 0201 1634589
info@sommerfeld.de
www.sommerfeld.de

GUTSCHRIFT-Nr. 444

Ihre Beanstandung vom: ..-12-09
Unsere Lieferung vom: ..-11-17
Unsere Rechnung Nr: 1720
vom: ..-11-18

Rückgabe von Rollcontainern

	Menge	Einzelpreis €	Gesamtpreis €
	9	800,00	7 200,00

Wert der Gutschrift, netto	7 200,00
19% Umsatzsteuer	1 368,00
Wert der Gutschrift	8 568,00

BIC: DEUTDEDEXXX
BIC: PNBKDEFF440

Steuernummer: 110/1202/0189
USt-IdNr.: DE129666846

Kontoauszug	IBAN		Auszug	Blatt
DEUTSCHE BANK ESSEN	DE96 2607 0050 0025 2034 88		203	1

Buch.-Tag	Wert	PN	Erläuterung/Verwendungszweck	Umsätze
25.10.	25.10.	0340	BÜROFACHHANDEL ERGOLINE GMBH, KD-NR 24008, RG-NR 1720 GUTSCHRIFT NR 44	66 187,80 +

44	25.10.20(0)	26.10.20(0)	320 111,50 +	386 299,30 +
BS	Letzter Auszug	Auszugsdatum €	Alter Kontostand €	Neuer Kontostand

SOMMERFELD BÜROSYSTEME GMBH, GLADBECKER STRASSE 85–91, 45141 ESSEN
IBAN: DE96 2607 0050 0025 2034 88   BIC: DEUTDEDEXXX

b) *Ermitteln Sie*

ba) *den Nettoumsatz aus diesen Vorgängen,*

bb) *die Umsatzsteuerschuld aufgrund der drei Belege.*

7.5   Vorzeitiger Ausgleich von Ausgangsrechnungen mit Skontoabzug

Als Rudolf Heller am Morgen das Büro betritt, findet er den vorliegenden Kontoauszug vor. „Mit der Bitte um Prüfung" hat Frau Nolden dazugeschrieben. „Dann mal ran an die Arbeit", denkt sich Rudolf und schaut in der offenen Postenliste nach, ob der korrekte Betrag überwiesen worden ist. „Seltsam, die Ausgangsrechnung an Nikolai Raumkultur e. K. belief sich ursprünglich auf 16 660,00 €. Warum haben die denn nur 16 326,80 € überwiesen?"

Kontoauszug DEUTSCHE BANK ESSEN			IBAN DE96 2607 0050 0025 2034 88		Auszug 167	Blatt 1
Buch.-Tag	Wert	PN	Erläuterung/Verwendungszweck		Umsätze	
30.08.	30.08.	0540	RAUMKULTUR NIKOLAI E. K., HAMBURG KD-NR 2401, RG-NR 300998 ABZÜGLICH 2 % SKONTO		16 326,80 +	

44 BS	29.08.20(0) Letzter Auszug	31.08.20(0) Auszugsdatum	€	398 123,60 + Alter Kontostand	€	414 450,40 + Neuer Kontostand

SOMMERFELD BÜROSYSTEME GMBH, GLADBECKER STRASSE 85–91, 45141 ESSEN
IBAN: DE96 2607 0050 0025 2034 88 BIC: DEUTDEDEXXX

Arbeitsaufträge

- Ermitteln Sie die Differenz zwischen Überweisungs- und Rechnungsbetrag.

- Buchen Sie den oben stehenden Beleg.

- Erläutern Sie, warum der Kunde Nikolai Raumkultur e. K. nicht den kompletten Rechnungsbetrag überwiesen hat.

- Erläutern Sie, warum die Sommerfeld Bürosysteme GmbH ihren Kunden die Möglichkeit gibt, Rechnungen unter Abzug von Skonto zu begleichen.

- Erkundigen Sie sich, ob und in welcher Höhe Ihr Ausbildungsbetrieb die Zahlung unter Abzug von Skonto anbietet.

Häufig bieten Industrieunternehmen ihren Kunden die Möglichkeit, Rechnungen unter Abzug von Skonto vorzeitig zu begleichen. Der Kunde verzichtet dann auf die Ausnutzung des Zahlungsziels (häufig 30 Tage) und überweist den Rechnungsbetrag vorzeitig unter Abzug des Skontosatzes (in der Regel 2 oder 3 %) innerhalb einer in den Zahlungsbedingungen angegebenen Frist (häufig zehn Tage). Die Berechnung und die Buchung des Skontoabzugs im Absatzbereich erfolgt analog zum Beschaffungsbereich.

→ LF 6

Mit der Zahlung des verminderten Rechnungsbetrages hat der Kunde seine Schuld insgesamt beglichen. Mit dem **Skontoabzug** ist eine **nachträgliche Minderung der Umsatzerlöse und** damit der ursprünglichen **Bemessungsgrundlage für die Umsatzsteuer** verbunden. Der Kundenskonto führt daher zu einer **Berichtigung der Umsatzsteuer**, die aufgrund des ursprünglich vereinbarten Entgelts für die Lieferung zu zahlen war. Die nachträgliche Minderung der Umsatzerlöse durch Skonto wird in der Finanzbuchhaltung als Erlösberichtigung bezeichnet, die ebenso wie nachträgliche Preisnachlässe (vgl. Kapitel 7.4) auf dem Unterkonto **5001 Erlösberichtigungen** zu buchen ist. Am Geschäftsjahresende wird das Unterkonto **5001 Erlösberichtigungen** über das Konto **5000 Umsatzerlöse** für eigene Erzeugnisse abgeschlossen. Analog wird bei Skontozahlungen für Handelswaren (**5101 Erlösberichtigungen Handelswaren**) oder sonstige Dienstleistungen (**5051 Erlösberichtigungen Sonstige Dienstleistungen**) verfahren.

Beispiel:

Auswirkung des Kundenskontos lt. Beispiel oben	Nettoentgelt (Warenwert)	Umsatzsteuer	Rechnungsbetrag
Rechnungsbetrag lt. ER	14 000,00 €	2 660,00 €	16 660,00 €
– 2 % Skonto	– 280,00 €	– 53,20 €	– 333,20 €
= Überweisungsbetrag	13 720,00 €	2 606,80 €	16 326,80 €

Nettobuchung[1]:

2800 Bank	16 326,80			
5001 Erlösberichtigungen	280,00			
4800 Umsatzsteuer	53,20	an	2400 Forderungen a. LL	16 660,00

Bruttobuchung:

2800 Bank	16 326,80			
5001 Erlösberichtigungen	333,20	an	2400 Forderungen a. LL	16 660,00

Bei Bruttobuchung erforderliche Umsatzsteuerberichtigung am Monatsende:

4800 Umsatzsteuer	53,20	an	5001 Erlösberichtigungen	53,20

Exkurs: Erhaltene Anzahlungen

Wird mit dem Kunden vereinbart, dass vor Erbringung der Leistung eine Anzahlung geleistet werden muss, so ist eine entsprechende Rechnung mit gesondertem Umsatzsteuerausweis zu erstellen. Die vom Kunden erhaltene Anzahlung stellt eine Verbindlichkeit dar, die auf dem passiven Bestandskonto **4300 Erhaltene Anzahlungen** zu erfassen ist.

---

[1] In den Abschlussprüfungen der IHK wird regelmäßig nur die Nettobuchung verlangt.

Beispiel: Vertragsabschluss über die Lieferung von eigenen Erzeugnissen im Wert von 50 000,00 €, Vereinbarung einer Anzahlung in Höhe von 20 %

Buchung der Ausgangsrechnung:

2400 Forderungen LL	an	5000 Umsatzerlöse	11 900,00	10 000,00
		4800 Umsatzsteuer		1 900,00

Eingang Anzahlung lt. Anzahlungsrechnung

2800 Bank	an	2400 Forderungen LL	11 900,00	11 900,00

Umbuchung der Umsatzerlöse (da Leistung noch nicht erfolgt und eine Verbindlichkeit gegenüber dem Kunden besteht)

5000 Umsatzerlöse	an	4300 Erhaltene Anzahlungen	10 000,00	10 000,00

Rechnungserstellung nach erfolgter Lieferung (Endabrechnung)

2400 Forderungen LL			47 600,00	
4300 Erhaltene Anzahlungen			10 000,00	
4800 Umsatzsteuer	an	5000 Umsatzerlöse	1 900,00	50 000,00
		4800 Umsatzsteuer		9 500,00

Ausgleich der Restforderung

2800 Bank	an	2400 Forderungen LL	47 600,00	47 600,00

Zusammenfassung

Vorzeitiger Ausgleich von Ausgangsrechnungen mit Skontoabzug

Kundenskonto	Auswirkungen	Buchung
• Nachlässe für vorzeitigen Ausgleich von Ausgangsrechnungen • Verzicht des Kunden auf den eingeräumten Kredit	• Minderung der Umsatzerlöse • Nachträgliche Minderung des vereinbarten Entgelts laut AR • Korrektur der USt.	Kunde zahlt mit Skontoabzug per Banküberweisung 2800 Bank 5001 Erlösberichtigungen 4800 Umsatzsteuer an 2400 Ford. a. LL

Bruttobuchung: *Der Skontobetrag wird einschließlich Umsatzsteuer brutto erfasst. Monatlich wird die anteilige Umsatzsteuer summarisch herausgerechnet und umgebucht.*

Aufgaben

1. W. Klein e. K. überweist am 2. April 20(0) 48 480,60 € durch seine Bank auf das Bankkonto des Herstellers Franz Huber e. K. zum Ausgleich einer Eingangsrechnung (über Rohstoffe, Rechnungsbetrag: 49 980,00 €) unter Abzug von 3 % Skonto.

   Wie ist der Geschäftsfall nach dem Nettoverfahren zu buchen
   a) bei Franz Huber e. K.,
   b) bei W. Klein e. K.?

2. a) *Ermitteln Sie zur Rechnungs-Nr. 18205 (Rohstoff-Einkauf, aufwandsorientiert)*
    aa) den Rechnungsbetrag,
    ab) den Umsatzsteuerkorrekturbetrag aufgrund der Skontonutzung.
  b) *Ermitteln Sie zur Rechnungs-Nr. 21417 (Verkauf eigener Erzeugnisse)*
    ba) den Rechnungsbetrag,
    bb) den Umsatzsteuerkorrekturbetrag aufgrund der Skontonutzung.
  c) *Bilden Sie die Buchungssätze zu beiden Überweisungen.*

Kontoauszug DEUTSCHE BANK ESSEN			IBAN DE96 2607 0050 0025 2034 88	Auszug 116	Blatt 1
Buch.-Tag	Wert	PN	Erläuterung / Verwendungszweck	Umsätze	
15.06.	15.06.	0820	METALLWERKE BAUER & SOEHNE, DORTMUND KD-NR 2836, RG-NR 18205 ABZÜGLICH 2 % SKONTO	34 986,00 -	
15.06.	15.06.	0340	KRANKENHAUS EINRICHTUNGS GMBH, LEIPZIG KD-NR 24004, RG-NR 21417	55 102,95 +	
44 BS	14.06.20(0) Letzter Auszug	16.06.20(0) Auszugsdatum €	145 601,00 + Alter Kontostand €	165 717,95 + Neuer Kontostand	

SOMMERFELD BÜROSYSTEME GMBH, GLADBECKER STRASSE 85–91, 45141 ESSEN
IBAN: DE96 2607 0050 0025 2034 88 BIC: DEUTDEDEXXX

3. *Die Sachkonten einer Industrieunternehmung weisen im Soll und Haben folgende Werte aus:*

Konto	Bezeichnung	Soll €	Haben €
2000	Rohstoffe	145 000,00	
2400	Forderungen a. LL	875 050,00	544 640,00
2600	Vorsteuer	58 800,00	28 800,00
2800	Bank	781 444,00	525 200,00
3000	Eigenkapital	–	320 000,00
4400	Verbindlichkeiten a. LL	192 000,00	392 000,00
4800	Umsatzsteuer	70 907,00	121 396,00
5000	Umsatzerlöse für eigene Erzeugnisse	–	623 010,00
5001	Erlösberichtigungen	11 845,00	–
6000	Aufwendungen für Rohstoffe	270 000,00	–
6002	Nachlässe	–	9 500,00
62/77	Verschiedene Aufwendungen	159 500,00	–
	Summe	2 564 546,00	2 564 546,00

a) *Bilden Sie die Buchungssätze zu folgenden Geschäftsfällen (verbrauchsorientierte Materialerfassung):*

  1. **BA:** *Überweisung vom Kunden für fällige AR*   €   €
    Rechnungsbetrag, brutto 24 990,00
    – 2 % Skonto 499,80   24 490,20
  2. **BA:** *Lastschrift*
    Bezahlung einer ER eines Rohstofflieferers per Banküberweisung
    nach Abzug von 3 % Skonto 20 777,40
  3. **BA:** *Gutschrift*
    Bezahlung einer AR per Banküberweisung nach Abzug
    von 2,5 % Skonto 46 410,00

b) *Führen Sie die Konten 5000, 5001, 6000, 6002 sowie 2000 unter Berücksichtigung der angebenden Abschlussangabe im Hauptbuch. Erstellen Sie anschließend das GuV-Konto und das SBK.*

Rohstoffendbestand laut Inventur 58 000,00

4. a) *Errechnen Sie*

      aa) den ursprünglichen Rechnungsbetrag,

      ab) den Skontobetrag (netto) sowie die zu korrigierende Umsatzsteuer.

   b) *Bilden Sie den Buchungssatz.*

Kontoauszug DEUTSCHE BANK ESSEN	IBAN DE96 2607 0050 0025 2034 88			Auszug 165	Blatt 1
Buch.-Tag	Wert	PN	Erläuterung / Verwendungszweck		Umsätze
28.08.	28.08.	0760	ERGONOMISCHE BÜROMÖBEL MÜLLER GMBH, MÜNCHEN KD-NR 24011, RG-NR 300811 ABZÜGLICH 3 % SKONTO		15 243,90 +
44 BS	27-08-20(0) Letzter Auszug	29-08-20(0) Auszugsdatum	€	297 473,50 + Alter Kontostand	€	312 717,40 + Neuer Kontostand

SOMMERFELD BÜROSYSTEME GMBH, GLADBECKER STRASSE 85–91, 45141 ESSEN
IBAN: DE96 2607 0050 0025 2034 88 BIC: DEUTDEDEXXX

5. *Mit dem Kunden Max Weber e. K. wurden folgende Geschäftsfälle im Monat Dezember getätigt:*

			€	€
1.	30. November	**Saldovortrag** *(Sollsaldo)*		53 550,00
2.	4. Dezember	**AR 1023:** *Verkauf von Erzeugnissen auf Ziel*	65 000,00	
		+ 19 % USt.	12 350,00	77 350,00
3.	9. Dezember	**BA 231:** *Banküberweisung des Kunden zum Rechnungsausgleich: AR 989*		40 460,00
4.	11. Dezember	**Schreiben 65:** *Rücksendung von Erzeugnissen (Fall 2), Gutschrift brutto*		2 380,00
5.	19. Dezember	**AR 1036, BA 233:** *Verkauf von Erzeugnissen mittels Lastschrifteinzug, netto*	85 000,00	
		+ 19 % USt.	16 150,00	101 150,00
6.	31. Dezember	**Schreiben 67:** *Dem Kunden wird ein Bonus von 4 % auf den Monatsumsatz gewährt und gutgeschrieben.*		

a) *Buchen Sie die Geschäftsfälle 1 bis 6 auf dem Debitorenkonto.*

b) *Ermitteln Sie den Forderungsbestand gegenüber dem Kunden Max Weber e. K..*

6. In der Sommerfeld Bürosysteme GmbH wird die Umsatzentwicklung einzelner Kunden regelmäßig beobachtet. Grundlage dafür bildet folgende Übersicht, die die Finanzbuchhaltung zur Verfügung stellte:

a) Ermitteln Sie den prozentualen Anteil der einzelnen Kunden am jeweiligen Gesamtumsatz.

b) Stellen Sie die Ergebnisse in einer Tabelle dar.

c) Stellen Sie wesentliche Veränderungen heraus und leiten Sie daraus Maßnahmen für die Verkaufsabteilung ab.

Konto-Nr.	Kunde	Umsatz in €		
		2009	2010	2011
D 24001	Deutsche Versicherungs AG, Essen	6 500 000,00	7 000 000,00	7 500 000,00
D 24002	Deutsche Bank AG, Frankfurt	1 875 000,00	1 960 000,00	2 259 000,00
D 24003	Bürofachhandel Karl Schneider GmbH, Gelsenkirchen	1 380 000,00	1 490 000,00	1 550 000,00
D 24004	Krankenhaus Einrichtungs GmbH, Leipzig	795 000,00	604 000,00	105 000,00
D 24005	Konrad Adenauer Flughafen Köln/Bonn GmbH, Köln	1 700 000,00	1 900 000,00	2 400 000,00
D 24006	Bürofachhandel Martina van den Bosch bv., Venlo	1 440 000,00	1 400 000,00	1 450 000,00
D 24007	Bürobedarfsgroßhandel Thomas Peters e. K., Oberhausen	6 100 000,00	6 900 000,00	7 500 000,00
D 24008	Bürofachhandel Ergoline GmbH, Berlin	7 800 000,00	8 500 000,00	9 000 000,00
D 24009	Büroeinrichtung Fachhandel Enrico Zamani, Bern	1 910 000,00	1 875 000,00	1 700 000,00
D 24010	Raumkultur Peter Nicolai e. K., Hamburg	2 700 000,00	2 400 000,00	2 600 000,00
D 24011	Ergonomische Büromöbel Müller GmbH, München	407 000,00	385 000,00	240 000,00
D 24012-99	Sonstige Kunden	4 600 000,00	4 700 000,00	5 250 000,00
		37 207 000,00	39 114 000,00	41 554 000,00

7. Die nachfolgenden Belege der Sommerfeld Bürosysteme GmbH sind vorzukontieren und auszuwerten:

a) Wie lautet der Buchungssatz
    aa) für Beleg-Nr. 965,   ab) für Beleg-Nr. 966?

b) Nennen Sie zwei Stammdaten, die bei der Fakturierung durch die Sommerfeld Bürosysteme GmbH
    ba) aus der Kundendatei,   bb) aus der Erzeugnisdatei
    abgerufen werden.

c) Ermitteln Sie
   ca) den Umsatzsteuerkorrekturbetrag aufgrund des Skontoabzugs,
   cb) den Effektivzinssatz, der dem Skontosatz entspricht.
d) Welche Eintragungen werden durch die beiden Belege im Debitorenkonto „Konrad
   Adenauer Flughafen Köln/Bonn GmbH" hervorgerufen?
e) Erläutern Sie die Bedeutung
   ea) einer erzeugnisgenauen Erfassung der Verkäufe,
   eb) einer kundengenauen Erfassung der Verkäufe und Kundenzahlungen.

Sommerfeld
Bürosysteme GmbH
Ein ökologisch orientiertes Unternehmen mit Zukunft

Sommerfeld Bürosysteme GmbH, Gladbecker Str. 85–91, 45141 Essen

Anschrift: Gladbecker Str. 85–91
45141 Essen
Telefon: 0201 163456-0
Telefax: 0201 1634589
E-Mail: info@sommerfeld.de
Web: www.sommerfeld.de

Flughafen Köln/Bonn GmbH
Postfach 98 01 20
51129 Köln

KOPIE

Beleg-Nr. 965

RECHNUNG

Ihre Bestellung vom: 19.07.20(0)
Lieferdatum: 24.07.20(0)

Kunden-Nr.	Rechnungs-Nr.	Rechnungstag
24 005	21 843	..-07-24
	Bei Zahlung bitte angeben	

Pos.	Artikel-Nr.	Artikelbezeichnung	Menge	Einzelpreis €	Rabatt %	Gesamtpreis €
1	900/1	Ceno Besucherstuhl	150	170,00		25 500,00
		–Sonderrabatt			15 %	–3 825,00

Warenwert €	Verpackung €	Fracht/Transportvers. €	Entgelt netto €	USt-%	USt-€	Gesamtbetrag €
21 675,00	–	–	21 675,00	19	4 118,25	25 793,25

Lieferung mit werkseigenem Lkw.
Zahlbar innerhalb 10 Tagen abzügl. 2 % Skonto, innerhalb 30 Tagen netto.

Bankverbindungen:
Deutsche Bank Essen
        IBAN DE96360700500025203488   BIC DEUTDEDEXXX
Postbank Dortmund
        IBAN DE81440100460286778341   BIC PNBKDEFF440

Steuer-Nr.: 110/1202/0189   USt-IdNr.: DE129666846
Geschäftsführer: Claudia Farthmann, Lambert Feld, Hartmut Sommer

Kontoauszug DEUTSCHE BANK ESSEN			IBAN DE96 2607 0050 0025 2034 88		Auszug 130	Blatt 1
Buch.-Tag	Wert	PN	Erläuterung / Verwendungszweck		Umsätze	
03.08.	03.08.	0540	KONRAD ADENAUER FLUGHAFEN KÖLN/BONN GMBH, KÖLN KD-NR 24005, RG-NR 21843 ABZÜGLICH 2% SKONTO	*Beleg-Nr. 966*	25 277,39 +	

44 BS	03.08.20(0) Letzter Auszug	05.08.20(0) Auszugsdatum	€	118 910,00 + Alter Kontostand	€	144 187,39 + Neuer Kontostand

SOMMERFELD BÜROSYSTEME GMBH, GLADBECKER STRASSE 85–91, 45141 ESSEN
IBAN: DE96 2607 0050 0025 2034 88 BIC: DEUTDEDEXXX

7.6 Buchungen und Umrechnung von Währungen beim Güterverkehr mit dem Ausland

Rudolf Heller und Daniela Schaub sind mal wieder für die Ablage eingeteilt, als Rudolf die abgebildete Kopie einer Ausgangsrechnung in Händen hält. „Guck 'mal, Daniela, hier auf der Rechnung fehlt die Umsatzsteuer. Wer immer die erstellt hat, hat ganz schön Mist gebaut. Ich werde schnell Herrn Effer Bescheid geben, vielleicht kann man dem Kunden noch eine korrekte Rechnung nachreichen." Daniela wirft einen kurzen Blick auf die Ausgangsrechnung und sagt: „Lass' mal lieber gut sein, Rudolf. Das hat schon alles seine Richtigkeit."

Sommerfeld
Bürosysteme GmbH
Ein ökologisch orientiertes Unternehmen mit Zukunft

Sommerfeld Bürosysteme GmbH, Gladbecker Str. 85–91, 45141 Essen

Bürofachhandel
Martina van den Bosch BV
Vinckenhofstraat 45
NL 5900 AA Venlo
-NIEDERLANDE-

Anschrift: Gladbecker Str. 85–91
           45141 Essen
Telefon: 0201 163456-0
Telefax: 0201 1634589
E-Mail: info@sommerfeld.de
Web: www.sommerfeld.de

KOPIE

RECHNUNG

UID (Aussteller): DE129666846
UID (Empfänger): NL 876309814B34

Ihre Bestellung vom: 27.08.20(0)
Lieferdatum: 13.09.20(0)

Kunden-Nr.	Rechnungs-Nr.	Rechnungstag
24 007	3 856	13.09.20(0)
Bei Zahlung bitte angeben		

Pos.	Artikel-Nr.	Artikelbezeichnung	Menge	Einzelpreis €	Gesamtpreis €
1	206/8	Picto Drehstuhl mit Armlehnen	15	638,00	9 570,00

Warenwert €	Verpackung €	Fracht €	Entgelt netto €	Umsatzsteuerbefreite Lieferung	Gesamtbetrag €
9 570,00	–	–	9 570,00		9 570,00

Bankverbindungen:
Deutsche Bank Essen
              IBAN DE96360700500025203488   BIC DEUTDEDEXXX
Postbank Dortmund
              IBAN DE81440100460286778341   BIC PNBKDEFF440

Steuer-Nr.: 110/1202/0189   USt-IdNr.: DE129666846
Geschäftsführer: Claudia Farthmann, Lambert Feld, Hartmut Sommer

Arbeitsaufträge

- *Erläutern Sie, warum bei der Ausfuhr von Waren in das Ausland keine Umsatzsteuer in Rechnung gestellt wird.*

- *Bilden Sie den Buchungssatz.*

Da die Europäische Union (EU) umsatzsteuerrechtlich ein Gemeinschaftsgebiet („Wirtschaftsunion") ist, bezeichnet man den Warenverkehr zwischen den EU-Mitgliedsstaaten als **innergemeinschaftliche Lieferung** bzw. als **innergemeinschaftlichen Erwerb**. Da in den einzelnen EU-Mitgliedsstaaten aber unterschiedlich hohe Umsatzsteuersätze gelten, unterliegt der Erwerb von Waren dem Umsatzsteuersatz des jeweiligen Bestimmungslandes (**Bestimmungslandprinzip**). Wenn der Verkäufer auf der Rechnung neben seiner eigenen Umsatzsteuer-Identifikationsnummer auch die des Käufers angibt, muss er somit keine Umsatzsteuer abführen.

Beispiel: Die Sommerfeld Bürosysteme GmbH verkauft eigene Erzeugnisse im Wert von 18 000,00 € netto an einen Kunden in Österreich (Innergemeinschaftliche Lieferung).

Buchung der Ausgangsrechnung:

2400 Forderungen LL	an	5060 Erlöse aus i. g. Lieferung	18 000,00	18 000,00

Spätere Umbuchung:

5060 Erlöse aus i. g. Lieferung	an	5000 Umsatzerlöse	18 000,00	18 000,00

Der Käufer der Waren schuldet dem Finanzamt seines Landes die Umsatzsteuer, die jedoch als Vorsteuer wieder abzugsfähig ist, sodass ein gewerblicher Käufer nicht durch die zu zahlende Umsatzsteuer belastet wird.   → LF 6

Beispiel: Die Sommerfeld Bürosysteme GmbH kauft Rohstoffe im Wert von 23 000,00 € netto von einem Lieferanten aus Frankreich (Innergemeinschaftlicher Erwerb).

Buchung der Eingangsrechnung:

2500 Innergemeinschaftlicher Erwerb	an	4400 Verbindlichkeiten LL	23 000,00	23 000,00

Buchung der fälligen (aber abzugsfähigen) Umsatzsteuersteuer

2602 Vorsteuer für i. E.	an	4802 Umsatzsteuer für i. E.	4 370,00	4 370,00

Umbuchung der gekauften Rohstoffe:
Aufwandsorientiert:

6000 Rohstoff-Aufwand	an	2500 I. g. Erwerb	23 000,00	23 000,00

Bestandorientiert:

2000 Rohstoffe	an	2500 I. g. Erwerb	23 000,00	23 000,00

Die Buchung auf dem Konto **2500 Innergemeinschaftlicher Erwerb** dient statistischen Zwecken. Zu einem späteren Zeitpunkt erfolgt dann die Umbuchung auf das entsprechende Materialkonto. Die Konten **2602 Vorsteuer für i. E.** und **4802 Umsatzsteuer für i. E.** müssen geführt werden, da bei der Umsatzsteuervoranmeldung innergemeinschaftliche Lieferungen und Erwerbe gesondert auszuweisen sind.

Analog zum Güterverkehr innerhalb der EU wird beim Güterverkehr mit Drittländern (Nicht-EU-Mitgliedsstaaten) verfahren: Der Verkauf von Gütern in Drittländern (Export) ist umsatzsteuerfrei, Ausfuhrzölle werden von der EU in der Regel nicht erhoben.

Beispiel: Die Sommerfeld Bürosysteme GmbH verkauft eigene Erzeugnisse im Wert von 90 000,00 € netto an einen Kunden in Kanada (Warenausfuhr).

Buchung der Ausgangsrechnung:

2400 Forderungen LL	an	5070 Erlöse aus Güterausfuhr	90 000,00	90 000,00

Spätere Umbuchung:

5070 Erlöse aus Güterausfuhr	an	5000 Umsatzerlöse	90 000,00	90 000,00

→ LF 6   Der Import von Waren aus Drittländern unterliegt der Einfuhrumsatzsteuer. Darüber hinaus werden gegebenenfalls Einfuhrzölle fällig. Zollabgaben und Einfuhrumsatzsteuer werden vom zuständigen Zollamt in Rechnung gestellt, wobei die Einfuhrumsatzsteuer als Vorsteuer wieder abzugsfähig ist.

Beispiel: Die Sommerfeld Bürosysteme GmbH kauft Rohstoffe im Wert von 65 000,00 EUR netto von einem Lieferanten aus der Türkei (Wareneinfuhr).

Buchung der Eingangsrechnung:

2510 Gütereinfuhr	an	4400 Verbindlichkeiten LL	65 000,00	65 000,00

Bescheid des Zollamtes über Zollabgaben und Einfuhrumsatzsteuer

2511 Bezugskosten			2 000,00	
2604 Einfuhrumsatzsteuer	an	4820 Zollverbindlichkeiten	12 730,00	14 730,00

Umbuchung der Bezugskosten:

2510 Gütereinfuhr	an	2511 Bezugskosten	2 000,00	2 000,00

Umbuchung der gekauften Rohstoffe:
Aufwandsorientiert:

6000 Rohstoff-Aufwand	an	2510 Gütereinfuhr	67 000,00	67 000,00

Bestandorientiert:

2000 Rohstoffe	an	2510 Gütereinfuhr	67 000,00	67 000,00

Die folgenden Tabellen liefern eine Übersicht über die beim Güterverkehr mit Ausland benötigten Konten:

Innergemeinschaftliche Lieferung	Export (Warenausfuhr in Drittländer)
5060 Erlöse aus i. g. Lieferung	5070 Erlöse aus Güterausfuhr
5061 Erlösberichtigungen	5071 Erlösberichtigungen

Innergemeinschaftlicher Erwerb	Import (Wareneinfuhr aus Drittländern)
2500 Innergemeinschaftlicher Erwerb	2510 Gütereinfuhr
2501 Bezugskosten	2511 Bezugskosten
2602 Vorsteuer für i. E.	2604 Einfuhrumsatzsteuer

Umrechnung von Währungen beim Güterverkehr mit dem Ausland

Werden Rechnungen in ausländischer Währung erstellt, so sind die Rechnungsbeträge vor ihrer Buchung in Euro umzurechnen. Die Umrechnungskurse sind amtlichen Kurstabellen zu entnehmen.

Währung und Währungsparität

Währungen sind Geldordnungen einzelner Staaten (z. B. US-Dollar, Englisches Pfund) oder Staatengemeinschaften (z. B. Euro). Jede Währung hat im Vergleich zu anderen Währungen einen **Außenwert (Währungsparität)**. Die Währungsparität wird durch **Wechselkurse** ausgedrückt, die täglich für **Sorten** und **Devisen** an der Devisenbörse notiert werden.

Sorten sind Bargelder	Devisen sind Buchgelder
Banknoten und Münzen in ausländischer Währung.	Guthaben in ausländischer Währung auf Bankkonten.
Banken halten diese vor allem für den Reisezahlungsverkehr bereit.	Sie werden im Außenwirtschaftsverkehr benötigt.

Wechselkurse

Durch Auslandsreisen und Geschäftsbeziehungen inländischer und ausländischer Unternehmen ergibt sich die Notwendigkeit, Euro in Fremdwährung und Fremdwährung in Euro umzurechnen. Für diese Umrechnung benötigt man den Kurs (= Preis) für die Fremdwährung. In den Euroländern ist der Kurs der Preis in Fremdwährung für einen Euro. Zu unterscheiden sind Sorten- und Devisenkurse.

Sortenkurse		Devisenkurse	
Ankauf Euro	Verkauf Euro	Geldkurs (Ankauf Euro)	Briefkurs (Verkauf Euro)
Die Sommerfeld Bürosysteme GmbH benötigt für Reisen der Mitarbeiter Fremdwährung, d. h. die Bank kauft Euro an und gibt Fremdwährung aus.	Nach einer Geschäftsreise werden Sorten zurückgetauscht, d. h. die Bank kauft Fremdwährung an und gibt Euro aus.	Die Sommerfeld Bürosysteme GmbH überweist Fremdwährung, die sie von ihrer Hausbank gekauft hat, an ausländische Lieferer.	Die Sommerfeld Bürosysteme GmbH erhält von ausländischen Kunden Überweisungen in Fremdwährung, die sie bei ihrer Bank gegen Euro umtauscht. Die Bank verkauft der Sommerfeld Bürosysteme GmbH also Euro in Form von Buchgeld.

Beispiel: Der Kurs 1,0575 für USD bedeutet, dass 1,00 € 1,0575 USD kostet.

Der Kurs gibt also die Menge ausländischer Währungseinheiten für 1,00 € an.

Wechselkurs-tabelle			Überweisungen (halbbarer und bargeldloser Zahlungsverkehr)		Banknoten, Münzen (Bargeldzahlung)	
Kurzform der Währung			Devisen		Sorten	
Land	deutsch	international	Geld/Ankauf	Brief/Verkauf	Ankauf	Verkauf
Australien	A$	AUD	1,2710	1,2711	1,2010	1,3473
Dänemark	dKr	DKK	7,4563	7,4579	7,1217	7,8723
Großbritannien	£	GBP	0,8705	0,8707	0,8316	0,9183
Japan	Yen	JPY	124,76	124,79	119,22	132,30
Kanada	Kan$	CAD	1,3348	1,3350	1,2659	1,4132
Norwegen	nKr	NOK	7,4350	7,4430	7,0885	7,8671
Schweden	sKr	SEK	8,3186	8,3266	7,9234	8,7733
Schweiz	sfrs	CHF	1,2388	1,2392	1,1824	1,3084
USA	$	USD	1,2990	1,2992	1,2416	1,3716

Die Kurshöhe für den Ankauf und Verkauf ist unterschiedlich. Man unterscheidet:

Geldkurs (Ankauf)	Briefkurs (Verkauf)
= **Ankaufspreis** der Bank von Euro	= **Verkaufspreis** der Bank für Fremdwährung
Beispiel: Ankaufspreis von 1,00 EUR	**Beispiel:** Verkaufspreis von 1,3084 CHF
für 1,1824 CHF	für 1,00 EUR

Der Euro ist also immer die gehandelte Währung. Das bedeutet, dass die Bank ausländische Währungen von Kunden zum höheren Briefkurs ankauft und zum niedrigeren Geldkurs verkauft. Die Differenz zwischen Geldkurs und Briefkurs ist der Preis, den der Kunde für die Serviceleistung der Bank zu zahlen hat.

Umrechnung von Euro in Fremdwährung

Die Notwendigkeit der Umrechnung von Euro in Fremdwährung ergibt sich bei Auslandsreisen und im Geschäftsverkehr mit Kunden in Nichteuroländern.

Beispiele: Viele Kunden der Sommerfeld Bürosysteme GmbH in Nichteuroländern erwarten Angebote oder Rechnungen in ihrer Landeswährung. Werden die Ausgangsrechnungen in Fremdwährung beglichen, kauft die Hausbank der Sommerfeld Bürosysteme GmbH Fremdwährung zum Devisen-Briefkurs ein und schreibt der Sommerfeld Bürosysteme GmbH den Rechnungsbetrag in Euro auf ihrem Geschäftskonto gut.

Das Umrechnen von Euro in Fremdwährung kann mithilfe des einfachen Dreisatzes mit geradem Verhältnis durchgeführt werden.

Beispiel: Für ein Angebot der Sommerfeld Bürosysteme GmbH an ihren Schweizer Kunden „Büroeinrichtung Fachhandel Enrico Zamani" soll der Listenpreis von 2754,00 EUR für den Artikel 890/6 Cana Polsterbank Liege in Schweizer Franken umgerechnet werden. Da mit einer bargeldlosen Zahlung zu rechnen ist, wird der Devisen-Briefkurs zugrunde gelegt.

Lösung:

① Bedingungssatz: 1,00 EUR   = 1,2392 CHF
② Fragesatz: 2 754,00 EUR   =   x CHF

③ Bruchsatz: $x = \dfrac{1,2392 \cdot 2\,754,00}{1} = \underline{\underline{3\,412,76 \text{ CHF}}}$

Allgemein kann für die Umrechnung von Euro in Fremdwährung folgende Formel aus dem Bruchsatz abgeleitet werden:

> **Betrag in Fremdwährung = Eurobetrag · Briefkurs**

Umrechnung von Fremdwährungen in Euro

Beim Ankauf nicht benötigter Sorten nach Geschäftsreisen durch die Bank und im Geschäftsverkehr mit ausländischen Lieferern, die Angebote und Rechnungen in der jeweiligen Ausländswährung erteilen, wird ein Umrechnen von Fremdwährung in Euro notwendig. In diesen Fällen wird der niedrigere Geldkurs zugrunde gelegt, weil die Bank ausländische Währung bereitstellt (verkauft) und somit Euro kauft und dem Kunden belastet.

Beispiel: Die Sommerfeld Bürosysteme GmbH bezieht von einem Maschinenhersteller in den USA einen Rohrbiegeautomaten zum Preis von 215 000,00 USD. Mit welchem Eurobetrag belastet die Bank bei Überweisung dieses Betrages das Konto der Sommerfeld Bürosysteme GmbH, wenn der Devisen-Geldkurs zugrunde gelegt werden muss?

Lösung:

① Bedingungssatz: 1,2990 USD   =   1,00 EUR
② Fragesatz: 215 000,00 USD   =   x EUR

③ Bruchsatz: $x = \dfrac{1 \cdot 215\,000,00}{1,2990} = \underline{\underline{165\,511,93 \text{ EUR}}}$

> $$\text{Eurobetrag} = \frac{\text{Betrag in Fremdwährung}}{\text{Geldkurs}}$$

Kursvergleich

Durch den **Vergleich** der Währungskurse soll ermittelt werden, ob der Umtausch von Geldbeträgen im Einzelfall in den **Euroländern oder in den Nichteuroländern** günstiger ist. Um z.B. zu berechnen, in welchem Land man für 1,00 EUR den höheren Betrag erhält, müssen die Kurse zunächst vergleichbar gemacht werden. Dazu rechnet man die inländische Kursnotierung der Fremdwährung auf die entsprechende Einheit um. Außerdem ist zu beachten, ob der Geld- oder der Briefkurs beim jeweiligen Umtauschvorgang zugrunde gelegt wird:

	Euroland	Nichteuroland
Umtausch von Euro in Fremdwährung	Geldkurs	Briefkurs
Umtausch von Fremdwährung in Euro	Briefkurs	Geldkurs

Umtausch von Euro in Auslandswährung:

Beispiel: Der Auszubildende Heinrich Peters will nach Norwegen reisen. Er überlegt, ob er in Deutschland oder erst in Norwegen Euro in Norwegische Kronen umtauschen soll.

Land	Die Bank ...	Kursnotierung	Berechnung
D	... verkauft Norwegische Kronen gegen Euro.	Sorten-Geldkurs NOK 7,0885	1,00 EUR = 7,0885 NOK Für 1,00 EUR erhält er 7,0885 NOK.
N	... kauft Euro gegen Norwegische Kronen.	Briefkurs EUR 0,1435	0,1435 EUR = 1 NOK 1,00 EUR = x NOK $x = \dfrac{1 \cdot 1}{0,1435} = 6,9686$ NOK

Der Umtausch des Euro in Norwegische Kronen in Deutschland ist diesem Beispiel um 0,12 NOK pro 1,00 EUR günstiger.

Kursvergleichsrechnungen sind sinnvoll, wenn bei Auslandsaufenthalten Bargeldbeträge mitgeführt werden müssen, z.B. als Reisekasse oder für größere Barzahlungen. So kann von internationalen Kursunterschieden profitiert werden.

Zusammenfassung

Buchungen beim Güterverkehr mit dem Ausland

- *Die Lieferung (der Verkauf) von Waren in das Ausland (EU-Mitgliedsstaaten oder Drittländer) ist umsatzsteuerfrei.*

- *Der Erwerb von Waren aus dem Ausland (EU-Mitgliedsstaaten oder Drittländer) ist umsatzsteuerpflichtig; es wird der Umsatzsteuersatz des Bestimmungslandes zugrunde gelegt.*

- *Der Verkauf von Waren in das Ausland wird auf den Konten*
  - *5060 Erlöse aus i. g. Lieferung (EU-Mitgliedsstaaten)*
  - *5070 Erlöse aus Güterausfuhr (Drittländer)*

  erfasst.

- *Der Einkauf von Waren aus dem Ausland wird auf den Konten*
  - *2500 Innergemeinschaftlicher Erwerb (EU-Mitgliedsstaaten)*
  - *2510 Gütereinfuhr (Drittländer)*

  erfasst.

- ***Währung*** *ist die Geldordnung eines Landes oder einer Ländergruppe.*

- *Die **Währungsparität** wird ausgedrückt durch Devisen- oder Wechselkurse.*

- Mithilfe der **Kurse** werden
  - Inlandswährungen in Fremdwährungen
  - Fremdwährungen in Inlandswährungen umgerechnet.

- **Kurs:** Preis in Fremdwährung für einen Euro (EUR):
  - **Sortenkurse** für Banknoten und Münzen
  - **Devisenkurse** für Überweisungen

- **Umtauschkurse der Banken:**
  - **Geldkurs:** niedrigerer Ankaufskurs der Banken
  - **Briefkurs:** höherer Verkaufspreis der Banken

- **Umrechnung**

  - **von Euro in Fremdwährung:**
    Geldbetrag in Fremdwährung = Eurobetrag · Kurs

  - **von Fremdwährung in Euro:**

$$\text{Eurobetrag} = \frac{\text{Geldbetrag in Fremdwährung}}{\text{Kurs}}$$

Aufgaben

Anmerkung: Verwenden Sie für alle Aufgaben zum Währungsrechnen, die keine Kursangaben enthalten, die Wechselkurse aus der Tabelle S. 225.

1. Die Sommerfeld Bürosysteme GmbH verkauft eigene Erzeugnisse im Wert von 35 000,00 EUR netto
   a) an einen Kunden in Belgien
   b) an einen Kunden in China.
   Bilden Sie alle erforderlichen Buchungssätze.

2. Die Sommerfeld Bürosysteme GmbH kauft Hilfsstoffe im Wert von 23 000,00 EUR netto
   a) von einem Lieferanten aus Slowenien
   b) von einem Lieferanten aus Kanada, wenn zusätzlich 1 945,00 EUR Zollgebühren anfallen.
   Bilden Sie alle erforderlichen Buchungssätze.

3. Ein Industriebetrieb verkauft acht Maschinen nach Norwegen. Der Listenverkaufspreis beträgt je Maschine 8 000,00 EUR. Dem Kunden werden 20 % Rabatt und 2 % Skonto gewährt.
   a) Ermitteln Sie den Listenverkaufspreis der gesamten Lieferung in Euro.
   b) Ermitteln Sie, zu welchem Listenverkaufspreis in Norwegischen Kronen eine Maschine angeboten wird (Kurs 8,68).
   c) Ermitteln Sie den Rechnungsbetrag in Euro.

4. Für eine Reise nach Dänemark tauscht ein Kaufmann in Deutschland 1 500,00 EUR in Dänische Kronen um. Wie viel Kronen zahlt seine Bank aus?

5. Eine Rechnung aus den USA über 6 860,00 USD soll durch kostenfreie Banküberweisung beglichen werden.
   Kurse: Geld 1,149   Brief: 1,155
   a) Welchen Kurs legt das Geldinstitut der Abrechnung zugrunde?
   b) Mit welchem Betrag wird das Bankkonto des Zahlers belastet?

6. Ein Textilhersteller berechnet einem Schweizer Kunden 42 000,00 EUR. Der Kunde will die Rechnung in Schweizer Währung begleichen. Wie viel Schweizer Franken wird er bezahlen müssen (Kurs 1,62)?

7. Ein Mitarbeiter der Sommerfeld Bürosysteme GmbH benötigt für eine Geschäftsreise nach Schweden 26 000,00 SEK, die er zum Kurs 9,1 in Deutschland kauft. Ermitteln Sie

   a) den Betrag, der zum Ankauf der Schwedischen Kronen benötigt wird,

   b) den Kurs, den die Bank nach Rückkehr des Mitarbeiters für den Rücktausch von 2 500,00 SEK zugrunde legte, wenn der Mitarbeiter 287,36 EUR erhielt?

8. Ein kanadischer Lieferer bietet einem deutschen Hersteller 60 Stück eines Fertigteiles für 120 000,00 CAD an. Der Lieferer gewährt 20 % Rabatt, die Lieferung erfolgt über einen deutschen Spediteur, der für den Transport 750,00 EUR berechnet. Kurs für CAD 1,76. Berechnen Sie
   a) den Zieleinkaufspreis in Kanadischen Dollar für die gesamte Lieferung,
   b) den Zieleinkaufspreis in Euro für die gesamte Lieferung,
   c) den Bezugs-/Einstandspreis je Stück in Euro.

9. Ermitteln Sie aus nachfolgenden Angaben den günstigsten Lieferer für die Bestellmenge von 5 000 kg:

Anbieter	Listenein- kaufspreis	Lieferer- rabatt	Lieferer- skonto	Fracht	Verpackung
Meuter Deutschland	11,00 EUR/kg	10 %	2 %	150,00 EUR	90,00 EUR
Huber Schweiz	19,3 CHF/kg Kurs 1,62	15 %	2 %	210,00 CHF	140,00 CHF
Johanson Schweden	100 SEK/kg Kurs 9,1	20 %	–	1 900,00 SEK	640,00 SEK
Smith Großbritannien	8,20 GBP/kg Kurs 0,7	15 %	–	100,00 GBP	70,00 GBP
Lopez USA	13,8 USD/kg Kurs 1,16	10 %	2 %	150,00 USD	22,00 USD

10. Der Einkäufer eines Industriebetriebes, der von einer längeren Auslandsreise nach Deutschland zurückkehrt, hat folgende Auslandswährung übrig, die er in Euro umtauscht
    a) 34,00 GBP,   b) 140,00 DKK,   c) 805,00 NOK
    Welchen Gesamtbetrag in Euro schreibt ihm die Bank gut? Verwenden Sie die Kurstabelle auf Seite 225.

11. Ein deutscher Importeur bezieht Computer aus dem Ausland, die er in US-Dollar bezahlen muss. Der US-Dollar notierte zum Zeitpunkt der Bestellung mit 1,1552, zum Zeitpunkt der Lieferung und Rechnungserteilung mit 1,1492. Der Importeur hatte keine Kurssicherung vorgenommen. Die Rechnung für einen Computer lautet über 4 500,00 USD. Der Lieferer gewährt 20 % Rabatt und 3 % Skonto. Die Transportkosten betragen je Computer 60,00 EUR. Ermitteln Sie

a) den Bareinkaufspreis für einen Computer in Euro,
b) den Bezugs-/Einstandspreis für einen Computer in Euro,
c) die Preiserhöhung für einen Computer aufgrund der Kursdifferenz in Euro,
d) die Preiserhöhung für einen Computer aufgrund der Kursdifferenz in Prozent.

12. Die Kursnotierung für Schweizer Franken beträgt in Frankfurt 1,62. Welchem Kurs für Euro, würde das in Zürich entsprechen?

13. Ein Unternehmen bezieht einen Hilfsstoff aus dem Ausland:

aus Norwegen   8000 Stück zu   1,05 NOK je Stück (Kurs 8,68)
aus Schweden   9000 Stück zu   1,40 SEK je Stück (Kurs 8,9)

Wie viel Euro, kostet die gesamte Lieferung?

14. Ein amerikanischer Geschäftsmann tauscht in München 2800,00 USD in Norwegische Kronen (NOK) um. In München gelten zurzeit folgende Kurse:

	Geld	Brief
USD	1,14	1,16
NOK	8,51	8,68

Wie viel Norwegische Kronen erhält er?

15. Ein deutscher Hersteller benötigt 10 Tonnen Kakao und hat von einem niederländischen Kakaoproduzenten folgendes Angebot vorliegen:
Listenpreis 1500,00 USD/Tonne
Mengenrabatt bei Mindestabnahme von 5 Tonnen 20 %
Skonto 3 % bei Zahlung innerhalb von 30 Tagen
Bezugskosten: 100,00 USD je Tonne
Ermitteln Sie
a) den Bezugs-/Einstandspreis für eine Tonne in US-Dollar,
b) den Bezugs-/Einstandspreis für eine Tonne in Euro,
c) den Überweisungsbetrag in Euro (Kurs für USD 1,15).

16. Ein deutscher Importeur bezieht eine Maschine aus dem Ausland, die er in US-Dollar bezahlen muss.
Kurs zum Zeitpunkt der Bestellung: 1,155
Kurs zum Zeitpunkt der Zahlung: 1,149
Die Rechnung lautet über 27500,00 USD. Ermitteln Sie in Euro
a) den vom Importeur zu zahlenden Betrag,
b) den Mehrpreis durch die Kursdifferenz.

17. Ein deutsches Industrieunternehmen kaufte am 2. Dezember eine Spezialmaschine zum Preis von 185000,00 USD ein.
a) Mit wie viel Euro ist die Maschine beim Kauf zu aktivieren? Kurs: 1,00 EUR = 1,0125 USD   → LF 8
b) Mit wie viel Euro ist die Verbindlichkeit zum 31. Dezember (Bilanzstichtag) zu passivieren, wenn 1,00 EUR mit 1,0055 USD notiert wird?

LS 13

8 Den Verbraucherschutz berücksichtigen

Rudolf Heller befindet sich seit drei Jahren bei der Sommerfeld Bürosysteme GmbH in der Ausbildung. Endlich hat er so viel Geld gespart, dass er sich die seit Langem gewünschte Hi-Fi-Anlage kaufen kann. Nachdem er sich in mehreren Geschäften über die Anlagen verschiedener Hersteller informiert hat, ist er verunsichert. Eine solche Fülle von Hi-Fi-Anlagen hätte er nicht erwartet. Aber irgendwann muss man sich ja entscheiden. In einem Online-Shop bestellt Rudolf eine Anlage für 1 200,00 €. Doch schon kurze Zeit später bekommt Rudolf Zweifel, ob er wirklich soviel Geld ausgeben soll. Darüber hinaus wird die Anlage in einem Forum eher negativ bewertet.

Arbeitsaufträge

- *Erläutern Sie, wie Rudolf sich verhalten kann. Informieren Sie sich zu diesem Zweck auch im Internet unter www.verbraucherzentrale.nrw*

- *Stellen Sie die verschiedenen Verbraucherschutzgesetze in einer Übersicht dar und präsentieren Sie Ihre Ergebnisse Ihren Mitschülern.*

- *Beschreiben Sie staatliche und private Maßnahmen des Verbraucherschutzes.*

Aufgrund der im deutschen Recht geltenden **Vertragsfreiheit** können die Vertragspartner Verträge frei gestalten. Dies kann dazu führen, dass der wirtschaftlich Schwächere – der Verbraucher – benachteiligt wird, zumal von manchen Anbietern die Unkenntnis der Verbraucher über ihre Rechte ausgenutzt wird. Ferner fehlt den Verbrauchern aufgrund der Fülle neuer Güter, die in ihrer Qualität oft sehr unterschiedlich sind, und der mangelnden Zeit für eine eigene Marktforschung die notwendige Markttransparenz. Zudem können durch den zunehmenden Konzentrationsprozess der Anbieter die Gefahr von Preisabsprachen erhöht und die Preiswürdigkeit des Angebots verschlechtert werden. Die soziale Marktwirtschaft verlangt aber einen informierten und kritischen Verbraucher als Gleichgewicht zu Hersteller und Handel. Ein Verbraucher sollte in der Lage sein,

→ **LF 9**

- aus den vorhandenen Angeboten das für ihn günstigste auszuwählen,
- den Anbietern gegenüber seine Rechte wahrzunehmen,
- sich vorhandene Informationshilfen zu beschaffen und auszuwerten.

Um dieses Zeil des Verbraucherschutzes zu erreichen, gibt es private und staatliche Maßnahmen.

Private Maßnahmen

In erster Linie liegt es am Verbraucher selbst, sich umfassend über das Marktgeschehen zu informieren. Hierzu steht den Verbrauchern eine Vielzahl von Möglichkeiten zur Verfügung.

Verbraucherzentralen und -beratungsstellen geben jedem Verbraucher in den meisten Städten Auskunft über das Warenangebot, die Qualität und die Preise der Waren.

Verbraucherorganisationen setzen sich für die Stärkung der Verbraucherinteressen ein.

Beispiele: Verbraucherzentrale, Deutsche Gesellschaft für Ernährung, Deutscher Verbraucher-Schutzverein

Das 1964 von der Bundesregierung gegründete Institut „**Stiftung Warentest**" hat die Aufgabe, vergleichende Warentests durchzuführen und deren Ergebnisse zu veröffentlichen. Monatlich werden die Testergebnisse dieser Stiftung in der Zeitschrift „test" und jährlich im „test-Jahrbuch" veröffentlicht.

Staatliche Maßnahmen

Um den Verbrauchern eine gleichgewichtige Marktposition gegenüber den Anbietern zu sichern und sie vor Benachteiligungen zu schützen, hat der Gesetzgeber neben dem BGB und dem HGB weitere Gesetze erlassen.

Im BGB finden sich unter anderem Paragrafen zu den Allgemeinen Geschäftsbedingungen (AGB).   **→ LF 6**

Widerrufsrecht bei außerhalb von Geschäftsräumen geschlossenen Verträgen und Fernabsatzverträgen

Durch die Paragrafen 355 und 356 BGB hat der Verbraucher die Möglichkeit, alle außerhalb von Geschäftsräumen oder im Internet abgeschlossenen Verträge innerhalb von 14 Tagen ohne Begründung zu widerrufen. Der Verbraucher muss in den Vertragsformularen über dieses Recht belehrt werden. Versicherungsverträge sind von den Regelungen des Gesetzes ausgenommen.

Preisangabenverordnung:

§ 1 Grundvorschriften:
(1) [1]Wer Letztverbrauchern gewerbs- oder geschäftsmäßig oder regelmäßig in sonstiger Weise Waren oder Leistungen anbietet oder als Anbieter von Waren oder Leistungen gegenüber Letztverbrauchern unter Angabe von Preisen wirbt, hat die Preise anzugeben, die einschließlich der Umsatzsteuer und sonstiger Preisbestandteile zu zahlen sind (Endpreise). [2]Soweit es der allgemeinen Verkehrsauffassung entspricht, sind auch die Verkaufs- oder Leistungseinheit und die Gütebezeichnung anzugeben, auf die sich die Preise beziehen. [3]Auf die Bereitschaft, über den angegebenen Preis zu verhandeln, kann hingewiesen werden, soweit es der allgemeinen Verkehrsauffassung entspricht und Rechtsvorschriften nicht entgegenstehen. [...]

Durch die Pflicht zur Preiauszeichnung im Einzelhandel soll für den Verbraucher die **Möglichkeit eines klaren Preisvergleichs** geschaffen werden. Ein Preisschild muss gesetzliche und kann freiwillige Angaben enthalten.

Gesetzliche Angaben	• Bruttoverkaufspreis (einschl. Umsatzsteuer) • Bezeichnung der Ware • Verkaufs- oder Leistungseinheit • Grundpreis bei loser Ware (Preis je kg, je Liter usw.) • Handelsübliche Gütebezeichnung (Handelsklasse)
Freiwillige Angaben	• Eingangsdatum • Lieferanten-Nr. • Artikel-Nr. • Größe, Farbe (bei Textilien)

Die **Preisauszeichnungspflicht entfällt** bei

- Kunstgegenständen, Sammlerstücken oder fertigen Waren, die bei Werbevorführungen angeboten werden, sofern der Preis bei der Vorführung oder unmittelbar vor dem Verkaufsabschluss genannt wird,

- Waren bei Versteigerungen,

- Blumen, Pflanzen, die unmittelbar vom Beet verkauft werden,

- Antiquitäten.

Produkthaftungsgesetz

> **§ 1 Produkthaftungsgesetz:** Wird durch den Fehler eines Produktes jemand getötet, sein Körper oder seine Gesundheit verletzt oder eine Sache beschädigt, so ist der Hersteller des Produktes verpflichtet, dem Geschädigten den daraus entstehenden Schaden zu ersetzen.

Der Hersteller eines Produktes haftet für alle Schäden, die aus dem Ge- oder Verbrauch fehlerhafter Ware entstehen. Er ist zu Schadenersatz verpflichtet. Die Haftung ist auf 85 Mio. € pro Produkt begrenzt. Der Hersteller kann die Schadenersatzpflicht weder ausschließen noch beschränken. Kann der Hersteller nicht ermittelt werden, so gilt der Lieferant bzw. Händler, bei dem der Käufer das Produkt erworben hat, als dessen Hersteller (§ 4 Abs. 3 ProdHaftG).

Beispiel: Ein Hersteller von Petroleumöl hat auf seiner Verpackung vermerkt, dass das Öl sowohl innerhalb als auch außerhalb von geschlossenen Räumen verwendet werden kann. Ein Verbraucher benutzt das Öl in einer Petroleumlampe innerhalb seines Hauses und vergisst die Lampe am Abend auszumachen. Am nächsten Morgen ist der gesamte Wohnraum verrußt. Die Innenwände des Hauses müssen neu gestrichen und tapeziert werden. Der Hersteller muss für den entstandenen Schaden haften.

Gegen das Risiko der Produkthaftpflicht können Versicherungsverträge abgeschlossen werden.

Produktsicherheitsgesetz:

> **Produktsicherheitsgesetz (ProdSG):**
> Mit dem **Produktsicherheitsgesetz** (ProdSG) soll eine allgemeine Rechtsgrundlage dafür geschaffen werden, dass die, von Herstellern und Händlern in den Verkehr gebrachten, für den privaten Verbrauch bestimmten, Produkte sicher sind.

Mit diesem Gesetz wir der **vorbeugende Verbraucherschutz** gestärkt. Die Behörden können bei Vorliegen von Produktgefahren Warnungen an die Bevölkerung veranlassen oder selbst aussprechen, den Rückruf unsicherer Produkte anordnen und den weiteren Verkauf untersagen. Grundsätzlich ist der Hersteller der primär Verantwortliche für die Produktsicherheit. Gleichwohl verpflichtet das Produktsicherheitsgesetz auch den Händler, dazu beizutragen, dass nur **sichere Produkte in den Verkehr** gebracht werden. Der Händler darf somit kein Produkt verkaufen, von dem er weiß oder anhand der ihm vorliegenden Informationen wissen müsste, dass es nicht sicher ist. Bei „einfachen" Verstößen gegen das ProdSG kann ein Bußgeld von bis zu 10 000,00 €, bei „schweren" Verstößen ein Bußgeld bis zu 100 000,00 € verhängt werden.

Beispiel: Die Sommerfeld Bürosysteme GmbH erfährt, dass bei dem von ihr vertriebenen Schreibtischstuhl „Modus" aufgrund mangelhafter Stahlrohrgestelle Unfallgefahr besteht. Sofort informiert sie alle Kunden, die diesen Stuhl gekauft haben.

Verbraucherinformationsgesetz (VIG)

Alle Verbraucher haben **Anspruch auf Information über Produkte** (Lebens- und Futtermittel sowie Wein, Kosmetika und Bedarfsgegenstände), die den Behörden vorliegen. Die Behörden haben ihrerseits das Recht, über bestimmte Sachverhalte aktiv zu informieren. Somit ist es möglich, von den Behörden zu erfragen, welche Informationen über bestimmte Produkte vorliegen, beispielsweise zu deren Beschaffenheit oder Herstellungsbedingungen, ob sie Allergene enthalten oder ob sonstige Untersuchungsergebnisse darüber vorliegen. Behörden werden in die Lage versetzt, Hinweise über Produkte weiterzugeben, bei denen beispielsweise eine erhebliche Überschreitung von Grenzwerten festgestellt wurde oder bei denen es wissenschaftlich umstritten ist, ab welcher Konzentration ein Risiko für die Gesundheit oder das Leben besteht. Auch bei einem Verstoß gegen verbraucherschützende Vorschriften ist den Behörden gestattet, die Namen der Unternehmen bekanntzugeben.

Öffentliche Warnungen und Produktrückrufe werden ohne Namensnennung im Rapid Alert System for Food and Feed der Europäischen Kommission veröffentlicht. Das neue Verbraucherinformationsgesetz beinhaltet, dass Behörden auch dann die Namen von Herstellern öffentlich bekanntgeben können, wenn das Verwaltungsverfahren noch nicht abgeschlossen ist, also beispielsweise die Gegenprobe in einem zweiten Labor noch nicht untersucht und bewertet wurde.

Zusammenfassung

Verbraucherschutz berücksichtigen

- Der *Schutz des Verbrauchers* ist aufgrund **seiner schwächeren Stellung gegenüber dem Anbieter** erfoderlich.

- Der Verbraucherschutz kann durch **private** (Verbraucherzentralen, -beratungsstellen, -organisationen, Stiftung Warentest) oder **staatliche Maßnahmen** (Gesetze) erreicht werden.

- Zu den **wichtigen Verbraucherschutzgesetzen** zählen das Haustürwiderrufsrecht, die Bestimmungen im BGB zu den AGB, die Preisangabenverordnung, das Produktsicherheitsgesetz und das Produkthaftungsgesetz.

- In den **AGB** legt ein Kaufmann die **grundsätzliche Ausgestaltung der Verträge** für seine Lieferungen fest.

- **Preisangabenverordnung:** Es müssen für Endverbraucher Bruttoverkaufspreis, Bezeichnung der Ware, Verkaufs- und Leistungseinheit (kg, l, m), Handelsklasse angegeben werden.

- **Produkthaftungsgesetz:** Der Hersteller eines Produktes haftet für alle Schäden, die aus dem Ge- oder Verbrauch fehlerhafter Ware entstehen.

- **Produktsicherheitsgesetz:** Stärkung des vorbeugenden Verbraucherschutzes durch Verpflichtung der Hersteller und Händler zu sicheren Produkten.

- **Verbraucherinformationsgesetz:** Stärkung der Verbraucherrechte durch Veröffentlichung von Unternehmen, die gesundheitsgefährdende Produkte auf den Markt bringen.

Aufgaben

1. *Erläutern Sie, warum der Schutz des Verbrauchers in der sozialen Marktwirtschaft erforderlich ist.*

2. *Beschaffen Sie Unterlagen zum Thema „Verbraucherschutz" aus Verbraucherzentralen, -beratungstellen und Verbraucherorganisationen und stellen Sie diese in einer Übersicht zusammen.*

3. *Geben Sie an, welche Angaben der Gesetzgeber durch die Preisangabenverordnung bei einem Preisschild vorschreibt.*

4. *Erläutern Sie an selbst gewählten Beispielen das Problem der Produkthaftung*
   a) für die Wollux GmbH, einen Lieferer der Sommerfeld Bürosysteme GmbH,
   b) für die Sommerfeld Bürosysteme GmbH,
   c) für den Bürofachhandel Ergoline GmbH,
   d) für Ihren Ausbildungsbetrieb.

5. *Erläutern Sie die wesentlichen Bestimmungen des Produkthaftungs- und des Produktsicherheitsgesetzes.*

6. *Entscheiden Sie, in welchem Fall es sich nicht um eine freiwillige, sondern um eine vom Gesetzgeber vorgeschriebene Leistung handelt.*

   a) Sie bieten Ihren Kunden beim Kauf von Elektrogeräten einen kostenlosen Funktionscheck nach einem Jahr an.

   b) Sie kopieren die Ergebnisse der Stiftung Warentest und bringen diese an den von Ihnen geführten Elektrogeräten an.

   c) Sie versehen grundsätzlich alle Elektrogeräte im Verkaufsraum mit dem Bruttoverkaufspreis.

   d) Sie bieten Ihren Kunden beim Kauf von Elektrogeräten transportsichere Verpackungen an.

   e) Sie weisen Kunden auf mögliche Gefahren hin, die der Gebrauch der Elektrogeräte verursachen kann.

→
LS 14

9 Den Umweltschutz im Ein- und Verkauf berücksichtigen

Bei der Sommerfeld Bürosysteme GmbH findet eine erneute Besprechung der Geschäftsleitung mit den Abteilungsleitern statt. Die Geschäftsführerin Claudia Farthmann eröffnet die Sitzung, an der auch Daniela Schaub und Rudolf Heller teilnehmen. „Ich begrüße Sie alle zu unserer heutigen Besprechung. Unser heutiges Thema: ‚Ökologische Produkte und Entsorgung von Rückständen.' Die Forderung des Staates, dauerhafte Güter zu konzipieren, deren Gebrauchswert zu erhöhen und die Verschwendung

zu reduzieren, ist heute mehr und mehr der Schlüssel für ökologisch nachhaltiges Wirtschaften und findet bei Sommerfeld ihre konsequente Fortführung. Mit zahlreichen Maßnahmen hat sich unser Unternehmen in den vergangenen Jahren den ökologischen Herausforderungen gestellt. Aufgrund unserer Bemühungen hat sich das Land Nordrhein-Westfalen bereit erklärt, mit uns ein Pilotprojekt für alle in das Unternehmen herein- und aus ihm hinausgehenden Materialflüsse durchzuführen. Insbeondere die Entsorgung unserer Rückstände in der Produktion soll hierbei im Mittelpunkt stehen. Lassen Sie uns in einem Brainstorming zu diesem Thema Gedanken sammeln."

Arbeitsaufträge

- *Erläutern Sie an Beispielen aus der Sommerfeld Bürosysteme GmbH und Ihren Ausbildungsbetrieben Abfall, Emissionen und Abwasser.*

- *Erläutern Sie Maßnahmen, die aus dem Bereich „Umwelt-Controlling" in einem Industrieunternehmen durchgeführt werden können. Diskutieren Sie diese in einer Plenumsrunde.*

Grundbegriffe der Entsorgungswirtschaft

Sicherheit der Menschen, Schutz der Umwelt, verantwortungsvoller Umgang mit den Energie- und Rohstoffressourcen, Herstellung qualitativ hochwertiger umweltschonender Produkte, Entsorgung von Materialien – dies alles sind Anforderungen an Industrieunternehmen, denen verantwortungsbewusste Unternehmer nachkommen. Die Entsorgungslogistik umfasst die Planung, Steuerung und Überwachung aller Maßnahmen zur Behandlung von Rückständen, die aus Abfall, Emissionen und Abwasser bestehen können.

Abfall:
Unter Abfall versteht man eine Vielzahl von Materialien, wobei der Abfall eines Unternehmens der Rohstoff eines anderen Unternehmens sein kann.

§ 1 Abfallgesetz (AbfG): Abfälle im Sinne diese Gesetzes sind bewegliche Sachen, deren sich der Besitzer entledigen will oder deren geordnete Entsorgung zur Wahrung des Wohls der Allgemeinheit insbesondere des Schutzes der Umwelt geboten ist.

Verpackungsverordnung
Nicht nur die Roh-, Hilfs- und Betriebsstoffe müssen ökologisch vertretbar sein, auch deren Verpackung muss bei konsequenter Anwendung der Kreislaufstrategie recyclingfähig oder wiederverwendbar sein. Hierzu hat der Gesetzgeber durch Erlass der **Verpackungsverordnung** weitere Rahmenbedingungen geschaffen. Danach müssen Handel und Hersteller Verpackungen zurücknehmen und dem Recyclingprozess zuführen.

Beispiel: Die Sommerfeld Bürosysteme GmbH hat als Bewertungskriterium für Lieferer den Aspekt der Verpackung in die Bewertungsliste aufgenommen. Bevorzugt werden Lieferer, die mehrfach verwendbare Verpackungen einsetzen, z.B. kleine Container. Verpackungsmaterial wie Holzwolle, Pappe usw. erhält den Vorzug gegenüber Kunststofffolien und Styropor. Auch die Entsorgung von Verpackungsmaterial wird berücksichtigt.

Recycling: Neues aus Altem

Altpapier und gebrauchte Kartons	Pressen und Zerkleinern	Faserbrei in Papier-/Karton-maschinen	Zeitungen, Kartons, Rohpapiersorten etc.
Aluminium-verpackungen	Zerkleinern und Schmelzen	Alu-Barren	Aludosen, -folien, -schalen
Getränkekartons	Zerreißen und Trennen	aus den Resten von Aluminium	Aluminium-barren
		Faserbrei	Hygienepapier, Wellpappe
Altglas	Sortieren, Zer-kleinern, Sieben und Schmelzen	geschmolzenes Glas	neue Flaschen
PET-Flaschen	Zerkleinern, Waschen und Trennen	Granulat, nach Farben sortiert	neue PET-Flaschen, Vlieskleidung, Becher etc.
Kunststoffe (sortiert, z.B. Flaschen)	Zerkleinern, Waschen, Trennen und Umschmelzen	sortenreines Granulat	Blumenkästen, Rohre, Folien etc.
Weißblech z.B. Dosen	Pressen zu Schrott-paketen, Schmelzen, Gießen	Blöcke	Karosserieteile, Konserven

Quelle: Der Grüne Punkt   © Globus 4598

Immer mehr Industriebetriebe werden sich ihrer ökologischen Verantwortung bewusst und unterstützen unternehmensübergreifende Entsorgungskonzepte für Produkte und deren Materialien (vgl. S. 242 ff.), da die Umweltverantwortung des Herstellers nicht mit dem erfolgreichen Verkauf seines Produktes endet. Die Materialentsorgung wird not-wendig, wenn Materialien nicht oder nicht mehr in vollem Umfang in ein Erzeugnis eingehen, wobei das verbleibende Material zu entsorgen ist.

§ 1 Abs. 1 Abfallgesetz (AbfG): Die Entsorgung bezieht sich auf das Deponieren von Abfällen und die hierzu erforderlichen Maßnahmen des Einsammelns, Beförderns und Lagerns.

Wiederverwendung und Verwertung

Neben der Vermeidung haben Wiederverwendung und Verwertung eine große Bedeutung für den Umweltschutz. Durch Recycling werden wertvolle Rohstoffe besser genutzt bzw. nicht verschwendet. Gleichzeitig wird der „Müllberg" dadurch abgebaut.

Beim **Recycling** sind je nach Art der Rückführung in den Materialkreislauf vier Strategien zu unterscheiden, wobei eine **Verwendung** vorliegt, wenn die Gestalt des Werkstoffes weitgehend beibehalten wird, und eine **Verwertung**, wenn die ursprüngliche Gestalt des Werkstoffes aufgelöst wird.

Recyclingstrategie	Bedeutung	Beispiel in der Sommerfeld Bürosysteme GmbH
Wiederverwendung	Verwendung eines gebrauchten Teils für den gleichen Verwendungszweck	Transportkartons für Bürostühle werden nach der Auslieferung wieder verwendet.
Weiterverwendung	Nutzung eines gebrauchten Teils für einen anderen als seinen ursprünglichen Verwendungszweck	Textilreste werden als Putzlappen verwendet; Senfglas in der Kantine wird als Trinkglas weiterverwendet.
Wiederverwertung	Aufgelöster Werkstoff wird als fast gleichwertiger Werkstoff ohne weitere Verarbeitung wieder in der Produktion eingesetzt.	Textilreste, die beim Zuschnitt der Polsterbezüge anfallen, werden je nach Qualität zerfasert und zu neuen Garnen versponnen.
Weiterverwertung	Einsatz von Altmaterial für Verwendungszwecke mit geringem Qualitätsanspruch	Stahlrohrreste werden nach dem Einschmelzen zu Baustahl weiterverarbeitet; nicht sortenreine Plastikfolien werden granuliert, eingeschmolzen und zu Gartenstühlen umgeformt.

Beispiel: Das neue Sommerfeld Bürosysteme-Mehrweg-Verpackungssystem wurde vom Industrieforum in Hannover mit einem Sonderpreis ausgezeichnet. Was nicht im Karton ausgeliefert wird, wird mit einer Polyethylen-Hülle staubgeschützt. Die Folien werden zu Ballen gepresst und zu neuen Folien recycelt. Die Kartons werden mehrfach verwendet und können danach problemlos recycelt werden.

Die Möglichkeiten der Wiederverwendung und Wiederverwertung sind jedoch begrenzt, da einerseits recycelte Materialien je nach Recyclinghäufigkeit an Qualität verlieren und andererseits bestimmte Produkte nicht recycelbar sind.

Beispiele:
- Altpapier oder Kunststoffe
- In der Sommerfeld Bürosysteme GmbH müssen jedes Jahr 200 kg ausgebrannte Leuchtstoffröhren als Sondermüll entsorgt werden. Aus technischen Gründen ist dieses Problem vorerst nicht zu lösen.
- So können die beim Drucken oder Lackieren sich freisetzenden Lösemittel aufgefangen und dem Farblieferanten zurückgesandt werden. Dieser kann sie dann wieder in seiner Produktion einsetzen. Auf diese Weise werden nicht nur Rohstoffe, sondern auch Aufwendungen für Entsorgung eingespart. Selbst bei einem EDV-gesteuerten Materialzuschnitt durch Einsatz von Plotteranlagen oder einer sehr sorgfältigen Materialverarbeitung lassen sich im Industrieunternehmen meist Verschnitt und Ausschuss nicht vermeiden. Häufig kann jedoch auch in diesen Fällen ein Beitrag zum Umweltschutz geleistet werden, indem nach Möglichkeiten der Weiterverwendung gesucht wird. So können der Verschnitt bei PUR-Schaumteilen für Kissenfüllungen oder Lederreste für die Fertigung von Kleinlederwaren genutzt werden.

Die **Materialentsorgung** hat zwei wesentliche Aufgaben:

Abfallvermeidung	Abfallverminderung
Abfälle sollen während und nach dem betrieblichen Leistungsprozess erst gar nicht entstehen, wodurch eine Entsorgung vermieden wird.	Abfälle können nicht immer vermieden werden. Es sollte dann aber versucht werden, möglichst wenig oder möglichst nur solche Abfälle zu akzeptieren, die im Wirtschaftskreislauf erhalten bleiben und einer Wiederverarbeitung (Recycling) zugeführt werden können.
Beispiele: in der Sommerfeld Bürosysteme GmbH - **Abfall- und schadstoffarmes Verbrauchsverhalten:** Durch die Installation einer automatischen Lackieranlage reduzierte sich das Aufkommen an Lackschlamm um rund 50 %. - **Abfallarme Produktgestaltung:** Kennzeichen des Drehstuhls „Picto" sind wenige Materialien, sortenrein und recyclingfähig, leicht lösbare Verbindungen.	Beispiele: in der Sommerfeld Bürosysteme GmbH - **Verlängerung der Lebensdauer eines Produkts und Instandsetzung für den Kunden:** Beschädigte oder abgenutzte Stühle und Tische werden in der Kundendienstwerkstatt wieder aufgearbeitet. - **Rücknahme ausgedienter Produkte:** Alle Produkte können nach ihrem Gebrauch zurückgegeben werden, sie werden verwertet und sachgerecht entsorgt.

Beispiel: Textilreste werden bei der Sommerfeld Bürosysteme GmbH je nach Art der Qualität zerfasert und entweder zu neuen Garnen versponnen oder zu Hartfilz verarbeitet, aus dem die Heckablagen der Autos bestehen. Ferner werden 30 verschiedene Reststoffe gesammelt. Gemeinsam mit Lieferanten, Herstellern und Recyclingunternehmen werden weitere Verwertungsmöglichkeiten für die verarbeiteten Restmaterialien gesucht und gefunden.

Gesetz über die Umweltverträglichkeitsprüfung (UVPG)

> § 1 Gesetz über die Umweltverträglichkeitsprüfung: „Zweck diese Gesetzes ist es, sicherzustellen, dass bei ... (bestimmten) ... Vorhaben ... 1. die Auswirkungen auf die Umwelt frühzeitig und umfassend ermittelt, beschrieben und bewertet werden."

> § 2 Gesetz über die Umweltverträglichkeitsprüfung: „... Die Umweltverträglichkeits-prüfung ... (bezieht sich) ... auf 1. Menschen, Tiere und Pflanzen, ... 2. Boden, Wasser, Luft, Klima und Landschaft, 3. Kultur- und sonstige Sachgüter."

Nach dem **Kreislaufwirtschaftsgesetz** sind „Abfälle alle beweglichen Sachen, deren sich ihr Besitzer entledigt, entledigen will oder entledigen muss" (§ 3 KrWG).

Zum Abfall wird der **Haus- und der Sondermüll** gezählt. Während der Hausmüll auf Deponien oder in Müllverbrennungsanlagen entsorgt werden kann, stellt der Sondermüll ein großes Problem dar. Seine Entsorgung ist mit hohen Kosten verbunden.

Beispiele: Batterien, Lackreste, Giftstoffe, radioaktiver Abfall

Emissionen

Dies sind die von Anlagen (Maschinen, Fahrzeuge usw.) ausgehenden Luftverunreini-gungen, Geräusche, Erschütterungen, Strahlen. Näheres regelt das **Bundes-Immissions-schutzgesetz** (BImSchG).

Abwasser

Hierunter versteht man das durch Schadstoffe veränderte Wasser.

Abfallentsorgung

Bereits bei der Beschaffung von Materialien muss über deren ökologische Bedeutung nachgedacht werden. Statt einer „Durchlaufstrategie" wird eine „Kreislaufstrategie" verfolgt.

Das Kreislaufwirtschaftsgesetz

Das **Kreislaufwirtschaftsgesetz** von 1994 legt hierzu Rahmenbedingungen und Ziele für einen Übergang von der Abfall- bzw. Durchlaufwirtschaft zu einer Kreislaufwirtschaft fest. Kern des Gesetzes sind verursachergerechte Pflichten zur Vermeidung, Verwertung und Beseitigung von Abfällen (§§ 5, 11 KrWG). Die Wirtschaft soll lernen, künftig „vom Abfall her zu denken". Dies bedeutet, dass Produkte

- nach ihrem Gebrauch **wiederverwendbar** sind,

- nach einer Aufbereitung einem weiteren Produktionsprozess zugeführt werden kön-nen **(Recycling)** oder

- zur Energieerzeugung verwendbar sind **(thermische Verwertung).**

Dadurch entsteht ein **Kreislauf der Stoffe** und ein **sparsamer Verbrauch** von Ressourcen.

Beispiel: Prioritäten der Verwertung bei der Sommerfeld Bürosysteme GmbH: Die kontinuierliche Überprüfung der Gebrauchsfähigkeit und, wenn nötig, rechtzeitige Behebung von kleineren Schäden verlängert die Lebensdauer eines Bürostuhls bis zum Doppelten; Rücknahme und Verwertung oder sachgerechte Entsorgung schließen den Kreis.

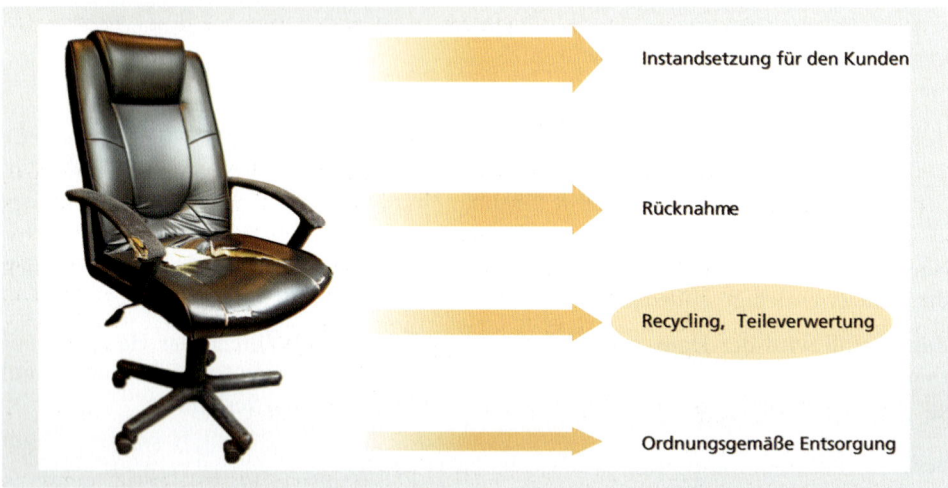

Instandsetzung für den Kunden

Rücknahme

Recycling,   Teileverwertung

Ordnungsgemäße Entsorgung

Das Bundes-Immissionschutzgesetz (BImSchG)

Das **Bundes-Immissionschutzgesetz (BImSchG)** liefert Rechtsgrundlagen über die Vermeidung von Umweltbelastungen durch Luftverunreinigungen durch Abgase, Lärmbelästigung und Abwasserbelastung.

Ökologische Aspekte

Ökologische Aspekte im betrieblichen Leistungsprozess umfassen auch die Bewertung der **Transportmittel** für die Anlieferung der Materialien und die Auslieferung von fertigen Erzeugnissen. Die umweltverträgliche Bahnfracht ist bei langen Anfahrtswegen dem Lkw-Transport vorzuziehen. Im Rahmen des **totalen Qualitätsmanagements (TQM, Total Quality Management)** unterziehen sich Unternehmen zunehmend auf freiwilliger Basis einer **Umweltbetriebsprüfung** (Ökoaudit). Wird diese EU-Umwelt-Audit-Verordnung erfüllt, erhält das Unternehmen ein **Zertifikat** über die erfolgreiche Teilnahme.

→ LF 5

Maschinen und Fahrzeuge

Bei Beschaffung und Einsatz von **Maschinen und Fahrzeugen** sind ebenfalls ökologische Aspekte zu berücksichtigen. Maschinen in der Produktion benötigen zum Betrieb meist elektrische Energie, Fahrzeuge benötigen Treibstoff. Durch gezielte Beschaffung **energiesparender und abgasarmer Maschinen und Fahrzeuge** kann ein wesentlicher Beitrag zum Umweltschutz erbracht werden.

Beispiel: Die Sommerfeld Bürosysteme GmbH rüstet ihren gesamten Bestand an Computern auf stromsparende Geräte um. Bildschirme und sonstige Peripheriegeräte schalten sich automatisch aus, wenn sie mehr als 15 Minuten nicht benutzt wurden. Alle Beleuchtungseinrichtungen werden mit energiesparenden Glühbirnen ausgestattet. Diese Maßnahme erspart jährlich Stromkosten in Höhe von 2 000,00 € und entlastet gleichzeitig das örtliche Elektrizitätswerk.

Alternative Energiequellen

Ein zusätzlicher Beitrag zur Umweltschonung ist die Nutzung **alternativer Energiequellen**. Sie entlasten die traditionelle Ernergieerzeugung (Kohle, Erdgas) und vermindern Umweltbelastungen.

Beispiele: Sonne (Solartechnik), Wind (Windräder zur Erzeugung von Strom), Wasser (Gezeitenkraftwerk), Biogasanlagen

Umwelt-Controlling (Öko-Controlling)

Um den Anforderungen, die an eine nachhaltige Betriebsführung gestellt werden, gerecht zu werden, ist es in modernen Industriebetrieben erforderlich, ein umfassendes **Öko-Controlling** zu implementieren: Durch alternative Werkstoffe, den wirtschaftlichen Einsatz von Energien und die Optimierung der Herstellverfahren sollen sowohl die Produkte als auch die Produktion kontinuierlich umweltverträglicher gestaltet werden. Um erfolgreich zu sein, ist es erforderlich, neben den Aufgaben im Bereich von Technik und Logistik die Mitarbeiter im Unternehmen für dieses Vorhaben zu gewinnen.

Beispiel: Bei der Sommerfeld Bürosysteme GmbH wurde folgender Stufenplan zur Umsetzung eines Öko-Controllings aufgebaut:

Phase	Maßnahmen	Beispiele bei der Sommerfeld Bürosysteme GmbH
I	• Interne Organisation und Information zum Öko-Controlling-System • Begleitung bei der Verwirklichung bereits begonnener ökologischer Maßnahmen	• ausschließliche Verwendung von Mehrwegverpackungssystemen • Folien werden zu Ballen gepresst und zu neuen Folien recycelt
II	• Erfassung der umweltrelevanten Belange in Arbeitskreisen • konzeptionelle Einbindung ökologischer Maßnahmen im gesamten Unternehmen	• Aufbereitung der Informationen zur Schwachstellenanalyse • Vorbereitung materialbezogener Lieferantenabfragen
III	Weiterentwicklung des Umwelt-konzeptes	• Informationsveranstaltung „Forum Umwelt" • Projektierung des Umstellens in der Produktion auf Wasserlacke
IV	Einleitung von Verbesserungsmaßnahmen und organisatorische Voraussetzungen	• Finden von Alternativen für Materialien, Produktionsverfahren, Produkte, Logistik • Umwelt-Hearing
V	• Durchsetzung der ökologischen Verbesserungsmaßnahmen • Verwirklichung organisatorischer Maßnahmen • Einführung eines Umwelt-Informations-systems • kontinuierliche Schulungsmaßnahmen • vierteljährliche Informationsworkshops zu den Zwischenergebnissen • kritische Würdigung der Projekt-ergebnisse und Ihre Optimierung • Weiterentwicklung des Umweltprogramms	• Erstellung einer Stoff- und Energiebilanz • Einstufen der Materialien nach A-/B-/C-Materialien (A = besonders relevantes ökologisches Problem, B = ökologisches Problem besteht, C = kein ökologisches Problem) • Erstellung eines Öko-Kontenrahmens • Erstellung eines Materialkatalogs

Beispiel: Die Installation einer vollautomatischen Lackieranlage führte zu einer erheblichen Verbesserung der Arbeitsbedingungen und der ökologischen Begleitumstände beim Lackieren von Tischplatten mit Holzoberfläche. Willkommener Nebeneffekt: Der Lack für die Anlage wird in Tanks angeliefert und nicht mehr wie beim Lackieren von Hand in vielen kleinen Blechemballagen, die nach der Leerung wegen der anhaftenden Lackreste als Sondermüll entsorgt werden müssen.

Bei der **ökologischen Betriebsbilanz** erhalten alle Zulieferteile eine sogenannte „Öko-Nummer" zugeteilt, die – ergänzend zur Artikelnummer im Produktions-, Planungs- und Steuerungssystem (PPS) – die Identifizierung der Komponenten unter ökologischen Kriterien erst ermöglicht. Beim **Öko-Kontenrahmen** erfolgt eine detaillierte Auflistung aller Materialien und Rückstände beim In- und Output in beziehungsweise aus der Produktion.

Beispiel: Ökologische Betriebsbilanz und Öko-Kontenrahmen der Sommerfeld Bürosysteme GmbH

Betriebsbilanz:
Erfassung aller Stoff- und Energieflüsse durch Input-Output-Analyse

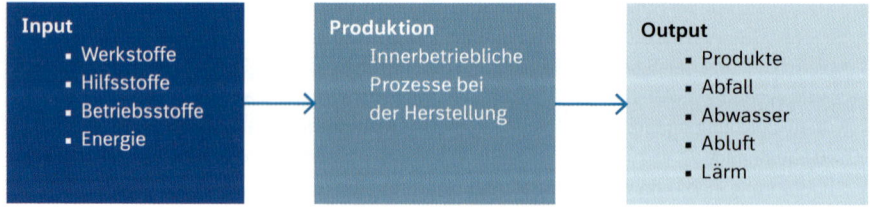

Weitere Daten, z.B. Transportleistung, Flächennutzung usw.

Öko-Kontenrahmen → LF 8

Input	
1	**Werkstoffe (kg)**
1.1	**Rohstoffe**
1.1.1	Eisenmetalle
1.1.1.1	Stahlrohrgestelle
1.1.1.2	Stahlrohrgestell, Zubehör usw.
1.1.2	NE-Metalle
1.1.2.1	Zink-Druckguss
1.1.2.2	Alu-Strangpressprofile
1.1.2.3	Alu-Gussteile
1.1.3	Kunststoffe
1.1.3.1	PA
1.1.3.2	PA und GF usw.
1.1.4	Gummi
1.1.4.1	Naturkautschuk
1.1.4.2	Butadien-Kautschuk
1.1.4.3	Styrol-Butadien-Kautschuk
1.1.5	Holz
1.1.5.1	Massivholzteile
1.1.5.2	Sperrholzplatten
1.1.5.3	Span- und Tischlerplatten usw.
1.1.6	Glas und Stein
1.1.6.1	Glasplatten
1.1.6.2	Marmorteile
1.1.6.3	Kunststeine
1.1.7	Bezugsmaterialien
1.1.7.1	Bezugsmaterialien Dralon
1.1.7.2	Bezugsmaterialien Wolle usw.
1.1.8	Diverses
1.1.8.1	Polster-Zubehör
1.1.8.2	Gurte
1.2	**Hilfsstoffe (kg)**
1.2.1	Lacke
1.2.2	Härter
1.2.4	Decklacke
1.2.5	Beizen
1.2.6	Sonstige Beschichtungsmittel
1.2.7	Spraylacke
1.2.8	Epoxy-Poly-Pulverlacke
1.2.9	Lösemittel
1.2.10	Kleber
1.2.11	Sonstiges
1.2.12	Produktverpackungen
1.2.13	Transportverpackungen
...	

Output	
3	**Produkte**
3.1	**Selbst erstellte Produkte**
3.1.1	Stühle
3.1.2	Tische usw.
3.2	**Ersatzteile (kg)**
3.3	**Handelswaren**
3.4	**Sekundärprodukte**
4	**Emissionen**
4.1	**Abfälle**
4.1.1	Entsorgung
4.1.1.1	Siedlungsabfälle
4.1.1.1.1	Mischhausmüll
4.1.1.1.2	Baustellenabfälle
4.1.1.2	Sonderabfälle
4.1.1.2.1	Leuchtstoffröhren
4.1.1.2.2	Behältnisse verschmutzt
4.1.1.2.3	Flugasche, Stäube
4.1.1.2.4	Lackschlamm
4.1.1.2.5	Pulverabfall
4.1.1.2.6	Batterien
4.1.1.2.7	Ölfilter
4.1.2	Weiterverarbeitung
4.1.2.1	Altstoffhandel
4.1.2.1.1	Altglas
4.1.2.1.2	Lederreste
4.1.2.1.3	Metallschrott
4.1.2.1.4	Altöl
4.1.2.1.5	Papier und Pappe
4.1.2.1.6	Stoffreste
4.1.2.1.7	PVC
4.1.2.1.8	PE-Folien
4.1.2.1.9	PU-Schäume
4.1.2.1.10	PP
4.1.2.1.11	Ölhaltige Putzlappen
4.1.2.1.12	Organische Abfälle
4.1.2.2	Herstellerrücknahme (kg)
4.1.2.2.1	Verdünnung
4.1.2.2.2	Aluminiumreste
4.1.2.2.3	Patronen von Kopierern/Druckern
4.1.3	Thermische Verwertung
4.1.3.1	extern
4.1.3.1.1	Holzreste, Späne
4.1.3.1.2	Stäube aus der Produktion
...	

Zusammenfassung

Den Umweltschutz im Ein- und Verkauf berücksichtigen

- *Die **Entsorgungslogistik** umfasst die Planung, Steuerung und Überwachung aller Maßnahmen zur Behandlung von Rückständen (Abfall, Emissionen, Abwasser).*

- *Bei der Entsorgung von Rückständen sind die **Prinzipien „Vermeiden geht vor Verwerten" und „Verwerten geht vor Entsorgen", bessere Nutzung der Energie** zu berücksichtigen.*

- ***Recycling** bedeutet Rückführung stofflicher und energetischer Rückstände in den Produktionsprozess durch Verwendung und Verwertung von Rückständen.*

- Statt einer Strategie des **Materialdurchlaufs** sollte die Strategie des **Materialkreislaufs** beschritten werden. Hierbei ist zu beachten:
  - Recyclingfähigkeit (Wiederverwendbarkeit) von Material
  - Vermeidung umweltschädlicher Abfallstoffe
  - Umweltgerechte Entsorgung von Verpackung und Materialresten
  - Einsatz umweltschonender Transportmittel bei der Beschaffung
  - Beschaffung von energiesparenden und abgasarmen Maschinen und Fahrzeugen

- **Gesetzliche Maßnahmen:** Kreislaufwirtschaftsgesetz, Verpackungsverordnung, Bundes-Immissionsschutzgesetz, Gesetz über die Umweltverträglichkeitsprüfung.

- **Ökologische Ziele können wirtschaftliche Ziele unterstützen**, u. a. durch Kosteneinsparung.

- Die **Materialentsorgung** umfasst neben der Entsorgung von Abfällen alle Möglichkeiten des Recyclings, wobei die **Abfallvermeidung und Abfallverminderung** die beiden wesentlichen Ziele der Entsorgung in einem Industriebetrieb sein sollten.

- Ökologisch ausgerichtete Industrieunternehmen erstellen **unternehmensübergreifende Entsorgungskonzepte** für ihre Produkte und Materialien.

- **Umwelt-Controlling:** Alle relevanten Informationen zur ökologischen Situation eines Unternehmens werden gesammelt. Hieraus werden Verbesserungen abgeleitet, die dem Umweltschutz dienen und die Akzeptanz des Unternehmens in der Öffentlichkeit erhöhen sollen.

- **Betriebsbilanz:** Erfassung aller Stoff- und Energieflüsse durch Input-Output-Analyse.

- **Öko-Kontenrahmen:** Auflistung aller Materialien und Rückstände beim In- und Output und aus der Produktion.

Aufgaben

1. Erläutern Sie die Begriffe Abfall, Emissionen und Abwasser und überprüfen Sie, welche Rückstände in Ihrem Ausbildungsbetrieb anfallen und wie diese entsorgt werden.

2. Führen Sie Gründe für die Notwendigkeit der Grundsätze „Vermeiden geht vor Verwerten" und „Verwerten geht vor Entsorgen" auf.

3. Beschreiben Sie die Strategie des Materialkreislaufs und erläutern Sie, weshalb ökologische Gesichtspunkte bei der Materialbeschaffung besonders wichtig sind.

4. Finden Sie heraus, was mit dem Begriff Ökologie beschrieben wird. Nutzen Sie hierzu Lexika, Internet usw.

5. Erläutern Sie die fünf Stufen des Öko-Controllings der Sommerfeld Bürosysteme GmbH (vgl. S. 242) und überprüfen Sie, ob es in Ihrem Ausbildungsbetrieb etwas Vergleichbares gibt.

6. Erstellen Sie einen Fachbericht zum Thema: „Die Beschaffung einer sachgerechten Verpackung für ein neues Produkt – technische, ökologische und wirtschaftliche Gesichtspunkte". Setzen Sie beim Vortrag Ihres Referates geeignete Medien zur Unterstützung ein.

7. Bei welcher Recycling-Maßnahme handelt es sich um Wiederverwertung?
   a) Eine leere Batterie wird als Sondermüll gelagert.
   b) Das Gewicht einer Getränkedose wird um 40 % gesenkt.

c) Das in Containern gesammelte Altglas wird bei der Herstellung von neuen Flaschen verwendet.

d) Das im Industrieunternehmen anfallende Altpapier wird zur Stromerzeugung in einer Müllverbrennungsanlage verbrannt.

e) Leere Bierflaschen werden von der Brauerei zurückgenommen und nach der Reinigung wieder mit Bier gefüllt.

8. Beschreiben Sie die Aufgaben der Materialentsorgung und überprüfen Sie, welche Entsorgungskonzepte in Ihrem Ausbildungsbetrieb bestehen.

9. Bearbeiten Sie in Ihrer Klasse gruppenweise als Projekt das Thema „Ökologische Aspekte in der Schule". Präsentieren Sie Ihre Ergebnisse in einer Ausstellung in der Schule.

Gruppe 1 „Materialien und Produkte": Erstellen Sie eine Liste aller Materialien und Produkte, die von Ihren Mitschülern für die Schule benötigt werden (Hefte, Schreibmaterial, Schultasche usw.). Bewerten Sie alle Materialien nach ökologischen Gesichtspunkten (Recyclingfähigkeit, Verpackung, Möglichkeiten zur Einsparung und Entsorgung usw.). Geben Sie zu allen Produkten Alternativen an, die umweltverträglicher als die bisher verwendeten sind.

Gruppe 2 „Anfahrtswege": Untersuchen Sie die Anfahrtswege Ihrer Mitschüler und Lehrer zur Schule. Bewerten Sie sie unter ökologischen Aspekten. Überlegen Sie sich Alternativen, wie Anfahrten zur Schule durch Veränderung der Gewohnheiten unter ökologischen Gesichtspunkten verbessert werden können.

Gruppe 3 „Müll": Untersuchen Sie das Müllaufkommen in Ihrer Schule unter folgenden Leitfragen: Wer verursacht Müll (Schüler, Lehrer, Verwaltung, Reinigungskräfte)? Welche Arten und Mengen an Müll „produziert" Ihre Schule in einem Jahr? Welche Möglichkeiten der Müllvermeidung und -verwertung können genutzt werden?

Gruppe 4 „Energie": Untersuchen Sie, welche Energie Ihre Schule pro Jahr verbraucht! Berücksichtigen Sie Heizung, Licht, Wasserverbrauch usw. und führen Sie Möglichkeiten an, Energie einzusparen.

10 Schriftliche Kommunikation in der Fremdsprache Englisch

LS 15

Daniela Schaub hat ihren ersten Tag in der Vertriebsabteilung der Sommerfeld Bürosysteme GmbH. Der Abteilungsleiter Herr Kraus begrüßt sie freundlich und stellt sie der Kollegin Jana Bauer vor. Nachdem er Daniela den Arbeitsplatz gezeigt hat, händigt er ihr einen Ordner aus. „Darin finden Sie jede Menge Material, das Sie bei Ihrer Arbeit unterstützt, z. B. Textbausteine für den Schriftverkehr auf Englisch. Wir haben auch noch weitere, umfassende Informationen für Sie zusammengestellt, die Sie für den Kontakt mit unseren ausländischen Kunden benötigen (vgl. S. 251 f.). Falls das nicht ausreicht, stehen dort im Regal noch einige Lexika. Na dann ..., viel Erfolg in unserer Abteilung."

*Kurz darauf erhält Daniela eine **allgemeine Anfrage (general enquiry)** in englischer Sprache, die gerade eingegangen ist.*

T A S C O

Sommerfeld Bürosysteme GmbH Gladbecker Str. 85–91 45142 Essen Germany	21a Brown Street Manchester M5 3SL Tel.: 0161-353 4872 Fax: 0161-353 4873 Web site: www.tasco.man.uk VAT No.: 3 4423 4567

Your ref.:   Our ref.: JD   20th December 20..

OFFICE FURNITURE

Dear Sir or Madam

We have seen your advertisement in this week's edition of "Office World" and are very interested in the office furniture that you offer.

We are a leading supermarket chain in the UK and want to equip some of our branch offices with new office furniture.

We would therefore be thankful if you could send us a catalogue and price list of the furniture you deal in. Please let us also have your terms of business.

We look forward to hearing from you soon.

Yours faithfully
TASCO

John Dawson

John Dawson
Purchasing Manager

Frau Bauer bittet Daniela, eine entsprechende Antwort anzufertigen. Daniela ist ratlos. „Wie soll ich das denn machen? Worum geht es denn in dem Brief eigentlich? Wie schreibt man denn überhaupt einen englischen Geschäftsbrief?", überlegt sie. Dann beschließt sie, sich zuerst einmal ihren Ordner näher anzuschauen, um dort eventuell nützliche Informationen zu finden.

Arbeitsaufträge

- *Informieren Sie sich über das Layout eines englischen Geschäftsbriefes und stellen Sie mögliche Unterschiede zu einem Geschäftsbrief aus Deutschland heraus.*

- *Fassen Sie die wesentlichen Inhalte des Briefes, den Daniela erhalten hat, in englischer Sprache zusammen. Erstellen Sie anschließend einen „Letter plan".*

- *Fertigen Sie auf dieser Basis ein Antwortschreiben in englischer Sprache an.*

Layout (Gestaltung) eines Geschäftsbriefes in englischer Sprache

Die Kommunikation zwischen Unternehmen mit internationalen Produktions- und Handelsbeziehungen ist in den letzten Jahren stetig gewachsen. Die Verwendung moderner Techniken, wie z. B. Fax, Mobil- und Internettelefonie (Voice over Internet Protocol/VoIP), E-Mail und Videokonferenzen hat sehr zur beschleunigten Abwicklung globaler Geschäfte beigetragen. Partner, die sich kennen, gehen dabei viel weniger formal miteinander um, als dies noch vor einigen Jahren der Fall war. Dennoch ist auch heutzutage in der fremdsprachlichen Geschäftskorrespondenz die korrekte Anwendung bestimmter Aspekte, wie z. B. **Anschrift, Datum, Betreff, Anrede und Grußformel** zu berücksichtigen.

Beispiel: Der Musterbrief, den Daniela in ihrem Ordner findet, ist eine **spezielle Anfrage (specific**   → **LF 6**
enquiry) und zeigt eine **übliche Form des Layouts**. In der Praxis sind jedoch auch **andere Gestaltungsformen** gebräuchlich, zumal eine ähnlich akzeptierte Empfehlung wie die **deutsche DIN 5008** im Englischen nicht existiert.

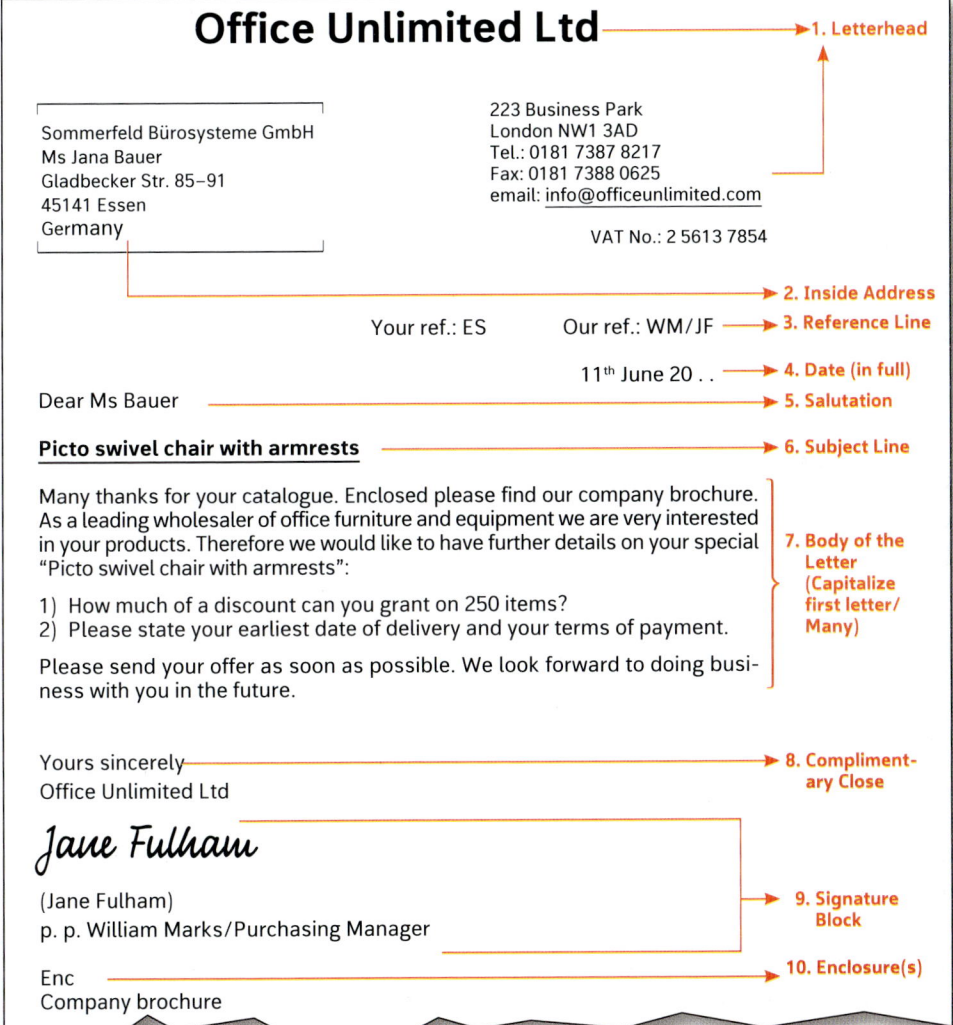

Office Unlimited Ltd ──────────► 1. Letterhead

Sommerfeld Bürosysteme GmbH
Ms Jana Bauer
Gladbecker Str. 85–91
45141 Essen
Germany

223 Business Park
London NW1 3AD
Tel.: 0181 7387 8217
Fax: 0181 7388 0625
email: info@officeunlimited.com

VAT No.: 2 5613 7854

──────────► 2. Inside Address

Your ref.: ES   Our ref.: WM/JF ──► 3. Reference Line

11th June 20 . . ──► 4. Date (in full)

Dear Ms Bauer ───────────────────► 5. Salutation

Picto swivel chair with armrests ───────► 6. Subject Line

Many thanks for your catalogue. Enclosed please find our company brochure. As a leading wholesaler of office furniture and equipment we are very interested in your products. Therefore we would like to have further details on your special "Picto swivel chair with armrests":

1) How much of a discount can you grant on 250 items?
2) Please state your earliest date of delivery and your terms of payment.

Please send your offer as soon as possible. We look forward to doing business with you in the future.

7. Body of the Letter (Capitalize first letter/ Many)

Yours sincerely ────────────────────► 8. Complimentary Close
Office Unlimited Ltd

Jane Fulham

(Jane Fulham) ──► 9. Signature Block
p. p. William Marks/Purchasing Manager

Enc ──────────────────────────────► 10. Enclosure(s)
Company brochure

Wesentliche Bestandteile eines Geschäftsbriefes in englischer Sprache	
1. Letterhead sender's name, address, phone & fax numbers, Web site address	**Briefkopf/Absender** Sie finden hier Informationen über das Unternehmen, wie z. B. Name, Adresse, Telefon, Internetauftritt, E-Mail-Adresse. In britischen Briefen wird häufig auch die Umsatzsteuernummer angegeben: VAT No. 51… (VAT = Value Added Tax = Mehrwertsteuer).
2. Inside address = Addressee's name and address	**Anschrift/Adressat = Empfänger** Dieser Bereich beinhaltet den Namen und die Anschrift des Empfängers. Fügen Sie den Namen des Landes, in das der Brief geht, unterhalb der Anschrift ein. Die Anrede in der Anschrift lautet für verheiratete Frauen **Mrs** Smith, Männer **Mr** Jones, Frauen (wenn der Familienstand nicht bekannt ist) **Ms** Bright. **Die Anrede „Ms" hat sich in den letzten Jahren durchgesetzt und sollte bei Frauen als Standard verwendet werden.**
3. References Reference line	**Bezugszeichen/Bezugszeichenzeile** Die Platzierung ist an verschiedenen Stellen des Briefes möglich, z. B. unterhalb des Briefkopfes, ober- oder unterhalb der Anschrift. Sie zeigen die Initialen des Verfassers (Dictator), gefolgt von denen der Schreibkraft (Typist). **Our ref./Unser Zeichen** beinhaltet die Ordnungskriterien/Initialen des Absenders. **Your ref./Ihr Zeichen** zeigt in einem Antwortbrief die Ordnungskriterien/Initialen desjenigen, dessen Schreiben beantwortet wird.
4. Date	Datum Verschiedene Schreibweisen sind üblich, z. B. in Großbritannien in der Reihenfolge Tag, Monat, Jahr: 12 January 20.. oder 12th January 20.. Der Monatsname kann auch vorangestellt werden (häufig in amerikanischen Briefen). Ein Komma kann dann vor der Jahreszahl eingefügt werden, ist jedoch nicht verpflichtend: January 12, 20.. oder January 12th 20.. **Achten Sie darauf, den Monatsnamen auf jeden Fall auszuschreiben (date in full), um Missverständnisse zu vermeiden** (12.09.20.. kann auch als 09.12.20.. verstanden werden, da in den USA der Monatsname bei dieser Schreibweise häufig an erster Stelle angegeben wird). Sie sollten zumindest eine übliche Abkürzung verwenden, z. B. August – Aug. Auch das Jahr sollte vollständig angegeben werden: 2008 und nicht 08.
5. Salutation	**Anrede** Bei der Wahl der Anrede haben Sie verschiedene Möglichkeiten: „Dear Sirs", „Dear Sir", „Dear Madam" oder „Dear Sir or Madam" sind international üblich. „Gentlemen:" oder „Ladies and Gentlemen:", welches die modernere Form ist (beide gefolgt von einem Doppelpunkt), werden häufig bei Briefen an amerikanische Firmen benutzt. Wenn Sie die Person, an die Sie schreiben, mit Namen kennen, verwenden Sie die Anrede wie in der „inside address" beschrieben, z. B. „Dear Mr Henessy"

Wesentliche Bestandteile eines Geschäftsbriefes in englischer Sprache	
6. Subject line	**Betreffzeile** Üblicherweise befindet sich der Betreff zwischen der Anrede und dem eigentlichen Brieftext. In diesem Fall sollte er unterstrichen sein. Es ist jedoch auch möglich, die Betreffzeile, wie in deutschen Briefen, oberhalb der Anrede einzufügen; sie wird dann nicht unterstrichen, es wird jedoch ein „Re:" vorangestellt.
7. Body of the Letter	**Brieftext** **Das erste Wort des Brieftextes beginnt immer mit einem Großbuchstaben.**
8. Complimentary close	**Grußformel** Die Art der Grußformel ist abhängig von der Anrede, die Sie zuvor benutzt haben. Im Deutschen entsprechen alle Arten dem üblichen „Mit freundlichen Grüßen". In englischen Geschäftsbriefen wird z. B. bei der Anrede „Dear Sirs" „Dear Sir or Madam" die Formulierung „Yours faithfully" benutzt. Enthält der Brief eine persönliche Anrede, z. B. „Dear Ms Barnaby", so verwenden Sie „Yours sincerely". Bei Briefen in die USA gilt in beiden Fällen „Yours sincerely", wobei auch eine Umstellung möglich ist: „Sincerely yours". Die in den USA früher häufig verwendete Formel „Yours truly" ist veraltet. **Der erste Buchstabe der Grußformel wird stets großgeschrieben.**
9. Signature block	**Unterschrift** Häufig wird nach der Grußformel der Namen des Unternehmens eingefügt. Wenn eine Angestellte im Auftrag ihres Vorgesetzten unterschreibt, wird der Name des Vorgesetzten angegeben und mit einem p. p. versehen (for and on behalf of = für und im Auftrag von). **Dies hat nichts mit dem deutschen ppa. zu tun (Prokura).** Auch die Position des Vorgesetzten im Unternehmen wird angezeigt: z. B. „Purchasing Manager"/Einkaufsleiter.
10. Enclosure(s)	**Anlagen** Sie können Abkürzungen benutzen: Enc = Anlage oder Encs = Anlagen. Die Anlagen können auch einzeln angeführt werden, z. B: Enc Catalogue

PRAXISTIPP!

Wenn Ihr Ausbildungsunternehmen nicht über Briefvorlagen verfügt, die an internationalen Standards ausgerichtet sind: „Don't worry.": Auch ein nach der DIN 5008 erstellter Brief wird im Ausland verstanden, wenn Sie die grundlegenden Unterschiede im Layout richtig beachten.

Einen Geschäftsbrief in englischer Sprache beantworten

Wenn man sich in der Fremdsprache nicht sicher fühlt, empfiehlt sich bei der Beantwortung eines Geschäftsbriefes ein planvolles Vorgehen in drei Schritten.

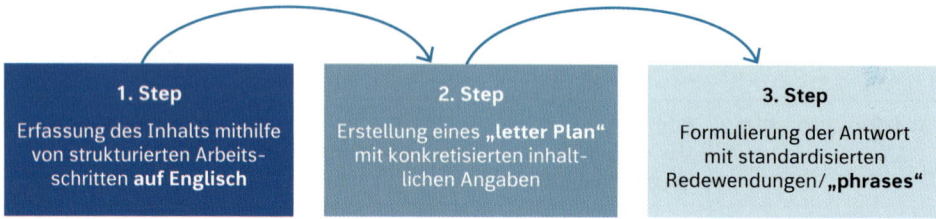

1. Step	**2. Step**	**3. Step**
Erfassung des Inhalts mithilfe von strukturierten Arbeitsschritten **auf Englisch**	Erstellung eines **„letter Plan"** mit konkretisierten inhaltlichen Angaben	Formulierung der Antwort mit standardisierten Redewendungen/**„phrases"**

First step – Analysing a business letter

Bevor Sie auf einen englischen Geschäftsbrief antworten, sollten Sie diesen mithilfe von **strukturierten Arbeitsschritten** untersuchen, um die wesentlichen Inhalte zu erfassen. Es ist empfehlenswert, dies auf jeden Fall in **der Fremdsprache** zu tun. Sie haben dann bereits die **Gliederung Ihres Antwortbriefes auf Englisch** und ersparen sich die Zeit für eine vorherige Übersetzung ins Deutsche oder eine Zusammenfassung in deutscher Sprache. Dies mag anfänglich schwierig erscheinen, durch Übung und Routine werden Sie die Arbeitsabläufe jedoch zunehmend beschleunigen können.

Die folgende Analyse des Musterbriefes (vgl. S. 248) zum Layout bietet Ihnen ein Beispiel, wie Sie englische Briefe zügig und korrekt beantworten. Sie können auf diese Art selbstverständlich nicht nur bei Anfragen verfahren, sondern die Methode auch auf **weitere Briefformen mit entsprechend unterschiedlichen Inhalten anpassen und übertragen**.

Analysing a business letter
1. **Read the letter carefully and decide what kind of business letter it is (enquiry, offer, order etc.).** enquiry (specific)
2. **Who/Where does it come from? Company? Person to be addressed? Country?** Office Unlimited Ltd/Jane Fulham/England
3. **What do they want? Discounts? Terms of business? Catalogue? Leaflet? Offer? Price-list? Samples? etc.** • Offer for 250 Picto swivel chairs with armrests • Possible discounts? • Earliest date of delivery? • Terms of payment?

Second step – The letter plan

Bei der Erstellung eines Angebots in englischer Sprache können Sie die oben erstellte Gliederung durch entsprechende Ergänzungen verfeinern. Diese beziehen sich auf den Brieftext/„body of the letter". Bei der Planung Ihres Briefes gehen Sie folgendermaßen vor:

Offer letter plan/Body of the letter
1. **Open** your letter by referring to the specific enquiry of _____?
2. **Answer** the requests by providing the necessary enclosure(s) or **information** wanted. We offer (**first, you have to check the following details with your boss.**)
▪ 250 chairs
▪ 10 % quantity discount
▪ delivery by 1 August
▪ documents against payment because of the first business contact.
3. **Close** the letter in a polite way.

> **PRAXISTIPP!**
>
> *The German word Information(en) in English is **information** without an "s" at the end.*

Third step – Phrases used when writing offers/quotations
Verwenden Sie die angegebenen Redewendungen, um Ihren „**letter plan**" in ein sprachlich und inhaltlich einwandfreies Angebot umzusetzen.

> **PRAXISTIPP!**
>
> *Always remember that you are communicating in **their** language. **Your English** is certainly better than **their German.** Be confident and keep your letters clear, short and simple.*

Opening
Beziehen Sie sich am Briefanfang auf das Ihnen vorliegende Schreiben.

Thank you for We refer to	your letter	of ... dated ... .
Vielen Dank für Wir beziehen uns auf	Ihren Brief	vom ... datiert ... .

Enclosing sales literature/Sending samples
Unternehmen, die im Export tätig sind, verfügen meist über Verkaufsliteratur, z.B. Prospekte, Kataloge oder Preislisten in englischer Sprache, die für die Korrespondenz unverzichtbar sind.

Please find enclosed Enclosed you will find	our	latest current	catalogue (of our product range). brochure/leaflet. price list. terms of business.
We are pleased to send the samples you requested under separate cover.			
Beiliegend finden Sie	unsere(n)	neueste(n) aktuelle(n)	Katalog (unseres Sotiments). Prospekt. Preisliste.
		Geschäftsbedingungen.	
Wir freuen uns, Ihnen die gewünschten Muster mit getrennter Post zu senden.			

Giving information about:

Products

Informationen allgemeiner Art werden einem zukünftigen Kunden anhand von z.B. Katalogen zur Verfügung gestellt, damit er sich einen Überblick über das Sortiment und die Preise verschaffen kann. Um spezielle Angebote zu erstellen, die z.B. Angaben über mögliche Rabatte beinhalten, greifen Sie auf interne Informationen Ihres Ausbildungsbetriebes zurück.

PRAXISTIPP!

Erkundigen Sie sich in Ihrem Ausbildungsbetrieb nach Verkaufsunterlagen in englischer Sprache und nutzen Sie diese, um sich über die entsprechenden englischen Bezeichnungen Ihres Sortiments (range of products/product range) und weitere Details zu informieren. Benutzen Sie im Englischen die Begriffe „product" oder „item", wenn Sie das deutsche Wort „Artikel" verwenden wollen. Das englische „article" hat eine starke sprachliche Zuordnung (der, die, das, ein, einer).

Prices

Our prices are quoted	DDP London/FOB Hamburg/EXW Duisburg.
Unsere Preise sind angegeben	DDP London/FOB Hamburg/ab Werk Duisburg.

Discounts

We can give you a(n)	trade initial	discount of ... %	on the list price. on the net price.	
We can grant you a(n)	quantity discount of ... %		on orders	worth at least € 10,000.00/of at least 500 pieces/of 500 units or more.
Wir geben Ihnen einen	Händler- Einführungs-		-rabatt von ... %	auf den Listenpreis. auf den Nettopreis.
Wir gewähren Ihnen einen	Mengenrabatt von ... %		auf/für Aufträge	im Wert von mindestens € 10000,00/von mindestens 500 Stück/ von 500 Stück/Einheiten oder mehr.

PRAXISTIPP!

Im Englischen wird bei Zahlenangaben anstelle des Kommas ein Punkt gesetzt, anstelle des deutschen Tausendertrennpunktes jedoch ein Komma.
Deutsch: € 10 000,00   Englisch: € 10,000.00

Payment

For first orders As we have not done business before	our terms of payment are documents against payment (D/P). payment is to be made by confirmed and irrevocable letter of credit.
Bei Erstaufträgen Da wir bisher noch keine Geschäftsbeziehung haben,	lauten unsere Zahlungsbedingungen Kasse gegen Dokumente. soll die Zahlung durch bestätigtes und unwiderrufliches Dokumentenakkreditiv erfolgen.

Delivery

Delivery Shipment	can be		made arranged	immediately within one week	after receipt of order.
Die Lieferung Der Versand	kann	unverzüglich innerhalb einer Woche		nach Auftragserhalt	erfolgen. veranlasst werden.

Closing

Schließen Sie Ihren Brief mit einer freundlichen Redewendung, die einen Ausblick auf eine positive Geschäftsbeziehung eröffnet.

Should you have any questions or need more information,		please feel free to contact us. please don't hesitate to contact us.
We are sure that	our offer the quality of our products	will meet your expectations.
We look forward to	doing business with you receiving your order	soon. in the near future.
Sollten Sie noch weitere Fragen haben oder zusätzliche Informationen benötigen,		nehmen Sie bitte Kontakt mit uns auf. zögern Sie bitte nicht, uns dies mitzuteilen.
Wir sind sicher, dass	unser Angebot die Qualität unserer Artikel	Ihren Erwartungen entspricht.
Wir freuen uns	auf eine zukünftige/baldige Geschäftsbeziehung. darauf, Ihren Auftrag	 bald/in Kürze/in naher Zukunft zu erhalten.

PRAXISTIPP!

Seien Sie nicht erstaunt, wenn Ihr englischer Geschäftspartner Sie bereits nach wenigen Kontakten mit Ihrem Vornamen anspricht oder anschreibt. Sie zählen damit noch lange nicht zu seinen Freunden. Im Englischen geht man viel schneller als im Deutschen zu einem weniger formellen Umgangston über.

Zusammenfassung

Schriftliche Kommunikation in der Fremdsprache Englisch

- *Trotz der abnehmenden Formalität in der Korrespondenz ist die korrekte Anwendung bestimmter Aspekte, z. B. **Anschrift, Datum, Betreff, Anrede und Grußformel** zu beachten.*

- *Der **Ländername** erscheint in der **letzten Zeile der „inside address"**. Der **Monatsname** und das **Jahr** sollten bei der **Datumsangabe** ausgeschrieben werden. Der **Betreff** befindet sich in der Regel **zwischen Anrede und Brieftext** und ist **unterstrichen**.*

- *In der „salutation" empfiehlt sich bei unbekanntem Ansprechpartner **„Dear Sir or Madam"**, bei Briefen in die USA auch **„Ladies and Gentlemen:" (Doppelpunkt.)**. Bei einem bekannten männlichen Ansprechpartner wählt man z. B. **„Dear Mr Jones"**, bei einer bekannten Ansprechpartnerin ist die **Standardanrede** z. B. **„Ms Majors"**.*

- *Der **erste Buchstabe** des Brieftextes wird **immer großgeschrieben**.*

- *Der „complimentary close" ist abhängig von der „salutation": Ist der Ansprechpartner nicht bekannt, verwendet man **„Yours faithfully"**, bei einer Namensangabe hingegen **"Yours sincerely"**. Letztere Grußformel gilt in den USA in beiden Fällen, manchmal wird sie dort auch umgestellt wie z. B. **„Sincerely yours"**. Der **erste Buchstabe** der Grußformel wird **stets großgeschrieben**.*

- *Das englische „p. p." bedeutet **„für und im Auftrag von"** und hat nichts mit „Prokura" zu tun.*

- *Die Erstellung eines Antwortbriefes auf einen englischen Brief sollte in drei Schritten erfolgen:*

  1. *Inhaltliche Erfassung durch **strukturierte Arbeitsschritte in der Fremdsprache**. Dies liefert die Gliederung für den Antwortbrief.*

  2. *Erstellung eines „letter plan" mit konkretisierten Inhalten: „opening", „reference", „information" and/or „enclosures", „closing".*

  3. *Ausformulierung durch **standardisierte Redewendungen/Textbausteine (Phrases)**.*

Aufgaben

1. *Erstellen Sie eine Liste mit zehn Artikelbezeichnungen Ihres Ausbildungsbetriebes in **englischer Sprache**.*

2. **Handlungssituation**
   In Ihrem Unternehmen arbeitet im Rahmen eines europäischen Austauschs zurzeit ein Auszubildender (trainee) aus Großbritannien. Ihr Vorgesetzter bittet Sie, diesem das Layout eines Geschäftsbriefes in englischer Sprache zu erklären.

   Arbeitsauftrag
   Bereiten Sie den Vortrag schriftlich vor und erläutern Sie Ihrem Partner die wichtigen Aspekte. Wechseln Sie anschließend die Rollen.

3. *Beantworten Sie den Musterbrief zum Layout auf S. 248. Nutzen Sie als Vorlage die auf S. 251 f. angegebene Strukturhilfe, erstellen Sie danach Ihren „letter plan". Anschließend verwenden Sie geeignete „phrases", um den Brief zu formulieren.*

4. *Beantworten Sie die spezielle Anfrage/specific enquiry von Tasco.*

   a) *Erstellen Sie zuerst eine* **strukturierte Zusammenfassung** *des Tascobriefes.*
   b) *Danach entwerfen Sie Ihren „letter plan".*
   c) *Dann nutzen Sie geeignete „phrases", um den Brief zu schreiben.*

TASCO

Sommerfeld Bürosysteme GmbH	21a Brown Street
Mr Bauer	Manchester M5 3SL
Gladbecker Str. 85–91	Tel.: 0161-353 4872
45142 Essen	Fax: 0161-353 4873
Germany	Web site: www.tasco.man.uk
	VAT No.: 3 4423 4567

Your ref.:   Our ref.: JD   20th December 20 . .

Dear Mr Bauer

OFFICE FURNITURE

We visited your Web site on the Internet and are particularly interested in the office desks that you offer. We are a well-known supermarket chain in the UK and want to equip many of our branch offices with new office furniture.

We would therefore be thankful if you could quote us your lowest price for 100 Confair folding tables 530.
Could you please also let us have information about your terms of payment and delivery.

We look forward to receiving your quotation in the near future.

Yours sincerely
TASCO

Janice Whitehall

Janice Whitehall
Purchasing Department

Entscheiden Sie sich bei den folgenden Briefen für Artikel Ihrer Wahl. Verwenden Sie Ihre selbst erstellte Liste aus Aufgabe 1. Erstellen Sie Ihr Angebot mit konkreten Preisangaben.

5. Handlungssituation

Sie erhalten in Ihrem Ausbildungsbetrieb eine Anfrage der Farnham Wholesaling Corporation, Don Myers, Purchasing Manager, 365 Motown Place, New York, N. Y., 12034, USA, datiert vom 08.03.20.. . The company wants a catalogue and specific information about item XXX that they have seen in an advertisement in a magazine.

Arbeitsauftrag

In Ihrer Antwort (vollständiger Brief mit Briefkopf und Anschrift) legen Sie einen Prospekt des Artikels und die Geschäftsbedingungen bei, den Katalog senden Sie mit getrennter Post. Sie machen darauf aufmerksam, dass auf den o. a. Artikel als Einführungsangebot zurzeit ein Rabatt von 20 % gewährt wird, wenn mehr als 100 Stück abgenommen werden und der Auftrag bis spätestens Ende Mai erteilt wird.

6. Handlungssituation:

Sie beantworten eine Anfrage von Claudia Chewingberg, C. Smith Consulting Service Ltd, 24 Menneroad, London SW1 9YF, GB, datiert vom 10.11.20.. . The company wants to have an offer for 125 of item XXX and 300 of item YYY. Price should be stated DDP London. Furthermore, they want to know the earliest date of delivery and terms of payment.

Arbeitsauftrag

In Ihrer Antwort (vollständiger Brief mit Briefkopf und Anschrift) gewähren Sie als Einführungsangebot 10 % Nachlass für Artikel XXX und 25 % Mengenrabatt für Artikel YYY auf die Listenpreise. Frühester Liefertermin ist der 15. Januar, Zahlungsbedingung ist wegen Erstkontakt „Kasse gegen Dokumente".

Wiederholungs- und Prüfungsaufgaben zu Lernfeld 10

1. Beschreiben Sie den Unterschied zwischen Marktanalyse und Marktbeobachtung.

2. Grenzen Sie die Primärforschung von der Sekundärforschung ab und nennen Sie je fünf Beispiele für interne bzw. externe Infoquellen der Sekundärforschung.

3. Um noch genauer über die Kundenbedürfnisse zu den Produkteigenschaften eines Bürostuhls informiert zu sein, entschließt sich die Sommerfeld Bürosysteme GmbH zu einer Primärforschung. Führen Sie drei Argumente an, warum die Sommerfeld Bürosysteme GmbH diese Trendforschung nicht alleine übernehmen und stattdessen lieber ein Marktforschungsinstitut mit der Aufgabe betrauen sollte.

4. Bei der Entscheidung über die Methode der Primärforschung hadert die Sommerfeld Bürosysteme GmbH über die Vorzüge der verschiedenen Erhebungsmethoden. Nennen Sie drei Gründe, warum ein Interview im Vergleich zu einer Befragung per Fragebogen vorzuziehen ist und welche drei Stärken ein Fragebogen bietet.

5. *Das Marktforschungsinstitut AC Nielsen hat der Sommerfeld Bürosysteme GmbH erste Absatzdaten zum Jahresvergleich per Fax geliefert:*

Marktvolumen	aktuelles Jahr		Marktvolumen	Vorjahr		VR
	abs. in €	in %		abs. in €	in %	vom Vorjahr zum aktuellen Jahr
Sommerfeld Bürosysteme GmbH Büromöbel Gesamt	784 000,00		Sommerfeld Bürosysteme GmbH Büromöbel Gesamt	822 400,00	100 %	
Bürotische	188 160,00		Bürotische		26 %	
Bürostühle	352 800,00		Bürostühle		36 %	
Schränke	156 800,00		Schränke		26 %	
Zubehör	47 040,00		Zubehör		6 %	
Rest	39 200,00		Rest		6 %	

a) *Das Marktvolumen für den gesamten Büromöbelmarkt betrug im Vorjahr 2,57 Mio. € und im aktuellen Jahr 2,8 Mio. €. Berechnen Sie den Marktanteil der Sommerfeld Bürosysteme GmbH für beide Jahre und bewerten Sie die Veränderung des Marktes sowie die der Sommerfeld Bürosysteme GmbH.*

b) *Ergänzen Sie die fehlenden Daten in der Tabelle und berechnen Sie die Veränderungsrate vom Vorjahr zum aktuellen Jahr.*

c) *Nehmen Sie Stellung zu der Veränderung der Sortimentsanteile und finden Sie Argumente, wie es möglicherweise zu den Veränderungen gekommen sein mag.*

6. *Ergänzen Sie in der folgenden Tabelle für die*
   a) *ersten zwei Artikel mindestens drei Marketing-Aktivitäten, die sich ergänzen,*
   b) *letzten zwei Artikel mindestens drei Marketing-Aktivitäten, die sich widersprechen.*

Produkt	Produktpolitik	Preispolitik	Kommunikationspolitik	Distributionspolitik	Servicepolitik
Stitz Stitz 2					
Regalsystem Conrack					
Konferenzstuhl Confair					
Konferenztisch Logon					

7. Kontrollieren Sie, ob es in ihrem Ausbildungsbetrieb Widersprüche beim Einsatz der Marketinginstrumente gibt und halten Sie diese in einer Liste stichwortartig fest.

8. Diskutieren Sie mit Ihrem Nachbarn, welche Wechselbeziehungen zwischen den folgenden Marketinginstrumenten bestehen:

    - Distributionspolitik und Preispolitik
    - Kommunikationspolitik und Produktpolitik
    - Preispolitik und Kommunikationspolitik
    - Produktpolitik und Distributionspolitik

9. Die Sommerfeld Bürosysteme GmbH hat entschieden, einen innovativen Bürostuhl für die Zielgruppe junger Trendsetter (20–25 Jahre) über Handelsvertreter zu vertreiben. Erläutern Sie, wie Sie zu dieser Entscheidung stehen.

10. a) Schlagen Sie jeweils drei Modifikationen, Variationen oder Innovationen vor, mit denen die Sommerfeld Bürosysteme GmbH ihr Absatzprogramm verändern könnte.

    b) Geben Sie an, in welcher Form die von Ihnen genannten Veränderungen des Absatzprogramms Einfluss auf die Produktionsprogrammtiefe bzw. -breite nehmen.

    c) Nennen Sie zwei Gründe, warum es sinnvoll sein kann, sich gegen eine Elimination von Produkten zu entscheiden.

11. Viele renommierte Industrieunternehmen entscheiden sich ganz bewusst für eine Monomarken- andere dagegen für eine Dachmarken-Strategie. Stellen Sie die Vorzüge und die Risiken der beiden Strategien in einer Tabelle gegenüber.

12. a) Angenommen, Sie wären für die Entwicklung einer Transportverpackung für einen Schreibtisch mit einer Glasplatte verantwortlich. Erstellen Sie eine Checkliste zu den funktionalen und wirtschaftlichen Aspekten, die sie hierbei berücksichtigen würden.

    b) Überarbeiten Sie Ihre Checkliste vor dem Hintergrund, dass Sie nun eine Verkaufsverpackung für ein Gut aus dem Bereich der Lebensmittelindustrie entwickeln müssten.

13. Entwickeln Sie Vorschläge, wie Sie in der Büromöbelindustrie den Gedanken des Recyclings von Produkten und deren umweltverträgliche Entsorgung bereits bei der Produktentwicklung berücksichtigen können.

14. Entwerfen Sie eine Mindmap, in der Sie alle Einflussgrößen notieren, die für die Preisbildung eines Unternehmens relevant sein können.

15. Erläutern Sie die Strategie der Preisdifferenzierung und finden Sie für ein beliebiges Produkt möglichst viele konkrete Beispiele, um den Preis unterschiedlich zu gestalten.

16. Es muss festgestellt werden, ab welcher Produktionsmenge der Aktenschrank „Archivo" Gewinn erzielt. Dabei wird unterstellt, dass alle produzierten Schränke auch verkauft werden können. Folgende Daten liegen aus dem Rechnungswesen vor: variable Stückkosten: 400,00 €, fixe Kosten 300 000,00 €, Verkaufspreis 1 000,00 €.

    a) Erstellen Sie eine Break-even-Point-Analyse (BEP) in Tabellenform. Beginnen Sie mit der Menge 0 und erhöhen Sie um jeweils 100 Einheiten.

    b) Übertragen Sie Ihre Ergebnisse in eine Grafik.

    c) Berechnen Sie den BEP mithilfe einer Gleichung.

    d) Erläutern Sie, was der BEP für die Preisbildung aussagt.

17. Das Rechnungswesen der Sommerfeld Bürosysteme GmbH liefert Daten für die kostenorientierte Preisbildung. Erläutern Sie anhand von Beispielen
    a) fixe und variable Kosten,
    b) Gesamt- und Stückkosten,
    c) Einzel- und Gemeinkosten.

18. Die Sommerfeld Bürosysteme GmbH hat sich für den Bürostuhl „Ergo-Design-Natur" für eine Bruttopreisstellung entschieden.

    a) Erläutern Sie den Unterschied zwischen einer Brutto- und einer Nettopreisstellung.

    b) Führen Sie aus dem Blickwinkel des Marketings strategische Vorzüge an, die Sie ihrem Vertriebskollegen an die Hand geben würden, damit er mithilfe einer Bruttopreisstellung potenzielle Kunden erfolgreich zum Kauf anregen kann.

19. Formulieren Sie für eine externe Werbeagentur zu einem beliebigen Produkt Ihres Ausbildungsbetriebes ein fiktives Briefing zu einem Werbeplan. Beachten Sie hierbei, dass Sie nach Möglichkeit für alle Bestandteile des Werbeplans eindeutige Vorgaben festlegen müssen.

20. Erläutern Sie die Aufgaben einer Werbebotschaft.

21. Herr Sommer, der Marketingleiter der Sommerfeld Bürosysteme GmbH, stellt den Antrag, den Werbeetat um 150 000,00 € zu erhöhen. Die Mehrausgaben für die Werbung bringen nach seiner Überzeugung einen zusätzlichen Umsatz von 1 Mio. Euro. Soll die Geschäftsleitung Herrn Sommers Antrag stattgeben? Erläutern Sie Ihre Entscheidung.

22. Ein Fachhandel für Büromöbel hat rückläufige Umsatzzahlen. Eine vom Inhaber in Auftrag gegebene Umfrage zeigt, dass der Standort zwar günstig, der Laden selber aber nicht hinreichend bekannt ist. Aus diesem Grund sollen Kommunikationsmaßnahmen ergriffen werden. Welche Werbemittel würden Sie dem Fachhändler empfehlen?

23. Mal wieder gibt es Ärger zwischen dem Vertrieb und dem Marketing. Herr Kraus vom Vertrieb hat den Vorschlag gemacht, auf zwölf ganzseitige Anzeigen in der Fachzeitschrift „Büro und Konferenz" zu verzichten und stattdessen einen weiteren Außendienstmitarbeiter einzustellen. Die Anzeigen können eigenständig keinen Bürostuhl verkaufen, da der neue „Ergo-Design-Natur" erklärungs- und beratungsbedürftig sei. Selbst mit Anzeigen muss der Außendienst immer noch persönlich zum Verkauf vor Ort. Frau Braun vom Marketing ist fassungslos, sie verlässt kopfschüttelnd den Raum. Sammeln Sie in Ihrer Klasse Gedanken, die Frau Braun möglicherweise durch den Kopf gegangen sind. Finden Sie schlagkräftige Gründe, warum Werbung notwendig ist.

24. Die interne Absatzorganisation eines Industrieunternehmens kann nach unterschiedlichen Kriterien gegliedert werden.

    a) Beschreiben Sie vier verschiedene Möglichkeiten der internen Absatzorganisation.

    b) Klären Sie, nach welchen verschiedenen Kriterien der Vertrieb der Sommerfeld Bürosysteme GmbH organisiert ist.

    c) Nehmen Sie zu der internen Absatzorganisation der Sommerfeld Bürosysteme GmbH Stellung.

    d) Finden Sie heraus, nach welchen Kriterien Ihr Ausbildungsbetrieb den Vertrieb organisiert.

    e) Überlegen Sie, ob für Ihren Ausbildungsbetrieb ggf. eine Organisation des Vertriebes nach anderen Gesichtspunkten sinnvoller wäre?

25. *Erläutern Sie die Unterschiede zwischen einem Handelsvertreter und einem Kommissionär sowie zwischen dem Franchising und dem Vertragshandel.*

26. *Frau Braun aus dem Marketing der Sommerfeld Bürosysteme GmbH liegen die aktuellen Marktforschungsdaten vor. Hieraus kann Sie erkennen, dass der Distributionsgrad des Unternehmens im Hinblick auf den Fachhandel bundesweit bei ca. 10 % liegt. Bei den beiden Kunden Bürofachhandel Schneider GmbH und Bürofachhandel Ergoline GmbH sind in den beiden letzten Monaten distributorische Lücken aufgetreten.*

    a) *Erläutern Sie, was man unter dem Distributionsgrad bzw. unter einer distributorischen Lücke versteht.*

    b) *Erläutern Sie, welche Konsequenzen sich durch die angegebenen Distributionshinweise ergeben und welche Maßnahmen Sie ergreifen würden, um derartigen Problemen zu begegnen.*

27. *Erläutern Sie die Problematik, die in der folgenden Abbildung humorvoll dargestellt wird.*

Was das Marketing forderte.

Was der Einkauf bestellte.

Was die Konstruktion entwarf.

Was die Fertigung herstellte.

Was der Kundendienst lieferte.

Was der Kunde wünschte...

28. Die Sommerfeld Bürosysteme GmbH hat dem Konrad Adenauer Flughafen Köln/Bonn neben einer kompletten Neubestuhlung aller Wartezonen eine Beratung im Bereich der Innenarchitektur angeboten. Das Auftragsvolumen beträgt mehr als 1,5 Mio. €. Soweit sich der Flughafen auf dieses Leistungspaket einlässt, bietet die Sommerfeld Bürosysteme GmbH den Aufbau der Bestuhlung vor Ort kostenlos an.

  a) Differenzieren Sie die genannten immateriellen Leistungen nach Service- und Dienstleistungen und überlegen Sie sich je drei weitere Leistungen, die einen Vertragsabschluss mit dem Flughafen begünstigen würden.

  b) Diskutieren Sie mit Ihrem Tischnachbarn die Vorzüge und Risiken einer kreativen Servicepolitik.

29. Sie sind Mitarbeiter in der Buchhaltung der Ems-Bike GmbH und sollen den folgenden Beleg bearbeiten:

Ems-Bike GmbH

Fahrradhandel
Dietrich Thurau
Steinstr. 12

50670 Köln

Unser Zeichen: Kl/Fi
Tel.: 02572/668-3550
Fax: 02572/668-3560

Rechnungsdatum: 11.06.20..
Lieferdatum: 10.06.20..

Rechnung Nr. 08915 zu Lieferschein Nr. 77138

Pos.	Menge	Bezeichnung	Einzelpreis	Gesamtpreis
1	15	Mountain Bikes „Standard"	298,00 €	4 470,00 €
2	15	City Roller „Standard"	95,00	1 425,00 €
3		Transportkosten	pauschal	200,00 €
				6 095,00 €
		19 % Umsatzsteuer		1 158,05 €
				7 253,05 €

Zahlungsbedingungen: 30 Tage netto Kasse oder innerhalb von zehn Tagen unter Abzug von 2 % Skonto. Transportkosten sind nicht skontierbar.

Bankverbindung:
Postbank Köln, IBAN DE18 3701 0050 90359 7887 63   BIC PBNKDEFF

---

  a) Buchen Sie den Beleg im Grundbuch.

  b) Auf Grundlage einer Mängelrüge gewährt die Ems-Bike GmbH dem Fahrradhandel Thurau nachträglich einen Preisnachlass von 10 %. Bilden Sie den Buchungssatz.

  c) Am 10. Juli 20(0) überweist der Fahrradhandel Thurau den fälligen Rechnungsbetrag unter Abzug von Skonto. Bilden Sie den Buchungssatz.

  d) Ermitteln Sie den Zinssatz p. a. für den Skontoabzug mit Hilfe der Zinsformel.

  e) Die Spedition Braun stellt der Ems-Bike GmbH für den Transport der Ware zum Kunden 190,00 € netto in Rechnung. Bilden Sie den Buchungssatz.

Investitions- und Finanzierungsprozesse planen

→ 📄
LS 16

1 Investitionen planen

1.1 Investitions- und Finanzierungsanlässe

Daniela Schaub und Rudolf Heller sitzen nach-
mittags bei einem Kaffee zusammen, als Rudolf
anfängt, über die Zeit nach der Ausbildung
nachzudenken. „Hast du dir mal die letzte
Bilanz angeschaut? 1,65 Millionen Euro Gewinn!
Was man sich davon alles kaufen könnte. Wenn
ich die hätte, würde ich glatt aufhören zu arbei-
ten." „Das ist sicherlich eine ganze Menge Geld,
aber um den Betrieb am Laufen zu halten, benö-
tigt man auch jede Menge Kapital. Erst gestern
habe ich beispielsweise gehört, dass die
Geschäftsleitung plant, bei kleineren Bestellun-
gen den Warentransport künftig mit eigenen

Kleintransportern selbst durchzuführen, da es in letzter Zeit immer häufiger zu Problemen mit den
beauftragten Speditionen gekommen ist." „Stimmt schon. Und die neue Buchhaltungssoftware muss
schließlich auch bezahlt werden. Von den Fortbildungskosten für die Mitarbeiter des Rechnungswe-
sens ganz zu schweigen."

Arbeitsaufträge

- *Erläutern Sie, welche Investitionen Ihr Ausbildungsbetrieb in den letzten Monaten durchge-*
  führt hat.

- *Stellen Sie fest, welche Ziele und Arten von Investitionen sich unterscheiden lassen.*

- *Erläutern Sie anhand der Bilanz der Sommerfeld Bürosysteme GmbH (vgl. S. 264) den Zusam-*
  menhang zwischen Investition und Finanzierung.

Zusammenhang zwischen Finanzierung und Investition

Die Passivseite der Bilanz **zeigt** die Kapitalquellen, also **die Herkunft des** eingesetzten
Kapitals. Hierbei kann es sich um Eigenkapital oder Fremdkapital handeln. **Die Aktiv-**
seite der Bilanz **zeigt, für welche Zwecke das Kapital verwendet wurde,** d.h. in welche
materiellen oder immateriellen Gegenstände des Anlage- und Umlaufvermögens investiert wurde. Bei einer **Investition** werden finanzielle Mittel in **Sachvermögen** (z.B.
Grundstücke, Gebäude, Maschinen, Geschäftsausstattung, Roh-, Hilfs- und Betriebsstoffe),

Finanzvermögen (z. B. Aktien) oder **immaterielles Vermögen** (z. B. Patente, Fortbildung von Mitarbeitern) umgewandelt. Wird durch den betrieblichen Umsatzprozess, d. h. durch den Verkauf von eigenen Erzeugnissen oder von Gegenständen des Anlagevermögens, Kapital freigesetzt, so spricht man von einer **Desinvestition**.

Die Beschaffung und Verwendung des Kapitals ist aus der Bilanz eines Unternehmens zu ersehen:

Aktiva		Bilanz der Sommerfeld Bürosysteme GmbH in T€ zum 31. Dezember 20..	Passiva
A. Anlagevermögen		**A. Eigenkapital**	
1. Grundstücke und Bauten	3 700	I. Gezeichnetes Kapital	4 000
2. Technische Anlagen und Maschinen	4 560	II. Gewinnrücklagen	350
3. Andere Anlagen, Betriebs- und Geschäftsausstattung	640	III. Jahresüberschuss[2]	1 650
B. Umlaufvermögen		**B. Rückstellungen[3]**	
I. **Vorräte**		1. Pensionsrückstellungen	1 500
1. Roh-, Hilfs- und Betriebsstoffe	440	2. Steuerrückstellungen	325
2. Unfertige Erzeugnisse	330	3. Sonstige Rückstellungen	185
3. Fertige Erzeugnisse und Handelswaren	300	**C. Verbindlichkeiten**	
II. **Forderungen und sonstige Vermögensgegenstände**		1. Verbindlichkeiten gegenüber Kreditinstituten[4]	2 950
1. Forderungen a. LL	1 250	2. Erhaltene Anzahlungen auf Bestellungen	150
2. Sonstige Forderungen	570	3. Verbindlichkeiten a. LL	650
III. Schecks, Kassenbestand, Bundesbankguthaben, Guthaben bei Kreditinstituten	680	4. Sonstige Verbindlichkeiten	720
		D. Rechnungsabgrenzungsposten	20
C. Rechnungsabgrenzungsposten[1]	30		
	12 500		12 500

> Die Aktivseite stellt die **Formen des Vermögens** dar, d. h. die **Mittelverwendung = Investition**

> Die Passivseite stellt die **Quellen des Kapitals** dar, d. h. die **Mittelherkunft = Finanzierung**

Ein Unternehmen wird nur dann Kapital investieren, wenn erwartet werden kann, dass die Ausgaben für die getätigte Investition in angemessener Zeit durch Verkäufe wieder in das Unternehmen zurückfließen.

Beispiel: Die Sommerfeld Bürosysteme GmbH kauft einen Kleintransporter für 30 000,00 €. Das in diesem Investitionsgut gebundene Kapital wird über die Verkaufserlöse der mit diesem Kleintransporter an die Kunden gelieferten Produkte wieder freigesetzt, denn die Investitionsausgaben werden als Kosten über die Abschreibungen in die Verkaufspreise einkalkuliert und fließen somit im Laufe der Zeit als Einnahmen in das Unternehmen zurück.

---

[1] *Werden den kurzfristigen Forderungen zugerechnet.*

[2] *Der Jahresüberschuss soll ganz im Unternehmen bleiben.*

[3] *Pensionsrückstellungen sind den langfristigen, Steuerrückstellungen, Sonstige Rückstellungen und Passive Rechnungsabgrenzungsposten den kurzfristigen Verbindlichkeiten zuzurechnen.*

[4] *Davon mit einer Laufzeit über 5 Jahre: 2 500 T€, ansonsten handelt es sich wie bei den Verbindlichkeiten a. LL und sonstigen Verbindlichkeiten um kurzfristige Verbindlichkeiten*

Investition und Finanzierung bedingen einander, denn **Kapitalverwendung (Investition)** setzt immer **Kapitalbeschaffung (Finanzierung)** voraus. Kapital wird in einem Unternehmen ständig gebunden und wieder freigesetzt, d. h., es findet ein ständiger Prozess von Investition, **Desinvestition** (Kapitalfreisetzung) und neuerlicher Investition **(Reinvestition)** statt.

Die Beschaffung und Bereitstellung von Kapital ist somit kein einmaliger Vorgang bei der Gründung eines Unternehmens, sondern ein sich ständig wiederholender Prozess, um Investitionen zu ermöglichen.

Beispiele: Die Sommerfeld Bürosysteme GmbH benötigt Kapital, um Umbaumaßnahmen durchführen zu können oder veraltete Computer zu ersetzen, neue Fertigungsanlagen zu beschaffen.

Ziele von Investitionen (Investitionsanlässe)

Es gibt zahlreiche Anlässe, warum Unternehmen Investitionen durchführen. Im Regelfall sind mit ihnen ökonomische Ziele verbunden. Doch auch die Nachhaltigkeit (Umweltverträglichkeit, Sozialverträglichkeit) von Investitionen wird von modern geführten Industrieunternehmen zunehmend erwartet und ist daher eine Voraussetzung für die Erreichung der ökonomischen Ziele.

- **Ökonomische Ziele:**

  - Ersatz verbrauchter oder veralteter Betriebsmittel durch neue Betriebsmittel zur Erhaltung der Betriebsbereitschaft **(Ersatzinvestitionen)**

  - Beschaffung zusätzlicher oder leistungsfähigerer Betriebsmittel zur Kapazitätserweiterung **(Erweiterungsinvestitionen)**

  - Anpassung der Betriebsmittel an den technischen Fortschritt zum Erhalt der Wettbewerbsfähigkeit **(Modernisierungsinvestitionen)**

  - Beschaffung von produktiveren oder kostengünstigeren Betriebsmitteln zur Verbesserung der Wirtschaftlichkeit **(Rationalisierungsinvestitionen)**

  - Beschaffung neuer Produktionsanlagen bei Änderung der Produktionsziele **(Umstellungsinvestitionen)**

  - Investitionen in Forschung und Entwicklung sowie die Weiterbildung vom Mitarbeitern zur Verbesserung der Zukunftsaussichten eines Unternehmens **(immaterielle Investitionen)**

- **Soziale Ziele:**
  - Sicherung und Schaffung von Arbeitsplätzen
  - Verringerung von Unfallgefahren am Arbeitsplatz
  - Verbesserung der Arbeitsbedingungen

- **Ökologische Ziele:**
  - Vermeidung von Umweltbelastungen
  - Verringerung des Verbrauchs von knappen Rohstoffen

Arten der Investition

Investitionen lassen sich grundsätzlich in Sach- und Finanzinvestitionen (materielle Investitionen) sowie immaterielle Investitionen unterscheiden. Zu den Sachinvestitionen zählen **Anlageinvestitionen** (z.B. Kauf neuer Fertigungsanlagen) und **Vorratsinvestitionen** (z.B. Kauf von Rohstoffen). Die Finanzinvestitionen unterteilen sich in **Beteiligungsrechte** (z.B. Beteiligung an einer GmbH) und **Forderungsrechte** (z.B. Gewährung von Darlehen an Kunden). Die immateriellen Investitionen gewinnen aufgrund des immer stärker werdenden Konkurrenzdrucks auf globalisierten Märkten zunehmend an Bedeutung. Zu ihnen zählen **Investitionen im Absatzbereich** (z.B. Ausgaben für Verkaufsförderung und Öffentlichkeitsarbeit), im **Forschungs- und Entwicklungsbereich** sowie im **Personalbereich** (z.B. Aus- und Weiterbildungskurse für Mitarbeiter).

Zusammenfassung

Investitions- und Finanzierungsanlässe

- *Finanzierung* = Beschaffung von Kapital (Mittelherkunft)

- *Investition* = Verwendung von finanziellen Mitteln für die Anschaffung von Sach-, Finanzvermögen oder immateriellen Vermögen (Mittelverwendung).

- *Investitionen können **ökonomische, soziale und/oder ökologische Ziele** haben.*

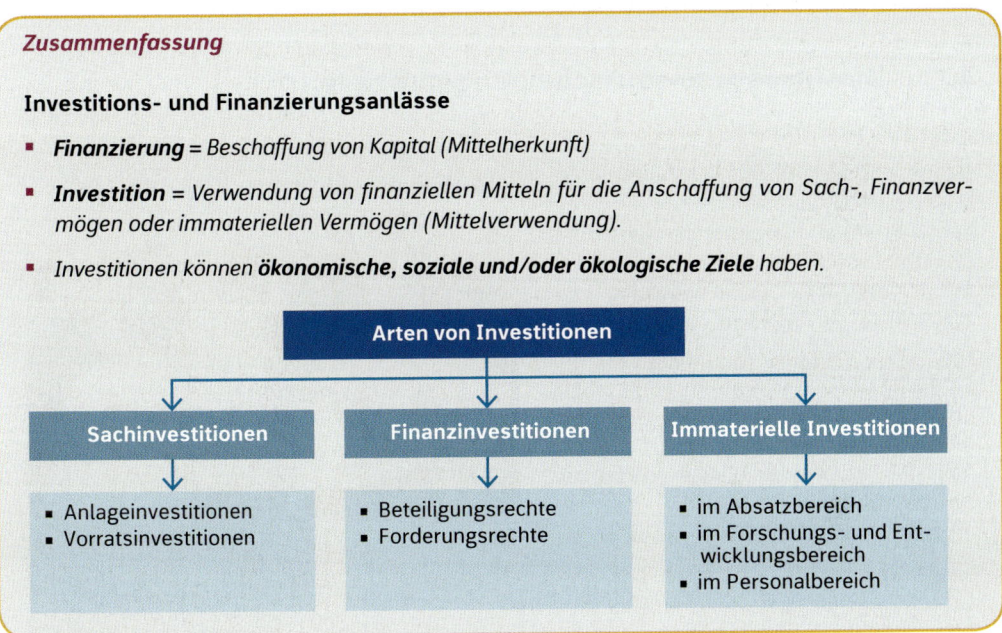

Aufgaben

1. *Erläutern Sie den Vorgang der Desinvestition an einem Beispiel.*

2. *Bilden Sie je zwei Beispiele für jede Investitionsart, die von einem Automobilhersteller durchgeführt werden kann.*

3. *„Immaterielle Investitionen im Personalbereich eines Unternehmens gewinnen zunehmend an Bedeutung." Nehmen Sie zu dieser Aussage Stellung.*

4. *Ordnen Sie folgende Ausgaben der Sommerfeld Bürosysteme GmbH den Investitionsarten zu:*
   a) Kauf einer Schleifmaschine auf Ziel zur Erweiterung der Produktionskapazität.
   b) Kauf eines neuen Transporters, um einen abgeschriebenen Lkw zu ersetzen.
   c) Durchführung des Fortbildungsseminars „Marketing" durch die Sommerfeld Bürosysteme GmbH für alle Abteilungsleiter.

d) Entwicklung eines Schreibtischstuhls, der bandscheibengeschädigten Personen die Arbeit am Schreibtisch erleichtern soll.

e) Die Sommerfeld Bürosysteme GmbH gewährt der Bürobedarfsgroßhandlung Schneider & Co. OHG ein Darlehen über 100 000,00 €.

f) Die Sommerfeld Bürosysteme GmbH kauft 200 Aktien von der Vereinigten Spanplatten AG.

5. Bilden Sie jeweils zwei Beispiele für Investitionen in der Sommerfeld Bürosysteme GmbH, mit denen ökonomische, ökologische und soziale Ziele verfolgt werden.

6. „Jede Investition sollte auch ökologische Ziele verfolgen." Sammeln Sie Argumente für diese Aussage und suchen Sie zehn Beispiele für Investitionen der Sommerfeld Bürosysteme GmbH, bei denen ökologische Ziele berücksichtigt werden sollten.

1.2   Der Investitionsentscheidungsprozess

Auf der monatlichen Abteilungsleiterkonferenz, auf der die Investitionswünsche für die nächsten Monate abgestimmt werden, ist Daniela Schaub für das Anfertigen des Protokolls zuständig. Herr Weselberg, der Abteilungsleiter Produktion, gibt zu Protokoll, dass im Bereich der Schreibtischstuhlproduktion die Kapazitäten nicht mehr ausreichen und die Anschaffung einer zweiten Fertigungsstraße erforderlich sei. Er habe drei Alternativen ins Auge gefasst, das Investitionsvolumen betrage zwischen 400 000,00 und 500 000,00 €. Herr Kunze,  der für die Produktentwicklung zuständig ist, stellt fest, dass die CAD-Software, mit der die neuen Produkte am Computer entwickelt werden, mittlerweile doch sehr veraltet sei und ihm zwei interessante Angebote renommierter Software-Entwickler vorliegen, die bereit seien, ein speziell auf die Bedürfnisse der Sommerfeld Bürosysteme GmbH zugeschnittenes Computerprogramm zu entwickeln. Die Kosten würden rund 350 000,00 € betragen. Gegen Ende der Sitzung konstatiert Frau Farthmann: „Wie Sie wissen, planen wir die Anschaffung mehrerer Kleintransporter zum Stückpreis von 30 000,00 €, darüber hinaus müssten eigentlich unsere Außendienstmitarbeiter mit neuen Laptops ausgestattet werden. Wir werden also kaum alle Investitionswünsche zeitnah erfüllen können."

Arbeitsaufträge

- Diskutieren Sie, von welchen Kriterien Frau Farthmann die Entscheidung abhängig machen könnte, welches Investitionsvorhaben prioritär durchgeführt werden sollte.

- Ein Hilfsmittel zur Entscheidungsfindung bei mehreren Beschaffungsalternativen ist die Nutzwertanalyse. Erläutern Sie dieses Verfahren kurz mit Ihren eigenen Worten und nennen Sie konkrete Situationen, in denen Sie oder Ihr Ausbildungsbetrieb dieses Verfahren angewendet haben/hat.

Jeder Investition in einem Unternehmen geht eine **Investitionsplanung** voraus. Sie bereitet die Beschaffung von Betriebsmitteln (Gebäuden, Maschinen, Fuhrpark) vor. Die **Aufgabe der Investitionsplanung** besteht darin, die Unternehmen mit Sachmitteln so zu versorgen, dass die Unternehmensziele erreicht werden. Hierbei sind die aktuellen Absatzzahlen sowie die zukünftigen Absatzprognosen der unterschiedlichen Produkte (Absatzplan), die vorhandenen bzw. die zukünftig erforderlichen Produktionskapazitäten (Produktionsplan) sowie die zur Verfügung stehenden finanziellen Mittel (Finanzplan) zu berücksichtigen.

Die Investitionsplanung ist abhängig von den angestrebten ökonomischen, ökologischen und sozialen Investitionszielen (vgl. Kap. 1.1).

Der Investitionsentscheidungsprozess[1] und seine Kontrolle

Jede Investition erfordert eine sorgfältige Investitionsplanung und intensive Entscheidungsvorbereitung, da durch sie Kapital im Betrieb gebunden wird. Durch Investitionen werden langfristig technische und wirtschaftliche Entwicklungen in einem Unternehmen festgelegt. Die Korrektur einer Investitionsentscheidung ist nur mit erheblichen finanziellen Verlusten möglich.

Beispiel: Die Sommerfeld Bürosysteme GmbH kauft für 80 000,00 € eine halb automatische Plattenformatsägemaschine für den „ConsulTable Tisch rund". Hierdurch werden erhebliche fixe Kosten (Abschreibungen, kalkulatorische Zinsen, Wartung etc.) verursacht und das Fertigungsprogramm langfristig festgelegt. Falls die Produktlinie wieder aufgegeben werden muss, kann diese Fertigungsmaschine nur mit hohem Aufwand umgerüstet oder unter Buchwert verkauft werden.

Für eine Investitionsentscheidung werden technische und wirtschaftliche Daten von Investitionsalternativen herangezogen.

Technische Daten	Wirtschaftliche Daten
• Kapazität • Arbeitsgüte und Genauigkeitsgrad • Möglichkeiten der Erweiterung • Bedienungsfreundlichkeit • Umweltverträglichkeit (Lärmemission, Wasserverschmutzung, Energiebedarf, Lauferschütterung usw.) • Betriebssicherheit • Raumbedarf • Störanfälligkeit • Energieverbrauch • Ergonomie	• Anschaffungskosten • Nutzungsdauer • Betriebskosten • Lieferfrist • Anzahl der erforderlichen Arbeitskräfte • soziale Kosten (Freisetzung von Mitarbeitern, erforderliche Schulung von Mitarbeitern) • Garantie, Kundendienst, Kulanz der Hersteller • Restwert am Ende der Nutzungsdauer • Amortisationszeit • angestrebte Mindestrendite

---

[1] *Die Durchführung eines Investitionsentscheidungsprozesses bei kleineren Projekten eignet sich gut als Fachaufgabe bei der Praktischen Abschlussprüfung.*

Beispiel: In der Sommerfeld Bürosysteme GmbH wurde im Bereich der Fertigung ein Produktionsengpass festgestellt. Die bisherige maximale Kapazität der vorhandenen Bandsäge für ein produziertes Werkstück lag bei 2 200 Stück pro Monat. Aufgrund einer gestiegenen Nachfrage nach dem Produkt „Modus Drehsessel" soll eine monatliche Kapazität von 2 750 Stück erreicht werden. Außerdem soll die Betriebssicherheit bei der Arbeit an der Bandsäge erhöht werden, da sich in der Vergangenheit mit der vorhandenen Bandsäge zahlreiche Arbeitsunfälle ereignet haben.

Der **Entscheidungsprozess** einer einzelnen Anlageninvestition **(Investitionseinzelplanung)** vollzieht sich in folgenden Schritten:

Investitionsanregung

Jeder Entscheidungsprozess für eine Investition wird durch Investitionsanregungen ausgelöst.

Beispiel: Der Produktionsengpass kann durch die Anschaffung einer Bandsäge mit höherer Kapazität beseitigt werden. Die neue Bandsäge soll durch besondere Schutzvorrichtungen gleichzeitig die Betriebssicherheit erhöhen.

Festlegung von Entscheidungskriterien

Es wird festgelegt, welche Anforderungen an die technischen Eigenschaften des Investitionsobjektes gestellt werden und welche Investitionsziele das Unternehmen hat. Diese sind weitgehend zu konkretisieren.

Beispiel: Die Sommerfeld Bürosysteme GmbH erwartet durch die Anschaffung der neuen Bandsäge eine Erhöhung der Ausbringungsmenge um 25 % und die Beseitigung des Produktionsengpasses. Für die Maschine steht in der Fertigungshalle eine Fläche von 5 m² zur Verfügung. Die Bandsäge muss über elektronisch gesteuerte Sicherungseinrichtungen zur Vermeidung von Arbeitsunfällen verfügen.

> **PRAXISTIPP!**
>
> *Die Berücksichtigung sozialer und ökologischer Kriterien hat einen positiven Einfluss auf das Unternehmensimage und unterstützt somit die Erreichung wirtschaftlicher Ziele.*

Suche nach Alternativen

In dieser Phase erfolgt die Suche nach geeigneten Lieferern und den unterschiedlichen Modellen (Marktuntersuchung). Es sind Angebotsvergleiche durchzuführen. Hierbei sind alle Restriktionen wie z. B. vorhandener Raum oder vorhandene Energieanschlüsse zu beachten. Es ist ferner zu überprüfen, ob ein Fremdbezug des erforderlichen Werkstückes bei anderen Unternehmen kostengünstiger ist oder ob das Investitionsobjekt im eigenen Unternehmen hergestellt werden kann (buchhalterisch: Andere Aktivierte Eigenleistungen).

Beispiel: Frau Farthmann hat festgestellt, dass ein Fremdbezug der Werkstücke und die Eigenfertigung der Bandsäge im eigenen Unternehmen zu kostenintensiv ist. Folglich entschließt sich die Sommerfeld Bürosysteme GmbH zum Kauf einer neuen Bandsäge. Es werden drei Anbieter für Bandsägen ermittelt, mit denen bereits Geschäftsbeziehungen bestehen: Metallbau Krause OHG (C), Revelex AG (B), Maschinenbau GmbH (C)

Bewertung der Alternativen

- Eine **quantitative Bewertung** ist für Kriterien möglich, die sich auf in Zahlen bewertbare Daten stützen, z.B. Anschaffungskosten, Kapazität Energieverbrauch, Nutzungsdauer des Investitionsguts.

Beispiel: Der Sommerfeld Bürosysteme GmbH liegen für die Anschaffung der Bandsäge drei verschiedene Alternativen vor:

Alternative	maximale Kapazität in Stück pro Monat	Anschaffungskosten in €	Nutzungsdauer in Jahren	variable Betriebskosten in € pro Jahr[1]	anteilige fixe Betriebskosten in € pro Jahr[2]
A	2750	35000,00	5	12000,00	10000,00
B	2800	45000,00	5	13000,00	13000,00
C	2900	50000,00	5	14000,00	14500,00

- Die **qualitative Bewertung** bezieht sich auf alle nicht messbaren Daten, um sie vergleichbar zu machen.

Beispiele: Zuverlässigkeit und Serviceleistungen des Lieferers, Störanfälligkeit und Betriebssicherheit der Maschine (Unfallgefährdung), Umweltfreundlichkeit (z. B. Ausstattung mit einer automatischen Absaugevorrichtung zur Verringerung der Staubemissionen), Bedienerfreundlichkeit (Ergonomie).

Um quantitative und qualitative Daten miteinander vergleichbar zu machen, greift man auf das Verfahren der **Nutzwertanalyse** zurück:

1. Festlegung der entscheidungsrelevanten Kriterien   → LF 6

2. Gewichtung der einzelnen Kriterien (Summe der Gewichtungsfaktoren = 100 %)

3. Bewertung der Investitionsalternativen nach einem zuvor festgelegten Punkteschema (z.B. Kriterienerfüllung sehr gut: 5 Punkte,..., ungenügend: 0 Punkte)

4. Multiplikation des Punktewertes mit dem Gewichtungsfaktor

5. Feststellen der am besten geeigneten Investitionsalternative durch Addition der gewichteten Punktwerte

PRAXISTIPP!

Nachdem Sie sich aufgrund der Nutzwertanalyse für einen Lieferanten entscheiden haben, sollten Sie vor Vertragsabschluss das Angebot nachverhandeln und – unter Verweis auf Konkurrenzangebote – versuchen, höhere Rabatte oder eine Reduktion der Transportkosten durchzusetzen. Auch eine Verlängerung des Zahlungszieles kann ein Ansatzpunkt zur weiteren Kostenreduktion in Ihrem Ausbildungsbetrieb sein.

---

[1] *geschätzte Kosten (Energie, Löhne) bei einer Auslastung von 33000 Stück/Jahr (2750 · 12 Monate)*

[2] *geschätzte Kosten (u. a. Abschreibungen, Instandhaltung, kalkulatorische Zinsen)*

Beispiel:

Kriterium	Gewich-tung	Metallbau Krause OHG		Revelex AG		Maschinenbau GmbH	
		Punkt-wert	Gewichteter Punktwert	Punkt-wert	Gewich-teter Punkt-wert	Punkt-wert	Gewich-teter Punkt-wert
Betriebskosten	30 %	5	15,0	3	9,0	1	3,0
Kapitalbedarf	20 %	5	10,0	3	6,0	2	4,0
Kapazität	15 %	3	4,5	4	6,0	5	7,5
Arbeitsgüte	15 %	4	6,0	4	6,0	5	7,5
Betriebs-sicherheit	10 %	4	4,0	5	5,0	5	5,0
Bediener-freundlichkeit	5 %	2	1,0	4	2,0	5	2,5
Umwelt-verträglichkeit	5 %	2	2,0	3	1,5	5	2,5
SUMME	100 %		42,5		35,5		32,0

Investitionsentscheidung (Auswahl einer Alternative)

Sie erfolgt aufgrund der quantitativen und qualitativen Bewertung der Investitions-vorhaben.

Beispiel: Die Sommerfeld Bürosysteme GmbH beschließt, das Angebot der Metallbau Krause OHG (A) in Anspruch zu nehmen, da die Bandsäge dieses Anbieters im Rahmen der Nutzwertanalyse die höchste Punktzahl aufweist.

Durchführung der Investition

In dieser Phase erfolgt die eigentliche Investition, d.h., es wird mit dem Lieferer ein Kaufvertrag über das Investitionsgut abgeschlossen.

Beispiel: Die Sommerfeld Bürosysteme GmbH erteilt der Metallbau Krause OHG den Auftrag und vereinbart als Lieferdatum den 10. August.

Kontrolle der Investition

Nach durchgeführter Investition muss überprüft werden, ob die angestrebten ökonomi-schen, ökologogischen und sozialen Investitionsziele erreicht wurden.

Beispiel: Die Sommerfeld Bürosysteme GmbH überprüft, ob mit dem Kauf der Bandsäge bei der Metallbau Krause OHG die geplante Erhöhung der Kapazität erreicht worden ist. Die Kapazität ist von 2 200 Stück auf 2750 Stück, also um 550 Stück gestiegen. Hierdurch konnte der Engpass in diesem Produktionsbereich beseitigt werden. Ferner ist durch die höhere Betriebssicherheit der Bandsäge die Zahl der Betriebsunfälle an Bandsägen gesunken. Die körperliche Belastung des Bedienungspersonals konnte durch die Anschaffung der Bandsäge ebenfalls gesenkt werden.

Risiken bei Investitionsentscheidungen

Die meisten der für Investitionsentscheidungen verwendeten Daten sind Zukunftsgrößen, die nur prognostiziert werden konnten.

Beispiele: Kosten und Erträge, Einnahmen und Ausgaben des nächsten Geschäftsjahres, Nutzungsdauer eines Investitionsgutes

Diese Daten können Mängel aufweisen, weil zum Zeitpunkt der Investition nicht alle Informationen exakt prognostizierbar waren oder vollständig vorlagen.

- **Unsicherheit**: Die Genauigkeit vorhandener Informationen ist begrenzt. Die Wahrscheinlichkeit des Eintreffens der prognostizierten Daten kann nur geschätzt werden.

  Beispiel: Die auf Basis der prognostizierten Produktionsmenge kalkulierten Betriebskosten können abweichen, wenn die tatsächliche Absatzmenge niedriger ausfällt als angenommen.

- **Unbestimmtheit**: Die Aussage vorhandener Informationen ist ungenau.

  Beispiel: Die betriebsindividuelle Nutzungsdauer kann nur geschätzt werden, wodurch die fixen Betriebskosten (kalkulatorische Abschreibungen) von der Kalkulationsgrundlage abweichen oder ein höherer bzw. niedrigerer Marktwert am Ende der kalkulierten Nutzungsdauer entstehen kann.

- **Unvollständigkeit**: Es fehlen sachlich erforderliche Informationen.

  Beispiel: Es fehlen Informationen über zukünftige Lohnentwicklungen oder mögliche Energiepreissteigerungen, wodurch die variablen Betriebskosten von der ursprünglichen Kalkulation abweichen können.

Je geringer die Mängel der vorhandenen oder geschätzten Daten sind, desto sicherer wird die Investitionsentscheidung.

Investitionsplan

Jede Investition muss im Investitionsplan eines Unternehmens berücksichtigt werden. Während die Investitionseinzelplanung die einzelne Investition auf die Erreichbarkeit der vorgesehenen Ziele überprüft, wird in der Praxis jede Investitionseinzelplanung in den langfristigen Investitionsplan eines Unternehmens eingebettet. Für diesen Investitionsplan geben der Absatz- und Marketingplan und der **Produktionsplan** die Rahmenbedingungen vor.

Absatz- und Marketingplan
→ LF 10

Er ist der Ausgangspunkt für den Investitionsplan. Aus dem Absatz- und Marketingplan ersieht man alle fertigen Erzeugnisse, die in einem Geschäftsjahr **verkauft** werden sollen.

Beispiel: Die Sommerfeld Bürosysteme GmbH hat im alten Geschäftsjahr 140 000 Konferenzstühle „Confair Armlehnenstuhl" verkauft. Für das neue Geschäftsjahr ist laut Angaben eines von der Sommerfeld Bürosysteme GmbH beauftragten Marktforschungsinstituts mit einer Absatzsteigerung von 12 % bei den Konferenzstühlen zu rechnen.

Produktionsplan
→ LF 6

Er enthält alle fertigen und unfertigen Erzeugnisse, die in einem Geschäftsjahr hergestellt werden sollen. Aus dem Produktionsplan ist auch zu ersehen, welche Investitionen notwendig sind, um Engpässe in der Produktion zu beseitigen.

Beispiel: Die Sommerfeld Bürosysteme GmbH hat einen Produktionsplan erstellt. Um das Produktionsziel von 156 800 Konferenzstühlen zu erreichen, müssen für die Fertigung zwei zusätzliche Pendelkreissägen zum Preis von je 12 000,00 € angeschafft werden.

Sommerfeld
Bürosysteme GmbH
Ein ökologisch orientiertes Unternehmen mit Zukunft

Investitionsplan

Sommerfeld Bürosysteme GmbH

Geschäftsjahr	Investitionsgegenstand	Anschaffungskosten (Kapitalbedarf) in €	Nutzungsdauer in Jahren
2023	Bandsäge	35 000,00	5
	Standbohrer	17 000,00	10
	Lieferwagen	80 000,00	9
	PC	18 000,00	4
	2 Pendelkreissägen	24 000,00	6
	Zentrale Absauganlage	130 000,00	15
	Lagerhalle	260 000,00	20
2024	CNC-Maschine	140 000,00	10
	Pkw für Außendienst	80 000,00	6
	Hobelmaschine	22 000,00	8
	Fertigungsstraße	400 000,00	20
	Furnierschneide-maschine	60 000,00	10

Zusammenfassung

Der Investitionsentscheidungsprozess

- *Die **Aufgabe der Investitionsplanung** besteht darin, Investitionsvorhaben aufgrund von Marktbeobachtungen und Absatzerwartungen auf ihre Wirtschaftlichkeit und Rentabilität zu überprüfen.*

- *Der **Investitionsentscheidungsprozess und seine Kontrolle** vollzieht sich in **sieben Stufen**:*
  1. *Investitionsanregung*
  2. *Festlegung von Entscheidungskriterien*
  3. *Suche nach Alternativen*
  4. *Bewertung der Alternativen (z. B. mithilfe der Nutzwertanalyse)*
  5. *Investitionsentscheidung (Auswahl einer Alternative)*
  6. *Durchführung der Investition*
  7. *Kontrolle der Investition*

- *Jedes Unternehmen stellt für alle geplanten Investitionen einen Investitionsplan auf der Basis von Absatz-/Marketing- und Produktionsplänen auf.*

Aufgaben

1. Die Sommerfeld Bürosysteme GmbH will eine vollautomatische CNC-Maschine (Computer Numerical Control) für die Fertigung anschaffen. Erläutern Sie einige Daten, die von der Sommerfeld Bürosysteme GmbH für diese Investitionsentscheidung herangezogen werden müssen.

2. Investitionsentscheidungen sind immer mit Risiken verbunden. Beschreiben Sie mögliche Risiken einer Investition.

3. Beschreiben Sie die verschiedenen Stufen eines Investitionsentscheidungsprozesses anhand eines selbst gewählten Beispiels.

4. Begründen Sie, ob die nachfolgenden Daten, die für eine Investitionsentscheidung herangezogen werden sollen, einer quantitativen oder qualitativen Bewertung unterzogen werden können:
   a) Garantie des Herstellers
   b) Restwert des Investitionsgegenstandes nach vier Jahren
   c) Raumbedarf
   d) Arbeitsgüte und -genauigkeit
   e) Anzahl der erforderlichen Arbeitskräfte
   f) Umweltverträglichkeit

5. Sie sollen einen Drucker für ein Großraumbüro kaufen.
   a) Informieren Sie sich im Internet über entsprechend leistungsstarke Großdrucker und holen Sie mindestens zwei Angebote ein.
   b) Ermitteln Sie anhand des Investitionsentscheidungsprozesses die Entscheidungskriterien, die herangezogen werden sollen.
   c) Führen Sie eine Nutzwertanalyse durch.
   d) Treffen Sie eine Entscheidung.

6. Erläutern Sie den Zusammenhang zwischen Absatz-, Produktions- und Investitionsplan.

1.3   Kapitalbedarfsplanung

Die Sommerfeld Bürosysteme GmbH stellt am Ende eines Geschäftsjahres fest, dass der Umsatz des Unternehmens zurückgegangen ist. Die Geschäftsführer überlegen gemeinsam mit Lothar Wolf, dem technischen Leiter, wie der Umsatz wieder gesteigert werden kann. Relativ weit vorangeschritten sind die Planungen ein neues Bürosystem „Medica" zu entwickeln, mit dem vor allem Arztpraxen eingerichtet werden sollen. Hierzu ist es allerdings erforderlich, dass die Produktionskapazitäten erweitert werden. Es müssten eine neue  Produktionshalle gebaut und neue Maschinen gekauft werden. Ferner benötigt die Sommerfeld Bürosysteme GmbH einen zusätzlichen Geschäftswagen für den Kundendienst. Lothar Wolf erhält den

Auftrag, eine Schätzung des benötigten Kapitals vorzunehmen. Er ermittelt einen Kapitalbedarf von 700000,00 € und teilt dieses den Geschäftsführern mit.

Bei einem Gespräch mit dem Steuerberater der GmbH erklärt Geschäftsführerin Farthmann, dass die GmbH 500000,00 € als Darlehen zur Finanzierung der geplanten Erweiterung der Produktpalette um das Bürosystem „Medica" benötigt. Weitere 200000,00 € stehen als Liquiditätsreserve auf dem Bankkonto zur Verfügung. Der Steuerberater antwortet: „Wenn meine Berechnungen stimmen, dürfte die Summe von 700000,00 € zwar ausreichen, um die für die Einführung des Bürosystems „Medica" erforderlichen Investitionen zu finanzieren. Allerdings übersteigt der kurz- bis mittelfristige Kapitalbedarf der Sommerfeld Bürosysteme GmbH diese Summe deutlich." Frau Farthmann reagiert gereizt: „Ein noch höherer Kapitalbedarf? Darf ich fragen, auf welchen Zahlen und Überlegungen Ihre Berechnungen fußen?"

Arbeitsaufträge

- *Erläutern Sie, von welchen Faktoren der Kapitalbedarf eines Industrieunternehmens abhängt.*
- *Erstellen Sie Ihren privaten Kapitalbedarfsplan für die nächsten 30 Tage.*

Zahlungsströme

In jeder Unternehmung entstehen laufend Zahlungsvorgänge, die entweder Auszahlungen oder Einzahlungen hervorrufen.

Beispiele:
- **Auszahlungen**: Bezahlung von Betriebsmitteln und Werkstoffen; Entlohnung der Arbeitnehmer
- **Einzahlungen**: eingehende Zahlungen aus dem Verkauf von fertigen Erzeugnissen, Handelswaren und Gegenständen des Anlagevermögens

Normalerweise sind diese Einzahlungen und Auszahlungen in ihrer Höhe unterschiedlich und werden zu verschiedenen Zeitpunkten fällig. In jeder Unternehmung entsteht dadurch ein ständiger **Kreislauf von Finanzierung (Kapitalbeschaffung)**, **Investition (Kapitalbindung)** und **Desinvestition (Kapitalfreisetzung)**. Ausgaben und kapitalbindende Zahlungsströme liegen in der Regel zeitlich vor den Einnahmen und kapitalfreisetzenden Zahlungsströmen, da die Produktion Zeit erfordert. Dadurch entsteht der Kapitalbedarf einer Unternehmung.

Beispiel: Die Sommerfeld Bürosysteme GmbH muss zuerst Werkstoffe, Betriebsmittel usw. beschaffen und bezahlen (künftige Auszahlungen = Kapitalbedarf). Mit den beschafften Betriebsmitteln und Materialien werden dann Büro- und Einrichtungsmöbel erstellt, die nach einer gewissen Zeitspanne verkauft werden können (künftige Einzahlungen = Kapitalfreisetzung).

Faktoren für die Bestimmung des Kapitalbedarfs

Die Höhe des Kapitals, das ein Unternehmen benötigt, hängt von einer Vielzahl von Faktoren ab. So ist bei einer Neugründung ein anderer Kapitalbedarf erforderlich als bei einer Betriebserweiterung. Im Wesentlichen ist der **Kapitalbedarf von folgenden Faktoren abhängig:**

Faktoren		Beispiele
Branche		Anlagenintensive Unternehmen (z. B. Chemiebetriebe) benötigen mehr Kapital als personalintensive Unternehmen (z. B. Bauunternehmen).
Betriebsgröße		Mit zunehmendem Bedarf an Fläche (Produktion, Lager, Verwaltung) steigt der Kapitalbedarf.
Absatzweg		Beim direkten Absatzweg ist ein höherer Kapitalbedarf erforderlich als beim indirekten Absatz, da eine größere Vertriebsorganisation erforderlich ist.
Betriebsmittel		Je höher der Bedarf an notwendigen Betriebsmitteln, desto größer ist der Kapitalbedarf.
Fertigerzeugnisse und Werkstoffe	Produktionsprogramm	Je größer die Produktvielfalt, desto größer wird in der Regel der Kapitalbedarf (es werden u. a. teure Mehrzweckmaschinen benötigt).
	durchschnittliche Lagerdauer	Je geringer die durchschnittliche Lagerdauer der Werkstoffe und Fertigerzeugnisse, desto geringer ist der Kapitalbedarf.
	Umschlagshäufigkeit	Je höher die Umschlagshäufigkeit der Werkstoffe und Fertigerzeugnisse, desto geringer ist der Kapitalbedarf.
	Mindestbestand (eiserne Reserve)	Je höher der eiserne Bestand an Roh-, Hilfs- und Betriebsstoffen und Fertigerzeugnissen, desto höher ist der Kapitalbedarf.
Betriebskosten		Je höher die monatlichen Kosten für Mieten, Energie, Personal, Steuern, Beschaffung von Werkstoffen, Forschung und Entwicklung usw., desto höher ist der Kapitalbedarf.
Zahlungsgewohnheiten der Branche	der Kreditgewährung der Lieferer	Je länger das Zahlungsziel der Lieferer, desto geringer ist der Kapitalbedarf
	der Kreditgewährung an die Kunden	Je länger das Zahlungsziel an die Kunden, desto größer ist der Kapitalbedarf.

Bei einer **Neugründung oder bei Umbaumaßnahmen** von Unternehmen hängt der Kapitalbedarf von **folgenden zusätzlichen Faktoren** ab:

Planungskosten	z. B. für Architekt, Unternehmensberater
Kosten für die Baumaßnahmen	Baukosten, Notariatskosten
Anlaufkosten	Ein Industriebetrieb benötigt eine gewisse Zeit, bis die ersten verkaufsfähigen Erzeugnisse produziert werden können.
Rechtsform	Ein Unternehmen in der Rechtsform der GmbH benötigt mindestens das gesetzlich vorgeschriebene Stammkapital von 25 000,00 € (GmbHG).

Während die Kosten für die Finanzierung des Anlagevermögens relativ präzise vorhergesagt werden können, ist es schwierig, die Kosten für die Erhaltung der Betriebsbereitschaft, die Kosten des durchschnittlichen Lagerbestandes der Werkstoffe und hergestellten Erzeugnisse oder die Kosten des Personals zu prognostizieren. Eine wesentliche Rolle bei der Ermittlung des Kapitalbedarfs spielt die **Kreditgewährung der Lieferer**. Je länger das Zahlungsziel des Lieferers ist, desto größer ist die Möglichkeit des Unternehmens, seine Verbindlichkeiten gegenüber dem Lieferer mit den Einnahmen aus den verkauften Waren zu bezahlen, d. h., je länger das Zahlungsziel des Lieferers, desto geringer der Kapitalbedarf.

Beispiel: Die Primus GmbH, Lieferer von Kopierpapier, gewährt der Sommerfeld Bürosysteme GmbH zehn Tage Zahlungsziel. Die Primus GmbH erhält ihrerseits von ihrem Lieferer, der Westfalen Papier AG, ein Zahlungsziel von 30 Tagen. Bei einer durchschnittlichen Lagerdauer von 14 Tagen steht der Primus GmbH das Kapital des durchschnittlichen Lagerbestandes an Kopierpapier für 16 Tage zur freien Verfügung.

Kapitalbedarfsplan

Um Liquiditätsengpässe zu vermeiden sollte ein Unternehmen sowohl bei der Neugründung als auch bei Betriebserweiterungen eine Kapitalbedarfsberechnung vornehmen und einen Investitions- und Finanzierungsplan aufstellen.

Beispiel: Die Sommerfeld Bürosysteme GmbH hat die Absicht, eine neue Produktionshalle zu errichten, in der das Bürosystem „Medica" für Arztpraxen hergestellt werden soll. Zusammen mit der Deutschen Bank wird ein Kapitalbedarfsplan auf der Basis folgender Daten erstellt:

Grundstück	100 000,00 €	Maschinen	150 000,00 €
Gebäudeneubau	400 000,00 €	Planungskosten	25 000,00 €
Materialeinsatz/Tag	2 000,00 €	Materialgemeinkosten	20 %
Verwaltungsgemeinkosten	1 000,00 €/Tag	Durchschnittliche Lagerdauer der Werkstoffe	
Vertriebsgemeinkosten	500,00 €/Tag		20 Tage
Fertigungslöhne/Tag	4 000,00 €	Durchschnittliche Lagerdauer der Erzeugnisse	
Durchschnittliche Produktionsdauer	3 Tage		9 Tage
Zahlungsziel an Kunden	30 Tage	Fertigungsgemeinkosten	40 %
		Zahlungsziel der Lieferer	12 Tage

Der Kapitalbedarfsplan beinhaltet die Berechnung des Anlage- und Umlaufkapitalbedarfs.

Anlagekapitalbedarf
Zum Anlagekapital zählen alle zu finanzierenden Posten des Anlagevermögens, die als Basis für die Betriebsbereitschaft erforderlich sind (Grundfinanzierung). Zusätzlich sind sämtliche Planungskosten (Kosten für Architekt, Notar, Unternehmensberatung usw.) zu berücksichtigen.

Beispiel: Der **Anlagekapitalbedarf** errechnet sich folgendermaßen:

Grundstück	100 000,00 €	
Gebäudeneubau	400 000,00 €	**Anlagekapitalbedarf 675 000,00 €**
Maschinen	150 000,00 €	
Planungskosten	25 000,00 €	

Der Mindestbestand an Roh-, Hilfs- und Betriebsstoffen sowie Fremdbauteilen kann zusätzlich in der Kapitalbedarfsrechnung beim Anlagekapitalbedarf berücksichtigt werden, da sich die für die Produktion benötigten Materialien bei planmäßigem Betriebsverlauf in dieser Höhe immer am Lager befinden.

Umlaufkapitalbedarf

Bei der Berechnung des Umlaufkapitalbedarfs müssen möglichst exakte Vorhersagen über den zu erwartenden Absatz vorliegen. Daraus sind die täglichen Produktionsmengen und die täglichen Ausgaben für die erforderlichen Werkstoffe, Fertigungslöhne und die ausgabewirksamen Gemeinkostenbestandteile (Hilfslöhne, Miete, Lager, Verwaltung und Vertrieb) auf Basis von Durchschnittswerten der Vergangenheit zu errechnen. Es ist der Zeitraum zu ermitteln, der zwischen den Ausgaben für die Herstellung der Erzeugnisse und den Einnahmen aus dem Verkauf dieser Erzeugnisse liegt. Dieser zu überbrückende Zeitraum heißt **Kapitalbindungsdauer**. Sie wird neben der Lager- und der Produktionsdauer (Durchlaufzeit) durch die Zahlungsziele der Lieferer und die Zahlungsziele an Kunden bestimmt.

Um die Auswirkungen von Fehlschätzungen beim Umlaufkapitalbedarf abzuschwächen und die Liquidität des Unternehmens nicht zu gefährden, wird in der Praxis häufig mit einem Sicherheitszuschlag gearbeitet, der je nach Branche unterschiedlich hoch ist.

Beispiel: (vgl. S. 279) Es ergeben sich folgende Zahlen für die Kapitalbindungsdauer des Umlaufvermögens:

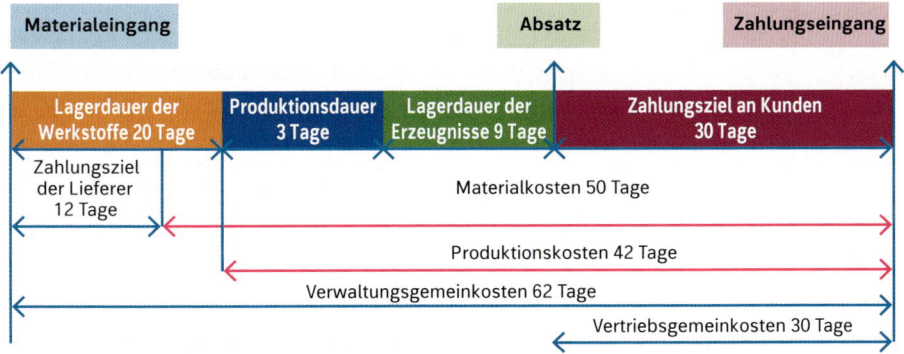

Der **Umlaufkapitalbedarf** errechnet sich somit folgendermaßen:

Materialeinzelkosten (50 Tage · 2 000,00 €)	100 000,00 €
Materialgemeinkosten 20 %	20 000,00 €
Fertigungslöhne (42 Tage · 4 000,00 €)	168 000,00 €
Fertigungsgemeinkosten 40 %	67 200,00 €
Verwaltungsgemeinkosten (62 Tage · 1 000,00 €)	62 000,00 €
Vertriebsgemeinkosten (30 Tage · 500,00 €)	15 000,00 €
	432 200,00 €
10 % Sicherheitszuschlag	43 220,00 €
Umlaufkapitalbedarf	**475 420,00 €**

Gesamtkapitalbedarf

Der Gesamtkapitalbedarf errechnet sich, indem Anlage- und Umlaufkapitalbedarf addiert werden.

Beispiel:

Anlagekapitalbedarf	675 000,00 €
+ Umlaufkapitalbedarf	475 420,00 €
Gesamtkapitalbedarf	**1 150 420,00 €**

Finanzierungsplan

Er enthält Angaben darüber, woher die benötigten Geldmittel kommen.

Beispiel: Die Deutsche Bank Essen stellt für die Sommerfeld Bürosysteme GmbH folgenden **Finanzierungsplan** auf:

- ☼ - **Sommerfeld**
Bürosysteme GmbH
Ein ökologisch orientiertes Unternehmen mit Zukunft

Finanzierungsplan für die Sommerfeld Bürosysteme GmbH

Liquiditätsreserve	200 000,00 €
Darlehen	500 000,00 €
Lieferantenkredit	400 000,00 €
Kontokorrentkredit	50 420,00 €
Summe der Finanzierungsmittel	1 150 420,00 €

Zusammenfassung

Kapitalbedarfsplanung

- *Der **Kapitalbedarf** einer Unternehmung entsteht durch das zeitliche Auseinanderfallen von Ausgaben für die Produktion und Einnahmen durch die Umsatzerlöse.*

- *Die **Höhe des Kapitalbedarfs** ist abhängig von*
  - *Betriebsgröße*
  - *Betriebsmitteln*
  - *Branche*
  - *Umschlagshäufigkeit der Werkstoffe und Fertigerzeugnisse*
  - *Rechtsform*
  - *Betriebsmitteln*
  - *Kreditgewährung der Lieferer*
  - *Kreditgewährung an die Kunden*
  - *regelmäßig wiederkehrende Ausgaben (Löhne, Miete usw.)*
  - *Werkstoffen.*

- *Der **Kapitalbedarfsplan** enthält den errechneten Anlage- und Umlaufkapitalbedarf.*

- Zum **Anlagekapitalbedarf** zählen alle zu finanzierenden Posten des Anlagevermögens und der eiserne Bestand.

- Bei der Berechnung des **Umlaufkapitalbedarfs** ist die Kapitalbindungsdauer (Zeitraum zwischen den Ausgaben für Werkstoffe, Löhne usw. und den Einnahmen aus dem Verkauf der Erzeugnisse) zu berücksichtigen.

-     Anlagekapitalbedarf
  +   Umlaufkapitalbedarf
  = **Gesamtkapitalbedarf**

Aufgaben

1. Erläutern Sie an einem Beispiel den Zusammenhang zwischen Kapitalbeschaffung, -bindung und -freisetzung.

2. Nennen Sie je fünf Beispiele für kapitalbindende und kapitalfreisetzende Zahlungsströme.

3. Ein Unternehmer beabsichtigt, eine Textilfabrik für modische Damenoberbekleidung zu eröffnen. Erörtern Sie, welche Faktoren für die Bestimmung des erforderlichen Kapitalbedarfs eine Rolle spielen.

4. Geben Sie an, welche Auswirkung die Gewährung eines Zahlungszieles durch einen Lieferanten auf die Kapitalbindungsdauer der Materialkosten hat.

5. Die Möbel-AG, Berlin, beabsichtigt, ihr Absatzprogramm um Barhocker zu erweitern. Hierbei werden folgende Zahlenwerte unterstellt:

Gebäudeneubau	300 000,00 €
Maschinen	120 000,00 €
Planungskosten	20 000,00 €
Materialeinsatz pro Tag	5 000,00 €
Materialgemeinkosten	20 %
Fertigungslöhne pro Tag	10 000,00 €
Fertigungsgemeinkosten	30 %
Verwaltungs- und Vertriebsgemeinkosten pro Tag je	2 500,00 €
Durchschnittliche Lagerdauer der Werkstoffe	15 Tage
Durchschnittliche Produktionsdauer	2 Tage
Durchschnittliche Lagerdauer der Erzeugnisse	12 Tage
Zahlungsziel der Lieferer	10 Tage
Zahlungsziel an Kunden	20 Tage
Sicherheitszuschlag	10 %

   Eine „eiserne Reserve" (Mindestbestand) ist nicht vorgesehen.
   a) Ermitteln Sie den Anlagekapitalbedarf.
   b) Ermitteln Sie die jeweilige Kapitalbindungsdauer.
   c) Ermitteln Sie den Umlaufkapitalbedarf.
   d) Ermitteln Sie den Gesamtkapitalbedarf.

6. Ihre Klasse will in Ihrer Schule einen Verkaufskiosk für Ihre Mitschüler eröffnen, in dem Milchgetränke, belegte Brötchen, Kaffee, Limonaden und Süßigkeiten verkauft werden sollen. Stellen Sie in einer Übersicht zusammen, welcher Kapitalbedarf entsteht.

LS 17

2 Statische Investitionsrechnungen durchführen

Die Geschäftsführerin der Sommerfeld Bürosysteme GmbH, Frau Farthmann, hat auf der Besprechung den Investitionsplan für das nächste Geschäftsjahr vorgelegt. Frau Duman, die Gruppenleiterin der Polsterei, ist verärgert, da sie in diesem Plan die von ihr beantragte Anschaffung einer Polsterbespannmaschine vermisst. „Wieso bekommt die Schlosserei eine CNC-Maschine für 140000,00 €? Die Anschaffung einer neuen Polsterbespannmaschine wäre viel sinnvoller. Außerdem kostet diese nur 18000,00 €, sie ist somit erheblich billiger als die CNC-Maschine." Frau Farthmann unterbricht sie: „Natürlich haben wir uns Gedanken darüber gemacht, welche Investitionen wir im nächsten Geschäftsjahr zuerst tätigen. Unsere Berechnungen haben ergeben, dass die neue CNC-Maschine deutlich rentabler ist als die alte, wodurch sich unser Gewinn unmittelbar erhöhen wird. Der Kauf einer neuen Polsterbespannmaschine würde sich dagegen erst nach sechs Jahren amortisieren."

Arbeitsaufträge

- *Erläutern Sie, welche Daten Frau Farthmann benötigt, um entsprechende Berechnungen durchführen zu können.*

- *Stellen Sie die unterschiedlichen Verfahren der statischen Investitionsrechnung in der Klasse vor. Bilden Sie hierfür arbeitsteilige Gruppen.*

Ziel der Investitionsrechnungen ist es, den voraussichtlichen **ökonomischen Erfolg** eines Investitionsvorhabens zu **ermitteln**. Die statischen Investitionsrechenverfahren legen hierfür die im ersten Jahr der Anschaffung mit der Investition verbundenen Kosten und die durch sie prognostizierten zusätzlichen Gewinne zugrunde. Neben den wirtschaftlichen Daten sollte auch die **Sozial- und Umweltverträglichkeit von Investitionen** überprüft werden. Allerdings können die Investitionsrechnungen nur die wirtschaftlichen Daten einbeziehen. Daten wie Betriebssicherheit, Bedienungsfreundlichkeit, Störanfälligkeit, Lärmbelastung werden nicht berücksichtigt und müssen dann im Rahmen einer qualitativen Bewertung (z. B. mit Hilfe der Nutzwertanalyse, vgl. S. 270 f.) miteinander verglichen werden.

Bei der statischen Investitionsrechnung werden die Kosten, der Gewinn, die Rentabilität und die Amortisationszeiten von Investitionen miteinander verglichen.

Folgende **Methoden der statischen Investitionsrechnung** werden unterschieden:
- Kostenvergleichsrechnung
- Gewinnvergleichsrechnung
- Amortisationsvergleichsrechnung
- Rentabilitätsvergleichsrechnung

Kostenvergleichsrechnung

Mithilfe der Kostenvergleichsrechnung werden die jährlichen Kosten von zwei oder mehreren Investitionsalternativen miteinander verglichen. Ebenfalls möglich ist ein Kostenvergleich, wenn eine alte Fertigungsanlage durch eine neue ersetzt werden soll.

Bei der Kostenvergleichsrechnung werden in der Regel **alle mit der Investition verbundenen Kosten** berücksichtigt. Hierzu zählen unter anderem:

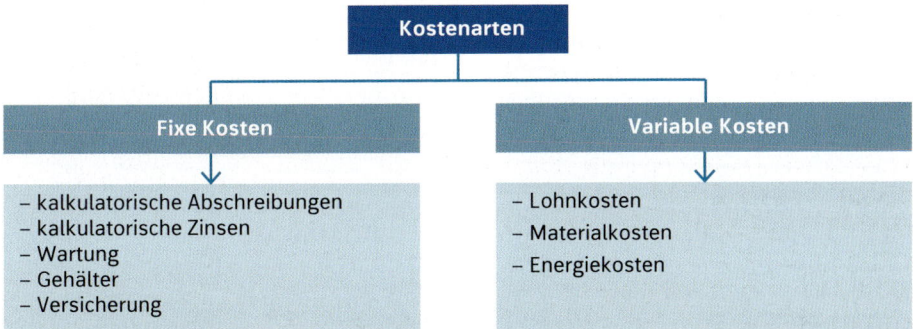

Wenn die Kapazitäten der beiden Investitionsalternativen gleich hoch sind, genügt der **Kostenvergleich je Periode** (Gesamtkosten). Ein solcher Vergleich ist nicht ausreichend, wenn die voraussichtlich genutzten Leistungen der alternativen Anlagen unterschiedlich hoch sind. Dann muss ein **Kostenvergleich je Leistungseinheit** stattfinden (Stückkosten).

Kostenvergleich je Periode

Die Kostenvergleichsrechnung berücksichtigt keine Kostenveränderungen, die sich im Laufe von mehreren Perioden ergeben können, z. B. Erhöhung der Reparatur- oder Lohnkosten. Die Anwendung der Kostenvergleichsrechnung ist daher nur dann sinnvoll, wenn Kosten langfristig unverändert bleiben.

Beispiel: Die Sommerfeld Bürosysteme GmbH hat in der Fertigung eine zwei Jahre alte Maschine eingesetzt. Aufgrund häufiger Störanfälligkeit der vorhandenen Maschine wird angeregt, sie durch eine neue zu ersetzen. Beide Maschinen haben jeweils eine Kapazität von 22000 Mengeneinheiten pro Jahr.

Die Kostenvergleichsrechnung auf der nächsten Seite zeigt, dass die jährlichen Kosten der neuen Anlage um 20300,00 € unter denen der alten Anlage liegen. Unter Kostengesichtspunkten lohnt sich also der Kauf der neuen Maschine. Darüber hinaus kann davon ausgegangen werden, dass die neue Maschine aufgrund des technischen Fortschritts der alten Maschine in Bezug auf Betriebssicherheit, Störanfälligkeit und Lärmbelästigung überlegen ist. Aus den geringeren Energiekosten lassen sich zudem ökologische Vorteile ableiten.

	alte Maschine[1]	neue Maschine[2]
Anschaffungskosten in €	120 000,00	150 000,00
Buchwert in €	60 000,00	
Kosten pro Jahr in €		
Fixe Kosten		
Wartung	16 000,00	4 000,00
Abschreibungen (linear 25 %)	30 000,00	37 500,00
Gehälter	12 000,00	10 000,00
Kalkulatorische Zinsen (8 % vom Durchschnittswert der Kapitalbindung)[3]		
d. h. 120 000 : 2 = 60 000,00, davon 8 %	4 800,00	
d. h. 150 000 : 2 = 75 000,00, davon 8 %		6 000,00
Sonstige fixe Kosten	14 000,00	10 000,00
Fixe Kosten insgesamt	76 800,00	67 500,00
Variable Kosten		
Löhne	60 000,00	55 000,00
Materialkosten	210 000,00	210 000,00
Energiekosten	12 000,00	9 000,00
Sonstige variable Kosten	8 000,00	5 000,00
Variable Kosten insgesamt	290 000,00	279 000,00
Summe der Kosten in €	366 800,00	346 500,00
Kostenersparnis im Jahr in €		20 300,00

Die Kostenvergleichsrechnung weist folgende Schwächen auf:

- Es ist eine kurzfristige, statische Rechnung, die Veränderungen der Kostenentwicklung nicht berücksichtigt.

- Der einzige Beurteilungsmaßstab sind die Kosten, Erlöse bleiben unberücksichtigt. Es kann nicht geprüft werden, ob die Produkte tatsächlich kostendeckend abgesetzt werden können. Ebenfalls unbeachtet bleibt, dass auf den alternativen Produktionsanlagen hergestellte Erzeugnisse eine unterschiedliche Qualität aufweisen und somit zu unterschiedlichen Preisen abgesetzt werden können.

Die Vorteile der Kostenvergleichsrechnung liegen vor allen Dingen in ihrer relativ leichten Durchführbarkeit. Darüber hinaus kann davon ausgegangen werden, dass sich die Kosten für ein Jahr relativ leicht prognostizieren lassen, die Daten also nur ein geringes Maß an Unsicherheit aufweisen.

---

[1] *Bei diesen Beträgen handelt es sich um Werte aus dem Rechnungswesen.*

[2] *Bei diesen Beträgen handelt es sich um Werte, die aufgrund der Herstellerangaben geschätzt worden sind.*

[3] *Bei Berücksichtigung aller Kosten müssen auch die kalkulatorischen Zinsen für die durchschnittliche Kapitalbindung berücksichtigt werden. Die Zinsen für das durchschnittlich gebundene betriebsnotwendige Kapital werden von der Hälfte der Anschaffungskosten der Investition berechnet.*

$$Durchschnittswert\ der\ Kapitalbindung = \frac{Anschaffungskosten}{2}$$

Gewinnvergleichsrechnung

Sie wird insbesondere bei der Beurteilung von Erweiterungs- und Modernisierungsinvestitionen herangezogen. Hier wird dem bisherigen Durchschnittsgewinn der erwartete Gewinn pro Periode nach Durchführung der Investition gegenübergestellt. Der Unterschied zur Kostenvergleichsrechnung besteht darin, dass neben den Kosten, die das Investitionsvorhaben verursacht, auch die Erlöse berücksichtigt werden.

So können unterschiedliche Erlöse, die auf Qualitätsunterschiede oder verschieden hohe Ausbringungsmengen zurückzuführen sind, berücksichtigt werden. Ergänzend zur Gewinnvergleichsrechnung sollte daher vor allem bei unterschiedlichen Stückerlösen oder Ausbringungsmengen eine Gewinnschwellenermittlung durchgeführt werden.

Die Schwächen der Gewinnvergleichsrechnung sind, dass

- sich der Gewinnvergleich nur auf eine Periode bezieht,

- Absatzmenge sowie Stückerlös und damit auch der Gewinn sich nur schwer prognostizieren lassen.

Rentabilitätsvergleichsrechnung

Sie stellt eine Kombination der Kosten- und Gewinnvergleichsrechnung dar. Bei dieser Berechnungsmethode wird die Investition nach der Kapitalverzinsung beurteilt, indem der Jahresgewinn in Relation zum investierten durchschnittlichen Kapital gesetzt wird. Auf diese Weise wird die Kapitalverzinsung (= Rendite) ermittelt, Investitionen mit unterschiedlich hohen Anschaffungskosten werden somit vergleichbar gemacht.

$$\text{Rentabilität (R)} = \frac{\text{Jahresgewinn} \cdot 100}{\text{Ø Kapitaleinsatz}} \quad \textbf{oder} \quad \frac{(\text{Erlöse} - \text{Kosten}) \cdot 100}{\text{Ø Kapitaleinsatz}}$$

Unter dem Jahresgewinn versteht man bei der Rentabilitätsvergleichsrechnung den zusätzlichen durch die Investition verursachten Gewinn[1]. Der Kapitaleinsatz ist der zusätzliche, durch die Investition erforderliche Einsatz von Kapital. Beim abnutzbaren Anlagevermögen wird von einem durchschnittlichen Kapitaleinsatz (= halber Anschaffungspreis) ausgegangen, da durch den kontinuierlichen Rückfluss des Kapitals in die Unternehmung der durchschnittlich gebundene Kapitalbetrag nur halb so hoch ist wie die Anschaffungskosten.

Voraussetzung für die Anwendbarkeit der Rentabilitätsvergleichsrechnung ist, dass die → LF 8
Erträge im Zeitablauf gleich bleiben. Sie stellt eine wichtige Ergänzung zur Kosten- und Gewinnvergleichsrechnung dar, weil der Kapitaleinsatz berücksichtigt wird und so ein Vergleich mit dem bei Banken gezahlten Zinsen für langfristige Geldanlagen ermöglicht wird.

---

[1] *In der Literatur findet man auch Ansätze, bei denen die kalkulatorischen Zinsen wieder auf den Gewinn addiert werden, damit dieser nicht durch die kalkulatorischen Zinsen gemindert wird (nicht IHK-relevant):*

$$\frac{(\text{Jahresgewinn} + \text{kalkulatorische Zinsen}) \cdot 100}{\text{durchschnittlicher Kapitaleinsatz}}$$

Amortisationsvergleichsrechnung (Pay-off-Methode)

Sie beurteilt die Investition nach dem Zeitraum, in dem das investierte Kapital in Form von Gewinnen und Abschreibungen in das Unternehmen zurückfließt. Dieser Zeitraum wird als **Kapitalrückflusszeit** bezeichnet. Je kürzer die Zeitdauer des Kapitalrückflusses (Amortisationszeit), desto günstiger ist eine Investition.

Die Amortisationsrechnung betrachtet also nicht die Kosten und Erlöse, sondern die laufenden Ein- und Auszahlungen. Daher müssen die Abschreibungen (nicht auszahlungswirksam) zum Gewinn addiert werden.

> Ø Kapitalrückfluss = jährliche Abschreibung + Ø jährlicher Gewinn

Die **Kapitalrückflusszeit (Amortisationszeit)** während der Abschreibungsdauer wird folgendermaßen errechnet:

> $$\text{Kapitalrückflusszeit (Amortisationszeit) in Jahren}^{1} = \frac{\text{Anschaffungskosten}}{\text{jährliche Abschreibungen} + \text{Ø jährlicher Gewinn}}$$

Beispiel: Der Sommerfeld Bürosysteme GmbH liegen für die Anschaffung einer Maschine zwei Angebote mit folgenden Daten vor: Die Maschine soll vier Jahre genutzt werden.

	Alternative 1	Alternative 2
Anschaffungskosten in €	160 000,00	150 000,00
Nutzungsdauer in Jahren	4	4
Abschreibung linear in €/Jahr	40 000,00	37 500,00
+ ø Gewinn in € pro Jahr	25 000,00	27 500,00
= Kapitalrückfluss in €/Jahr	65 000,00	65 000,00
Kapitalrückflusszeit $= \dfrac{\text{Anschaffungskosten}}{\text{jährliche Abschreibungen} + \text{ø jährlicher Gewinn}}$	$\dfrac{160\,000,00}{65\,000} = 2{,}46 \text{ Jahre}$	$\dfrac{150\,000,00}{65\,000} = 2{,}31 \text{ Jahre}$

Alternative 2 ist die vorteilhaftere Investition, da sie eine kürzere Amortisationszeit aufweist. Die Investition ist für das Unternehmen vorteilhaft, da die Amortisationszeit geringer als die Nutzungsdauer ist.

Mithilfe der Amortisationsvergleichsrechnung können keine Aussagen über die Wirtschaftlichkeit einer Investition gemacht werden. Es sind nur Aussagen über den Rückfluss von Gewinn und Abschreibungen möglich. Somit wird nur das Risiko einer Investition abgeschätzt.

---

[1] *Werden die kalkulatorischen Zinsen für die Amortisationsvergleichsrechnung berücksichtigt, so müssen diese im Nenner des Bruches berücksichtigt werden (nicht IHK-relevant):*

$$\text{Kapitalrückflusszeit (Amortisationszeit) in Jahren} = \frac{\text{Anschaffungskosten}}{\text{jährliche Abschreibungen} + \text{durchschnittlicher Gewinn} + \text{kalkulatorische Zinsen}}$$

PRAXISTIPP!

Weil bei den statischen Investitionsrechenverfahren nur Daten einer Periode in die Berechnungen einbezogen werden und der Einfluss der Zeit auf Kosten, Gewinn und Rentabilität unberücksichtigt bleiben, sind in der Praxis auch dynamische Verfahren (Kapitalwertmethode, Methode des Internen Zinssatzes) zur Entscheidungsfindung heranzuziehen.

Zusammenfassung

Statische Investitionsrechnungen durchführen

- Mit Investitionsrechnungen soll der voraussichtliche **Erfolg einer künftigen Investition** unter wirtschaftlichen Gesichtspunkten beurteilt werden.

- Alle Verfahren der Investitionsrechnung stehen und fallen mit der Zuverlässigkeit der zur Verfügung stehenden Daten. Neben den **ökonomischen Kriterien** ist auch noch die **Sozial- und Umweltverträglichkeit** von Investitionen zu überprüfen.

- Bei den **statischen Methoden der Investitionsrechnung** (Kosten-, Amortisations-, Gewinn-, Rentabilitätsvergleichsrechnung) werden gleichartige Investitionsobjekte auf der Grundlage durchschnittlicher Werte verglichen, um die Vorteile der Investitionen beurteilen zu können. Sie berücksichtigen allerdings nicht den Einfluss der Zeit auf Kosten, Leistungen und Rentabilität.

Aufgaben

1. Die Sommerfeld Bürosysteme GmbH beabsichtigt, eine neue Maschine anzuschaffen. Hierfür liegen zwei Angebote von verschiedenen Unternehmen vor.

Investitionsalternativen	Angebot 1	Angebot 2
Anschaffungskosten in €	80 000,00	70 000,00
Nutzungsdauer in Jahren	5	5
(Abschreibung linear)		
Kalkulatorischer Zinssatz in %	10	10
Auslastung Stück/Jahr	25 000	25 000
Sonstige fixe Kosten in €/Jahr	8 000,00	9 000,00
Variable Kosten in €/Jahr	100 000,00	105 000,00

a) Ermitteln Sie mithilfe der Kostenvergleichsrechnung die vorteilhaftere Investition.

b) Erläutern Sie, welche weiteren Entscheidungskriterien für den Investitionsentscheidungsprozess herangezogen werden sollten.

2. Beurteilen Sie folgende Investitionsalternativen der Sommerfeld Bürosysteme GmbH mithilfe der
a) Kostenvergleichsrechnung,   b) Gewinnvergleichsrechnung,
c) Rentabilitätsvergleichsrechnung,   d) Amortisationsvergleichsrechnung.

Investitionsalternativen	Angebot 1	Angebot 2
Anschaffungskosten in €	180 000,00	162 000,00
Nutzungsdauer in Jahren (Abschreibung linear)	6	6
Kalkulatorischer Zinssatz in %	8	8
Sonstige fixe Kosten in €/Jahr	20 000,00	25 000,00
Variable Kosten in €/Jahr	100 000,00	105 000,00
Erlöse pro Jahr in €	170 000,00	165 000,00

3. In der Sommerfeld Bürosysteme GmbH soll eine neue Maschine für die Fertigung angeschafft werden. Hierzu liegen zwei Angebote vor:

Investitionsalternativen	Angebot 1	Angebot 2
Anschaffungskosten in €	120 000,00	110 000,00
Nutzungsdauer in Jahren Abschreibung linear	5	5
Gewinn in € pro Jahr	40 000,00	38 000,00

a) Ermitteln Sie die Amortisationszeiten beider Investitionsalternativen.

b) Begründen Sie, welche Investition die vorteilhaftere ist.

c) Erläutern Sie die Schwächen der Amortisationsvergleichsrechnung.

d) Erläutern Sie, welche qualitativen Entscheidungskriterien zur Investitionsentscheidung herangezogen werden sollten.

→
LS 18

3 Langfristige Finanzierungsarten vergleichen und beurteilen

Zur Erweiterung der Lagerkapazitäten plant die Sommerfeld Bürosysteme GmbH die Anschaffung eines computergesteuerten Hochregallagersystems mit vollautomatischen Förderfahrzeugen. Um das Vorhaben zu finanzieren, besteht ein Kapitalbedarf in Höhe von 950 000,00 €. Rudolf Heller und Daniela Schaub, die an einer Sitzung der Geschäftsführer zu diesem Thema teilgenommen haben, um Protokoll zu führen, machen sich Gedanken darüber, welche grundsätzlichen Möglichkeiten zur Finanzierung des Investitionsvorhabens bestehen.

Ein Unternehmen kann eine Finanzierungsmaßnahme mit Eigenkapital (**Eigenfinanzierung**) oder Fremdkapital (**Fremdfinanzierung**) vornehmen.

Darüber hinaus unterscheidet man zwischen Außenfinanzierung (wenn das Kapital von außerhalb des Unternehmens zufließt) und Innenfinanzierung (wenn das Kapital im Unternehmen erwirtschaftet wurde).

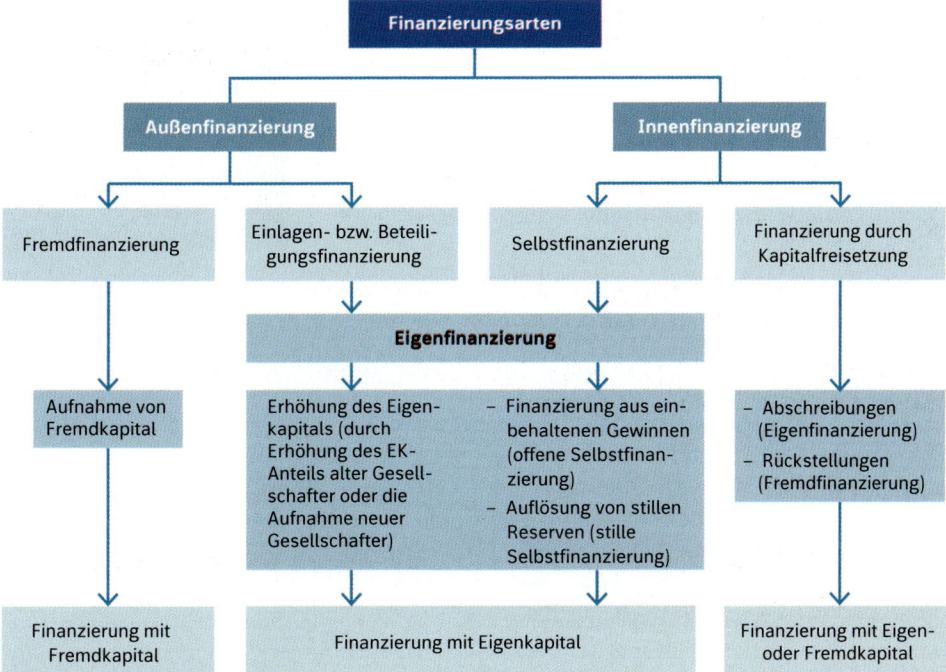

Außenfinanzierung

Bei der Außenfinanzierung wird dem Unternehmen neues Kapital von den Eigentümern oder Kreditgebern zugeführt.

Fremdfinanzierung durch Darlehensaufnahme   → **LF 8**

Hierbei fließt der Unternehmung **durch Kreditgeber Kapital von außen zu**. Die Kreditgeber werden als Gläubiger bezeichnet. **Gläubiger** sind im Regelfall Kreditinstitute oder Lieferanten. Sie haben einen Anspruch auf Verzinsung und pünktliche Tilgung ihres Kredites. Allerdings haben sie kein Mitspracherecht im Unternehmen und keinen Anspruch auf einen Gewinnanteil. In der Bilanz des Unternehmens erscheint der Kredit auf der Passivseite **als Fremdkapital**. Die Innenfinanzierung durch Rückstellungen zählt ebenfalls zur Fremdfinanzierung, da Rückstellungen dem Fremdkapital auf der Passivseite der Bilanz zugerechnet werden.

Nach der Laufzeit der Kredite (Überlassungsfrist) unterscheidet man:

langfristige Kredite	Zu den langfristigen Krediten zählt man Darlehen mit einer **Laufzeit von über vier Jahren**. Es sind meistens Kredite, die zur Finanzierung des **Anlagevermögens** aufgenommen werden.
mittelfristige Kredite	Zu den mittelfristigen Krediten zählen Darlehen mit einer **Laufzeit von ein bis vier Jahren**. Sie werden für die Finanzierung kurzlebiger Güter des **Anlagevermögens** aufgenommen (z. B. Computer).
kurzfristige Kredite	Sie haben eine **Laufzeit bis zu einem** Jahr und werden in erster Linie für die Finanzierung des Umlaufvermögens (Roh-, Hilfs- und Betriebsstoffe sowie Fremdbauteile und Handelswaren) aufgenommen (Lieferantenkredite).

→ **LF 6**

Der Kreditvertrag

Der **Kreditvertrag** wird im Regelfall **schriftlich** abgeschlossen und kommt durch die Bewilligung des Kreditantrages und die Einverständniserklärung des Kreditnehmers zustande. Kreditinstitute verfügen zu diesem Zweck über bereits vorgefertigte Vordrucke.

Über folgende **Inhalte** werden im Kreditvertrag Vereinbarungen getroffen:

- Höhe des Kredites
- Sicherung des Kredites
- Rückzahlungsmodalitäten des Kredites
- Verwendungszweck des Kredites
- Zinssatz und Fälligkeit der Zinsen
- Laufzeit des Kredites

Bevor ein Kreditinstitut einen Kredit gewährt, wird eine Kreditprüfung vorgenommen. Hierbei wird die **Kreditfähigkeit** und die **Kreditwürdigkeit (Bonität)** des Kunden überprüft. **Kreditfähig** sind unter anderem
- voll geschäftsfähige natürliche Personen,
- juristische Personen (z. B. AG, GmbH),

Bei der **Kreditwürdigkeit** wird überprüft, ob ein Kreditnehmer in der Lage ist, einen aufgenommenen Kredit zurückzuzahlen. Hierzu werden eine sachliche und eine persönliche Kreditwürdigkeitsprüfung der Person des Kreditnehmers vorgenommen. Im Rahmen der **sachlichen Kreditwürdigkeitsprüfung** können u. a. überprüft werden:
- GuV-Rechnung, Bilanz, Anhang, Lagebericht, Geschäftsbücher
- Handelsregister- und Grundbuchauszüge
- Steuerunterlagen
- Gesellschaftsvertrag

Ferner können mit **Betriebsbesichtigungen** verbundene persönliche Besuche vereinbart werden, um sich ein Bild vom Zustand des Unternehmens zu verschaffen. Kreditinstitute bedienen sich zudem der Hilfe von **Wirtschaftsauskunfteien** (z. B. Schufa oder creditreform). Diese verfügen bzw. beschaffen Informationen über die Bonität der kreditnehmenden Unternehmen, die regelmäßig aktualisiert werden.

Zur **persönlichen Kreditwürdigkeitsprüfung** zählen bei natürlichen Personen die Überprüfung von

- **persönlichen Daten,**

  Beispiele: Unterhaltszahlungen bei Ehescheidungen, Zahlungsgewohnheiten, ehelicher Güterstand, Vermögensverhältnisse

- **fachlichen Qualifikationen,**

  Beispiele: Prüfungsabschlüsse, Studium, unternehmerische Fähigkeiten

- **persönlichen Haftungsverhältnissen.**

  Beispiele: Vollhafter oder Teilhafter bei der KG

Auskünfte von Kreditinstituten können nur in begrenztem Umfange genutzt werden, da das Bankgeheimnis die Auskunftsmöglichkeiten einschränkt.

Besteht eine längere Geschäftsbeziehung zwischen Unternehmen und Kreditinstitut und hat das Kreditinstitut gute Erfahrungen mit dem Unternehmen gemacht, besitzt dieses Unternehmen eine hohe Bonität. Kreditinstitute sind in bestimmten Fällen bereit, nur aufgrund des **Firmen- oder Geschäftswertes (= Goodwill oder guter Ruf)** eines Unternehmens Kredite zu vergeben. Zum Firmen- oder Geschäftswert gehören:

- persönlicher Ruf des oder der Geschäftsinhaber/-in,

- allgemeiner geschäftlicher Ruf des oder der Geschäftsinhaber/-in,

- Standort des Geschäftes,

- Anzahl der Stammkunden,

- Zukunftsaussichten des Geschäftes und der Branche,

- bisheriges Zahlungsverhalten,

- Qualifikation der Mitarbeiter,

- Zweckmäßigkeit und Wert der Geschäftseinrichtung.

Langfristige Fremdfinanzierung

Darlehen (§ 607 BGB)
Kreditinstitute und Versicherungen bieten Unternehmen für die Finanzierung des Anlagevermögens **mittel- und langfristige Darlehen (= Investitionskredit)**. Hierbei verlangen sie i. d. R. Sicherheiten wie Bürgschaften oder Pfandrechte (vgl. S. 305 ff.).

> **PRAXISTIPP!**
>
> *Benötigt man als Privatperson ein Darlehen, z. B. zur Immobilienfinanzierung, empfiehlt sich der Abschluss eines Annuitätendarlehens (vgl. S. 291).*

Darlehensarten	Art der Tilgung	Zinszahlungen
Festdarlehen (Fälligkeitsdarlehen)	Darlehen wird zum Ende der Laufzeit in einer Summe zurückgezahlt.	Zinsen vom Darlehen
Annuitätendarlehen	Der Kreditnehmer erbringt jährlich gleichbleibende Leistungen (steigende Tilgung + sinkende Zinsen).	Zinsen von der jeweiligen Restdarlehensschuld
Abzahlungsdarlehen (Ratentilgungsdarlehen)	Der Kreditnehmer erbringt jährlich fallende Leistungen (gleichbleibende Tilgung + sinkende Zinsen).	Zinsen von der jeweiligen Restdarlehensschuld

Beispiele:

- **Festdarlehenstilgungsplan**

  Beispiel Kredit: 140 000,00 €   Zinssatz: 8 %   Laufzeit: 5 Jahre

Jahr	Schuld am Anfang des Jahres in €	Tilgung in €	Zinsen in €	Schuld am Ende des Jahres in €
1	140 000,00	0,00	11 200,00	140 000,00
2	140 000,00	0,00	11 200,00	140 000,00
3	140 000,00	0,00	11 200,00	140 000,00
4	140 000,00	0,00	11 200,00	140 000,00
5	140 000,00	140 000,00	11 200,00	0,00

- **Annuitätendarlehenstilgungsplan**

  Beispiel Kredit: 140 000,00 €   Zinssatz: 8 %   Laufzeit: 5 Jahre

Jahr	Schuld am Anfang des Jahres in €	Tilgung in €	Zinsen in €	Annuität in €	Schuld am Ende des Jahres in €
1	140 000,00	23 863,90	11 200,00	35 063,90	116 136,10
2	116 136,10	25 773,01	9 290,89	35 063,90	90 363,09
3	90 363,09	27 834,85	7 229,05	35 063,90	62 528,24
4	62 328,24	30 061,64	5 002,26	35 063,90	32 466,60
5	32 466,57	32 446,57	2 597,33	35 063,90	0,00

- **Abzahlungsdarlehensplan**

  Beispiel Darlehen: 140 000,00 €   Zinssatz 8 % p. a.   Laufzeit 5 Jahre

Jahr	Schuld am Anfang des Jahres in €	Tilgung in €	Zinsen in €	Annuität in €	Schuld am Ende des Jahres in €
1	140 000,00	28 000,00	11 200,00	39 200,00	112 000,00
2	112 000,00	28 000,00	8 960,00	36 960,00	84 000,00
3	84 000,00	28 000,00	6 720,00	34 720,00	56 000,00
4	56 000,00	28 000,00	4 480,00	32 480,00	28 000,00
5	28 000,00	28 000,00	2 240,00	30 420,00	0,00

Die Darlehenszinsen werden vom Zeitpunkt der Bereitstellung berechnet. Der Zinssatz ist niedriger als bei Kontokorrentkrediten, da das Kreditinstitut bei Darlehen langfristiger planen kann. Meistens ist der Auszahlungsbetrag etwas niedriger als die Darlehenssumme, die zurückgezahlt werden muss. Man nennt den nicht ausgezahlten Teil des Darlehens **Disagio (Abgeld) oder Damnum**. Darüber hinaus werden von den Kreditinstituten bei der Darlehensgewährung **Bearbeitungsentgelte** verlangt. Diese Entgelte werden prozentual von der Kreditsumme oder pauschal berechnet, und zwar unabhängig von der Laufzeit des Kredits.

Bei den Finanzierungskosten muss zwischen **Nominal- und Effektivzinssatz** unterschieden werden. Beim Nominalzinssatz werden nur die Verzinsung des Darlehens ohne Berücksichtigung von Disagio, Bearbeitungsentgelte usw. angegeben, während beim Effektivzinssatz (= tatsächlicher Zinssatz) alle zusätzlichen Kosten berücksichtigt werden. Die Kreditinstitute müssen für alle Darlehen **Effektivzinssätze** angeben.

Beispiel: Zwei Banken bieten der Sommerfeld Bürosysteme GmbH ein kurzfristiges Darlehen über 140 000,00 € für eine Laufzeit von zwei Jahren zu folgenden Konditionen an:
1. Bank: Auszahlung 100 % = 140 000,00 €, Nominalzinssatz 6,5 %, Bearbeitungsentgelte 0,5 % von der Darlehenssumme
2. Bank: Disagio 2 %, Auszahlung 98 % = 137 200,00 €, Nominalzinssatz 6 %
Ermitteln Sie den Effektivzinssatz für beide Kredite.
Die **Effektivverzinsung kann folgendermaßen errechnet werden**: Sämtliche Kosten, die über die Laufzeit des Kredites entstehen, werden addiert (Zinsen, Bearbeitungsentgelte, Spesen, Diagio) und dann als Jahreszinssatz zum eingesetzten Kapital ausgedrückt.

Lösung

Angebot 1. Bank		Angebot 2. Bank	
6,5 % Zinsen/2 Jahre		6 % Zinsen/2 Jahre	16 800,00 €
von 140 000,00 €	18 200,00 €	von 140 000,00 €	
+ 0,5 % Bearbeitungentgelt	700,00 €	+ 2 % Disagio	2 800,00 €
von 140 000,00 €		von 140 000,00 €	
Kosten des Kredits	18 900,00 €	Kosten des Kredits	19 600,00 €

Die Kosten des Kredites entstehen für die Laufzeit von zwei Jahren.

$$\text{Effektiver Zinssatz} = \frac{\text{Kosten des Kredits} \cdot 100 \cdot 1}{\text{Darlehensbetrag} \cdot \text{Kreditzeitraum}}$$

$$\text{Effektiver Zinssatz} = \frac{18\,900 \cdot 100 \cdot 1}{140\,000 \cdot 2} = \underline{6,75\,\%} \qquad \text{Effektiver Zinssatz} = \frac{19\,600 \cdot 100 \cdot 1}{137\,200} = \underline{7,14\,\%}$$

Es ist für die Sommerfeld Bürosysteme GmbH günstiger, das Angebot der ersten Bank anzunehmen, da der Effektivzinssatz für dieses Darlehen geringer ist.

PRAXISTIPP!

Überprüfen Sie beim Abschluss von Darlehensverträgen immer, ob die tatsächliche monatliche Belastung auch in wirtschaftlich schwächeren Zeiten von Ihnen getragen werden kann.

Das Darlehen hat für ein Industrieunternehmen folgende Vor- und Nachteile:

Darlehen	
Vorteile	**Risiken**
▪ Finanzielle Belastung des Unternehmens wird durch die lange Laufzeit über mehrere Jahre verteilt. ▪ Die mit dem Darlehen finanzierte Investition befindet sich sofort im Besitz des Unternehmens und kann somit wirtschaftlich genutzt werden. ▪ Je nach gewählter Tilgungsform kann in Bezug auf die Kosten und den Liquiditätsabfluss eine sichere Kalkulationsbasis zugrunde gelegt werden.	▪ kurzfristige Änderungen des Darlehen sind nach dem Auszahlungstermin nur noch schwer veränderbar. ▪ In der Regel verlangt der Kreditgeber Sicherheiten (vgl. S. 305 ff.) für das Darlehen. ▪ Zins- und Tilgungszahlungen müssen pünktlich erfolgen, sonst droht eine Zwangsvollstreckung

Einlagen- bzw. Beteiligungsfinanzierung (Eigenfinanzierung):
Hierbei wird dem Unternehmen zusätzliches Eigenkapital zugeführt. Dieses kann durch die Aufnahme neuer Gesellschafter oder die Erhöhung der Einlagen der bisherigen Gesellschafter erfolgen.

Einlagenfinanzierung
Stellen der Eigentümer **(Einzelunternehmung)** bzw. alte oder neue Gesellschafter **(OHG, KG)** dem Unternehmen zusätzliches Eigenkapital zur Verfügung, spricht man von Einlagenfinanzierung. Bei dieser Finanzierung erwirbt der Kapitalgeber Eigentum am Unternehmen. In der Bilanz erscheint das eingebrachte Kapital unter der Position **Eigenkapital** auf der **Passivseite**. Eigenkapital steht der Unternehmung unbefristet zur Verfügung.

Beispiel: An der Metallwerke Bauer & Söhne OHG beteiligt sich ein zusätzlicher Gesellschafter mit 180 000,00 €. Mit diesem Kapital wird eine neue Lagerhalle finanziert.

Beteiligungsfinanzierung
An Kapitalgesellschaften (AG, GmbH) können sich Kapitalgeber in unterschiedlicher Weise beteiligen.

→ LF 1   ▪ Bei der **GmbH** bringen die Gesellschafter mit ihren Nennbeträgen der Geschäftsanteile das im Gesellschaftsvertrag festgelegte Stammkapital auf. Bei der Beteiligungsfinanzierung in einer GmbH kann entweder das Stammkapital der vorhandenen Gesellschafter erhöht oder es werden neue Gesellschafter aufgenommen. In der Bilanz erscheint das eingebrachte Kapital unter **Eigenkapital/Gezeichnetes Kapital** auf der **Passivseite**.

→ LF 1   ▪ Bei **Aktiengesellschaften** erfolgt die Kapitalzuführung (Beteiligungsfinanzierung) durch den Verkauf von Aktien. Die Aktionäre werden so Miteigentümer der AG. Eine Kapitalerhöhung erfolgt durch die Ausgabe junger (neuer) Aktien. Hierfür ist allerdings eine Satzungsänderung erforderlich (Dreiviertelmehrheit auf der Hauptversammlung). Auch eine Kapitalherabsetzung kann von der Hauptversammlung beschlossen werden. Das Grundkapital (gezeichnetes Kapital) erscheint ebenso wie die Kapitalrücklagen, mögliche Gewinn- oder Verlustvorträge sowie der Jahresüberschuss bzw. der Bilanzgewinn auf der Passivseite der Bilanz unter der Position Eigenkapital.

Einlagen- bzw. Beteiligungsfinanzierung	
Vorteile	**Nachteile**
▪ Eigenkapital steht zeitlich unbefristet zur Verfügung. ▪ Keine laufenden Zins- und Tilgungsraten, dadurch wird die ständige Zahlungsbereitschaft (Liquidität) nicht beeinflusst. ▪ Die Kreditwürdigkeit steigt, da das Haftungskapital größer wird, es kann somit leichter Fremdkapital beschafft werden. ▪ Durch die Aufnahme neuer Gesellschafter bei Personengesellschaften verteilt sich das Haftungsrisiko auf eine größere Anzahl von Personen. ▪ Im Gegensatz zur Fremdkapitalaufnahme gibt es keine einschränkenden Vorschriften zur Kapitalverwendung.	▪ Neu aufgenommene Gesellschafter (OHG, KG, GmbH) sowie Aktionäre (AG) haben Anspruch auf Gewinnbeteiligung. ▪ Bei Kapitalgesellschaften (GmbH, AG) wird das Stimmrecht durch die Höhe des Kapitalanteils bestimmt. Spätere Kapitalerhöhungen können hier zu Verschiebungen der bestehenden Mehrheitsverhältnisse führen. Bei Personengesellschaften sind neu aufgenommene Vollhafter an der Geschäftsführung zu beteiligen. Firmenpolitik und -philosophie können sich also ändern bzw. von anderen bestimmt werden. ▪ Bei der GmbH sind Gesellschafter oft nur dann zu gewinnen, wenn ihnen als Geschäftsführer Einflussmöglichkeiten auf das Betriebsgeschehen eingeräumt wird. ▪ Bei einer AG haben Kapitalerhöhungen häufig negative Auswirkungen auf den Börsenkurs der Aktie. Nur bei positiven Zukunftsaussichten lassen sich junge Aktien zu einem angemessenen Preis am Markt platzieren.

→ LF 1

→ LF 8

Innenfinanzierung

Bei der Innenfinanzierung fließt das Kapital dem Unternehmen nicht von außen zu, sondern es stammt aus einbehaltenen Gewinnen, der Auflösung von Rückstellungen, Abschreibungen oder den Erlösen aus Anlagenabgängen.

Selbstfinanzierung (Eigenfinanzierung)
Sie kann in Form der offenen und verdeckten Selbstfinanzierung durchgeführt werden.

▪ **Offene Selbstfinanzierung:** Hierunter versteht man eine Finanzierung aus erwirtschafteten und nicht ausgeschütteten Gewinnen (**Gewinnthesaurierung**). Durch diesen Vorgang erhöht sich das Eigenkapital. Das Unternehmen finanziert sich aus eigener Kraft mit den Mitteln, die erwirtschaftet wurden. Bei dieser Finanzierung spricht man von **offener Selbstfinanzierung**, weil der einbehaltene Gewinn in der Bilanz offen ausgewiesen wird. Bei Einzelunternehmen und Personengesellschaften werden die Gewinne den Kapitalkonten der Inhaber gutgeschrieben. Bei der AG und der GmbH wird der Gewinn den Gewinnrücklagen zugeführt. Das Stammkapital (GmbH) bzw. das Grundkapital (AG) bleiben davon unberührt.

Beispiel: Die Sommerfeld Bürosysteme GmbH hat im vergangenen Geschäftsjahr einen Gewinn in Höhe von 1 650 000,00 € erzielt. Herr Sommer, Herr Feld und Frau Farthmann entnehmen ihren Gewinnanteil nicht, sondern verwenden ihn für eine Betriebserweiterung. Somit erhöhen sich die offenen Rücklagen des Unternehmens um 1 650 000,00 €.

→ LF 8
- **Verdeckte (stille) Selbstfinanzierung:** Neben dem Gewinn können **stille Reserven**, die in einem Unternehmen gebildet worden sind, für die Finanzierung von Investitionsvorhaben herangezogen werden. Diese entstehen durch **unterschiedliche Bewertungsansätze**, die das Bilanzrecht den Unternehmen einräumt. Sie können durch die **Überbewertung von Schulden oder Unterbewertung von Vermögensgegenständen** in der Bilanz gebildet werden.

  Beispiele:
  - Die Sommerfeld Bürosysteme GmbH hat vor zehn Jahren ein 2 000 m² großes Grundstück für 60,00 €/m² gekauft. Obwohl der heutige Grundstückswert bei 170,00 €/m² liegt, muss die Sommerfeld Bürosysteme GmbH das Grundstück mit seinen Anschaffungskosten (Wertobergrenze) bilanzieren. Es ergeben sich somit stille Reserven in Höhe von 220 000,00 €. Erst wenn das Grundstück verkauft wird, kommt es zur Auflösung der stillen Reserven (**Unterbewertung von Vermögensgegenständen**).

– Steuerrückstellung für geschätzte Steuerverbindlichkeiten des Vorjahres	80 000,00 €
– Tatsächliche Steuernachzahlung	60 000,00 €
– **Überbewertung der Steuerschuld**	20 000,00 €

Selbstfinanzierung	
Vorteile	**Risiken**
■ Das Unternehmen bleibt unabhängig, keine Verschiebung der Mehrheitsverhältnisse in der Unternehmensführung. ■ Keine Kreditkosten, Zinsen, Tilgungsraten; die Liquidität des Unternehmens wird nicht eingeschränkt. ■ Erhöhung des Eigenkapitalanteils, die Kreditwürdigkeit steigt.	■ Gefahr von Fehlinvestitionen steigt: Bei der Investition von nicht ausgeschütteten Gewinnen erfolgt keine wirkungsvolle externe Überprüfung der Wirtschaftlichkeit dieser Investition. Da Eigenkapital häufig keiner strengen externen Rentabilitätskontrolle unterliegt, kann dieses ein Unternehmen eher zu Investitionen veranlassen, die nicht durch die Marktlage gerechtfertigt sind.

Den **Grad der Selbstfinanzierung** in einer Unternehmung kann man mit folgender Formel berechnen:

$$\text{Grad der Selbstfinanzierung} = \frac{\text{Gewinnrücklagen} \cdot 100}{\text{Gesamtkapital}}$$

Umfinanzierung

Hierunter versteht man **Kapitalumschichtungsmaßnahmen** auf der Aktivseite (Aktivtausch) oder auf der Passivseite der Unternehmensbilanz (Passivtausch). Hierbei verändert sich weder das Gesamtkapital noch das Gesamtvermögen. Es kommt lediglich zur **Änderung der Vermögens- oder der Kapitalstruktur.**

Beispiele:
- Die Sommerfeld Bürosysteme GmbH verkauft ein Grundstück für 300 000,00 € und beschafft mit diesem Kapital eine neue Spezialmaschine (**Änderung der Vermögensstruktur**).
- Die Sommerfeld Bürosysteme GmbH wandelt einen kurzfristigen Kontokorrentkredit bei der Deutschen Bank, Essen, in ein mittelfristiges Darlehen um (**Änderung der Kapitalstruktur**).

Finanzierung durch Kapitalfreisetzung

- **Finanzierung aus Abschreibungen:** Jedes Unternehmen kalkuliert Abschreibungen in seine Verkaufspreise ein. Infolgedessen fließen die Abschreibungen über die Verkaufspreise in das Unternehmen zurück (**Refinanzierung**). Da diese Geldmittel dem Unternehmen kontinuierlich zufließen, stehen sie am Ende der Nutzungsdauer des Anlagegutes zur Verfügung und können für Finanzierungszwecke verwendet werden.

Beispiel: Die Sommerfeld Bürosysteme GmbH besitzt drei Fertigungsanlagen (Anschaffungskosten jeweils 60 000,00 €). Die Nutzungsdauer beträgt drei Jahre, die Fertigungsanlagen werden linear abgeschrieben. Die Abschreibungsbeträge fließen über die Umsatzerlöse wieder in die Unternehmung zurück und die Wiederbeschaffungspreise der Fertigungsanlagen bleiben konstant.

Anzahl Maschinen	AfA-Beträge Jahr 1	AfA-Beträge Jahr 2	AfA-Beträge Jahr 3	AfA-Beträge Jahr 4
1	20 000,00 €	20 000,00 €	20 000,00 €	–
2	20 000,00 €	20 000,00 €	20 000,00 €	–
3	20 000,00 €	20 000,00 €	20 000,00 €	–
4		20 000,00 €	20 000,00 €	20 000,00 €
5			20 000,00 €	20 000,00 €
6				20 000,00 €
7				20 000,00 €
Summe AfA	60 000,00 €	80 000,00 €	100 000,00 €	80 000,00 €
Reinvestition	60 000,00 €	60 000,00 €	100 000,00 € + 20 000,00 €	60 000,00 €
Rest	0,00 €	20 000,00 €	0,00 €	20 000,00 €

In dem Beispiel wird der **Lohmann-Ruchti-Effekt (Kapazitätserweiterungseffekt)** beschrieben, der entsteht, wenn sämtliche AfA-Beträge zur Finanzierung weiterer Anlagevermögensgegenstände verwendet werden. Hier steigt die Kapazität während der Nutzungsdauer der ersten Fertigungsanlagen kontinuierlich an, sodass zu dem Zeitpunkt, zu dem die alten Anlagen komplett abgeschrieben sind, das Unternehmen vier statt der ursprünglich drei Fertigungsanlagen zur Verfügung hat.

- **Finanzierung aus Rückstellungen:** Rückstellungen werden für Aufwendungen des abgelaufenen Geschäftsjahres gebildet, deren Höhe und/oder Fälligkeit am Bilanzstichtag noch nicht feststehen. Wegen der Unsicherheit bei der Bemessung besteht → LF 8 sowohl die Möglichkeit einer Unterbewertung (zu niedriger Ansatz) als auch die Möglichkeit einer Überbewertung (zu hoher Ansatz). Im letzteren Fall entstehen stille Reserven (vgl. Beispiel auf S. 295).

Beispiele:
- erwartete Gewerbesteuernachzahlungen
- Prozesskosten für einen laufenden Rechtsstreit
- Pensionsverpflichtungen gegenüber Mitarbeitern

Da Rückstellungen einerseits aus dem Gewinn gebildet werden, andererseits aber zweckgebunden sind, kann man sie als Eigenkapital mit Fremdkapitalcharakter bezeichnen. Sie sind auf der Passivseite der Bilanz auszuweisen, werden dem Fremdkapital zugerechnet und somit der Fremdfinanzierung zugeordnet.

Zusammenfassung

Langfristige Finanzierungsarten vergleichen und beurteilen

- *Fremdfinanzierung durch Darlehensaufnahme*

  - *Prüfung der sachlichen und persönlichen Kreditwürdigkeit (Bonität) durch den Kreditgeber*

  - *Festdarlehen: Rückzahlung der Darlehenssumme am Ende der Laufzeit (gleichbleibende Zinszahlung)*

  - *Annuitätendarlehen: gleichbleibende monatliche Belastung (steigende Tilgung, sinkende Zinszahlung)*

  - *Abzahlungsdarlehen: sinkende monatliche Belastung (gleichbleibende Tilgung, sinkende Zinszahlung)*

  - *Nominalzinssatz: nominale Verzinsung des Darlehens*

  - *Effektivzinssatzes: tatsächlicher Zinssatz unter Berücksichtigung sämtlicher Kosten*

- *Einlagen- bzw. Beteiligungsfinanzierung: Dem Unternehmen wird durch die Aufnahme neuer Gesellschafter oder durch die Erhöhung der Einlage der bisherigen Gesellschafter zusätzliches Eigenkapital zugeführt.*

- *Offene Selbstfinanzierung: Auflösung offener Gewinnrücklagen, die durch die Einbehaltung (Nicht-Ausschüttung) erwirtschafteter Gewinne entstanden sind.*

- *Verdeckte (stille) Selbstfinanzierung: Auflösung stiller Reserven, die durch die Unterbewertung von Aktiva bzw. die Überbewertung von Passiva entstanden sind.*

- *Umfinanzierung: Vermögens- bzw. Kapitalumschichtungsmaßnahmen (Aktiv- bzw. Passivtausch).*

- *Finanzierung aus Abschreibungen: Über Umsatzerlöse fließen die in die Verkaufspreis einkalkulierten Abschreibungen in das Unternehmen zurück und stehen für Investitionen zur Verfügung.*

- *Finanzierung aus Rückstellungen: Auflösung von zweckgebundenen Rückstellungen.*

Aufgaben

1. Die Sommerfeld Bürosysteme GmbH will einen Kredit für die Neuanschaffung einer Fertigungsmaschine bei der Deutschen Bank Essen aufnehmen. Geben Sie an, über welche Inhalte in einem Kreditvertrag Vereinbarungen getroffen werden sollten.

2. Erklären Sie die verschiedenen Arten des Darlehens.

3. Beschreiben Sie, auf welche Weise Kreditinstitute die Kreditwürdigkeit ihrer Kunden überprüfen.

4. Zur Erweiterung des Unternehmens benötigt die Sommerfeld Bürosysteme GmbH einen Kredit über 200 000,00 € mit einer Laufzeit von drei Jahren. Die Sommerfeld Bürosysteme GmbH erhält zwei Angebote:
   Bank A: 9 % Zinsen zuzüglich 800,00 € Bearbeitungsentgelt; Bank B: 8 % Zinsen zuzüglich 0,5 % Bearbeitungsentgelt von der Kreditsumme und 1 % Disagio
   Die Rückzahlung des Kredites soll jeweils in einer Summe nach drei Jahren erfolgen.
   a) Ermitteln Sie, wie viel Euro die Kreditkosten für die gesamte Laufzeit bei jeder Bank betragen.
   b) Ermitteln Sie die Effektivverzinsung beider Kredite.

5. Beschreiben Sie die Einlagen- und die Beteiligungsfinanzierung.

6. Geben Sie an, welche Finanzierungsart in den folgenden Fällen beschrieben wird.
   a) Ein Komplementär erhöht seine Einlage.

   b) Eine GmbH nimmt einen neuen Gesellschafter auf.

   c) Eine AG gibt neue Aktien aus.

   d) Ein Unternehmer wandelt seine Einzelunternehmung in eine OHG um und nimmt einen Gesellschafter auf.

   e) Eine GmbH nimmt bei ihrer Bank ein Darlehen auf.

   f) Die Vollhafter einer KG belassen ihren Gewinn im Unternehmen, damit ein Grundstück gekauft werden kann.

7. Die Geschäftsführer der Sommerfeld Bürosysteme GmbH planen, eine neue Fertigungshalle in Höhe von 400 000,00 € zu errichten. Die Geschäftsführerin, Frau Farthmann, schlägt vor, die Halle ausschließlich mit Eigenkapital zu finanzieren. Herr Feld ist der Ansicht, dass es vorteilhafter sei, einen Kredit bei der Bank aufzunehmen.
   a) Stellen Sie in einer Übersicht für Frau Farthmann die Vorteile einer Finanzierung mit Eigenkapital dar.

   b) Sammeln Sie Argumente, die für den Vorschlag von Herrn Feld sprechen.

   c) Bilden Sie zwei Gruppen und diskutieren Sie die unterschiedlichen Ansichten stellvertretend für die Geschäftsführer.

8. Erläutern Sie die Selbstfinanzierung.

9. Die Raumkultur Peter Nicolei e. K. ist Kunde der Sommerfeld Bürosysteme GmbH. Herr Nicolei ist alleiniger Inhaber. Er möchte seinen Betrieb erweitern. Hierzu sind 200 000,00 € erforderlich. Herrn Nicolei stehen 120 000,00 € Kapital zur Verfügung. Einen Bankkredit möchte Herr Nicolei wegen der Zins- und Tilgungsbelastung nicht aufnehmen. Er sucht Gesellschafter und denkt an die Gründung einer OHG, einer KG oder GmbH.
   a) Beschreiben Sie, wie sich in den drei Fällen die Kapitalbeschaffung vollzieht.

   b) Erläutern Sie die jeweiligen Vor- und Nachteile, die sich aus der entsprechenden Kapitalbeschaffung ergeben.

10. Unterscheiden Sie die Kredite hinsichtlich ihrer Laufzeit und geben Sie an, ob sie für die Finanzierung des Anlage- oder Umlaufvermögens aufgenommen werden.

11. Erläutern Sie die Finanzierung durch Abschreibung. Geben Sie an, welche Bedeutung dieser Finanzierungsform in Unternehmen zukommt.

12. Gehen Sie zu Kreditinstituten und beschaffen Sie sich Unterlagen zur Kreditvergabe an Privatpersonen und Unternehmen. Vergleichen Sie die Konditionen (Zinsen, sonstige Kosten) der Kreditinstitute miteinander.

→ 4   Finanzierungsalternativen prüfen

LS 19

Die Sommerfeld Bürosysteme GmbH hat ihr Produktionsprogramm um flexible Konferenztischkombinationen aus Massivholz erweitert. Das Geschäft mit den Tischkombinationen läuft sehr gut an, sodass zwei zusätzliche Plattenformatsägemaschinen für die Fertigung benötigt werden. Die Sommerfeld Bürosysteme GmbH hat für eine vorangegangene Betriebserweiterung momentan ihren Kreditrahmen ausgeschöpft. Herr Feld hat in der Vergangenheit gute Erfahrungen mit dem Leasing von Firmenwagen gemacht. Er prüft daher, ob auch die Maschinen geleast werden sollen.

Arbeitsaufträge

- Erläutern Sie, welche Gegenstände von Unternehmen geleast werden können und informieren Sie sich über von Ihrem Ausbildungsbetrieb geleaste Gegenstände.

- Erarbeiten Sie die wesentlichen Merkmale der unterschiedlichen Leasingarten in arbeitsteiligen Gruppen.

Leasing

Ein Unternehmen hat die Möglichkeit, benötigte Gegenstände zu leasen (= mieten oder pachten) statt zu kaufen. In einem Leasingvertrag werden die Nutzungsrechte an Gütern des Anlagevermögens (Technische Anlagen und Maschinen, Fahrzeuge, Kopiergeräte etc.) für eine bestimmte Zeit vom Leasinggeber auf den Leasingnehmer übertragen, wobei der Leasingnehmer die geleasten Gegenstände in seinem Betrieb einsetzt. Der **Leasingnehmer wird Besitzer**, der **Leasinggeber bleibt Eigentümer** der geleasten Gegenstände. Am Ende der vertraglich vereinbarten Leasingdauer hat der Leasingnehmer im Regelfall die Option, den geleasten Gegenstand zurückzugeben oder zum Restwert zu kaufen. Das **Leasingentgelt** richtet sich nach der Vertragsdauer sowie dem vereinbarten Leistungs- und Servicepaket und beträgt
- bei dreijähriger Vertragsdauer monatlich etwa 3 % des Kaufpreises,
- bei zweijähriger Vertragsdauer monatlich etwa 4 % des Kaufpreises.

Unter der Voraussetzung, dass mit den Leasingobjekten ein zusätzlicher Gewinn erwirtschaftet wird, kann ein Unternehmen mit Leasing seine Anlagegegenstände erneuern oder erweitern, ohne Eigen- oder Fremdkapital in Höhe der Anschaffungskosten zu beschaffen. Die Leasingraten mindern als Aufwendungen bzw. Kosten den steuerpflichtigen Gewinn und somit die Steuerlast des Unternehmens.

- **Leasinggeber** kann
  - der Hersteller des Anlagegutes, z. B. Maschinen-, Fahrzeughersteller (= **direktes Leasing**),
  - eine Leasing-Gesellschaft sein, die die Gegenstände vom Hersteller gekauft hat und sie nun im Rahmen des Leasings gegen Entgelt zur Verfügung stellt (= **indirektes Leasing**).

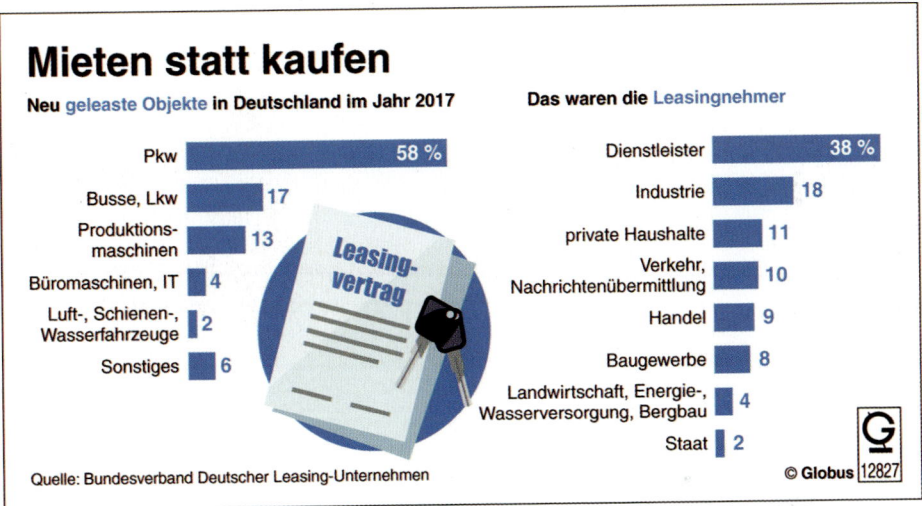

Mieten statt kaufen

Neu geleaste Objekte **in Deutschland im Jahr 2017**

Pkw	58 %
Busse, Lkw	17
Produktionsmaschinen	13
Büromaschinen, IT	4
Luft-, Schienen-, Wasserfahrzeuge	2
Sonstiges	6

Das waren die Leasingnehmer

Dienstleister	38 %
Industrie	18
private Haushalte	11
Verkehr, Nachrichtenübermittlung	10
Handel	9
Baugewerbe	8
Landwirtschaft, Energie-, Wasserversorgung, Bergbau	4
Staat	2

Quelle: Bundesverband Deutscher Leasing-Unternehmen

© Globus 12827

- **Leasingverträge** können unterschieden werden in
  - **Operating-Leasing:** Bei dieser Form hat der Leasingnehmer das **Recht, den Vertrag jederzeit kurzfristig zu kündigen,** da keine feste Grundleasingzeit vereinbart worden ist. Der Leasinggeber, bei dem das Leasing-Objekt bilanziert wird, trägt somit das volle Investitionsrisiko. Der Leasingnehmer hat bei dieser Ausgestaltungsform die Möglichkeit, den Leasinggegenstand sehr kurzfristig durch einen neueren, moderneren zu ersetzen; die Leasingraten sind entsprechend hoch.

  - **Financial-Leasing** (Finanzierungsleasing): Hier handelt es sich um **langfristige Verträge,** die **während der Grundleasingzeit unkündbar** sind. Überschreitet die Grundleasingzeit 90 % der gewöhnlichen Nutzungsdauer, so ist der Gegenstand beim Leasingnehmer zu bilanzieren. Nach Ablauf der Grundleasingzeit kann der Leasingnehmer entscheiden, ob er den Vertrag verlängern oder einen neuen Vertrag über ein neues Leasingobjekt abschließen will. Er kann das Leasingobjekt auch vom Leasinggeber kaufen. Bei dieser Leasingform trägt der Leasingnehmer das Investitionsrisiko, d. h. das Risiko der wirtschaftlichen Wertminderung durch technischen Fortschritt. Beim Financial-Leasing handelt es sich bei den

Leasingobjekten häufig um Gegenstände, die eigens für den Leasingnehmer hergestellt worden sind.

- Hinsichtlich der **Leasingobjekte** kann man unterscheiden in:

  - **Leasing von beweglichen Gegenständen = Mobilien-Leasing**

    Beispiel: Maschinen, Computer, Fotokopierer, Regalsysteme, Arbeitskleidung, Fahrzeuge, Telefonanlagen, Büroausstattung

    Das Leasing einzelner Ausrüstungsgegenstände wird auch als **Equipment-Leasing** bezeichnet.

  - **Immobilien-Leasing**

    Beispiel: Lagerräume, Verwaltungsgebäude, Grundstücke

    Das Leasing ganzer Betriebsanlagen wird auch als **Plant-Leasing** bezeichnet.

Durch Leasing entstehen **für den Leasingnehmer folgende Vor- und Nachteile:**

Leasing	
Vorteile	**Nachteile**
▪ Geleaste Objekte sind meistens auf dem neuesten Stand der Technik, vorausgesetzt es wurden keine langfristigen Leasingverträge vereinbart. ▪ Die vertraglich vereinbarten Leasingraten ermöglichen eine genaue Kalkulation. ▪ Verringerung des Kapitalbedarfs ▪ Kreditsicherheiten sind nicht erforderlich. ▪ Im Regelfall steuerliche Abzugsfähigkeit der Leasingraten als Betriebskosten.	▪ Leasing ist i. d. R. teurer als eine Finanzierung des Gegenstandes beim Kauf. ▪ Beim Financial-Leasing ist der Leasingnehmer vertraglich lange gebunden. ▪ keine Aktivierung der Leasinggüter in der Bilanz (geringerer Vermögensausweis)

Der Leasingnehmer trägt regelmäßig die **Risiken**, die im Zusammenhang mit der Nutzung des Objektes stehen, hierzu zählen die Verlustgefahr und die Gefahr der Beschädigung. In diesen Fällen ist der Leasingnehmer so gestellt wie der Käufer eines Gegenstandes.

Die **Leasingrate** beinhaltet folgende Bestandteile:

- Abschreibungen

- Gewinn des Leasinggebers

- Verzinsung des im Leasinggegenstand gebundenen Kapitals

- ggf. Versicherungsprämie, wenn der Leasinggeber den Gegenstand nicht selber versichert

- anteilige Verwaltungskosten

- Wartungs- und Reparaturkosten für den Fall, dass der Leasinggeber laut Vertrag diese Leistungen übernimmt

Factoring

Beim Factoring verkauft ein Unternehmen seine Forderungen aus Lieferungen und Leistungen gegenüber anderen Unternehmen an ein Kredit- oder Spezialinstitut (Factor). Der Factoringnehmer erhält von der Factoring-Bank etwa 80 bis 90 % des Rechnungswertes abzüglich der Zinsen und einer Factoring-Provision (0,8 bis 1,5 % der Gesamtsumme) sofort gutgeschrieben. Den Restbetrag erhält der Factoringnehmer nach Eingang der Zahlung bei der Factoring-Bank. Bilanzmäßig liegt beim Factoring ein Aktivtausch vor, da die Kundenforderungen gegen Bankguthaben und Bankforderungen getauscht werden.

Der Hauptvorteil für den Factoringnehmer besteht darin, dass er vorzeitig über die erst später fällig werdenden Geldmittel aus Forderungen verfügen kann. Factoring-Banken übernehmen gegen ein zusätzliches Entgelt **(Delkredereprovision)** das Risiko eines Forderungsausfalles ("echtes Factoring", im Gegenatz zum "unechten Factoring", wo das Risiko des Zahlungsausfalls beim Factoringnehmer verbleibt). Als weitere Dienstleistungen bieten die Factoring-Banken an:

- Ausstellung der Rechnungen
- Führung der Kundenbuchhaltung (Debitorenbuchhaltung)
- Einzug weiterer fälliger Forderungen
- Übernahme eines notwendig werdenden Mahnverfahrens

Somit werden betriebliche Funktionen aus dem Unternehmen ausgegliedert (Outsourcing).

Beispiel:

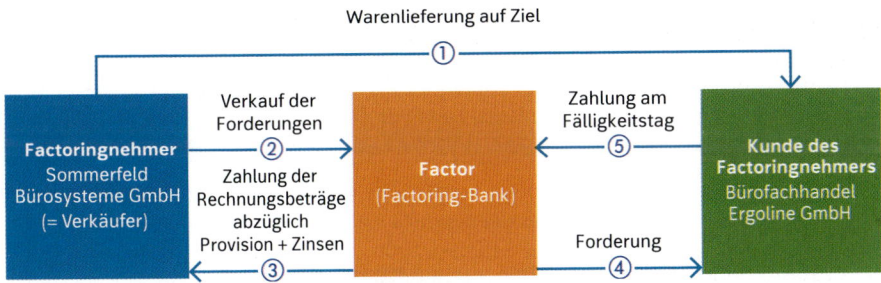

Ähnlich wie bei der Zession unterscheidet man offenes und stilles Factoring.

- Beim **offenen Factoring** ist auf der Rechnung gleich die Kontonummer der Factoring-Bank angegeben. Der Kunde zahlt direkt an die Factoring-Bank.

- Beim **stillen Factoring** zahlt der Kunde erst an den Factoringnehmer, der dann die Zahlungen unverzüglich an die Factoring-Bank weiterleitet.

Durch Factoring ergeben sich für den Factoringnehmer folgende Vor- und Nachteile:

Factoring	
Vorteile	**Nachteile**
▪ Verringerung des Kapitalbedarfs ▪ unmittelbare Erhöhung der Liquidität ▪ Verringerung von Verwaltungsarbeiten, geringere Personalaufwendungen ▪ kein Risiko des Forderungsausfalls (bei Übernahme des Delkredere-Risikos)	▪ Factoringnehmer muss der Factoring-Bank Zinsen und Provision für Dienstleistungen zahlen. ▪ Unsichere Forderungen werden gar nicht oder nur gegen eine hohe Delkredere-Provision angekauft.

Zusammenfassung

Sonderformen der Finanzierung kennenlernen

▪ *Leasing*

– *Beim Leasing werden **Güter des Anlagevermögens geleast,** wobei die Leasinggeber Hersteller oder Leasinggesellschaften sein können.*

– *Es können sowohl **Immobilien als auch bewegliche Güter** geleast werden.*

– *Beim **Financial-Leasing** werden langfristige Verträge abgeschlossen, der Leasingnehmer hat nach Ablauf der Vertragsdauer ein Kaufrecht des geleasten Gegenstandes (Maschinen, Betriebs- und Geschäftsausstattung usw). Leasinggegenstände werden häufig eigens für den Leasingnehmer angefertigt.*

– *Beim **Operating-Leasing** kann der Vertrag jederzeit vom Leasingnehmer gekündigt werden.*

– ***Hauptvorteil** für den Leasingnehmer ist ein **verringerter Kapitalbedarf**, Hauptnachteil sind die anfallenden Kosten.*

▪ *Factoring*

– *Unter Factoring versteht man den **Verkauf von Kundenforderungen** an eine Factoring-Bank.*

– ***Vorteil:** Der Factoringnehmer kann über Geldmittel aus Forderungen verfügen, die erst später fällig werden.*

– *Neben den Zinsen verlangen Factoring-Banken eine **Provision** für Rechnungserstellung, Zahlungsüberwachung und eine **Delkredereprovision** für die Übernahme des Kreditrisikos.*

– *Factoring ist **verhältnismäßig teuer**.*

Aufgaben

1. Geben Sie Beispiele an, welche Gegenstände
   a) von der Sommerfeld Bürosysteme GmbH geleast werden könnten,
   b) die Sommerfeld Bürosysteme GmbH von ihren Kunden leasen lassen könnte.

2. Die Geschäftsführer der Sommerfeld Bürosysteme GmbH überlegen, ob man den Kunden Büromöbel als Leasingobjekte anbieten soll. Sammeln Sie Argumente, mit denen Sie die Kunden der Sommerfeld Bürosysteme GmbH von der Vorteilhaftigkeit dieser Möglichkeit überzeugen können.

3. Erläutern Sie den Unterschied zwischen offenem und stillem Factoring.

4. Die Sommerfeld Bürosysteme GmbH will einen neuen Mittelklasse-Pkw für den Außendienst anschaffen. Beschaffen Sie sich bei Autohändlern Leasingangebote für Pkws und vergleichen Sie diese in einer Übersicht miteinander.

5. Die Sommerfeld Bürosysteme GmbH beschließt, einen Teil ihrer Forderungen an eine Factoring-Bank zu verkaufen.

   a) Beschreiben Sie, welche Bedeutung Factoring für die Sommerfeld Bürosysteme GmbH haben kann.

   b) Beschreiben Sie, wie sich der Abschluss eines Factoring-Vertrages auf die Bilanz auswirkt.

6. Die Sommerfeld Bürosysteme GmbH hat ausstehende Forderungen in Höhe von 340 000,00 € mit einem durchschnittlichen Zahlungsziel von 30 Tagen. Um die Liquidität zu verbessern, wollen die Geschäftsführer die Forderungen an eine Factoring-Bank verkaufen. Gleichzeitig soll der Factor Dienstleistungsfunktionen und das Delkredererisiko übernehmen. Der Factor macht folgendes Angebot:
   - Zinsen 4 % p. a.
   - Vergütung für Dienstleistungs- und Delkrederefunktion: 3 % von 340 000,00 €

   a) Ermitteln Sie die Kosten, die für die Sommerfeld Bürosysteme GmbH entstehen.

   b) Beurteilen Sie, ob es sinnvoll ist, das Angebot des Factors in Anspruch zu nehmen.

7. Welche der unten stehenden Aussagen trifft auf „Leasing" zu?

   a) Durch einen Leasingvertrag erwirbt der Leasingnehmer das Recht, Produkte unter Verwendung von Namen, Marke und Verkaufskonzept gegen Entgelt zu verkaufen.

   b) Durch einen Leasingvertrag erwirbt der Leasingnehmer das Recht, Gegenstände des Anlagevermögens gegen Entgelt zu nutzen.

   c) Durch einen Leasingvertrag mit einem Kreditinstitut über den Verkauf einer Kundenforderung an das Kreditinstitut erhält der Unternehmer den Rechnungsbetrag vor Fälligkeit der Forderung.

   d) Durch einen Leasingvertrag mit einem Hersteller erwirbt der Unternehmer das Recht, Produkte in seinem eigenen Namen für eine bestimmte Zeit für Rechnung des Herstellers zu verkaufen und dafür eine Vergütung zu erhalten.

→ 📄 **5 Kreditsicherungsmöglichkeiten berücksichtigen**

LS 20

Die Sommerfeld Bürosysteme GmbH plant den Kauf einer neuen Standbohrmaschine (Anschaffungskosten 85 000,00 €) mithilfe einer Darlehensaufnahme bei ihrer Hausbank, der Sparkasse Essen, zu finanzieren. Herr Feld bittet Daniela Schaub und Rudolf Heller, ihn bei der Vorbereitung der Kreditverhandlungen zu unterstützen und eine Übersicht über mögliche Kreditsicherheiten zu erstellen.

Arbeitsauftrag

- *Informieren Sie sich über geeignete Kreditsicherungsmöglichkeiten bei dem geplanten Kauf einer Standbohrmaschine und stellen Sie diese Ihren Mitschülern in einem Kurzvortrag vor.*

Personalkredite

Bei der Kreditgewährung haftet entweder ausschließlich die Person des Kreditnehmers (reiner Personalkredit) oder neben dem Kreditnehmer als Hauptschuldner haften weitere Personen als Nebenschuldner (verstärkter Personalkredit).

Der reine Personalkredit (Blankokredit)

Bei diesem Kredit sind für den Kreditnehmer **keine Sicherheiten erforderlich**, da das Kreditinstitut auf die sichtbar guten Ertrags- und Vermögensverhältnisse und den guten Ruf des Kreditnehmers vertraut. Diese Kredite werden meist nur kurzfristig gewährt, in der Regel als Kontokorrentkredite, seltener als Darlehen.

Der verstärkte Personalkredit

Bürgschaftskredit

Die Bürgschaft (§ 765 ff. BGB, §§ 349 bis 351 HGB) entsteht durch einen Vertrag zwischen dem Kreditgeber und dem Bürgen, wonach der Bürge für die Erfüllung der Verbindlichkeiten des Kreditnehmers haftet. Für Bürgschaftsversprechen ist per Gesetz die Schriftform vorgeschrieben. Nur **Kaufleute können im Gegensatz zu Kleingewerbetreibenden auch mündlich bürgen**.

Beispiel: Dieter Farthmann, Sohn der Geschäftsführerin Farthmann, hat einen Kredit über 20 000,00 € aufgenommen, für den Frau Farthmann eine Bürgschaft übernimmt.

Wird ein Bürge von einem Kreditgeber in Anspruch genommen, kann er das Geld vom Kreditnehmer zurückverlangen. Haften bei einem Bürgschaftskredit mehrere Bürgen neben dem Kreditnehmer, spricht man von einer **gesamtschuldnerischen Bürgschaft**. In diesem Fall kann der Kreditgeber seine Forderungen an alle oder auch nur an eine der bürgenden Personen richten.

Man unterscheidet zwei Arten der Bürgschaft:

Ausfallbürgschaft (§ 771 BGB):
*Bei dieser Bürgschaft muss der Bürge erst dann zahlen, wenn der Kreditgeber nachweisen kann, dass der Kreditnehmer zahlungsunfähig ist. Der Bürge hat somit das **„Recht der Einrede der Vorausklage"**. Der Nachweis ist erbracht, wenn der Kreditgeber gegen den Kreditnehmer erfolglos Zwangsvollstreckung betrieben hat.*

Beispiel: Für den Kredit des Dieter Farthmann beim Geschäftsfreund Peter Patt hat seine Mutter, Frau Claudia Farthmann, eine Ausfallbürgschaft übernommen. Nach dem Fälligkeitstermin für die Rückzahlung des Darlehens, den Dieter nicht eingehalten hat, mahnt Peter Patt zweimal vergeblich. Danach wendet sich Herr Patt an die Bürgin mit der Aufforderung zur Zahlung. Die Bürgin Farthmann nimmt das Recht der Einrede der Vorausklage in Anspruch, d. h., sie ist erst dann zur Zahlung verpflichtet, wenn ihr der Kreditgeber nachweisen kann, dass eine Zwangsvollstreckung erfolglos war.

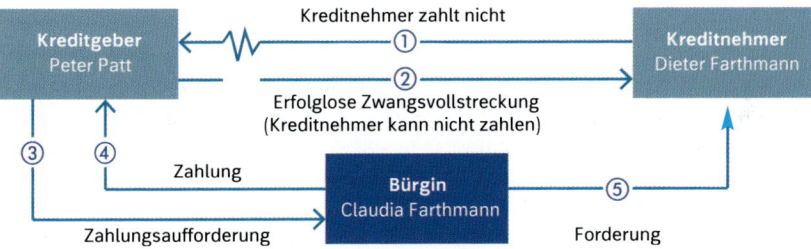

Selbstschuldnerische Bürgschaft (§ 773 BGB):
Bei dieser Art der Bürgschaft haftet der Bürge wie der Hauptschuldner, da er auf das „Recht der Einrede der Vorausklage" verzichtet. Der Bürge kann vom Kreditgeber schon dann zur Zahlung herangezogen werden, wenn der Kreditnehmer den Kredit nicht rechtzeitig zurückzahlt. Kreditinstitute verlangen immer eine selbstschuldnerische Bürgschaft. Unter Kaufleuten ist eine Bürgschaft immer eine selbstschuldnerische Bürgschaft (§ 349 HGB).

Beispiel: Dieter Farthmann hat bei seiner Bank ein Darlehen über 30 000,00 € aufgenommen. Seine Mutter, Claudia Farthmann, hat hierfür eine selbstschuldnerische Bürgschaft übernommen. Als Dieter am Fälligkeitstag nicht zahlt, verlangt die Bank sofort die Zahlung vom Bürgen. Frau Farthmann muss als Bürgin zahlen, da sie eine selbstschuldnerische Bürgschaft übernommen hat.

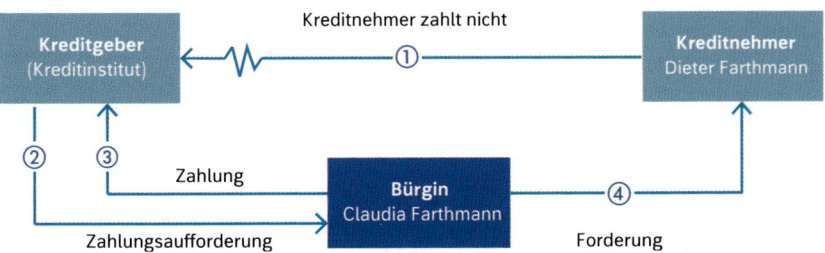

Zessionskredit

Bei einem Zessionskredit tritt ein Kreditnehmer eine oder alle Forderungen zur Siche-rung eines Kredites an den Kreditgeber ab (= **Forderungsabtretung**). Ein Zessionskredit hat für solche Unternehmen eine Bedeutung, die ihre Waren an Kunden auf Ziel ver-kaufen. Kreditgeber und Kreditnehmer schließen über die Forderungsabtretung einen **Zessionsvertrag** ab. Beim Zessionskredit werden zwei Arten unterschieden:

Stille Zession:

Erfährt der Schuldner des Kreditnehmers nichts von der Forderungsabtretung, dann spricht *man von einer stillen Zession. Der Schuldner des Kreditnehmers zahlt seine Warenschuld an den Kreditnehmer, der das Geld unverzüglich an den Kreditgeber weiterleitet. Der Vorteil der stillen Zession ist darin zu sehen, dass keine anderen Personen von der Forderungsabtretung erfahren. Somit bleibt die Bonität des Kreditnehmers gewahrt. Schätzt der Kreditgeber seine Kreditforde-rung allerdings als gefährdet ein, so kann er den Drittschuldner von der Zession in Kenntnis set-zen (Offenlegungsrecht) und von ihm eine Rückzahlung unter Umgehung des Zedenten verlangen.*

Beispiel: Die Sommerfeld Bürosysteme GmbH nimmt bei ihrer Bank einen Kredit über 60 000,00 € auf, da sie auf einer Versteigerung eine Bandsäge erwerben möchte. Zur Sicherheit tritt sie an die Bank ausstehende Kundenforderungen in Höhe von 60 000,00 € ab. Sobald die Kundenzahlungen der Sommerfeld Bürosysteme GmbH gutgeschrieben werden, muss sie diese unverzüglich an den Kre-ditgeber abführen.

Offene Zession:

Bei dieser Kreditform wird dem Schuldner des Kreditnehmers die Abtretung der Forderung mitge-teilt. In diesem Fall darf der Schuldner nicht mehr an den Kreditnehmer, sondern nur noch an den Kreditgeber zahlen. Zahlt er trotzdem an den Kreditnehmer, ist er gegenüber dem Kreditgeber nicht von seiner Zahlungspflicht befreit.

Beispiel: Die Sommerfeld Bürosysteme GmbH nimmt bei der Deutschen Bank Essen einen kurzfristigen Kredit über 60 000,00 € auf. Zur Sicherheit tritt sie eine Kundenforderung über 60 000,00 € an die Deutsche Bank ab. Die Sommerfeld Bürosysteme GmbH informiert den Kunden von der Forderungsabtretung. Der Kunde vergisst die Forderungsabtretung und zahlt an die Sommerfeld Bürosysteme GmbH. Die Deutsche Bank kann die nochmalige Zahlung vom Kunden verlangen.

Realkredite

Bei den Realkrediten werden die Forderungen des Kreditgebers durch ein unmittelbares **Zugriffsrecht auf bewegliche (z. B. Schmuck, Wertpapiere) und unbewegliche Sachen oder Vermögenswerte (z. B. Grundstücke, Gebäude) des Kreditnehmers** abgesichert. Realkredite werden auch als **dinglich gesicherte Kredite** bezeichnet. Zu den Realkrediten zählen Lombard-, Sicherungsübereignungs- und Grundpfandkredit.

Lombardkredit

Hier (= Faustpfandkredit, § 1204 ff. BGB) wird ein meist **kurzfristiger Kredit gegen Verpfändung von beweglichen, wertvollen Sachen** (z. B. Schmuck, Wertpapiere) oder **von Rechten** (Lebensversicherungen) gewährt. Zwischen Kreditgeber und Kreditnehmer wird neben dem Kreditvertrag ein **Pfandvertrag** geschlossen. Das Pfand geht dabei in den **Besitz des Kreditgebers** über, der **Kreditnehmer bleibt Eigentümer**. Dienen Waren- oder Materialvorräte als Pfand, so werden diese

nicht etwa der Bank übergeben, sondern gesondert eingelagert. Eine Herausgabe oder Entnahme kann dann nur mit Zustimmung des Kreditgebers erfolgen. Der Kreditgeber stellt dem Kreditnehmer aber nicht den vollen Wert des verpfändeten Gegenstandes zur Verfügung, sondern nur den sogenannten Beleihungswert. Dieser beträgt je nach Pfand bis zu 90 % des Pfandwertes. Kommt der Kreditnehmer am Fälligkeitstag seiner Zahlungsverpflichtung nicht nach, kann der Kreditgeber nach vorheriger Androhung und Ablauf einer Wartefrist von mindestens einem Monat das Pfand verkaufen. Das Pfandrecht erlischt, wenn der Kreditnehmer seine Schulden bezahlt hat.

Beispiel: Zur Absicherung eines kurzfristigen Kredits über 40 000,00 € überlässt der Inhaber der Raumkultur Peter Nicolai e. K. der Bank Schmuck im Wert von 60 000,00 €. Da die Raumkultur Peter Nicolai e. K. am Fälligkeitstag ihren Zahlungsverpflichtungen nicht nachgekommen ist, erhält der Geschäftsführer von der Bank die schriftliche Mitteilung, dass der Schmuck nach 30 Tagen versteigert wird, wenn die Raumkultur Peter Nicolai e. K. ihrer Zahlungsverpflichtung nicht nachgekommen ist. Nach Ablauf der 30 Tage wird der Schmuck für 45 000,00 € versteigert. Die Bank schreibt dem Konto der Raumkultur Peter Nicolai e. K. nach Abzug der Kosten (440,00 €) und Ausgleich des Kredites über 40 000,00 € noch 4 560,00 € gut.

Sicherungsübereignungskredit

Bei der Sicherungsübereignung (§ 930 BGB) wird im Gegensatz zum Lombardkredit der **Kreditgeber Eigentümer der Sicherungsgegenstände (mittelbarer Besitzer)**, während der **Kreditnehmer der unmittelbare Besitzer der Gegenstände** bleibt (Besitzkonstitut § 930 BGB). Der Kreditnehmer kann die übereigneten Gegenstände weiterhin nutzen. Übereignet werden daher meistens Gegenstände des Anlagevermögens, die der Kreditnehmer für den laufenden Geschäftsbetrieb noch benötigt

(Pkw, Fertigungsanlagen etc.). Beim Sicherungsübereignungskredit wird neben dem Kreditvertrag zwischen dem Kreditgeber und dem Kreditnehmer ein **Sicherungsübereignungsvertrag** abgeschlossen. Bei Nichtrückzahlung des Kredits durch den Kreditnehmer kann der Kreditgeber die Herausgabe der sicherungsübereigneten Gegenstände verlangen und durch einen freihändigen Verkauf verwerten.

Beispiel: Der Bürofachhandel Ergoline GmbH nimmt bei seiner Bank ein Darlehen über 30 000,00 € auf. Zur Sicherheit übereignet die GmbH der Bank durch die Übergabe der Zulassungsbescheinigungen und der Fahrzeugbriefe von zwei Lieferwagen im Wert von insgesamt 45 000,00 €, wodurch der Verkauf der Lieferwagen an gutgläubige Dritte verhindert wird. Am Fälligkeitstag erfolgt durch den Bürofachhandel Ergoline GmbH keine Tilgung des Darlehens. Die Bank hat das Recht, die Lieferwagen sofort abholen und durch einen freihändigen Verkauf veräußern zu lassen. Sollte beim Verkauf ein höherer Preis als 30 000,00 € erzielt werden, erhält der Bürofachhandel Ergoline GmbH den höheren Betrag nach Abzug der entstandenen Kosten gutgeschrieben.

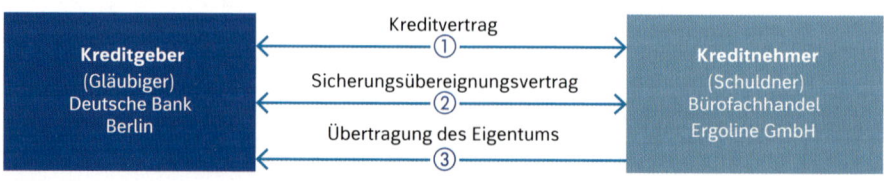

Mit der Tilgung des Kredits durch den Kreditnehmer geht das Eigentum automatisch wieder auf den Kreditnehmer über. Für den Kreditgeber und den Kreditnehmer können sich bei der Sicherungsübereignung **folgende Vorteile und Risiken** ergeben:

	Vorteile	Risiken
Kreditgeber (KG)	▪ KG hat im Insolvenzfalle Recht auf Absonderung, d.h. die sicherungsübereigneten Gegenstände werden nicht Bestandteil der Insolvenzmasse und der Eigentümer kann die Herausgabe der Gegenstände verlangen. ▪ KG kann bei Zahlungsverzug des KN Sicherungsgegenstand sofort verkaufen.	▪ Auf den übereigneten Gegenständen ruht Eigentumsvorbehalt des Lieferers. ▪ Verlust des Eigentums des KG beim Weiterverkauf vom KN an gutgläubige Dritte. ▪ Gegenstände sind bereits anderweitig vom KN sicherungsübereignet worden. ▪ Übereignete Gegenstände können beschädigt oder zerstört werden.
Kreditnehmer (KN)	▪ KN kann sowohl mit dem sicherungsübereigneten Gegenstand als auch mit dem Kredit arbeiten. ▪ Übereignung ist nach außen nicht erkennbar.	KG kann bei Nicht-rechtzeitig-Zahlung (Zahlungsverzug) den übereigneten Gegenstand sofort verkaufen lassen.

Grundpfandkredite

Beim Grundpfandkredit wird dem Kreditgeber ein **Pfandrecht an unbeweglichen Sachen** (Immobilien) übertragen. Das Grundpfandrecht wird in das **Grundbuch**, das beim Amtsgericht geführt wird, eingetragen. Das Grundbuch ist ein öffentliches Register, das Auskunft über Eigentumsverhältnisse, Größe, Lage, Lasten usw. eines Grundstückes gibt. Einsicht in das Grundbuch kann jeder nehmen, der ein berechtigtes Interesse nachweisen kann. Pfandrechte können als Hypothek oder Grundschuld eingetragen werden. Kommt ein Kreditnehmer seiner Zahlungsverpflichtung aus einem Grundpfandkredit nicht nach, kann der Kreditgeber das Grundstück und das dazugehörige Gebäude, das mit einem Pfandwert belastet ist, zwangsversteigern lassen.

Hypothek (§ 1113 ff. BGB)

Die Hypothek setzt immer das Bestehen einer Forderung voraus. Der Kreditgeber hat nur einen Anspruch in Höhe der ursprünglichen Forderungen abzüglich der geleisteten Rückzahlungen. Der Kreditnehmer haftet mit dem Grundstück (= **dingliche Haftung**) als Pfand. Zudem haftet er persönlich mit seinem ganzen Vermögen (= **persönliche Haftung**) für das Darlehen. Der Kreditgeber kann also bei einer Zwangsvollstreckung sowohl die Befriedigung seiner  Forderungen aus dem Vermögen des Kreditnehmers als auch aus dem Grundvermögen verlangen. Die Hypothek erlischt automatisch mit der Rückzahlung des Kredites.

Beispiel: Der Bürobedarfsgroßhandel Thomas Peters e. K. nimmt bei seiner Bank ein Hypotheken-darlehen über 100 000,00 € auf. Als Sicherheit wird im Grundbuch eine Hypothek auf ein Grund-stück mit dazugehörigem Gebäude, das sich im Eigentum des Bürobedarfsgroßhandels befindet, eingetragen. Wenn der Bürobedarfsgroßhandel mit seinen Tilgungsraten in Verzug geraten sollte, könnte die Bank das Grundstück mit dem Gebäude zwangsversteigern lassen. Falls das Gebäude z. B. durch Feuer vernichtet worden ist und der Wert des Grundstücks zur Befriedigung der Forde-rung nicht mehr ausreicht, kann die Bank die Befriedigung der Restforderung aus dem Privatver-mögen des Kreditnehmers verlangen.

Eine Hypothek kann als **Buchhypothek** oder als **Briefhypothek** bestellt werden. Eine **Buchhypothek** entsteht durch Einigung und Eintragung. Bei einer **Briefhypothek** wird zusätzlich ein **Hypothekenbrief** ausgestellt, der zum Erwerb, zur Übertragung und Geltendmachung der Hypothek erforderlich ist. Durch eine Briefhypothek wird die Übertragung der Hypothek auf einen anderen Gläubiger erleichtert, da hierzu die Über-gabe des Briefes zusammen mit einer schriftlichen Abtretungserklärung genügt. Eine Umschreibung im Grundbuch muss nicht vorgenommen werden.

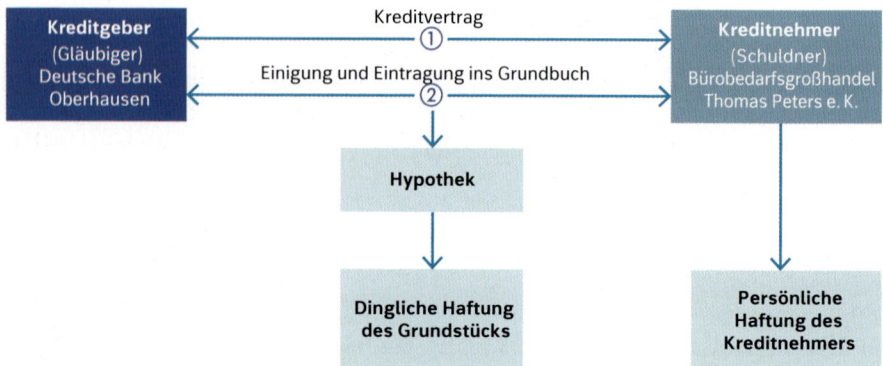

Grundschuld (§ 1191 ff. BGB)

Das Bestehen einer Forderung ist im Gegensatz zur Hypothek nicht erforderlich (= **ab-strakte dingliche Schuld**). Bei der Grundschuld wird ein Grundstück mit einer bestimm-ten Geldsumme zugunsten des Kreditgebers belastet. In das Grundbuch wird nur die Grundschuld, aber nicht der Schuldgrund, z. B. Aufnahme eines Darlehens, eingetragen. Der Kreditgeber hat zwei Ansprüche gegen den Kreditnehmer:

- einen dinglichen Anspruch aus der Grundschuld,
- einen persönlichen Anspruch aus dem Darlehen.

Im Falle einer Zwangsvollstreckung muss eine Forderung des Kreditgebers nicht nachge-wiesen werden. Auch bei voller Rückzahlung aller Verbindlichkeiten durch den Kreditneh-mer erlischt die Grundschuld nicht. Sie erlischt erst, wenn sie im Grundbuch gelöscht wird.

Beispiel: Nimmt der Bürobedarfsgroßhandel Thomas Peters e. K. bei seiner Bank ein Grundschuld-darlehen über 100 000,00 € auf, könnte er das Darlehen in Teilbeträgen nach und nach abrufen. (Vorteil: Nur eine einmalige Eintragung ins Grundbuch.) Die Bank könnte das Grundstück mit dem Gebäude zwangsversteigern lassen, wenn der Bürobedarfsgroßhandel mit seinen Tilgungsraten in Verzug gerät. Falls das Gebäude, z. B. durch Feuer, vernichtet worden ist und der Wert des Grund-stücks zur Befriedigung der Forderung nicht mehr ausreicht, könnte die Bank die Befriedigung der Restforderung nur noch aufgrund des persönlichen Anspruchs aus dem Darlehen aus dem Vermö-gen des Kreditnehmers verlangen. Eine persönliche Haftung aus der Grundschuld ist nicht möglich.

Exkurs: Zahlungsabsicherung im Güterverkehr mit dem Ausland

Dokumentenakkreditiv

Beim Dokumentenakkreditiv verpflichtet sich die Bank des Importeurs, gegen Vorlage von im Kaufvertrag vereinbarten Dokumenten (Handelsrechnung, Transport- und Versiche-rungsdokumente etc.) Zahlung zu leisten. Es handelt sich hierbei um ein **abstraktes**, d.h. vom Grundgeschäft losgelöstes, **und bedingtes**, d.h. an Bedingungen geknüpftes (Vorlage akkreditivkonformer Dokumente) **Zahlungsversprechen**. Der Importeur hat so die Gewiss-heit, dass er nur dann zahlen muss, wenn der Exporteur durch die ordnungsgemäße Vor-lage der akkreditivkonformen Dokumente die Warenlieferung nachweisen kann. Der Exporteur hat die Sicherheit, dass er den vereinbarten Kaufpreis (abzüglich der nicht unwe-sentlichen Bankgebühren) erhält, wenn er die akkreditivkonformen Dokumente vorlegt.

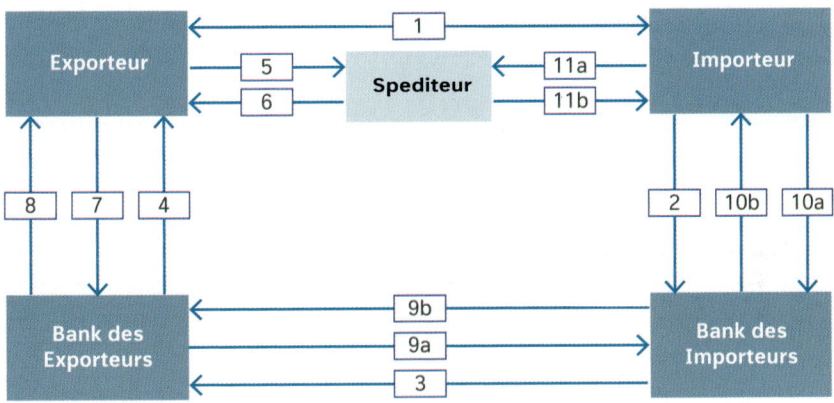

1) Abschluss eines Kaufvertrages
2) Antrag auf Akkreditiveröffnung
3) Mitteilung über die Eröffnung des Akkreditivs
4) Ankündigung des Akkreditivs (Angabe der verlangten Dokumente)
5) Warenübergabe nach Überprüfung des Akkreditivs
6) Übergabe der Dokumente
7) Weiterleitung der Dokumente
8) Zahlung nach intensiver Prüfung der Dokumente
9a) Weiterleitung der Dokumente
9b) Gleichzeitige Zahlung („Zug um Zug")
10a) Zahlung
10b) Gleichzeitige („Zug um Zug") Aushändigung der Dokumente
11a) Übergabe der Dokumente
11b) Übergabe der Ware („Zug um Zug")

Dokumenteninkasso

Beim Dokumenteninkasso verpflichtet sich der Importeur von Waren, gegen Übergabe von im Kaufvertrag vereinbarten Dokumenten (Handelsrechnung, Transport- und Versicherungsdokumente etc.) Zahlung zu leisten („**Zahlung gegen Dokumente (d/p)**") bzw. einen akzeptierten Wechsel zu übergeben („**Zahlung gegen Akzept (d/a)**"). Im Regelfall wird das Dokumentenakkreditiv unter Einschaltung der Hausbanken von Importeur und Exporteur abgewickelt. Das Dokumenteninkasso ist zwar deutlich günstiger als das Dokumentenakkreditiv, bietet aber eine geringere Sicherheit, da hier kein abstraktes Zahlungsversprechen der Bank des Importeurs gegeben wird. Ein weiterer Unterschied zum Dokumentenakkreditiv ist der Zeitpunkt, zu dem der Exporteur sein Geld erhält. Dieser liegt beim Dokumenteninkasso deutlich später, da die Bank des Exporteurs das Geld erst weiterleitet, wenn sie dieses von der Bank des Importeurs erhalten hat.

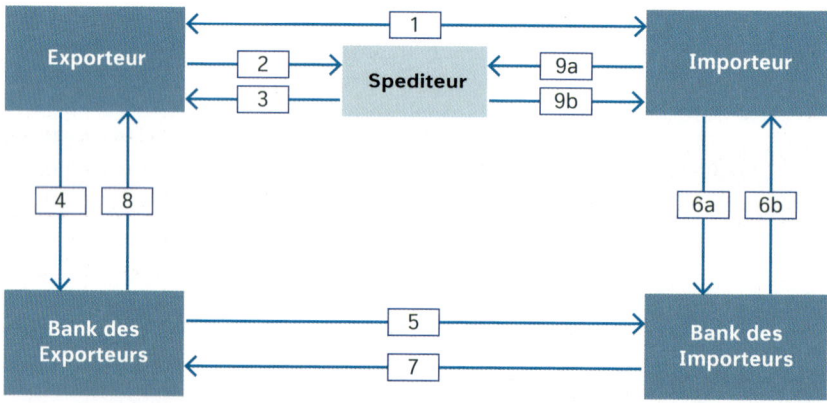

1) Abschluss eines Kaufvertrages
2) Übergabe der Ware
3) Übergabe der vereinbarten Dokumente
4) Einreichung der Dokumente und des Inkassoauftrages
5) Weiterleitung der Dokumente und des Inkassoauftrages
6a) Zahlungsanweisung bzw. Wechselakzeptierung
6b) Gleichzeitige („Zug um Zug") Aushändigung der Dokumente
7) Weiterleitung der Zahlung
8) Gutschrift des Zahlbetrages auf dem Konto des Exporteurs
9a) Einreichung der Dokumente
9b) Gleichzeitige Übergabe der Ware („Zug um Zug")

Zusammenfassung

Kreditsicherungsmöglichkeiten berücksichtigen

- *Der **reine Personalkredit** (Blankokredit) wird ohne Sicherheiten aufgrund der besonderen **Bonität des Kreditnehmers** gewährt.*

- ***Verstärkter Personalkredit** = Sicherung durch Personen*

Bürgschaft	Ein oder mehrere Bürgen haften zusätzlich zum Kreditnehmer (KN). ▪ **Ausfallbürgschaft:** Bürge hat Recht der Einrede der Vorausklage. ▪ **Selbstschuldnerische Bürgschaft:** Bürge verzichtet auf das Recht der Einrede der Vorausklage.
Zession	Abtretung von Forderungen an den Kreditgeber (KG). ▪ **Stille Zession:** Schuldner des KN wird nicht von der Forderungsabtretung informiert. ▪ **Offene Zession:** Schuldner des KN wird von der Forderungsabtretung informiert.

▪ **Realkredite** = dingliche Sicherung (bewegliche und unbewegliche Sachen haften für eine Forderung)

Lombardkredit (Faustpfandkredit)	Verpfändung von beweglichen Gegenständen oder Wertpapieren an den KG, wobei KG Besitzer wird, KN bleibt Eigentümer.
Sicherungsübereignungskredit	Bewegliche Gegenstände des Anlagevermögens (Pkw, Fertigungsanlagen, Büromaschinen etc.) werden zur Sicherheit vom KN an den KG übereignet. KG wird Eigentümer, KN bleibt Besitzer.
Grundpfandrechte	▪ **Hypothek:** KG erhält Pfandrecht an einem Grundstück durch Einigung und Eintragung ins Grundbuch. **KN haftet mit Privatvermögen und mit Grundstück** als Pfand. ▪ **Grundschuld:** Belastung des Grundstücks mit einer bestimmten Geldsumme zugunsten des KG. **KN haftet mit dem Grundstück** als Pfand.

▪ **Dokumentenakkreditiv:** Die Bank des Importeurs verpflichtet sich gegen Übergabe akkreditivkonformer Dokumente Zahlung zu leisten.

▪ **Dokumenteninkasso:** Der Importeur verpflichtet sich gegen Übergabe vereinbarter Dokumente Zahlung zu leisten.

Aufgaben

1. Erläutern Sie die unterschiedlichen Arten einer Bürgschaft.

2. Worin liegt der Vorteil der stillen Zession für den Kreditnehmer?

3. Geben Sie an, welche Vor- und Nachteile bzw. Risiken die Sicherungsübereignung
   a) für den Kreditgeber,
   b) für den Kreditnehmer hat.

4. Nennen Sie zwei wesentliche Merkmale des Lombardkredites.

5. Erläutern Sie die Besitz- und Eigentumsverhältnisse beim Sicherungsübereignungs- und Lombardkredit.

6. Erklären Sie den grundlegenden Unterschied zwischen einer Grundschuld und einer Hypothek.

7. Geben Sie für nachfolgende Sachen an, für welche Kreditsicherung sie sich eignen.
    a) Fahrzeuge, b) Schmuck, c) Gebäude, d) Erzeugnisvorräte, e) Geschäftsausstattung,
    f) Goldmünzen, g) Forderungen gegen Kunden.

8. Einer Ihrer Freunde will bei einem Kreditinstitut einen Kredit über 10 000,00 € für die An-
    schaffung einer Wohnungseinrichtung aufnehmen. Allerdings verlangt das Kreditinstitut,
    dass ein Bürge zusätzlich für den Kredit haften soll. Ihr Freund bittet Sie, für ihn zu bürgen.
    a) Sammeln Sie Argumente, ob Sie als Bürge für Ihren Freund zur Verfügung stehen.
    b) Überlegen Sie, welche Anforderungen ein Kreditinstitut an einen Bürgen stellt.

9. Die Sommerfeld Bürosysteme GmbH will eine Fertigungsmaschine im Wert von 80 000,00 €
    für das kommende Geschäftsjahr kaufen. Die Maschine soll über ein Darlehen finanziert
    werden. Erstellen Sie für die Sommerfeld Bürosysteme GmbH eine Liste der verschiedenen
    Formen der Kreditsicherung, die der Darlehensgeber verlangen könnte, und stellen Sie die
    jeweiligen Vor- und Nachteile in einer Übersicht gegenüber! Entscheiden Sie sich für eine
    Kreditsicherung und begründen Sie Ihre Entscheidung.

10. Erläutern Sie, warum ein Kreditgeber beim Lombardkredit nur einen bestimmten Prozentsatz
    des Pfandwertes als Sicherung akzeptiert.

→ 📄 6   Finanz- und Liquiditätsplanung beachten

LS 21

Lambert Feld, Hartmut Sommer und Claudia
Farthmann sitzen im Büro von Herrn Feld und
überprüfen die Investitionspläne für das lau-
fende und das kommende Geschäftsjahr. „Da
haben wir ganz schön was zu stemmen. Ich bin
mir nicht sicher, ob wir unsere Investitionsvorhaben tatsächlich alle finanzieren können",
zeigt sich Lambert Feld skeptisch. Claudia
Farthmann erwidert: „Aber wir haben doch alles
mehrfach geprüft und für die bisherigen Investitionen doch auch immer genügend Kapital
zusammenbekommen."   Hartmut   Sommer

schaltet sich ein: „Sicher, aber was ist, wenn die Geschäfte mal etwas schlechter laufen. Sind wir
dann noch liquide genug, um unsere finanziellen Verpflichtungen zu erfüllen? Ich denke, wir sollten mal Herrn Effer dazuholen. Er kann uns sicherlich dabei helfen, noch einmal einen Überblick
über unsere Finanzplanung zu gewinnen."

Arbeitsaufträge

- Erläutern Sie, welche Unterlagen Herr Effer, der Leiter des Rechnungswesens, zwingend zu der
  Besprechung mitbringen sollte.

- Erläutern Sie die Aufgabe eines Finanzplanes und stellen Sie den Zusammenhang zwischen
  den anderen betrieblichen Einzelplänen und der Liquiditäts- und Finanzplanung dar.

Finanzmanagement

Aufgabe des **Finanzierungsmanagements** ist die Steuerung des dem betrieblichen Güterstrom entgegenlaufenden Geldstroms. Hierzu gehören die Sicherstellung der jederzeitigen Zahlungsfähigkeit (Liquidität) des Unternehmens und langfristig die Beschaffung des für Investitionszwecke erforderlichen Kapitals. Die Finanzplanung baut auf den Teilplänen der betrieblichen Funktionsbereiche (Absatz-, Produktions-, Investitions-, Beschaffungs-, Personalplan) auf. Insbesondere die Daten der Finanzbuchhaltung (Bilanz, GuV) bilden eine wichtige Grundlage der Finanzplanung. Bei der Finanzplanung sind zwei wesentliche Bestandteile zu unterscheiden:

- die **Liquiditätsplanung**, die eher kurzfristig ausgerichtet ist,
- die **Kapitalbedarfsplanung**, die längerfristig angelegt ist (vgl. S. 277 ff.).

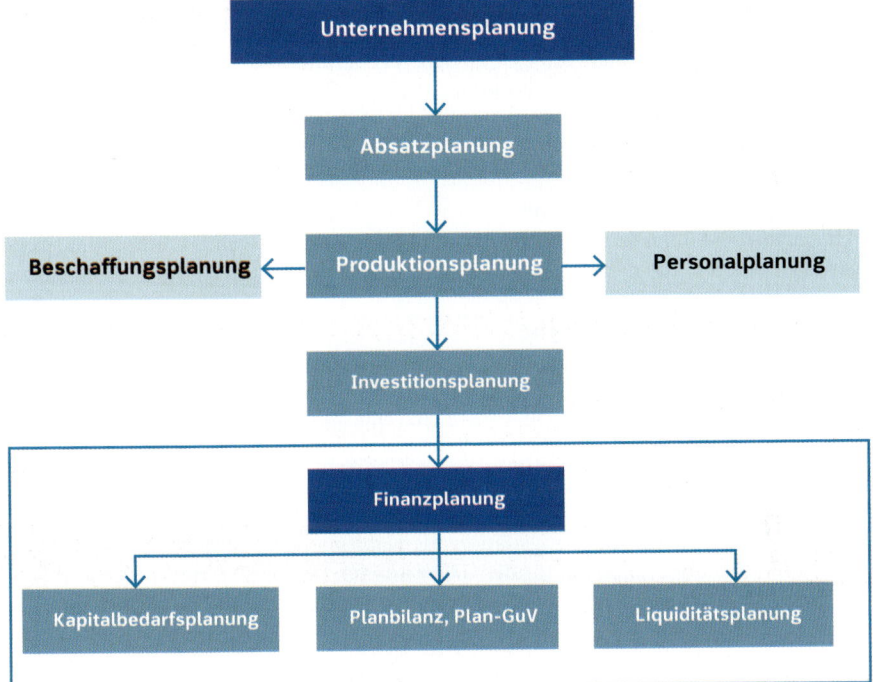

Das Finanzmanagement eines Industrieunternehmens umfasst **drei Aufgabenkomplexe**:

- **Gestaltung und Festlegung der Investitionspolitik**: Welche Investitionen soll ein Unternehmen durchführen?

- **Gestaltung der langfristigen Finanzierung**: Welche alternative Finanzierungsformen stehen zur Verfügung? Welche Auswirkungen haben diese auf die Kapitalstruktur des Unternehmens?

- **Gestaltung der kurzfristigen Finanzierung**: Welche liquiden Mittel benötigt ein Unternehmen zur Begleichung seiner kurzfristigen Verbindlichkeiten? Wie kann das Zahlungsverhalten gegenüber den Lieferanten gestaltet und das der Kunden eingeschätzt werden?

Finanzierungsziele und Finanzierungsregeln (Finanzierungscontrolling)

Die Finanzierung ist mit der Bereitstellung von Kapital im Rahmen der betrieblichen Gesamtplanung befasst. Sie hat systematisch alle in einem bestimmten Planungszeitraum erwarteten Ausgaben und Einnahmen zu erfassen.

Die **Finanzplanung hat somit folgende Ziele**:

- Ermittlung des Kapitalbedarfs für geplante Investitionen
- Sicherung der Liquidität
- Erhöhung der Rentabilität
- Verbesserung der finanziellen Anpassungsfähigkeit (Flexibilität)

Die **Finanzierungsregeln** sollen bei der zeitlichen Abstimmung von Investition und Finanzierung Hilfestellung leisten. Das zur Finanzierung notwendige Kapital steht dem Unternehmen unterschiedlich lange Zeit zur Verfügung. So sind Lieferantenkredite in der Regel kurzfristig, Bankkredite können mittel- und langfristig sein. Das Eigenkapital steht normalerweise unbefristet zur Verfügung. Für die Finanzierung haben sich folgende Regeln als sinnvoll erwiesen:

→ LF 8 **Finanzierung des Anlagevermögens**
Das Anlagevermögen sollte durch Eigenkapital oder langfristiges Fremdkapital finanziert werden, da es dem Unternehmen über einen längeren Zeitraum dient.

→ LF 8 **Finanzierung des Umlaufvermögens**
Das Umlaufvermögen kann mit mittel- und kurzfristigem Fremdkapital finanziert werden, da die Verweildauer im Unternehmen deutlich kürzer ist, als es beim Anlagevermögen der Fall ist (Roh-, Hilfs- und Betriebsstoffe werden verbraucht, fertige Erzeugnisse verkauft).

→ LF 8 **Goldene Finanzierungsregel (Goldene Bankregel)**
Im Idealfall entspricht die Bindungsdauer des Kapitals der Nutzungsdauer der mit ihm finanzierten Vermögensgegenstände (**Grundsatz der Fristenkongruenz**). Aufgenommenes Fremdkapital soll erst dann fällig werden, wenn die damit finanzierten Investitionen des Anlage- und Umlaufvermögens durch die Umsatzerlöse wieder zu Kapital geworden sind.

Goldene Bilanzregel
Sie kennzeichnet das Verhältnis zwischen Vermögens- und Kapitalstruktur (**Anlagendeckung**). Die goldene Bilanzregel besagt, dass das Anlagevermögen und das dauernd gebundene Umlaufvermögen (eiserner Bestand) durch Eigenkapital und langfristiges Fremdkapital gedeckt sein sollten, während das restliche Umlaufvermögen mit kurzfristigem Fremdkapital zu finanzieren ist. Der Grad der Anlagendeckung kann mit folgender Kennzahl berechnet werden:

→ LF 8
$$\text{Anlagendeckungsgrad II} = \frac{\text{Eigenkapital} + \text{langfristiges Fremdkapital}}{\text{Anlagevermögen}} \cdot 100$$

Beispiel: (vgl. Bilanz S. 264)
$$\text{Anlagendeckung der Sommerfeld Bürosysteme GmbH} = \frac{6\,000\,000 + 4\,000\,000}{8\,900\,000} \cdot 100 = \underline{\underline{112{,}4\,\%}}$$

Im Durchschnitt liegt die Anlagendeckung in den deutschen Industriebetrieben erheblich über 100 %. Die Liquidität ist bei Einhaltung der goldenen Bilanzregel – allerdings nicht grundsätzlich – gesichert, da

- die Bilanz keine Aussagen über zukünftige Ein- und Auszahlungen trifft,
- Zahlungstermine aus der Bilanz nicht zu erkennen sind.

Finanzierungskennzahlen

Kapitalgesellschaften müssen nach § 462 HGB neben der Vermögens- und Ertragslage ihre Finanzlage darstellen. Instrumente zu ihrer Darstellung sind die Bilanz, die GuV-Rechnung, der Anhang und dazu ergänzend der Lagebericht. Für Außenstehende, insbesondere Kapitalgeber, sind folgende Sachverhalte von besonderem Interesse: → LF 8

- Höhe des Haftungskapitals
- als Sicherheit zur Verfügung stehende Vermögensgegenstände
- Liquidität (ständige Zahlungsfähigkeit) des Unternehmens

Zur Beurteilung dieser Sachverhalte hat die Praxis eine Reihe von Kennzahlen entwickelt, die aus dem Jahresabschluss abgeleitet werden können (Vermögens- und Kapitalaufbau, Kapitalanlage, Liquidität). → LF 8

Aufstellung des Finanzplanes

Einerseits muss ein Unternehmen jederzeit seinen finanziellen Verpflichtungen nachkommen können, andererseits sollte überschüssiges Kapital nicht ungenutzt im Unternehmen verbleiben, wenn es anderweitig gewinnbringend eingesetzt werden kann (vgl. auch Band 2, LF 8: Zielkonflikt zwischen Liquidität und Rentabilität). Infolgedessen erstellt ein Unternehmen einen **Finanzplan** (nicht zu verwechseln mit dem Finanzierungsplan, vgl. S. 279), in dem die erwarteten Einnahmen und Ausgaben für einen bestimmten Planungszeitraum (z. B. Monat, Quartal, Halbjahr) gegenübergestellt werden. Die Finanzpläne weisen immer eine Periodenliquidität aus. Nach der Fristigkeit lassen sich folgende Finanzpläne unterscheiden:

- **kurzfristige** Finanzpläne (bis zu einem Jahr)
- **mittelfristige** Finanzpläne (bis zu vier Jahren)
- **langfristige** Finanzpläne (über vier Jahre)

Falls bei einem Finanzplan die Summe der erwarteten Einnahmen größer ist als die Summe der erwarteten Ausgaben, entsteht ein Liquiditätsüberschuss (**Überdeckung**). In einem solchen Fall muss geprüft werden, ob es weitere Investitionen durchgeführt werden sollen. Auch rentable Geldanlagemöglichkeiten sind in die Überlegungen einzubeziehen. Ist die Summe der Einnahmen kleiner als die Summe der Ausgaben (**Unterdeckung**), entsteht ein Finanzierungsbedarf.

Beispiele:

Sommerfeld
Bürosysteme GmbH
Ein ökologisch orientiertes Unternehmen mit Zukunft

Finanzplan

Planungsperiode 1. Januar 20(0) bis 31. Januar 20(0)

Liquide Mittel in T€	**200**		
Erwartete Einnahmen	T€	Erwartete Ausgaben	T€
Liquide Mittel	200	Einkauf von Materialien	3 400
Umsatzerlöse	5 200	Löhne und Gehälter	1 410
Sonstige betriebliche Einnahmen	80	Sonstige betriebliche Aufwendungen	90
Kreditaufnahme/ Anlagenverkäufe	320	Anlagenkäufe/ Kredittilgung	440
Summe der erwarteten Einnahmen + liquide Mittel	5 800	Summe der erwarteten Ausgaben	5 340
Über-/Unterdeckung			+460

Aufgaben

1. *Ein Industriebetrieb hat folgende Zahlen vorliegen:*

Eigenkapital am Jahresanfang	2 720 000,00 €	Umsatzerlöse	13 600 000,00 €
Gesamtkapital am Jahresanfang	5 200 000,00 €	Zinsaufwendungen	204 000,00 €
Reingewinn	680 000,00 €		

Ermitteln Sie

→ LF 8

a) die Eigenkapitalrentabilität, b) die Gesamtkapitalrentabilität, c) die Umsatzrentabilität.

2. *Die Hacki Wimmer OHG weist folgende Zahlen aus:*

Eigenkapital am Jahresanfang	3 000 000,00 €	Umsatzerlöse	14 000 000,00 €
Gesamtkapital am Jahresanfang	5 000 000,00 €	Zinsaufwendungen	
Reingewinn	900 000,00 €	für Fremdkapital	100 000,00 €
kurzfristige Verbindlichkeiten	300 000,00 €	Abschreibungen	150 000,00 €

Ermitteln Sie

a) *den Kapitalaufbau,*
b) *die Eigenkapitalrentabilität,*
c) *die Gesamtkapitalrentabilität,*
d) *die Umsatzrentabilität,*
e) *den Cashflow.*

3. *Folgende aufbereitete Bilanz ist auszuwerten:*

A	Bilanz der Buche Möbel GmbH, Dorsten, zum 31. Dezember 20..		P
Anlagevermögen	900 000,00	Eigenkapital	1 350 000,00
Werkstoffe	300 000,00	Langfristiges Fremdkapital	500 000,00
Fertige Erzeugnisse	720 000,00	Kurzfristiges Fremdkapital	250 000,00
Forderungen	30 000,00		
Flüssige Mittel	150 000,00		
	2 100 000,00		2 100 000,00

a) *Ermitteln Sie*
 1. *den Anteil von Eigen- und Fremdkapital am Gesamtkapital in Prozent,*
 2. *den Anteil von Anlage- und Umlaufvermögen am Gesamtvermögen in Prozent,*
 3. *die Intensität der kurzfristigen Schulden,*
 4. *die Liquidität 1., 2. und 3. Grades,* → **LF 8**
 5. *die Anlagendeckung.*
b) *Begründen Sie, warum sich die Zahlungsfähigkeit des Unternehmens nicht endgültig anhand der Bilanz beurteilen lässt.*

4. *Erläutern Sie, warum es für einen Industriebetrieb wichtig ist, einen Finanzplan aufzustellen.*

5. *Erläutern Sie die goldene Finanzierungs- und die goldene Bilanzregel.*

6. *Erstellen Sie für Ihren Privatbereich einen Finanzplan für die nächsten drei Monate.*

7. *Beschreiben Sie, welche Aufgabenkomplexe das Finanzmanagement eines Industrieunternehmens umfasst.*

8. *Erläutern Sie, wie jeweils das Anlagevermögen und das Umlaufvermögen finanziert werden sollte.*

Wiederholungs- und Prüfungsaufgaben zu Lernfeld 11

1. *Die Dölken & Co. GmbH, ein mittelständischer Fahrradhersteller, möchte ihre Produktion erweitern. Dazu benötigt das Unternehmen 390 000,00 €. Aus dem letzten Geschäftsjahr hat die Dölken & Co. GmbH einen Gewinn von 130 000,00 € erwirtschaftet, den sie wieder investieren möchte.*
a) *Geben Sie drei Finanzierungsmöglichkeiten an, die der Dölken & Co GmbH zur Verfügung stehen.*

b) Bei ihrer Bank fragt der Geschäftsführer, Hugo Dölken, wegen eines Darlehens über 120000,00 € nach. Zusammen mit dem Kreditsachbearbeiter füllt er einen Kreditantrag aus. Welche Punkte werden in diesem Antrag angesprochen?

c) Ein Geschäftsfreund von Hugo Dölken will sich mit 140000,00 € beteiligen. Wägen Sie die Vor- und Nachteile dieser Finanzierungsform gegenüber einem Bankdarlehen ab, indem Sie zwei Vor- und zwei Nachteile dieser Beteiligungsfinanzierung aus Sicht von Hugo Dölken erläutern.

2. Die Bilanz des Möbelherstellers Artur Thur & Söhne KG weist zum Jahresende folgende Vermögensposten aus:

Grundstücke	600000,00 €	Gebäude	800000,00 €
Fuhrpark	160000,00 €	Geschäftsausstattung	90000,00 €
Fertige Erzeugnisse	200000,00 €	Kundenforderungen	160000,00 €
Kassenbestand	26000,00 €	Bankguthaben	130000,00 €
Roh-, Hilfs-, Betriebsstoffe	100000,00 €		

a) Beschreiben Sie, in welcher Weise diese Vermögenswerte zur Kreditsicherung herangezogen werden können.

b) Die kurzfristigen Verbindlichkeiten betragen 140000,00 €, die langfristigen Verbindlichkeiten gegenüber Banken 400000,00 €. Für einen zusätzlichen Ausstellungsraum benötigt der Möbelhersteller 150000,00 €. Beraten Sie den Möbelhersteller dahingehend, welche Kreditform er für die Finanzierung der Investition wählen sollte.

c) In seiner Bank wird der Komplementär Artur Thur auf das Leasing von Anlagevermögen hingewiesen. Erläutern Sie, was Leasing ist.

d) Ein Geschäftsfreund weist Artur Thur auf die Finanzierungsform des „Factoring" hin. Erklären Sie diese Möglichkeit anhand des obigen Falles.

3. Die Feinkostkonservenfabrik C. Kuhne & Co. OHG benötigt für einen erweiterten Kundendienst zwei neue Lieferwagen. Die Anschaffungskosten für beide Fahrzeuge würden 79800,00 € betragen. Die Konservenfabrik steht vor der Frage, ob sie die Fahrzeuge leasen oder kaufen soll. Die Leasingkosten liegen 25 % über der Kaufsumme.

a) Beschreiben Sie den Unterschied zwischen Operating- und Financial-Leasing.

b) Geben Sie Gründe dafür an, dass die Konservenfabrik trotz der hohen Leasingkosten die Fahrzeuge leasen sollte.

c) Erläutern Sie weitere Finanzierungsmöglichkeiten für die beiden Lieferwagen.

4. Die Flamingo GmbH, Herstellung von Bürobedarf, Herne, will aufgrund der günstigen Geschäftsentwicklung des Vorjahres die Produktionskapazität durch die Errichtung einer neuen Produktionshalle erweitern. Dazu benötigt die GmbH Kapital in Höhe von 300000,00 €.

a) Erläutern Sie die Möglichkeiten der Innen- und Außenfinanzierung, die sich der GmbH bieten.

b) Erklären Sie, welche Vorteile die GmbH hätte, wenn sie ihr Unternehmen hauptsächlich mit Eigenkapital finanzieren könnte.

c) Erläutern Sie die Möglichkeiten der stillen und offenen Selbstfinanzierung, die sich der Flamingo GmbH bieten.

5. Elmar Reis und Wolfgang Wendt betreiben gemeinsam die Herstellung und den Vertrieb von Sanitärartikeln in der „Reis & Wendt OHG". Beide beschließen, dringend notwendige Investitionen für Umbaumaßnahmen vorzunehmen.

a) Elmar Reis ist der Ansicht, dass das notwendige Kapital von 150000,00 € durch Bankkredite beschafft werden sollte. Erläutern Sie diese Möglichkeit mit ihren Vor- und Nachteilen.

323 Finanz- und Liquiditätsplanung beachten

b) *Wolfgang Wendt hingegen setzt sich dafür ein, einen neuen Gesellschafter in die OHG aufzunehmen. Geben Sie für diese Finanzierungsform die Vor- und Nachteile an.*

c) *Erläutern Sie, wovon es abhängen wird, für welche der beiden Möglichkeiten sich die Gesellschafter entscheiden werden.*

6. *Die Uwe Eller Keramikmanufaktur Obernzell KG plant, die vorhandene Produktpalette um Plastikgeschirr zu erweitern. Folgende Zahlenwerte wurden geschätzt:*

Gebäudeneubau	150 000,00 €	Durchschnittliche Lagerdauer	
Maschinen	80 000,00 €	der Werkstoffe	20 Tage
Planungskosten	10 000,00 €	Durchschnittliche Produktions-	
Materialeinsatz/Tag	6 000,00 €	dauer	2 Tage
Fertigungslöhne/Tag	10 000,00 €	Durchschnittliche Lagerdauer	
Verwaltungs- und Vertriebs-		der Erzeugnisse	10 Tage
gemeinkosten pro Tag je	800,00 €	Zahlungsziel der Lieferer	15 Tage
Materialgemeinkosten	20 %	Zahlungsziel an Kunden	25 Tage
		Sicherheitszuschlag	10 %
		Fertigungsgemeinkosten	30 %

a) *Ermitteln Sie den Anlagekapitalbedarf.*

b) *Ermitteln Sie die jeweilige Kapitalbindungsdauer.*

c) *Ermitteln Sie den Umlaufkapitalbedarf.*

d) *Ermitteln Sie den Gesamtkapitalbedarf.*

7. *Stellen Sie fest, welche der unten stehenden Aussagen auf*

a) die Grundschuld,	f) die stille Zession,
b) die Hypothek,	g) den einfachen Personalkredit,
c) den Lombardkredit,	h) die Ausfallbürgschaft,
d) die Sicherungsübereignung,	i) die selbstschuldnerische Bürgschaft zutreffen.
e) die offene Zession,	

1. *Die Absicherung des Kredites erfolgt durch unbewegliche Sachen. Im Falle einer Zwangsvollstreckung ist der Gläubiger nicht gezwungen, die genaue Höhe der Forderung nachzuweisen.*

2. *Der Kreditgeber ist Eigentümer, der Kreditnehmer ist Besitzer des zur Kreditsicherung herangezogenen Sachwertes.*

3. *Ein Drittschuldner kann mit schuldbefreiender Wirkung nur noch an den Kreditgeber zahlen, obwohl er eine Verbindlichkeit gegenüber dem Kreditnehmer hat.*

4. *Die Einrede der Vorausklage ist nicht möglich.*

5. *Ein Kaufmann erklärt sich im Rahmen eines Handelsgeschäftes bereit, einen Kreditvertrag zwischen zwei anderen Vertragspartnern durch seine Person abzusichern.*

6. *Gerät der Schuldner in Zahlungsverzug, so kann der Gläubiger als Eigentümer die Herausgabe des zur Kreditsicherung eingesetzten Sachwertes verlangen und ihn verwerten.*

8. *Durch welche Finanzierungsart wäre eine neue Maschine beschafft worden, wenn die Sommerfeld Bürosysteme GmbH einen von der Deutschen Bank angebotenen Kredit in Anspruch genommen hätte?*

1. *Beteiligungsfinanzierung durch Fremdkapital*

2. *Einlagenfinanzierung durch Fremdkapital*

3. *Außenfinanzierung durch Eigenkapital*

4. *Innenfinanzierung durch Fremdkapital*

5. *Außenfinanzierung durch Fremdkapital*

9. Erklären Sie den Zusammenhang zwischen Investition und Finanzierung in der Bilanz der Sommerfeld Bürosysteme GmbH.
   1. Die Passivseite der Bilanz zeigt, wie das Fremdkapital verwendet wurde.
   2. Die Aktivseite der Bilanz zeigt, wie Anlagevermögen und Umlaufvermögen finanziert wurden.
   3. Die Übereinstimmung zwischen Finanzierung und Investition bezeichnet man als Bilanz—identität.
   4. Die Aktivseite der Bilanz ist hinsichtlich Investition und Finanzierung unabhängig von der Passivseite; zwischen beiden besteht kein Zusammenhang.
   5. Die Aktivseite der Bilanz gibt Auskunft über die Investierung, die Passivseite über die Finanzierung.

10. Um eine günstige Einkaufsmöglichkeit ausnutzen zu können, nimmt ein Unternehmen kurzfristig einen Bankkredit in Anspruch. Als Sicherheit erhält die Bank das Pfandrecht am Wertpapierdepot des Unternehmers. Um welche Kreditart handelt es sich?
   1. Zessionskredit   4. Grundschuldkredit
   2. Personalkredit   5. Sicherungsübereignungskredit
   3. Lombardkredit   6. Hypothekenkredit

11. Welche der folgenden Aussagen sind korrekt?
   1. Gewährt ein Kreditinstitut einem Unternehmer einen Kredit gegen Sicherungsübereignung, bleibt der Unternehmer Eigentümer des von ihm übereigneten Gegenstandes.
   2. Verkauft ein Unternehmen Waren unter Eigentumsvorbehalt, geht das Eigentum auf den Käufer über, wenn 75 % der Schuld beglichen sind.
   3. Bei einer selbstschuldnerischen Bürgschaft haftet der Bürge wie der Hauptschuldner.
   4. Besitzt ein Käufer Wertpapiere, kann er diese zur Sicherheit an den Verkäufer verpfänden. Sie bleiben Eigentum des Käufers.
   5. Eine Hypothek ist die Belastung eines bebauten Grundstückes zur Sicherung einer Forderung.

12. Vervollständigen Sie untenstehende Satzteile durch die aufgeführten Begriffe zu richtigen Aussagen
   1. Leasing   4. Zessionskredit
   2. Lombardkredit   5. Liefererkredit
   3. Sicherungsübereignungskredit

   a) Bei einem ... tritt der Kreditnehmer Forderungen, die er gegenüber Dritten hat, an den Kreditgeber ab.
   b) Bei einem ... verpfändet der Kreditnehmer z. B. Wertpapiere, an den Kreditgeber.
   c) Bei einem ... bleibt der Kreditnehmer im Besitz von Gegenständen, deren Eigentumsrecht an den Kreditgeber zeitweilig übertragen wird.
   d) Bei einem ... verkauft der Gläubiger Ware auf Ziel.
   e) ... ist die Vermietung oder Verpachtung von Anlagegütern.

13. Der Inhaber einer Einzelunternehmung bringt privates Vermögen zusätzlich zu seinem bisherigen Eigenkapital ein. Kreuzen Sie die beiden zutreffenden Finanzierungsarten an.
   1. Außenfinanzierung   4. Fremdfinanzierung
   2. Innenfinanzierung   5. Selbstfinanzierung
   3. Eigenfinanzierung

14. *Bei welcher der nachfolgend beschriebenen Finanzierungen handelt es sich um*

a) *Beteiligungsfinanzierung*   c) *Selbstfinanzierung*

b) *Fremdfinanzierung*   d) *Finanzierung aus Abschreibungen?*

1. *Das Grundkapital wird durch Ausgabe neuer Aktien erhöht.*
2. *Ein Teil des Jahresüberschusses wird den offenen Rücklagen zugeführt.*
3. *Der Unternehmer bringt ein privates Fahrzeug in die Unternehmung ein.*
4. *Ein neuer Gesellschafter leistet seine Kapitaleinlage.*
5. *Bei einem Kreditinstitut wird ein Darlehen aufgenommen.*
6. *Eine Unternehmung kalkuliert den Werteverzehr im Verkaufspreis ein und verwendet ihn bis zur Neuanschaffung für Finanzierungszwecke.*
7. *Eine AG löst stille Reserven auf.*

15. *Ergänzen Sie die folgenden Sätze durch Einsetzen der folgenden Begriffe zu richtigen Aussagen über Kreditmöglichkeiten.*

a) *Kontokorrentkredit*   c) *Kundenkredit*

b) *Liefererkredit*   d) *Darlehenskredit*

1. *Die wichtigsten Kosten für einen … sind Sollzinsen und Kreditprovision.*
2. *Für ein Industrieunternehmen als Kreditnehmer stellt der entgangene Skontoertrag die Kosten für den … dar.*
3. *Der … wird durch den Ausgleich einer Ausgangsrechnung zurückgezahlt.*
4. *Für ein Industrieunternehmen als Kreditnehmer ist der … in der Regel der teuerste Kredit.*
5. *Der … kann sowohl bei einem Kreditinstitut als auch bei einem Geschäftsfreund aufgenommen werden.*

16. *Welche der folgenden Aussagen zur Sicherungsübereignung sind richtig?*

1. *Es wird dem Kreditgeber ein dauerndes Eigentumsrecht übertragen.*
2. *Gerät der Schuldner in Zahlungsverzug, so kann der Gläubiger als Eigentümer die Herausgabe der übereigneten Sachen verlangen und sie verwerten.*
3. *Neben dem Kreditvertrag wird ein Sicherungsübereignungsvertrag abgeschlossen.*
4. *Nur entbehrliche Sachen werden übereignet.*
5. *Die Sicherungsübereignung kann nur in Verbindung mit Grundstücken und Gebäuden zur Kreditsicherung eingesetzt werden.*
6. *Der Kreditgeber wird Eigentümer, der Kreditnehmer bleibt Besitzer des übereigneten Gegenstandes.*

17. *Ordnen Sie den rechts stehenden Begriffen drei der insgesamt sieben Erklärungen zur Finanzierung zu.*

a) *Ein Schuldner tritt Forderungen ab.*   *Sicherungsübereignung* _____

b) *Eine Bank räumt einen Dispositionskredit ein.*

c) *Ein Schuldner verpfändet Aktien zur Sicherheit an die Bank.*   *Lombardkredit* _____

d) *Zur Sicherung von Forderungen wird das Eigentum an einem Pkw übertragen.*   *Grundschuld* _____

e) *Der Eigentumsübergang an verkauften Waren erfolgt erst nach vollständiger Bezahlung.*

f) *Zur Sicherung eines Immobilienkredits wird ein Gebäude belastet.*

18. Welche der unten stehenden Aussagen zum Leasing treffen zu?
1. Ist der Leasinggeber gleichzeitig der Hersteller des Anlagegutes, so spricht man von indirektem Leasing.
2. Beim Leasing werden die Nutzungsrechte an Gütern des Anlagevermögens für eine bestimmte Zeit vom Leasinggeber auf den Leasingnehmer übertragen.
3. Beim Operating Leasing ist der Leasing-Vertrag in der Regel jederzeit kündbar, da keine feste Grundleasingzeit vereinbart wird.
4. Der Leasingnehmer wird Eigentümer, der Leasingeber bleibt Besitzer der geleasten Gegenstände.

19. Sie rechnen damit, dass auf der Hauptversammlung einige einflussreiche Aktionäre eine höhere Dividende einfordern. Bestimmen Sie die Finanzierungsart, die durch die Ausschüttung der Dividende unmittelbar eingeschränkt wird.
1. Außenfinanzierung
2. Kreditfinanzierung
3. Beteiligungsfinanzierung
4. Selbstfinanzierung
5. Finanzierung aus freigesetztem Kapital (Abschreibungsrückflüsse)

20. Eine Kollegin schlägt zur Erhöhung der Liquidität vor, verstärkt Bankkredite statt Lieferantenkredite in Anspruch zu nehmen. „Lieferantenkredite, d. h. nicht ausgenutzte Skonti von Lieferanten, sind in den meisten Fällen teurer als Bankkredite", begründet sie. Prüfen Sie, ob der Vorschlag sinnvoll und welche der folgenden Begründungen zutreffend ist.
1. Der Vorschlag ist nicht sinnvoll, weil nur beim Bankkredit Kosten entstehen.
2. Der Vorschlag ist sinnvoll, weil bei einem Vergleich der Jahreszinssätze der Zinssatz des Lieferantenkredits in der Regel höher ist als der Bankkreditzinssatz.
3. Der Vorschlag ist sinnvoll, weil beim Lieferantenkredit immer Skonto abgezogen wird.
4. Der Vorschlag ist nicht sinnvoll, weil beim Lieferantenkredit die Qualität der Geschäftsbeziehung zum Lieferanten ausschlaggebend ist.
5. Der Vorschlag ist nicht sinnvoll, weil Bankkredit und Lieferantenkredit rechnerisch nicht verglichen werden können.

21. In welchen der unten genannten Fälle handelt es sich
a) um Fremdfinanzierung als Außenfinanzierung?
b) um Eigenfinanzierung als Außenfinanzierung?
c) um Fremdfinanzierung als Innenfinanzierung?
d) um Eigenfinanzierung als Innenfinanzierung?
e) nicht um eine der vorgenannten Finanzierungsarten?

1. Ein Lieferer gewährt ein Zahlungsziel von drei Monaten.
2. Forderungen werden an ein Kreditinstitut verkauft.
3. Eine KG nimmt einen zusätzlichen Komplementär auf.
4. Ein Teil des Gewinns wird als Gewinnvortrag in die Bilanz eingestellt.
5. Die Pensionsrückstellungen werden um 5 % aufgestockt.
6. Eine Industrieunternehmung least eine Produktionsanlage.

22. Die Almaron AG ist ein mittelständisches Unternehmen mit Sitz in Emsdetten/Westfalen, welches Bagger herstellt, die im Straßenbau Verwendung finden. Da die Nachfrage nach kleineren Baggern immer mehr steigt, plant die Almaron AG, ihr Sortiment um einen mini-Bagger zu erweitern. Hierzu ist es erforderlich, dass in der Werkshalle eine neue Fertigungsstraße errichtet wird. Die Geschäftsleitung hat zwei Angebote eingeholt, welche die Abteilung Rechnungswesen/Controlling untersucht hat. Folgende Daten stehen ihnen zur Verfügung:

	Alternative 1	Alternative 2
Anschaffungskosten	12 000 000,00 €	18 000 000,00 €
Betriebsübliche Nutzungsdauer	6 Jahre	6 Jahre
Maximalkapazität	1 200 Stück jährlich	1 500 Stück jährlich
Anfallende sonstige fixe Kosten pro Jahr	425 000,00 €	635 000,00 €
Anfallende variable Kosten pro Stück	2 800,00 €	3 800,00 €
Prognostizierter Stückerlös pro Mini-Bagger	5 500,00 €	7 900,00 € (höherer Stückerlös, da sich auf dieser Fertigungsstraße qualitativ höherwertigere Bagger herstellen lassen)
Prognostizierte Absatzmenge	950 Stück jährlich	950 Stück jährlich

a) Unterstützen Sie die Geschäftsleitung bei der Entscheidung für eine der beiden Investitionsalternativen, indem Sie

- eine Kostenvergleichrechnung,
- eine Gewinnvergleichsrechnung,
- eine Rentabilitätsvergleichsrechnung und
- eine Amortisationsvergleichsrechnung

auf Grundlage des vorliegenden Zahlenmaterials durchführen.

b) Analysieren Sie die von Ihnen ermittelten Werte und treffen Sie auf Basis Ihrer Berechnungen sowie weiterer möglicher Argumente eine begründete Entscheidung bezogen auf die beiden Investitionsalternativen.

23. Welche der folgenden Aussagen zu statischen Investitionsrechenverfahren treffen zu?

1. Bei der Kostenvergleichsrechnung werden nur die variablen Kosten der Investitionsalternativen miteinander verglichen, da die fixen Produktionskosten unveränderlich sind.
2. Bei der Gewinnvergleichsrechnung werden die Gewinne der vergangenen Jahre in Relation zu den fixen Kosten gesetzt.
3. Die Amortisationszeit wird ermittelt, indem die Anschaffungskosten durch den jährlichen Gewinn dividiert werden.
4. Bei der Rentabilitätsvergleichsrechnung wird die Investition nach der Kapitalverzinsung beurteilt.

Unternehmensstrategien und -projekte umsetzen

1 Wirtschaftspolitik steuern

1.1 Bereiche und Träger der Wirtschaftspolitik in der Bundesrepublik Deutschland

Daniela Schaub ist empört! In der Zeitung hat sie gelesen, dass im Bezirk der Industrie- und Handelskammer Essen gut 12 % der Beschäftigten ohne Arbeit sind. Auf der anderen Seite heißt es, dass es mit der wirtschaftlichen Entwicklung der Region bergauf gehe. „Ich verstehe die Bundesregierung nicht", sagt Daniela zu Frau Farthmann, „in einer starken Volkswirtschaft muss es doch möglich sein, dass alle Menschen Arbeit haben. Wenn ich Bundeskanzlerin wäre, würde ich für Zinssenkungen sorgen und so den Konsum  *sowie die Investitionen ankurbeln. Das schafft Arbeit." „So einfach ist das nicht", entgegnet Frau Farthmann, „Wirtschaftspolitik wird nicht nur von der Bundesregierung gemacht, hier müssen viele Entscheidungsträger zusammenwirken." Daniela ist verblüfft. Ist die Wirtschaftspolitik nicht die alleinige Aufgabe der Bundesregierung?*

Arbeitsaufträge

- *Erläutern Sie die Bereiche und Träger der Wirtschaftspolitik sowie ihre jeweiligen Aufgaben.*

- *Nehmen Sie Stellung zu Danielas Vorschlag, die Bundesregierung solle für Zinssenkungen sorgen, um den Konsum und die Investitionen anzukurbeln.*

Ordnungs-, Struktur- und Ablaufpolitik als Teilbereiche der Wirtschaftspolitik

Ordnungspolitik, Strukturpolitik und Ablaufpolitik (Prozess- oder Stabilitätspolitik) bilden die Teilbereiche der **Wirtschaftspolitik**. Diese beinhaltet sämtliche Maßnahmen, die darauf abzielen, das Wirtschaftsleben zu ordnen, zu beeinflussen oder unmittelbar festzulegen.

Gesellschaftspolitik		
Wirtschaftspolitik		
Ordnungspolitik Festlegung der Rahmenbedingungen der Wirtschaftsordnung	**Ablaufpolitik (Prozess- oder Stabilitätspolitik)** Eingriffe in den Wirtschaftsprozess bei Marktversagen	
	Strukturpolitik Beeinflussung der bestehenden Wirtschaftsstruktur	
langfristig	kurzfristig	

Ordnungspolitik

Ordnungspolitik:
legt die langfristigen rechtlichen, sozialen und wirtschaftlichen Rahmenbedingungen fest, innerhalb derer sich der Wirtschaftsprozess vollzieht.

→ LF 9

Zur Ordnungspolitik zählen sämtliche Maßnahmen, welche die **Wirtschaftsordnung** – im Falle Deutschlands also die soziale Marktwirtschaft – gestalten, erhalten und ausbauen.

Beispiel: Das Gesetz gegen Wettbewerbsbeschränkungen (GWB) dient der Sicherung eines funktionierenden Wettbewerbes.

Strukturpolitik

Strukturpolitik:
*Strukturpolitische Maßnahmen dienen der Beeinflussung und Verbesserung der bestehenden Wirtschaftsstruktur. Dazu zählen insbesondere die **sektorale** (Branchen) und die **regionale Strukturpolitik**.*

→ LF 9

Beispiel: Durch den Bau einer neuen Autobahn soll eine Region besser an das Straßennetz angeschlossen werden. Die Region gewinnt damit als Unternehmensstandort an Attraktivität.

Ablaufpolitik (Prozess- oder Stabilitätspolitik)

Ablaufpolitik:
hat die Aufgabe, zielgerichtet, ergänzend und korrigierend in den Wirtschaftsprozess einzugreifen, wenn der Marktmechanismus versagt und es zu angebots- oder nachfrageseitigen Störungen von Marktgleichgewichten kommt.

Die Maßnahmen haben kurz- bis mittelfristigen Charakter und dienen vornehmlich dazu, Schwankungen zu vermeiden oder zu dämpfen. Die Ablaufpolitik wird im Wesentlichen durch die **Konjunktur- und Wachstumspolitik** bestimmt. Wichtige ablaufpolitische Impulse gehen vor allem von der **Geldpolitik** der Europäischen Zentralbank (EZB) und der **Fiskalpolitik** (Ein- und Ausgabenpolitik) des Staates aus.

Beispiel: Im Rahmen der Weltwirtschaftskrise 2008/09 brach die Nachfrage nach deutschen Autos dramatisch ein. Massenentlassungen in der Automobilindustrie drohten. Der Staat hat sich im Rahmen der Fiskalpolitik dazu entschlossen, die Nachfrage nach Autos durch eine „Abwrackprämie" zu fördern. Erwerber von Neuwagen erhielten staatliche Zuschüsse, wenn sie gleichzeitig ein „Altauto" verschrotteten. Die Nachfragelücke konnte geschlossen werden, allerdings um den Preis einer Erhöhung der Staatsausgaben.

Träger und Akteure der Wirtschaftspolitik

Die Wirtschaftspolitik wird in der Bundesrepublik Deutschland von den Gebietskörperschaften (Bund, Länder, Gemeinden), den Interessenverbänden (Unternehmerverbände und Gewerkschaften), der Europäischen Zentralbank (EZB) und weiteren überstaatlichen Organisationen (Europäische Union, internationale Organisationen) beeinflusst.

Gebietskörperschaften

Hauptträger der Wirtschaftspolitik ist die Bundesregierung. Sie erarbeitet im Rahmen bestehender Vorgaben, z.B. des Stabilitätsgesetzes (vgl. S. 333 ff.), Gesetzesvorlagen, die dem Bundestag und gegebenenfalls dem Bundesrat zur Beschlussfassung vorgelegt werden. Über den Bundesrat sind auch die Länderparlamente beteiligt, die im Rahmen der regionalen Wirtschaftspolitik auch eigene Initiativen ergreifen.

Beispiel: Der Bundesminister für Finanzen legt im Kabinett einen Entwurf zur Reform der Einkommensteuer vor. Nach Abstimmung mit den beteiligten Fachministerien, insbesondere dem Bundesminister für Wirtschaft und Energie und dem Bundesminister für Arbeit und Soziales, wird der Entwurf in den Bundestag eingebracht. Nach der Beschlussfassung durch den Bundestag wird der Gesetzesentwurf dem Bundesrat vorgelegt.

Umgesetzt werden die wirtschaftspolitischen Beschlüsse von den jeweils zuständigen Ministerien. Ministerien mit wichtigen wirtschaftspolitischen Aufgaben sind u.a.:

Ministerium	Internetadresse
Bundesministerium für Arbeit und Soziales	www.bmas.de
Bundesministerium der Finanzen	www.bundesfinanzministerium.de
Bundesministerium für Wirtschaft und Energie	www.bmwi.de
Bundesministerium für Umwelt, Naturschutz und nukleare Sicherheit	www.bmu.de

Im Rahmen ihrer örtlichen Zuständigkeiten beeinflussen auch die **Städte** und **Gemeinden** die Wirtschaftspolitik der Bundesrepublik Deutschland.

Beispiel: Um die regionale wirtschaftliche Entwicklung zu beleben, senkt die Stadt Essen den Hebesatz der Gewerbesteuer und stellt Industriebetrieben Bauland preiswert zur Verfügung.

Europäische Zentralbank (EZB)

Die EZB ist für die Geld- und Währungspolitik der Eurozone zuständig. Das vorrangige Ziel der EZB (vgl. S. 383 ff.) ist es, die **Preisstabilität** zu sichern. Durch den Einsatz geldpolitischer Instrumente ist die EZB in der Lage, die Geldmenge und die Zinssätze am

Geldmarkt zu steuern, um so Preisstabilität in der Eurozone herzustellen. Soweit dies ohne Beeinträchtigung des Zieles der Preisstabilität möglich ist, unterstützt die EZB die allgemeine Wirtschaftspolitik in der Gemeinschaft.

Des Weiteren ist die EZB mit folgenden Aufgaben betraut:

- Förderung eines reibungslosen Zahlungsverkehrs
- Genehmigung der Ausgabe von Banknoten
- Erhebung von statistischen Daten
- Durchführung von Maßnahmen der Bankenaufsicht
- Durchführung von Maßnahmen zur Gewährleistung der Stabilität des Finanzsystems
- Interessenvertretung im Rahmen der europäischen und internationalen Zusammenarbeit

Bei der Wahrnehmung der Aufgaben und Pflichten darf weder die EZB, noch eine nationale Zentralbank, noch ein Mitglied ihrer Beschlussorgane Weisungen von Organen oder Einrichtungen der Gemeinschaft, Regierungen der Mitgliedstaaten oder anderen Stellen einholen oder entgegennehmen. Die EZB ist in ihren Entscheidungen **unabhängig** von politischen Gremien.

> **PRAXISTIPP!**
>
> Informationen über die Arbeit der Europäischen Zentralbank finden Sie unter www.ecb.europa.eu.

Die Interessenverbände

Verbände einzelner Wirtschaftszweige (z.B. Bundesverband der Deutschen Industrie, Hauptverband der Deutschen Holz und Kunststoffe verarbeitenden Industrie) sowie bestimmter Berufs- oder Bevölkerungsgruppen (z.B. Bauernverband, Verbraucherschutzverbände) nehmen die Interessen ihrer Mitglieder wahr. Sie versuchen im Gespräch mit den Abgeordneten, als Sachverständige oder als Mitglieder der Parlamente Einfluss auf wirtschaftspolitische Maßnahmen zu nehmen. Eine herausragende Rolle spielen hierbei die **Unternehmerverbände** und die **Gewerkschaften**. Sie sind im Rahmen der **Tarifautonomie** für den Abschluss von Tarifverträgen und damit für die Festlegung von Lohn- und Arbeitsnormen zuständig. → LF 7

Beispiel: Eine geplante Einkommensteuerreform soll durch den Wegfall von Subventionen für die Werften und die Landwirtschaft finanziert werden. Der Bundesverband der Deutschen Industrie und der Bauernverband nehmen deshalb gegen die Gesetzesvorlage Stellung und versuchen, die Abgeordneten zu einer Ablehnung der Gesetzesvorlage zu bewegen.

> **PRAXISTIPP!**
>
> Den Hauptverband der Deutschen Holzindustrie finden Sie unter www.holzindustrie.de

Neben den Interessenverbänden wächst der **Einfluss der Medien** auf die Wirtschaftspolitik. Die öffentliche Meinung und damit das Verhalten der Verbraucher wird zunehmend durch **Massenmedien** (Fernsehen, Zeitschriften usw.) beeinflusst. Werbung lenkt z. B. die Nachfrage nach Konsumgütern und Wirtschaftsnachrichten sowie Kommentare beeinflussen die Entscheidungen der Unternehmen und der Verbraucher.

Überstaatliche Organisationen

Im Rahmen ihrer Mitgliedschaft in der **Europäischen Union** hat die Bundesrepublik Deutschland nationale Hoheitsrechte abgetreten. Dies gilt insbesondere für die Geldpolitik, die seit 1999 von der **Europäischen Zentralbank** betrieben wird. Staatliche Wirtschaftspolitik kann deshalb nur in enger Abstimmung mit den Gremien der europäischen Union erfolgen. Auch **internationale Organisationen** (vgl. S. 394 ff.) beeinflussen die nationale Wirtschaftspolitik. Nationale Regelungen dürfen sich immer nur im Rahmen der in internationalen Verträgen getroffenen Festlegungen bewegen.

Beispiel: Unternehmen können im gemeinsamen Binnenmarkt der EU ihre Erzeugnisse in allen Ländern unter gleichen Bedingungen wie im eigenen Land absetzen. Dies hat tendenziell eine Angleichung der Steuersysteme zur Folge, da die Gefahr besteht, dass Unternehmen in ein Land mit deutlich geringerer Steuerbelastung abwandern. Geplante Steuerreformen müssen deshalb in enger Abstimmung mit den Steuersystemen der Mitgliedsstaaten der EU erfolgen.

Zusammenfassung

Bereiche und Träger der Wirtschaftspolitik in der Bundesrepublik Deutschland

Bereiche der Wirtschaftspolitik		
Ordnungspolitik Maßnahmen, die die Wirtschaftsordnung betreffen	**Strukturpolitik** Maßnahmen, die die Struktur der Wirtschaft betreffen	**Ablaufpolitik** Maßnahmen, die den Prozess oder die Stabilität der Wirtschaft betreffen

Träger und Akteure der Wirtschaftspolitik	Gebietskörperschaften	▪ Bund ▪ Länder ▪ Gemeinden ▪ verantwortlich für die **Fiskalpolitik** (Ein- und Ausgabenpolitik)
	Europäische Zentralbank (EZB)	▪ oberste Zielsetzung: Gewährleistung der Preisstabilität ▪ unabhängig von politischen Gremien ▪ verantwortlich für die **Geldpolitik** in der Eurozone
	Interessenverbände	▪ Arbeitgeberverbände ▪ Gewerkschaften
	Überstaatliche Organisationen	▪ Europäische Union ▪ internationale Organisationen

Aufgaben

1. Erläutern Sie die Träger der Wirtschaftspolitik und ihre Einflussmöglichkeiten in der Bundesrepublik Deutschland.

2. Vertreter der Interessenverbände suchen das Gespräch mit Mitgliedern der Länderparlamente und des Bundestages.

    a) Stellen Sie Vor- und Nachteile einer engen Abstimmung zwischen Politik und Vertretern von Interessengruppen gegenüber.

    b) Diskutieren Sie die Vor- und Nachteile in der Klasse.

3. Erkundigen Sie sich in Ihrem Ausbildungsbetrieb, ob es Regelungen der Europäischen Union gibt, die dieser im Rahmen seiner Tätigkeit berücksichtigen muss.

4. Führen Sie eine Internetrecherche durch, bei der Sie die Webseiten der für Ihren Ausbildungsbetrieb zuständigen Interessenverbände aufsuchen. Stellen Sie fest, wie die Verbände die Interessen Ihrer Branche wahrnehmen.

5. Suchen Sie die Webseite der für Sie zuständigen Gewerkschaft im Internet auf. Beschreiben Sie Leistungen, die die Gewerkschaft ihren Mitgliedern anbietet.

1.2   Ziele und Zielkonflikte in der Wirtschaftspolitik

→ 📄

LS 22

Daniela Schaub geht die Arbeitslosenquote von 12 % in der Region nicht aus dem Kopf. „Auch wenn die Bundesregierung nicht allein verantwortlich ist", sagt Daniela, „die Bekämpfung der Arbeitslosigkeit gehört an die erste Stelle aller wirtschaftspolitischen Aktivitäten." Frau Farthmann ist schon wieder anderer Meinung. „Ziel der Wirtschaftspolitik der Bundesrepublik Deutschland ist das gesamtwirtschaftliche Gleichgewicht, so ist es im Stabilitätsgesetz definiert. Es gibt  demnach mehrere wichtige wirtschaftspolitische Zielsetzungen, nicht nur die Bekämpfung der Arbeitslosigkeit." „Trotzdem bin ich der Meinung, dass alle wirtschaftspolitischen Maßnahmen zur Bekämpfung der Arbeitslosigkeit eingesetzt werden müssen", sagt Daniela zu Frau Farthmann. „Ihr Engagement in allen Ehren", erwidert diese, „aber überlegen Sie einmal, ob dadurch nicht andere Ziele gefährdet werden."

Arbeitsaufträge

- Erläutern Sie die Ziele des Stabilitätsgesetzes (StabG).

- Stellen Sie fest, welcher Zusammenhang zwischen den Einzelzielen des Stabilitätsgesetzes besteht und wo Zielkonflikte zwischen den Einzelzielen auftauchen können.

- Stellen Sie Zielkonflikte zwischen möglichen weiteren Zielen der Wirtschaftspolitik und den Zielen lt. StabG dar.

Wirtschaftspolitische Zielsetzungen des Stabilitätsgesetzes

Das **Grundgesetz der Bundesrepublik Deutschland** schreibt keine bestimmte Wirtschaftsordnung zwingend vor. Es legt lediglich einen Rahmen fest, innerhalb dessen die Träger der Wirtschaftspolitik gestaltend tätig werden können.

Beispiel: Die Festlegung der Bundesrepublik als sozialer Bundesstaat (Art. 20 GG), der Schutz des Privateigentums (Art. 14 GG), die Tarifautonomie (Art. 9 GG).

→ **LF 9**

Innerhalb dieses Rahmens wurde die Wirtschaftsordnung der Bundesrepublik Deutschland als **soziale Marktwirtschaft** gestaltet und durch weitergehende Gesetze konkretisiert.

Als die Bundesrepublik Deutschland Ende der 60er-Jahre des letzten Jahrhunderts nach Abschluss der Wiederaufbauphase in eine Krise geriet, setzte sich die Auffassung durch, dass der Wirtschaftsablauf durch die Träger der Wirtschaftspolitik aktiv gestaltet werden muss. Eine derartige Steuerung **(Globalsteuerung)** setzt klare Ziele und einen entsprechenden rechtlichen Rahmen voraus. Dieser Rahmen wurde im Jahre 1967 mit dem **Gesetz zur Förderung der Stabilität und des Wachstums der Wirtschaft (Stabilitätsgesetz StabG)** geschaffen. Darin werden Bund und Länder verpflichtet, bei ihren wirtschafts- und finanzpolitischen Maßnahmen das gesamtwirtschaftliche Gleichgewicht zu beachten.

> **§ 1 StabG:** Bund und Länder haben bei ihren wirtschafts- und finanzpolitischen Maßnahmen die Erfordernisse des gesamtwirtschaftlichen Gleichgewichts zu beachten. Die Maßnahmen sind so zu treffen, dass sie im Rahmen der marktwirtschaftlichen Ordnung gleichzeitig zur Stabilität des Preisniveaus, zu einem hohen Beschäftigungsstand und außenwirtschaftlichem Gleichgewicht bei stetigem und angemessenem Wirtschaftswachstum beitragen.

Stabilität des Preisniveaus, hoher Beschäftigungsstand, außenwirtschaftliches Gleichgewicht und stetiges und angemessenes Wirtschaftswachstum stehen dabei als Ziele **gleichwertig** nebeneinander.

Dabei ist die Erreichung der Ziele des StabG für jeden einzelnen Bürger der Bundesrepublik Deutschland von großer Bedeutung.

- Die **Stabilität des Preisniveaus** sorgt dafür, dass Sparguthaben und Löhne und Gehälter ihren Wert behalten.

  Beispiel: Nicole Ganser hat ein Sparguthaben zu 5 % verzinst angelegt. Die Inflationsrate beträgt 3 %, sodass sich ihr Kapital real nur um 2 % vermehrt.

  Die Stabilität des Preisniveaus gilt als gewährleistet, wenn die jährliche **Preissteigerungsrate (Inflationsrate) nicht mehr als 2 %** beträgt.

- Ein **hoher Beschäftigungsstand** garantiert einen Arbeitsplatz und damit Einkommenssicherheit.

  Beispiel: Nicoles Onkel wird arbeitslos. Sein verfügbares Einkommen verringert sich dadurch um etwa 30 %.

Bei einer **Arbeitslosenquote von kleiner als 2 %** ist ein hoher Beschäftigungsstand erreicht. In diesem Fall spricht man von Vollbeschäftigung.

- **Das außenwirtschaftliche Gleichgewicht** sichert Arbeitsplätze im Export und garantiert die Bezahlung der Importgüter.

Beispiel: Die Sommerfeld Bürosysteme GmbH exportiert zunehmend Büro- und Einrichtungsmöbel in das europäische Ausland. Es werden zwei Mitarbeiter für das Auslandsgeschäft eingestellt.

Die Differenz zwischen den Waren- und Dienstleistungsexporten (EX) sowie den -importen (IM) wird als **Außenbeitrag (AB)** bezeichnet. Damit gilt:

$$AB = EX-IM$$

Entsprechen die Exporte den Importen, beträgt der Außenbeitrag 0 und ein außenwirtschaftliches Gleichgewicht ist erreicht. Aufgrund der hohen Exportabhängigkeit der deutschen Wirtschaft wird ein leicht positiver Außenbeitrag als Zielerreichung akzeptiert.

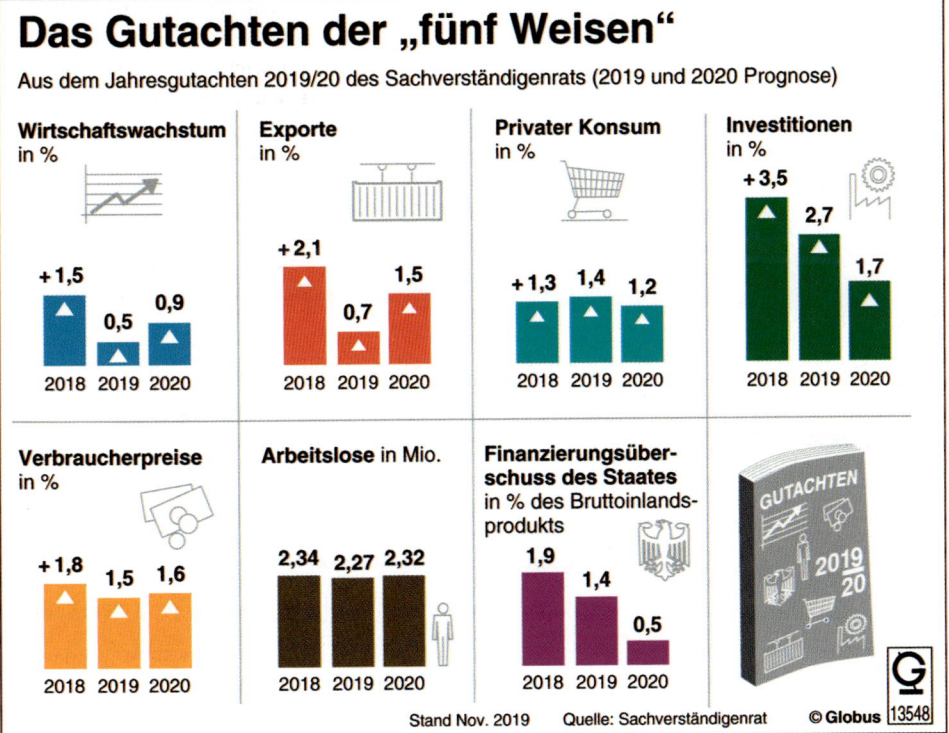

Das Gutachten der „fünf Weisen"

Aus dem Jahresgutachten 2019/20 des Sachverständigenrats (2019 und 2020 Prognose)

Wirtschaftswachstum in %
+1,5   0,5   0,9
2018 2019 2020

Exporte in %
+2,1   0,7   1,5
2018 2019 2020

Privater Konsum in %
+1,3   1,4   1,2
2018 2019 2020

Investitionen in %
+3,5   2,7   1,7
2018 2019 2020

Verbraucherpreise in %
+1,8   1,5   1,6
2018 2019 2020

Arbeitslose in Mio.
2,34   2,27   2,32
2018 2019 2020

Finanzierungsüberschuss des Staates in % des Bruttoinlandsprodukts
1,9   1,4   0,5
2018 2019 2020

GUTACHTEN 2019 20

Stand Nov. 2019   Quelle: Sachverständigenrat   © Globus 13548

- Ein **stetiges und angemessenes Wirtschaftswachstum** garantiert steigenden Wohlstand für alle.

Beispiel: Das Bruttoinlandsprodukt ist von 2008 bis 2018 im Jahresdurchschnitt um 1,3 % gestiegen. Damit stehen mehr Waren und Dienstleistungen zur Verteilung zur Verfügung.

Für die deutsche Wirtschaft wird ein jährliches Wachstum des **Bruttoinlandsproduktes von 2 %** als angemessen erachtet.

PRAXISTIPP!

Das Gesetz zur Förderung der Stabilität und des Wachstums der Wirtschaft (Stabilitätsgesetz) finden Sie unter www.gesetze-im-internet.de/stabg/index.html.

Zielbeziehungen der Ziele des Stabilitätsgesetzes

Das Stabilitätsgesetz fordert die gleichzeitige und gleichgewichtige Verwirklichung der vier grundlegenden Ziele staatlicher Wirtschaftspolitik. Da keines der Ziele ohne gleichzeitige (häufig negative) Beeinflussung eines oder mehrerer anderer verwirklicht werden kann, spricht man auch von einem **magischen Viereck**. „Magisch" sind hierbei nicht die Einzelziele selbst, sondern die gleichzeitige Verwirklichung aller Ziele. Sie bedarf der Kraft eines „Magiers". Um diese Magie zu verstehen ist es wichtig, die Zielbeziehungen zwischen einzelnen Zielen des Stabilitätsgesetzes zu untersuchen. Wie bei allen anderen Zielen auch, können sich wirtschaftspolitische Ziele **ergänzen**, **neutral zueinander verhalten** oder **miteinander konkurrieren**. Man spricht in diesem Fall von Zielharmonie, Zielneutralität oder Zielkonflikt.

Zielharmonie
Sie liegt vor, wenn die Verwirklichung eines Ziels die Erreichung eines anderen Ziels begünstigt.

Beispiel: Wirtschaftspolitische Maßnahmen zum Abbau der Arbeitslosigkeit in der Rezession (vgl. S. 374 f.) fördern zugleich auch das Wirtschaftswachstum, da durch eine höhere Auslastung der Produktionsfaktoren die Güterproduktion gesteigert wird.

Zielneutralität
Diese liegt vor, wenn die Erfüllung von Einzelzielen des Stabilitätsgesetzes unabhängig voneinander möglich ist. Bei den Zielen des Stabilitätsgesetzes stellt sie einen Ausnahmefall dar und kommt nur unter bestimmten Voraussetzungen vor.

Beispiel: Die Ziele „außenwirtschaftliches Gleichgewicht" und „Wirtschaftswachstum" können unabhängig voneinander angestrebt werden, wenn das Wirtschaftswachstum vor allem durch eine Stärkung der inländischen Nachfrage nach einheimischen Gütern erreicht werden soll.

Zielkonflikt

Ein Zielkonflikt liegt vor, wenn die Erreichung eines Ziels auf Kosten eines anderen Ziels geht, d.h., die Annäherung an ein Ziel ist mit der Entfernung von einem oder mehreren anderen Zielen verbunden. Es ist vor allem das Ziel der Preisniveaustabilität, das mit anderen Zielen des Stabilitätsgesetzes in Konflikt gerät. Folgende Zielkonflikte sind denkbar:

Hoher Beschäftigungsstand ↔ Preisniveaustabilität

Um einen hohen Beschäftigungsstand zu erreichen, werden z.B. Beschäftigungsprogramme durchgeführt und Arbeitsplätze subventioniert. Die Folge sind steigende Einkommen bei bisher Arbeitslosen, die zu einer Steigerung der inländischen Nachfrage und damit zu steigenden Preisen führen. Das Ziel der Preisniveaustabilität ist damit gefährdet.

Hoher Beschäftigungsstand ↔ Außenwirtschaftliches Gleichgewicht

Ein hoher Beschäftigungsstand ist aufgrund der hohen Exportabhängigkeit der Bundesrepublik Deutschland nur mithilfe der Exportindustrie möglich. Eine Förderung des Exports, z.B. durch Subventionen oder den Abbau von Handelsschranken, führt allerdings zu einer Erhöhung des Außenbeitrages.

Außenwirtschaftliches Gleichgewicht ↔ Preisniveaustabilität

Soll das außenwirtschaftliche Gleichgewicht durch eine Förderung des Exports hergestellt werden, hat dies auch Auswirkungen auf die inländischen Preise. Durch die erhöhte Nachfrage aus dem Ausland nach inländischen Gütern wird es auch zu Preissteigerungen im Inland kommen.

Wirtschaftswachstum ↔ Preisniveaustabilität

Maßnahmen zur Förderung des Wirtschaftswachstums führen zu einer Steigerung der Güterproduktion und der Einkommen. Steigende Einkommen führen zu einer Zunahme der Nachfrage und damit zu steigenden Preisen.

Da die Verfolgung eines Ziels oft nur zulasten eines anderen möglich ist, müssen die Träger der Wirtschaftspolitik Prioritäten (Vorrangigkeiten) bei der Zielerreichung festlegen. Die Entscheidung, welchem Ziel Vorrang vor einem anderen zu geben ist, ist also eine **politische Entscheidung**, die zwischen Bund, Ländern und Gemeinden, der Europäischen Zentralbank und den Interessenverbänden getroffen werden muss. Unabhängig von politischen Prioritäten wird aber immer das Ziel vorrangig zu verfolgen sein, das am stärksten gefährdet ist. Die **Abweichungsursachen** können vielfältiger Art sein. So spielen konjunkturelle und strukturelle Ursachen sowie Prioritäten im Rahmen der Wirtschaftspolitik eine Rolle.

Beispiele:

- In den Randregionen Deutschlands ist die Arbeitslosigkeit höher, als in den Ballungsgebieten. Ursache ist die Wirtschaftsstruktur der Regionen.

- Die Inflationsrate in der Europäischen Union ist im internationalen Vergleich sehr niedrig. Ursache ist die hohe Priorität der Geldwertstabilität bei der EZB.

Weitere wichtige Zielsetzungen der Wirtschaftspolitik

Neben den Zielen des Stabilitätsgesetzes gewinnen zunehmend andere Ziele an Bedeutung, so die **gerechte Einkommens- und Vermögensverteilung** sowie **eine nachhaltige Entwicklung**. Das magische Viereck wird so zu einem magischen Fünf- oder Sechseck.

Gerechte Einkommens- und Vermögensverteilung

Für den Einsatz der Produktionsfaktoren Arbeit, Boden und Kapital beziehen die Haushalte Einkommen. Diese Verteilung des Volkseinkommens auf die Produktionsfaktoren wird als **funktionelle Einkommensverteilung** bezeichnet.

Produktionsfaktor	Einkommen
Arbeit	Lohn oder Gehalt
Boden	Grundrente oder Pacht
Kapital	Miete, Zins, Gewinn

→ LF 9 Aufschluss über die funktionelle Einkommensverteilung geben die **Lohn**- bzw. die **Gewinnquote** als Anteil der Einkommen aus unselbstständiger Arbeit bzw. der Einkommen aus Unternehmertätigkeit und Vermögen am Volkseinkommen.

$$\text{Lohnquote} = \frac{\text{Einkommen aus unselbstständiger Arbeit} \cdot 100}{\text{Volkseinkommen}}$$

$$\text{Gewinnquote} = \frac{\text{Einkommen aus Unternehmertätigkeit und Vermögen} \cdot 100}{\text{Volkseinkommen}}$$

Das Einkommen eines Haushaltes kann sich aus mehreren Einkommensarten zusammensetzen. So kann ein Haushalt gleichzeitig Lohn oder Gehalt für die eingesetzte Arbeit, Pacht für ein Grundstück und Zinsen für angelegtes Kapital erhalten. Lohn- und Gewinnquote lassen also keine eindeutigen Rückschlüsse über den Wohlstand der Haushalte zu.

Wie gleichmäßig die Einkommen auf die einzelnen Haushalte verteilt sind, wird durch die **personelle Einkommensverteilung** ausgedrückt. Die Verteilung des Einkommens auf die Haushalte wird dabei durch die Leistungsfähigkeit des Einzelnen und durch Eingriffe des Staates bestimmt.

Die Verteilung des Einkommens nach der Leistungsfähigkeit des Einzelnen ist das Ergebnis der **Primärverteilung**. Da es hierbei zu sozialen Härten kommen kann, nimmt der Staat in der sozialen Marktwirtschaft im Rahmen der Steuer- und Sozialpolitik eine Umverteilung vor. Diese Umverteilung wird als **Sekundärverteilung** bezeichnet.

→ LF 7 Wichtige Mittel dieser Umverteilung sind **Steuern** und **Sozialabgaben**. Hohe Einkommen werden höher belastet als niedrigere. Diese Einnahmen stehen für eine Umverteilung, z.B. durch Transferzahlungen an sozial schwächere Personengruppen, zur Verfügung, um so Unterschiede zwischen sozial schwachen und sozial starken Personen auszugleichen.

Beispiel: Daniela Schaubs Vater bezieht ein monatliches Arbeitseinkommen von 4 000,00 € brutto (Primärverteilung). Unter Berücksichtigung von Steuern, Sozialabgaben und Kindergeld (Sekundärverteilung) stehen ihm monatlich 3 000,00 € zur Verfügung.

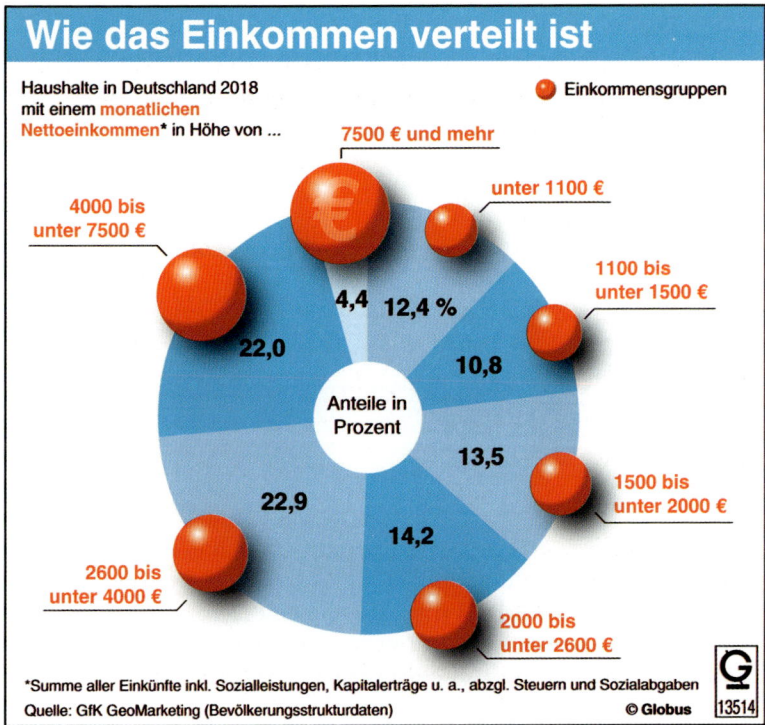

Wie das Einkommen verteilt ist

Haushalte in Deutschland 2018 mit einem **monatlichen Nettoeinkommen** in Höhe von ...

● Einkommensgruppen

7500 € und mehr

unter 1100 €

4000 bis unter 7500 €

1100 bis unter 1500 €

4,4   12,4 %

22,0

10,8

Anteile in Prozent

13,5

1500 bis unter 2000 €

22,9

14,2

2600 bis unter 4000 €

2000 bis unter 2600 €

*Summe aller Einkünfte inkl. Sozialleistungen, Kapitalerträge u. a., abzgl. Steuern und Sozialabgaben
Quelle: GfK GeoMarketing (Bevölkerungsstrukturdaten)   © Globus   13514

Neben der gerechten Einkommensverteilung ist auch die gerechte **Vermögensverteilung** eine wichtige wirtschaftspolitische Zielsetzung. Dabei ist die Vermögensverteilung wesentlich durch die Einkommensverteilung der Vergangenheit beeinflusst. Als Vermögen werden die einer Person zustehenden in Geld bewerteten Güter nach Abzug sämtlicher Verbindlichkeiten bezeichnet. Da das Vermögen ähnlich wie das Einkommen ungleich verteilt ist, versucht der Staat im Wege der Vermögenspolitik Einfluss auf die Vermögensverteilung zu nehmen und den Vermögensaufbau schwächerer Einkommensgruppen zu fördern. Mittel der **Vermögenspolitik** sind die staatliche geförderte Vermögensbildung und die Erbschaftssteuer.

Beispiele:

- Sparförderung durch Prämien, Sparzulagen und steuerliche Anreize
- Tarifliche Vermögensbildung durch vermögenswirksame Leistungen

Nachhaltige Entwicklung

Der weltweite hohe Verbrauch an Rohstoffen und Energie bei endlichen Ressourcen sowie eine weiterhin weltweit zunehmende Belastung der Umwelt lässt die Erkenntnis reifen, dass Wirtschaftswachstum nicht zulasten nachfolgender Generationen erkauft werden darf. Wirtschaften und Wirtschaftswachstum hat damit nicht nur eine quantitative, sondern auch eine qualitative Komponente.

Beispiel: Unter rein quantitativen Wachstumsgesichtspunkten ist es durchaus sinnvoll, bestimmte Erdöl- oder Erdgasvorkommen abzubauen, deren Erschließung und Förderung mit hohen Risiken verbunden sind. Aus qualitativer Sicht ist ein solches Wirtschaftswachstum höchst zweifelhaft, da ein solches Wachstum mit hohen Gefahren für die Umwelt erkauft wird, die im Extremfall in einer Umweltkatastrophe enden können.

Neben dem Zustand der Umwelt spielen Faktoren wie Generationengerechtigkeit, Sozialer Zusammenhalt, Lebensqualität oder die Wahrnehmung der internationalen Verantwortung Deutschlands eine wichtige Rolle zur Beurteilung einer nachhaltigen Entwicklung.

Indikatoren, die zur Beurteilung einer **nachhaltigen Entwicklung** in Deutschland erfasst werden, sind u. a.:

- Ressourcenschonung
- Klimaschutz
- Einsatz erneuerbarer Energien
- Flächeninanspruchnahme
- Artenvielfalt
- Staatsverschuldung
- Wirtschaftliche Zukunftsvorsorge
- Innovation
- Bildung
- Wirtschaftliche Leistungsfähigkeit
- Mobilität
- Landbewirtschaftung

PRAXISTIPP!

Die Entwicklung dieser Indikatoren können Sie auf der Internetseite des Statistischen Bundesamtes unter www.destatis.de nachvollziehen.

→ LF 9 Wichtigstes Instrument, um ein nachhaltiges Wirtschaften in einer lebenswerten Umwelt zu gewährleisten, ist die staatliche **Umweltpolitik**. Der Staat kann durch Gesetze, Verordnungen, Verbote, Auflagen und Steuern die Umwelt vor nachteiligen Einwirkungen schützen oder durch Subventionen umweltgerechtes Handeln fördern.

Zusammenfassung

Ziele und Zielkonflikte in der Wirtschaftspolitik

- **Wirtschaftspolitische Zielsetzungen** *des Stabilitätsgesetzes*

Magisches Viereck

Stabilität des Preisniveaus — Außenwirtschaftliches Gleichgewicht — Hoher Beschäftigungsstand — Stetiges und angemessenes Wirtschaftswachstum

- **Zielharmonie:** *Wirtschaftswachstum – hoher Beschäftigungsstand*

- **Zielneutralität bei Stärkung der inländischen Nachfrage:** *außenwirtschaftliches Gleichgewicht – Wirtschaftswachstum*

- **Zielkonflikte:**
  – *Preisniveaustabilität – hoher Beschäftigungsstand*
  – *Hoher Beschäftigungsstand – außenwirtschaftliches Gleichgewicht*
  – *Außenwirtschaftliches Gleichgewicht – Preisniveaustabilität*
  – *Wirtschaftswachstum – Preisniveaustabilität*

- **Abweichungen** *können konjunkturelle und strukturelle Ursachen haben.*

- **Weitere wichtige Zielsetzungen der Wirtschaftspolitik**
  – *Gerechte Einkommens- und Vermögensverteilung*
  – *Nachhaltige Entwicklung*

Aufgaben

1. Bilden Sie in der Klasse vier Gruppen. Jede Gruppe sammelt Argumente, die für die Erreichung eines der Ziele des StabG sprechen.

    a) Stellen Sie Ziel und Argumente vor der Klasse vor. Benutzen Sie dabei Medien wie die Tafel oder den Overheadprojektor.
    b) Diskutieren Sie, welchem Ziel die größte Bedeutung zukommt.

2. Von dem ehemaligen Bundeskanzler Schmidt ist das Zitat überliefert, 5 % Inflation seien ihm lieber als 5 % Arbeitslosigkeit. Nehmen Sie zu dieser Behauptung begründet Stellung.

3. Erläutern Sie, warum die gleichzeitige Erreichung der Ziele des Stabilitätsgesetzes auch als „magisches Viereck" bezeichnet wird.

4. Formulieren Sie weitere Ziele der Wirtschaftspolitik und begründen Sie Ihre Entscheidung.

5. Stellen Sie mögliche Zielkonflikte zwischen den von Ihnen festgelegten Zielen und den Zielen lt. StabG dar.

6. Erläutern Sie anhand der Abbildung „Gutachten der ‚fünf Wirtschaftsweisen'" auf S. 334 Zielerreichung und mögliche Zielkonflikte.

7. In der Bundesrepublik Deutschland ist das Ziel der Vollbeschäftigung das am meisten gefährdete Ziel des Stabilitätsgesetzes.

    a) Erläutern Sie, welche Zielkonflikte sich bei der Verfolgung dieses Ziels ergeben können.
    b) Versuchen Sie festzustellen, für welche Träger der Wirtschaftspolitik dieses Ziel die höchste Priorität hat.

8. Erläutern Sie die Auswirkungen von Beschäftigungsprogrammen auf das Preisniveau anhand der Angebots- und Nachfragekurve.

9. Beschreiben Sie die funktionelle, personelle, primäre und sekundäre Einkommensverteilung.

10. Erklären Sie, warum in Deutschland die Nettoeinkommen gleichmäßiger verteilt sind als die Bruttoeinkommen.

1.2.1   Stabilität des Preisniveaus

LS 23

„Alles wird teurer", stöhnt Danielas Vater beim Abendessen. „Erst das Benzin, dann die Zigaretten, und jetzt haben sie uns auch noch die Miete um 10 % erhöht." Daniela widerspricht. So schlimm könne es doch gar nicht sein. Im Wirtschaftsteil der Tageszeitung war von einer Steigerung der Verbraucherpreise um lediglich 2 % gegenüber dem Vorjahr die Rede. Danielas Vater ist anderer Meinung, bei Benzin, Zigaretten und der Miete beträgt die Steigerung mindestens 10 %.

Arbeitsaufträge

- *Überlegen Sie, wie der Widerspruch zwischen den hohen Preissteigerungen bei der Miete und der geringeren Steigerung der Verbraucherpreise zustande kommen kann.*

- *Erläutern sie die Arten und Ursachen der Inflation.*

- *Erstellen Sie Ihren persönlichen Warenkorb. Stellen Sie für die in der Abbildung auf S. 342 angegebenen Kategorien fest, wie viel Prozent Ihrer Ausbildungsvergütung Sie dafür jeweils ausgeben.*

Preisniveau, Preisindex und Kaufkraft

Unter dem **Preisniveau** versteht man die **durchschnittliche Höhe der Preise für Waren und Dienstleistungen** in einer Volkswirtschaft.

→ **LF 9** In einer wachsenden (evolutorischen) Wirtschaft haben die Preise immer eine leichte Tendenz zur Steigerung. Aus diesem Grund gilt die im Stabilitätsgesetz geforderte Stabilität des Preisniveaus als erreicht, **wenn das Preisniveau im Jahr um nicht mehr als 2 % steigt**.

Da es unmöglich ist, die Preisveränderungen aller Güter einer Volkswirtschaft zu erfassen, stellt das Statistische Bundesamt bestimmte, repräsentative Güter zu einem **Warenkorb** zusammen und ermittelt daraus einen **Preisindex**, der Aufschluss über die Preisentwicklung gibt.

Für unterschiedliche Interessengruppen gibt es **zahlreiche Preisindizes**, so z.B. für die landwirtschaftlichen und gewerblichen Erzeugerpreise, für die Ein- und Ausfuhrpreise oder für die Großhandelsverkaufspreise.

Der wichtigste Preisindex zur Messung des Preisniveaus in Deutschland ist der **Verbraucherpreisindex (VPI)**, der die durchschnittlichen Preise für die Lebenshaltung der privaten Haushalte ermittelt. Grundlage für die Berechnung ist ein **Warenkorb**, der repräsentativ sämtliche von den Haushalten gekauften Waren und Dienstleistungen erfasst. Der Warenkorb besteht aus 650 Güterarten, die entsprechend ihrem Anteil an den Gesamtausgaben der Haushalte erfasst sind. Da sich die Verbrauchsgewohnheiten aufgrund des technischen Fortschritts oder der Einkommenshöhe laufend ändern, wird das **Wägungsschema** für den Verbraucherpreisindex von Zeit zu Zeit (i. d. R. alle fünf Jahre) den veränderten Bedingungen **angepasst**.

Das Jahr der Zusammenstellung des Warenkorbs wird als Basisjahr bezeichnet. Für den zurzeit verwendeten Warenkorb ist 2010 das Basisjahr. Man kann zu jedem Zeitpunkt den Preis für den Warenkorb neu ermitteln und diesen mit dem Basisjahr vergleichen.

Zur Berechnung der Preissteigerungsrate wird der Preis des Warenkorbes im **Basisjahr** gleich 100 gesetzt und mit dem **Berichtsjahr** verglichen. Die ermittelte Zahl ist der **Preisindex**, der die Veränderung des Geldwertes, bezogen auf die zugrunde gelegten Güter, angibt.

Beispiel: Grundsätzliche Funktionsweise eines Preisindexes anhand eines Warenkorbes mit vier Gütern:[1]

Güter	Menge	Preis Jahr 00 (Basisjahr)	Preis Jahr 01	Preis Jahr 02
Benzin	200 l	282,00 €	325,00 €	367,00 €
Mineralwasser	120 l	50,00 €	50,00 €	48,00 €
DVD	2 Stück	18,00 €	17,00 €	18,00 €
Nudeln	25 kg	50,00 €	48,00 €	47,00 €
Kosten Warenkorb		400,00 €	440,00 €	480,00 €
Preisindex		100	110	120
Preissteigerung gegenüber Vorjahr		----	10 %	9,10 %

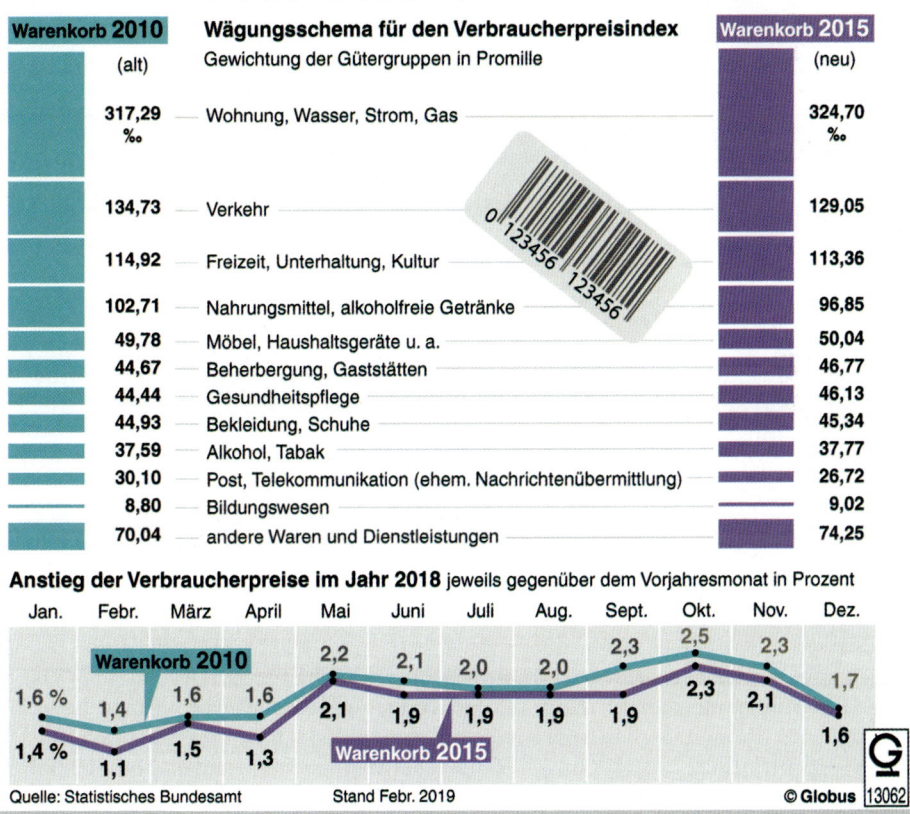

Neue Messlatte für die Preise

Wägungsschema für den Verbraucherpreisindex
Gewichtung der Gütergruppen in Promille

Warenkorb 2010 (alt)

Warenkorb 2015 (neu)

Gütergruppe	2010 (alt) ‰	2015 (neu) ‰
Wohnung, Wasser, Strom, Gas	317,29	324,70
Verkehr	134,73	129,05
Freizeit, Unterhaltung, Kultur	114,92	113,36
Nahrungsmittel, alkoholfreie Getränke	102,71	96,85
Möbel, Haushaltsgeräte u. a.	49,78	50,04
Beherbergung, Gaststätten	44,67	46,77
Gesundheitspflege	44,44	46,13
Bekleidung, Schuhe	44,93	45,34
Alkohol, Tabak	37,59	37,77
Post, Telekommunikation (ehem. Nachrichtenübermittlung)	30,10	26,72
Bildungswesen	8,80	9,02
andere Waren und Dienstleistungen	70,04	74,25

Anstieg der Verbraucherpreise im Jahr 2018 jeweils gegenüber dem Vorjahresmonat in Prozent

	Jan.	Febr.	März	April	Mai	Juni	Juli	Aug.	Sept.	Okt.	Nov.	Dez.
Warenkorb 2010	1,6 %	1,4	1,6	1,6	2,2	2,1	2,0	2,0	2,3	2,5	2,3	1,7
Warenkorb 2015	1,4 %	1,1	1,5	1,3	2,1	1,9	1,9	1,9	1,9	2,3	2,1	1,6

Quelle: Statistisches Bundesamt   Stand Febr. 2019   © Globus 13062

---

[1] *Das Beispiel zeigt exemplarisch die Preisniveaumessung mithilfe eines unverketteten Laspeyeres-Indexes. Da es sich beim VPI und beim HVPI um verkettete Indizes handelt, sind die Ergebnisse nur näherungsweise übertragbar.*

Die jährliche Preissteigungsrate wird auch als **Inflationsrate** bezeichnet und lässt sich wie folgt berechnen:

$$\text{Inflationsrate} = \frac{\text{Indexstand Berichtsjahr}}{\text{Indexstand Vorjahr}} \cdot 100 - 100$$

Je niedriger die Preissteigerungsrate ist, desto mehr Güter kann man für einen bestimmten Geldbetrag erwerben, desto höher ist die **Kaufkraft** des Geldes und desto höher ist das **Realeinkommen** der Haushalte. Die Kaufkraft stellt also den Wert des Geldes in einer Volkswirtschaft dar.

$$\text{Kaufkraft} = \frac{1}{\text{Preisniveau}} \cdot 100 \qquad \text{Realeinkommen} = \frac{\text{Nominaleinkommen}}{\text{Preisniveau}}$$

$$\text{mit: Preisniveau} = \frac{\text{neuer Indexstand}}{\text{alter Indexstand}}$$

Beispiele:

- Die Kaufkraft im Jahr 01 gegenüber dem Basisjahr beträgt [1 / (110/100)] · 100 = 90,91 %. Dies bedeutet, dass 100,00 € aus dem Jahre 00 nur noch eine Kaufkraft von 90,91 € im Jahr 01 hatten.

- Ein Haushalt der im Jahr 00 ein Nominaleinkommen von 2 000,00 € und im Jahr 01 von 2 100,00 € hatte, hat einen Realeinkommensverlust hinnehmen müssen. Sein Realeinkommen im Jahr 01 betrug 2 100 / (110/100) = 1 909,09 €.

Da der Verbraucherpreisindex das Kaufverhalten und die Preissteigerung eines durchschnittlichen Haushaltes widerspiegelt, kann die **persönliche Inflationsrate** durchaus höher oder niedriger sein. Zudem ist die „**gefühlte**" Inflation häufig höher, da Preissteigerungen bei einigen Gütern häufig deutlicher wahrgenommen werden als Preissenkungen bei anderen Gütern.

Die Inflationsmessung im Euroraum erfolgt mithilfe des **harmonisierten Verbraucherpreisindexes** (**HVPI**). Er ist ein harmonisierter Index, da für alle Länder eine einheitliche Methode der Inflationsmessung angewendet wird. So wird die Vergleichbarkeit der Daten unterschiedlicher Länder erhöht und eine Gesamtinflationsrate für den Euroraum ermittelt. Der HVPI ist eine wichtige Grundlage für die Geldpolitik der EZB.

Arten und Ursachen der Inflation

Steigen die Preise in einer Volkswirtschaft über einen längeren Zeitraum an, bezeichnet man diese Erscheinung als **Inflation**.

Je nach dem Tempo der Geldentwertung wird in **schleichende** (Inflationsrate < 5 %), **trabende** (Inflationsrate < 20 %) **oder galoppierende Inflation** (Inflationsrate über 20 %) unterschieden. Kommt es zu extrem hohen Inflationsraten von über 50 %, spricht man von einer **Hyperinflation**. Tritt die Inflation für jedermann sichtbar zutage, bezeichnet man sie als **offene Inflation**, wird der Preisanstieg durch staatliche Maßnahmen begrenzt, spricht man von **verdeckter Inflation**.

Nichtmonetäre Ursachen der Inflation

Inflation kann **nicht monetäre** oder **monetäre Ursachen** haben. Nicht monetäre Ursachen liegen in Änderungen des Nachfrageverhaltens (Nachfrageinflation) oder des Angebotsverhaltens (Angebotsinflation) begründet. Kommt es zu einem Ungleichgewicht zwischen Geld- und Gütermenge, ist Inflation monetär verursacht.

Theorie der Nachfrageinflation

Die **Nachfrage-** oder **Nachfragesoginflation** sieht die Ursache für Preissteigerungen in einer Steigerung der Nachfrage. Es kommt also zu einer Rechtsverschiebung der Nachfrage, die zu höheren Preisen führt. Die vermehrte Nachfrage kann dabei von allen Sektoren des Wirtschaftskreislaufs ausgehen, also vom Staat (Fiskalinflation), von den Unternehmen (Investitionsinflation) oder von den Haushalten (Konsuminflation). Geht die Nachfragesteigerung vom Ausland aus, spricht man von **importierter Inflation**.

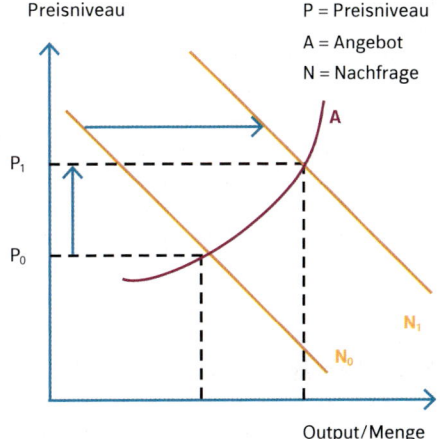

Beispiel: Im Ausland herrscht eine Inflationsrate von 5 %, im Inland eine Inflationsrate von 2 %. Bei konstanten Wechselkursen werden dadurch inländische Güter für das Ausland vergleichsweise billiger. Das Ausland fragt vermehrt inländische Güter nach, wodurch die Preise auch im Inland steigen. Die höhere Inflation des Auslandes wird importiert.

Theorie der Angebotsinflation

Hier liegt die Ursache für Preissteigerungen auf Seiten der Anbieter. Sie erhöhen die Preise, weil entweder die Kosten der Produktionsfaktoren gestiegen sind (**kosteninduzierte Inflation oder Kostendruckinflation**), Steuern und Sozialabgaben angehoben wurden oder weil sie höhere Gewinne erzielen wollen (**gewinninduzierte Inflation**). Zu einer **kosteninduzierten Inflation** kommt es beispielsweise, wenn Rohstoff- oder Energiekosten steigen bzw. Lohnerhöhungen über den Produktivitätszuwachs hinausgehen. Die Unternehmen wälzen die gestiegenen Kosten über Preiserhöhungen auf die Haushalte ab.

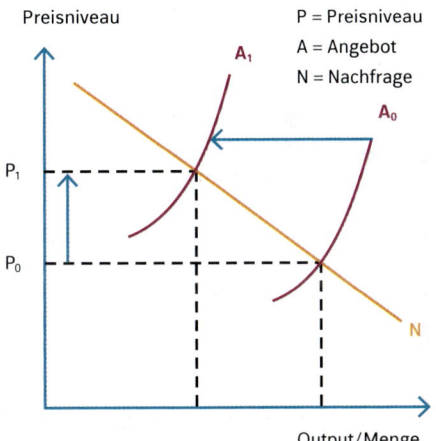

Beispiel: Ein Mitarbeiter der Sommerfeld Bürosysteme GmbH stellt am Tag 100 Stuhlgestelle her und bekommt dafür 100,00 € Lohn. Aufgrund von Prozessverbesserungen kommt es zu Produktivitätssteigerungen und er schafft im nächsten Jahr 110 Stuhlgestelle. Steigt sein Lohn auf 110,00 €, hat dies keinen Einfluss auf die Preisgestaltung, denn die Lohnstückkosten bleiben bei 1,00 € pro Stuhl. Setzt die Gewerkschaft allerdings eine Lohnsteigerung über dem Produktivitätszuwachs durch, bspw. einen Lohn von einen Lohn von 121,00 €, würden die Lohnstückkosten auf 1,10 € steigen und auf die Preise umgelegt.

Bei einer lohnkosteninduzierten oder einer Gewinninflation, besteht regelmäßig die Gefahr einer **Lohn-Preis-Spirale** bzw. einer **Preis-Lohn-Spirale**, da die Gewerkschaften die Inflationsrate in ihre Lohnforderungen einkalkulieren.

	Lohn-Preis-Spirale	**Preis-Lohn-Spirale**
Ursache	Gewerkschaften setzen Lohnsteigerungen über dem Produktivitätszuwachs durch.	Unternehmen beanspruchen aufgrund ihrer Marktmacht einen höheren Gewinn.
Folgen	Die gestiegenen Lohnstückkosten fließen in die Kalkulation der Preise ein.	Der erhöhte Gewinnzuschlag fließt in die Kalkulation der Preise ein.
	Aufgrund der erhöhten Lohnstückkosten steigen die Preise.	Aufgrund des erhöhten Gewinnzuschlages steigen die Preise.
	Die Gewerkschaften beziehen die erhöhte Inflationsrate in die nächsten Tarifverhandlungen ein. Dies führt wiederum zu steigenden Preisen.	Die Gewerkschaften beziehen die erhöhte Inflationsrate in die nächsten Tarifverhandlungen ein. Dies führt wiederum zu steigenden Preisen.

Monetäre Ursachen der Inflation

Langfristig wird Inflation durch ein **Ungleichgewicht zwischen Geld- und Gütermenge** verursacht. Je nach Stärke der Inflation verliert **Geld** mehr oder weniger seine **Funktionen**. In Zeiten einer Hyperinflation übernehmen Edelmetalle oder Schmuck wieder die Funktionen des Geldes.

Funktion des Geldes	**Beispiel**
Tauschmittel	Die Produkte der Sommerfeld Bürosysteme GmbH werden gegen Geld getauscht.
Zahlungsmittel	Die Sommerfeld Bürosysteme GmbH begleicht ihre Schulden bei der Wollux GmbH mit Geld.
Wertübertragungsmittel	Die Sommerfeld Bürosysteme GmbH überweist einen Geldbetrag auf das Konto der Wollux GmbH.
Wertaufbewahrungsmittel	Die Sommerfeld Bürosysteme GmbH spart einen Geldbetrag und legt ihn für ein Jahr fest. Im nächsten Jahr soll mit diesem Betrag eine Maschine finanziert werden.
Wertmaßstab	Die Sommerfeld Bürosysteme GmbH bemisst den Wert ihrer Produkte in Geldeinheiten. Der „Picto Besucherstuhl" kostet 403,00 €.
Recheneinheit	Die Bilanz der Sommerfeld Bürosysteme GmbH wird in Euro erstellt.

Wächst die Geldmenge stärker als die Gütermenge entsteht Inflation, im umgekehrten Falle **Deflation**. Die Preise fallen und die Kaufkraft des Geldes steigt.

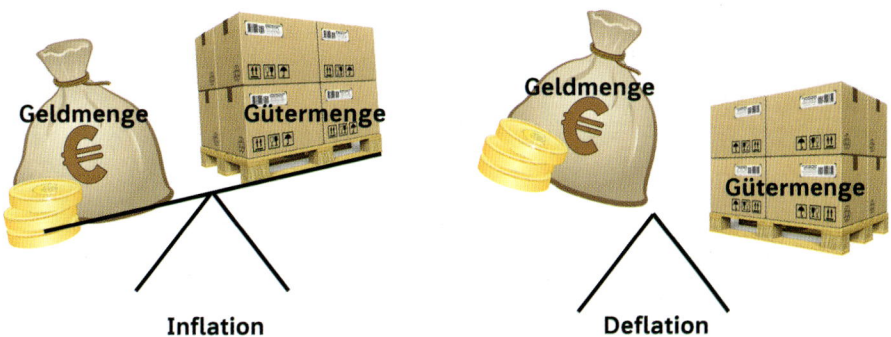

Inflation   **Deflation**

Der Einfluss der Geldmenge auf das Preisniveau lässt sich mit Hilfe der **Quantitätsgleichung** des Geldes verdeutlichen. Es gilt folgender Zusammenhang:

$$H \cdot P \qquad = \qquad G \cdot U$$
gesamtwirtschaftliches Angebot   gesamtwirtschaftliche Nachfrage

mit:
H = Handelsvolumen an Waren und Dienstleistungen[1]
P = Preisniveau
G = Geldmenge
U = Umlaufgeschwindigkeit des Geldes

Das gesamtwirtschaftliche **Angebot** wird definiert durch sämtliche in der Volkswirtschaft gehandelten Waren und Dienstleistungen (= **Handelsvolumen**) bewertet zu den jeweiligen **Preisen**. Es ist nicht zu verwechseln mit dem **Bruttoinlandsprodukt**, da es sich beim Bruttoinlandsprodukt um eine konsolidierte Größe handelt und Lieferungen und Leistungen innerhalb der volkswirtschaftlichen Sektoren bzw. zwischen den Sektoren herausgerechnet werden.

→ LF 9

Die gesamtwirtschaftliche **Nachfrage** wird bestimmt durch die zur Verfügung stehende (nachfragewirksame) **Geldmenge** und die **Umlaufgeschwindigkeit** des Geldes. Je schneller das Geld umläuft, desto mehr Waren und Dienstleistungen können mit einer bestehenden Geldmenge umgesetzt werden.

Beispiel: Nicole Ganser hat einen 50-€-Schein seit Anfang des Monats in ihrer Geldbörse. Am Ende des Monats kauft sie sich mit dem 50-€-Schein eine Jeanshose. Das Geld läuft also einmal um. Würde Nicole den 50-€-Schein schon Mitte des Monats zum Kauf der Jeanshose verwenden, könnte das Geschäft den 50-€-Schein am Ende des Monats zum Einkauf eines neuen Kleides im Wert von 50 € nutzen. Der 50-€-Schein läuft also zweimal um. Durch die Verdopplung der Umlaufgeschwindigkeit, werden mit einem 50-€-Schein jetzt wertmäßig doppelt so viele Güter umgesetzt.

---

[1] Sowohl das Handelsvolumen als auch die Umlaufgeschwindigkeit des Geldes können mit Hilfe von Statistiken nur unzureichend genau erfasst werden.

Formt man die Quantitätsgleichung des Geldes um, so werden die Einflussfaktoren auf das **Preisniveau** deutlich:

$$P = \frac{G \cdot U}{H}$$

Das Preisniveau in einer Volkswirtschaft steigt also unter sonst gleichen Bedingungen, wenn

- die Geldmenge steigt
- die Umlaufgeschwindigkeit des Geldes steigt
- das Handelsvolumen abnimmt.

Anders formuliert: Bei einer gleich bleibenden Umlaufgeschwindigkeit des Geldes, wird Preisniveaustabilität dann erreicht, wenn das Verhältnis von Geld- und Gütermenge konstant bleibt. Dieser Zusammenhang ist eine wichtige Grundlage der Geldpolitik der **EZB**. Sie versucht, das Geldmengenwachstum dem realwirtschaftlichen Wachstum der Gütermenge anzupassen, um so Preisniveaustabilität zu erreichen.

PRAXISTIPP!

Die aktuelle Inflationsrate finden Sie auf der Webseite des Statistischen Bundesamtes unter www.destatis.de.

Folgen der Inflation

- **Geldvermögen verlieren** durch hohe Inflationsraten an **Wert**. In Zeiten der Hyperinflation 1923 hatten Sparer ihr gesamtes Geldvermögen verloren, das sie über viele Jahre angespart hatten. **Kreditnehmer** hingegen zählen zu den **Inflationsgewinnern**, wenn ihre Einkommen den hohen Inflationsraten angepasst werden. Da die Tilgungszahlungen nominal konstant bleiben, müssen sie einen geringeren Anteil ihres Einkommens für die Tilgung aufwenden.

- Es kommt zu einer **Flucht in Sachwerte**. Anlagen in Sachwerten wie Immobilien, Edelmetallen oder auch Aktien werden bevorzugt, da sie als wertstabil gelten.

- **Bezieher fester Einkommen** können zu den Verlierern einer Inflation zählen, wenn sie hohe Inflationsraten nicht durch Nominaleinkommenssteigerungen ausgleichen können. Dies führt bei ihnen zu **Realeinkommensverlusten**. Gerade einkommensschwache Bevölkerungsgruppen wie Rentner oder Hartz-IV-Empfänger wären hiervon betroffen, da deren Einkommen meist nur in geringerem Maße oder mit deutlichen zeitlichen Verzögerungen angepasst werden.

- Inflation kann die realen Preise für Produktionsfaktoren verschleiern. Beispielsweise führt eine 4 %ige Lohnsteigerung bei einer Inflationsrate von 6 % zu einer relativen Verbilligung des Produktionsfaktors Arbeit. Entscheiden sich Unternehmen dennoch zu Entlassungen, da ihnen die Lohnsteigerung als zu hoch erscheint, führt dies zu **volkswirtschaftlichen Fehlallokationen**.

→ LF 11 - Inflation führt zu **Unsicherheit** bezüglich der Preisentwicklung. Fundierte Investitions- und Konsumentscheidungen werden erschwert.

- Aufgrund der Progression des Einkommensteuertarifes führen höhere (inflationsbedingte) Einkommen zu einem höheren Einkommensteuersatz. Die **Steuerbelastung** des Einzelnen **steigt** bei gleichzeitig steigenden Preisen für alle anderen Güter („kalte Progression").

- Die **Wettbewerbsfähigkeit** der Wirtschaft sinkt, wenn die Inflationsraten des Inlandes stärker steigen als die des Auslandes. Bei konstanten Wechselkursen werden inländische Güter für das Ausland teurer. Die Nachfrage nach inländischen Gütern und Dienstleistungen sinkt.

Deflation und Stagflation

Deflation liegt vor, wenn das Preisniveau anhaltend **absinkt**. Sie wird in der Regel durch einen Rückgang der Nachfrage und/oder eine zu geringe Geldmenge ausgelöst. Auf den ersten Blick scheint Deflation kein großartiges Problem zu sein, da die Kaufkraft des Geldes steigt. Allerdings sind die Auswirkungen dramatischer als bei einer Inflation. Die Folge sind ein Rückgang der Investitionen und der Beschäftigung. Durch den Ausfall der Konsumgüternachfrage kommt es zu einem weiteren Rückgang der gesamtwirtschaftlichen Nachfrage und letztendlich zu **Massenarbeitslosigkeit**.

Beispiel: Als Folge der Deflation in der Weltwirtschaftskrise der 30er-Jahre des 20. Jahrhunderts waren allein in Deutschland 6 Mio. Menschen arbeitslos.

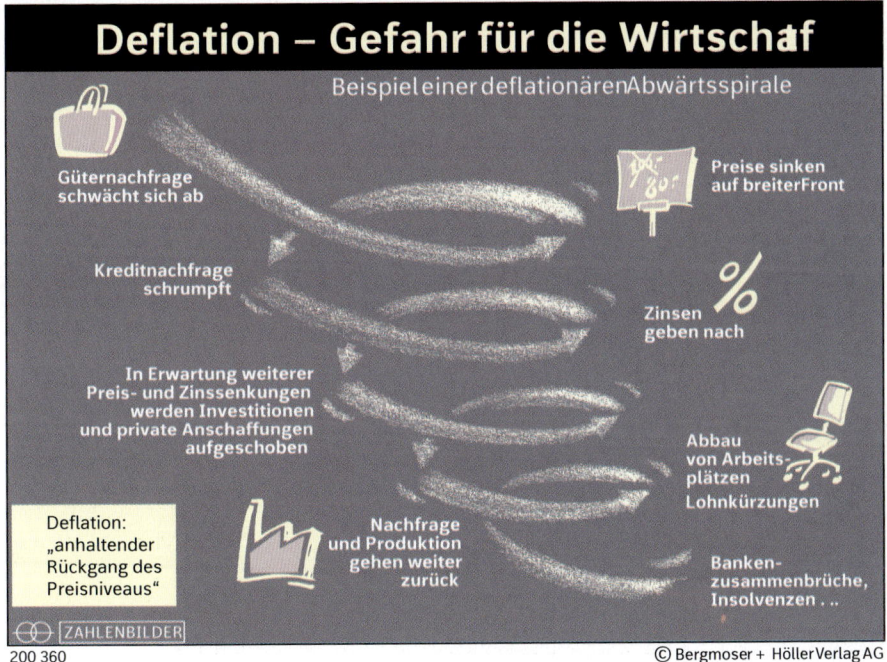

Das parallele Auftreten von Inflation in Kombination mit einer schwachen Wirtschaftsleistung (Stagnation) wird als **Stagflation** bezeichnet. Eine solche wirtschaftliche Situation stellte sich in den 1970er-Jahren in Deutschland dar. Als Folge des Ölpreisschocks 1973/1974 kam es zu hohen Inflationsraten bei ausbleibendem wirtschaftlichem Wachstum. Die Unternehmen konnten die deutlich gestiegenen Rohstoffkosten nur teilweise an die Verbraucher weitergeben, was die Unternehmen zu Rationalisierungsmaßnahmen zwang. Die Folgen waren eine höhere Arbeitslosigkeit und ausbleibendes Wirtschaftswachstum.

Zusammenfassung

Stabilität des Preisniveaus

- *Preisniveau, Preisindex und Kaufkraft*

  – *Das **Preisniveau** ist die durchschnittliche Höhe der Preise für Waren und Dienstleistungen in einer Volkswirtschaft.*

  – *Mithilfe des **Preisindex** werden Güterpreise im Berichtsjahr mit einem Basisjahr verglichen.*

  – *Die **Kaufkraft** ist diejenige Gütermenge, die für eine Geldeinheit in einer Volkswirtschaft gekauft werden kann.*

- *Arten der Inflation*

  – *schleichende, trabende, galoppierende und Hyperinflation*

  – *offene und verdeckte Inflation*

- *Ursachen der Inflation:*

Monetäre Ursachen der Inflation		<ul><li>Ungleichgewicht zwischen Geld- und Gütermenge</li><li>Quantitätsgleichung: H x P = G x U</li><li>Inflation, wenn Geldmenge und Umlaufgeschwindigkeit des Geldes stärker steigen als das Handelsvolumen</li></ul>
Nichtmonetäre Ursachen der Inflation	Angebots-induzierte Inflation	<ul><li>Kosteninflation – Lohnkosten steigen – Rohstoffkosten steigen</li><li>Gewinninflation</li><li>Steuerinflation</li></ul>
	Nachfrage-induzierte Inflation	Erhöhte Nachfrage<ul><li>des Staates (Fiskalinflation)</li><li>der Haushalte (Konsuminflation)</li><li>der Unternehmen (Investitionsinflation)</li><li>des Auslands (importierte Inflation)</li></ul>

- *Folgen der Inflation:*
  - *Wertverlust des Geldvermögens*
  - *Flucht in Sachwerte*
  - *Realeinkommensverluste*
  - *volkswirtschaftliche Fehlallokationen*
  - *Unsicherheit der Marktteilnehmer*
  - *Steigende Steuerbelastung („kalte Progression)*
  - *Sinkende Wettbewerbsfähigkeit*

- *Deflation: Das Preisniveau sinkt anhaltend.*

- *Stagflation: Kombination aus **Inflation** und **Stagnation**.*

Aufgaben

1. Arbeitnehmervertreter behaupten, dass man nicht von einer Lohn-Preis-Spirale, sondern von einer Preis-Lohn-Spirale sprechen müsse. Erläutern Sie diese Aussage.

2. Das Statistische Bundesamt ermittelt den Preisindex für Lebenshaltung anhand des Warenkorbes.

   a) Erläutern Sie, welche Probleme Ihrer Meinung nach mit der Zusammensetzung des Warenkorbes verbunden sind.
   b) Stellen Sie anhand der Abbildung „Neue Messlatte für die Preise" auf S. 342 fest, wo es Abweichungen und wo es Übereinstimmungen zwischen dem repräsentativen Haushalt und dem Haushalt Ihrer Familie gibt.

3. Legen Sie dar, in welchem Verhältnis Kaufkraft und Preisniveau zueinander stehen und berechnen Sie die Veränderung der Kaufkraft, falls die Preise um 10 % steigen.

4. Daniela Schaubs Vater hat in den letzten drei Jahren die Ausgaben seiner Familie erfasst. Dabei hat er festgestellt, dass sich das mengenmäßige Konsumverhalten seiner Familie nicht geändert hat.

Güter	Preis Jahr 00 (Basisjahr)	Preis Jahr 01	Preis Jahr 02
Wohnung	8 400,00 €	8 400,00 €	8 600,00 €
Energiekosten	2 500,00 €	2 600,00 €	2 700,00 €
Lebensmittel	10 000,00 €	10 200,00 €	10 400,00 €
Kleidung	3 500,00 €	3 300,00 €	3 400,00 €
Freizeit	5 000,00 €	5 100,00 €	5 300,00 €

Berechnen Sie die Preisindizes für die Jahre 01 und 02 und ermitteln Sie die persönlichen Inflationsraten der Familie Schaub.

5. Manfred Goldschmid ist Produktionsmitarbeiter bei der Sommerfeld Bürosysteme GmbH. Im Jahre 20(0) erhält er ein durchschnittliches monatliches Einkommen von 2 350,00 €. Die Preise sind im Jahr 20(1) um 3 % und im Jahr 20(2) um 2 % gestiegen. Im Jahr 20(1) erhält Manfred Goldschmidt eine Lohnerhöhung von 2 % und im Jahr 20(2) von 4 %. Berechnen Sie die prozentuale Veränderung seines Realeinkommens bezogen auf das Basisjahr 20(0).

6. Erläutern Sie, welche Auswirkung die folgenden Sachverhalte (unter sonst gleichen Bedingungen) auf das Preisniveau haben.

   a) Die Gewerkschaften setzen Lohnsteigerungen über dem Produktivitätszuwachs durch.
   b) Das Preisniveau im Ausland steigt bei konstanten Wechselkursen stärker als im Inland.
   c) Die Umlaufgeschwindigkeit des Geldes sinkt.
   d) Der Staat schiebt aufgrund der hohen Staatsverschuldung staatliche Investitionsvorhaben auf.
   e) Die gute Wirtschaftslage sorgt für ein freundliches Konsumklima.

7. Die oberste Zielsetzung der EZB ist die Bewahrung von Preisniveaustabilität. Begründen Sie, warum diese Zielsetzung so bedeutend ist.

8. Die Preisniveauentwicklung wird durch das Verhältnis von Geld- und Gütermenge beeinflusst. Die folgenden Abbildungen stellen die Entwicklung der Geld- und Gütermenge in einem Jahr dar. Erläutern Sie anhand der Abbildungen 1 und 2, ob für das Jahr (unter sonst gleichen Bedingungen) eine inflatorische oder deflatorische Entwicklung dargestellt wird.

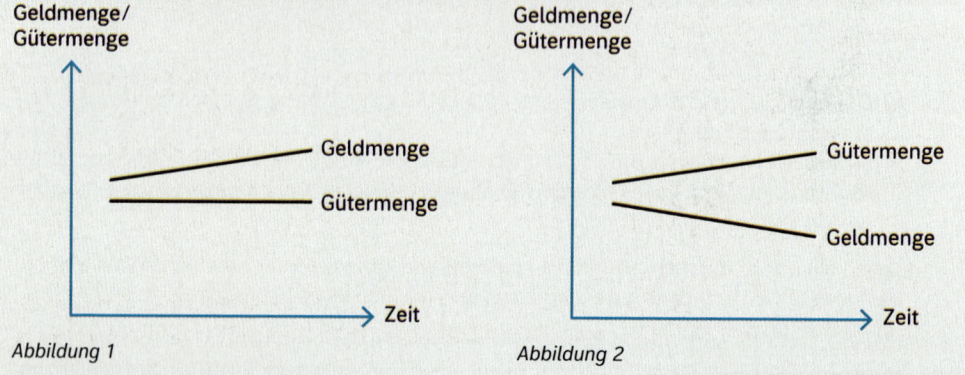

Abbildung 1   Abbildung 2

→

LS 24

1.2.2   Hoher Beschäftigungsstand

In den Räumen der Geschäftsleitung der Sommerfeld Bürosysteme GmbH findet eine Sitzung mit der Betriebsratsvorsitzenden, Frau Stefer, und der Geschäftsführerin, Frau Farthmann, statt. Aufgrund des Gutachtens einer Unternehmensberatungsgesellschaft soll die Produktivität in Teilbereichen der Produktion gesteigert und Personal entlassen werden.

Claudia Farthmann: *„Wenn wir die Produktivität in der Produktion nicht steigern, sind wir nicht mehr wettbewerbsfähig! Unser Hauptmitbewerber in den Niederlanden bietet heute schon zu Preisen an, die deutlich unter unseren liegen!"*

Ute Stefer: *„Und was heißt das konkret?"*

Claudia Farthmann: *„Wir werden in der Montage vier Arbeitnehmer entlassen und dafür eine CNC-gesteuerte Fertigungsstraße anschaffen. Die dadurch verursachte Produktivitätssteigerung schlägt sich in einer Reduzierung der Kosten um 15 % nieder, was zu entsprechenden Preissenkungen führt!"*

Ute Stefer: *„Kosten, Kosten, ich höre immer Kosten! Denken Sie auch an die gut 11 % Arbeitslosen in der Region? Keiner der von Ihnen Entlassenen hat die Chance auf einen neuen Arbeitsplatz!"*

Claudia Farthmann: *„Sie verallgemeinern, Frau Stefer. Die 11,4 % Arbeitslosen muss man differenziert betrachten. Ein Drittel davon sind saisonale Arbeitslose und bei einem weiteren Drittel ist die Konjunktur die Ursache für die Arbeitslosigkeit. Und die Konjunktur zieht wieder an!"*

Ute Stefer: „Das sind doch Taschenspielertricks! Wenn ich meinen Job verliere, ist es mir egal, in welchem Teil der Statistik ich lande!"

Claudia Farthmann: „Sie verallgemeinern schon wieder ..."

Arbeitsaufträge

- Sammeln Sie Argumente für die unterschiedlichen Standpunkte von Frau Farthmann und Frau Stefer und setzen Sie die Diskussion fort.

- Geben Sie den Diskussionsteilnehmern ein Feedback. Beachten Sie dabei die Regeln für ein Feedback.

- Erläutern Sie die Ursachen der Arbeitslosigkeit anhand von Beispielen.

Der Beschäftigungsstand einer Volkswirtschaft wird mithilfe der **Arbeitslosenquote** ermittelt. Sie gibt an, wie viel Prozent der zivilen Erwerbspersonen (= zivile Erwerbstätige und registrierte Arbeitslose) arbeitslos sind.

$$\text{Arbeitslosenquote} = \frac{\text{Zahl der registrierten Arbeitslosen}}{\text{Zahl der zivilen Erwerbspersonen}} \cdot 100$$

Die Arbeitslosenquote wird in Deutschland von der Bundesagentur für Arbeit monatlich veröffentlicht. Der Personenkreis der **Arbeitslosen** wird durch das Sozialgesetzbuch (**SGB**) näher definiert.

SGB III § 16 Arbeitslose
(1) Arbeitslose sind Personen, die wie beim Anspruch auf Arbeitslosengeld
1. vorübergehend nicht in einem Beschäftigungsverhältnis[1] stehen,
2. eine versicherungspflichtige Beschäftigung[2] suchen und dabei den Vermittlungsbemühungen der Agentur für Arbeit zur Verfügung stehen und
3. sich bei der Agentur für Arbeit arbeitslos gemeldet haben.
(2) An Maßnahmen der aktiven Arbeitsmarktpolitik Teilnehmende gelten als nicht arbeitslos.

Zu den Arbeitslosen zählen in Deutschland nur Personen, die von den Agenturen für Arbeit als Arbeitslose erfasst sind. Insofern weist die offizielle Arbeitslosenquote nur die **registrierte Arbeitslosigkeit** aus. Neben der Zahl der Arbeitslosen errechnet die Arbeitsmarktstatistik auch die Zahl der **Unterbeschäftigten**. Zu den Arbeitslosen werden Personen hinzugezählt, die an Maßnahmen der Arbeitsmarktpolitik teilnehmen oder einen arbeitsmarktpolitischen Sonderstatus haben. Dies sind beispielsweise Personen, die sich in einer beruflichen Eingliederung oder einer beruflichen Weiterbildung befinden. Die Zahl der Unterbeschäftigten ist damit deutlich höher als die der Arbeitslosen.

Beispiel: Im März 2020 vor der Corona-Krise gab es ca. 2,34 Mio. Arbeitslose bei ca. 3,3 Mio. Unterbeschäftigten.

---

[1] Gemeint sind Beschäftigungsverhältnisse von 15 oder mehr Wochenstunden.
[2] Die angestrebte Beschäftigung muss ebenfalls 15 oder mehr Wochenstunden betragen.

Darüber hinaus gibt es Personen, die eine Arbeit aufnehmen möchten, sich aber nicht als arbeitslos gemeldet haben und deshalb von der offiziellen Statistik nicht erfasst werden. Ihre Anzahl kann nur geschätzt werden. Dieser Personenkreis wird als **stille Reserve i. e. S.** bezeichnet und stellt im Gegensatz zur **offenen** eine Form der **verdeckten Arbeitslosigkeit** dar.

Beispiel:
- Daniela Schaubs Bruder besucht die Höhere Handelsschule, da er keine Ausbildung gefunden hat.
- Nicole Gansers Schwester sucht auf „eigene Faust" eine Berufsausbildung. Sie hat sich nicht arbeitslos gemeldet.
- Rudolf Hellers Mutter ist Hausfrau. Sie hat die Suche nach einer Halbtagsbeschäftigung entmutigt aufgegeben.

Ein weiterer wichtiger Indikator zur Beurteilung des Arbeitsmarktes ist die Zahl der **offenen Stellen**, die den Agenturen für Arbeit von den Unternehmen gemeldet werden. Eine hohe Arbeitslosenquote bei einer gleichzeitig hohen Anzahl von offenen Stellen (**Mismatch-Arbeitslosigkeit**) deutet auf strukturelle Defizite am Arbeitsmarkt hin. Stellt man dem Arbeitskräfteangebot die Arbeitskräftenachfrage gegenüber, ergibt sich somit folgende Lage am Arbeitsmarkt.

Arbeitskräfteangebot, Erwerbspersonenpotenzial					
Erwerbstätige, Beschäftigte			Beschäftigungslose		
Erwerbspersonen				Stille Reserve	
abhängig Beschäftigte (Arbeiter, Angestellte, Beamte, Soldaten)	Selbstständige und Mithelfende		Arbeitslose	Stille Reserve i. e. S.	Stille Reserve in arbeitsmarktpolitischen Maßnahmen
unbesetzte Stellen		besetzte Arbeitsstellen			
nicht gemeldete Arbeitsstellen	gemeldete Arbeitsstellen				
Arbeits(kräfte)nachfrage					

Erstellt in Anlehnung an: Bundesagentur für Arbeit (Hrsg.): Möglichkeiten und Grenzen einer statistischen Engpassanalyse nach Berufen Nürnberg, 2011, S. 7

Vollbeschäftigung

Absolute **Vollbeschäftigung** liegt vor, wenn bei gegebenen Löhnen das Angebot an Arbeit durch die privaten Haushalte (Arbeitnehmer) gleich der Nachfrage an Arbeit durch die Unternehmen und den Staat (Arbeitgeber) ist. Die Arbeitslosenquote beträgt in diesem Fall 0 %. Dieser Wert wird in der Realität nie erreicht, da auch bei einer Volkswirtschaft mit hohem Beschäftigungsstand immer Arbeitnehmer gerade den Arbeitsplatz wechseln und aus diesem Grund kurzfristig arbeitslos sind (friktionelle Arbeitslosigkeit, vgl. S. 355) oder aus saisonalen Gründen keine Beschäftigung haben (saisonale Arbeitslosigkeit, vgl. S. 355). Aus diesem Grund ist im Stabilitätsgesetz auch nicht von **absoluter Vollbeschäftigung**, sondern von einem **hohen Beschäftigungsstand** die Rede.

Wann das Ziel „hoher Beschäftigungsstand" in der Bundesrepublik Deutschland erreicht ist, wird je nach der gesamtwirtschaftlichen Lage definiert. Im Jahreswirtschaftsbericht der Bundesregierung von 1967 wurde als Zielvorgabe eine Arbeitslosenquote von unter 0,8 % festgelegt. Mittlerweile spricht man von **Vollbeschäftigung**, wenn die Arbeitslosenquote nicht größer als 2 % ist.

Über- und Unterbeschäftigung

Ist die Arbeitslosenquote > 2 %, herrscht **Unterbeschäftigung** (Arbeitslosigkeit). Ist die Arbeitslosenquote < 0,8 %, liegt **Überbeschäftigung** vor.

Folgen der Unterbeschäftigung sind gesamtwirtschaftlich gesehen der Nachfrageausfall durch den Rückgang der Einkommen der privaten Haushalte und die Kürzung der Staatsausgaben in der Folge verringerter Steuereinnahmen. In den Familien der Arbeitslosen kommt es verstärkt zu finanziellen und sozialen Problemen. Mit steigender Dauer der Arbeitslosigkeit verschlechtert sich auch der psychische (seelische) und physische (körperliche) Zustand der Betroffenen.

Die **Folgen der Überbeschäftigung** sind starker Konkurrenzkampf bei der Suche nach qualifizierten Arbeitnehmern und steigende Löhne, die zu steigenden Preisen führen.

Beispiel: Gut ausgebildete Mitarbeiter in den sog. „IT-Berufen" sind gesucht. In diesem Segment des Arbeitsmarktes herrscht zurzeit Überbeschäftigung.

Einer Überbeschäftigung kann durch Zuwanderung oder durch eine Erhöhung der Erwerbsbeteiligung der Bevölkerung begegnet werden. Ein Maß für die Erwerbsbeteiligung ist die **Erwerbsquote**. Die Erwerbspersonen werden zur Gesamtbevölkerung in Beziehung gesetzt.

$$\text{Erwerbsquote} = \frac{\text{Erwerbspersonen}}{\text{Gesamtbevölkerung}} \cdot 100$$

Beispiele:
- Die Verkürzung des Abiturs auf 12 Schuljahre führt zu einer Erhöhung der Erwerbsbeteiligung, da Schulabgänger eher auf den Arbeitsmarkt drängen.
- Verbesserte Regelungen zur Teilzeitarbeit führen zu einer Erhöhung der Erwerbsbeteiligung von Frauen.

Ursachen und Arten der Arbeitslosigkeit

Die **Situation am Arbeitsmarkt in der Bundesrepublik Deutschland** hat sich in den letzten Jahren deutlich gebessert. Es ist zu einer Zunahme der Erwerbstätigkeit und einem Absinken der Arbeitslosenquote gekommen. Auch die Zahl derjenigen, die länger als ein Jahr arbeitslos sind (**Langzeitarbeitslose**), ist deutlich gesunken. Als wichtige Faktoren für diese Entwicklung werden vor allem strukturelle Reformen am Arbeitsmarkt (**Hartz-Gesetze**) sowie die moderate **Reallohnentwicklung** genannt. Niedrige Reallöhne sorgen für eine hohe Nachfrage nach Arbeit, aber auch dafür, dass Menschen zusätzlich zum Arbeitseinkommen staatliche Transferzahlungen in Anspruch nehmen müssen.

Nichtsdestotrotz ist Deutschland von Vollbeschäftigung weit entfernt. Das Ziel „hoher Beschäftigungsstand" bleibt aus diesem Grund weiterhin ein vordringliches Ziel der Wirtschaftspolitik. Um gezielte wirtschaftspolitische Maßnahmen ergreifen zu können, ist es wichtig, die **Ursachen der Arbeitslosigkeit** zu kennen. Man unterscheidet folgende Arten von Arbeitslosigkeit:

- **Strukturelle Arbeitslosigkeit**
  Sie hat ihre Ursachen in Veränderungen des Aufbaus der Volkswirtschaft oder in der Zusammensetzung der Erwerbsbevölkerung. Folgende Ausprägungen der strukturellen Arbeitslosigkeit werden unterschieden:

  - **regionale** Arbeitslosigkeit in wirtschaftlich schwach entwickelten Gebieten,

    Beispiel: Im Bezirk der Industrie- und Handelskammer Essen ist die Arbeitslosenquote deutlich höher als die durchschnittliche Arbeitslosenquote der Bundesrepublik.

  - **altersbedingte** Arbeitslosigkeit, die ihre Ursache in der Veränderung der Leistungsfähigkeit älterer Menschen hat,

    Beispiel: Trotz größerer Erfahrung werden bei schwacher Auftragslage zuerst oft ältere Arbeitnehmer entlassen.

  - **branchenbedingte** Arbeitslosigkeit, die entsteht, wenn sich ganze Wirtschaftszweige umstrukturieren,

    Beispiel: Viele Betriebe der eisen- und stahlverarbeitenden Industrie wurden in den letzten Jahrzehnten geschlossen. Die Arbeitnehmer wurden entlassen.

  - **qualifikationsbedingte** Arbeitslosigkeit, die vor allem ungelernte Arbeitskräfte trifft,

    Beispiel: Bei anstehenden Entlassungen werden zunächst die ungelernten Kräfte freigesetzt.

  → LF 9 - **technologische** Arbeitslosigkeit, die durch die Substitution des Produktionsfaktors Arbeit gegen Kapital entsteht und ihre Ursache in dem Bemühen der Unternehmer um Rationalisierung und Automation hat.

    Beispiel: Die Sommerfeld Bürosysteme GmbH schafft eine CNC-gesteuerte Fertigungsstraße für die Büro- und Einrichtungsmöbelproduktion an. Vier Arbeitnehmer werden entlassen.

- **Konjunkturelle Arbeitslosigkeit**
  Sie hat ihre Ursache im Rückgang der gesamtwirtschaftlichen Nachfrage in der Phase des Abschwungs.

  Beispiel: Der Rückgang des Wirtschaftswachstums und Rationalisierungsmaßnahmen Anfang der Neunzigerjahre des 20. Jahrhunderts führten zu hoher Arbeitslosigkeit.

- **Saisonale Arbeitslosigkeit**
  Diese Form der Arbeitslosigkeit ist jahreszeitlich- oder witterungsbedingt.

  Beispiele: Trotz vieler Verbesserungen bei der Verarbeitungsfähigkeit von Baustoffen bei Frost steigt die Arbeitslosigkeit im Baugewerbe in den Wintermonaten erheblich. In den Wintermonaten steigt ebenfalls die Arbeitslosigkeit bei den Saisonkräften in der Gastronomie und in der Landwirtschaft.

- **Friktionelle (reibungsbedingte) Arbeitslosigkeit**
  Sie entsteht, wenn bei einem Arbeitsplatzwechsel zwischen der Aufgabe des bisherigen und der Aufnahme des neuen Arbeitsplatzes ein relativ kurzer Zeitraum verstreicht und der Arbeitnehmer für diesen Zeitraum arbeitslos ist.

  Beispiel: Eine Industriekauffrau kündigt fristgerecht zum 31. März. Die neue Stelle kann sie jedoch erst zum 1. Mai antreten.

Der Arbeitsmarkt im März

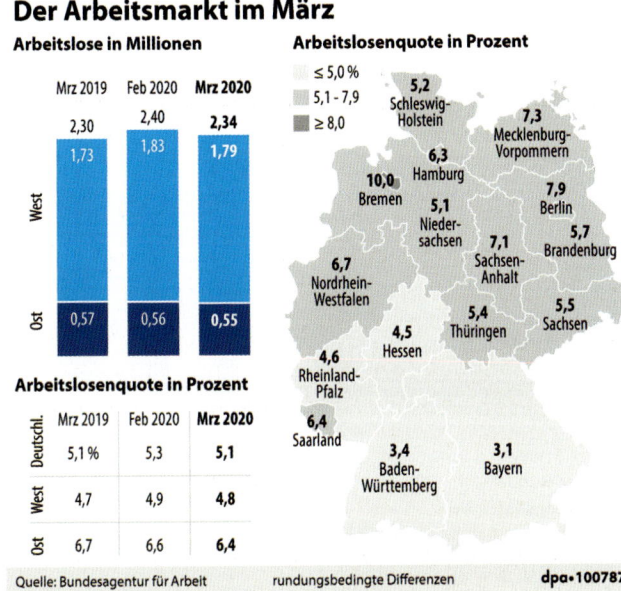

Arbeitslose in Millionen

	Mrz 2019	Feb 2020	**Mrz 2020**
West	2,30 / 1,73	2,40 / 1,83	2,34 / 1,79
Ost	0,57	0,56	0,55

Arbeitslosenquote in Prozent

≤ 5,0 %
5,1 - 7,9
≥ 8,0

Schleswig-Holstein 5,2
Mecklenburg-Vorpommern 7,3
Hamburg 6,3
Bremen 10,0
Niedersachsen 5,1
Berlin 7,9
Brandenburg 5,7
Nordrhein-Westfalen 6,7
Sachsen-Anhalt 7,1
Hessen 4,5
Thüringen 5,4
Sachsen 5,5
Rheinland-Pfalz 4,6
Saarland 6,4
Baden-Württemberg 3,4
Bayern 3,1

Arbeitslosenquote in Prozent

	Mrz 2019	Feb 2020	**Mrz 2020**
Deutschl.	5,1 %	5,3	5,1
West	4,7	4,9	4,8
Ost	6,7	6,6	6,4

Quelle: Bundesagentur für Arbeit   rundungsbedingte Differenzen   dpa•100787

PRAXISTIPP!

Die aktuelle Arbeitslosenquote finden Sie auf der Webseite der Bundesagentur für Arbeit unter www.statistik.arbeitsagentur.de.

Arbeitsmarktpolitische Maßnahmen

Sie erfordern das Zusammenwirken aller Träger der Wirtschaftspolitik. Neben Maßnahmen im Rahmen der Ordnungs-, Struktur-, Fiskal- und Geldpolitik (vgl. S. 378, 382) kommen Maßnahmen der passiven und vor allem der aktiven Arbeitsmarktpolitik eine zentrale Bedeutung zu.   → LF 9

Aktive Arbeitsmarktpolitik = Maßnahmen zur (Wieder-)eingliederung in den Arbeitsmarkt	Passive Arbeitsmarktpolitik = Maßnahmen zur Abfederung von Einkommensverlusten bei Arbeitslosen
Beispiele: – Beratungs- und Vermittlungsangebote – Unterstützung bei Berufswahl und Berufsausbildung – Berufliche Weiterbildungsmaßnahmen – Eignungsfeststellungs- und Trainingsmaßnahmen – Förderung der beruflichen Eingliederung – Förderung der Menschen mit Behinderung – Förderung der Selbstständigkeit – …	Beispiele: – Arbeitslosengeld I und II – Kurzarbeitergeld – Insolvenzgeld – Berufsausbildungsbeihilfe – …

Beispiel: Die Sommerfeld Bürosysteme GmbH stellt einen schwer vermittelbaren Langzeitarbeitslosen ein. Die Arbeitsverwaltung zahlt für ein Jahr einen Zuschuss zu seinem Gehalt in Form einer Eingliederungsbeihilfe.

Zusammenfassung

Hoher Beschäftigungsstand

$$\text{Arbeitslosenquote} = \frac{\text{Zahl der registrierten Arbeitslosen} \cdot 100}{\text{Zahl der Erwerbspersonen}}$$

- *Offene Arbeitslosigkeit* ist im Gegensatz zur **verdeckten Arbeitslosigkeit** in den amtlichen Statistiken ausgewiesen.

- **Vollbeschäftigung** *liegt im strengen Sinne vor, wenn sich die Arbeitslosenquote zwischen 0,8 % und 2 % bewegt.*

- **Unterbeschäftigung** *liegt vor, wenn die Arbeitslosenquote größer als 2 % ist.*

- **Überbeschäftigung** *liegt vor, wenn die Arbeitslosenquote kleiner als 0,8 % ist.*

- **Arten der Arbeitslosigkeit**

  – *strukturelle*   – *saisonale*
  – *konjunkturelle*   – *friktionelle*

- *Aktive und passive* **arbeitsmarktpolitische Maßnahmen** *dienen der Bekämpfung von Arbeitslosigkeit und deren Folgen.*

Aufgaben

1. *Die Agentur für Arbeit weist folgende Zahlen aus:*
    - *Zivile Erwerbstätige*   6 Millionen
    - *registrierte Arbeitslose*   1 Millionen
    - *Gesamtbevölkerung*   13 Millionen
    - *offene Stellen*   0,5 Millionen

    a) *Berechnen Sie die Arbeitslosenquote.*
    b) *Berechnen Sie Erwerbsquote auf Basis der zivilen Erwerbspersonen.*
    c) *Beurteilen Sie die Lage auf dem Arbeitsmarkt.*

2. *„Eine gute Ausbildung und die Vermittlung von Schlüsselqualifikationen sind die beste Vorsorge gegen spätere Arbeitslosigkeit." Nehmen Sie zu dieser Behauptung Stellung.*

3. *Erläutern Sie die Ursachen der Arbeitslosigkeit anhand je eines Beispiels.*

4. *Beschreiben Sie den Zusammenhang zwischen Produktivitätssteigerung und Arbeitslosigkeit.*

5. *Um das Ziel der Vollbeschäftigung zu erreichen, könnte die vorhandene Arbeit auf alle arbeitswilligen Arbeitnehmer aufgeteilt werden. Eine Verkürzung der Wochenarbeitszeit ohne Lohnausgleich wäre die Folge.*

    a) *Bilden Sie zwei Gruppen. Eine Gruppe sammelt Argumente für dieses Modell, die andere Gruppe stellt Argumente gegen das Modell zusammen.*
    b) *Stellen Sie Ihre Argumente in der Klasse vor.*
    c) *Diskutieren Sie auf der Grundlage der unterschiedlichen Positionen.*

6. *Welche der folgenden Arten von Arbeitslosigkeit werden in den unten stehenden Fällen verstärkt bzw. abgeschwächt?*

   1. Konjunkturelle   2. strukturelle   3. saisonale   4. friktionelle Arbeitslosigkeit

   a) Ein Hersteller von Kunststoff-Fensterrahmen entlässt Mitarbeiter, weil zunehmend Holz-Fensterrahmen nachgefragt werden.
   b) Ein Bauunternehmer stellt zu Beginn des Sommers Mitarbeiter ein.
   c) Ein Automobilhersteller rüstet den Maschinenpark auf Roboter um und entlässt Mitarbeiter.
   d) Ein Werkzeugmaschinenhersteller entlässt wegen der schlechten Auftragslage mehrere Facharbeiter.
   e) Ein Buchhalter ist wegen eines Stellenwechsels vorübergehend arbeitslos.

1.2.3 Außenwirtschaftliches Gleichgewicht

LS 25

Als Claudia Farthmann den Wirtschaftsteil der Zeitung aufschlägt, ist sie hocherfreut. Die Zahlungsbilanz Deutschlands weist eine Steigerung der deutschen Warenexporte von 5,5 % im letzten Jahr aus. Deutsche Produkte sind nach wie vor im Ausland gefragt. Als sie in der Mittagspause Herrn Sommer trifft, erzählt sie ihm von dieser positiven Entwicklung und schlägt ihm vor, in den USA zu expandieren und das Vertriebsnetz aus-  *zubauen. „„Made in Germany' ist nach wie vor ein Qualitätsmerkmal und mit der amerikanischen Konkurrenz können wir durchaus mithalten. Zudem ist unsere Kostensituation mit der der amerikanischen Büromöbelproduzenten vergleichbar", meint sie. Herr Sommer ist allerdings etwas weniger euphorisch: „Claudia, grundsätzlich finde ich deine Idee gut. Allerdings gibt es auch Risiken. Die stetige Zunahme der deutschen Exporte kann zumindest langfristig Konsequenzen für den Wechselkurs zum Dollar haben. Dann wird sich unsere Wettbewerbssituation gegenüber der amerikanischen Konkurrenz wieder deutlich verschlechtern."*

Arbeitsaufträge

- *Beschreiben Sie den Aufbau der Zahlungsbilanz und erklären Sie, in welcher Teilbilanz der Warenverkehr mit dem Ausland erfasst wird.*

- *Erläutern Sie, was man unter flexiblen Wechselkursen versteht.*

- *Begründen Sie, warum Hartmut Sommer Bedenken gegenüber einer Expansion in den USA hat, indem Sie die Auswirkung von Exportüberschüssen auf den Wechselkurs reflektieren.*

Zahlungsbilanz

Die Gesamtheit aller wirtschaftlichen Beziehungen eines Staates zu anderen Staaten bezeichnet man als **Außenwirtschaft**.

Beispiele: Im- und Export von Waren und Dienstleistungen, Entwicklungshilfe, Überweisungen ausländischer Arbeitnehmer in ihre Heimatländer, Auslandsinvestitionen deutscher Unternehmen

Wertmäßig erfasst werden diese Beziehungen zum Ausland in der **Zahlungsbilanz**. Die Zahlungsbilanz ist ein volkswirtschaftliches Rechenwerk, das nach dem Prinzip der **doppelten Buchführung** aufgebaut und in mehrere Teilbilanzen gegliedert ist. Im Gegensatz zur Bilanz im betriebswirtschaftlichen Rechnungswesen werden in der Zahlungsbilanz keine Bestands-, sondern Stromgrößen erfasst. Da es sich also um eine zeitraumbezogene Betrachtung handelt, ähnelt die Zahlungsbilanz konzeptionell eher einer GuV-Rechnung. Sie erfasst sowohl **leistungs- als auch finanzwirtschaftliche Transaktionen** zwischen **Inländern und Ausländern**. Diese Transaktionen werden mit positiven (+) oder negativen (–) Vorzeichen in den einzelnen Teilbilanzen erfasst.

Beispiel: Ein deutscher Automobilhersteller exportiert Autos an amerikanische Autohäuser auf Ziel (= Lieferantenkredit). Die leistungswirtschaftliche Transaktion, also der Export der Autos, wird in der Leistungsbilanz unter der Position Außenhandel als Warenexport (+) verbucht. Die finanzwirtschaftliche Transaktion, also die Kreditvergabe an amerikanische Autohäuser, wird in der Kapitalbilanz als Kapitalexport im übrigen Kapitalverkehr (+) erfasst.

Transaktion (+)	Zahlungsbilanz	Transaktion (–)
	I. Leistungsbilanz	
	1. Außenhandel (Handelsbilanz)	
Warenexporte		Warenimporte
	2. Dienstleistungen	
Dienstleistungsexporte		Dienstleistungsimporte
	3. Primäreinkommen	
Auslandseinkommen der Inländer		Inlandseinkommen der Ausländer
	4. Sekundäreinkommen	
Übertragungen aus dem Ausland		Übertragungen an das Ausland
	II. Vermögensänderungsbilanz („Schenkungsbilanz")	
Einmalige Übertragungen aus dem Ausland		Einmalige Übertragungen an das Ausland
	III. Kapitalbilanz	
	1. Direktinvestitionen	
Direktinvestitionen im Ausland		Direktinvestitionen der Ausländer
	2. Wertpapiere und Finanzderivate	
Wertpapieranlagen im Ausland		Wertpapieranlagen der Ausländer
	3. Übriger Kapitalverkehr	
Sonstige Kapitalexporte (Zunahme der Auslandsforderungen, Abnahme der Auslandsverbindlichkeiten)		Sonstige Kapitalimporte (Zunahme der Auslandsverbindlichkeiten, Abnahme der Auslandsforderungen)
	4. Veränderungen der Währungsreserven (Devisenbilanz)	
Zunahme der Währungsreserven		Abnahme der Währungsreserven
	IV. Restposten (statistisch nicht aufgliederbare Transaktionen)	

Leistungsbilanz

In der Leistungsbilanz werden die **leistungswirtschaftlichen Transaktionen** mit dem Ausland erfasst. Mit einem Plus (+) werden dabei Transaktionen erfasst, die zu Zahlungseingängen für Inländer führen, mit einem Minus (–) hingegen Transaktionen, die zu Zahlungsausgängen für Inländer führen. Die Leistungsbilanz besteht aus

- der **Handelsbilanz**, d.h. der Gegenüberstellung des Exports und Imports von Waren,

  Beispiele: Export von Büromöbeln in die USA, Import von Stahlrohren aus Russland

- der **Dienstleistungsbilanz**, d.h. der Gegenüberstellung der gewährten und erhaltenen Dienstleistungen,

  Beispiele: Reisen von Inländern ins Ausland (Dienstleistungsimport) und umgekehrt, Transportleistungen, Beratungs- und Ingenieursleistungen, Lizenz- und Patentgebühren

- der Bilanz der **Primäreinkommen**, d.h. der Gegenüberstellung der Faktoreinkommen aus Arbeit, Boden und Kapital,

  Beispiele: Zinserträge, Arbeitseinkommen

- der **Bilanz der Sekundäreinkommen**, d.h. der regelmäßigen Leistungsbeziehungen mit dem Ausland, denen keine Gegenleistung gegenübersteht.

  Beispiele: Zahlungen der Gastarbeiter an ihre Familien im Heimatland, Überweisungen an internationale Organisationen, Entwicklungshilfe

Der Saldo zwischen den Waren- und Dienstleistungsexporten sowie den Waren- und Dienstleistungsimporten kann aus der Handels- und Dienstleistungsbilanz ermittelt werden und wird als **Außenbeitrag** bezeichnet. Ist er positiv, hat die einheimische Wirtschaft mehr Leistungen an das Ausland abgegeben, als sie erhalten hat. Ist er negativ, hat die einheimische Wirtschaft mehr Leistungen erhalten als erbracht.

Vermögensänderungsbilanz („Schenkungsbilanz")

Diese Teilbilanz erfasst im Wesentlichen **einmalige** Vermögensübertragungen.

Beispiele: Schenkungen, Erbschaften, Schuldenerlasse

Kapitalbilanz

In der Kapitalbilanz werden die **finanzwirtschaftlichen Transaktionen** mit dem Ausland erfasst. Eine finanzwirtschaftliche Transaktion kann mit einer leistungswirtschaftlichen Transaktion verbunden sein.

Beispiel: Warenexport gegen Kredit

Es gibt aber auch rein finanzwirtschaftliche Transaktionen, denen keine Gegenbuchung in der Leistungsbilanz gegenübersteht. Sie werden ausschließlich in der Kapitalbilanz gebucht.

Beispiel: Kauf einer Unternehmensbeteiligung im Ausland gegen Bankguthaben bei einer ausländischen Bank

Mit einem Plus (+) werden in der Kapitalbilanz Transaktionen erfasst, die zu einer Zunahme des Auslandsvermögens führen, mit einem Minus (–) hingegen Transaktionen, die zu einer Abnahme des Auslandsvermögens führen.

In der Kapitalbilanz werden gesondert ausgewiesen:

- **Direktinvestitionen**

  Beispiele: Beteiligungen an ausländischen Unternehmen und reinvestierte Gewinne

- **Wertpapiere und Finanzderivate**

  Beispiele: Aktienanlagen, Investmentzertifikate, festverzinsliche Wertpapiere

- **Übriger Kapitalverkehr**

  Beispiele: Kreditverkehr von Banken, Unternehmen, Privatpersonen, Staat und Zentralbank

- **Veränderungen der Währungsreserven (Devisenbilanz)**
  Diese Position erfasst die Währungsreserven der Zentralbank, die vor allem aus Gold und Devisen bestehen. In Zeiten eines weitestgehend freien Kapitalverkehrs werden nur die wenigsten finanzwirtschaftlichen Transaktionen über die Zentralbank abgewickelt. Wird allerdings die Zentralbank am Devisen- oder Goldmarkt tätig, verändern sich auch die Währungsreserven der Zentralbank.

  Beispiel: Um den Wechselkurs des Euro zu stützen, kauft die EZB am Devisenmarkt Euros gegen USD auf. Die Dollarbestände verringern sich, der Wert des Euro steigt.

Restposten (statistisch nicht aufgliederbare Transaktionen)
Unter dieser Position werden statistische Differenzen erfasst, die z.B. aus fehlenden Angaben oder Ermittlungsfehlern herrühren können.

Beispiel: Ein Deutscher bringt Schwarzgeld bar in die Schweiz („Koffergeschäft").

Die Zahlungsbilanz ist formal immer ausgeglichen, da es für jede Buchung eine Gegenbuchung gibt. Trotzdem wird in der Praxis von Zahlungsbilanzungleichgewichten gesprochen. Gemeint sind allerdings Ungleichgewichte in einzelnen Teilbilanzen, wie der Leistungs- oder der Kapitalbilanz.

Wirkung von Leistungsbilanzüberschüssen und -defiziten

Bei Vernachlässigung der Vermögensänderungsbilanz und der Restposten gilt folgender vereinfachter Zusammenhang:

> Saldo der Leistungsbilanz = Saldo der Kapitalbilanz

Dies bedeutet:

- **Leistungsbilanzüberschüsse** bedingen **Kapitalexporte** (z.B. über eine Kreditvergabe an das Ausland) oder eine **Zunahme der Währungsreserven** der Zentralbank. Damit nimmt das Nettoauslandsvermögen zu.

- **Leistungsbilanzdefizite** bedingen **Kapitalimporte** (z.B. über eine Verschuldung beim Ausland) oder eine **Abnahme der Währungsreserven** der Zentralbank. Damit nimmt das Nettoauslandsvermögen ab.

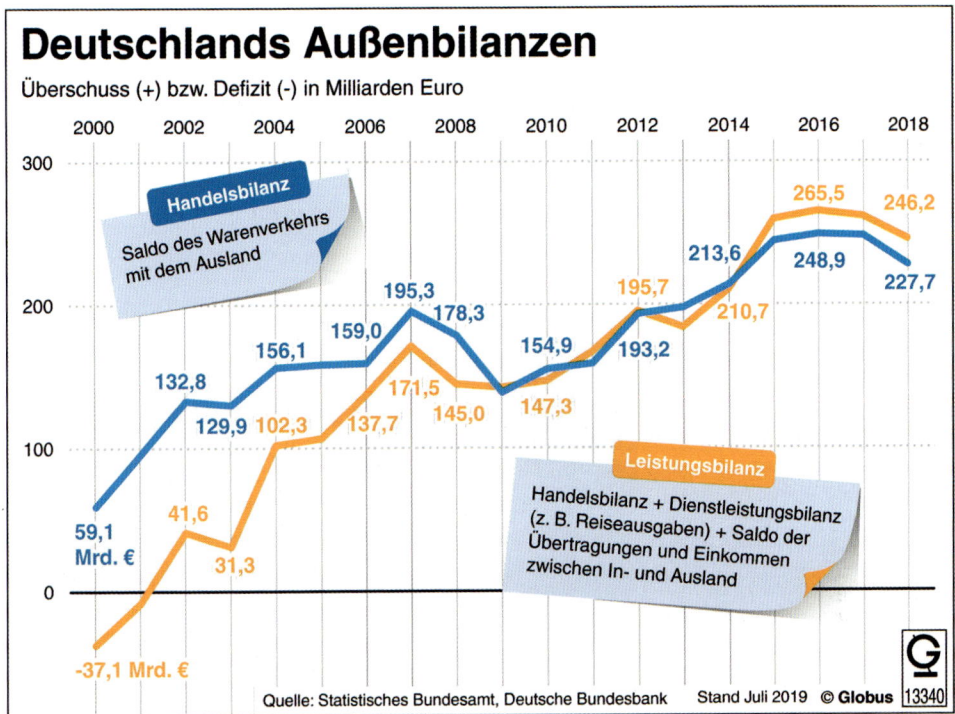

Deutschlands Außenbilanzen

Überschuss (+) bzw. Defizit (-) in Milliarden Euro

Handelsbilanz
Saldo des Warenverkehrs mit dem Ausland

Leistungsbilanz
Handelsbilanz + Dienstleistungsbilanz (z. B. Reiseausgaben) + Saldo der Übertragungen und Einkommen zwischen In- und Ausland

Handelsbilanz (Werte): 132,8; 156,1; 159,0; 195,3; 178,3; 154,9; 195,7; 213,6; 265,5; 248,9; 246,2; 227,7; 59,1 Mrd. €; 193,2; 210,7

Leistungsbilanz (Werte): -37,1 Mrd. €; 41,6; 31,3; 129,9; 102,3; 137,7; 171,5; 145,0; 147,3

Quelle: Statistisches Bundesamt, Deutsche Bundesbank   Stand Juli 2019   © Globus 13340

Ursachen für Leistungsbilanzüberschüsse oder -defizite sind in den Teilbilanzen der Leistungsbilanz finden.

Beispiele:
– Es werden mehr Waren exportiert als importiert. → Überschuss in der Handelsbilanz (+)
– Deutsche geben im Urlaub mehr Geld im Ausland aus als Ausländer in der Bundesrepublik Deutschland. → Defizit in der Dienstleistungsbilanz (–)
– Aufgrund der langjährigen Leistungsbilanzüberschüsse erzielen Deutsche hohe Zinserträge aus Geldanlagen im Ausland. → Überschuss in der Bilanz der Primäreinkommen (+)
– Ausländische Arbeitnehmer überweisen mehr Geld in ihre Heimatländer als Deutsche im Ausland in die Bundesrepublik. → Defizit in der Bilanz der Sekundäreinkommen (–)

In Deutschland ist aufgrund der hohen **Exportüberschüsse** der Leistungsbilanzsaldo traditionell positiv. Dies verbessert die Beschäftigungssituation in Deutschland. Allerdings steigen bei einem langfristigen Exportüberschuss die Devisenvorräte einer Volkswirtschaft an. Wenn die Devisen von der Zentralbank in Euro gewechselt werden, erhöhen sie den inländischen Geldumlauf mit der Folge eines Ansteigens des Preisniveaus **(importierte Inflation)**.

Andere Länder weisen hingegen einen negativen Leistungsbilanzsaldo aus, da sie hohe **Importüberschüsse** haben. Die Importe müssen mit Devisen, die aus Exporten stammen, oder über Kredite bezahlt werden. Ein langfristiger Importüberschuss führt damit zu einem Devisenmangel oder einer hohen Verschuldung im Ausland. Schlimmstenfalls droht die **Zahlungsunfähigkeit**. Zudem sorgen Importüberschüsse für eine abnehmende Beschäftigung im Inland, die zu Arbeitslosigkeit führt.

Da Zahlungsbilanzungleichgewichte das gesamtwirtschaftliche Gleichgewicht nachhaltig beeinflussen können, ist im Stabilitätsgesetz als Ziel das **außenwirtschaftliche**

Gleichgewicht festgelegt. Es gilt als erreicht, wenn bei langfristiger Betrachtung die einzelnen **Teilbilanzen** ausgeglichen sind und damit einen Saldo von Null aufweisen. So bleiben die Währungsreserven unverändert und von der Außenwirtschaft gehen keine Gefahren für binnenwirtschaftliche Ziele aus.

Wechselkurssysteme und Außenwert der Währung

→ LF 10 Während der **Binnenwert** einer Währung durch die Inflationsrate bestimmt wird, ergibt sich der **Außenwert** einer Währung durch den **Wechselkurs** vgl. S. 224 ff.).

Wechselkurssysteme

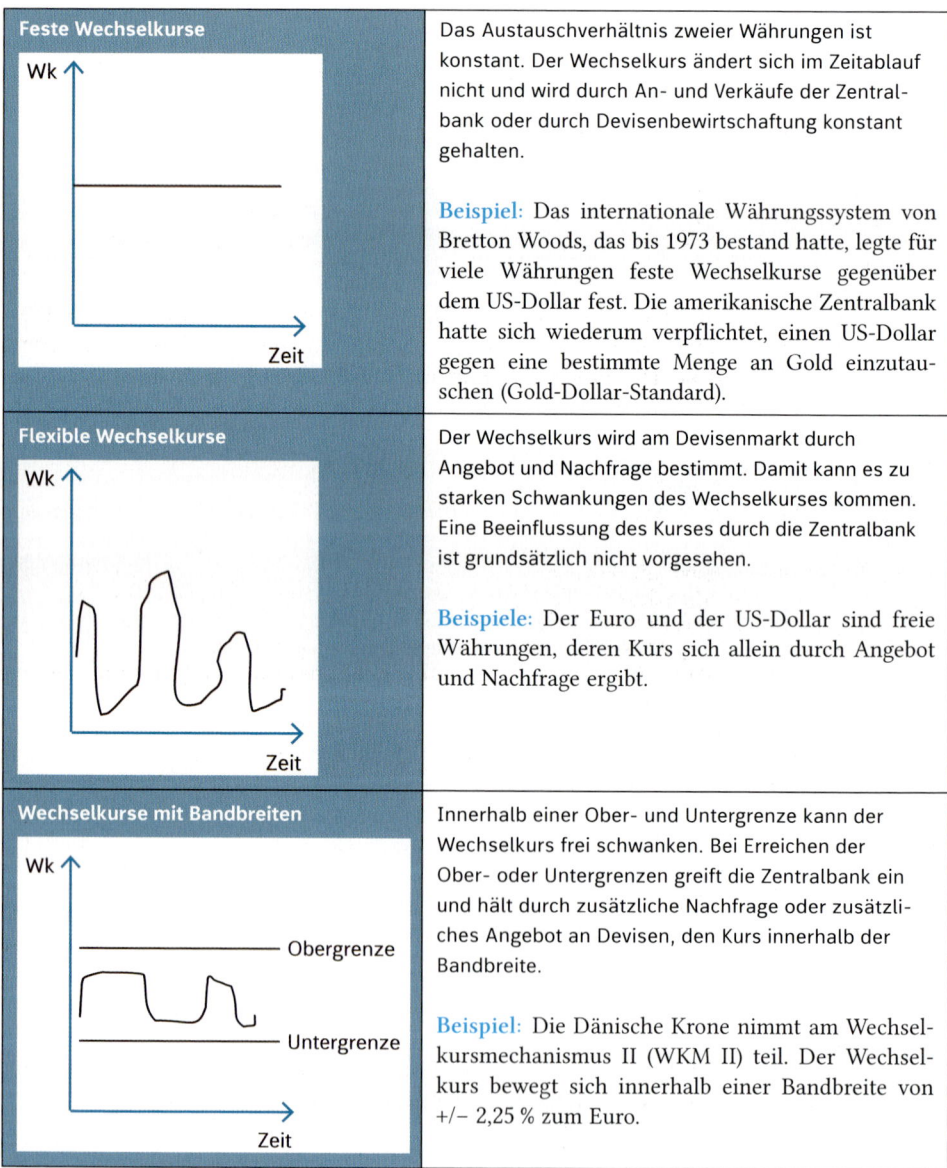

Feste Wechselkurse	Das Austauschverhältnis zweier Währungen ist konstant. Der Wechselkurs ändert sich im Zeitablauf nicht und wird durch An- und Verkäufe der Zentralbank oder durch Devisenbewirtschaftung konstant gehalten. **Beispiel:** Das internationale Währungssystem von Bretton Woods, das bis 1973 bestand hatte, legte für viele Währungen feste Wechselkurse gegenüber dem US-Dollar fest. Die amerikanische Zentralbank hatte sich wiederum verpflichtet, einen US-Dollar gegen eine bestimmte Menge an Gold einzutauschen (Gold-Dollar-Standard).
Flexible Wechselkurse	Der Wechselkurs wird am Devisenmarkt durch Angebot und Nachfrage bestimmt. Damit kann es zu starken Schwankungen des Wechselkurses kommen. Eine Beeinflussung des Kurses durch die Zentralbank ist grundsätzlich nicht vorgesehen. **Beispiele:** Der Euro und der US-Dollar sind freie Währungen, deren Kurs sich allein durch Angebot und Nachfrage ergibt.
Wechselkurse mit Bandbreiten	Innerhalb einer Ober- und Untergrenze kann der Wechselkurs frei schwanken. Bei Erreichen der Ober- oder Untergrenzen greift die Zentralbank ein und hält durch zusätzliche Nachfrage oder zusätzliches Angebot an Devisen, den Kurs innerhalb der Bandbreite. **Beispiel:** Die Dänische Krone nimmt am Wechselkursmechanismus II (WKM II) teil. Der Wechselkurs bewegt sich innerhalb einer Bandbreite von +/− 2,25 % zum Euro.

Feste Wechselkurse haben den Vorteil, dass sie den Wirtschaftssubjekten ein hohes Maß an Planungssicherheit bieten. Einkaufs- und Verkaufspreise können aufgrund des konstanten Kurses genau kalkuliert werden. **Flexible Wechselkurse** hingegen ermöglichen ein Auf- und Abwerten der Währung, was langfristig einen stabilisierenden Einfluss auf das außenwirtschaftliche Gleichgewicht eines Landes hat.

Auf- und Abwertung von Währungen

Der Wechselkurs ergibt sich im System flexibler Wechselkurse aus dem Zusammentreffen von **Angebot und Nachfrage**. Zu beachten ist, dass der Nachfrager einer Währung im Gegenzug eine andere Währung anbietet und umgekehrt.

→ **LF 9**

Beispiel: Ein amerikanischer Kunde der Sommerfeld Bürosysteme GmbH begleicht seine Rechnung in USD. Die Sommerfeld Bürosysteme GmbH möchte den Betrag gegen EUR tauschen und ist damit Anbieter von USD und Nachfrager von EUR.

> **PRAXISTIPP!**
>
> *Achten Sie bei Preis-Mengen-Diagrammen zum Devisenmarkt auf die Achsenbezeichnungen. Nur so können Sie Auswirkungen auf den Wechselkurs richtig interpretieren.*

Da sich das Angebot und die Nachfrage nach einer Währung laufend ändern, kommt es im System flexibler Wechselkurse zu ständigen Schwankungen des Wechselkurses und damit zu **Auf- und Abwertungen** der Währung. Wesentliche Ursachen für Auf- und Abwertungen liegen in Leistungsbilanzüberschüssen oder -defiziten.

Aufwertung	Abwertung
Übersteigt das Devisenangebot (US-Dollar), z. B. durch anhaltende Exportüberschüsse, die Devisennachfrage, steigt damit die Nachfrage nach Euro. Der Außenwert der Währung erhöht sich (Aufwertung), da man mehr ausländische Währungseinheiten (USD) für eine inländische Währungseinheit hergeben (EUR) muss.	Übersteigt die Devisennachfrage (US-Dollar), z. B. durch anhaltende Importüberschüsse, das Devisenangebot, nimmt das Angebot an Euro zu. Der Außenwert der Währung sinkt (Abwertung), da man weniger ausländische Währungseinheiten (USD) für eine inländische Währungseinheit (EUR) erhält.

Wirkung von Exportüberschüssen — **Wirkung von Importüberschüssen**

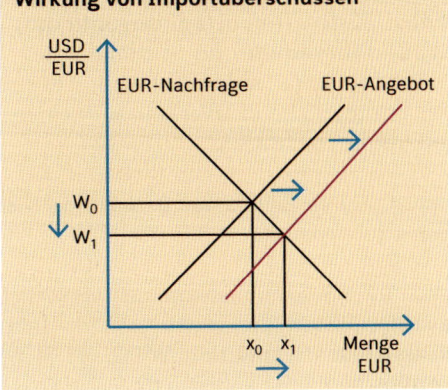

Beispiele:
- Der Wechselkurs beträgt
  - vor der Aufwertung 1,00 EUR = 1,00 USD
  - nach der Aufwertung 1,00 EUR = 1,25 USD
- Die Sommerfeld exportiert Produkte im Wert von 10 000,00 EUR in die USA. Der Preis der Produkte beträgt
  - vor der Aufwertung 10 000,00 USD
  - nach der Aufwertung 12 500,00 USD
- Die Sommerfeld importiert Produkte im Wert von 10 000,00 USD aus den USA. Der Preis der Produkte beträgt
  - vor der Aufwertung 10 000,00 EUR
  - nach der Aufwertung 8 000,00 EUR

Als **Folge der Aufwertung** werden inländische Waren und Dienstleistungen für das Ausland teurer und es kommt zu einem

- Rückgang der Exporte
- Anstieg der Importe
- Abbau von Leistungsbilanzüberschüssen
- Rückgang der Beschäftigung
- Rückgang des Preisniveaus

Beispiele:
- Der Wechselkurs beträgt
  - vor der Abwertung 1,00 EUR = 1,00 USD
  - nach der Abwertung 1,00 EUR = 0,80 USD
- Die Sommerfeld exportiert Produkte im Wert von 10 000,00 EUR in die USA. Der Preis der Produkte beträgt
  - vor der Abwertung 10 000,00 USD
  - nach der Abwertung 8 000,00 USD
- Die Sommerfeld importiert Produkte im Wert von 10 000,00 USD aus den USA. Der Preis der Produkte beträgt
  - vor der Abwertung 10 000,00 EUR
  - nach der Abwertung 12 500,00 EUR

Als **Folge der Abwertung** werden inländische Waren und Dienstleistungen für das Ausland billiger und es kommt zu einem

- Anstieg der Exporte
- Rückgang der Importe
- Abbau von Leistungsbilanzdefiziten
- Anstieg der Beschäftigung
- Anstieg des Preisniveaus

Ein **flexibler Wechselkurs** und die damit verbundenen ständigen Auf- und Abwertungen der Währung sorgen (unter sonst gleichen Bedingungen) also letztlich dafür, dass die **Zahlungsbilanz** wieder ins **Gleichgewicht** kommt.

Liberalismus und Protektionismus

→ LF 9

In einem zusammenwachsenden Europa, in dem die Bedeutung des einzelnen Staates – bei Zunahme der internationalen Arbeitsteilung – abnimmt, kommt einem **freien Welthandel (Liberalismus)** immer größere Bedeutung zu. Dem steht häufig das Verhalten von Staaten gegenüber, die die Wirtschaft ihres Landes vor ausländischer Konkurrenz schützen wollen **(Protektionismus)**. Sie erheben **Zölle** auf Auslandsware, um diese gegenüber inländischen Gütern zu verteuern, legen bestimmte Gütermengen fest, die höchstens eingeführt werden dürfen **(Importkontingentierung)**, oder erlassen **Einfuhrverbote** für ausländische Waren. Auch durch administrative Maßnahmen, z. B. strenge Normen oder erforderliche Prüfverfahren, können diese Länder die Einfuhr erschweren.

Beispiel: Auf die Einfuhr von Bananen aus Nicht-EU-Ländern werden Zölle erhoben.

Durch internationale Abkommen versuchen die Staaten das Ziel des freien Welthandels zu sichern. Einer der wichtigsten Zusammenschlüsse ist die **Welthandelsorganisation** (World Trade Organisation, **WTO**, vgl. S. 398 f.), deren Ziel der Abbau der Handelsschranken zwischen den Ländern ist.

Zusammenfassung

Außenwirtschaftliches Gleichgewicht

- **Außenwirtschaft:** Gesamtheit aller ökonomischen Beziehungen eines Staates zu anderen Staaten

- Die **Zahlungsbilanz** bildet die außenwirtschaftlichen Beziehungen eines Landes ab.

- Leistungswirtschaftliche Transaktionen werden in der **Leistungsbilanz** erfasst.

- **Außenbeitrag:** Saldo der **Handels- und Dienstleistungsbilanz**

- Finanzwirtschaftliche Transaktionen werden in der **Kapitalbilanz** erfasst.

- Die **Devisenbilanz** ist eine Teilbilanz der Kapitalbilanz und zeigt die **Veränderung der Währungsreserven** der Zentralbank an.

- Das **außenwirtschaftliche Gleichgewicht** gilt als erreicht, wenn sich bei langfristiger Betrachtung die einzelnen **Teilbilanzen** wie die Devisen- oder Leistungsbilanz **im Gleichgewicht** befinden.

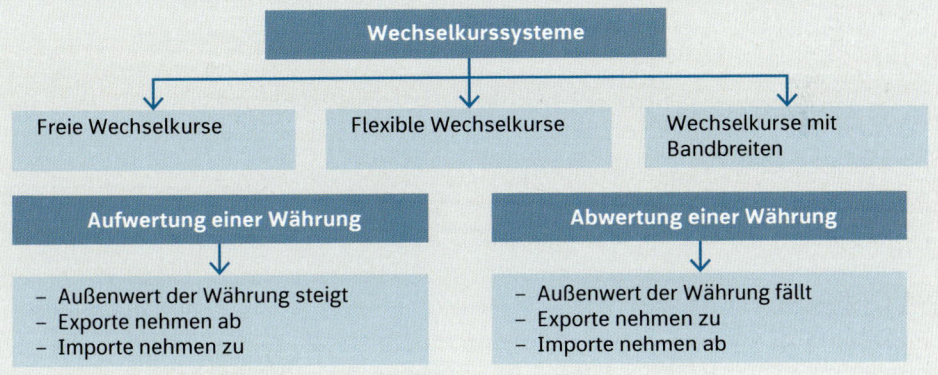

Aufgaben

1. Trotz positiver Handelsbilanz kann eine Leistungsbilanz negativ sein. Erläutern Sie diesen vermeintlichen Gegensatz.

2. Erläutern Sie an je einem konkreten Beispiel die Folgen von Import- bzw. Exportüberschüssen.

3. Bilden Sie zwei Gruppen. Die eine Gruppe sammelt Argumente für einen freien Welthandel, die andere Gruppe Argumente für protektionistische Maßnahmen.
   a) Stellen Sie die Argumente in der Klasse vor.
   b) Diskutieren Sie die unterschiedlichen Argumente.

4. Erläutern Sie die Begriffe „Liberalismus" und „Protektionismus" anhand von Beispielen.

5. „Der positive Außenbeitrag der deutschen Wirtschaft wird durch den starken Euro langfristig nicht zu halten sein." Nehmen Sie zu dieser Behauptung einer europäischen Tageszeitung Stellung.

6. Die Zahlungsbilanz gibt Auskunft über die wertmäßigen außenwirtschaftlichen Beziehungen eines Landes. Erklären Sie, in welcher Teilbilanz und mit welchem Vorzeichen die folgenden Vorgänge erfasst werden.
   a) Die Sommerfeld Bürosysteme GmbH exportiert Bürotische nach China.
   b) Ein Holländer erhält Zinszahlungen für Festgeld von der Deutschen Bank Essen.

c) *Daniela Schaub beerbt ihre Tante aus New York.*

d) *Hartmut Sommer erwirbt an der New Yorker Börse Staatsanleihen der USA.*

e) *Die USD-Bestände der Zentralbank steigen.*

7. *Hera Dubowski möchte mit ihrem Freund in die USA reisen. Sie sind sich noch unschlüssig, ob sie in diesem oder im nächsten Jahr die Reise antreten sollen. Im Moment notiert der Kurs bei 1,20 USD für einen Euro. Hera und ihr Freund erwarten, dass der Kurs im nächsten Jahr bei 1,10 USD notiert. Geben Sie den beiden eine Empfehlung.*

8. *Bei der Einführung des Euro wurden die nationalen Währungen in einem festen Verhältnis zum Euro umgetauscht. Damit gleicht der Euro – zwischen den am Euro teilnehmenden Ländern – einem System fester Wechselkurse. Die einzelnen Länder haben aufgrund der einheitlichen Währung keine Auf- und Abwertungsmöglichkeiten. Gerade die fehlende Abwertungsmöglichkeit wird als problematisch angesehen. Erläutern Sie, welche Folgen mit einer Abwertung auf Exporte, Importe, Beschäftigung und das Preisniveaus (unter sonst gleichen Bedingungen) verbunden sind.*

9. *Hera Dubowski liest im Wirtschaftsteil einer Tageszeitung folgenden Bericht:*

> Zu Wochenbeginn notierte der Euro bei 0,8990 USD. Daraufhin hat die EZB mit massiven Stützungskäufen eingegriffen, um einen weiteren Kursverfall des Euro gegenüber dem US-Dollar zu verhindern. [...]

Skizzieren Sie das Eingreifen der EZB mithilfe eines Preis-Mengen-Diagramms (y-Achse: USD/EUR, x-Achse: Menge EUR) und erläutern Sie die Auswirkung auf den Wechselkurs.

→

1.2.4   Stetiges und angemessenes Wirtschaftswachstum

LS 26

Nach einer BWL-Stunde zum Thema Bruttoinlandsprodukt diskutiert Daniela Schaub noch lange mit ihrer Freundin Helga.

„Wachstum, Wachstum, ich höre immer nur Wachstum", sagt Daniela, „es geht uns doch gut! Die Menschen sollten zufrieden sein mit dem, was sie haben!" Helga ist anderer Meinung. „Ich will, dass es mir besser geht als meinen Eltern, und dazu muss ich mehr verdienen als sie."

Arbeitsaufträge

- *Erarbeiten Sie den nachfolgenden Sachinhalt in der Gruppe und stellen Sie fest, wozu ein stetiges und angemessenes Wirtschaftswachstum notwendig ist.*

- *Erläutern Sie das Konzept des „Net Economic Welfare" und stellen Sie die Probleme dar, die mit dem Versuch der Einbeziehung des qualitativen Wachstums verbunden sind.*

Man spricht von einer wachsenden Wirtschaft, wenn die Produktion von Waren und Dienstleistungen im Berichtsjahr größer ist als im Vorjahr. In der Bundesrepublik Deutschland wird Wirtschaftswachstum als **Wachstumsrate des realen Bruttoinlandsproduktes pro Jahr** gemessen.

$$\text{Reales Bruttoinlandsprodukt} = \frac{\text{Nominales Bruttoinlandsprodukt}}{\text{Preisniveau}}$$

Beispiel: Das Bruttoinlandsprodukt eines Landes wächst nominal von 2 000,00 Mrd. € auf 2 060 Mrd. €. Die Preise sind im gleichen Zeitraum um 2 % gestiegen. Damit beträgt das reale Bruttoinlandsprodukt 2 060 Mrd. €/(102/100) = 2 019,61 Mrd. €. Die Wachstumsrate des realen Bruttoinlandsproduktes beträgt folglich (2 019,61 Mrd. €/2 000 Mrd. €) · 100 − 100 = 0,98 %.

Das Bruttoinlandsprodukt wird im Rahmen der volkswirtschaftlichen Gesamtrechnung ermittelt, die an dem **Wirtschaftskreislauf** ansetzt.   → LF 9

Stetig ist das Wachstum, wenn die Wachstumsraten möglichst geringe Unterschiede aufweisen und es nur zu minimalen Schwankungen im Wirtschaftsablauf kommt.

Welche Wachstumsraten **angemessen** sind, muss von den Trägern der Wirtschaftspolitik entschieden werden. In der Bundesrepublik Deutschland wurde in den vergangenen Jahren eine Wachstumsrate des realen Bruttoinlandsproduktes von jährlich 2 % als angemessen angesehen, aber nicht immer erreicht.

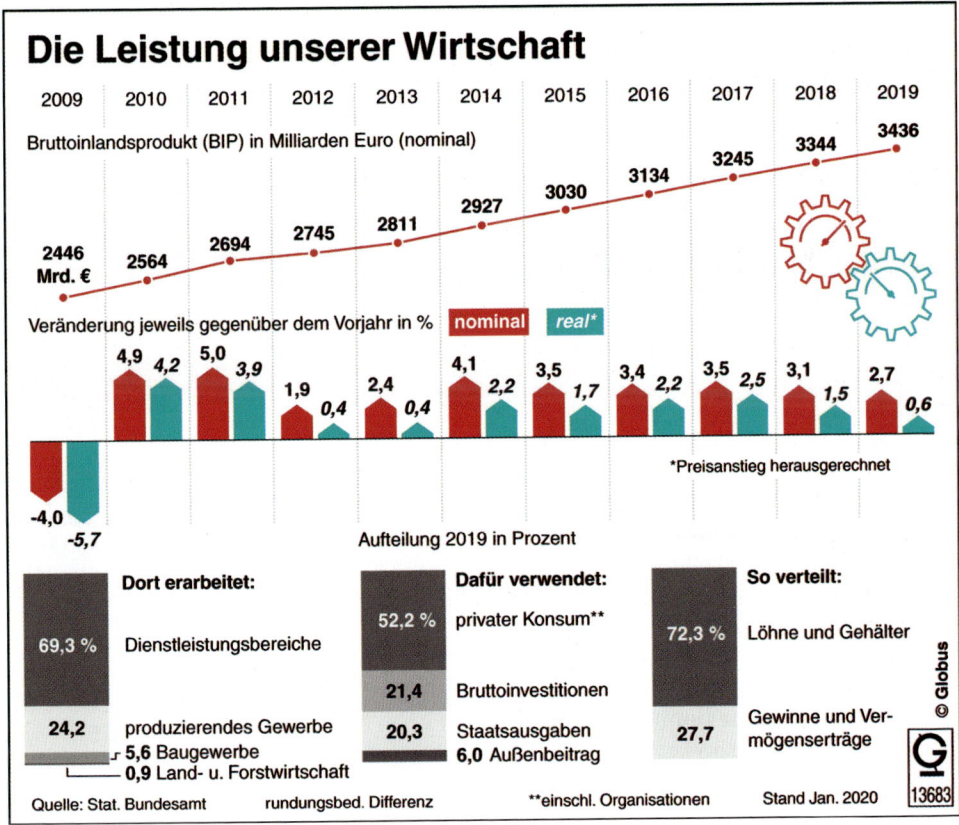

Die Leistung unserer Wirtschaft

Bruttoinlandsprodukt (BIP) in Milliarden Euro (nominal)

2009	2010	2011	2012	2013	2014	2015	2016	2017	2018	2019
2446 Mrd. €	2564	2694	2745	2811	2927	3030	3134	3245	3344	3436

Veränderung jeweils gegenüber dem Vorjahr in % nominal real*

4,9 4,2 5,0 3,9 1,9 0,4 2,4 0,4 4,1 2,2 3,5 1,7 3,4 2,2 3,5 2,5 3,1 1,5 2,7 0,6

*Preisanstieg herausgerechnet

−4,0
−5,7

Aufteilung 2019 in Prozent

Dort erarbeitet:
69,3 % Dienstleistungsbereiche
24,2 produzierendes Gewerbe
5,6 Baugewerbe
0,9 Land- u. Forstwirtschaft

Dafür verwendet:
52,2 % privater Konsum**
21,4 Bruttoinvestitionen
20,3 Staatsausgaben
6,0 Außenbeitrag

So verteilt:
72,3 % Löhne und Gehälter
27,7 Gewinne und Vermögenserträge

© Globus

13683

Quelle: Stat. Bundesamt   rundungsbed. Differenz   **einschl. Organisationen   Stand Jan. 2020

Notwendigkeit eines stetigen und angemessenen Wirtschaftswachstums

- **Wirtschaftswachstum sichert einen hohen Beschäftigungsstand**: Wächst eine Volkswirtschaft nicht oder schrumpft gar, verringern sich Investitionen, Konsum und/oder Exporte. Dieser Rückgang gesamtwirtschaftlicher Nachfrage führt letztlich zu einem Rückgang der Beschäftigung. Darüber hinaus können nur in einer wachsenden Wirtschaft die durch Rationalisierung oder neue technische Entwicklungen entfallenden Arbeitsplätze durch neue ersetzt werden.

  Beispiele: Durch Rationalisierung und neue technische Entwicklungen hat die Zahl der Beschäftigten in vielen industriellen Bereichen abgenommen. Die Zahl der Beschäftigten im Bereich der Umwelttechnologie hat dagegen deutlich zugenommen.

- **Wirtschaftswachstum sichert die sozialen Leistungen des Staates**: Nur in einer wachsenden Wirtschaft sind durch entsprechende Einnahmen die Leistungen des Staates finanzierbar.

  Beispiel: Wächst die Wirtschaft und werden hohe Einkommen gezahlt, werden hohe Steuereinnahmen erzielt und ermöglichen dem Staat die Wahrnehmung sozialer Aufgaben.

- **Wirtschaftswachstum sichert die Lebensqualität**: Ein hoher Beschäftigungsstand, ein angemessenes Einkommen und soziale Sicherheit verbessern den Lebensstandard. Durch die Verkürzung der Arbeitszeit und eine aktive Gestaltung der Freizeit wird der persönliche Freiraum erweitert.

  Beispiele: Die Wochenarbeitszeit im Holz und Kunststoff verarbeitenden Gewerbe wurde in den letzten Jahren von 40 auf 37,5 Stunden gesenkt. Die privaten Haushalte geben einen immer größeren Teil ihres Einkommens für die Gestaltung der Freizeit aus.

- **Wirtschaftswachstum ermöglicht hohe Investitionen zum Schutz der Umwelt**: Die Entwicklung neuer Verfahren zur Energiegewinnung, die Entsorgung von Industrieabfällen, das Recycling und die Entwicklung umweltfreundlicher Produktionsmethoden erfordern einen hohen Investitionsbedarf, der nur bei einer wachsenden Wirtschaft finanziert werden kann.

  Beispiel: Die Sommerfeld Bürosysteme GmbH baut in der Lackiererei eine Filteranlage zum Preis von 70 000,00 € ein. Die Investition ist möglich, da im vergangenen Jahr eine Umsatzsteigerung von 6 % erreicht wurde.

- **Wirtschaftswachstum ermöglicht es, das Ziel einer gerechten Einkommensverteilung ohne soziale Spannungen zu erreichen**: Bei Lohnsteigerungen, die sich im Rahmen des Produktivitätszuwachses bewegen, muss lediglich der Zuwachs umverteilt werden. Das Verhältnis zwischen Arbeitnehmereinkommen und Gewinn bleibt erhalten. Tarifabschlüsse sind deshalb ohne größere Arbeitskampfmaßnahmen zu erreichen.

  Beispiel: Der durchschnittliche Produktivitätszuwachs im Bereich der Holz und Kunststoff verarbeitenden Industrie betrug im vergangenen Jahr 2,5 %. Im Tarifvertrag wird ein Abschluss in gleicher Höhe vereinbart.

Kritik am Bruttoinlandsprodukt als Wohlstandsindikator

Bereits in den 70er-Jahren des 20. Jahrhunderts haben führende Wissenschaftler („Club of Rome") die Grenzen des Wachstums aufgezeigt. Es entstanden Konzepte, die ein **qualitatives Wachstum** in den Vordergrund stellten. Eine einseitig auf Wachstum ausgerichtete Wirtschaftspolitik hat nach Ansicht der Wissenschaftler den Blick auf die vielfältigen sozialen und ökologischen Probleme versperrt. Begrenzte Rohstoffvorkommen und wachsende Umweltbelastungen durch die sich ausdehnende Industrieproduktion gefährden oder zerstören das ökologische Gleichgewicht und sind die Schattenseiten eines (ungebremsten) Wirtschaftswachstums. Deshalb muss Wirtschaftswachstum immer nachhaltig sein. Es gilt die Interessen der nachfolgenden Generationen zu wahren und die Umwelt zu schützen (vgl. S. 338 f.).

Aber selbst umweltgerechtes, nachhaltiges Wachstum kann kein alleiniger Indikator für den Wohlstand einer Bevölkerung sein. Auch qualitative **Indikatoren** wie das **Bildungsniveau**, der **Gesundheitszustand** der Bevölkerung sowie die **Freizeitqualität** tragen zum Wohlstand einer Bevölkerung bei. Mittlerweile sind eine Reihe von Konzepten zur Wohlstandsmessung entwickelt worden, die neben dem Wachstum des Bruttoinlandsproduktes weitere (soziale) Indikatoren berücksichtigen.

Beim Konzept des **Net Economic Welfare** (= wirtschaftlicher Nettowohlstand) werden, ausgehend vom Bruttoinlandsprodukt, **soziale Kosten** wie die des Umweltschutzes oder die Ausgaben für die äußere und innere Sicherheit **abgezogen** und **Leistungen, die keinen Marktpreis haben**, wie die Hausarbeit, Schwarzarbeit und andere immaterielle Werte, z. B. Freizeit, **addiert**.

	Bruttoinlandsprodukt
−	soziale Kosten
+	Leistungen, die keinen Marktpreis haben
=	Net Economic Welfare

Das **Problem** dieser Konzepte ist die Messung und Erfassung einiger Größen. So ist der Wert der Freizeit schwer quantifizierbar und auch die Kosten des Umweltschutzes sind nur schwer zu erfassen.

Wachstumspolitik

Zur Förderung eines quantitativen, aber auch eines qualitativen Wachstums, muss der Staat im Rahmen der **Wachstumspolitik** mittel- bis langfristig wirkende Impulse zur Förderung des Wirtschaftswachstum setzen.

→ LF 9

- Im Rahmen der **Rechtspolitik** werden Gesetze und Verordnungen erlassen, die den freien Wettbewerb sichern, Innovationen fördern und Umweltschäden vermeiden.

  Beispiele: Gesetz gegen Wettbewerbsbeschränkungen, Einrichtung von Umweltzonen in Städten, Umwelthaftungsgesetz, Verpackungsverordnung.

- Im Rahmen der **Bildungspolitik** wird für einen hohen Ausbildungsstand der Beschäftigten gesorgt. Ausgaben für Bildung stellen dabei immaterielle Investitionen in die Zukunft einer Volkswirtschaft dar.

  Beispiel: Die Bildungsausgaben der Bundesrepublik Deutschland betragen ca. 5 % des Bruttoinlandsproduktes.

- Im Rahmen der **Subventionspolitik** wird die internationale Wettbewerbsfähigkeit der Unternehmen gefördert und die Entwicklung umweltfreundlicher Technologien unterstützt.

  Beispiel: Die Bundesrepublik übernimmt im Rahmen einer Kreditversicherung die Bürgschaft für ein Auslandsgeschäft.

- Im Rahmen der **Spar- und Vermögenspolitik** wird die Spareigung der privaten Haushalte durch finanzielle Anreize erhöht, um das erforderliche Kapital für Investitionen zu schaffen.

  Beispiel: Arbeitnehmer erhalten im Rahmen der Vermögensbildung eine Arbeitnehmersparzulage.

- Im Rahmen der **Forschungs- und Entwicklungspolitik** fördert der Staat Grundlagenforschung für zukunftsträchtige Technologien und schafft so die Voraussetzungen für den hohen technischen Stand der Deutschen Wirtschaft in den nächsten Jahrzehnten.

  Beispiel: Der Staat unterstützt Forschungseinrichtungen von Universitäten.

- Im Rahmen der **Strukturpolitik** fördert der Staat bestimmte Wirtschaftszweige oder Regionen.

  Beispiel: Förderung von Umwelttechnologien, um neue Märkte zu schaffen.

Zusammenfassung

Stetiges und angemessenes Wirtschaftswachstum

- *Wirtschaftswachstum wird als **Wachstumsrate des realen Bruttoinlandsproduktes** gemessen.*

- *Ein stetiges und angemessenes Wachstum **sichert***
  - *einen hohen Beschäftigungsstand,*
  - *soziale Leistungen des Staates,*
  - *die Lebensqualität der Bürger,*
  - *Investitionen zum Schutz der Umwelt,*
  - *eine gerechte Einkommmensverteilung, ohne soziale Spannungen.*

- *Eine einseitig auf Wachstum ausgerichtete Wirtschaftspolitik **gefährdet***
  - *das ökologische Gleichgewicht,*
  - *die Rohstoff- und Energievorkommen der Zukunft.*
  - *eine nachhaltige Entwicklung*

- *Konzepte wie das „**Net Economic Welfare**" berücksichtigen neben dem Wachstum des Bruttoinlandsproduktes auch qualitative Indikatoren zur Messung des Wohlstandes einer Volkswirtschaft.*

- *Maßnahmen der **Wachstumspolitik** werden im Rahmen der Rechts-, Bildungs-, Subventions-, Spar- und Vermögens-, Forschungs- und Entwicklungs- und Strukturpolitik ergriffen.*

Aufgaben

1. Auf S. 369 werden fünf Argumente für die Notwendigkeit eines stetigen und angemessenen Wirtschaftswachstums formuliert.

   a) Sammeln Sie für jedes der angeführten Argumente Gegenargumente.
   b) Diskutieren Sie vor dem Hintergrund von Argumenten und Gegenargumenten die Notwendigkeit des Wachstums.

2. Als Nicole Ganser beim Spülen in der Küche ein Glas herunterfällt und sie sich beim Einsammeln der Scherben in den Finger schneidet, bemerkt sie trocken: „Da haben wir ja wieder mal das Bruttoinlandsprodukt gesteigert." Diskutieren Sie anhand dieser Szene Sinn und Unsinn des quantitativen Wachstumsbegriffs.

3. Im Rahmen des NEW (Net Economic Welfare) werden Leistungen, die keinen Marktpreis haben, zum Bruttoinlandsprodukt addiert.
   a) Machen Sie Vorschläge für Leistungen, die hier erfasst werden sollten.
   b) Stellen Sie dar, wie Sie die jeweilige Leistung messen wollen.

4. Erläutern Sie, welche Bedeutung der technische Fortschritt für Wachstum und Umweltschutz hat.

5. Stellen Sie Vor- und Nachteile eines ungebremsten quantitativen Wachstums für Sie persönlich in einer Liste gegenüber.

6. In einer Volkswirtschaft ist das nominale BIP zu Marktpreisen gegenüber dem Vorjahr um 9 % gestiegen. Das Preisniveau hat sich im gleichen Zeitraum um 4 % erhöht. Erläutern Sie, wie hoch das reale Wachstum in der Volkswirtschaft ist.

7. Für eine Volkswirtschaft gelten folgende Zahlen:

Jahr	00	01	02	03
BIP nominal (€)	2 250,00	2 330,00	2 400,00	2 480,00
Preisniveau (%)	100	102	103	105

   a) Berechnen Sie für jedes Jahr das reale Bruttoinlandsprodukt in Bezug auf das Basisjahr.
   b) Ermitteln Sie die jeweilige jährliche Wachstumsrate des realen Bruttoinlandsproduktes.

8. Wie jeden Freitag treffen sich die Geschäftsführer der Sommerfeld Bürosysteme GmbH, um die Lage des Unternehmens zu besprechen. Als Hartmut Sommer und Lambert Feld über die zukünftige Entwicklung Deutschlands diskutieren, kommt es zu folgenden Aussagen:

   Hartmut Sommer: „'Nachhaltigkeit' scheint das absolute Modewert geworden zu sein. Nachhaltigkeit ist doch wohl erst durch Wirtschaftswachstum möglich. Insofern sollten wir alle anderen Zielsetzungen dem Wirtschaftswachstum unterordnen."

   Lambert Feld: „Natürlich ist 'Nachhaltigkeit' ein Modewort und das völlig zu Recht. Wir müssen auch an die zukünftigen Generationen denken. Da spielt das Wirtschaftswachstum lediglich eine untergeordnete Bedeutung."

   Diskutieren Sie die beiden Positionen und finden Sie geeignete Argumente, die die Aussagen Hartmut Sommers und Lambert Felds belegen.

LS 27

1.3 Konjunkturprozesse und Konjunkturindikatoren

„Na endlich!" Erleichtert legt Herr Feld den Monatsbericht der Deutschen Bundesbank aus der Hand: *„Hören Sie sich das an, Frau Esser: Nach einer Befragung des Ifo-Instituts ist die Stimmung in der deutschen Wirtschaft umgeschlagen und kann jetzt als verhalten optimistisch bezeichnet werden."* *„Und was haben unsere leeren Auftragsbücher mit der Stimmung in der deutschen Wirtschaft zu tun?"*, erwidert Frau Esser, die Abteilungsleiterin des Controllings bei der Sommerfeld Bürosysteme GmbH, überrascht. *„Die Konjunktur zieht wieder an!"* Frau Esser ist skeptisch. *„Die Stimmung in der deutschen Wirtschaft wird uns mit Sicherheit keine Aufträge für Büromöbel einbringen."*

Arbeitsaufträge

- Stellen Sie fest, welcher Zusammenhang zwischen der Stimmung und Erwartung der Wirtschaftssubjekte und dem Konjunkturverlauf besteht.

- Erläutern Sie, anhand welcher Indikatoren noch Aussagen über den Konjunkturverlauf gemacht werden können.

Die wirtschaftliche Entwicklung der hoch industrialisierten Volkswirtschaften vollzieht sich nicht gleichmäßig. Sie ist durch ein regelmäßiges **Auf und Ab** der wirtschaftlichen Aktivität gekennzeichnet. Es wechseln Zeiten lebhafter wirtschaftlicher Aktivität mit Zeiten nachlassender Produktion und Konsumtätigkeit. Sind diese Schwankungen mittelfristiger Natur über einen Zeitraum von mehreren Jahren bezeichnet man sie als **Konjunktur**.

Konjunkturindikatoren

In welcher Phase der Konjunktur sich die Wirtschaft jeweils befindet, versucht man mithilfe von **Konjunkturindikatoren** zu beschreiben. Hierbei handelt es sich um volkswirtschaftlich aussagefähige Größen, die eine möglichst zuverlässige Beschreibung des gegenwärtigen Konjunkturzustandes (**Konjunkturdiagnose**) und Aussagen über die zukünftige wirtschaftliche Entwicklung (**Konjunkturprognose**) ermöglichen. Man unterscheidet:

Frühindikatoren	Sie laufen der konjunkturellen Entwicklung voraus und erlauben Rückschlüsse auf die zukünftige konjunkturelle Entwicklung der Wirtschaft.	Beispiele: – Auftragseingänge – Ifo-Geschäftsklimaindex – Aktienkurse – Konsumklimaindex der GfK – Gewinnerwartungen – Investitionsabsichten
Gegenwartsindikatoren	Sie spiegeln die gegenwärtige Lage der Wirtschaft wider.	Beispiele: – BIP für einen Monat – Kapazitätsauslastung – industrielle Produktion – Kurzarbeit – Lagerbestände

Spätindikatoren	Sie laufen aufgrund von zeitlichen Verzögerungen der wirtschaftlichen Entwicklung nach.	Beispiele: – BIP für ein Jahr – Arbeitslosenquote – Verbraucherpreisniveau – Steuereinnahmen – Zinsniveau – Lohnentwicklung

Wirtschaftsschwankungen und Konjunkturverlauf

Als **Wachstumstrend** wird die **langfristige Tendenz** der wirtschaftlichen Entwicklung bezeichnet. Er wird durch die langfristige Zunahme des realen Bruttoinlandsproduktes ausgedrückt. Kurz- bis mittelfristig vollzieht sich die Zunahme des realen Bruttoinlandsproduktes jedoch nicht gleichmäßig. Sie ist Schwankungen unterworfen. Anhand der unterschiedlichen Ursachen und der Dauer kann man zwischen **konjunkturellen und saisonalen Wirtschaftsschwankungen** unterscheiden.

Konjunkturelle Schwankungen

Dies sind **mittelfristige** Schwankungen der wirtschaftlichen Aktivität, die mehrere Jahre dauern können und mithilfe der Veränderungsrate des realen Bruttoinlandsproduktes gemessen werden. Das Auf und Ab der wirtschaftlichen Entwicklung von einem Tiefstand bis zum nächsten Tiefstand bezeichnet man als **Konjunkturzyklus**. Er wird in **vier Phasen** unterteilt:

Der Konjunkturverlauf

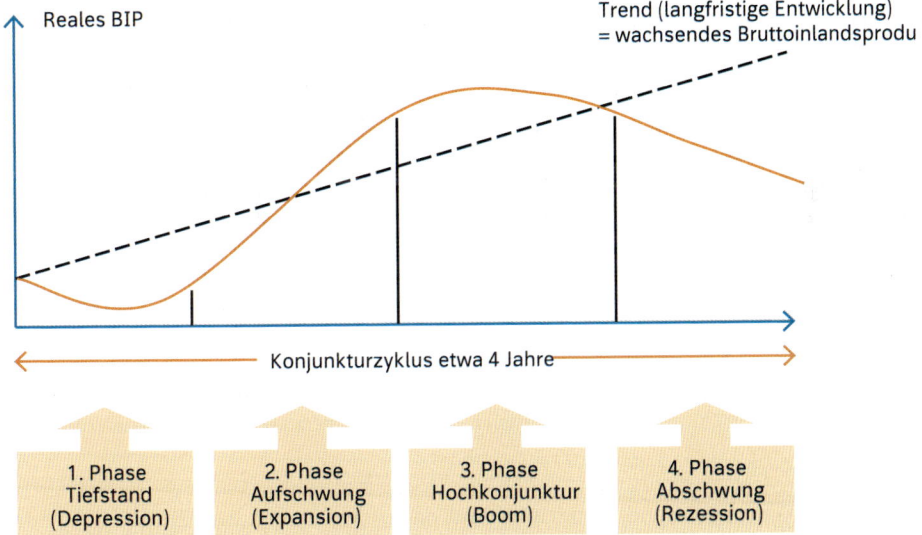

1. **Phase**: Im **Tiefstand** (Depression) sind die Produktionskapazitäten unausgelastet, es kommt zu hoher Arbeitslosigkeit. Die Löhne und Preise bewegen sich auf einem niedrigen Niveau und aufgrund der geringen gesamtwirtschaftlichen Nachfrage ist das Zinsniveau niedrig.

Die Wirtschaftssubjekte haben wenig Vertrauen in die Entwicklung der Wirtschaft. Nimmt das Bruttoinlandsprodukt real ab, bezeichnet man den Tiefstand als **Rezession**, handelt es sich um eine tief greifende Krise, spricht man von einer **Depression**.

2. **Phase:** Im **Aufschwung** (Expansion) kommt es zu einem langsamen Anstieg der Produktion und des realen Bruttoinlandsproduktes. Arbeitskräfte werden eingestellt und durch die steigenden Einkommen kommt es zu einem zusätzlichen Anstieg der gesamtwirtschaftlichen Nachfrage. Das Zinsniveau steigt. Da die zusätzliche Nachfrage durch eine bessere Auslastung der Kapazitäten befriedigt werden kann, steigen die Preise zunächst nur langsam. Auch die Lohnsteigerungen fallen gering aus, da zunächst die Arbeitslosigkeit abgebaut wird und durch das nur langsam steigende Preisniveau lediglich geringe inflationsbedingte Lohnsteigerungen erforderlich sind. Das Vertrauen in die Wirtschaft wächst und Unternehmen und Haushalte sehen optimistisch in die Zukunft.

3. **Phase:** In der **Hochkonjunktur** (Boom) sind die Produktionskapazitäten voll ausgelastet. Kurzfristig kommt es zu Überbeschäftigung (vgl. S. 354) und das reale Bruttoinlandsprodukt sowie das Zinsniveau erreichen ihren Höchststand. Die Gewerkschaften betreiben eine expansive Lohnpolitik und das Lohnniveau ist hoch. Durch die Zunahme der gesamtwirtschaftlichen Nachfrage und die Steigerung der Kosten ist das Preisniveau ebenfalls hoch und es kommt zur Inflation (vgl. S. 341 ff.). Gelingt es den Unternehmen nicht, die gestiegenen Kosten über die Preise abzuwälzen, kommt es zu Gewinneinbußen und in der Folge zu einem Rückgang der Nachfrage nach Investitionsgütern. Die wirtschaftliche Stimmung wird gegen Ende der Hochkonjunktur skeptisch.

4. **Phase:** Im **Abschwung** (Rezession) kommt es zu einem sich verstärkenden Rückgang der wirtschaftlichen Aktivität und damit des realen Bruttoinlandsproduktes. Durch den Rückgang der Investitionsgüternachfrage kommt es in diesem Bereich zu Produktionseinschränkungen und in der Folge zu Arbeitslosigkeit. Die Einkommen der privaten Haushalte nehmen ab. Dadurch kommt es zu einem Rückgang der Konsumgüternachfrage und auch in diesem Bereich zu Produktionseinschränkungen und Entlassungen. Die Gewinne schrumpfen und das Lohn- bzw. das Preisniveau bleibt konstant oder nimmt sogar ab. Aufgrund der geringen Konsum- und Investitionsgüternachfrage sinkt das Zinsniveau. Die Wirtschaftssubjekte sehen pessimistisch in die Zukunft.

Saisonale Schwankungen

Damit wird ein jahreszeitliches Auf und Ab im Wirtschaftsleben bezeichnet. Saisonale Schwankungen haben ihre Ursache im Wechsel der Jahreszeiten oder in den Gewohnheiten der Konsumenten.

Beispiele:
- Die Zahl der Übernachtungen durch Touristen an Nord- und Ostsee nimmt in den Wintermonaten ab.
- Im Weihnachtsgeschäft steigen die Umsätze im Einzelhandel.

Saisonale Schwankungen sind **kurzfristig** und dauern meist nur wenige Wochen oder Monate. Da sie vorhersehbar sind, können sich die Unternehmen durch gezielte Maßnahmen auf sie einstellen.

Beispiele:
- Die Ferienorte an Nord- und Ostsee bieten in der Vor- und Nachsaison Übernachtungen zu Sonderpreisen an.
- Durch gezielte Sonderaktionen schon im Oktober und November versucht der Einzelhandel die Spitzenbelastung an den vier Wochenenden vor Weihnachten zu vermeiden.

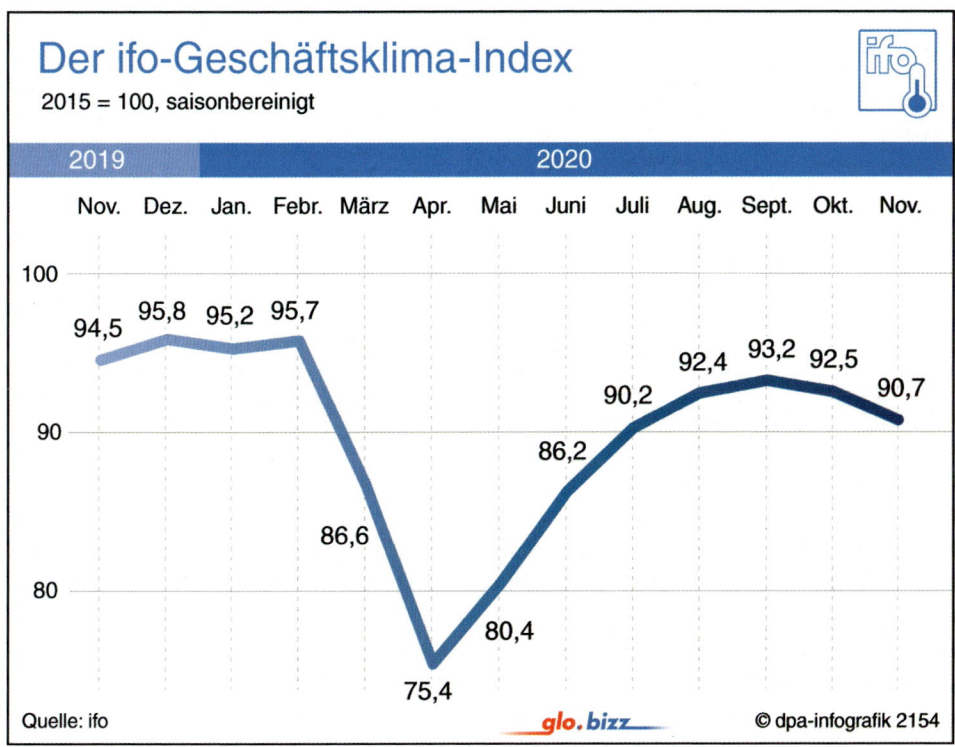

Der ifo-Geschäftsklima-Index

2015 = 100, saisonbereinigt

2019	2020

Nov. Dez. Jan. Febr. März Apr. Mai Juni Juli Aug. Sept. Okt. Nov.

94,5 95,8 95,2 95,7
86,6
75,4
80,4
86,2
90,2
92,4 93,2 92,5
90,7

Quelle: ifo   glo.bizz   © dpa-infografik 2154

Ursachen von Konjunkturschwankungen

Über die Ursachen von Konjunkturschwankungen gibt es eine Fülle von Theorien. Fast alle gehen jedoch von einer Störung des **gesamtwirtschaftlichen Gleichgewichts** aus. Das gesamtwirtschaftliche Gleichgewicht gilt als erreicht, wenn die gesamtwirtschaftliche Nachfrage gleich dem gesamtwirtschaftlichen Angebot ist und Vollbeschäftigung herrscht. Konjunkturschwankungen werden also vor allem durch Störungen der Nachfrage- oder Angebotsseite ausgelöst. Mithilfe der Konjunkturpolitik wird versucht, das gesamtwirtschaftliche Gleichgewicht wiederherzustellen. Wichtige Teilbereiche der Konjunkturpolitik sind die Fiskal- und die Geldpolitik.

Zusammenfassung

Konjunkturprozesse und Konjunkturindikatoren

- *Wachstumstrend*: langfristige Tendenz der wirtschaftlichen Entwicklung

- *Idealtypischer Konjunkturverlauf*

	Tiefstand (Depression)	Aufschwung (Expansion)	Hochkonjunktur (Boom)	Abschwung (Rezession)
Kapazitätsauslastung	niedrig	steigend	hoch	sinkend
BIP	niedrig	steigend	hoch	sinkend

	Tiefstand (Depression)	Aufschwung (Expansion)	Hochkonjunktur (Boom)	Abschwung (Rezession)
AL-Quote	hoch	sinkend	niedrig	steigend
Preisniveau	niedrig	steigend	hoch	konstant/ sinkend
Zinsniveau	niedrig	steigend	hoch	sinkend

- *Saisonale Schwankungen: Ursache sind der Wechsel der Jahreszeiten oder die Gewohnheiten der Konsumenten.*

- *Ursache von Konjunkturschwankungen sind Störungen des **gesamtwirtschaftlichen Gleichgewichts**.*

Aufgaben

1. Beschreiben Sie mithilfe aktueller Informationen aus dem Wirtschaftsteil der Tageszeitung sowie der Webseite des Statistischen Bundesamtes (www.destatis.de) die derzeitige konjunkturelle Situation in der Bundesrepublik Deutschland.

2. Erläutern Sie, in welcher Konjunkturphase sich die Wirtschaft befindet.

   a) Das Preisniveau und das Zinsniveau erreichen ihren Höchststand. Die Kapazitäten sind voll ausgelastet.

   b) Die Nachfrage zieht langsam an. Aufgrund der Unterauslastung der Kapazitäten steigen die Preise zunächst nur leicht. Die Gewerkschaften setzen moderate Lohnerhöhungen durch.

   c) Nach Rückgängen beim realen Bruttoinlandsprodukt erreicht die Wirtschaftsleistung ihre Talsohle. Preise, Löhne und Zinsen bewegen sich auf einem niedrigen Niveau.

   d) Die Wirtschaftsleistung nimmt ab. Löhne und Preise bleiben konstant bzw. sinken leicht. Aufgrund der sinkenden Nachfrage kommt es zur steigenden Arbeitslosigkeit.

3. Stellen Sie dar, wie eine Volkswirtschaft aus der Hochkonjunktur in den Abschwung übergeht.

4. Beschreiben Sie anhand weiterer Beispiele Ursachen für saisonale Wirtschaftsschwankungen und machen Sie Vorschläge, wie die Unternehmen darauf reagieren können.

5. Die folgende Abbildung stellt den Konjunkturzyklus einer Volkswirtschaft dar: Ordnen Sie den Ziffern 1–6 die folgenden Begriffe zu: Expansion, Depression, Rezession, Boom, Wachstumstrend, reales Bruttoinlandsprodukt.

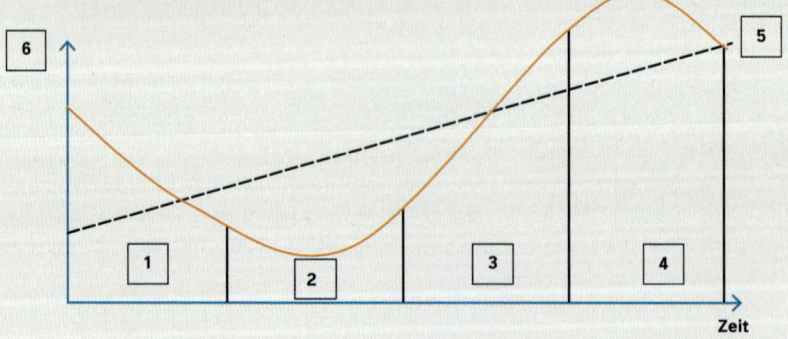

6. Erklären Sie, ob es sich bei den folgenden Konjunkturindikatoren, um einen Früh-, Gegen-
    warts- oder Spätindikator handelt.
    a) Arbeitslosenquote
    b) Ifo-Geschäftsklimaindex
    c) BIP für einen Monat
    d) Lohnentwicklung
    e) Gewinnerwartungen

1.4　Fiskalpolitik als staatliche Wirtschaftspolitik

→ 📄

LS 28

Daniela und ihr Vater diskutieren wieder einmal über die wirtschaftliche Lage in Deutschland. „Bei rund 3,1 Millionen
Arbeitslosen muss der Staat eingreifen und öffentliche Aufträge
vergeben. Stell dir vor, alle Ämter werden mit neuen Büro- und
Einrichtungsmöbeln ausgestattet. Da könntet ihr bei der Sommerfeld Bürosysteme GmbH glatt 20 Leute einstellen", sagt
Danielas Vater. „Der Staat ist doch nicht dazu da, den Rückgang der gesamtwirtschaftlichen Nachfrage auszugleichen",
erwidert Daniela, „wir haben schließlich eine Wirtschaftsordnung, in der der Markt entscheidet!"

Arbeitsaufträge

- Erläutern Sie, ob der Staat in der Marktwirtschaft in den Konjunkturverlauf eingreifen kann,
  und welche Probleme damit verbunden sind.

- Stellen Sie Instrumente der Fiskalpolitik dar und erklären Sie die beabsichtigte Wirkung.

- Präsentieren Sie die Ergebnisse Ihrer Arbeit. Beachten Sie dabei die Präsentationsregeln.

Im Rahmen der **Fiskalpolitik** versucht der Staat, durch Veränderung seiner Einnahmen
und Ausgaben die gesamtwirtschaftliche Nachfrage zu beeinflussen und so stabilisierend
auf den Konjunkturverlauf einzuwirken.

Antizyklische Fiskalpolitik

Der englische Wirtschaftswissenschaftler **John Maynard Keynes** (1883 bis 1946) stellte
fest, dass sich die staatliche Einnahmen- und Ausgabenpolitik seiner Zeit am Konjunkturverlauf orientierte. Es wurde also eine prozyklische Fiskalpolitik betrieben.

Beispiel: Im Aufschwung steigen die Gehälter und damit die Steuereinnahmen des Staates. Der
Staat verwendet die Einnahmen unverzüglich für öffentliche Ausgaben. Im Abschwung gehen die
Steuereinnahmen zurück. Der Staat schränkt seine Ausgaben ein.

Durch dieses Verhalten wird der Rückgang der privaten Nachfrage im Abschwung durch
einen weiteren Rückgang der Staatsnachfrage beschleunigt und die Konjunkturkrise verschärft. Die **prozyklische** Fiskalpolitik verstärkt damit die konjunkturellen Phasen.

Keynes leitete aus dieser Erkenntnis die Forderung ab, dass der Staat sich in seiner Einnahmen- und Ausgabenpolitik **antizyklisch**, d.h. entgegen dem Konjunkturverlauf verhalten soll. Geht die gesamtwirtschaftliche Nachfrage zurück, soll er die Ausgaben erhöhen und die Staatsnachfrage, auch über Kredite (**Deficit Spending**), ausweiten. Steigt die gesamtwirtschaftliche Nachfrage, soll der Staat die Ausgaben einschränken und die Staatsnachfrage senken. Staatliche Überschüsse, die in dieser Phase erwirtschaftet werden, können in einer sogenannten Konjunkturausgleichsrücklage angesammelt werden. In Zeiten schlechter Konjunktur wird diese dann wieder aufgelöst, indem der Staat zusätzliche Nachfrage schafft.

Instrumente der Fiskalpolitik

Im Rahmen der Fiskalpolitik stehen dem Staat als wesentliche Instrumente die Ausgabenpolitik, die Einnahmenpolitik und die Möglichkeit der Beeinflussung privater Investitionen zur Verfügung. Sie werden zur Beeinflussung der gesamtwirtschaftlichen Nachfrage eingesetzt und sollen im Boom **kontraktiv** (abschwächend) und in der Rezession **expansiv** (belebend) wirken.

Ausgabenpolitik

Staatsausgaben sind Transferzahlungen an die Haushalte (z.B. Wohngeld), Lohn- und Gehaltszahlungen des Staates, Subventionen und öffentliche Investitionen. Der Staat variiert diese Ausgaben, um die konjunkturell bedingten Schwankungen der gesamtwirtschaftlichen Nachfrage auszugleichen.

- **Kontraktive Wirkung:** Im Boom wird die geplante Erhöhung von Transferzahlungen sowie von Lohn- und Gehaltszahlungen im öffentlichen Dienst verschoben und Subventionen werden gekürzt. Eingesparte Mittel werden als **Konjunkturausgleichsrücklage** bei der Deutschen Bundesbank stillgelegt.

- **Expansive Wirkung**: In der Rezession tätigt der Staat zusätzliche Ausgaben und finanziert diese durch Auflösung der Konjunkturausgleichsrücklage oder Aufnahme von Krediten (**Deficit Spending**).

Einnahmenpolitik

→ LF 7

Staatseinnahmen sind Steuern (z.B. Einkommensteuer), Zölle und Gebühren. Dabei wirkt da Einkommensteuersystem in der Bundesrepublik als **automatischer Stabilisator**. Steigen die Einkommen im Aufschwung, wird durch den progressiv ansteigenden Steuersatz ein größerer Teil der Einkommen abgeschöpft und der gesamtwirtschaftlichen Nachfrage entzogen. Sinken die Einkommen in der Rezession, sinkt der persönliche Steuersatz und und damit die Steuerbelastung. Die Haushalte können einen (relativ) größeren Anteil ihrer Einkommen für den Konsum verwenden. Darüber hinaus hat der Staat im Rahmen des Stabilitätsgesetzes (vgl. S. 333 ff.) die Möglichkeit, die Einkommen- und Körperschaftsteuer fallweise um bis zu 10 % herauf- oder herabzusetzen und so die gesamtwirtschaftliche Nachfrage zu beleben oder zu dämpfen.

Beeinflussung der privaten Investitionen

Ein wichtiger Konjunkturindikator (vgl. S. 373 f.) ist die Investitionstätigkeit der Unternehmen. Investitionen wirken unmittelbar auf die Beschäftigung und die gesamtwirtschaftliche Nachfrage und damit auf das Wirtschaftswachstum. Durch Variation der Abschreibungsmöglichkeiten oder Investitionszulagen und -zuschüsse kann der Staat Einfluss auf das Investitionsverhalten der Unternehmen nehmen.

- **Expansive Wirkung**: In der Rezession kann der Staat die degressive Abschreibung wieder einführen, Sonderabschreibungen erlauben oder Investitionszulagen und -zuschüsse gewähren.

  Beispiel: Die Bundesregierung beschließt eine Investitionszulage in Höhe von 7,5 %. Die Sommerfeld Bürosysteme GmbH schafft daraufhin einen neuen Lkw an. Sie erhält bei einem Investitionsvolumen von 100 000,00 € eine Zulage in Höhe von 7 500,00 €.

- **Kontraktive Wirkung**: In der Phase des Booms werden Sonderabschreibungen oder die Möglichkeit der degressiven Abschreibung ausgesetzt sowie Investitionszuschüsse und -zulagen gekürzt oder sogar gestrichen.

Grenzen der Fiskalpolitik

Die Kritik an der antizyklischen Fiskalpolitik richtet sich auf die einseitige Ausrichtung an der gesamtwirtschaftlichen Nachfrage (**Nachfrageorientierung**). Liegen die Ursachen für den Rückgang z.B. in einer Strukturkrise, bleibt die Fiskalpolitik wirkungslos und verhindert die notwendige Anpassung.

Beispiel: Durch die Veränderung der Wirtschaftsstruktur kommt es im primären Sektor der Volkswirtschaft zu Entlassungen. Beschäftigungsprogramme oder Subventionen, z.B. im Bergbau, würden diesen Prozess nur hinauszögern.

Ein weiterer wesentlicher Kritikpunkt ist, dass die zunehmende Staatsverschuldung die fiskalpolitischen Möglichkeiten drastisch einschränkt. Der Anteil des Schuldendienstes am Gesamthaushalt wird immer höher und kann den Staat letztlich handlungsunfähig machen.

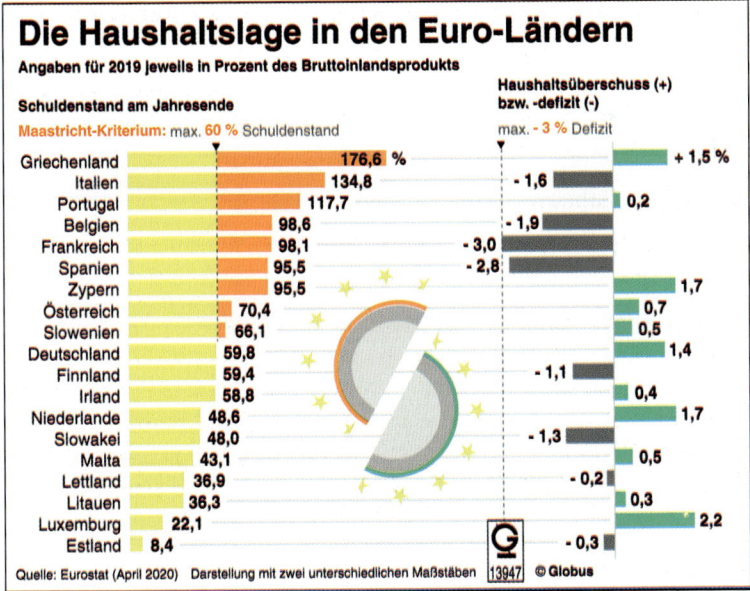

Um die Handlungsfähigkeit der Euro-Länder zu gewährleisten, wurde deshalb schon 1997 im **Europäischen Stabilitäts- und Wachstumspakt** geregelt, dass die Neuverschuldung auf 3 % des Bruttoinlandsproduktes und der Gesamtstand der Verschuldung auf 60 % des Bruttoinlandsproduktes zu begrenzen ist. Zahlreiche Staaten, u.a. auch Deutschland, haben diese Regelungen nicht eingehalten.

Im Rahmen des Euro-Rettungsschirmes wurden das Bekenntnis zur Senkung der Staatsverschuldung durch den **Europäischen Fiskalpakt** (Vertrag über Stabilität, Koordinierung und Steuerung in der Wirtschafts- und Währungsunion, kurz **SKS-Vertrag**) erneuert. Der Europäische Fiskalpakt sieht vor, den Gesamtschuldenstand auf 60 % des Bruttoinlandsproduktes sowie das **strukturelle** jährliche **Staatsdefizit** (Neuverschuldung) auf 0,5 % des Bruttoinlandsproduktes zu begrenzen. Das strukturelle Defizit ist das um konjunkturelle Effekte bereinigte Staatsdefizit. Auf nationaler Ebene hat Deutschland bereits 2009 eine **Schuldenbremse** in das Grundgesetz eingefügt. Sie sieht langfristig vor, dass die Länderhaushalte ohne ein strukturelles Defizit und der Bundeshaushalt mit einem strukturellen Defizit von maximal 0,35 % des Bruttoinlandsproduktes zu finanzieren sind.

Der Einsatz von Instrumenten der Fiskalpolitik unterliegt Zeitverzögerungen (**Timelags**). Von der Wahrnehmung einer konjunkturellen Schieflage bis zur Wirksamkeit einer konkreten Maßnahme vergeht ein langer Zeitraum. Eine ursprünglich antizyklisch motivierte Maßnahme kann deshalb prozyklisch wirken und die konjunkturelle Lage verschlechtern.

Nicht zuletzt kann es durch den Einsatz fiskalpolitischer Instrumente zu Verdrängungseffekten (**Crowding-out-Effekt**) kommen. Ist die staatliche Nachfrage kreditfinanziert, sind steigende Zinsen auf den Kapitalmärkten die Folge. Private Investitionen werden durch den steigenden Zinssatz zurückgedrängt.

Kritiker der nachfrageorientierten Konjunkturpolitik bestreiten deren Wirksamkeit und fordern stattdessen eine **Politik der Angebotsorientierung**. Durch verbesserte Angebotsbedingungen und Gewinnaussichten sollen die Unternehmen zu Investitionen angeregt werden. Wesentliche Elemente einer angebotsorientierten Politik sind u. a.:

- Schaffung eines günstigen Investitionsklimas
- Senkung von Steuern und Abgabenbelastungen
- Abbau von Budgetdefiziten und Senkung der Staatsausgaben
- „maßvolle" Sozialpolitik, d.h. Abbau von Sozialleistungen
- Orientierung der Lohnpolitik am Produktivitätszuwachs
- Deregulierung des Arbeitsmarktes
- Förderung des Wettbewerbs durch Deregulierung von Märkten und Unterbindung von Wettbewerbsbeschränkungen
- Verzicht auf staatliche Eingriffe in den Markt

Zusammenfassung

Fiskalpolitik als staatliche Wirtschaftspolitik

- *Die Fiskapolitik versucht, durch eine **antizyklische Ausgaben- und Einnahmepolitik** den Konjunkturverlauf zu glätten.*
- *Die **Instrumente der Fiskalpolitik** (Ausgabepolitik, Einnahmepolitik, Beeinflussung der privaten Investitionen) können expansiv oder kontraktiv eingesetzt werden.*
  - ***Ausgabenpolitik:** Erhöhung bzw. Senkung der Staatsausgaben*
  - ***Einnahmepolitik:** Steuersenkungen, Steuererhöhungen*
  - ***Beeinflussung der privaten Investitionen:** Freigabe bzw. Bildung einer Konjunkturausgleichsrückgabe, Gewährung bzw. Streichung von Investitionszulagen und -zuschüssen*

- Die **Grenzen der Fiskalpolitik** liegen in ihrer einseitigen Ausrichtung auf die Nachfrageseite und in der zunehmenden Staatsverschuldung. Zudem ist mit Timelags und Crowding-out-Effekten zu rechnen.

- Im Gegensatz zur nachfrageorientierten Konjunkturpolitik setzt eine **Politik der Angebotsorientierung** an einer Verbesserung von Angebotsbedingungen für Unternehmen an.

Aufgaben

1. Erläutern Sie die Instrumente der Fiskalpolitik und stellen Sie jeweils fest, wie diese abschwächend oder belebend auf die gesamtwirtschaftliche Nachfrage wirken.

2. Die Bundesregierung beschließt eine Erhöhung der Abschreibungssätze für Investitionen und eine Senkung der Einkommensteuer. Erläutern Sie, welche Wirkungen diese Maßnahmen auf die Ziele des Stabilitätsgesetzes haben können.

3. Diskutieren Sie die Unterschiede einer antizyklischen Fiskalpolitik des Staates und der Einnahmen- und Ausgabenpolitik der Unternehmen.

4. Diskutieren Sie anhand der Abbildung „Schuldenlast in der EU" auf S. 380 die Folgen der zunehmenden Staatsverschuldung.

5. Erläutern Sie, wie die Variation der Abschreibungen auf das Anlagevermögen konjunkturbelebend bzw. konjunkturdämpfend wirken kann.

6. Erläutern Sie, ob die folgenden Maßnahmen konjunkturbelebend oder konjunkturdämpfend wirken.
   a) Erhöhung der Einkommensteuer
   b) Bildung eines Konjunkturausgleichsrücklage
   c) Gewährung einer Investitionszulage
   d) Kürzung des Wohngeldes
   e) Einführung von Sonderabschreibungen
   f) Erhöhung des Kindergeldes

1.5 Die Geldpolitik des Europäischen Systems der Zentralbanken (ESZB)

→ 📄

LS 29

Danielas Vater liest Daniela beim Frühstück aus der Zeitung vor, dass die Europäische Zentralbank den Leitzins gesenkt habe, um die Konjunktur in den Mitgliedsstaaten zu beleben. „Du bist doch bald eine ausgebildete Kauffrau", sagt Herr Schaub, „kannst du mir erklären, was der Leitzins der Europäischen Zentralbank mit der Konjunktur in Deutschland zu tun hat?" „Zinsen sind für ein Unternehmen Kosten", erklärt Daniela, „und niedrigere Kosten sind immer gut." Als ihr Vater noch
mal genauer nachfragt, was denn das alles mit der Konjunktur in Deutschland zu tun habe und warum die EZB dann die Zinsen nicht immer so niedrig wie möglich halte, zögert sie. „Da muss ich mal einen Moment drüber nachdenken. Das kann ich dir aus dem Stand auch nicht beantworten", meint Daniela.

> **Arbeitsaufträge**
>
> - Stellen Sie die Instrumente der Europäischen Zentralbank dar.
>
> - Erarbeiten Sie den Wirkungszusammenhang zwischen Maßnahmen der Europäischen Zentralbank und den Folgen für die Konjunktur und das Preisniveau.

Mit dem Eintritt in die dritte Stufe der Europäischen Währungsunion ist die Zuständigkeit für die Geld- und Währungspolitik auf das **Europäische System der Zentralbanken** (ESZB) übergegangen. Es besteht aus der **Europäischen Zentralbank** (EZB) und den nationalen Zentralbanken (z.B. Deutsche Bundesbank) der teilnehmenden Mitgliedsstaaten. Die nationalen Zentralbanken sind integraler Bestandteil des ESZB. Sie führen die Geld- und Währungspolitik der EZB im jeweiligen Mitgliedsland aus.

Vorrangiges Ziel des ESZB ist die **Sicherung des Geldwertes** durch die **Regulierung der nachfragewirksamen Geldmenge**. Hierzu setzt sie das geldpolitische Instrumentarium ein.

Die Euroländer

EU-Mitglieder, die den Euro als offizielle Währung eingeführt haben, und das Jahr der Euro-Einführung		EU-Mitglieder, die den Euro (noch) nicht eingeführt haben, und ihre derzeit gültige Währung	
Belgien	1999	Bulgarien	Lew
Deutschland	1999	Dänemark	Dänische Krone
Finnland	1999	Kroatien	Kuna
Frankreich	1999	Polen	Zloty
Irland	1999	Rumänien	Leu
Italien	1999	Schweden	Schwed. Krone
Luxemburg	1999	Tschechien	Tschech. Krone
Niederlande	1999	Ungarn	Forint
Österreich	1999		
Portugal	1999		
Spanien	1999		
Griechenland	2001		
Slowenien	2007		
Malta	2008		
Zypern	2008		
Slowakei	2009		
Estland	2011		
Lettland	2014		
Litauen	2015		

© Globus Quelle: Europäische Union Stand 2020

---

§ 3 Bundesbankgesetz: Die Deutsche Bundesbank ist als Zentralbank der Bundesrepublik Deutschland integraler Bestandteil des Europäischen Systems der Zentralbanken. Sie wirkt an der Erfüllung ihrer Aufgaben mit dem vorrangigen Ziel mit, die Preisstabilität zu gewährleisten, und sorgt für die bankmäßige Abwicklung des Zahlunsgverkehrs mit dem Inland und dem Ausland.

Die Europäische Zentralbank (EZB)

Mit Beginn der Währungsunion am 1. Januar 1999 ging die Geldhoheit von den nationalen Notenbanken auf die **Europäische Zentralbank** (EZB) über. Nach dem Maas-trichter Vertrag ist es die vorrangige Aufgabe der EZB, die **Preisstabilität** zu gewährleisten. Seit dem 1. Januar 1999 wacht die Europäische Zentralbank also darüber, dass der Euro auf Dauer so stabil wird, wie die Deutsche Mark es einmal war. Die EZB hat ihren Sitz in Frankfurt am Main.

Das entscheidende Merkmal der EZB ist ihre Unabhängigkeit von politischen Weisungen jeder Art. Der Maastrichter Vertrag stattet die Europäische Zentralbank mit einer dreifach gesicherten Unabhängigkeit aus: **Sie ist institutionell, personell und operativ unabhängig.**

Die EZB steuert die Geldpolitik der 19 **Mitgliedsstaaten** Belgien, Deutschland, Estland, Finnland, Frankreich, Griechenland, Irland, Italien, Lettland, Litauen, Luxemburg, Malta, Niederlande, Österreich, Portugal, Slowakei, Slowenien, Spanien und Zypern, verwaltet die Währungsreserven und gibt die Banknoten aus.

Geldpolitische Entscheidungen werden vom **EZB-Rat** getroffen. Ihm gehören die Präsidenten der nationalen Zentralbanken und das sechsköpfige **Direktorium der EZB** an. Das Direktorium ist das Verwaltungsorgan der EZB, das die laufenden Geschäfte führt und die geldpolitischen Entscheidungen des EZB-Rates umsetzt. Es setzt sich aus in Währungs- und Bankfragen erfahrenen Persönlichkeiten aus den Mitgliedsstaaten zusammen. Unter ihnen sind der Präsident und der Vizepräsident der EZB, die einvernehmlich von den Staats- und Regierungschefs der Teilnehmerstaaten ernannt werden. Die **Amtszeit** des EZB-Präsidenten beträgt acht, die seines Stellvertreters vier Jahre.

Das **Grundkapital** der EZB wird von den Notenbanken eingezahlt. Es ist nach der Wirtschaftskraft der Mitgliedsstaaten bemessen.

Bei **Entscheidungen** zu geldpolitischen Maßnahmen hat jedes Mitglied im EZB-Rat nur eine Stimme, wobei im Falle von Patt-Situationen die Stimme des Präsidenten doppelt zählt. Wenn es um Entscheidungen geht, die das Kapital der EZB, die Verteilung von EZB-Gewinnen oder die Übertragung von Devisenreserven betreffen, entspricht das Gewicht der Stimmen eines Landes seinem Anteil am Grundkapital.

Europäische Zentralbank

Die Europäische Zentralbank (EZB) mit Sitz in Frankfurt am Main bildet zusammen mit den **Zentralbanken aller EU-Mitgliedstaaten** das Europäische System der Zentralbanken (ESZB).

Die Zusammenarbeit mit den **Zentralbanken der Länder der Eurozone** wird als Eurosystem bezeichnet.

EUROPEAN CENTRAL BANK
EUROSYSTEM

Die wichtigsten Ziele

1. **Stabiles Geld =>**
Sicherung der Preisstabilität

2. **Stabiles Finanzsystem =>**
Beaufsichtigung der Finanzmärkte und -institute

Die wichtigsten Aufgaben

- **Festlegung** der Leitzinssätze
- **Kontrolle** der Geldmenge
- **Verwaltung** der Währungsreserven
- **Genehmigung** der Ausgabe von Banknoten
- **Durchführung** von Devisengeschäften
- **Förderung** eines reibungslosen Zahlungsverkehrs
- **Erhebung** statistischer Daten

Die Entscheidungsgremien

Direktorium =>
wird von den Staats- und Regierungschefs der Eurozone ernannt
- Präsident
- Vizepräsident
- 4 weitere Mitglieder

EZB-Rat
- Mitglieder des Direktoriums
- Präsidenten der nationalen Zentralbanken der Eurozone

Erweiterter Rat
- Präsident und Vizepräsident der EZB
- Präsidenten der nationalen Zentralbanken aller EU-Mitgliedstaaten

BV 1202601

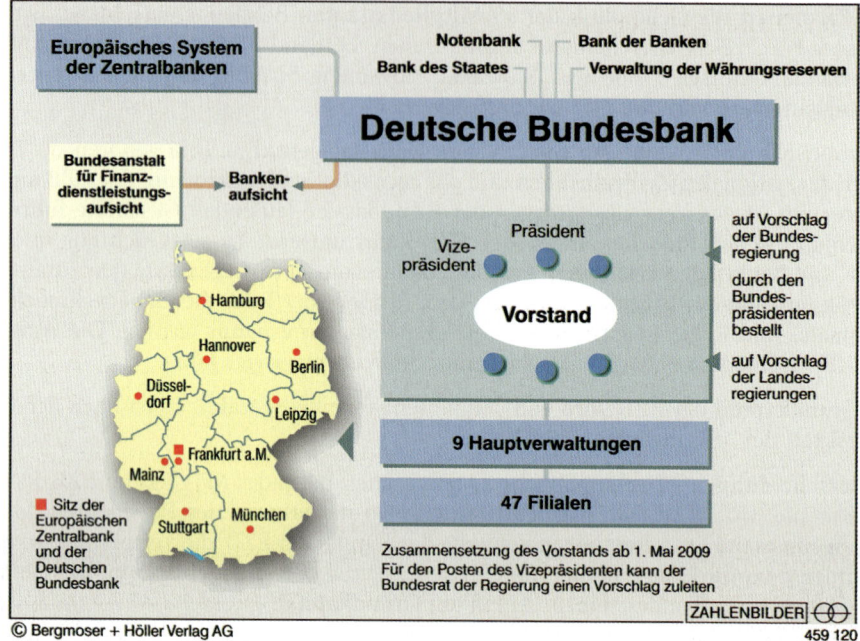

© Bergmoser + Höller Verlag AG

ZAHLENBILDER
459 120

Geldmengendefinitionen des ESZB

Das Preisniveau wird langfristig durch die **nachfragewirksame Geldmenge** beeinflusst. Steigt die nachfragewirksame Geldmenge stärker als die umgesetzte Gütermenge, entsteht eine monetär verursachte Inflation. Dies versucht die EZB durch eine gezielte Steuerung der nachfragewirksamen Geldmenge zu verhindern. Dabei unterscheidet die EZB zwischen verschiedenen Geldmengenbegriffen, die sich hinsichtlich ihrer Nachfragewirksamkeit und damit hinsichtlich der Liquiditätsnähe unterscheiden:

Geldmenge	Bestandteile
M 1	Bargeld außerhalb des Bankensektors + Sichteinlagen von Nichtbanken (= Guthaben auf Kontokorrentkonten)
M2	M 1 + Termineinlagen mit einer Laufzeit von bis zu zwei Jahren + Spareinlagen mit einer Kündigungsfrist von bis zu drei Monaten
M3	M2 + kurzfristige Bankschuldverschreibungen mit einer Laufzeit von bis zu zwei Jahren + Geldmarktfondsanteile + Repogeschäfte (= Wertpapierverkäufe durch eine Bank an eine Nichtbank gegen Zahlung von Geld verbunden mit der festen Verpflichtung durch die Bank, diese Wertpapiere zu einem bestimmten Termin zurückzukaufen. Repogeschäfte haben damit den Charakter von Termineinlagen.)

Für geldpolitische Entscheidungen legt die EZB die weit gefasste **Geldmenge M3** zugrunde.

Geldschöpfung

Die Höhe der umlaufenden Geldmenge wird durch die Zentralbankgeldschöpfung der EZB und die Buchgeldschöpfung der Geschäftsbanken bestimmt.

Zentralbankgeldschöpfung der EZB

Das **Zentralbankgeld** (auch Geldbasis oder Geldmenge M0 genannt) setzt sich zusammen aus dem **Bargeldumlauf außerhalb des Bankensektors** und den **Einlagen der Geschäftsbanken bei der EZB**. Will eine Bank einen Kredit beispielsweise an ein Industrieunternehmen vergeben, muss sich die Bank refinanzieren. Sie kann dies entweder über Kundeneinlagen bewerkstelligen oder sich alternativ das benötigte Geld bei der EZB besorgen, indem sie Wertpapiere an die EZB verkauft oder einen Kredit gegen Sicherheiten bei der EZB aufnimmt. Da die EZB das Geld als Einlage auf dem Konto der Geschäftsbank zur Verfügung stellt, nimmt das **Zentralbankgeld** zu, es wird also **geschöpft**.

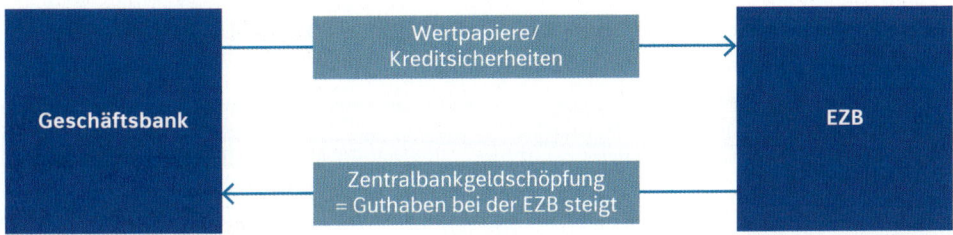

Die Geschäftsbank kann dieses Geld nun an ihren Kunden in bar auszahlen oder auf einem Konto zur Verfügung stellen, wodurch sich die umlaufende Geldmenge erhöht.

Verkauft die EZB im umgekehrten Falle Wertpapiere an die Geschäftsbanken oder es werden Kredite von den Geschäftsbanken zurückgezahlt, nimmt das Guthaben bei der EZB ab und es wird **Zentralbankgeld vernichtet**. Gleichzeitig wird dadurch die Kreditvergabemöglichkeit der Geschäftsbanken eingeschränkt und die Geldmenge sinkt.

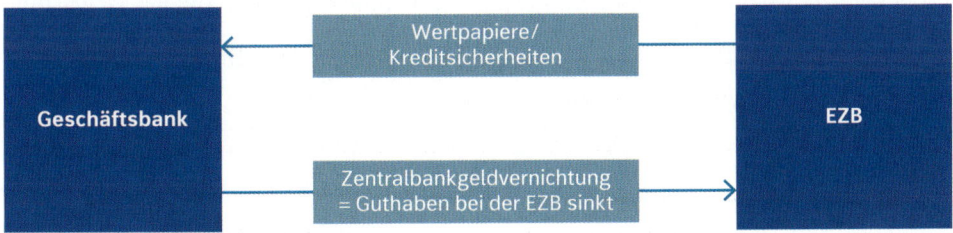

Buchgeldschöpfung der Geschäftsbanken

Nicht nur die Zentralbank kann Geld schöpfen, sondern auch die Geschäftsbanken. Werden von Kunden **Einlagen (= Buchgeld)** bei einer Geschäftsbank getätigt, werden diese Einlagen als Kredite an andere Kunden der Bank weitergegeben. Die Kredite werden z.B. genutzt, um Rechnungen zu bezahlen und führen damit wiederum zu Einlagen auf anderen Konten. Dabei darf die Bank nicht die vollständige Einlage als Kredit vergeben, sondern sie muss eine **Mindestreserve** (vgl. S. 389) als Prozentsatz auf diese Einlage bei der EZB unterhalten. Die Mindestreserve schränkt damit die Kreditvergabemöglichkeit der Bank ein. Für die Kreditvergabe steht nur die **Überschussreserve** zur Verfügung.

Beispiel: Die Sommerfeld Bürosysteme GmbH tätigt bei der Bank A eine Einlage von 10 000,00 €. Die Bank A ist verpflichtet, auf diese Einlage eine Mindestreserve von 2 % auf ihrem EZB-Konto zu unterhalten. Den Rest, die sogenannte Überschussreserve, vergibt die Bank A als Kredit an die Wollux AG. Diese bezahlt damit eine Rechnung der Metallwerke Bauer & Söhne KG, die ein Konto bei der Bank B unterhält. Die Bank B vergibt diese Einlage nach Abzug der Mindestreserve wiederum als Kredit an den Bürofachhandel Ergoline GmbH, der damit eine Rechnung der Bürodesign GmbH bezahlt. Die Bürodesign GmbH unterhält ein Konto bei der Bank C usw. Dieser Prozess setzt sich theoretisch fort, bis die komplette ursprüngliche Einlage von 10 000,00 € als Mindestreserve unterhalten wird.

Geschäftsbank	Einlage (Buchgeld)	Mindestreserve (2%)	Überschussreserve (= Kreditvergabe)
Bank A	10 000,00	200,00	9 800,00
Bank B	9 800,00	196,00	9 604,00
Bank C	9 604,00	192,08	9 411,92
Bank D	9 411,92	188,24	9 223,68
...	...	...	...
Summe	500 000,00	10 000,00	490 000,00

Über die **Vergabe von Krediten** können die Geschäftsbanken also zusätzliches **Buchgeld** schöpfen. Die maximal mögliche Buchgeldschöpfung lässt sich mithilfe des **Geldschöpfungsmultiplikators** berechnen:

$$\text{Geldschöpfungsmultiplikator} = \frac{100\,\%}{\text{Mindestreservesatz}}$$

Beispiel: Bei einem Mindestreservesatz von 2 % beträgt der Geldschöpfungsmultiplikator 100 % / 2 % = 50. Mit einer Einlage von 10 000,00 € können also insgesamt 50 · 10 000,00 € = 500 000,00 € an Buchgeld geschaffen werden. Das durch Kreditvergabe zusätzlich geschaffene Buchgeld beträgt dabei 50 · 9 800,00 € = 490 000,00 €.

Die Höhe der Buchgeldschöpfung hängt also ganz wesentlich vom **Mindestreservesatz** der EZB ab. Sinkt der Mindestreservesatz, steigt der Geldschöpfungsspielraum und umgekehrt.

Geldpolitische Instrumente

Die EZB steuert die Geldmenge, indem sie über die Zentralbankgeldschöpfung Einfluss auf das Geldangebot in der Wirtschaft nimmt. Vergrößert die EZB das Geldangebot, betreibt sie eine **expansive Geldpolitik**. Diese belebt die Konjunktur, führt aber auch zu einem **höheren Preisniveau**. Verkleinert die EZB das Geldangebot, betreibt sie eine **restriktive Geldpolitik**. Sie führt zu einer Konjunkturdämpfung und einem **sinkenden Preisniveau**.

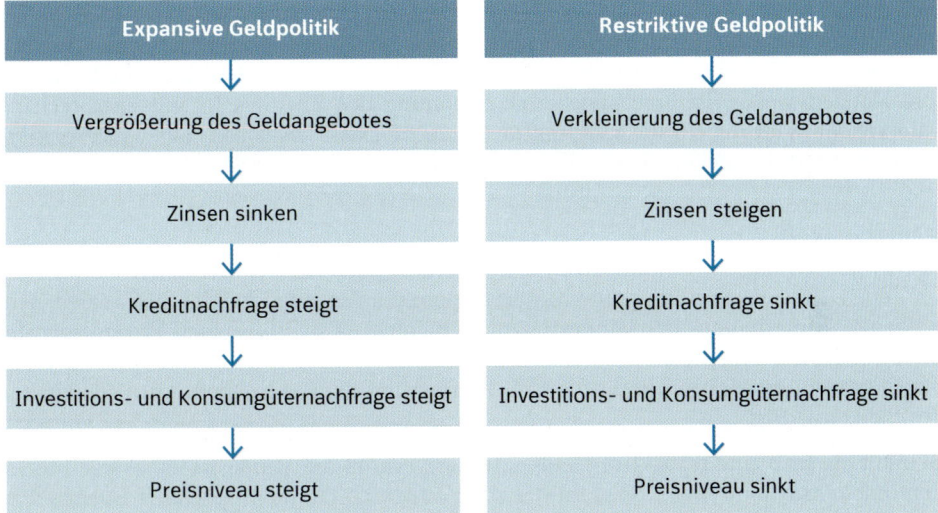

Expansive Geldpolitik	Restriktive Geldpolitik
↓	↓
Vergrößerung des Geldangebotes	Verkleinerung des Geldangebotes
↓	↓
Zinsen sinken	Zinsen steigen
↓	↓
Kreditnachfrage steigt	Kreditnachfrage sinkt
↓	↓
Investitions- und Konsumgüternachfrage steigt	Investitions- und Konsumgüternachfrage sinkt
↓	↓
Preisniveau steigt	Preisniveau sinkt

Je nachdem wie hoch das **Preisniveau** ist, wird sich die EZB für die eine oder andere Form der Geldpolitik entscheiden und ihre geldpolitischen Instrumente entsprechend einsetzen. Diese Instrumente sind:
- ständige Fazilitäten,
- Mindestreserven der Banken,
- Offenmarktgeschäfte.

Ständige Fazilitäten

Ständige Fazilitäten sind eine Art Kontokorrentkonto der Kreditinstitute bei den Notenbanken. Wie beim Kontokorrentkonto gibt es auch hier zwei Möglichkeiten:

- Das Kreditinstitut „überzieht" sein Konto gegen Sollzinsen (**Spitzenrefinanzierungsfazilität**),

- das Kreditinstitut bildet Einlagen gegen Habenzinsen (**Einlagenfazilität**).

Die Nutzung der Fazilitäten ist als kurzfristiges Instrument der Geldpolitik gedacht. Es gibt den Kreditinstituten die Möglichkeit, überschüssige Habensalden jeweils „über Nacht" bis zum Beginn des nächsten Geschäftstages als Einlage zu einem vorgegebenen Zinssatz bei der Notenbank anzulegen (**Übernachtguthaben**) oder kurzfristigen Liquiditätsbedarf über Nacht zu decken (**Übernachtkredit**).

Für die Inanspruchnahme der Spitzenrefinanzierungsfazilität müssen die Kreditinstitute Zinsen zahlen und notenbankfähige Sicherheiten hinterlegen. Von der EZB werden sowohl **marktfähige Sicherheiten** als auch **nicht marktfähige Sicherheiten** akzeptiert. Die marktfähigen Sicherheiten bestehen im Wesentlichen aus am Markt handelbaren

Anleihen, die bestimmten Bonitätsanforderungen genügen müssen. Zu den nicht markt-fähigen Sicherheiten zählen u. a. Kreditforderungen und Schuldscheindarlehen. Die EZB veröffentlicht auf ihrer Internetseite ein Verzeichnis marktfähiger Sicherheiten, das täg-lich aktualisiert wird.

Die Zinssätze der ständigen Fazilitäten stecken den Rahmen oder **Zinskanal** für die Zin-sen am Geldmarkt ab. Dabei bildet der Zinssatz für die Spitzenrefinanzierungsfazilität die Obergrenze für Tagesgeld im Handel zwischen den Banken und die Einlagefazilität die Untergrenze.

Betreibt die EZB eine restriktive Geldpolitik und erhöht die Zinsen für Übernachtkredite, verteuert sich die Refinanzierungsmöglichkeit für die Banken. Geben diese die Kosten an ihre Kunden weiter, ist eine allgemeine Erhöhung des Zinsniveaus mit entsprechend dämpfender Wirkung für die Konjunktur die Folge. Das Preisniveau fällt. Eine Senkung der Zinsen hat dagegen eine expansive Wirkung.

Mindestreserve

Zur Beeinflussung des Geldumlaufes kann die EZB nach Artikel 19.1 der ESZB-Satzung verlangen, dass die Kreditinstitute Mindestreserven auf Konten bei den nationalen Zen-tralbanken unterhalten. Bei Mindestreserven handelt es sich um einen Prozentsatz der Einlagen der Banken, die diese bei den Zentralbanken hinterlegen müssen. Über die Höhe des Mindestreservesatzes nimmt die EZB Einfluss auf die Geldschöpfungsmöglichkeiten des Bankensektors.

Betreibt die EZB eine restriktive Geldpolitik und erhöht die Mindestreservesätze, stehen dem Bankensektor weniger Kreditmittel zur Verfügung, da die Möglichkeit Buchgeld zu schöpfen eingeschränkt wird. Als Folge steigen die Zinsen, Investitionen werden zurück-gestellt, die gesamtwirtschaftliche Nachfrage geht zurück und die Konjunktur wird bei einem sinkenden Preisniveau gedämpft. Eine Senkung der Mindestreserve hat dagegen eine expansive Wirkung.

Reservepflichtige Verbindlichkeiten sind u. a.
- Sichteinlagen, d. h. die Einlagen auf den Girokonten,
- befristete Einlagen, d. h. Termingelder mit einer Laufzeit von bis zu zwei Jahren,
- Spareinlagen mit einer Kündigungsfrist von bis zu zwei Jahren und
- ausgegebene Schuldverschreibungen mit einer Laufzeit von bis zu zwei Jahren.

Der Mindestreservesatz beträgt seit Januar 2012 1 % der mindestreservepflichtigen Ver-bindlichkeiten. Ein Reservesatz in dieser Höhe ist notwendig, um zu gewährleisten, dass die gewünschten Geldmarktsteuerungs-Funktionen erfüllt werden können. Gleichzeitig ist dieser Satz so niedrig, dass er nicht zu einer unerwünschten Belastung auf der Aktiv-seite der Bilanzen der Kreditinstitute führt.

Das ESZB hat einen pauschalen **Freibetrag** in Höhe von 100 000,00 € festgesetzt, der vom Mindestreservesoll eines Kreditinstituts abgezogen wird, sodass Kreditinstitute mit einer kleinen Reservebasis keine Mindestreserven unterhalten müssen.

Offenmarktgeschäfte

Durch **Kredite gegen Verpfändung** von notenbankfähigen Sicherheiten oder durch den **Kauf oder Verkauf von Wertpapieren** „am offenen Markt", an dem auch die Geschäfts-banken Marktteilnehmer sind, kann die EZB Zentralbankgeld schöpfen oder vernichten (vgl. S. 386) und damit dem Wirtschaftskreislauf Geld entziehen oder zuführen. Falls die EZB Wertpapiere endgültig kauft oder verkauft, handelt es sich um ein **Outright-Geschäft**. Sind die Käufe bzw. Verkäufe mit einer Rückkaufsvereinbarung zu einem späteren Zeitpunkt versehen, werden die Wertpapiere lediglich für eine bestimmte Zeit „in Pension" gegeben. Man spricht von einem **Wertpapierpensionsgeschäft** (Englisch „repurchase agreement" = **RePo**). Wertpapierpensionsgeschäfte haben den Vorteil, dass das Zentralbankgeld nur für eine begrenzte Zeit zur Verfügung gestellt oder entzogen wird. Die umlaufende Geldmenge wird damit nur zeitweise vergrößert oder vermindert und kann so besser im Sinne der Preisniveaustabilität gesteuert werden.

Wichtigstes Instrument im Rahmen der Offenmarktgeschäfte sind die **Hauptrefinanzierungsgeschäfte**. Die EZB stellt dabei wöchentlich über eine Kreditvergabe oder ein Wertpapierpensionsgeschäft Zentralbankgeld mit einwöchiger Laufzeit zur Verfügung. Der Zinssatz für die **Hauptrefinanzierungsgeschäfte** wird als **europäischer Leitzins** bezeichnet. Senkt die EZB ihren Leitzins oder teilt sie ein größeres Geldvolumen zu, betreibt sie eine expansive Geldpolitik. Die Refinanzierung der Banken wird günstiger. Werden die gesunkenen Refinanzierungskosten an die Kunden weitergegeben, verbilligen sich Investitions- und Konsumentenkredite. Die Konjunktur wird belebt, allerdings steigt das Preisniveau.

Neben den Hauptrefinanzierungsgeschäften führt die EZB monatlich **längerfristige Refinanzierungsgeschäfte** mit dreimonatiger Laufzeit durch.

Abgewickelt werden die Refinanzierungsgeschäfte im **Tenderverfahren**. Zu unterscheiden ist zwischen Mengen- und Zinstendern. Bei einem **Mengentender** gibt die EZB vorher die Menge an Zentralbankgeld, die sie zuteilen möchte, sowie den Zinssatz bekannt. Die Banken müssen in ihren Geboten lediglich die Mengen nennen, die sie zum vorher festgelegten Zinssatz bekommen möchten. Sollten die Gebote der Banken das Zuteilungsvolumen der EZB übersteigen, wird quotenmäßig zugeteilt.

Beispiel: Im Rahmen des Hauptrefinanzierungsgeschäftes stellt die EZB ein Geldvolumen von 10 Mrd. € als Mengentender zur Verfügung. Der Zinssatz beträgt 0,5 % bei einer Laufzeit von einer Woche. Da Gebote über 20 Mrd. € vorliegen, bekommt jede Bank 50 % (10 Mrd./20 Mrd. · 100) ihres Gebotes zugeteilt. Es ergibt sich folgende Zuteilung:

Bank	Gebot in Mio. €	Zuteilung in Mio. €
Bank A	500,00	250,00
Bank B	1 000,00	500,00
Bank C	2 000,00	1 000,00
Bank D	1 000,00	500,00
Bank E	4 000,00	2 000,00
...	...	...
Summe	**20 000,00**	**10 000,00**

Wird das Refinanzierungsgeschäft über einen **Zinstender** durchgeführt, gibt die EZB vorher das Zuteilungsvolumen und einen **Mindestzinssatz** bekannt, der nicht unterschritten werden darf. Die Banken müssen neben der gewünschten Geldmenge den Zinssatz nennen, zu dem sie Geld erhalten wollen. Möchte eine Bank sichergehen, dass sie Liquidität erhält, wird sie mehr als den Mindestzinssatz bieten. Die Zuteilung erfolgt nach der Höhe der gebotenen Zinsen, wobei die höchsten Gebote zuerst zum Zuge kommen. Dabei wird beim **holländischen Verfahren** einheitlich zum Grenzzinssatz zugeteilt, bei dem das geplante Zuteilungsvolumen erreicht wird. Beim **amerikanischen Verfahren** wird hingegen gemäß der jeweils abgegebenen Gebote zugeteilt.

Beispiel: Im Rahmen des Hauptrefinanzierungsgeschäftes stellt die EZB ein Geldvolumen von 6 Mrd. € als Zinstender zur Verfügung. Der Mindestzinssatz beträgt 0,5 % bei einer Laufzeit von einer Woche. Es wurden folgende Gebote in Mio. Euro abgegeben:

Zinssatz	Bank A	Bank B	Gebote insgesamt	Kumulierte Gebote	
1,25 %	1 000	2 000	3 000	3 000	
1,00 %	1 000	1 000	2 000	5 000	
0,75 %	1 000	1 000	2 000	7 000	← Grenzzinssatz
0,50 %	1 000	1 000	2 000	9 000	

Es werden alle Gebote bis zu einem Zinssatz von 1,00 % voll bedient. Damit sind bereits 5 Mrd. € zugeteilt. Zum Zinssatz von 0,75 % kann allerdings nicht mehr in voller Höhe zugeteilt werden, da den Geboten von 2 Mrd. € nur noch ein Zuteilungsvolumen von 1 Mrd. € gegenübersteht. Es wird quotenmäßig zugeteilt. Jede Bank erhält 50 % ihres Gebotes (1 Mrd. €/2 Mrd. € · 100). Bank A werden damit in Summe 2,5 Mrd. € und Bank B 3,5 Mrd. € zugeteilt. Beim holländischen Verfahren erfolgt eine einheitliche Zuteilung zum Zinssatz von 0,75 % für die gesamte Summe. Beim amerikanischen Verfahren werden die Summen mit den jeweils gebotenen Zinssätzen zugeteilt. Gebote zum Zinssatz von 0,50 % finden bei beiden Verfahren keine Berücksichtigung mehr.

Neben den Refinanzierungsgeschäften setzt die EZB im Rahmen ihrer Offenmarktgeschäfte auch unregelmäßige, nicht standardisierte **Feinsteuerungsoperation** ein. Es handelt sich dabei, um

- die Hereinnahme von Termineinlagen und

- Devisenswapgeschäfte: Bei einem Devisenswapgeschäft wird ein Kassageschäft mit einem Termingeschäft kombiniert. Die EZB kauft oder verkauft Devisen per Kasse (= sofort) und verkauft bzw. kauft diese per Termin (= später) zurück.

  Beispiel: Die EZB kauft von einer Bank 100 Mio. USD gegen Euro. In einer Woche werden diese Devisen wieder an die Bank verkauft.

Feinsteuerungsoperationen haben einen kurzfristigen Charakter und gleichen unerwartete Schwankungen des Bedarfs nach Zentralbankgeld aus.

Bei **strukturellen Operationen** tritt die EZB als Emittent von **Schuldverschreibungen** auf. Durch die Ausgabe von Schuldverschreibungen entzieht die EZB dem Bankensektor Zentralbankgeld.

Seit der **Finanz- und Wirtschaftskrise** hat die EZB ihre Offenmarktinstrumente expansiv eingesetzt. Zum Teil hat sie Offenmarktgeschäfte mit Laufzeiten von mehreren Jahren abgeschlossen und damit den Banken langfristige Liquidität bereitgestellt. Auch hat sie Euro-Staatsanleihen und seit Juni 2016 auch Unternehmensanleihen im Rahmen verschiedener Programme am Wertpapiermarkt endgültig aufgekauft. Es handelte sich also um Outright-Geschäfte, die den Marktteilnehmern dauerhaft Liquidität zur Verfügung stellten.

Europas Geldpolitik

Der **Europäische Zentralbank-Rat** entscheidet über den Kurs der Geldpolitik

Die **nationalen Zentralbanken** setzen die Geldpolitik der Europäischen Zentralbank (EZB) um

Geldpolitische Instrumente:

1. **Offenmarktgeschäfte**

Die EZB verkauft Wertpapiere an Geschäftsbanken
⇨ Geldmenge sinkt

oder sie kauft Wertpapiere von den Banken
⇨ Geldmenge steigt

Zentralbanken bieten zum **europäischen Leitzins** Wertpapiere an: **Hauptrefinanzierungsgeschäfte**

2. **„Girokonto für die Geschäftsbanken" (Ständige Fazilitäten*)**

Geschäftsbanken können ihr Konto gegen Sollzinsen „überziehen" (Spitzenrefinanzierungsfazilität)
⇨ Geldmenge steigt

oder Geschäftsbanken können auf ihrem Konto verzinste Guthaben bilden (Einlagefazilität)
⇨ Geldmenge sinkt

das ergibt:
„Zinskanal für den Leitzins"
*Kreditmöglichkeiten

3. **Mindestreservepflicht**

Die Geschäftsbanken müssen Einlagen (Mindestreserve) bei der EZB halten, diese werden mit dem Leitzins verzinst

Niedrige Mindestreserve
⇨ Geldmenge steigt

Hohe Mindestreserve
⇨ Geldmenge sinkt

© Globus 2940

Aufgaben

1. *Durch eine Erhöhung der Mindestreserve sinkt die Bankenliquidität. Das Kreditangebot wird verknappt, die Zinsen steigen, Investitionen gehen zurück und die gesamtwirtschaftliche Nachfrage wird gedämpft. Erläutern Sie die gleiche Wirkungskette für die*
   a) Offenmarktpolitik, b) ständigen Fazilitäten.

2. *Die Zinssätze für die Spitzenrefinanzierungsfazilität und die Offenmarktgeschäfte sind die Zinssätze, zu denen sich die Kreditinstitute refinanzieren, also der „Einkaufspreis" für Geld. Der Zinssatz für Privatdarlehen ist der „Verkaufspreis" der Kredite an die privaten Haushalte.*

   a) Besuchen Sie die Internetseite der EZB und ermitteln Sie die Zinssätze für die Spitzenrefinanzierungsfazilität und für die Offenmarktgeschäfte.

   b) Stellen Sie fest, wie hoch die Zinsen für Privatdarlehen sind.

   c) Beschreiben Sie, für welche Leistungen (Funktionen) die Kreditinstitute die Differenz zwischen dem „Einkaufs-" und „Verkaufspreis" bekommen.

3. *Beschreiben Sie, welches Instrumentarium die Europäische Zentralbank*
   a) in der Hochkonjunktur,   b) in der Rezession
   einsetzen wird und erläutern Sie die jeweils beabsichtigte Wirkungskette.

4. Der Maastrichter Vertrag legt fest, dass die EZB institutionell, personell und operativ unabhängig ist. Diskutieren Sie das Für und Wider der Autonomie der Europäischen Zentralbank.

5. Das ESZB besteht zurzeit aus 18 Mitgliedern. Stellen Sie Vor- und Nachteile dar, die ein Eintritt in das ESZB z. B. für Großbritannien nach sich ziehen würde.

6. Bei der Bank A wird eine Einlage von 10 000,00 € getätigt. Die Bank ist verpflichtet, auf diese Einlage eine Mindestreserve von 1 % zu unterhalten. Den Rest vergibt sie als Kredit an einen Kunden. Dieser bezahlt damit eine Handwerkerrechnung bei einem Lieferanten, der ein Konto bei der Bank B unterhält. Diese vergibt wiederum einen Kredit an einen Kunden usw.
   Stellen Sie den Prozess der Geldschöpfung mithilfe der folgenden Tabelle dar und berechnen Sie die maximale Geld- bzw. Kreditschöpfung.

Geschäftsbank	Einlage	Mindestreserve	Überschussreserve (= Kreditvergabe)
Bank A	10 000,00		
Bank B			
Bank C			
Bank D			
...	...	...	...
Summe			

7. Im Rahmen des Hauptrefinanzierungsgeschäftes stellt die EZB ein Geldvolumen von 10 Mrd. € als Mengentender zur Verfügung. Der Zinssatz beträgt 0,5 % bei einer Laufzeit von einer Woche. Der EZB liegen u. a. folgende Gebote vor:

Bank	Gebot in Mio. €
Bank A	460,00
Bank B	760,00
Bank C	820,00
Bank D	360,00
Bank E	760,00
...	...
Summe	15 000,00

Berechnen Sie die das zugeteilte Volumen für die Banken A bis E.

8. Die EZB legt im Rahmen eines längerfristigen Refinanzierungsgeschäftes einen Zinsten-
    der auf. Der Mindestzinssatz beträgt 0,5 % bei einem Volumen von insgesamt 10 Mrd. €. Es
    liegen folgende Gebote in Mio. Euro vor:

Bank	Gebote in Mio. €		
	1 %	0,75 %	0,50 %
Bank A	300,00	200,00	300,00
Bank B	200,00	300,00	400,00
Bank C	70,00	100,00	150,00
Bank D	50,00	80,00	100,00
Bank E	60,00	100,00	120,00
...	...	...	...
Summe	3000	5500	5500

Nehmen Sie eine Zuteilung nach dem amerikanischen Verfahren vor.

1.6   Überstaatliche Wirtschaftspolitik

Die Sommerfeld Bürosysteme GmbH hat zur Stromerzeugung eine Windenergie-Anlage angeschafft. Die Kosten der Energiegewinnung sind dadurch deutlich verringert worden, nicht zuletzt wegen der staatlichen Subventionen von 0,03 € je kW/h. „Trotzdem rechnet sich die Anlage immer noch nicht", sagt Frau Farthmann enttäuscht. „Wie wäre es, wenn Sie versuchen, Mittel aus dem Strukturfonds der EU zu beantragen", schlägt Petra Lauer, die Umweltbeauftragte, vor. „Die EU zahlt doch keinem Möbelhersteller in Essen die Stromrechnung, die haben Wichtigeres zu tun", erwidert Frau Farthmann unwillig.

Arbeitsaufträge

- Ermitteln Sie, welche Aufgaben die Europäische Union hat.

- Stellen Sie fest, wo Maßnahmen der Europäischen Union in Ihr persönliches Leben eingreifen.

- Stellen Sie die Ergebnisse Ihrer Überlegungen mithilfe des Mindmappings vor.

Die Wirtschaftspolitik in der Bundesrepublik Deutschland wird zunehmend durch überstaatliche Wirtschaftspolitik bestimmt oder ersetzt. Träger überstaatlicher Wirtschaftspolitik sind z.B. die **Europäische Union (EU)**, die **Organisation für wirtschaftliche Zusammenarbeit und Entwicklung (OECD)** und internationale Organisationen und Institutionen wie der **Internationale Währungsfonds (IWF)**, die **Weltbank**, die **Welthandelsorganisation (WTO)** oder **der Europäische Stabilitätsmechanismus (ESM)**.

Ziel dieser Zusammenschlüsse ist das Bestreben nach wirtschaftlicher Integration, dem Abbau von Handelshemmnissen und dem Interessenausgleich zwischen den

Industrieländern und den Entwicklungsländern **(Nord-Süd-Konflikt)**. Unter dem Nord-Süd-Konflikt versteht man die Diskrepanz zwischen den reichen Ländern auf der nördlichen Halbkugel und den armen Ländern der Dritten Welt, die sich überwiegend auf der südlichen Halbkugel befinden.

Als Folge des Nord-Süd-Konfliktes wächst die **Verschuldung der Entwicklungsländer** ständig und beansprucht einen immer größeren Teil der Einnahmen aus dem Export. Die Industrieländer versuchen, dieses Ungleichgewicht durch **Entwicklungshilfe** zu mindern.

Durch **Mobilkommunikation**, **Videokonferenzen**, die weltweite **informationstechnische Vernetzung (Internet)** und den Durchbruch der interaktiven Medien sowie eine globale Verkehrsinfrastruktur sind die räumlichen Entfernungen zwischen den Volkswirtschaften, den Anbietern und Verbrauchern aufgehoben worden. Unternehmen können diese **globale Vernetzung** von Individuen, Unternehmen und Institutionen zur Erschließung internationaler Produktions- und Vertriebsstandorte in allen Teilen der Erde nutzen. Dieser Vorgang wird auch als **Globalisierung** bezeichnet.

Europäische Union (EU)

Die **Europäische Gemeinschaft** (EG) entstand 1965 aus der Europäischen Gemeinschaft für Kohle und Stahl (EGKS), der Europäischen Wirtschaftsgemeinschaft (EWG) und Euratom. 1992 haben die Mitgliedsstaaten in Maastricht den Vertrag der **Europäischen Union (EU)** unterzeichnet. Sie umfasst heute die Mitgliedsstaaten Belgien, Bulgarien, Dänemark, Deutschland, Finnland, Frankreich, Griechenland, Irland, Italien, Kroatien, Luxemburg, Niederlande, Österreich, Portugal, Rumänien, Spanien, Schweden, Estland, Lettland, Litauen, Malta, Polen, Slowakei, Slowenien, Tschechien, Ungarn und Zypern.

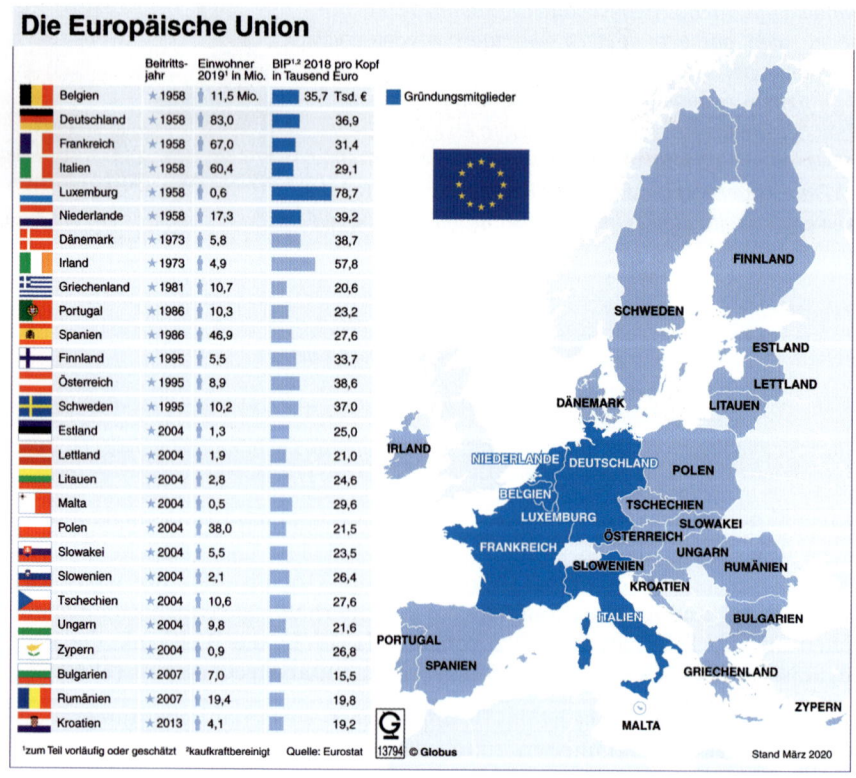

Die Europäische Union

		Beitritts- jahr	Einwohner 2019[1] in Mio.	BIP[1,2] 2018 pro Kopf in Tausend Euro
	Belgien	★ 1958	11,5 Mio.	35,7 Tsd. €
	Deutschland	★ 1958	83,0	36,9
	Frankreich	★ 1958	67,0	31,4
	Italien	★ 1958	60,4	29,1
	Luxemburg	★ 1958	0,6	78,7
	Niederlande	★ 1958	17,3	39,2
	Dänemark	★ 1973	5,8	38,7
	Irland	★ 1973	4,9	57,8
	Griechenland	★ 1981	10,7	20,6
	Portugal	★ 1986	10,3	23,2
	Spanien	★ 1986	46,9	27,6
	Finnland	★ 1995	5,5	33,7
	Österreich	★ 1995	8,9	38,6
	Schweden	★ 1995	10,2	37,0
	Estland	★ 2004	1,3	25,0
	Lettland	★ 2004	1,9	21,0
	Litauen	★ 2004	2,8	24,6
	Malta	★ 2004	0,5	29,6
	Polen	★ 2004	38,0	21,5
	Slowakei	★ 2004	5,5	23,5
	Slowenien	★ 2004	2,1	26,4
	Tschechien	★ 2004	10,6	27,6
	Ungarn	★ 2004	9,8	21,6
	Zypern	★ 2004	0,9	26,8
	Bulgarien	★ 2007	7,0	15,5
	Rumänien	★ 2007	19,4	19,8
	Kroatien	★ 2013	4,1	19,2

■ Gründungsmitglieder

[1]zum Teil vorläufig oder geschätzt [2]kaufkraftbereinigt   Quelle: Eurostat   13794 © Globus   Stand März 2020

Die **Merkmale der Europäischen Union** sind ein gemeinsamer Binnenmarkt ohne Grenzen für den Verkehr von Personen, Waren, Dienstleistungen und Kapital, die Einführung einer gemeinsamen Europawährung, die europäische Unionsbürgerschaft, eine gemeinsame Außen- und Sicherheitspolitik und damit die politische Union der Mitgliedsstaaten.

Die wichtigsten **Organe der Europäischen Union** sind das Europäische Parlament, der EU-Ministerrat, die Kommission, der Europäische Rat der Regierungschefs und der Europäische Gerichtshof:

- Das **Europäische Parlament** besteht aus den Abgeordneten der Mitgliedsländer. Es hat eine kontrollierende und beratende Funktion. Zudem wird das Europäische Parlament gemeinsam mit dem EU-Ministerrat gesetzgeberisch tätig und übt Haushaltsbefugnisse aus.

- Dem **EU-Ministerrat** gehören die 27 Fachminister der einzelnen Länder an. Er beschließt über die Vorschläge der Kommission.

- Die **Kommission** besteht als eigentliche „Regierung" der EU aus 27 Mitgliedern. Sie arbeitet Vorschläge aus, die nach Zustimmung durch den Ministerrat für alle Mitgliedsländer verbindliche Rechtsnormen darstellen.

- Grundsatzentscheidungen der Europäischen Union werden vom **Europäischen Rat**, dem die Regierungschefs der Mitgliedsländer angehören, getroffen.

- Über die Einhaltung der durch die EU festgelegten Rechtsnormen wacht der **Europäische Gerichtshof**.

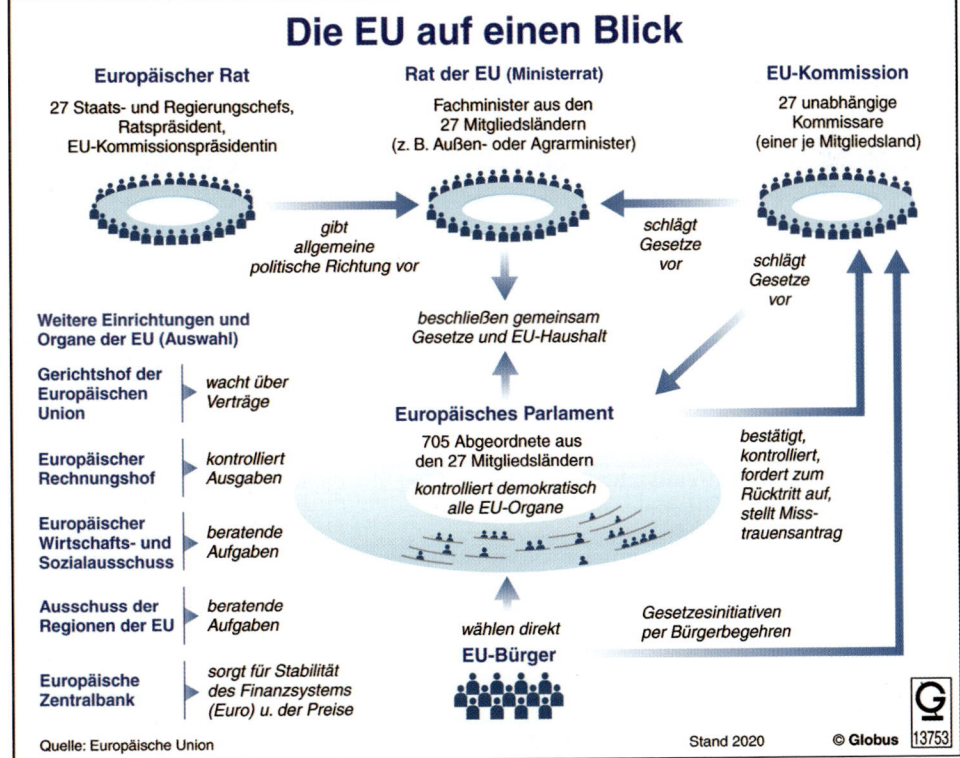

Die **EU-Erweiterung (Europäische Integration)**: Das Europa der 27 Staaten soll in den kommenden Jahren **erweitert** werden. Beitragskandidaten sind etwa die Türkei, Montenegro, Serbien, Albanien, Mazedonien sowie Bosnien und Herzegowina.

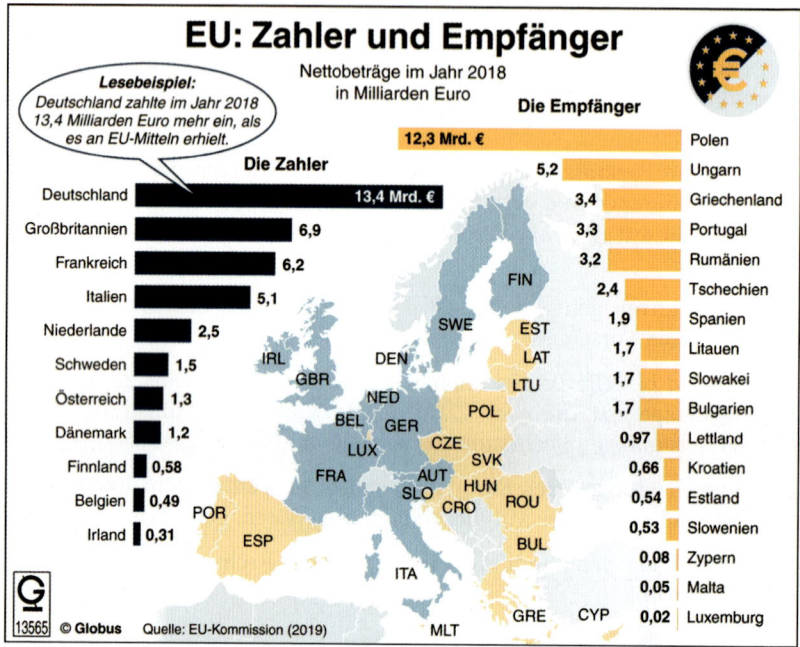

Organisation für wirtschaftliche Zusammenarbeit und Entwicklung (OECD)

Ziel der OECD ist es, durch Koordination der Wirtschaftspolitik der Mitgliedsländer deren wirtschaftlichen Wohlstand zu fördern.

Mitglieder sind neben den Staaten der Europäischen Union z.B. USA, Japan, Kanada, Australien, Neuseeland und die Schweiz.

Zur Erreichung dieses Ziels wurden verschiedene **Ausschüsse** eingesetzt, die aus Vertretern der Mitgliedsländer bestehen.

- Der **wirtschaftspolitische Ausschuss** erarbeitet Vorhersagen und Empfehlungen zur Währungs-, Struktur- und Konjunkturpolitik der Mitgliedsländer. Auf der Grundlage einer von den jeweiligen Mitgliedsländern durchgeführten Analyse werden vergleichende Länderberichte erstellt und Vorschläge zur Lösung anstehender Probleme gemacht.

- Der **Entwicklungshilfeausschuss** koordiniert die Hilfe an die Entwicklungsländer und versucht so, ihren Nutzeffekt zu steigern.

- Die Förderung der internationalen Zusammenarbeit bei der friedlichen Nutzung der Kernenergie koordiniert die **Atomenergie-Agentur** in Wien.

Internationaler Währungsfonds (IWF)

Der IWF ist eine Unterorganisation der Vereinten Nationen. Seine Hauptaufgabe ist die **Überwachung der internationalen Währungs- und Wechselkurspolitik** mit dem Ziel

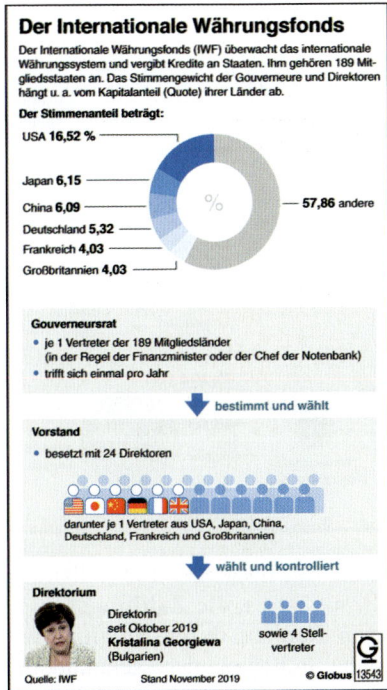

stabiler Wechselkurse. Die Mitgliedsstaaten sind berechtigt, Kredite des IWF in Anspruch zu nehmen. Die Verrechnungseinheiten zwischen den Notenbanken der Mitgliedsländer werden als **Sonderziehungsrechte** bezeichnet.

Gerade die Entwicklungsländer sind zunehmend auf Kredite des IWF angewiesen. Ihre Vergabe wird an harte Auflagen geknüpft, so müssen z. B. Haushaltsdefizite abgebaut, Subventionen gestrichen oder die Währung abgewertet werden. Die Folge können Entlassungen im öffentlichen Dienst, Streichung von Subventionen bei Grundnahrungsmitteln oder eine Verteuerung der Importe sein. Wegen dieser z. T. gravierenden Eingriffe in die Wirtschaftspolitik der Empfängerländer ist der IWF nicht unumstritten.

Die Weltbank

Die offizielle Bezeichnung der Weltbank lautet **Internationale Bank für Wiederaufbau und Entwicklung** und ist eine Unterorganisation der Vereinten Nationen. Ihre wesentliche Zielsetzung ist es, die **wirtschaftliche und soziale Entwicklung** in weniger entwickelten Ländern zu fördern. Die Weltbank und weitere Organisationen der Weltbankgruppe stellen u. a. Investitionsgarantien, Kredite, Finanzierungshilfen und Beratungsleistungen für Entwicklungsländer bereit. Daneben veröffentlicht die Weltbank jährlich einen Weltentwicklungsbericht.

Die Welthandelsorganisation (WTO)

Die Welthandelsorganisation WTO (World Trade Organization) hat sich zum Ziel gesetzt, Handelshemmnisse abzubauen und Zölle zu sen-

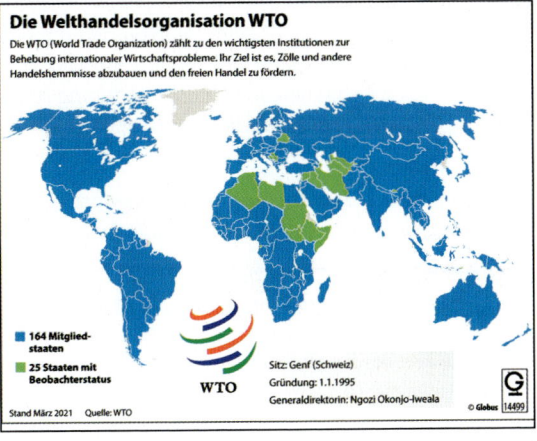

ken Sie strebt zumindest eines Liberalisierung des internationalen Handels und idealerweise einen freien Welthandel an. Darüber hinaus ist die WTO für die Streitschlichtung bei Handelskonflikten zuständig.

Europäischer Stabilitätsmechanismus (ESM)

Der Europäische Stabilitätsmechanismus (ESM) ist eine Finanzinstitution mit Sitz in Brüssel und neben dem Europäischen Fiskalpakt (vgl. S. 380) ein zentraler Bestandteil des „**Euro-Rettungsschirms**". Als Nachfolger der Europäischen Finanzstabilisierungsfazilität (EFSF) ist der Europäische Stabilitätsmechanismus mit einem Grundkapital von über 700 Milliarden € ausgestattet, wovon ca. 80 Milliarden Bareinlagen sind. Der Rest besteht aus staatli-

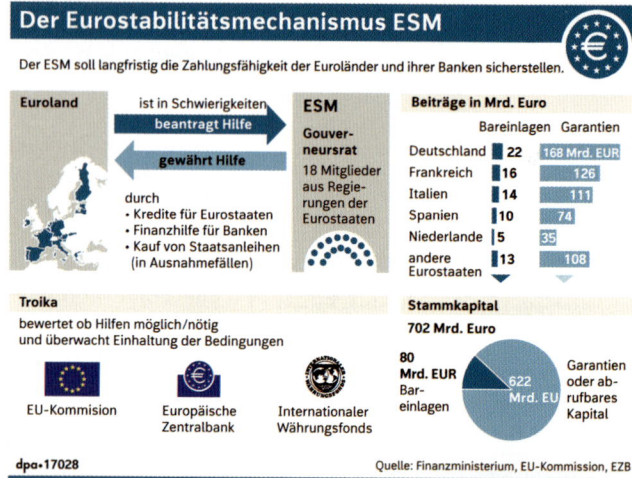

chen Garantien. Deutschland ist dabei mit einem Anteil von insgesamt 190 Milliarden € beteiligt. Ziel des Europäischen Stabilitätsmechanismus ist es, die **Zahlungsfähigkeit** von überschuldeten Mitgliedsstaaten und deren Banken durch Finanzhilfen sicherzustellen. Die Vergabe der Finanzhilfen ist allerdings an Bedingungen geknüpft, die von der sogenannten „**Troika**", bestehend aus der EU-Kommission, der EZB und dem IWF, mit den Hilfe suchenden Staaten ausgehandelt und überwacht werden. Nur bei Akzeptanz und Einhaltung dieser Bedingungen werden die Finanzhilfen ausgezahlt.

Zusammenfassung

Überstaatliche Wirtschaftspolitik

- ***Europäische Union (EU)***
  Ziel: *Europäische Integration*

  Merkmale: – *gemeinsamer Binnenmarkt ohne Grenzen für den Verkehr von Personen, Waren, Dienstleistungen und Kapital*
  – *gemeinsame Europawährung (Euro)*
  – *Unionsbürgerschaft*
  – *gemeinsame Außen- und Sicherheitspolitik*

- ***Organisation für wirtschaftliche Zusammenarbeit und Entwicklung (OECD)***
  Ziel: *Kordination der Wirtschaftspolitik der Mitgliedsländer, um deren Wohlstand zu fördern*

- ***Internationaler Währungsfonds (IWF)***
  Ziel: *Überwachung der internationalen Währungs- und Wechselkurspolitik zur Erreichung stabiler Wechselkurse*

- **Weltbank**
  Ziel: Förderung der wirtschaftlichen und sozialen Entwicklung in weniger entwickelten Ländern

- **Welthandelsorganisation (WTO)**
  Ziel: Abbau von Handelshemmnissen

- **Europäischer Stabilitätsmechanismus (ESM)**
  Ziel: Sicherstellung der Zahlungsfähigkeit von überschuldeten Mitgliedsstaaten und deren Banken durch Finanzhilfen

Aufgaben

1. Erläutern Sie Gemeinsamkeiten und Unterschiede der Träger überstaatlicher Wirtschaftspolitik.

2. Stellen Sie die wichtigsten Organe der Europäischen Union vor.

3. Endziel der Europäischen Union ist die politische Union der Mitgliedsstaaten.

   a) Erläutern Sie die Stationen auf dem Weg zur Erreichung dieses Ziels.

   b) Stellen Sie in einer Liste Vor- und Nachteile einer politischen Union gegenüber.

   c) Diskutieren Sie die Vor- und Nachteile in der Klasse.

   d) Diskutieren Sie mögliche Probleme, die sich aus der unterschiedlichen Wirtschaftsleistung der Teilnehmerstaaten ergeben können.

4. Führen Sie eine Internetrecherche durch, bei der Sie die Webseiten der EU, der OECD, des IWF, der Weltbank und des ESM aufsuchen. Stellen Sie das Ergebnis Ihrer Recherche in Form von Printouts in der Klasse vor.

2   Geschäftsprozesse mit Projekten steuern

2.1   Die Grundlagen der Projektarbeit in Industrieunternehmen verstehen

Der Onlinehandel der Sommerfeld Bürosysteme GmbH lief bisher ausschließlich über die beiden großen Marktplätze Amazon und eBay. Damit war sichergestellt, dass vom ersten Tag der Onlinepräsenz über diese bekannten Marktplätze angemessene Umsätze erzielt werden konnten. In der Sommerfeld Bürosysteme GmbH sind die Umsätze im Onlinehandel seit Jahren stetig steigend, während über die klassischen Vertriebswege kaum noch Umsatzsteigerungen zu erreichen sind.

Im Rahmen der regelmäßigen Abteilungsleitersitzung der Sommerfeld Bürosysteme GmbH wird beraten, ob man neben dem Online-Handel über die Marktplätze nun auch einen eigenen Online-Shop betreiben sollte.

Hartmut Sommer:	„... wir sollten also den Schritt wagen. Die Zahlen und die Erfahrungen in der Branche sprechen einfach für sich. Durch den Wegfall der Verkaufsgebühren können wir langfristig bei steigenden Umsätzen über einen eigenen Online-Shop wesentlich wirtschaftlicher handeln, als beim Online-Handel über die Marktplätze."
Sandra Braun:	„Ja, da haben Sie recht. Die Bedeutung des Online-Handels ist auch in unserer Branche wirklich nicht mehr zu leugnen. Die Umsätze steigen und steigen. Mit dem eigenen Online-Shop hätten wir zudem die Möglichkeit, das Auftreten unserer Webpräsenz sehr viel freier zu gestalten als in der Vergangenheit. Wir können unsere Marken und Geschäftsphilosophie deutlich besser präsentieren (Corporate Identity) und bei unseren Kunden einen bleibenden Eindruck hinterlassen, der gut zu unserem Kerngeschäft passt."
Peter Kraus:	„Nun, wenn wir uns zu diesem Schritt entscheiden, dann muss das Ganze auch vom ersten Tag an klappen. Wir können es uns nicht leisten, dass es zu Pannen kommt. Dies würde nur dazu führen, dass wir Kunden an Mitbewerber verlieren – vom Imageschaden einmal ganz abgesehen."
Hartmut Sommer:	„Da haben Sie natürlich recht. Das ist ein Schritt, der unsere Unternehmensstruktur nachhaltig verändert – das muss sehr gut geplant werden. Ich denke, mit der Einrichtung des eigenen Online-Shops haben wir ein großes Projekt vor uns."
Sandra Braun:	„Ja, ganz bestimmt. Bis zur nächsten Sitzung sollte sich jeder von uns einmal Gedanken darüber machen, was mögliche Eckpunkte dieses Projektes sein könnten und welche Anforderungen wir an die Projektmanagerin oder den Projektmanager stellen müssen."

Arbeitsaufträge

- Sammeln Sie in der Klasse Projekte, die in Ihrem Ausbildungsbetrieb bereits durchgeführt wurden bzw. werden.

- Nennen Sie mögliche Tätigkeitsbereiche des Projektmanagements.

- Erläutern Sie, welche Anforderungen an eine/-n Projektmanager/-in gestellt werden, damit Projekte in Unternehmen erfolgreich durchgeführt werden können.

- Nennen Sie Eigenschaften, über die Projektteammitglieder verfügen sollten.

Merkmale von Projekten

Seit jeher werden Projekte auch in Industrieunternehmen geplant und durchgeführt. So sind zum Beispiel die Suche und der Bezug neuer Geschäftsräume, die Produktion und Vermarktung eines neuen Produktes oder die Erschließung neuer Geschäftsfelder kaum vorstellbar, ohne dass die Verantwortlichen diese **Projekte** geplant hätten. Häufig geschieht dies weitgehend **formlos** und allein aufgrund der Erfahrungen und der Kenntnisse der Verantwortlichen.

Schlecht geplante Projekte können jedoch zu **unbefriedigenden Ergebnissen, unnötig hohen Kosten, unzufriedenen Kunden und hohen Belastungen aller Beteiligten** führen.

In vielen Zusammenhängen wird heute vieles vorschnell zum „Projekt" erklärt. Der **Begriff des Projektes** ist jedoch klar definiert:

> *Projekt:*
> *Laut **DIN 69901** ist ein Projekt ein „Vorhaben, das im Wesentlichen durch die Einmaligkeit der Bedingungen in ihrer Gesamtheit gekennzeichnet ist, z.B. Zielvorgabe, zeitliche, finanzielle, personelle und andere Begrenzungen, Abgrenzungen gegenüber anderen Vorhaben, projektspezifische Organisation".*

Ein **Projekt** ist demnach durch folgende Kriterien gekennzeichnet.

> **PRAXISTIPP!**
>
> *In einem Unternehmen sollte ein möglichst **einheitliches Begriffsverständnis** bestehen. Andernfalls sind unnötige Missverständnisse vorprogrammiert. Informieren Sie sich deshalb, was in Ihrem Ausbildungsbetrieb unter einem Projekt und unter Projektmanagement verstanden wird.*

Projektmanagement

Die erfolgreiche Durchführung von Projekten hängt im Wesentlichen vom **Projektmanagement** ab. Darunter wird einerseits die **generelle Arbeits- und Organisationsform** zur Bearbeitung von Projekten verstanden. Andererseits beschreibt das Projektmanagement aber auch die **Führungs- und Managementaufgabe** im Projekt. Seine zentrale Aufgabe besteht in der **Organisation, Planung, Steuerung und Überwachung** aller Aufgaben und Ressourcen, die notwendig sind, um die angestrebten Projektziele zu erreichen. Folgende Gründe für die Bedeutung des Projektmanagements lassen sich feststellen:

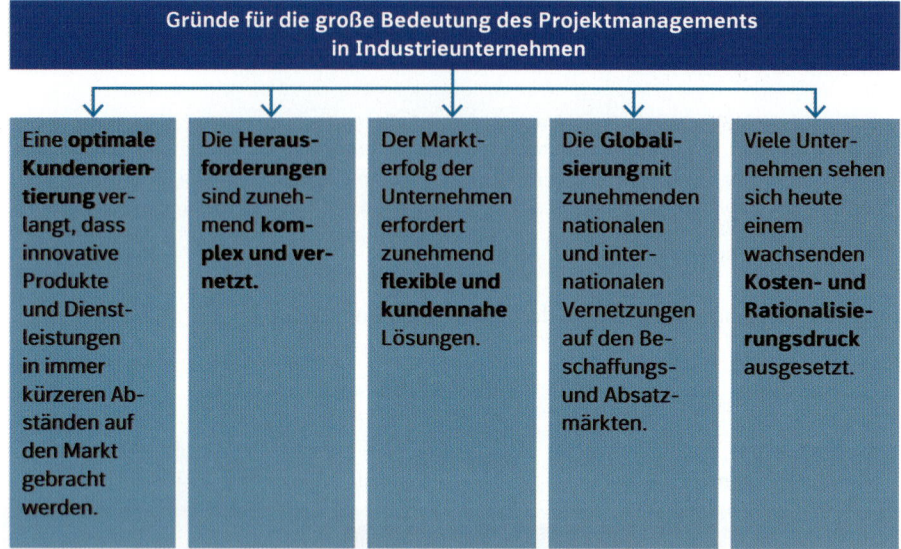

Ein **effizientes Projektmanagement** sorgt dafür, dass eine deutlich definierte Aufgabe in einem überschaubaren Rahmen mit klaren Zielen in einem festen Zeit- und Kostenrahmen von eigens dafür abgestellten Mitarbeitern bearbeitet wird. Dadurch entstehen **Arbeitsstrukturen**, die

- einen zügigen und reibungslosen Informationsfluss gewähren,
- sich leichter kontrollieren lassen und
- sich flexibler an veränderte Gegebenheiten anpassen lassen.

Im Einzelnen lassen sich die folgenden Bausteine als **Tätigkeitsbereiche** ableiten:

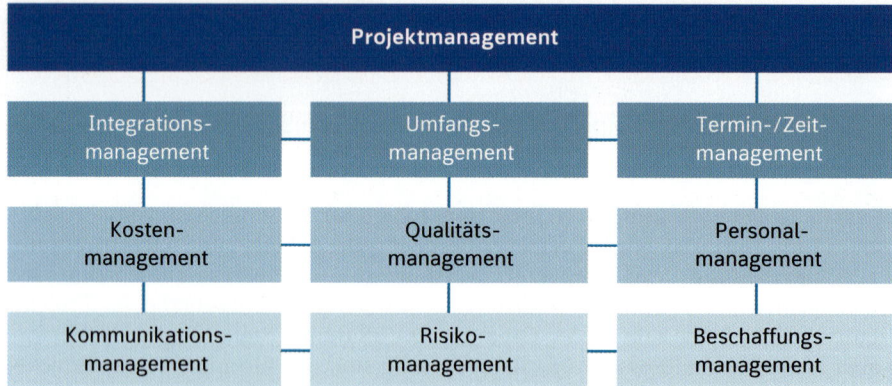

- Das **Integrationsmanagement** koordiniert die verschiedenen Elemente eines Projektes.

  Beispiel: Projektplanung, Projektdurchführung und Projektauswertung

- Das **Umfangsmanagement** untersucht in regelmäßigen Abständen, ob sich das Projekt auf dem richtigen Weg befindet und ob die gesetzten Projektziele erreicht werden.

- Das **Termin-/Zeitmanagement** zielt auf die Einhaltung des geplanten Zeitrahmens ab und sollte alle beteiligten Projektgruppen einbinden. Ein Projektplan dient dabei häufig als Kommunikationsmittel.

- Das **Kostenmanagement** zielt auf die Budgeteinhaltung ab. Hierfür ist der Kostenverlauf zu beobachten, damit gegebenenfalls Gegenmaßnahmen eingeleitet werden können.

- Das **Qualitätsmanagement** soll sicherstellen, dass die festgelegten Qualitätsansprüche erreicht oder sogar übertroffen werden.

- Das **Personalmanagement** beinhaltet die effiziente Zuordnung des Personals nach Fähigkeiten und verfügbaren Kapazitäten, aber auch unter dem Aspekt der Teamentwicklung.

- Das **Kommunikationsmanagement** hat zum Ziel, dass sämtliche Projektinformationen rechtzeitig erstellt, gesammelt und an die jeweils Beteiligten verbreitet werden.

- Das **Risikomanagement** bearbeitet alles, was notwendig ist, um Projektrisiken festzustellen, zu analysieren und darauf zu reagieren.

- Das **Beschaffungsmanagement** sorgt für die Integration und Zusammenarbeit mit Partnern und Lieferanten.

Ablauf von Projekten

Die zielgerichtete Durchführung von Projekten erfordert eine systematische Herangehensweise. Zu diesem Zweck hat es sich bewährt, Projekte in verschiedene **Teilschritte** zu unterteilen.

1. Definitionsphase (vgl. S. 413 ff.): Die dem Projekt zugrunde liegende Ausgangssituation wird analysiert. Die Projektidee wird daraufhin konkretisiert und zunächst grob geplant. Es werden Entscheidungen über eine Projektorganisation getroffen, es werden mögliche Projektziele abgeleitet und die Projektkosten geschätzt. Am Ende steht der Projektauftrag.

2. Planungsphase (vgl. S. 424 ff.): Das Projektteam konkretisiert die Planung. Es werden einzelne Arbeitspakete geschnürt und in einem Projektstrukturplan zusammengefasst. Dieser wird dann durch die Termin-, Kosten- und Personalplanung ergänzt. Das Projektteam sucht nach möglichen Projektrisiken und nach Gegenmaßnahmen, um diese Risiken bereits im Vorfeld auszuschließen.

3. Durchführungsphase (vgl. S. 435 ff.): Die Projektziele werden in mehreren Phasen umgesetzt und durch Meilensteine, welche wesentliche Zwischenergebnisse im Projekt darstellen, abgeschlossen. Durch permanentes Projektcontrolling wird die Planung immer wieder an die aktuellen Rahmenbedingungen angepasst.

4. Abschlussphase (vgl. S. 444 ff.): Das Projekt wird präsentiert und evaluiert (bewertet). Die Projektdokumentation wird vervollständigt und der Projektabschlussbericht erstellt. Abschließend erfolgt die Entlastung des Projektteams, womit das Projekt beendet ist.

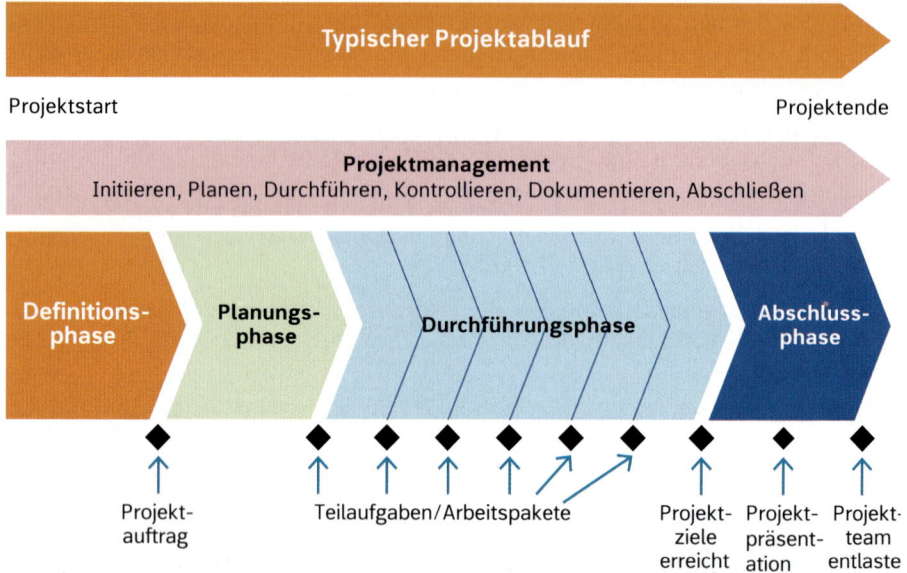

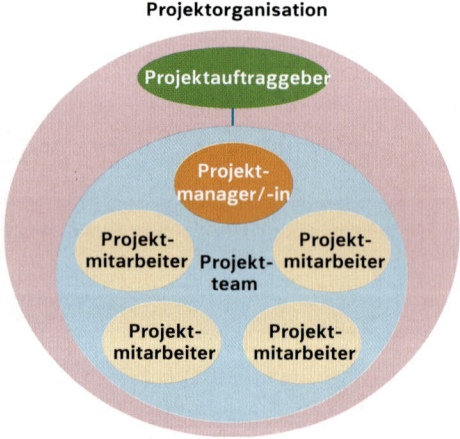

→ LF 7   **Anforderungen an die Projektleitung (Projektmanager/-in)**

Neben **organisatorischen Fähigkeiten** und dem rein **technischen Können** in Bezug auf das Projekt sind vor allem die **sozialen Fähigkeiten** der Projektleitung für den Projekterfolg wichtig. Diese muss zwischen den einzelnen Teammitgliedern ausgleichen, sich eventuell vor den Projektauftraggebern rechtfertigen und nach außen hin repräsentieren. Als Projektleitungen sind **Multitalente** mit Fingerspitzengefühl und viel Empathie gefordert.

Der oder die Projektmanager/-in ist **Ansprechpartner** und **Vertrauensperson** für alle am Projekt Beteiligten. Dazu gehört auch, dass sie innerhalb des Projektteams vermittelt, Entscheidungen trifft und diese mit den Projektauftraggebern abstimmt. Je kleiner ein Projektteam ist, desto demokratischer sollten Entscheidungen gefällt werden.

Im Projektverlauf muss die Projektleitung den **Überblick** behalten. In jedem Projekt können ungeplante Situationen auftreten. Gute Projektmanager zeichnen sich dadurch aus, dass sie auftretende **Probleme flexibel angehen und lösen.**

→ LF 1   Eine zentrale Anforderung an die Projektleitung liegt im Bereich der **Sozialkompetenz**. So liegt es an der Projektleitung, das **Team** zu **motivieren** und **mitzuziehen**. Regelmäßiges **Feedback** in Form von konstruktiver

Kritik und Anerkennung für erledigte Aufgaben erleichtern dies. Denn aus **Wertschät-zung** und Lob innerhalb eines Teams entsteht ein hohes Maß an **Arbeitszufriedenheit**, welche sich wiederum positiv auf den Projektverlauf auswirkt.   → **LF 7**

Auch die angemessene **Vertretung des Projektes nach außen** ist wichtig und stärkt das interne Teamgefühl. Die Projektleitung muss das Team und das Projekt gegenüber Auftraggebern, anderen Kollegen und ggf. den **Medien entsprechend repräsentieren** und ist somit „Verkäufer des Projektes", Organisator und Fachmann in inhaltlichen Fragen. Es ist wichtig, dass die Teammitglieder merken, dass die gemeinsame Projektarbeit auch außerhalb der Gruppe bekannt ist und entsprechend geachtet wird.

Ein weiterer Aufgabenbereich der Projektleitung ist es, **die Kooperation im Projektteam** zu fördern. In den meisten Fällen müssen Menschen aus unterschiedlichen Bereichen und Hierarchien zusammenarbeiten, um die Projektziele zu erreichen. Das ist nicht immer einfach und bietet zahlreiche Anlässe für **Konflikte**: Unterschiedliche Ansichten über die gestellten Projektziele, Meinungsverschiedenheiten über Vorgehensweisen oder Prioritäten, Bereichsegoismen und persönliche Spannungen erschweren oft die Zusammenarbeit und müssen durch die Projektleitung ausgeglichen werden.

→ **LF 7**

Teamarbeit in Projekten

→ **LF 1**

Teamarbeit ist in Industrieunternehmen heutzutage weit verbreitet. Von einem Team spricht man immer dann, wenn zwei oder mehrere Personen sich zusammenschließen oder vorübergehend zusammenarbeiten, um eine bestimmte Aufgabe oder ein festgelegtes Ziel zu erreichen.
Die Mitarbeiter in einem Team können Prozesse selbstständig gestalten und an Entscheidungsprozessen teilhaben – dies führt neben besseren Arbeitsergebnissen in der Regel auch zu einer höheren Arbeitszufriedenheit. So kann sich jeder mit

seinen individuellen Stärken einbringen und Entscheidungen werden im Team gemeinsam getroffen. Teamarbeit wird getragen durch Toleranz, Akzeptanz und Wertschätzung gegenüber den anderen Mitgliedern des Teams.

Ein Projektteam zusammenstellen

In einem Projektteam arbeiten mehrere Mitarbeiter – **meistens aus unterschiedlichen Abteilungen des Unternehmens – für einen befristeten Zeitraum zusammen**, um ein Projekt zu bewältigen. Das Projektteam wird von einem Projektleiter geführt und nach Projektende wieder aufgelöst. Dies setzt voraus, dass es der Projektleitung gelingt, ein gut funktionierendes Team zusammenzustellen.

Das Projektteam muss zusammenpassen. Deshalb spielen die Kompetenzen der einzelnen Teammitglieder eine wichtige Rolle. Diese beziehen sich sowohl auf ihre sozialen als auch auf kommunikativen Kompetenzen. Für die flexible und reibungslose Zusammenarbeit sind zusätzlich aber auch die fachlichen und methodischen Kompetenzen wichtig. Sie müssen aufeinander abgestimmt sein:

Zum einen muss es im Team Überschneidungen von Fähigkeiten und Kompetenzen geben, sodass – bei Abwesenheit – ein Teammitglied die Aufgaben des anderen übernehmen kann.

Zum anderen müssen sich die Teammitglieder ergänzen, sodass ihre jeweiligen Stärken besser zur Geltung kommen und die Schwächen ausgeglichen werden.

Die Teammitglieder sollten die folgenden Kompetenzen und Fähigkeiten mit in das Team einbringen:

- **Gemeinsinn**: Grundvoraussetzung für den gemeinsamen Erfolg ist der Wille jedes Einzelnen, sich im und für das Team zu engagieren.

- **Sachlichkeit**: Themen auf der zwischenmenschlichen Ebene sind für die Teamarbeit tabu. Sie hemmen den Prozess. Die Teammitglieder sollten sich deshalb an der Sache, dem Projekt, orientieren und einen freundlichen Umgang untereinander pflegen.

- **Offenheit**: Der Mensch hält gern an dem fest, was er kennt und was ihm vertraut ist. Doch das blockiert. Arbeitet ein Team schon zu lange zusammen, verhärten sich bekannte Verhaltensweisen und der Raum für Kreativität und Weiterentwicklung wird oftmals enger. Es ist deshalb wichtig, immer wieder für neue Anstöße von außen zu sorgen. Dazu gehört zum Beispiel, sich bewusst der Kritik nicht beteiligter Kollegen zu stellen oder neue Mitglieder im Team zu integrieren. Meist erkennen Neuankömmlinge sofort, wo noch Schwächen liegen, und bringen frischen Wind in den Arbeitsprozess.

- **Zuverlässigkeit**: Jeder im Team muss sich auf den anderen verlassen können. Deshalb müssen Absprachen eingehalten werden und übernommene Aufgaben mit Sorgfalt ausgeführt werden.

- **Flexibilität**: Immer wieder kann es zu unvorhergesehenen Änderungen und Abweichungen im Projektverlauf kommen. Dies verlangt von allen Teammitgliedern, sich zügig den neuen Bedingungen anzupassen. So müssen schon einmal neue Aufgaben übernommen werden oder zeitliche Vereinbarungen neu gestaltet werden.

- **Konfliktfähigkeit**: In jedem Team kann es zu Ärger und Konflikten kommen. Mit diesen lösungsorientiert umzugehen ist nicht immer leicht und verlangt von den Teammitgliedern die grundsätzliche Bereitschaft, sich den Konflikten zu stellen, um diese sachlich und fair zu lösen.

Einen Teamfindungsprozess durchlaufen

Ein gutes und somit funktionierendes Team zusammenzustellen, ist in der Praxis nicht immer selbstverständlich, es kann auch knirschen. So bringt jedes Teammitglied ganz eigene Ziele und einen eigenen Hintergrund in das Projekt ein, der den Umgang der Projektmitglieder untereinander prägt.

- Kompetenzgerangel,
- Macht- und Führungsanspruch,
- Sympathie oder Vorurteile

spielen in der engen Zusammenarbeit eine große Rolle. Hier sind zusätzliche Umgangsregeln sehr hilfreich, speziell wenn es darum geht, **Konflikten** vorzubeugen oder sie beizulegen, ohne das Projekt zu belasten.

In jeder Projektarbeit kann es schon einmal zu Konfliktreaktionen der Teammitglieder untereinander kommen. Die Bandbreite der Reaktionen reicht von unterschwelligem Brodeln bis hin zum offenen Konflikt.

Beispiel: Die Gruppe fühlt sich durch die verspätete Abgabe einer vereinbarten Arbeit verletzt. Folge: Der Teamgeist krankt und Kommentare wie „Na, kommen Sie auch noch" oder „Wir arbeiten doch gerne für dich mit" zeigen die verletzten Gefühle in der Gruppe. Die scheinbar netten Aussagen verraten sich durch einen süffisanten Unterton als heftige Rügen.

Es gibt immer **zwei Ebenen**, auf denen kommuniziert wird:

1. **Sachebene**: Sie beschreibt, **was** zu tun ist.
2. **Beziehungseben**: Sie beschreibt, **wie** etwas geschieht.

Vergleichbar mit der Spitze eines **Eisbergs** verlaufen **15 %** der zwischenmenschlichen Kommunikation auf der **Sachebene**. Die restlichen **85 %** hingegen werden durch die **Beziehungsebene**, also durch Gefühle, Erfahrungen oder Vorurteile ausgefüllt. Bleiben die Gefühle im Verborgenen – **also unter der Wasseroberfläche** – bieten sie die ideale Grundlage für Spannungen, Störungen und Konflikte, die wiederum Projektteams und somit Projekte erheblich beeinträchtigen können. Die Beziehungsebene bestimmt in höherem Maße als die 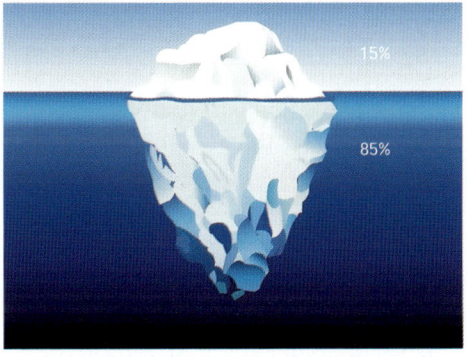 Sachebene, wie die Aussagen des Gegenüber verstanden werden. Sie spiegelt das Verhältnis der Kommunikationspartner zueinander wider und natürlich auch die unausgesprochene Meinung, die diese voneinander haben.

Durch die Zusammenstellung eines Projektteams wird dieses nicht automatisch zum Hochleistungsteam, das allen Anforderungen der Projektarbeit gewachsen ist. **Teamentwicklung** ist ein stetiger **Veränderungs- und Entwicklungsprozess**. Durch Orientierung auf ein gemeinsames Ziel verändert ein Team im Lauf der Zeit sein Selbstverständnis und seine Leistungsfähigkeit. Bis die Zusammenarbeit in „Bestform" funktioniert, muss die Gruppe streckenweise einen beschwerlichen Weg gehen: Unterschwellige und offene Konflikte setzen dem gesamten Team zu.

Experten haben **vier Phasen der Teamentwicklung** ausgemacht:

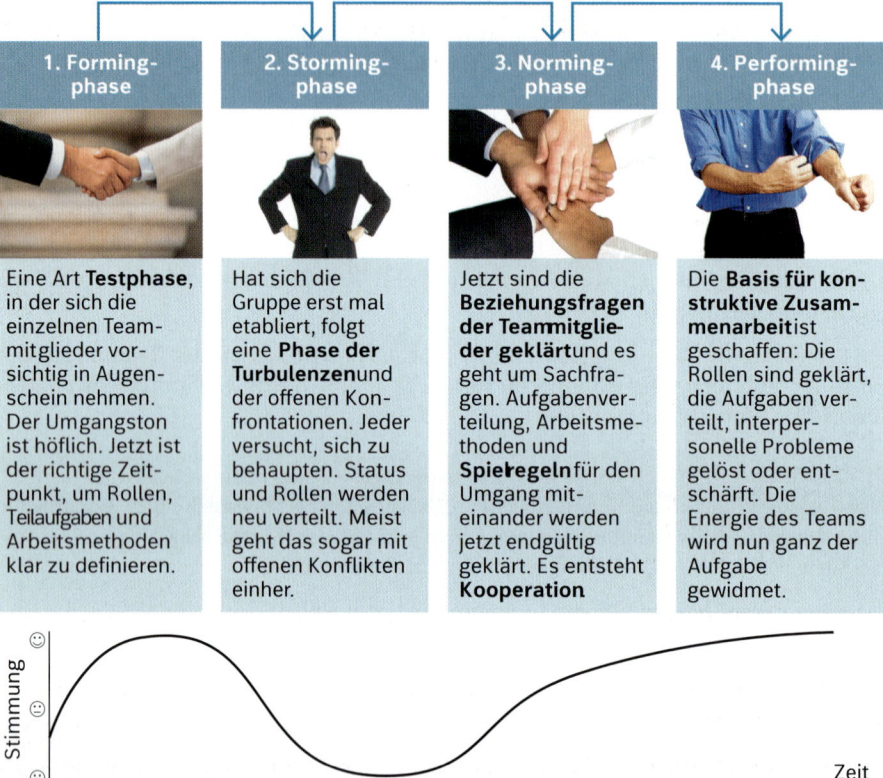

1. Forming-phase	2. Storming-phase	3. Norming-phase	4. Performing-phase
Eine Art **Testphase**, in der sich die einzelnen Teammitglieder vorsichtig in Augenschein nehmen. Der Umgangston ist höflich. Jetzt ist der richtige Zeitpunkt, um Rollen, Teilaufgaben und Arbeitsmethoden klar zu definieren.	Hat sich die Gruppe erst mal etabliert, folgt eine **Phase der Turbulenzen** und der offenen Konfrontationen. Jeder versucht, sich zu behaupten. Status und Rollen werden neu verteilt. Meist geht das sogar mit offenen Konflikten einher.	Jetzt sind die **Beziehungsfragen der Teammitglieder geklärt** und es geht um Sachfragen. Aufgabenverteilung, Arbeitsmethoden und **Spielregeln** für den Umgang miteinander werden jetzt endgültig geklärt. Es entsteht **Kooperation**	Die **Basis für konstruktive Zusammenarbeit** ist geschaffen: Die Rollen sind geklärt, die Aufgaben verteilt, interpersonelle Probleme gelöst oder entschärft. Die Energie des Teams wird nun ganz der Aufgabe gewidmet.

→ **LF 1**   Ein Instrument auf dem Weg zu einem guten Projektteam ist das **Feedback**. Gemeint ist damit, dass jedes Projektmitglied Rückmeldungen der anderen Mitglieder auf sein Handeln bekommt. Diese können positiver oder aber auch negativer Art sein. Entscheidend dabei ist jedoch, wie das Feedback gegeben wird. Eine Rückmeldung sollte niemals beleidigend sein, sondern so konstruktiv, dass sie dem Empfänger ermöglicht, das Feedback zu akzeptieren und davon zu profitieren. Am einfachsten wird das, wenn es eine regelmäßige Feedback-Runde gibt. Dann kommt es nicht zu aufgestauten Emotionen, die sich irgendwann unsachlich entladen.

Eine gute Feedbackkultur innerhalb eines Projektteams stärkt das Engagement und die Motivation der einzelnen Teammitglieder und hilft Fehler sowie auftretende Fehlentwicklungen im Projektverlauf rechtzeitig zu erkennen.

PRAXISTIPP!

So fördern Sie Teamarbeit in Projekten:
1. *Vertrauen Sie den Mitgliedern Ihres Projektteams.*
2. *Unterstützen Sie autonomes Arbeiten.*
3. *Vermeiden Sie Bürokratie.*
4. *Arbeiten Sie in räumlicher Nähe statt über große Distanzen.*
5. *Halten Sie Terminabsprachen ein.*

Ein wesentliches Ziel dieses Teamfindungsprozesses ist es, dass sich schließlich ein gewisses „**WIR-Gefühl**" einstellt, welches durch das Bewusstsein geprägt ist, gemeinsam „im Team" etwas zu schaffen, was ein Einzelner nicht bewältigen könnte. Somit lassen sich Projekte, welche komplexe Aufgaben sind, leichter und effizienter bewältigen.

Einsatz von Projektmanagement-Software

Es gibt eine Vielzahl **von Projektmanagement-Software (PM-Software)**, welche die Projektleitung und das Projektteam bei der Planung, Durchführung und Auswertung von Projekten unterstützen. Der **Einsatz von PM-Software spart Aufwand und Mühe**, damit **Zeit** und somit letztendlich auch **Geld**. Routineaufgaben werden erleichtert, zahlreiche Formatvorgaben unterstützen

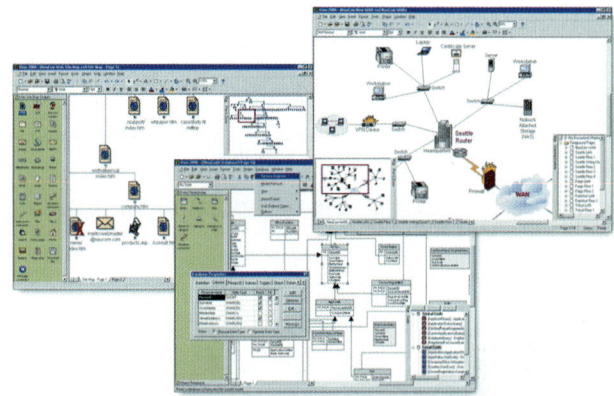

das Projektteam. Außerdem können Risiken, Probleme sowie Fehler im Projekt vermieden oder wenigstens minimiert werden und der Informationsfluss zwischen allen am Projekt Beteiligten wird effizienter.

Trotz dieser überzeugenden Argumente für den Einsatz einer PM-Software sollten Sie sich immer über Folgendes im Klaren sein:

- Auch die beste PM-Software kann Projekte nicht automatisch planen, sondern ist „nur" ein Werkzeug für ein besseres Projektmanagement.

- PM-Software kann einen guten Projektmanager besser machen – aus einem schlechten oder mittelmäßigen Projektmanager wird sie aber nie einen guten Projektmanager machen.

- Der Einsatz von PM-Software ist kein Garant für den Projekterfolg.

- PM-Software ist zwangsläufig komplex und bedarf einer intensiven Einarbeitung, bevor der Umgang mit der Software beherrscht und damit zur Erleichterung wird.

- PM-Software erfordert eine detaillierte, überlegte und wohlstrukturierte Eingabe und eine konsequente Pflege von Informationen zum Projekt, die von allen am Projekt Beteiligten gewissenhaft durchgeführt werden muss.

Zusammenfassung

Grundlagen der Projektarbeit in Industrieunternehmen verstehen

- *Ein **Projekt** ist ein Vorhaben, das im Wesentlichen durch die Einmaligkeit der Bedingungen gekennzeichnet ist. Dies betrifft z.B. Zielvorgabe, zeitliche, finanzielle, personelle und andere Begrenzungen sowie eine projektspezifische Organisation.*

- *Ein **systematisches Projektmanagement** gewährleistet die effektive und zielgerichtete Durchführung von Projekten.*

- Die zentrale Aufgabe des Projektmanagements besteht in der **Organisation, Planung, Steuerung und Überwachung** aller Aufgaben und Ressourcen, die notwendig sind, um die angestrebten Projektziele zu erreichen.

- Um Projekte zielgerichtet durchführen zu können, unterteilt man Projekte in einzelne **Projektphasen**: Definitionsphase, Planungsphase, Durchführungsphase und Abschlussphase.

- Die **Projektleitung** (Projektmanager/-in) ist Ansprechpartner und Vertrauensperson für alle am Projekt Beteiligten und muss über organisatorische, technische und soziale Fähigkeiten verfügen.

- Die meisten Projekte werden in **Teamarbeit** durchgeführt.

- Die Arbeit im Team wird wesentlich durch die **Beziehungsebene** der Teammitglieder untereinander bestimmt.

- Häufig sind **Störungen** auf der **Beziehungsebene Ursachen für Konflikte** in Projektteams.

- Die **Entwicklung eines Teams** durchläuft eine Formingphase, eine Stormingphase, eine Normingphase und eine Performingphase.

- **PM-Software** ist ein nützliches Werkzeug zur Planung, Durchführung und Auswertung von Projekten.

Aufgaben

1. Begründen Sie, warum ein systematisches Projektmanagement für Industriebetriebe von Vorteil ist.

2. Prüfen Sie mithilfe einer Checkliste, ob die Absicht der Sommerfeld Bürosysteme GmbH, einen Online-Shop einzurichten, als Projekt geeignet ist. Begründen Sie Ihre Entscheidung. Legen Sie dazu eine Tabelle nach dem folgenden Muster an:

Projektmerkmal	Ausprägung		Begründung
Das geplante Vorhaben hat klare und messbare Ziele.	☒ ja	☐ nein	Das Projekt hat das klare Ziel, einen Online-Shop einzurichten.

3. Erstellen Sie eine Mindmap, welches die Teilaufgaben für die Projektleitung im Rahmen der einzelnen Projektphasen darstellt.

4. Die Unternehmensleitung der Sommerfeld Bürosysteme GmbH ist auf der Suche nach einer möglichen Projektleitung. Erstellen Sie ein Anforderungsprofil, welches als Grundlage für eine mögliche Stellenbeschreibung herangezogen werden kann. Nennen Sie darin die zentralen Fähigkeiten, über welche eine Projektleitung verfügen sollte und bestimmen Sie den gewünschten Ausprägungsgrad auf einer Skala von 1 bis 6.

5. Neue (Projekt-)Teams durchlaufen verschiedene Phasen, bis sie sich zu einem leistungsfähigen Team zusammengefunden haben.

   a) Beschreiben Sie diese Phasen der Teamentwicklung.

   b) Erläutern Sie an konkreten Beispielen aus ihrer Schule, wie Sie die einzelnen Phasen der Teamentwicklung im Rahmen von Gruppenarbeit in Ihrem Unterricht erlebt haben.

6. Eine erfolgreiche Projektarbeit mit qualitativ guten Ergebnissen wird nur mit einem gut funktionierenden Projektteam möglich.

   a) Skizzieren Sie, welche Vorteile das Arbeiten im Team hat.

   b) Entwickeln Sie eine Checkliste, welche bei der Bildung von Projektteams hilfreich sein kann.

7. Selbst wenn es gelingt, relativ schnell ein funktionierendes Team zusammenzustellen, ist damit nicht unbedingt ein dauerhaftes Funktionieren der Teamarbeit sichergestellt. Entwickeln Sie eine Übersicht in Tabellenform, die in der ersten Spalte die Ursachen für mögliche Teamstörungen benennt und in der zweiten Spalte mögliche Maßnahmen zur Bewältigung der genannten Störung aufzeigt.

8. Begründen Sie, warum Feedback wichtig für den Teamerfolg ist.

9. Als Klasse beschließen Sie, eine Abschlusszeitung beziehungsweise Schülerzeitung zu erstellen und zu vertreiben. Bestimmen Sie vor dem Hintergrund dieser Zielsetzung eine Projektleitung und stellen Sie ein Projektteam zusammen, welches alle anfallenden Aufgaben im Rahmen dieses Projektes bewältigen kann. (Selbstverständlich können Sie auch mehrere Projektteams gründen, die parallel an diesem Projekt arbeiten).

2.2 Ein Projekt in den einzelnen Phasen durchführen

2.2.1 Projekte definieren

Heute ist wieder die regelmäßige Abteilungsleitersitzung der Sommerfeld Bürosysteme GmbH. Wie in der vorherigen Sitzung verabredet wurde, sollen heute wichtige Eckpunkte der Projektidee, einen eigenen Online-Shop zu gründen, festgelegt werden.

Herr Sommer: „... nachdem wir uns in der vergangenen Woche bereits fast einig darüber waren, einen eigenen Online-Shop zu gründen, sollten wir diese Projektidee in unserer heutigen Arbeitssitzung weiter ausgestalten."

Frau Braun: „Daraus ergibt sich für uns ein strammes Programm. Herr Sommer und ich haben uns intensiv auf den heutigen Nachmittag vorbereitet. Der vorliegenden Tagesordnung können Sie entnehmen, was wir heute mit Ihnen gemeinsam bearbeiten wollen."

Abteilungsleitersitzung Sommerfeld Bürosysteme GmbH

A G E N D A

- Situationsanalyse
- Festlegung der Projektziele
- Projektorganisation
- Schätzung des Kostenrahmens
- endgültige Entscheidung zur Projektdurchführung
- ggf. Projektauftrag

Herr Kraus:	„Das ist ja in der Tat eine ganze Menge, vielleicht können wir ja die Personalfrage zum Projektmanagement vorziehen. Ich habe mich in meiner Abteilung umgehört und Frau Bauer hat ihr Interesse an der Projektleitung bekundet, was ich nur unterstützen kann."
Herr Sommer:	„Nun mal nicht so schnell Herr Kraus, natürlich haben Frau Braun und ich uns auch bereits Gedanken dazu gemacht, wer die Projektleitung übernehmen könnte. Ich würde aber vorschlagen, dass wir uns an den vorgeschlagenen Ablauf der Agenda halten."
Herr Kraus:	„OK, ich wollte ja nur ..."

Arbeitsaufträge

Begeben Sie sich in Arbeitsgruppen und bearbeiten Sie die folgenden Aufgaben. Visualisieren Sie ihre Ergebnisse auf Ihrem Tablet/Computer oder auf einem Plakat.

- *Sammeln Sie in Stichworten mögliche Projektziele, welche die Sommerfeld Bürosysteme GmbH mit dem eigenen Online-Shop erreichen möchte.*

- *Entscheiden Sie sich für eine Möglichkeit, wie das **„Projekt eigener Online-Shop"** in das bestehende Organigramm der Sommerfeld Bürosysteme GmbH integriert werden könnte. Begründen Sie Ihre Entscheidung.*

- *Unterbreiten Sie einen begündeten Vorschlag, welche Mitarbeiterin oder welchen Mitarbeiter der Sommerfeld Bürosysteme GmbH Sie für die geeignete Projektmanagerin oder den Projektmanager halten.*

In dieser **Projektphase** geht es darum, die **Projektidee** weiter zu **konkretisieren**. Dabei muss nicht aus jeder Projektidee am Ende auch zwingend ein Projekt erwachsen. Im Gegenteil – es zeugt von einer ausgeprägten Projektkultur, wenn Ideen kritisch beleuchtet werden und man am Ende zu der Erkenntnis gelangt, dass es besser ist, das Projekt abzulehnen oder auf einen späteren Zeitpunkt zu verschieben. Um sich darüber Klarheit zu verschaffen, müssen in dieser Projektphase die folgenden Aufgaben erledigt werden:

| Situations-analyse | Festlegung der Projektziele | Projektorgani-sation | Schätzung des Kostenrahmens | Erteilung des Projektauftrags |

Situationsanalyse

Ein erster wichtiger Schritt in einem Projekt ist die genaue Analyse der Ausgangs- und Problemsituation. Dazu müssen die zugrunde liegenden Probleme in einem Unternehmen zunächst einmal erkannt werden.

Beispiel:

Projekt: Sommerfeld Bürosysteme GmbH eigener Online-Shop
Situationsanalyse • Die Verkaufszahlen der Sommerfeld Bürosysteme GmbH über die klassischen Vertriebswege stagnieren in den vergangenen Quartalen. • Mitarbeiter des Vertriebs berichten, dass immer mehr Kunden online bestellen. • Herr Kraus berichtet, dass die Marktplatzbetreiber Verkaufsentgelte zwischen 5 % und 10 % des Umsatzes erheben. • Mitarbeiter der Sommerfeld Bürosysteme GmbH regen an, einen Online-Shop zu gründen. • Außendienstmitarbeiter berichten von Kunden, welche eine engere Verknüpfung zwischen den klassischen Vertriebswegen und dem Online-Handel wünschen.

Das Erkennen der Probleme ist jedoch nur ein erster Schritt. Entsteht als Konsequenz daraus eine Projektidee, so müssen die Projektverantwortlichen in der **Problembeschreibung** versuchen, diese Probleme näher zu erfassen, damit sie daraus einen klaren Projektauftrag und effektive Lösungswege ableiten können.

Beispiel:

Projekt: Sommerfeld Bürosysteme GmbH eigener Online-Shop
Brainstorming Herr Sommer und Frau Braun sammeln Antworten auf folgende Fragen: 1. Welche Auslöser gab es für die Projektidee? 2. Welche Schwachstellen und Probleme bestehen zurzeit? 3. In welchen Bereichen besteht Optimierungsbedarf? Die gesammelten Antworten wurden auf Karteikarten festgehalten und dann auf einem Plakat geordnet und zu Ergebnissen zusammengefasst.

Im nächsten Schritt gilt es, eine **Ursache-Wirkungs-Analyse** durchzuführen: Wie konnte es zu den erkannten Problemen kommen und welche Konsequenzen ergeben sich daraus für das Unternehmen? Oft können aus den Problemursachen bereits mögliche Problemlösungen abgeleitet werden.

Beispiel: Herr Sommer und Frau Braun erörtern mit der Abeilungsleiterrunde die untenstehenden Fragen. Man erkennt sehr schnell, dass eine wesentliche Ursache des Problems darin begründet ist, dass es der Sommerfeld Bürosysteme GmbH am notwendigen technischen Know-how fehlt, eine entsprechende Internetpräsenz aufzubauen und darüber einen Onlinehandel abzuwickeln. Dies führt in einzelnen Produktbereichen bereits jetzt zu deutlichen Umsatzeinbußen.

Ursache-Wirkungs-Analyse

- Wo liegen mögliche Ursachen für die Probleme?
- Welche messbaren Auswirkungen ergeben sich daraus?
- Wurden Hinweise auf das Problem nicht bereits zu früheren Zeitpunkten beachtet?

PRAXISTIPP!

Dokumentieren Sie die Ergebnisse der Situationsanalyse. Erst wenn alle Projektbeteiligten ein klares Verständnis von der zugrunde liegenden Situation besitzen, sollten Sie damit beginnen, die Projektziele festzulegen.

Festlegung der Projektziele

In der Festlegung klarer, eindeutiger und messbarer Projektziele liegt einer der **Haupterfolgfaktoren** der Projektarbeit. Es sollte daher immer der Grundsatz gelten:

„Kein Projekt ohne klare ZIele!"

Im Projektmanagement hat der Begriff **SMART** eine Bedeutung für effektive und gute Projektziele.

S.M.A.R.T. ist ein Akronym (Kurzwort), das für die folgenden Bedeutungen steht:

S	Spezifisch	Ziele müssen eindeutig und präzise definiert sein.
M	Messbar	Ziele müssen messbar sein.
A	Angemessen	Ziele müssen angemessen, attraktiv sein und akzeptiert werden.
R	Realistisch	Ziele müssen auch tatsächlich erreichbar sein.
T	Terminiert	Zu jedem Ziel gehört eine klare Terminvorgabe.

Spezifisch
Eine unmissverständliche, positive und spezifische Zieldefinition ist wichtig, damit alle Beteiligten im Projekt die gleiche Vorstellung von dem haben, was erreicht werden soll.

Beispiel: So ist das Ziel „Steigerung des Umsatzes" zwar ein grundsätzlich anzustrebendes Ziel, kann im Projektmanagement aber dennoch große Probleme hervorrufen, weil vermutlich unterschiedliche Vorstellungen darüber existieren. Während das Projektteam vielleicht schon mit einigen Prozenten zusätzlichen Umsatz im gesamten Unternehmen zufrieden wäre, hatte der Auftraggeber vielleicht eine Verdopplung des Umsatzes in einer bestimmten Abteilung innerhalb eines festen Zeitraums erwartet. Im Ergebnis werden beide Seiten unzufrieden sein.

Messbar

Die Messbarkeit von Zielen ist wichtig, damit die Erreichung festgestellt werden kann. Nur so kann gegebenenfalls gegengesteuert werden. In vielen Fällen reicht es, wenn dazu eindeutige Kennzahlen, z.B. Umsatz, Gewinn, Lagerumschlagshäufigkeit, festgelegt werden. In anderen Bereichen ist eine direkte Messbarkeit nicht gegeben.

Beispiel: Das Ziel „Zufriedene Kunden" ist direkt nur schwer messbar. Indirekt könnte die Zielerreichung über eine Befragung vor, während und nach dem Projekt gemessen werden. Dann ist es wichtig zu definieren, über welche Kriterien und Indikatoren gemessen werden soll.

Angemessen, attraktiv und akzeptiert

Projektteams stehen nur dann hinter den Projektzielen, wenn diese für sie angemessen und attraktiv, zumindest aber von ihnen akzeptiert sind. Werden Projektteams oder einzelne Mitarbeiterinnen und Mitarbeiter zu der Erreichung von Zielen gezwungen, mit denen sie sich nicht identifizieren, so führt dies zu Konflikten.

Beispiel: Personalabbauziele in Unternehmen: Wenn ein Unternehmen Personal abbauen muss, werden dafür fast immer externe Berater in Anspruch genommen, weil die eigene Personalabteilung gegenüber den Kollegen die vereinbarten Projektziele aus verständlichen Gründen wohl nicht konsequent genug umsetzen würde.

Realistisch

Bei allem Ehrgeiz müssen Projektziele in der vorgegebenen Zeit und den zur Verfügung stehenden Mitteln auch realistisch erreichbar sein. Ist dies nicht der Fall, entsteht beim Projektteam eine permanente Überforderung, die zu Stress und Unzufriedenheit im Projektteam führt

Terminiert

Die genaue Terminierung der Zielerreichung ist für alle Beteiligten wichtig. Es gilt, einen genauen Zeitpunkt zu definieren, wann die Zielerreichung gemessen werden soll. Nur so ist es möglich, Einigkeit und Zufriedenheit zwischen dem Projektteam und den Auftraggebern zu erreichen.

Projektziele lassen sich hauptsächlich in die drei Zielkomponenten **Sachziel**, **Terminziel und Kostenziel** zerlegen. Diese drei Zielgrößen beeinflussen sich wechselseitig und konkurrieren bisweilen miteinander.

Beispiel: Soll das Projekt in einem kürzeren Zeitraum durchgeführt werden, so führt dies in den meisten Fällen dazu, dass die Kosten steigen.

Mit Blick auf den Projektauftrag (vgl. S. 422) muss die Projektleitung sicherstellen, dass ein **ausgewogenes Zieldreieck entsteht**. Dies stellt sicher, dass die angestrebten Sachziele in der vereinbarten Zeit und zu den geplanten Kosten (vgl. S. 421 f.) erreicht werden können.

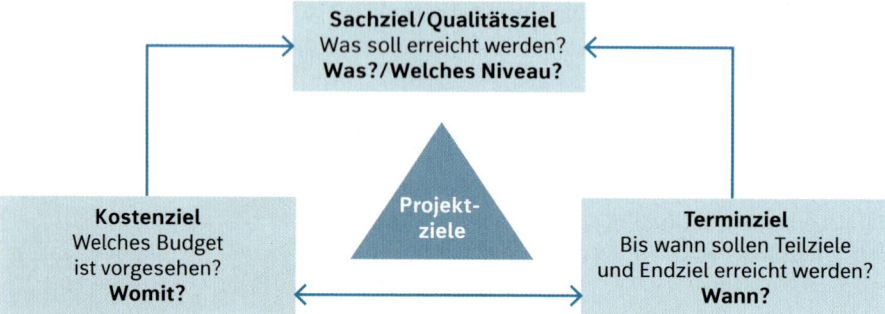

Weil einzelne Ziele nicht isoliert betrachtet werden können, führt dies in der Praxis dazu, dass oft eines der Ziele im Vordergrund steht.

Beispiel: Allen Projektbeteiligten der Sommerfeld Bürosysteme GmbH ist klar, dass das Projekt nur dann erfolgreich sein kann, wenn das angestrebte Sachziel – „Einrichtung eines Online-Shops" – erreicht wird, ohne dass Pannen während der Markteinführung auftreten. Dies führt dazu, dass Kosten- und Terminziele zunächst nachrangig sind.

In der praktischen Umsetzung hat es sich bewährt, die Projektziele in mehreren Ebenen zu strukturieren. Dem **Projektgesamtziel** werden **Projektteilziele** zugeordnet. Oft wird das Erreichen eines Teilziels als **Meilenstein** oder Projektteilschritt definiert. Die messbaren Ergebnisse beschreiben den konkreten Output des Projekts.

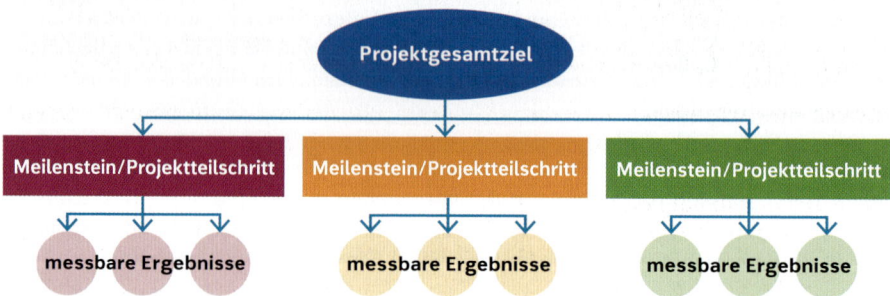

Beispiel:

Projekt: Sommerfeld Bürosysteme GmbH Online-Shop	
1. Projektgesamtziel	▪ Bis zum Juli des folgenden Jahres tritt die Sommerfeld Bürosysteme GmbH mit einem eigenen Online-Shop in den Markt ein.
2. Meilenstein/ Projektteilschritt	▪ Bis März wird ein entsprechendes Sortiment zusammengestellt, das im Online-Shop angeboten werden soll. ▪ Bis Mai wird eine Internetplattform mit entsprechender Webpräsenz aufgebaut.
3. Messbare Ergebnisse	▪ Katalog, der die Artikel enthält, die im Online-Shop angeboten werden sollen. ▪ Lauffähige Testversion der Internetplattform und Website sind vorhanden.

Aus der konsequenten Auseinandersetzung mit den Zielen eines Projektes ergibt
sich, dass zum Ende dieses Prozesses ein
zumeist **scharf umrissenes und deutlich
definiertes** Projekt steht, welches die
ursprüngliche Projektidee eindeutig und
klar bestimmt und welches in einen Projektauftrag mündet.

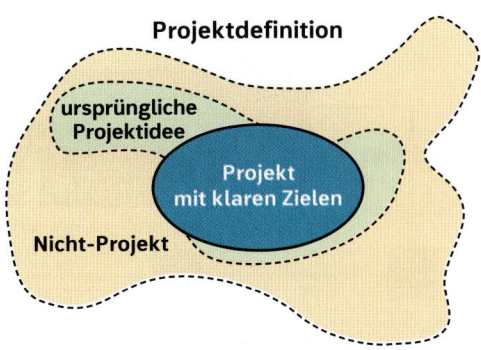

Projektorganisation

Wenn die ersten grundsätzlichen Ent-
scheidungen zum Projekt getroffen wurden, muss in einem nächsten Schritt überlegt
werden, wie das Projekt in die vorhandene Unternehmensstruktur eingebettet werden
kann. Dabei lassen sich **drei typische Formen** unterscheiden:

- Stabs-Projektorganisation
- Matrix-Projektorganisation
- reine Projektorganisation

In der **Stabs-Projektorganisation** wird die grundlegende Unternehmensstruktur nicht
verändert. Die Projektleitung koordiniert die Arbeit mit den verschiedenen Abteilungen,
hat aber in der Regel keine Weisungsbefugnis. Diese Organisationsform ist besonders für
kleinere Projekte geeignet.

Stabs-Projektorganisation

Projekt	Geschäftsleitung Sommerfeld Bürosysteme GmbH		
	Produktion und Beschaffung	Allgemeine Verwaltung	Vertrieb und Marketing

Die **Matrix-Projektorganisation** setzt eine Projektleitung ein, welche als projektbezogene
Stellen genauso weisungsbefugt sind wie die jeweiligen Liniensysteme – folglich müssen
sich beide abstimmen. Es ergibt sich eine ganzheitlichere Denkweise und eine bessere
Vernetzung der Projektaufgaben.

Matrix-Projektorganisation

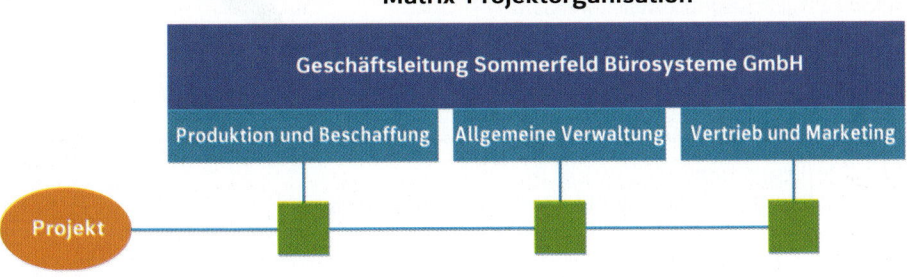

Die **reine Projektorganisation** sieht die Einrichtung einer eigenen Projektorganisation
vor, die mit einer Projektleitung besetzt wird. Die Projektmitglieder werden aus den
Abteilungen abgezogen oder als Fachleute extern beschafft und der Projektleitung unterstellt. So ergibt sich eine variable Organisationsstruktur, die insbesondere für größere
und wichtige Projekte geeignet erscheint.

Matrix-Projektorganisation

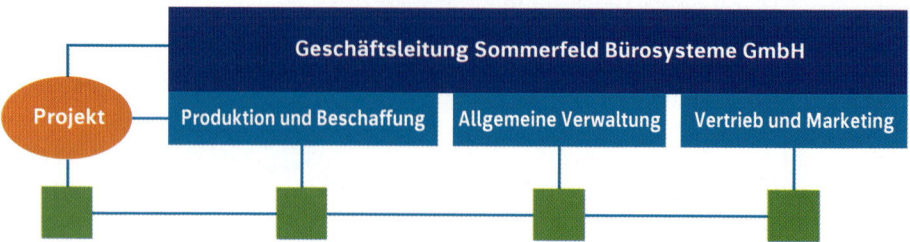

Beispiel: Während der Abteilungsleitersitzung wird intensiv über die mögliche Projektorganisation diskutiert. Letztendlich entscheidet man sich vor dem Hintergrund der großen Bedeutung des Projekts für die weitere Unternehmensentwicklung für die **reine Projektorganisation**. Als **Projektmanagerin** fällt die Wahl schließlich auf **Frau Müller**, welche die Projektleitung übertragen bekommt. Sie verfügt über genügend Know-how in technischen Belangen bezüglich des Aufbaus eines Online-shops und zudem ist sie in Fragen der Perso-

nalführung erfahren. Die Geschäftsführung überlässt es ihr, ein **Projektteam zusammenzustellen**. Dazu kann sie zunächst auf bisherige Mitarbeiter der einzelnen Abteilungen zurückgreifen. Da sich bisher kein Spezialist für den Aufbau einer Internet-Plattform in der Sommerfeld Bürosysteme GmbH befindet, bekommt sie den Auftrag, einen neuen Mitarbeiter zu finden, welcher dann speziell für diese Aufgabe eingestellt wird.

Schätzung des Kostenrahmens

Sobald der Umfang, die Ziele und die Form der Projektorganisation geklärt sind, sollte eine **Aufwands- und Kostenschätzung** erfolgen. Vor dem endgültigen Projektstart ist dies eine letzte Kontroll- und somit Entscheidungsgrundlage, ob das Projekt überhaupt durchgeführt werden kann. In dieser ersten Schätzung sollten die direkten und indirekten Projektkosten erfasst werden.

- **direkte Projektkosten**
  Beispiele: Personalkosten, Reisekosten, Materialkosten und Anschaffungskosten von Anlagegütern, Beratungskosten usw., die direkt dem Projekt zugerechnet werden können.

- **indirekte Projektkosten**
  Beispiele: Raumkosten, Stromkosten, sonstige Gemeinkosten

PRAXISTIPP!

Versuchen Sie, alle mit dem Projekt in Verbindung stehenden Kosten zu erfassen. Oft werden interne Personalkosten, welche „ohnehin bezahlt werden müssen", nicht dem Projektbudget zugeordnet. Dies stellt dann eine Verfälschung der tatsächlichen Projektkosten dar.

Beispiel: Herr Sommer und Frau Braun schätzen gemeinsam mit den anwesenden Abteilungsleitern die vermuteten Projektkosten. Dazu haben sie eine Tabelle vorbereitet, die sie während der Sitzung durcharbeiten und ergänzen.

Aufwands- und Kostenschätzung in der Definitionsphase					
Projekttitel	Einrichtung eigener Online-Shop in der Sommerfeld Bürosysteme GmbH				
Projektleitung	Frau Müller				
Datum	12. November 20..				
Lfd. Nr.	Aufwendungen und Kosten im Projekt	Kostenarten				Gesamt
		Personal-kosten in €	Reise-kosten in €	Sachmittel-kosten in €	Sonstige Kosten in €	in €
1	Anschaffung neuer EDV und Software	0	500	17 000	200	17 700
2	Abstellung einer Projektmanagerin	50 000	0	0	0	50 000
3	Einstellung EDV-Spezialist/-in	40 000	0	0	0	40 000
4	sonstige Projekt-mitarbeiter	100 000	0	0	0	100 000
5	Schulung und Beratung der Mitarbeiter/-innen	0	1 000	0	3 000	4 000
6	Raummiete incl. Nebenkosten	0	0	0	6 600	6 600
7	Aufbau Internetplattform	0	1 000	1 500	10 000	12 500
8	Katalogerstellung	3 000	0	15 000	4 000	22 000
9	Aufgabe 9	0	0	0	0	0
10	Aufgabe n	0	0	0	0	0
	Gesamt	193 000	2 500	33 500	23 800	252 800

Erteilung des Projektauftrages

Wird die Durchführung des ausgewählten Projektes auch nach der vorläufigen Aufwands- und Kostenschätzung weiterhin als sinnvoll angesehen, dann sollte ein Projektauftrag erstellt werden. **Projektaufträge** haben den Charakter von **Verträgen** zwischen Auftraggebern und dem Projektteam. Dadurch wird **Verbindlichkeit** erzeugt, die bei internen Projekten ebenso wichtig ist, wie bei Projekten, die für einen Kunden durchgeführt werden. Der unterschriebene Projektauftrag ist somit der **Startschuss** für konkrete Planungen des Projektteams. Die **Inhalte** des Projektauftrags können individuell gestaltet werden. Sie sollten jedoch eindeutig formuliert sein, um Missverständnisse und Unklarheiten von vornherein zu vermeiden. Dabei hat es sich bewährt, die folgenden

Punkte mit in den Projektauftrag aufzunehmen:

- Projekttitel
- Projektzeitraum (Beginn und Ende)
- Projektorganisation (Leitung und Mitarbeiter)
- Projektgesamtziel
- Projektteilziele/Meilensteine
- Projektkosten
- Unterschriften der Projektauftraggeber und Projektleitung

Beispiel:

PROJEKTAUFTRAG		
Projekttitel:	Einrichtung eigener Online-Shop in der Sommerfeld Bürosysteme GmbH	
Start:	November 20..	**Ende:** 15. Juni 20..
Projektleitung:	Frau Müller	
Projektauftraggeber:	Geschäftsleitung der Sommerfeld Bürosysteme GmbH	
Projektteam:	Name N. N. N. N.	Abteilung: N. N. N. N.
Projektgesamtziel:	Bis zum Juli des folgenden Jahres erfolgt der Markteintritt mit einem Online-Shop	
Projektteilziele/ Meilensteinziele:	– Bis März wird ein entsprechendes Sortiment zusammengestellt, das im Online-Shop angeboten werden soll. – Bis Mai wird eine entsprechende Internetplattform aufgebaut.	
Personalkosten:	193 000,00 €	
Sachmittelkosten:	33 500,00 €	
Sonstige Kosten:	26 300,00 € (23 800,00 € + 2 500,00 €)	
Gesamtprojektkosten/ Projektbudget:	252 800,00 €	
Sonstige relevante Informationen:		
Projektentscheidung		
Einreichung Projektauftrag:	*15. Oktober 20.. Müller* Datum, Unterschrift Projektleiterin	
Projektentscheidung:	❏ Das Projekt wird bewilligt. ❏ Das Projekt wird unter der Einhaltung folgender Auflagen bewilligt: ❏ Das Projekt wird abgelehnt. Begründung: Datum, Unterschrift Auftraggeber	

Zusammenfassung

Projekte definieren

- *Im Rahmen der **Projektdefinition** wird die **Projektidee** konkretisiert.*

- *In der **Situationsanalyse** werden die Probleme benannt, die zur Projektidee führten. Im Rahmen einer **Ursache-Wirkungs-Analyse** werden darauf aufbauend die Konsequenzen erfasst, die sich für das Unternehmen ergeben.*

- *Jedes **Projekt** braucht **klare Ziele**.*

- *Die Projektziele lassen sich in die **Zielkomponenten Sachziel**, **Terminziel** und **Kostenziel** zerlegen.*

- *Dem **Projektgesamtziel** werden **Projektteilziele** zugeordnet. Oft wird das Erreichen eines Teilziels als **Meilenstein** bezeichnet.*

- *Als typische **Organisationsformen** des Projektmanagements kommen **Stabs-Projektorganisation, Matrix-Projektorganisation** und die **reine Projektorganisation** infrage.*

- *Auf Basis der Projektziele wird die **Kostenplanung** des Projekts erstellt. Dabei sind alle **direkten und indirekten Kosten** des Projektes zu erfassen.*

- *Im **Projektauftrag** werden die **wesentlichen Rahmenbedingungen und Vereinbarungen** zum Projekt zwischen Auftraggebern und dem Projektteam schriftlich festgehalten.*

- ***Projektaufträge** haben den Charakter von **Verträgen**.*

- ***Punkte im Projektauftrag:** Projekttitel, Start, Projektleitung, Projektauftraggeber, -team, -gesamtziel, -teilziele, Personalkosten, Sachmittelkosten, sonstige Kosten, Gesamtprojektkosten, Projektentscheidung.*

Aufgaben

1. *Beschreiben Sie, welche Konsequenzen sich aus einer oberflächlichen Situationsanalyse für den weiteren Verlauf eines Projektes ergeben können.*

2. *Formulieren Sie drei mögliche Projektteilziele für das Projekt „Erstellung der Unternehmenshomepage".*

3. *Erläutern Sie anhand des Beispiels – „Gründung eines Online-Shops" – zu welchen Konflikten es zwischen einzelnen Projektzielen kommen kann.*

4. *Begründen Sie, warum die Formulierung von Projektzielen eine große Bedeutung für den erfolgreichen Projektverlauf hat.*

5. *Erläutern Sie die Vor- und Nachteile der Stabs-Projektorganisation, der Matrix-Projektorganisation und der reinen Projektorganisation.*

6. *Eräutern Sie die Bedeutung eines Projektauftrages.*

7. *Formulieren Sie für Ihr Projekt „Erstellen einer Abschlusszeitung / Schülerzeitung" mögliche Projektziele, erstellen Sie für eine erste Schätzung der Kosten einen vorläufigen Kostenplan und füllen Sie einen Projektantrag aus.*

2.2.2 Projekte planen

Nach der Übertragung der Projektleitung hat Petra Müller ihr Projektteam zusammengestellt: Aus der Produktions- und Beschaffungsabteilung sind Rainer Kunze und aus der Vertriebs-/Marketingabteilung Irene Grell ins Projektteam berufen worden. Als EDV-Fachmann für den Aufbau und die technische Betreuung des Online-Shops hat sie Jürgen Funke eingestellt. Nun plant Frau Müller in ihrem Büro die weiteren Arbeitsschritte.

Arbeitsaufträge

- *Schreiben Sie eine Einladung zum Kick-off-Meeting an die Mitglieder des Projektteams.*

- *Erstellen Sie zur Identifizierung von Arbeitspaketen eine Mindmap mit Aufgaben, die bei der Umsetzung des Projektes notwendig sind.*

Komplexe Aufgaben werden oftmals mit Ungeduld angegangen. Möglichst schnell sollen greifbare Erfolge erzielt werden. In der Regel führt solch **ein voreiliges Handeln** aber zum Gegenteil: Es wird ineffizient gearbeitet und die Aufgaben werden bestenfalls teilweise gelöst. Eine effiziente und erfolgreiche Projektarbeit setzt voraus, dass das gesamte Projekt im Voraus durchdacht und sauber geplant wird. Die Planungsphase dient der weiteren Konkretisierung der in der Definitionsphase begonnenen Überlegungen. Ziel der Planungsphase ist ein **detaillierter Projektplan**, der wiederum verschiedene Teilpläne enthält. Im Projektmanagement unterteilt man zu diesem Zweck den Planungsprozess in die folgenden Teilschritte:

Teilaufgaben ausdifferenzieren und Arbeitspakete schnüren	Projektstrukturplan erstellen und den Projektablauf festlegen	Kosten- und Ressourcenplan aufstellen	Risiken erkennen und vermeiden

PRAXISTIPP!

Als zeitlichen Richtwert sollten Sie etwa 20 % bis 25 % der gesamten Projektdauer für die Planungsphase ansetzen.

Kick-off-Meeting

Wenn das Projektteam feststeht und der Projektauftrag erteilt wurde, lädt die Projektleitung zu einem ersten Treffen des neuen Projektteams ein. In diesem **Kick-off-Meeting** sollen sich die Mitglieder des Projektteams **kennenlernen** und über die wesentlichen **Rahmenbedingungen** des Projektes informiert werden. Die Projektleitung muss dafür sorgen, dass alle **ein gemeinsames Verständnis von den Projektzielen und -inhalten** haben und die **Rollen und Verantwortlichkeiten** einzelner Projektmitglieder bekannt sind.

Agenda eines Kick-off-Meetings

- Begrüßung durch die Projektleitung
- Vorstellungsrunde (sofern Projektmitglieder nicht bekannt)
- Konkretisierung der Grobplanung
  - Ausgangssituation, Projektumfeld
  - Projektziele (Gesamtziel, Teilziele)
  - Projektphasen, Meilensteine
  - Projektrisiken und -chancen
- Regeln der Zusammenarbeit
- Festlegung der Aufgaben- und Verantwortungsbereiche
- weitere Vorgangsweise
- offene Punkte

PRAXISTIPP!

Sorgen Sie mit dafür, dass das Kick-off-Meeting zu einem Erfolg wird. Denn das erste Arbeits-treffen des Projektteams stellt viele Weichen für die zukünftige Zusammenarbeit.

Teilaufgaben festlegen und Arbeitspakete schnüren

Möglichst zügig sollte man das gesamte Projekt überblicken und planen. Dabei hilft es, von vornherein möglichst viele zusammenhängende **Teilaufgaben** einzugrenzen. Die Erledigung von Teilaufgaben sind typischerweise Phasen eines Projektes. Wenn das Gesamtprojekt in verschiedene Teilaufgaben unterteilt wurde, können diese wiederum in sogenannte **Arbeitspakete** aufgeteilt werden. Dazu überlegt man, welche Aufgaben für die Erreichung der Teilaufgaben im Einzelnen erledigt und in welcher Reihenfolge sie abgeschlossen werden müssen, damit kein Leerlauf entsteht. Als Arbeitspakete (AP) werden die Tätigkeiten bezeichnet, welche die unterste Gliederungsebene im Gesamtprojekt darstellen.

Die kleinere Einheit eines Arbeitspaketes kann man besser überblicken und **Risiken**, **Kosten** sowie den **Arbeitsaufwand** genauer einschätzen, als wenn man sich das gesamte Projekt ansieht. Die definierten Arbeitspakete werden dann auf die **Mitarbeiter**, entsprechend ihren Fähigkeiten und ihrem Vorwissen, verteilt. Es empfiehlt sich, für jedes einzelne Arbeitspaket klare Festlegungen und Absprachen zu treffen.

Beispiel:

Notwendige Absprachen für einzelne Arbeitspakete

- verantwortliche Personen
- genaue Beschreibung des Arbeitspaketes
- Abgrenzung zu anderen Aufgaben: Was wird gemacht, was nicht?

- Kostenabschätzung
- Auflistung der denkbaren Risiken
- Zeitschätzung in Stunden und Tagen

Diese Absprachen **sollten schriftlich fixiert** werden und für alle Teammitglieder einsehbar aufbewahrt werden, damit die laufenden Prozesse problemlos kontrolliert werden können und in der Folge keine Details übersehen werden.

PRAXISTIPP!

Damit keine Verantwortungslücken entstehen, sollte jedes Arbeitspaket einen einzelnen Verantwortungsträger haben.

Beispiel: Die Sommerfeld Bürosysteme GmbH grenzt die folgenden Teilaufgaben und Arbeitspakete ab:

Gründung eigener Online-Shop		
Teilaufgabe 1: Sortimentszusammenstellung	**Teilaufgabe 2:** Aufbau der Internetplattform	**Teilaufgabe 3:** Marketingplanung
Arbeitspaket 1.1 Artikelsichtung und -auswahl	**Arbeitspaket 2.1** Entwurf Online-Shop	**Arbeitspaket 3.1** Werbeplan
Arbeitspaket 1.2 Artikelpräsentation un -beschreibungd	**Arbeitspaket 2.2** Aufbau Online-Shop	**Arbeitspaket 3.2** Gestaltung Werbemittel
Arbeitspaket 1.3 ...	**Arbeitspaket 2.3** ...	**Arbeitspaket 3.3** ...

Beispiel: In der weiteren Planung werden in der Arbeitspaket-Beschreibung die einzelnen Arbeitspakete ausgearbeitet. Dazu wird in der Sommerfeld Bürosysteme GmbH das folgende Formular verwendet:

Arbeitspaket-Beschreibung		
Projektname: *Einrichtung eigener Online-Shop in der Sommerfeld Bürosysteme GmbH*		
Bezeichnung Arbeitspaket: *Artikelsichtung und -auswahl*	Arbeitspaket-Nummer: *1.1*	Verantwortliche/-r des Arbeitspakets: *Herr Lanzetti*
Ziele: *Passende Artikel für das Sortiment des Online-Shops sichten, um diese dann letztendlich im Projektteam auszuwählen*		
Aufgaben und Tätigkeiten: • *Anfragen versenden* • *Angebote vergleichen* • *Vorauswahl treffen* • *Vorauswahl mit dem Projektteam besprechen* • *erstes Sortiment zusammenstellen*		
Voraussetzungen und erforderliche Ressourcen *Zur Erstausstattung des Online-Shops mit einem Sortiment steht ein Limit von 35 000,00 € zur Verfügung*		
Dauer: *2 Wochen*	Starttermin: *03.01.20(0)*	Endtermin: *19.01.20(0)*
Unterschrift Projektleitung *Petra Müller*	Unterschrift Arbeitspaketverantwortliche/r *Emilio Lanzetti*	

Vorgangsliste

Die Vorgangsliste ist eine **tabellarische Zusammenstellung aller Arbeitspakete**. Für die Erstellung ist die Projektleitung verantwortlich. Sie bekommt dazu von den Arbeitspaketverantwortlichen die notwendigen Informationen aus der Arbeitspaketplanung und erstellt auf Basis dieser Informationen erstmalig eine Vorgangsliste.
Eine Vorgangsliste enthält die wesentlichen Informationen zur Planung der Arbeitspakte, zu denen auch die Terminplanung gehört sowie die Reihenfolge, in der die Abarbeitung der Arbeitspakete erfolgt. Die Erstellung der Vorgangsliste kann erfolgen, sobald die Feinplanung der jeweiligen Arbeitspakete abgeschlossen ist.

Beispiel: Nachdem die Arbeitspakete geschnürt sind, erstellt Frau Braun eine erste Vorgangsliste.

Nr. AP	Bezeichnung Arbeitspaket	Verant- wortung	Dauer Tage	Vor- gänger	Zeitraum		Fort- schritt	Status
					Start ab	Ende bis		
1.1	Artikelsichung und -auswahl	Kunze	3	–	03.01.20..	19.01.20..	20 %	
1.2	Artikelbeschreibung und -präsentation	Kunze	6	1.1	21.01.20..	28.02.20..	10 %	
1.3	Messebesuch	Kunze	2	1.2	24.02.20..	26.02.2..	0 %	
1. …	….							
2.1	Entwurf Onlineshop	Funke	5	–	01.04.20..	15.04.20..	0 %	
2.2	Struktur Onlineshop	Funke	7	2.1	17.04.20..	30.04.20..	0 %	
2.3	Bilder und Buttons	Funke	4	2.2	24.04.20..	05.05.20..	0 %	
2.4	Programmierung	Funke	5	2.1 2.3	07.05.20..	19.05.20..	0 %	
2.5	…							
3.1	Werbeplan erstellen	Grell	1	–	17.04.20..	24.04.20..	0 %	
3.2	Gestaltung Werbemittel	Grell	4	3.1	25.04.20..	06.05.20..	0 %	
3.3	Stammkunden- werbung	Grell	4	3.2	08.05.20..	30.06.20..	0 %	
…								

im Zeitplan	zeitkritisch	verzögert

Ist die Vorgangsliste erstellt, kann abgeschätzt werden, ob die Ressourcen des Projektes ausreichen, weil nun erstmalig ein Gesamtüberblick entsteht. Es wird deulich, welche Vorgänger notwendig sind, um mit einem Arbeitspaket zu beginnen. Daraus wiederum lässt sich ableiten, wann welches Arbeitspaket beginnt.

PRAXISTIPP!

Bei vielen Projekten wird beim erstmaligen Erstellten der Vorgangsliste deutlich, dass die zur Verfügung stehenden Ressourcen zu knapp sind.
Bevor nun mit dem Auftraggeber über eine Ausweitung der Ressourcen verhandelt wird, sollte vorher noch einmal sehr genau geprüft werden, ob alle Arbeitspakete von den dafür zuständigen Personen in Anbetracht der Ressourcenknappheit verantwortungsvoll geplant wurden.

Einen Projektstrukturplan erstellen und den Projektablauf festlegen

Die zuvor festgelegten Teilaufgaben und Arbeitspakete werden anschließend in eine systematische und übersichtliche Gliederung überführt und im **Projektstrukturplan (PSP)** dargestellt. Dabei kommen mehrere Darstellungsformen infrage. Ein Projektstrukturplan kann als **Organigramm**, als **Balkendiagramm (Gantt-Diagramm)** mit Nummerierungen,

Einrückungen und Zeitplanung dargestellt werden. Dem Organigramm und der Listendarstellung gleichwertig, aber mit anderer visueller Wirkung, kann auch eine Mindmap als Format für den Projektstrukturplan gewählt werden. In jedem Fall ist der PSP eine direkte Handlungsanleitung für alle am Projekt Beteiligten und ist somit ein **zentrales Planungsinstrument** für das Projektmanagement.

Die Teilaufgaben und Arbeitspakete eines Projektstrukturplans werden durchnummeriert, um die Übersichtlichkeit und Eindeutigkeit zu gewährleisten.

Beispiel:
– Teilaufgaben: 1, 2, 3, …
– Arbeitspakete: 1.1, 1.2, 1.3, …; 2.1, 2.2, 2.3, …

Beispiel: Grundaufbau eines Projektstrukturplanes in Form eines Organigramms

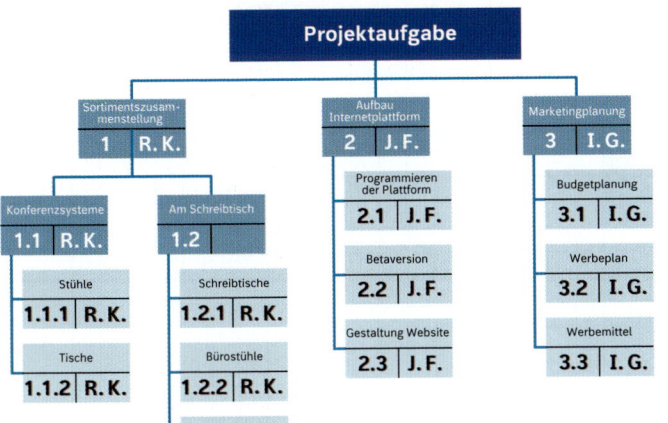

In vielen Projekten wird unter hohem Zeitdruck gearbeitet. Das Erreichen der festgelegten Terminziele hat oberste Priorität. Auf diese Termine arbeiten alle Beteiligten hin. Damit sie auch eingehalten werden können, ist eine **präzise Terminplanung** unerlässlich. Stehen die Teilaufgaben und die Arbeitspakete fest, werden im Projektstrukturplan die geschätzte Dauer eines jeden Arbeitspaketes sowie dessen logische Abhängigkeit eingetragen, sodass sich aus dem Projektstrukturplan

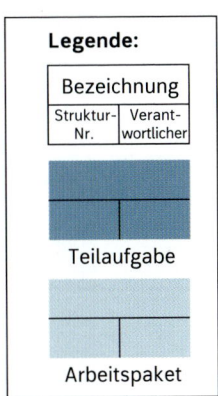

ein **Projektablaufplan** ergibt. Im Projektablaufplan wird entschieden, welches Paket zuerst bearbeitet werden muss, welche parallel ausgeführt werden und welche auf anderen Arbeitspaketen aufbauen. Sobald die Reihenfolge der Arbeitspakete feststeht und geklärt ist, wann mit dem ersten Arbeitsschritt begonnen werden kann oder muss, können alle weiteren Termine ermittelt werden. Dabei geht man meistens rückwärts vor, denn üblicherweise steht der Endtermin des Projektes fest.

PRAXISTIPP!

Zahlreiche Computerprogramme zum Projektmanagement unterstützen Sie bei der Erstellung eines Projektstrukturplans.

Beispiel: **Gantt-Diagramm** – Einfacher Projektstruktur- und -ablaufplan zur Aufgaben- und Terminplanung

Projekttitel	Einrichtung eigener Online-Shop
Projektleitung	Frau Müller
Datum	9. Novemer 20..

PSP-Code	Teilaufgabe/Arbeitspaket	Termine Start	Termine Ende	Personaleinsatzplan Verantwortung	Personaleinsatzplan Mitarbeit	Kalenderjahr 20.. (KW 1–28)
1	**Sortimentsaufbau**					
1.1	Artikelsichtung und -auswahl	03.01.20..	19.01.20..	Kunze		KW 1–3
1.2	Artikelpräsentation und -beschreibung	21.01.20..	28.02.20..	Kunze		KW 3–8
1.3	Messebesuch	24.02.20..	26.02.20..	Kunze	Müller	KW 8
1.4	Angebote vergleichen	21.02.20..	31.03.20..	Kunze		KW 8–13
1.5	Artikelliste ggf. erweitern	01.04.20..	15.04.20..	Kunze	Müller	KW 14–15
1.6	...					
2	**Aufbau Internetplattform**					
2.1	Entwurf Online-Shop	01.04.20..	15.04.20..	Funke		KW 14–15
2.2	Struktur Online-Shop	17.04.20..	30.04.20..	Funke		KW 16–17
2.3	Bilder und Button	24.04.20..	05.05.20..	Funke		KW 17–18
2.4	Programmierung	07.05.20..	19.05.20..	Funke		KW 19–20
2.5	Testphase	21.05.20..	02.06.20..	Funke		KW 21–22
2.6	...					
3	**Marketingplanung**					
3.1	Werbeplan erstellen	17.04.20..	24.04.20..	Grell		KW 16
3.2	Gestaltung Werbemittel	25.04.20..	06.05.20..	Grell	Agentur	KW 17–18
3.3	Stammkundenwerbung	08.05.20..	30.06.20..	Grell		KW 26–27
3.4	Neukundenwerbung	08.05.20..	30.06.20..	Grell		KW 26–27
3.5	...					
4	**Raumgestaltung und Umzug**					

Kosten- und Ressourcenplan

Ein weiterer wichtiger Teil einer Projektdetailplanung ist die genaue Kosten- und Ressourcenplanung. Aufbauend auf dem erstellten Projektstrukturplan und den Kostenschätzungen aus der Projektdefinition wird deshalb **ein Kosten- und Ressourcenplan** erstellt. Er zeigt an, was man wann bezahlen muss und welches Budget man letztendlich braucht. Zudem wird für alle am Projekt Beteiligten deutlich, **wer wann womit** beschäftigt ist und **welche Materialien** benötigt werden.

Erfolgt in der Definitionsphase die Kostenschätzung näherungsweise und aufgrund des definierten Projektrahmens, so werden die Kosten in der Planungsphase aufgrund **tatsächlich geplanter Arbeitspakete und Aufgaben** kalkuliert.

Zur genauen Kostenplanung hat sich das folgende Vorgehen bewährt:

1. Festlegung der Verantwortung und Mitarbeit für jedes Arbeitspaket → **Personaleinsatzplanung**.

↓

2. Mit den zugeteilten Teammitgliedern wird der Arbeitsaufwand pro Arbeitspaket geschätzt (in Stunden, Tagen oder Wochen). Hierbei können Erfahrungswerte früherer Projekte herangezogen werden → **Aufwandsschätzung**.

↓

3. Durch die Multiplikation der Arbeitsaufwände mit den individuellen Stundensätzen der zugeteilten Teammitglieder werden die Personalkosten errechnet. → **Personalkostenplanung**.

↓

4. Abschließend werden pro Arbeitspaket die sonstigen Kosten wie z. B. Reisekosten, Beratungskosten, Materialkosten, Druckkosten, Marketingkosten, IT-Kosten etc. geplant und erfasst. → **Sonstige Kosten-Planung**.

> **PRAXISTIPP!**
>
> *Die in diesem Schritt ermittelten Projektkosten sollten nicht höher sein als das bewilligte Projektbudget. Andernfalls sollten Sie die Planung anpassen oder den Projektauftrag neu abstimmen.*

Risikomanagement – Risiken erkennen und vermeiden

Beim Projektmanagement spricht man bei grundsätzlich allen **Unwägbarkeiten** von Risiken, die den Projekterfolg hinauszögern oder gefährden können. Jedes Projekt beinhaltet aufgrund seiner Komplexität verschiedene **Projektrisiken**. Der Eintritt eines solchen Risikos kann Kosten erhöhen, Bearbeitungszeiten verlängern, die Zielerreichung gefährden oder sogar den Abbruch eines gesamten Projekts bewirken. Dabei gilt: Je höher die Wahrscheinlichkeit für die Ursache eines Risikos ist, desto wahrscheinlicher tritt das Risiko selbst ein.

Aus diesen Gründen ist es notwendig, im Rahmen des **Risikomanagements** Projektrisiken schon in der Planungsphase zu **erkennen**, zu **bewerten** und in der Folge geeignete **Gegenmaßnahmen** vorzubereiten.

Ursache

Möglicher Schaden

Gegenmaßnahmen

Die häufigsten Risikoarten im Rahmen von Projekten sind:

- **Akzeptanzrisiken**: Erarbeitete Lösungen werden von Betroffenen abgelehnt.
- **Qualitätsrisiken**: Ergebnis entspricht nicht der geforderten und gewünschten Qualität.
- **Auslastungsrisiken**: Personalressourcen und Materialressourcen sind nicht in ausreichendem Maße verfügbar (z. B. zeitliche Überlastung, Krankheit, vorrangige Arbeiten).
- **Kostenrisiken**: Projektbudget reicht nicht aus.
- **Terminrisiken**: Terminvorgaben und Absprachen werden nicht eingehalten.

Als ein mögliches Instrument zur **Risikokalkulation** kann die nachfolgende Tabelle beispielhaft herangezogen werden. In ihr werden für jedes Arbeitspaket die denkbaren Risiken erfasst. Zudem wird aufgeführt, durch welche Maßnahmen sie einzugrenzen sind, was die einzelnen Maßnahmen kosten und wie groß der jeweilige Aufwand ist. Daraus erschließt sich etwa, ob Aufwand und Kosten der Gegenmaßnahme im Verhältnis zu dem möglichen Schaden stehen.

Beispiel:

Projekt: Sommerfeld Bürosysteme eigener Online-Shop					
Name des Arbeitspaketes					
mögliche Risiken oder Probleme	Mit welcher Wahrscheinlichkeit treten sie ein?	Welche Tragweite hätte der Schaden jeweils und welche Kosten werden dadurch verursacht?	denkbare Ursachen	mögliche Gegenmaßnahmen	Was kosten diese Maßnahmen?
Arbeitspaket: 2.1 Entwurf Homepage					
Entwurf der Homepage findet keine Akzeptanz bei der Geschäftsleitung	geschätzte Wahrscheinlichkeit von 25 %	– Ein Neuentwurf wäre notwendig. – Die nachfolgenden Arbeiten wären unbrauchbar. – Projektverzögerung – Zusatzkosten von ca. 3 500,00 €.	– Es fehlen klare bzw. frühzeitige Absprachen. – unterschiedlicher Geschmack	– frühzeitiger Abgleich verschiedener Entwürfe mit der Geschäftsführung. – eindeutige Zustimmung für Weiterarbeit am Entwurf sicherstellen.	Es entstehen keine weiteren Kosten.
...					

Das Risikomanagement in einem Projekt sollte ein kontinuierlicher Prozess sein. Die Projektleitung muss das Risikomanagement als eine **Kernaufgabe** für die gesamte Projektdauer behandeln.

> **PRAXISTIPP!**
>
> *Weil Projektteams oftmals „viele Feuer" gleichzeitig löschen müssen, lohnt es sich, über „Brandrisiken" bzw. mögliche „Brandursachen" frühzeitig nachzudenken.*

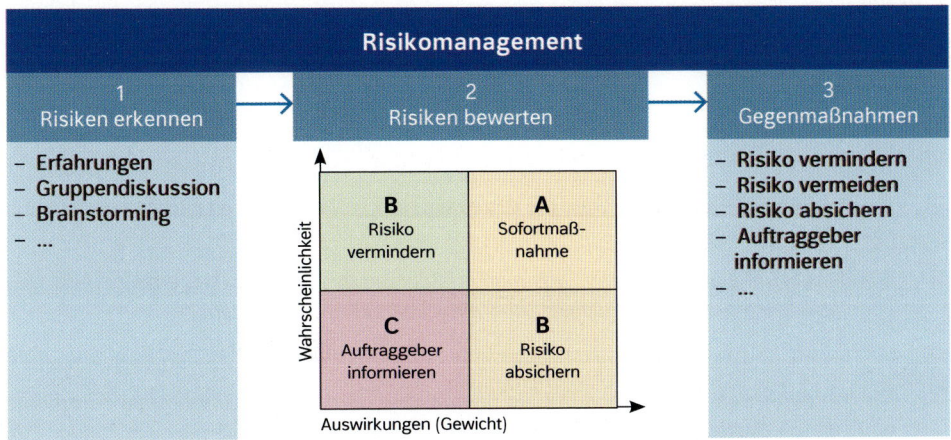

Erstellt in Anlehnung an: Startup euregio Management GmbH: Risikomanagement (Folie), abgerufen unter www. pm-handbuch.com/assets/risikomanagement_einfach.pdf [19.01.2021]

Zusammenfassung

Projekte planen

- Eine **detaillierte Projektplanung** ist eine Grundvoraussetzung für eine erfolgreiche Projektdurchführung.

- Beim **Kick-off-Meeting** trifft sich das neue Projektteam zum ersten Mal. Die Projektmitglieder lernen sich kennen und werden über die Projektziele informiert.

- Um das Gesamtprojekt besser zu überblicken, sollte das Projekt in **Teilaufgaben** unterteilt werden. Teilaufgaben sind Hauptaufgaben oder Phasen eines Projektes.

- Teilaufgaben fassen gleichartige **Arbeitspakete** zusammen.

- Ein **Arbeitspaket** bezeichnet ein Bündel einzelner Aufgaben, die der Zielerreichung des Projektes dienen.

- Die **Vorgangsliste** wird erstellt sobald die Planungen zu den Arbeitspaketen abgeschlossen sind. Sie enthält die wesentlichen Informationen zur Terminplanung sowie zur Reihenfolge, in der die Arbeitspakete abgearbeitet werden.

- Die festgelegten Teilaufgaben und Arbeitspakete werden in eine systematische und übersichtliche Gliederung überführt und in einem **Projektstrukturplan** dargestellt. Dieser ist ein zentrales Planungsinstrument für das Projektmanagement.

- Der Projektstrukturplan unterstützt eine **präzise Terminplanung**. Stehen die Teilaufgaben und die Arbeitspakete sowie deren logische Abhängigkeit fest, wird die Dauer eines jeden Arbeitspaketes eingetragen.

- Gängige Darstellungsformen des Projektstrukturplans sind ein **Organigramm** oder ein **Gantt-Diagramm**.

- In der Planungsphase werden die **Kosten und Ressourcen** auf Basis der tatsächlich geplanten Arbeitspakte kalkuliert.

- Zur Kosten- und Ressourcenplanung gehören die Bereiche **Personaleinsatzplanung**, **Personalkostenplanung** sowie die **Planung der sonstigen Kosten**.

- Bereits in der Planungsphase gilt es im Rahmen des **Risikomanagements**, Risiken zu **erkennen** und diese zu **bewerten**, um in der Folge ggf. **Gegenmaßnahmen** einzuleiten.

Aufgaben

1. Beschreiben Sie in eigenen Worten die einzelnen Teilschritte, welche im Rahmen der Projektplanung zu durchlaufen sind.

2. Erläutern Sie in eigenen Worten, was man im Rahmen des Projektmanagements unter den Begriffen „Teilaufgabe", „Arbeitspaket" und „Projektstrukturplan" versteht.

3. Begründen Sie, warum das Risikomanagement zu den Kernaufgaben der Projektleitung zählt.

4. Für den geplanten Online-Shop hat die Sommerfeld Bürosysteme GmbH neue Büroräume angemietet. Diese haben eine Fläche von 90 m² und können ab dem ersten Januar 20.. schlüsselfertig bezogen werden. Die Warmmiete dafür beträgt 520,00 €. Die Räume sind mit einem für Büroräume geeigneten Bodenbelag ausgestattet und haben an den Wänden eine einfache Raufasertapete. Für die Einrichtung der Räume wird mit einem Durchschnitts wert

von 75,00 € pro m² gerechnet. Das Projektteam hat alle vor diesem Hintergrund anfallenden Aufgaben zur Teilaufgabe „Raumgestaltung und Umzug" zusammengefasst.

a) *Gestalten Sie eine Einladung mit Zielen und Agenda für ein Planungstreffen des Projektteams, in welcher diese Teilaufgabe genauer geplant werden soll. Bilden Sie Gruppen.*

b) *Identifizieren Sie mögliche Arbeitspakete, die im Rahmen dieser Teilaufgabe zu bewältigten sind.*

c) *Ergänzen Sie den auf S. 430 dargestellten Projektstrukturplan und stellen Sie darin dar, wann und in welcher Reihenfolge Ihre Arbeitspakete sinnvollerweise in den Projektablauf eingebunden werden sollten. Bestimmen Sie die für die jeweiligen Arbeitspakete verantwortlichen Personen.*

d) *Verwenden Sie das Formular für die Arbeitspakete und schätzen Sie die Kosten der jeweiligen Arbeitspakete.*

e) *Vergleichen Sie Ihre ermittelten Kosten mit den Kosten, die dem Projektauftrag (vgl. Aufwands- und Kostenschätzung in der Definitionsphase auf S. 421 f.) zugrunde gelegt wurden, und unterbreiten Sie Vorschläge, wie Sie mit möglichen Differenzen umgehen.*

f) *Ermitteln Sie mögliche Risiken, die sich in der Projektumsetzung für diese Teilaufgabe ergeben können. Verwenden Sie exemplarisch für ein Arbeitspaket die auf S. 433 vorgestellte Tabelle und entwickeln Sie mögliche Gegenmaßnahmen.*

5. *Bestimmen Sie für Ihr Projekt „Erstellen einer Abschlusszeitung/Schülerzeitung" notwendige Teilaufgaben und Arbeitspakete. Stellen Sie diese in einem Projektstrukturplan in Listenform dar, aus der sich auch die Zeitplanung ablesen lässt (Vorlagen für Projektstrukturplan befinden sich im Materialband).*

2.2.3 Projekte durchführen

Während der Projektdurchführung muss Frau Müller erkennen, dass es immer wieder zu Problemen und Konflikten im Projektteam kommt und das, obwohl das Projekt sauber definiert und geplant war. Zunehmend reagiert sowohl sie selbst als auch das gesamte Projektteam gereizter. Durch eine dreiwöchige Krankheit von Herrn Kunze hat sich die Erstellung der Artikelliste für den geplanten Online-Shop verzögert.

Einen Großteil der anfallenden Aufgaben hat Frau Müller daraufhin persönlich übernommen.

Die Projektmitglieder beklagen, sie wüssten nicht genau, was zu tun sei, weil die gesamte Planung durch diese Verzögerung durcheinandergeraten sei. Auch die Kommunikation innerhalb des Projektteams wird als nicht gut angesehen. Vielfach wird kritisiert, dass Informationen nur spärlich oder sehr verspätet an die Projektmitglieder fließen.

Arbeitsaufträge

- *Entwickeln Sie konkrete Ideen, wie die Kommunikation und somit der Informationsfluss während des Projektablaufs verbessert werden können.*

- *Was sollte die Projektleitung unternehmen, um auf Herrn Kunzes Krankheit zu reagieren? Nennen Sie geeignete Handlungsschritte.*

Nach Abschluss der Planungsphase geht das Projekt in die **Durchführung**. Die Projektleitung ist in dieser Phase der Dreh- und Angelpunkt. Auf der einen Seite muss sie dafür sorgen, dass Absprachen und Vereinbarungen aus der Definitions- und Planungsphase eingehalten werden. Auf der anderen Seite muss sie schnell und flexibel auf Veränderungen und Schwierigkeiten im Projektablauf reagieren, da Planabweichungen nicht zu vermeiden sind. Zusammenfassend ergeben sich in der Durchführungsphase die folgenden Kernaufgaben:

Projektsteuerung	Projektkontrolle	Projektdokumentation

Projektsteuerung

Unter der **Projektsteuerung** werden alle Maßnahmen verstanden, die den tatsächlichen Projektverlauf mit der ursprünglichen Planung in Einklang bringen. Die Projektleitung muss hier agieren und ist gefordert, **das Projekt aktiv zu beeinflussen** und somit zu steuern. Sie ist während der Projektdurchführung in erster Linie dafür verantwortlich, dass alle Projektbeteiligten in ausreichendem Maße über den Projektfortschritt informiert werden. Dies kann in Form von schriftlichen Fortschrittsberichten, Projektsitzungen, Zwischenpräsentationen oder persönlichen Gesprächen erfolgen.

Projektstatusbericht

Durch den **Projektstatusbericht** wird der Stand des Projektes erfasst und dokumentiert. Dadurch erhalten sowohl die Projektleitung und das Projektteam als auch die Projektauftraggeber einen schnellen Eindruck über den aktuellen Stand des Projektes und können so, wenn nötig, entsprechend reagieren.

> **PRAXISTIPP!**
>
> *Ein Projektstatusbericht sollte regelmäßig erstellt und dem Projektauftraggeber vorgelegt werden. So wird dieser über den Projektverlauf informiert und kann Änderungswünsche rechtzeitig äußern.*

PROJEKTSTATUSBERICHT		
Projekttitel:	...	
Projektleiterin:	...	
Datum:	...	
Berichtszeitraum	vom ...	bis ...
Status:	☐ kritisch ☐ teilweise kritisch ☐ planmäßig	
Kurzbeschreibung des Projektstatus	...	
Erreichte Qualität:	...	
Bisherige Kosten:	...	
Status der Termine:	...	
Nächste Schritte/ Meilensteine:	...	
Notwendige/ anstehende Entscheidungen:	...	
Unterschrift Projektleitung	Unterschrift Auftraggeber	

Besprechungen des Projektteams

In der Phase der Projektdurchführung muss die Projektleitung dafür Sorge tragen, dass die **Kommunikation** zwischen allen am Projekt Beteiligten funktioniert. Dazu sind Besprechungen ein unerlässliches Instrument. Auf diesen Sitzungen muss die Projektleitung das Projektteam über den aktuellen Stand und die Entwicklung des Projektes **informieren**. Auftretende **Probleme** können im Team **erörtert** werden und es kann gemeinsam nach **Lösungen gesucht** werden.

Sollten daraus neue Aufgaben entstehen, so können diese im Rahmen der Besprechungen unter den Projektmitgliedern verteilt werden.

PRAXISTIPP!

Besprechungen im Projektteam sollten stets gut vorbereitet werden, damit sie von allen Teilnehmern als effizient empfunden werden und zu verwertbaren Ergebnissen führen.

Beispiel: Nach Herrn Kunzes Erkrankung lädt Frau Müller zu einer Besprechung des Projektteams ein, um die dadurch aufgetretenen Probleme zu lösen. Dabei plant sie den folgenden Sitzungsverlauf:

AGENDA – BESPRECHUNG PROJEKTTEAM

- Begrüßung der Teilnehmer
- Ernennung eines Protokollanten
- Informationen zum Projektstatus
- aufgetretene Probleme: Hier: Krankheit Herr Kunze
- Entwicklung von Lösungsvorschlägen im Team
- Vereinbarungen von Maßnahmen
  - Festlegung von Verantwortungsbereichen
  - Zeitschiene
- Vereinbarung des nächsten Sitzungstermins

Projektkontrolle

Ziel der Projektkontrolle ist es, ein **Frühwarnsystem** aufzubauen, das es der Projektleitung ermöglicht, zügig auf eine Planabweichung zu reagieren.

PRAXISTIPP!

Der Projektleiter sollte dem Auftraggeber jederzeit darüber Auskunft geben können, welche Fortschritte das Projekt macht und ob der Termin und das Budget eingehalten werden können.

Die Projektkontrolle läuft idealerweise in einer Art Kreislauf ab:

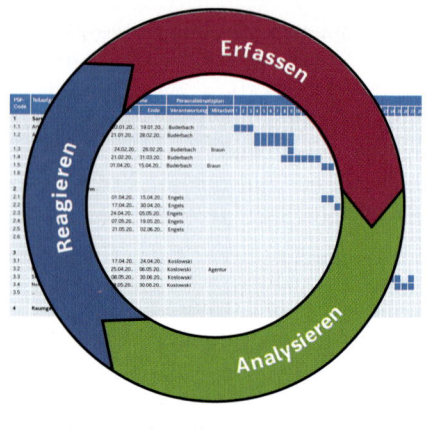

1. **Erfassung von Ist-Daten**: Stellt dar, wie die Abarbeitung der einzelnen Arbeitspakete läuft.

2. **Analyse der Ist-Daten**: Die Ist-Daten werden mit der Projektplanung verglichen und die Auswirkungen auf den weiteren Projektverlauf werden analysiert.

3. **Reaktionen bei Planungsabweichungen**: Ist das Erreichen des Projektziels gefährdet, müssen entsprechende Gegenmaßnahmen getroffen werden.

Zentrale Bereiche der Projektkontrolle sind:

- **Terminkontrolle**
- **Kostenkontrolle** und
- **Ergebniskontrolle**.

Terminkontrolle

Die **Terminkontrolle** überprüft während der Projektdurchführung, ob der **Projektablaufplan** (vgl. S. 430) eingehalten wird. Als Kontrollpunkte ergeben sich die im Projektablaufplan zeitlich **festgelegten Arbeitspakete und Meilensteine**. Unter Zugrundelegung des Projektablaufplans und des Projektstatusberichtes (vgl. S. 436) lassen sich Ist-Abweichungen von der Soll-Planung schnell und einfach erkennen. Durch die Terminkontrolle erhält die Zeitplanung mehr Verbindlichkeit und es wird vermieden, dass das Projekt ins Stocken gerät, weil zum Beispiel wichtige Vorarbeiten nicht erledigt wurden.

Beispiel: Aufgrund von Herrn Kunzes Erkrankung wird der Projektablaufplan geändert: Frau Müller nimmt den geplanten Messebesuch allein wahr. Herr Kunze arbeitet in dieser Zeit weiter an der Artikelpräsentation.

Kostenkontrolle

Die **Kostenkontrolle** geschieht auf Basis des in der Projektplanung festgelegten **Kosten- und Ressourcenplans** (vgl. S. 421). Diese Kosten stellen die **Soll-Kosten** dar und werden mit den tatsächlich angefallenen Kosten, den **Ist-Kosten**, verglichen. Oft passiert es, dass die tatsächlich anfallenden Projektkosten während der Projektdurchführung aus den Augen verloren werden. Die Projektkosten sind jedoch eine zentrale Projektzielgröße, deren Nicht-

einhaltung den Projekterfolg gefährden kann, weil die erhoffte Projektrendite dann meist nicht mehr erreicht werden kann.

Beispiel: Die Kosten für die Anschaffung neuer Hard- und Software wurden im Kostenplan zunächst mit 17 700,00 € angesetzt. Letztlich entstanden jedoch Kosten in Höhe von 22 000,00 €. Durch Nachverhandlungen mit dem Lieferanten konnten 1 500,00 € eingespart werden. Zudem fielen die veranschlagten Reisekosten von 500,00 € nicht an. Es verbleibt jedoch eine Differenz von 2 300,00 €.

Ergebniskontrolle
Die **Ergebniskontrolle** untersucht, ob die angestrebten Qualitätsziele auch erreicht wurden. Je rechtzeitiger während des Projektverlaufs Qualitätsmängel bemerkt und Korrekturmaßnahmen ergriffen werden, desto kostengünstiger fallen diese in der Regel aus. Deshalb ist es wichtig, dass die Ergebniskontrolle nicht erst abschließend erfolgt, sondern bereits während **jeder Projektphase**. So muss während der Definitionsphase darauf geachtet werden, dass die Projektziele sauber definiert werden und während der Planungsphase müs-

sen unmissverständliche Arbeitspakete geschnürt werden, die in einen aussagekräftigen Projektablaufplan in Verbindung mit einem detaillierten Kostenplan münden.

Mögliche Gegenmaßnahmen
Werden bei der Auswertung der Ist-Daten Probleme bezüglich Kosten, Aufwand, Terminen oder Produktqualität erkannt, müssen entsprechende **Gegenmaßnahmen** getroffen werden. Sonst unterliegt das gesamte Projekt dem Risiko, dass die Projektziele nicht erreicht werden, der Projektrahmen nicht eingehalten wird und die Auftraggeber letztendlich unzufrieden sind. Bei der Suche nach geeigneten Maßnahmen sind stets zwei Kriterien ausschlaggebend:

- **Wirkung** – Welche Wirkungen hat eine Gegenmaßnahme auf Termine, Budget, Produktqualität und den Projekterfolg?

- **Kosten** – Was kostet eine bestimmte Gegenmaßnahme?

Um die richtige Maßnahme auszuwählen, müssen diese beiden Faktoren gegeneinander abgewogen werden. Ein Patentrezept für die Lösung solcher Probleme gibt es häufig nicht.

Beispiel: Bei einem drohenden Terminverzug des gesamten Projektes sind folgende Maßnahmen zur Projektsteuerung möglich:

1. **Verkürzung der Dauer** terminbestimmender Vorgänge durch

   - **Erhöhung der verfügbaren Kapazität** (Überstunden, zusätzliches Personal, Fremdvergabe von Teilaufgaben)

   - **höhere Effizienz** in der Durchführung (Schulungen, externe Spezialisten, …)

2. **Verminderung des Leistungsumfangs und/oder der Leistungsqualität** von Teilaufgaben oder des gesamten Projektes

3. **Verschieben von Terminen**, notfalls des Projektendtermins

Bei einer drohenden **Aufwands- oder Kostenüberschreitung** bleiben als mögliche Steuerungsmaßnahmen nur die
- **höhere Effizienz** bei der Auftragsabwicklung oder die
- **Verminderung des Leistungsumfangs bzw. der Leistungsqualität.**

> **PRAXISTIPP!**
>
> *Lassen Sie sich größere Änderungen im Projektablauf, in den Verantwortungsbereichen und der Projektkosten immer erst durch die Auftraggeber bestätigen. Stellen Sie einen Projektänderungsantrag und setzen Sie die Änderungen erst dann um, wenn sie genehmigt wurden.*

Meilensteine als Entscheidungspunkte

Durch die Unterteilung eines Projektes in Teilschritte bzw. Meilensteine wird die Komplexität eines Projektes reduziert. Für die Projektverantwortlichen ergeben sich somit **Möglichkeiten der Projektkontrolle und der Projektsteuerung.**

> **PRAXISTIPP!**
>
> *Am Ende eines jeden Meilensteins sollte kontrolliert werden, ob die für diesen Teilschritt geplanten Aufgaben und Aktivitäten im Rahmen der Zielvorgaben (Ergebnis, Kosten, Termine) geblieben sind.*

Werden festgelegte Zielvorgaben nicht erreicht, so ergibt sich nach jedem Meilenstein die Möglichkeit steuernd einzugreifen. Somit kann verhindert werden, dass sich Unzulänglichkeiten durch den weiteren Projektverlauf ziehen und das Projekt belasten.

Meilensteine sind Entscheidungspunkte, die eine wichtige Funktion für die weitere Projektsteuerung haben. Grundsätzlich ergeben sich an jedem Meilenstein drei Optionen für den weiteren Projektverlauf:

1. Das Projekt verläuft nach Plan innerhalb der vereinbarten Zielvorgaben und kann wie geplant fortgeführt werden.
2. Einzelne oder mehrere Zielvorgaben (Ergebnisse, Kosten Termine) weisen deutliche Abweichungen auf. Hier ist nachzubessern, um das Projekt auf Kurs zu halten.
3. Sind die Zielabweichungen so stark, dass eine Nachsteuerung nicht oder nur mit überverhältnismäßig hohem Aufwand möglich ist, erscheint eine sinnvolle Projektfortsetzung nicht möglich. Das Projekt ist dann zu stoppen und ganz eingestellt oder aber unter neuen Rahmenbedingungen neu aufgestellt.

Beispiel: Für die Kostenüberschreitung bei der Anschaffung neuer Hard- und Software stellt Frau Müller bei der Geschäftsleitung einen Projektänderungsantrag.

PROJEKTÄNDERUNGSAUFTRAG	
Projekttitel:	Einrichtung eigener Online-Shop in der Sommerfeld Bürosysteme GmbH
Projektleiterin:	Frau Müller
Datum:	15. Januar 20(0)
Kurzbeschreibung Änderungsgrund:	Trotz Nachverhandlungen mit Lieferanten und Einsparung bei den Reisekosten wird das Budget für die Position „EDV" um 2 300,00 € überschritten
Vorgeschlagene Änderungen:	1) Budgeterhöhung oder 2) Server mit geringerer Leistung bestellen
Auswirkung auf die Projektqualität:	1) keine, bei Budgeterhöhung 2) höhere Störanfälligkeit bei geringerer Leistung
Auswirkung auf die Projektkosten:	1) Erhöhung 2) keine
Auswirkungen auf den Projektablauf:	1) keine 2) Verzögerung droht aufgrund neuer Verhandlungen
Sonstige relevante Informationen	Das Projektteam und insbesondere Herr Kunze schlagen eine Budgeterhöhung vor.
Projektentscheidung	
Einreichung Projekt-änderungsantrag:	15.01.20(0) *Müller* ――――――――――――――――――――――― Datum, Unterschrift Projektleitung
Projektentscheidung:	❑ Die Änderung wird bewilligt. ❑ Die Änderung wird unter der Einhaltung folgender Auflagen bewilligt: ❑ Die Änderung wird abgelehnt. Begründung: ――――――――――――――――――――――― Datum, Unterschrift Auftraggeber

Projektdokumentation

Sämtliche Arbeitsschritte eines Projekts sollten **möglichst lückenlos** dokumentiert werden. Dies erfolgt meistens durch computergestützte oder manuelle Ablage projektrelevanter Daten und Unterlagen. Sauber dokumentierte Projekte sind im Sinne eines professionellen **Wissensmanagements** von großer Bedeutung. Projektverläufe werden so transparent und nachvollziehbar – auch für den Auftraggeber – dargestellt und dokumentiert. Die Dokumentation dient dem Informationsfluss während der Projektdurchführung und gibt  zukünftigen Projektteams hilfreiche Informationen und Erfahrungen, welche sie dann für ihr Projekt verwenden können.

Für die einzelnen Projektphasen empfiehlt es sich, folgende Dokumente zu sammeln, um sie dann in einem **Projekthandbuch** zusammenzuführen.

Beispiel: Für viele Zwecke der Dokumentation hat es sich bewährt, Aktennotizen bzw. Gesprächs- notizen anzufertigen. Für diesen Zweck liegt in der Sommerfeld Bürosysteme GmbH das folgende Formblatt vor:

Aktennotiz / Gesprächsnotiz	
Projekttitel:	
Projektleitung:	
Datum:	
Uhrzeit:	
Sachverhalt:	
Aktennotiz/Gesprächsnotiz angefertigt durch:	

Projektphase	Definition	Planung	Durchführung	Abschluss
Dokument	– Problem- analyse – Problembe- schreibung – Ursache-Wir- kungs-Analyse – Projektziele – Aufwands- und Kosten- schätzung – Projektauftrag	– Projekt- organisation – Beschreibung der Arbeits- pakete – Projektstruktur und -ablaufplan – Kosten- und Ressourcenplan – Risikoanalyse	– Sitzungs- protokolle – Projektstatus- berichte – Projektände- rungsanträge	– Präsentations- unterlagen – Abschluss- bericht

---

Zusammenfassung

Projekte durchführen

- *Die zentralen Bereiche des Projektmanagements während der Projektdurchführung sind **Projekt-steuerung**, **Projektkontrolle** und **Projektdokumentation**.*

- ***Projektstatusberichte*** *und* ***Besprechungen*** *des* ***Projektteams*** *garantieren den Informations-fluss für alle Projektbeteiligten während der Projektdurchführung.*

- Ziel der **Projektkontrolle** ist es, ein **Frühwarnsystem** aufzubauen, das es der Projektleitung ermöglicht, zügig auf eine Planabweichung zu reagieren.

- Die **Projektkontrolle** läuft in einem **Kreislauf** ab: Erfassung der Ist-Daten – Analyse der Ist-Daten – Reaktionen und Änderungen – Erfassung der Ist-Daten.

- Die zentralen Bereiche der Projektkontrolle sind **Termin-, Kosten-** und **Ergebniskontrolle**.

- **Meilensteine sind Entscheidungspunkte**, die eine wichtige Funktion für die Projektkontrolle und weitere Projektsteuerung haben.

- Sind Änderungen in der Projektstruktur notwendig, sollten diese mithilfe eines **Projektänderungsantrages** mit den Projektauftraggebern abgestimmt werden.

- Sämtliche Arbeitsschritte eines Projekts sollten möglichst **lückenlos** dokumentiert und in einem **Projekthandbuch** zusammengeführt werden.

Aufgaben

1. Beschreiben Sie in eigenen Worten die Kernbereiche des Projektmanagements in der Phase der Projektdurchführung.

2. Erläutern Sie in eigenen Worten die drei zentralen Bereiche der Projektkontrolle.

3. Erstellen Sie sich als Hilfsmittel der Projektkontrolle eine Übersicht über mögliche Soll-Ist-Abweichungen, die im Rahmen des Projektes – „Einrichtung eines Online-Shops" auftreten können. Erfassen Sie darin exemplarisch fünf Bereiche, die Ihrer Meinung nach im Rahmen der Projektkontrolle überprüft werden sollten.

   Legen Sie sich dazu eine Vorlage nach dem folgenden Beispiel an:

Kontrollbereich	Soll	Ist
Fertigstellung der Artikelliste des Online-Shops	Bis zum 15. April	

4. Das Projektteam entscheidet sich für die Verwendung standardisierter Formulare. Entwickeln Sie eine Protokollvorlage für den Einsatz in Projektteambesprechungen.

5. Erstellen Sie unter Verwendung des abgebildeten Formulars auf S. 434 einen Projektstatusbericht, in welchem Herrn Kunzes Krankheit erfasst wird.

6. Greifen Sie die von Ihnen in der Eingangssituation (vgl. S. 433) entwickelten Lösungsvorschläge auf, wie das Projektteam auf die Krankheit von Herrn Kunze reagieren kann und entscheiden Sie sich in Ihrer Gruppe für eine Alternative.
   Stellen Sie daraufhin einen Projektänderungsantrag, den Sie an die Geschäftsleitung der Sommerfeld Bürosysteme GmbH weiterleiten.

7. *Das Projektteam beschließt, eine Formatvorlage zu entwerfen, die als Vorlage für alle zukünftigen Projektdokumentationen in der Sommerfeld Bürosysteme GmbH dienen kann. Entwickeln Sie stellvertretend für das Projektteam „Online-Shop" diese Formatvorlage, in welche alle wichtigen Dokumente des Projektes eingebunden werden.*

8. *Erstellen Sie exemplarisch für fünf ausgewählte Dokumente eine Übersicht, aus der hervorgeht, an welche Person das jeweilige Dokument weitergeleitet werden soll.*

9. *Zeigen Sie Lösungen auf, wie sich die Projektleitung und ein Projektteam verhalten sollen, wenn ein Projektmitglied seine Arbeit nicht zufriedenstellend und zuverlässig erledigt.*

10. *Ihr Projekt „Erstellen einer Abschlusszeitung/Schülerzeitung" wird durchgeführt. Erstellen Sie nach jedem Meilenstein einen Projektstatusbericht und achten Sie auf eine lückenlose Dokumentation des Projektes (Kopiervorlagen für die entsprechenden Formulare gibt es im Materialband).*

2.2.4   Projekte präsentieren

Das Projekt „Einrichtung eines eigenen Online-Shops in der Sommerfeld" GmbH ist mittlerweile so weit vorangeschritten, dass die Eröffnung des eigenen Online-Shops kurz bevorsteht. Damit alle Mitarbeiter der Sommerfeld Bürosystem GmbH über diesen neuen Unternehmenszweig ausreichend informiert sind, wird das Projektteam beauftragt im Rahmen einer Projektpräsentation den eigenen Online-Shop vorzustellen.

Arbeitsaufträge

- *Sammeln Sie in Ihrer Gruppe Merkmale für eine gelungene Projektpräsentation*

Die **Projektpräsentation** soll verschiedene Interessenten über die wesentlichen Aspekte zum Projektverlauf und über das Projektergebnis informieren. Dabei sind die zukünftigen Anwender und Mitarbeiter eine genauso wichtige Zielgruppe wie die Projektauftraggeber. Für das Projektteam ergibt sich durch eine gelungene Präsentation die Möglichkeit, die eigene Arbeit in einem positiven Licht darzustellen und so für eine breite **Akzeptanz** des Projektes zu sorgen. An eine Abschlusspräsentation werden – abhängig von den Zuhörern und dem Inhalt – besondere Anforderungen gestellt, die insbesondere bei der Planung und Vorbereitung zu beachten sind. Deshalb sollten die folgenden Fragen gewissenhaft beantwortet werden, bevor man an die genaue Ausarbeitung der Präsentation geht:

- Welche Erwartungen, Vorerfahrungen, Einstellungen und welchen Wissensstand haben die Zuhörer?

- Welche Ziele verfolgt die Präsentation? Soll informiert, überzeugt oder für ein (Anschluss-) Projekt geworben werden?

- Wie viel Zeit steht für die Präsentation zur Verfügung?

Eine Projektpräsentation sollte stets sehr gut vorbereitet werden, weil sie ein Höhepunkt des Projektes ist und die Arbeit von Wochen oder gar Monaten damit vorgestellt wird.

Beispiel: **Projekt Online-Shop Sommerfeld Bürosysteme GmbH**

Zur Projektpräsentation des Online-Shops lädt Frau Müller alle Mitarbeiter der Sommerfeld Büro-systeme GmbH sowie Herrn Sommer und Frau Braun ein. Im Wesentlichen sollen die Teilnehmer über den Projektverlauf und das Projektergebnis informiert werden. So ist es Frau Müller ein beson-deres Anliegen, alle Mitarbeiter über das Sortiment und die vereinbarten Abläufe im neuen Online-Shop zu informieren. Zu diesem Zweck hat sie den folgenden Ablauf der Projektpräsentation geplant, welche sie auf einem Flipchart darstellt.

Projektpräsentation „Online-Shop" der Sommerfeld Bürosysteme GmbH

AGENDA

- Projektauftrag
- Projektziele
- Darstellung des Projektablaufs
- Aufbau und Struktur des Online-Shops
- Sortiment des Online-Shops
- Erfahrungen mit Projektmanagement
- Aktueller Status und Ausblick
- Fragen

Planung und Aufbau einer Projektpräsentation

Ziel einer jeden Projektpräsentation ist es, die Aufmerksamkeit der Zuhörer und Betrach-ter zu wecken und aufrechtzuerhalten. Das geschieht über die Auswahl und Gestaltung der Inhalte genauso wie über die Gestaltung des äußeren Rahmens und das (Sprach-)Verhalten des Präsentierenden.

Planungsbereiche einer Präsentation

| Auswahl der Gestaltung und Inhalte | Gestaltung des äußeren Rahmens | Training des (Sprach-)Verhaltens |

→ Wertschätzung gegenüber der Zielgruppe und Erfolg

Auswahl und Gestaltung der Inhalte

Für die Zuhörer und Betrachter einer Präsentation ist wichtig, dass ein „roter Faden" erkennbar ist, also eine logische Struktur vorhanden ist und die zentralen Inhalte der

Projektpräsentation deutlich werden. Dies erleichtert es der Zielgruppe, der Präsentation aufmerksam zu folgen. Es hat sich bewährt, eine Präsentation inhaltlich in drei Phasen zu unterteilen:

Jede dieser Phasen erfüllt bestimmte wichtige Funktionen und bedarf daher einer intensiven Planung.

Wirkungsvoller Einstieg

Jeder Mensch benötigt zu Beginn einer Präsentation ein wenig Zeit, um **Aufmerksamkeit** aufzubauen. Deshalb ist es für den Zuhörer angenehm, wenn er weiß, mit wem er oder sie es zu tun hat und was inhaltlich von der Präsentation zu erwarten ist. Deshalb sollte in der Einleitung ein **Bezug zum Projekt** hergestellt werden indem erläutert wird, warum gerade dieses Projekt durchgeführt wurde. Zudem sollte ein kurzer **Überblick** gegeben werden, wie die Projektpräsentation aufgebaut ist und welcher zeitliche Rahmen für die Projektpräsentation anzusetzen ist.
Eine Einleitung sollte dabei maximal **15 % der Präsentationszeit** in Anspruch nehmen.

Klarer Hauptteil

Der **zielgerichteten Auswahl** der Präsentationsinhalte kommt eine Schlüsselstellung zu. Oftmals fällt es schwer, bei der großen Menge an Material, das während eines Projektes angefallen ist, eine angemessene Auswahl zu treffen. Deshalb empfiehlt es sich hier in einem Dreierschritt vorzugehen:

Inhaltsaspekte sammeln ➜ auswählen ➜ und aufbereiten.

Generell gelten hier die folgenden Grundsätze:

- **Weniger ist mehr:** maximal sieben Gliederungspunkte verwenden, um das Publikum nicht zu überfordern.
- **Vom Bekannten zum Unbekannten:** Dies fördert ein „Ankoppeln" neuer Informationen und erleichtert das Behalten.
- **Vom Überblick ins Detail:** Zuerst sind Hintergründe, Sinn und Zweck vorzustellen, bevor Detailinformationen folgen.

Für den Hauptteil sollten etwa **75 % der Präsentationszeit** veranschlagt werden.

Runder Schluss

Um Ihren Zuhörern am Ende der Präsentation noch eine **Gedächtnisstütze** zu bieten und den **Gesamtzusammenhang** zu verdeutlichen, empfiehlt sich zur Abrundung eine Zusammenfassung der wesentlichen Inhalte, die auch als kurzes **Handout** ausgegeben werden können. Zudem können Sie **offene Fragen,** die möglicherweise noch in der Zukunft geklärt werden sollen, darstellen und damit bereits zur abschließenden Fragen- und Diskussionsrunde ermuntern. Schließlich ist es eine Geste des Anstandes, sich den Zuhörern für ihre Aufmerksamkeit zu bedanken.
Für den Schlussteil einer Projektpräsentation sollten etwa **10 % der Gesamtzeit** eingeplant werden.

Fragen- und Diskussionsrunde

Nach der Projektpräsentation sind bei den Zuhörern oftmals noch Fragen offen, die nun noch beantwortet werden müssen. Auch bedürfen einzelne Punkte der Präsentation eventuell noch einer Diskussion mit der Zielgruppe, um den Prozess weiter voranzubringen. Bereits in der Planung sollte man auf die folgenden Punkte achten:
- Wer sammelt die Fragen und sorgt so für einen geordneten Gesprächsverlauf?
- Wie viel Zeit wird für diese Phase eingeplant?

Gestaltung des äußeren Rahmens

Für eine gelungene Projektpräsentation ist es unerlässlich, dass das Publikum der Präsentation aufmerksam folgen kann und sich auch während einer Präsentation wohlfühlt. Deshalb müssen die räumlichen Gegebenheiten genauso sorgfältig bedacht werden, wie die Auswahl der Präsentationsmedien.

Gestaltung der räumlichen Gegebenheiten

Die Zielgruppe der Projektpräsentation soll der Präsentation aufmerksam und ungestört folgen können. Deshalb ist es wichtig, dass eine angemessene **Anzahl von Sitzplätzen** vorhanden ist, die einen guten Blick auf die Präsentierenden und die eingesetzten Medien ermöglichen. Auch die **Lichtverhältnisse** spielen eine wichtige Rolle. So benötigen alle visuellen Medien entsprechende Lichtverhältnisse, die bereits in der Planung zu berücksichtigen sind. Bei Präsentationen mit
einem großen Publikum empfiehlt es sich, vor dem Beginn der eigentlichen Präsentation mit einem „Stehkaffee" zu beginnen. Das Publikum kommt hier langsam zusammen, bei Getränken und kleinen Snacks können persönliche Kontakte geknüpft und erste Bezüge zum Projektthema erzeugt werden.

Auswahl der Präsentationsmedien

Je mehr Sinne bei den Zuhörern einer Projektpräsentation angesprochen werden, desto nachhaltiger erfolgen die Aufnahme, die Verarbeitung und das Behalten der Informationen. Deshalb sollten bei allen Präsentationen auch immer visuelle Medien eine Berücksichtigung finden. Im Folgenden werden deshalb die gebräuchlichsten Medien, die im Beruf und in der Schule bei Projektpräsentationen eingesetzt werden können, kurz vorgestellt und mit ihren Einsatzmöglichkeiten erläutert. Die Wahl des entsprechenden Präsentationsmediums hängt in den allermeisten Fällen davon ab, welches der Medien überhaupt zur Verfügung steht. Stehen mehrere Medien zur Wahl, so erweitern sich die Kriterien zur Auswahl. Mögliche Kriterien können sein:

- Zielsetzung der Projektpräsentation,
- Zielgruppe der Projektpräsentation,
- technische Kompetenz und Vorlieben der Präsentierenden.

Wird das falsche Medium eingesetzt oder werden „handwerkliche" Fehler bei dessen Einsatz gemacht, wird eine Präsentation nicht unterstützt, sondern eher gestört. Das Gleiche gilt, wenn Visualisierungen derart übertrieben werden (sogenannter „**Medienzauber**"), dass die eigentlichen Inhalte der Präsentation verblassen und die Zuhörer in ihrer Konzentration eher abgelenkt als unterstützt werden. Für alle eingesetzten Medien gilt, dass der **Blickkontakt** zu den **Zuhörern** stets erhalten bleiben sollte. Wenn Sie sich dem Medium zuwenden – sei es eine Projektionsfläche oder eine Pinnwand – sind Sie schlecht zu verstehen und verlieren den Kontakt zum Publikum.

Flipchart	Overheadprojektor	Beamer	Interaktive Tafel/ interaktives Display
Auf einem Flipchart können Plakate, Karteikarten und Bilder einfach und schnell angebracht werden. Er ist leicht zu transportieren sowie zu verstellen und befindet sich in den meisten Schulen und Unternehmen.	Mithilfe desOverheadprojektors können Folien vergrößert auf eine Wand projiziert werden, wenn das Licht nicht zu hell ist. Dazu muss der richtige Abstand gefunden und die Schärfe entsprechend eingestellt werden, damit die Informationen erkennbar sind. Wenn immer möglich, sollten heutzutage jedoch digitale Präsentationsmedien zur Projektpräsentation genutzt werden. Dies ist zeitgemäß und wirkt professioneller.	Viele Unternehmen und Schulen können mittlerweile auf Beamer zurückgreifen. Er ist jedoch nur in Verbindung mit einem Computer einsetzbar. Der Beamer projiziert digitale Daten auf eine Wandfläche oder Leinwand und ermöglicht neben reinen Bilddarstellungen auch das Abspielen von Filmen und Animationen.	Eine **interaktive Tafel** oder ein **interaktives Display** stellt eine Kombination aus herkömmlichem Tafelanschrieb und Beamer dar. Auch hierzu ist i. d. R. die Verbindung zu einem Computer notwendig. Mit einer interaktiven Tafel bzw. einem interaktiven Display kann man aktiv arbeiten und die so erzeugten Ergebnisse jederzeit abspeichern.

Training des (Sprach)-Verhaltens

Der Erfolg einer Projektpräsentation hängt auch ganz entscheidend vom (Sprach)- Verhalten und Auftreten der Personen ab, die das Projekt präsentieren. Durch **Körperhaltung, Gestik, Mimik** und **Sprachverhalten** gewinnt das Publikum sehr schnell einen Eindruck darüber, wie gut und sicher die Präsentierenden im Thema stehen und wie sie selber zum Thema stehen. Deshalb ist es auch für die Vorbereitung sehr wichtig, diesen Aspekt in seinen Planungen zu berücksichtigen, zumal es völlig normal ist, vor einer Präsentation ein wenig „nervös und aufgeregt" zu sein. Hier hilft es, wenn man die Präsentation im Vorfeld **übt und trainiert**. Dies kann mit dem gesamten Team genauso geschehen wie allein. Zudem können Sie zum Gelingen der Projektpräsentation beitragen, indem Sie sich dem Anlass und der Zielgruppe entsprechend **angemessen kleiden**, wobei Sie darauf achten sollten, dass Sie sich in „Ihrer Haut" wohlfühlen.

Durchführung einer Projektpräsentation

Gerade wenn Sie als Team präsentieren, ist es leicht, sich z. B. mit ein paar optimistischen und lustigen Bemerkungen vor einer Präsentation **positiv einzustimmen**. Aus einer **entspannten Stimmung** heraus gelingt eher ein **souveräner Start**, denn bekanntlich sind die ersten Sekunden einer Präsentation die schwersten. Daher wird auch empfohlen, zu Beginn der Präsentation zunächst einmal **Blickkontakt** zu einem vertrauten und/oder sympathischen Menschen im Publikum aufzunehmen, bevor man dann den Blick schweifen lässt. Schließlich sollte die Projektpräsentation **pünktlich** beginnen. Die Befolgung der folgenden Regeln kann die Wirkung Ihrer Präsentation erheblich steigern:

- Schon die Rücksicht auf die Zuhörer erfordert **lautes** und **deutliches Sprechen** (ohne zu brüllen). Des Weiteren ist es angenehm, wenn Sie die **Stimmhöhe** und die **Sprechgeschwindigkeit** variieren.

- Ein ganz wesentliches Mittel ist der bewusste Einsatz von **Sprechpausen**. Wenn Sie den Vortrag für ein bis drei Sekunden unterbrechen, haben die Zuhörer Zeit, das Gehörte zu verarbeiten und Sie haben Gelegenheit, Ihre nächsten Sätze kurz „vorzudenken".

- Abwechslungsreiches und für den Zuhörer angenehmes Sprechen kann in der Regel nur erreicht werden, wenn Sie möglichst **frei vortragen** und nicht vorlesen. Hierzu können Sie sich einfacher **Hilfsmittel** bedienen: Die wesentlichen Schlüsselwörter können Sie z. B. auf **Karteikarten** festhalten. So stellen Sie sicher, dass die wesentlichen Inhalte vorgetragen werden, ohne dass die Monotonie des Vorlesens droht. Ein sehr geeignetes Hilfsmittel ist auch die Erstellung eines **Mindmaps** als Vortragsvorlage, in dem Sie die wesentlichen Schlüsselwörter in ihrer logischen Struktur auf einem Blatt abbilden. So behalten Sie stets den Überblick und den „roten Faden".

- Neben dem Sprechverhalten sollten Sie auch die **Sprache** im Vortrag zuhörerfreundlich wählen. So sind Formulierungsunarten (z. B. „äh") zu vermeiden, die letztlich nichts anderes sind als störende Fülllaute von an sich positiven Sprechpausen. Außerdem sollten die Sätze einfach (Hauptsätze) und interessant sein (kein Schriftdeutsch). Damit sich die Zuhörer leichter ein Bild vom Gesagten machen können, ist der Einsatz von anschaulichen Beispielen sinnvoll.

- Zum Aufbau und zur Erhaltung einer positiven Beziehung zu den Zuhörern sind vor allem Ihre **körpersprachlichen Signale** bedeutsam. Hierzu gehören neben einer aufrechten und offenen **Körperhaltung** vor allem Ihr **Blickkontakt** zu den Zuhörern, der Sprecher und Hörer auf der Beziehungsebene verbindet, sowie ein freundlicher Gesichtsausdruck.

PRAXISTIPP!

Viele Redensarten wie „Ein Lächeln ist der kürzeste Weg zwischen zwei Menschen" oder „Ein freundliches Gesicht schlägt man nicht" weisen auf den enormen Effekt einer sympathischen Ausstrahlung hin.

▪ Neben einem gelungenen Vortrag sollten Sie eine Präsentation stets durch eine **sinnvolle Visualisierung** unterstützen. Visualisierungen **entlasten die Zuhörer**, da sie Informationen vorstellbarer und begreifbarer machen – **ein Bild sagt mehr als tausend Worte**.

Hilfen für einen gelungenen Vortrag im Rahmen einer Projektpräsentation

Ein Projekt online präsentieren

Immer mehr Unternehmen setzen auf Arbeitszeitmodelle, in denen Homeoffice ein fester Bestandteil ist. In größeren Unternehmen arbeiten nicht immer alle Mitglieder eines Projektteams am selben Standort oder einzelne Personen sind verhindert und sind online in eine Projektpräsentation einzubinden. So kann es sein, dass Projekte auch schon mal ausschließlich **online präsentiert werden** oder aber in

hybriden Formaten, bei denen einige Teilnehmerinnen und Teilnehmer vor Ort – offline – an der Präsentation teilnehmen und andere die Präsentation des Projekts online am Bildschirm verfolgen.

Das grundsätzliche Vorgehen bei der Präsentation ist immer ähnlich. Es geht darum, die wesentlichen Ergebnisse und Erkenntnisse eines Projektes adressatengerecht, präzise und richtig vorzustellen. Es gibt jedoch einige deutliche **Unterschiede zwischen einer Online- und Offline-Präsentation**.

▪ Bei der Online-Präsentation stehen die Inhalte des Vortrages deutlicher im Fokus.
▪ Körpersprache und Mimik haben weniger Bedeutung.
▪ Stimme und souveräne Sprache sind hingegen wichtiger.
▪ Persönliche Kontakte sind deutlich reduziert und weniger wichtig.
▪ Die Vorbereitung auf die beiden Vortragsformen unterscheidet sich erheblich.

Vorbereitung

Eine erfolgreich onlinegestützte Projektpräsentation mit einem Videokonferenz erfordert neben einer guten inhaltlichen Vorbereitung auch, dass technische Voraussetzungen und Rahmenbedingungen im Blick sind.

Dies beginnt bereits mit der Auswahl der geeigneten Software. Alle Teilnehmerinnen und Teilnehmer sollten im Umgang mit der Software vertraut sein und die vortragenden Personen sollten möglichst sicher und routiniert im Umgang mit der Software sein.

Zudem sollte sichergestellt sein, dass alle Teilnehmerinnen und Teilnehmer der Onlinepräsentation über einen **Internetzugang mit entsprechenden Bandbreiten** verfügen.

Bei Videokonferenzen gehen durch kleine Sprecheransichten und bildschirmfüllenden Präsentationen viele Information, die sonst per Mimik und Gestik transportiert werden, verloren. Deshalb **sind eindeutige Botschaften, kurze Sätze und klare Informationen** wichtig. Die produziert man zumeist nicht spontan, sondern durch eine gewissenhafte und solide Vorbereitung der Onlinepräsentation.

Durchführung

Folgende Tipps und Hilfestellungen helfen, dass eine Onlinepräsentation des Projektes bei allen Teilnehmerinnen und Teilnehmern professionell wirkt und ihre gewünschte Wirkung entfaltet:

Tipp 1: Blickkontakt zur Kamera halten
In einem direkten Gespräch schaut man seinem Gegenüber in die Augen. Macht man dies bei einer Videokonferenz kommt dies beim Publikum auf deren Bildschirmen irgendwo in Brusthöhe an. Deshalb sollte man, wenn man bei einer Videokonferenz spricht, **immer in die Kamera schauen**. So fühlen sich die Gegenüber angesprochen und selbst erhält man so eher die gewünschte Aufmerksamkeit.

Tipp 2: Ein aufgeräumter und klarer Hintergrund wirkt professionell
Ein passender Hintergrund sollte aufgeräumt wirken und nicht vom Vortrag ablenken. Ein aufgeräumter Hintergrund steht für Klarheit und Seriosität – und genau diese Eigenschaften sollten im Moment der Präsentation im Vordergrund stehen. Eine leere Wand oder ein aufgeräumtes Bücherregal können geeignete Hintergründe für eine online durchgeführte Projektpräsentation sein.

Tipp 3: Achte auf gute Tonqualität
Um die Aufmerksamkeit aller Teilnehmerinnen und Teilnehmer zu erhalten, empfiehlt es sich mit einem Headset zu arbeiten. Diese verfügen über Mikrofone mit einer deutlich besseren Qualität als die in Rechnern, Tablets und Laptops eingebauten Mikrofone. Zudem wird durch den Kopfhörer vermieden, dass Rückkopplungen entstehen.

> **PRAXISTIPP!**
>
> *Bei Sprechpausen während einer Videokonferenz sollte man sein Mikrofon abstellen. Dadurch wird vermieden, dass ungewünschte Nebengeräusche in die Videokonferenz übertragen werden.*

Auswertung einer Präsentation

Größere Präsentationen, die z.B. von einer Gruppe durchgeführt werden, können im Vorfeld durchaus einmal geprobt werden, um die Bewährung des vorbereiteten Ablaufs, den zeitlichen Umfang einzelner Präsentationsteile oder auch die Eignung der eingesetzten Medien zu testen. Unabhängig davon, ob Sie einen „Probelauf" oder den „Ernstfall" durchführen, sollten Sie jede Präsentation ausführlich auswerten, um sich **Stärken** bewusst zu machen und **Schwächen** in Zukunft beheben zu können. Das folgende Beispiel zeigt mögliche Leitfragen für eine solche Auswertung:

Beispiel:

Leitfragen	Bewertung in Schulnoten				
	1	2	3	4	5
Wurde die Zielsetzung erreicht?					
Hat sich der Ablauf bewährt?					
Wie war die Güte der einzelnen Phasen?					
– Einstieg					
– Hauptteil					
– Schluss					
Wie sicher haben die einzelnen Vortragenden gewirkt?					
– Petra					
– Andreas					
– Nicole					
War die Abstimmung zwischen den Vortragenden harmonisch?					
Haben sich die eingesetzten Medien bewährt?					

Damit eine Auswertung ergiebig verläuft, kann eine solche Bewertung nur Ausgangspunkt einer intensiveren Auseinandersetzung sein. Insbesondere das Feedback an die einzelnen Vortragenden sollte den bereits vorgestellten Feedback-Regeln folgen.

Zusammenfassung

Projekte präsentieren

- *Die **Projektpräsentation** soll verschiedene Interessenten über die wesentlichen Aspekte zum Projektverlauf und dem Projektergebnis informieren.*
- *Eine Projektpräsentation ist **gründlich vorzubereiten**.*

- Um die Aufmerksamkeit der Zuhörer und Betrachter der Präsentation zu wecken und aufrechtzuerhalten, müssen die Auswahl und Gestaltung der **Inhalte** genauso intensiv geplant werden wie die **Gestaltung des äußeren Rahmens** und das **(Sprach)-Verhalten**.

- Die Präsentation gliedert sich in eine **Einleitung**, einen **Hauptteil** und einen **Schlussteil**. Häufig gibt es im Anschluss noch eine Fragen- und Diskussionsrunde.

- Bei der Gestaltung der **Räumlichkeiten** ist darauf zu achten, dass das Publikum die Projektpräsentation ungestört und in einer angenehmen Atmosphäre verfolgen kann.

- Für Visualisierungen steht in der Projektpräsentation eine **Vielzahl geeigneter Medien** zur Verfügung. Dadurch kommt der zielgerichteten **Auswahl** und dem professionellen **Einsatz** eines bestimmten Mediums eine Schlüsselstellung zu.

- Der Erfolg einer Projektpräsentation hängt auch ganz entscheidend vom **(Sprach)-Verhalten und Auftreten** der Personen ab, die das Projekt präsentieren.

- Projekte können auch **online** oder in **hybriden Formaten präsentiert** werden.

- Es ist hilfreich, wenn man die Projektpräsentation im Vorfeld **übt und trainiert**. Dies kann mit dem gesamten Team genauso geschehen wie allein.

- Jeder Präsentation sollte eine ausführliche **Auswertung** folgen. Nur auf diese Weise können Stärken und Schwächen erkannt und zukünftige Präsentationen verbessert werden.

Aufgaben

1. Erläutern Sie die zentrale Zielsetzung einer Projektpräsentation.

2. Erstellen Sie eine Checkliste, die es Ihnen erleichtert im Hauptteil einer Projektpräsentation die angemessenen Inhalte auszuwählen.

3. Erläutern Sie, warum die Gestaltung des äußeren Rahmens eine Gelingensbedingung für eine gute Projektpräsentation ist.

4. Erläutern Sie mögliche Kriterien, welche die Auswahl der eingesetzten Präsentationsmedien beeinflussen.

5. Stellen Sie vier Aspekte dar, mit denen Sie die Wirkung einer Projektpräsentation erhöhen können.

6. Erstellen Sie zum Thema Visualisierung eine Folie und halten Sie mit dieser Folie einen kleinen Vortrag zum Thema vor Ihrer Klasse. Holen Sie sich anschließend ein Feedback ein.

7. Präsentieren Sie Ihr Projekt „Schülerzeitung/Abschlusszeitung".

2.2.5 Projekte abschließen

Trotz einiger kleinerer Pannen während der Projektdurchführung ist es dem Projektteam um Frau Müller gelungen, den Online-Shop pünktlich zum 15. Juli in Betrieb zu nehmen. Die meisten Mitarbeiter des Projektteams haben einen neuen Aufgabenbereich im neu entstandenen Online-Shop gefunden. Obwohl Frau Müller mit dem Ergebnis ihrer Arbeit sehr zufrieden ist, mehren sich die kritischen Nachfragen und Anmerkungen:

So beschwert sich Frau Grell, dass das Projektteam keinerlei Rückmeldung geschweige denn „ein Danke" von der Geschäftsführung der Sommerfeld Bürosysteme GmbH erfahren habe – und das,

obwohl man nahezu Tag und Nacht gearbeitet habe, um das ehrgeizige Ziel zu erreichen. Auch Mitarbeiter aus den anderen Abteilungen merken an, dass sie keine ausreichenden Informationen über den neuen Online-Shop hätten. Als sich dann auch noch Herr Sommer darüber beschwert, dass kein Abschlussbericht zum Projekt vorliegt, um die Erfahrungen für weitere Projekte zu nutzen, ist Frau Müller endgültig frustriert.

Arbeitsaufträge

- *Erläutern Sie die näheren Gründe der Unzufriedenheit von Frau Grell, von Mitarbeitern/-innen anderer Abteilungen der Sommerfeld Bürosysteme GmbH und von Herrn Sommer.*

- *Zeigen Sie Lösungsansätze auf, um diesen Problemen zu begegnen.*

- *Sammeln Sie mögliche Gliederungspunkte, die Ihrer Meinung nach in den Abschlussbericht des Projektes „Gründung eines eigenen Online-Shops" gehören.*

Der **Projektabschluss** ist der **Schlusspunkt** eines Projektes und sollte aktiv gestaltet werden. Das ist wichtig, um die Projektergebnisse vorzustellen, die offizielle Phase der Projektarbeit abzuschließen, ein Resümee zu ziehen, aus den gemachten Erfahrungen zu lernen und die Mitglieder des Projektteams zu entlasten. Die Abschlussphase sollte deshalb in jedem Projekt – erfolgreich oder nicht – ein fester Bestandteil sein. Alle Beteiligten des Projektteams haben viel Energie in den Aufbau des Teams und in ihre Arbeit investiert und zwischen den verschiedenen Personen sind Beziehungen entstanden. Die Auflösung des Teams bedeutet immer auch Abschied nehmen. Dieser Abschied sollte bewusst vorgenommen werden, beispielsweise durch eine gemeinsame Rückschau im Projektteam.

Um diesem Anliegen gerecht zu werden, greift das Projektmanagement in der Abschlussphase auf die folgenden Instrumente zurück:

Projektpräsentation	Projektrückblick und -bewertung	Projektabschlussbericht

Projektrückblick und -bewertung

Ein wichtiger Bereich in der Abschlussphase eines Projektes ist **der Projektrückblick** und die **Projektbewertung**. Durch sie kann die Qualität der Projektarbeit überprüft werden und für die Durchführung von zukünftigen Projekten können wertvolle Erkenntnisse gewonnen werden. Das betrifft gleichermaßen gute wie schlechte Erfahrungen. Projektrückblick und -bewertung werden im Projektteam vorgenommen.

Der **Projektrückblick** ist ein bewusstes Nachdenken über den vergangenen Projektverlauf. Leitfragen können dabei sein:

- Welche Projektphasen waren besonders gelungen und woran lag das?
- Welche Projektphasen waren nicht sehr gelungen; woran lag das?
- Welche Ziele wurden erreicht/nicht erreicht?
- Welche Empfehlungen würden wir zukünftigen Projektteams geben?
- ...

Die **Projektbewertung** ist eine systematische und zielgerichtete Sammlung, Analyse und Bewertung von Informationen über die geleistete Projektarbeit. Sie bewirkt Selbstvergewisserung über die Qualität der geleisteten Arbeit; sie dient der Rechenschaftslegung gegenüber den Projektauftraggebern und sie zeigt Entwicklungs- und Veränderungsalternativen für zukünftige Projekte auf. Häufig sind Fragebögen typische Bewertungsinstrumente; jedoch können auch vorhandene Daten wie Kostenpläne und tatsächlich angefallene Kosten ausgewertet werden.

Beispiel: Die Projektmanagerin Frau Müller entwickelt einen Fragebogen, den sie an die Mitglieder des Projektteams austeilt. Mit ihm soll ermittelt werden, wie zufrieden das Projektteam mit der Projektleitung ist.

Auszüge aus dem Fragebogen:

Aussagen	Diese Aussage			
	trifft zu	trifft überwiegend zu	trifft weniger zu	trifft nicht zu
Es gab klare Zielvereinbarungen zwischen der Projektleitung und den Teammitgliedern.				
Die Projektleitung sorgte für einen guten Informationsfluss.				
Die Projektleitung sorgte für einen kollegialen Austausch zur gerechten Aufteilung der Arbeitspakete.				

Wenn Sie möchten, können Sie hier nun Ihre Beurteilungen kommentieren.

Aussage Nr.	Mein Kommentar

Für die Durchführung des Projektrückblicks und eine erste Auswertung bietet sich die **Projektabschlusssitzung** an. Die Projektabschlusssitzung ist die letzte offizielle Veranstaltung eines Projektes. Im Rahmen dieser letzten Sitzung sollten neben einem Projektrückblick vor allem Vereinbarungen getroffen werden, wie mit den Erkenntnissen der Projektbewertung verfahren wird.

Beispiel: Für die Projektabschlusssitzung hat Frau Müller an das Projektteam eine Einladung verschickt, aus der die folgende Agenda hervorgeht:

Einladung zur Projektabschlusssitzung

AGENDA

- Rückblick
  - Welche Projektphasen waren besonders gelungen und woran lag das?
  - Welche Projektphasen waren nicht sehr gelungen; woran lag das?
  - Welche Ziele wurden erreicht/nicht erreicht?
  - Welche Empfehlungen würden wir zukünftigen Projektteams geben?
- Anerkennung und Kritik
- Erkenntnisse der Projektleitung aus der Fragebogenauswertung
- Erfahrungssicherung für künftige Projekte
  - Was kann aus dem Projektverlauf gelernt werden?
  - Welche Maßnahmen werden konkret getroffen, um Fehler nicht zu wiederholen?
- zukünftige Aufgabengebiete der Projektteammitglieder
- Information über den Projektabschluss
  - Wer bekommt den Abschlussbericht?
  - Wer wird nur kurz über den Projektabschluss informiert?
  - Umgang mit den Evaluationsergebnissen

anschließend: gemeinsamer Projektausklang im Rathauskeller

PRAXISTIPP!

*Nach langer und intensiver Zusammenarbeit in einem Projekt kann eine kleine **Abschlussfeier** im informellen Rahmen durchaus angemessen und sinnvoll sein. Spätestens hier können Erfolge gefeiert und Spannungen und Konflikte, die während der Projektarbeit zwischen einzelnen Mitgliedern des Projektteams entstanden sind, begraben werden.*

Projektabschlussbericht

Auf der Basis der Projektdokumentation (vgl. S. 441 f.) und den Ergebnissen in der Projektabschlusssitzung wird zum Projektende ein **Projektabschlussbericht** erstellt. Dieser hat in komprimierter Form die wesentlichen Planungs- und Durchführungsschritte des Projektes darzustellen.

Mögliche **Inhalte eines Projektabschlussberichts** können sein:

- Projektbeschreibung (Ausgangssituation, Ziele, Inhalte, Budget)
- Projektdetailplanung (Projektstrukturplan, Terminplan, Meilensteinplanung, Kostenplan)
- Projektrealisierung (Projektänderungen, Probleme und Störungen während der Durchführung, Erfahrungen)

- Projektergebnisse (Soll-Ist-Vergleich in Bezug auf Qualität, Kosten, Zeit)
- Anregungen für künftige Projekte

PRAXISTIPP!

Ein Projektabschlussbericht sollte – sofern er keine vertraulichen Informationen beinhaltet – archiviert werden. Zukünftige Projektteams haben so die Möglichkeit, aus den Dokumentationen und Berichten vorangegangener Projekte zu lernen und diese für sich nutzbar zu machen.

Die **formelle Entlastung** des Projektteams erfolgt durch die Unterzeichnung des Abschlussberichts durch den Auftraggeber. Dieser prüft besonders die Zielerreichung in Bezug auf Qualität, Kosten und Zeit. Der Auftraggeber kann gegebenenfalls auch Nachbesserungen und Nacharbeiten veranlassen. Gleichzeitig mit der Entlastung des Projektteams erfolgt auch **die Auflösung der Projektorganisation**.

Beispiel: Als Projektleiterin ist Frau Müller für die Erstellung des Projektabschlussberichts verantwortlich. Der Geschäftsleitung der Sommerfeld Bürosysteme GmbH legt sie einen Projektabschlussbericht mit der folgenden Gliederung vor:

1 **Projektauftrag**
   1.1   Ausgangssituation
   1.2   Projektziele
   1.3   Projektorganisation
2 **Bewertung**
   2.1   Projektverlauf
   2.2   Zielerreichung
3 **Konsequenzen**
4 **Entlastung und Auflösung der Projektorganisation**
5 **Anhänge**
   – Projektstrukturplan
   – Kosten- und Ressourcenplan
   – sonstige relevante Dokumente

Nach Beendigung des Projekts werden die Projektergebnisse
- **genutzt**,
- **umgesetzt** oder gegebenenfalls auch
- **weiterentwickelt**.

Durch die Auflösung der Projektorganisation ist das bisherige Projektteam grundsätzlich von sämtlichen Projektaufgaben entbunden. Sollten weitere Umsetzungs- oder Anpassungsschritte notwendig sein, so werden diese üblicherweise von neuen Verantwortlichen ausgeführt. Die Praxis hat jedoch gezeigt, dass das spezifische Wissen des Projektteams (und besonders der ehemaligen Projektleitung) von großem Nutzen sein kann. Es sollte deshalb sichergestellt werden, dass dieses Wissen auch nach dem Projekt noch verfügbar ist.

Dabei sollte jedoch vermieden werden, dass bereits abgeschlossene Projekte eine Projektleitung noch jahrelang „verfolgen". Sobald der Arbeitsaufwand für Nach- und Umsetzungsarbeiten ein vertretbares Maß überschreitet, sollte überlegt werden, ein Folgeprojekt zu initiieren oder die betroffenen Mitarbeiter entsprechend für diese Aufgaben abzustellen.

Zusammenfassung

Projekte abschließen

- Der **Projektabschluss** ist der **offizielle Schlusspunkt** eines Projektes und sollte aktiv gestaltet werden.

- Die zentralen Instrumente der Projektabschlussphase sind die **Projektpräsentation**, der **Projektrückblick** und die -**bewertung** sowie der **Projektabschlussbericht**.

- Einen wichtigen Bereich in der Abschlussphase eines Projektes stellen **Projektrückblick** und **Projektbewertung** dar. Durch sie wird der **Erfolg** des Projektes überprüft und **Erfahrungen** können für weitere Projekte nutzbar gemacht werden.

- Der **Projektrückblick** ist ein bewusstes Nachdenken über den vergangenen Projektverlauf.

- Die **Projektbewertung** ist die systematische und zielgerichtete Sammlung, Analyse und Bewertung von Informationen über die geleistete Projektarbeit.

- Die **Projektabschlusssitzung** ist die letzte offizielle Veranstaltung eines Projektes.

- Auf der Basis der Projektdokumentation und der Projektabschlusssitzung wird der **Projektabschlussbericht** erstellt. Dieser stellt in komprimierter Form die wesentlichen Planungs- und Durchführungsschritte des Projektes dar.

- Die **formelle Entlastung** des Projektteams erfolgt durch die Unterzeichnung des Abschlussberichts durch den Auftraggeber.

- Nach dem Projektabschluss wird das **Projektteam aufgelöst** und von seinen Aufgaben entbunden.

Aufgaben

1. Erläutern Sie mögliche Konsequenzen, wenn das Projekt keine angemessene Abschlussphase hat.

2. Skizzieren Sie die inhaltlichen Schwerpunkte der Präsentation „Gründung eines Online-Shops" für die folgenden Zielgruppen:
   - Geschäftsleitung der Sommerfeld Bürosysteme GmbH
   - Kunden des Online-Shops
   - Mitarbeiter der Sommerfeld Bürosysteme GmbH

3. Als Projektmanagerin möchte Frau Müller gerne die Teamarbeit im Projekt auswerten. Ihr war es ein besonderes Anliegen, dass sich alle Beteiligten wohlfühlten, dass eine produktive Stimmung im Projektteam herrschte und sich alle stets gut informiert fühlten. Entwickeln Sie für diesen Zweck einen Fragebogen.

4. Werten Sie nach der Durchführung Ihres Projektes „Schülerzeitung/Abschlusszeitung" das Projekt aus. Gehen Sie dabei ganz besonders auf die Rolle der Projektleitung ein und geben Sie sich gegenseitig eine Rückmeldung, wie der Arbeitsprozess innerhalb der Arbeitsgruppe verlaufen ist.

Übungsaufgabe: Berufsorientierte Projekte für Industrieunternehmen durchführen

Vorbemerkung

Dieses Lernfeld bietet Ihnen die Möglichkeit, ein eigenes Projekt im Team zu planen, durchzuführen und zu präsentieren. Die Erfahrungen, die Sie dabei machen werden, sind für Ihre berufliche Zukunft sicher bedeutsam. Folgen Sie auch den zahlreichen Arbeitsaufträgen, die von Ihnen eine lückenlose Dokumentation der einzelnen Projektphasen und der (Zwischen-)Ergebnisse fordern. Dies gehört zwingend zum Projektmanagement. Sie können somit nach Abschluss des Projektes ein Projekthandbuch vorweisen, das ihre Leistung nachweist und vielleicht sogar in einem späteren Prüfungs- und/oder Bewerbungsverfahren von Nutzen sein kann.

Vorbereitung des Projektes

1. *Sammeln Sie in der Klasse mögliche **Projektideen**. Diese sollten mit konkreten Problemen/ Zielen ihrer Ausbildungsbetriebe zu tun haben, überschaubar und leistbar (.) sein (**Beispiele**: Verbesserung der Arbeitsplatzgestaltung, Verbesserung bestimmter Bereiche der Auftragsabwicklung oder der Lagerorganisation, Pflege von Kundendaten, statistische Erfassung der Außendienstfahrten etc.).*

2. *Stimmen Sie über die drei bis fünf (je nach Klassengröße) am interessantesten erscheinenden Projektideen ab.*

3. *Ordnen Sie sich der Projektidee zu, die Ihnen am interessantesten erscheint bzw. von der Sie meinen, sich gut einbringen zu können. Bilden Sie so Ihre **Projektteams** (Größe: 4–6 Personen). Selbstverständlich können auch mehrere Projektteams die gleiche Idee bearbeiten. Klären Sie auch, ob weitere Kriterien die Bildung der Projektteams beeinflussen sollen (z. B. Betriebe mit ähnlichen Sachzielen oder Strukturen; projekterfahrene Schülerinnen und Schüler mit -unerfahrenen etc.).*

4. *Einigen Sie sich innerhalb der Teams auf fünf bis sieben **„Grundsätze unserer Zusammenarbeit"** und halten Sie diese schriftlich fest.*

5. *Bestimmen Sie innerhalb der Teams eine Projektleitung.*

Definitionsphase

6. *Geben Sie Ihrem Projekt einen **Titel**.*

7. *Führen Sie eine **Situationsanalyse** durch. Halten Sie diese schriftlich fest.*

8. *Legen Sie **Sachziel, Terminziel und Kostenziel** (grob) fest.*

9. *Erstellen Sie einen **Projektauftrag**.*

10. *Stellen Sie die Situationsanalyse und den Projektauftrag in der Klasse vor und lassen Sie sich ein **Feedback** geben.*

11. *Legen Sie Ihre Situationsanalyse und den Projektauftrag in dem betreffenden **Ausbildungsbetrieb** vor.*

Planungsphase

12. *Ermitteln Sie für Ihr Projekt **Teilaufgaben** und die dazugehörenden **Arbeitspakete**. Legen Sie die **Verantwortlichen** für die Arbeitspakete fest.*

13. *Erstellen Sie einen **Projektstruktur- und -ablaufplan**.*

14. Erstellen Sie ggf. einen **Kosten- und Ressourcenplan**.

15. Führen Sie eine **Risikobewertung** zu den einzelnen Arbeitspaketen durch und halten Sie, falls nötig, Risiken und mögliche Gegenmaßnahmen schriftlich fest.

Durchführungsphase

16. Führen Sie während der Projektdurchführung regelmäßig **Sitzungsprotokolle** und einen **Projektstatusbericht**.

17. Tauschen Sie sich von Zeit zu Zeit mit **anderen Projektteams** über den Arbeitsstand, auftretende Schwierigkeiten und deren Bewältigung aus.

18. Erstellen Sie ggf. **Projektänderungsaufträge** und legen Sie diese dem Auftraggeber vor.

19. Legen Sie – spätestens jetzt – ein übersichtliches und ansprechendes **Projekthandbuch** an.

Abschlussphase

20. Bereiten Sie **Präsentationen** Ihres Projektes für Ihre Klasse und für Ihren Auftraggeber vor. Beachten Sie dabei die unterschiedlichen Ansprüche der beiden Zielgruppen.

21. Führen Sie die Präsentationen durch.

22. Geben Sie anderen Projektteams ein konstruktives **Feedback**.

23. Erstellen Sie einen **Projektabschlussbericht** und legen Sie diesen Ihrem Auftraggeber vor. Bitten Sie um Entlastung.

24. Führen Sie eine **Projektabschlusssitzung** durch. Erstellen Sie dabei
    a) eine Liste dessen, was Sie im Laufe des Projektes gelernt haben,
    b) eine Liste von Empfehlungen, die Sie anderen Projektteams geben würden.

Wiederholungs- und Prüfungsaufgaben zu Lernfeld 12

1. In einem System flexibler Wechselkurse wird die Preisbildung der Entwicklung von Devisenangebot und Devisennachfrage überlassen. Es gilt das Gesetz der Preisbildung.

   a) In einem System flexibler Wechselkurse stellt sich die Angebots-/Nachfragesituation nach Euro wie folgt dar:

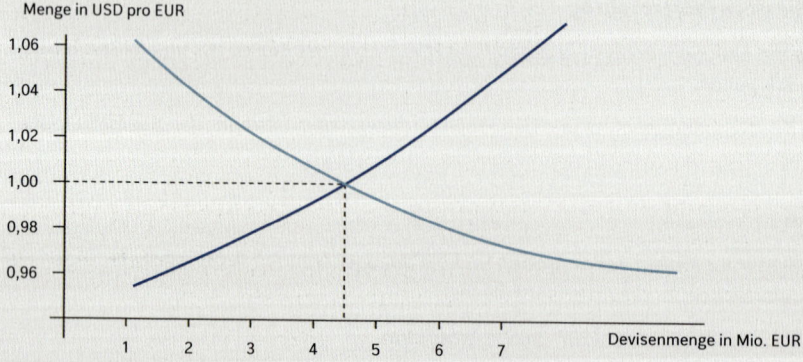

Stellen Sie fest, welcher Wechselkurs sich in der dargestellten Marktsituation für den Euro/US-Dollar ergibt.

b) Ermitteln Sie, wie viele Mio. Euro beim Gleichgewichtskurs umgesetzt werden.

c) Stellen Sie grafisch dar, wie sich der Wechselkurs des Euro verändert, wenn sich die Nachfrage bei gleichbleibendem Angebot erhöht.

d) Stellen Sie grafisch dar, wie sich der Wechselkurs des Euro verändert, wenn das Angebot bei gleichbleibender Nachfrage sinkt.

2. Beschaffen Sie sich die aktuellen Arbeitsmarktzahlen und stellen Sie fest, wie hoch die Zahl der Arbeitslosen, der offenen Stellen, der Kurzarbeiter und der durch die Bundesanstalt für Arbeit geförderten Stellen ist. Diskutieren Sie die mit diesen Zahlen verbundenen Probleme.

3. „Arbeitslose sollten verstärkt im Rahmen von Arbeitsbeschaffungsmaßnahmen der Bundesagentur für Arbeit beschäftigt werden, da dies letztendlich günstiger ist, als ihnen Arbeitslosengeld zu zahlen."

a) Sammeln Sie Argumente für und gegen diese Aussage. Denken Sie dabei insbesondere an die Folgen der Unterbeschäftigung.

b) Diskutieren Sie diese Forderung.

4. Die Sommerfeld Bürosysteme GmbH ist zunehmend auch auf internationalen Märkten tätig. Erläutern Sie, welche Folgen
a) ein schwacher Euro gegenüber dem Dollarraum,
b) ein starker Euro gegenüber dem Dollarraum
für das Unternehmen hat.

5. Die Energiekonzerne reagieren auf den Preisverfall für Strom in der Folge der Liberalisierung der Energiemärkte mit dem Abschalten von Kraftwerken und einer Verknappung des Angebotes.
a) Stellen Sie die beabsichtigte Wirkung mithilfe des volkswirtschaftlichen Modells der Preisbildung grafisch dar.

b) Erläutern Sie die Folgen
1. aus umweltpolitischen und
2. aus strukturpolitischen Gesichtspunkten.

6. Fertigen Sie eine Tabelle nach folgendem Muster an und beschreiben Sie die Konjunkturphasen anhand von Indikatoren.

	Phase			
	Aufschwung	Hochkonjunktur	Abschwung	Tiefstand
Indikator				

7. Welche der folgenden Maßnahmen dient dem Schutz der einheimischen Wirtschaft gegenüber ausländischer Konkurrenz?
a) Exportsteuer
b) Einfuhrzoll
c) Ausfuhrzoll
d) Konjunkturausgleichsabgabe
e) Sondersteuer

8. Die Außenwirtschaft eines Staates weist eine aktive Handelsbilanz auf. Was ist darunter zu verstehen?

    a) Der Wert der Importe ist größer als der Wert der Exporte.
    b) Der Wert der Exporte ist größer als der Wert der Importe.
    c) Die Gold- und Devisenreserven sind im Vergleich zum Vorjahr gleich geblieben.
    d) Die Forderungen an das Ausland entsprechen den Verbindlichkeiten gegenüber dem Ausland.

9. Bei welchen der folgenden Sachverhalte liegt in der Tendenz

    1. eine Inflation,   2. eine Deflation,   3. weder eine Inflation noch eine Deflation vor?

    a) Bei gleichbleibender Güter- und Geldmenge erhöht sich die Umlaufgeschwindigkeit des Geldes.

    b) Güter- und Geldvolumen steigen im gleichen Maße.

    c) Die Kaufkraft des Geldes sinkt.

    d) Bei schrumpfender Güter- und Leistungsmenge ändert sich das Geldvolumen nicht.

    e) Das allgemeine Preisniveau sinkt.

10. In welchen der nachfolgenden Situationen ist

    1. ein überhöhtes Angebot,
    2. eine überhöhte Nachfrage,
    3. das Marktgleichgewicht

    beschrieben?

    a) In dieser Situation kommt es zu Preissteigerungen.
    b) Diese Situation wird als Käufermarkt bezeichnet.
    c) In dieser Situation kommt der größtmögliche Umsatz zustande.

11. Welche Maßnahmen sind geeignet, die Konjunktur zu beleben?

    a) Erhöhung des Leitzinses   d) Erhöhung der Einkommensteuer
    b) Herabsetzung des Leitzinses   e) Senkung der Abschreibungssätze
    c) Erhöhung der Mindestreservesätze   f) Erhöhung der Abschreibungssätze

12. Welche Folgen hat eine Höherbewertung des Euro gegenüber anderen Währungen?

    a) Der Export wird erschwert.   d) Arbeitsplätze werden gesichert.
    b) Der Export wird erleichtert.   e) Inflation wird gefördert.
    c) Der Import wird erschwert.   f) Wirtschaftswachstum wird gefördert.

13. In welchem der folgenden Fälle liegt ein wirtschaftspolitischer Zielkonflikt vor?

    a) Bei Vollbeschäftigung erhöht sich das Preisniveau.
    b) Bei Vollbeschäftigung bleiben die Gehälter stabil.
    c) Bei steigender Beschäftigung bleibt die Kaufkraft konstant.
    d) Bei stabilen Preisen steigt der Außenbeitrag.

14. Stellen Sie fest, welche der folgenden konjunkturpolitischen Maßnahmen zur Überwindung einer Rezession beitragen können.

    a) Der Bund streicht im Haushalt vorgesehene Maßnahmen im Umfang von 10 Mrd. €.
    b) Die Gehälter im Öffentlichen Dienst werden gekürzt.
    c) Die Europäische Zentralbank senkt den Leitzins.
    d) Die Mindestreservesätze werden gesenkt.

15. Klären Sie, welche Aufgabe die EZB hat.

    1. Die EZB hat darüber zu wachen, dass die im Stabilitätsgesetz von 1967 aufgeführten Ziele eingehalten werden.

2. *Die EZB hat ihre Geldpolitik – auch bei unterschiedlicher Lage in den einzelnen Mitgliedsstaaten – stets auf den gesamten Euro-Währungsraum auszurichten.*

3. *Die Geschäftspartner der EZB sind die nationalen Notenbanken der Europäischen Union. Diese sind daher von der EZB zu überwachen.*

4. *Die EZB hat vor allem die allgemeine Wirtschaftspolitik in der Europäischen Union zu unterstützen, soweit dies ohne erhebliche Beeinträchtigung der Preisniveaustabilität möglich ist.*

5. *Die EZB gibt ihrer deutschen Niederlassung, der Deutschen Bundesbank, vor, wie diese die EZB-Beschlüsse auf nationaler Ebene auszuführen hat.*

16. *Zur Erfüllung ihrer Aufgaben setzt die EZB verschiedene geldpolitische Instrumente ein. Stellen Sie fest, welche Beschreibung dem Instrument „Einlagefazilität" entspricht.*

1. *Die Geschäftsbanken können ihre Liquiditätsüberschüsse für einen Tag bei der nationalen Zentralbank zu einem festen Zinssatz anlegen.*

2. *Die Geschäftsbanken können gegen Berechnung von Sollzinsen ihr Konto bei der EBZ überziehen.*

3. *Die Geschäftspartner der EZB müssen einen bestimmten Prozentsatz ihrer Verbindlichkeiten als Guthaben bei der nationalen Zentralbank halten.*

4. *Die EZB kauft und verkauft Devisen an der Börse.*

5. *Die EZB kauft und verkauft Wertpapiere an die Geschäftsbanken.*

17. *Im Wirtschaftsteil einer Tageszeitung lesen Sie die Überschriften, die die wirtschaftliche Entwicklung wiedergeben. In welcher Überschrift können Sie eine Entwicklung herauslesen, die die Investitionsentscheidung der Unternehmen eindeutig positiv beeinflusst?*
1. *Staatsdefizit weiter reduziert*
2. *Verbraucherpreise steigen um 1 %*
3. *Euro gewinnt gegenüber US-Dollar an Wert*
4. *Wirtschaftsforscher erwarten steigende Konsumnachfrage*
5. *Europäische Zentralbank erhöht Zinssatz für Hauptrefinanzierung*

18. *Die Bundesregierung will der Verlagerung von Arbeitsplätzen ins Ausland entgegenwirken. Prüfen Sie, welche Maßnahme dieser Zielsetzung dient und im Rahmen der sozialen Marktwirtschaft ergriffen werden kann.*

1. *Die Bundesregierung verbietet alle Übernahmen von inländischen durch ausländische Unternehmen.*

2. *Die Bundesregierung verbietet die Gründung von Zweigwerken inländischer Unternehmen im Ausland.*

3. *Die Bundesregierung senkt die Steuerbelastung und die Lohnnebenkosten für die Unternehmen.*

4. *Die Bundesregierung verschärft die Umweltschutzgesetze im Bereich der industriellen Produktion.*

5. *Die Bundesregierung legt Höchstpreise für die im Inland erzeugten Produkte fest.*

19. *Die konjunkturelle Lage eines Landes wird durch Konjunkturindikatoren beschrieben. Ordnen Sie zu, ob es sich bei den folgenden Konjunkturindikatoren, um*
1. *einen Frühindikator,*
2. *einen Gegenwartsindikator oder*

3. einen Spätindikator handelt.

a) Konsumklimaindex der GfK
b) Verbraucherpreisindex
c) Kapazitätsauslastung
d) Kurzarbeit
e) Arbeitslosenquote

20. Arbeitslosigkeit kann verschiedene Ursachen haben. In welchem der folgenden Sachverhalte wird die friktionelle Arbeitslosigkeit beschrieben?

1. Im Winter nimmt die Arbeitslosigkeit in der Bauindustrie zu.

2. In den nördlichen Bundesländern ist die Arbeitslosenquote höher als in den südlichen Bundesländern.

3. Bei einem Arbeitsplatzwechsel kommt es zu vorübergehender Arbeitslosigkeit.

4. Aufgrund der schlechten wirtschaftlichen Lage nimmt die Arbeitslosigkeit zu.

21. Entscheiden Sie, ob die folgenden Maßnahmen

1. einen konjunkturbelebenden,

2. einen konjunkturdämpfenden,

3. keinen

Einfluss auf die Konjunktur haben:

a) Erhöhung der Mehrwertsteuer

b) Verschärfung des Kartellrechts

c) Bildung einer Konjunkturausgleichsrücklage

d) Wiederbelebung der Abwrackprämie aufgrund von Deficit Spending

e) Streichung von Subventionen im Bergbau

f) Erhöhung des Kindergeldes

Bildquellenverzeichnis

Beiersdorf AG, Hamburg: 56.4.

Berg, Anke am, Bernau bei Berlin: 44.3, 46.2.

Bergmoser + Höller Verlag AG, Aachen: 60.1, 349.1, 386.1, 399.2.

Bundesanstalt für Landwirtschaft und Ernährung (BLE), Bonn: 61.1.

Deutscher Franchise-Verband e.V., Berlin: 119.1.

Fairtrade Deutschland, Köln: 61.4.

Flecken, Heike, Aachen: 63.1, 83.1, 104.3, 109.2, 110.1, 128.1, 129.1, 134.1.

Foto Stephan - Behrla Nöhrbaß GbR, Köln: 7.2, 14.1, 14.2, 16.1, 20.1, 36.1, 40.1, 66.1, 86.1, 89.1, 107.1, 131.1, 135.1, 140.1, 148.1, 174.1, 181.1, 187.1, 196.1, 202.1, 209.1, 214.1, 221.2, 232.1, 236.1, 247.1, 264.1, 268.1, 275.1, 282.2, 288.1, 300.1, 306.1, 316.1, 328.1, 333.1, 341.1, 352.2, 359.1, 368.1, 374.1, 379.1, 383.1, 395.1, 401.1, 413.1, 420.2, 424.1, 435.1, 449.1, 454.1.

fotolia.com, New York: adisa 310.2; aerogondo 444.1; alexyndr 439.1; Alterfalter 366.2; andreas reimann 52.4; AR 52.2; arsdigital 48.1; ARTENS 360.1; Benjamin Haas 152.1; ChaotiC_PhotographY 371.1; Cool Graphics 409.1; Eisenhans 420.3; endostock 159.1; euthymia 52.3; fatykhov 57.3; Franz Pfluegl 346.1; Geesfrosh 92.1; Gina Sanders 336.1; industrieblick 266.1; Jan Rose 337.1; Joachim Wendler 254.1; Lucian Muset 291.2; maconga 91.1; Maksym Yemelyanov 117.1; Martina Berg 240.1; mrjpeg 417.1; N-Media-Images 68.3; Nikolai Titov 92.2; Ralf Beier 335.1; Roman Levin 311.1; RTimages 342.1; spotmatikphoto 164.1; Stefan Lenz 270.1; styleuneed 52.5, 362.1; surpasspro 68.2; Sven Hoppe 425.1; Syda Productions 23.1; Tom 52.1; Vladimir Kolobov 407.1; VRD 21.1; Wissmann Design 291.1.

Galas, Elisabeth, Schwelm: 7.3.

Handelsverband Deutschland – HDE e.V., Berlin: 26.2.

Henkel AG & Co. KGaA, Düsseldorf: 56.2.

IKEA Deutschland GmbH & Co. KG, Hofheim-Wallau: Inter IKEA Systems B.V. 26.1.

Kalch, Franziska, Gornau: 44.5, 46.4.

Kranenberg, Hendrik, Drolshagen: 262.1, 262.2, 262.3, 262.4, 262.5, 262.6.

Marckwort, Ulf, Kassel: 44.2, 46.1.

Meyer, Helge, Ruppichteroth: 155.1, 155.2.

OKS Group, Delhi: 17.1, 18.1, 20.2, 22.1, 24.1, 25.1, 27.1, 27.2, 28.1, 32.1, 34.2, 37.1, 38.1, 39.1, 41.1, 44.1, 47.1, 48.2, 51.1, 51.2, 55.1, 57.1, 57.2, 58.1, 59.1, 67.1, 67.2, 69.2, 70.1, 71.1, 75.1, 76.1, 76.2, 78.1, 79.1, 81.1, 88.2, 93.1, 94.1, 97.1, 98.1, 101.1, 102.2, 103.1, 104.1, 104.2, 104.4, 108.1, 108.2, 109.1, 110.3, 112.1, 112.2, 113.1, 114.1, 115.1, 118.1, 121.1, 122.1, 124.1, 131.2, 132.1, 136.1, 137.1, 140.2, 141.1, 142.1, 153.1, 153.2, 163.1, 171.1, 172.1, 174.2, 177.1, 177.2, 199.1, 199.2, 199.3, 203.1, 204.1, 205.1, 206.1, 206.2, 207.1, 210.1, 210.2, 216.1, 220.1, 222.1, 226.1, 244.2, 252.1, 267.1, 274.1, 279.1, 280.1, 283.1, 303.1, 306.2, 307.1, 307.2, 308.1, 309.1, 310.1, 310.3, 312.1, 313.1, 314.1, 317.1, 320.1, 340.1, 345.1, 345.2, 352.1, 360.2, 364.1, 364.2, 364.3, 365.1, 366.1, 367.1, 367.2, 375.1, 378.1, 387.1, 387.2, 389.1, 403.1, 404.1, 404.2, 406.1, 406.2, 415.1, 418.1, 418.2, 419.1, 419.2, 419.3, 420.1, 424.2, 431.2, 433.1, 436.1, 438.1, 446.1, 446.2, 450.1, 454.2, 460.1.

Sachwortverzeichnis